제7판

# 생산운영관리

Roger G. Schroeder, Susan Meyer Goldstein 지음

민동권, 박철순, 손병규, 오중산, 황기현 옮김

∑시그마프레스

# 생산운영관리, 제7판

발행일 | 2019년 6월 20일 1쇄 발행
2022년 1월 20일 2쇄 발행

지은이 | Roger G. Schroeder, Susan Meyer Goldstein
옮긴이 | 민동권, 박철순, 손병규, 오중산, 황기현
발행인 | 강학경
발행처 | (주)시그마프레스
디자인 | 우주연
편  집 | 문수진

등록번호 | 제10-2642호
주소 | 서울특별시 영등포구 양평로 22길 21 선유도코오롱디지털타워 A401~402호
전자우편 | sigma@spress.co.kr
홈페이지 | http://www.sigmapress.co.kr
전화 | (02)323-4845, (02)2062-5184~8
팩스 | (02)323-4197

ISBN | 979-11-6226-188-0

＊ 책값은 책 뒤표지에 있습니다.

이 도서의 국립중앙도서관 출판시도서목록(CIP)은 서지정보유통지원시스템 홈페이지(http://seoji.nl.go.kr)와 국가자료공동목록시스템(http://www.nl.go.kr/kolisnet)에서 이용하실 수 있습니다.(CIP제어번호 : CIP2019021567)

# 생산운영관리

## Operations Management
## in the Supply Chain

**Operations Management in the Supply Chain: Decisions and Cases, 7ᵗʰ Edition**

2 3 4 5 6 7 8 9 10 SP 20 22

Original: Operations Management in the Supply Chain: Decisions and Cases, 7ᵗʰ
        Edition © 2018
        By Roger G. Schroeder, Susan Meyer Goldstein
        ISBN 978-0-07-783543-9

This authorized Korean translation edition is published by Sigma Press in arrangement with McGraw-Hill Education Korea, Ltd. This edition is authorized for sale in the Republic of Korea.

This book is exclusively distributed by Sigma Press.

When ordering this title, please use ISBN 979-11-6226-188-0

Printed in Korea

우리 역자들은 Roger G. Schroeder 교수와 미네소타대학교의 동료교수가 함께 저술한 *Operations Management in the Supply Chain*을 2013년에 번역한 데 이어서 이번에 개정판의 번역을 하게 되어서 매우 기쁘게 생각한다. Schroeder 교수는 생산운영관리 분야에서 오랫동안 많은 업적을 남긴 석학으로서 지금도 활발하게 연구활동을 수행하고 있어 많은 후배 교수들의 존경을 받고 있는 학자이다. 저자들의 꾸준한 연구와 강의 경험을 바탕으로 2000년도에 이 책의 초판이 출간되었으며, 그 후로 새로운 이슈들과 다양한 보조 자료들로 보완되면서 이번에 역자들이 번역한 제7판의 개정판이 2018년에 출간되었다. 그동안 생산운영관리 분야에서 많은 교재들이 국내외에서 출간되었지만 그 분량이 한 학기 동안 다루기에는 너무 방대하고, 또한 계량적이고 기술적인 내용을 많이 포함하고 있어서 학생들의 흥미를 떨어뜨리는 요인이 되기도 했다. 하지만 이 책은 운영관리의 핵심 주제 이외의 주제는 제외하거나 대폭 간소화해 분량을 적정 수준으로 편재했고, 또한 실제 사례들을 풍부하게 포함시켰기 때문이 학생들이 운영관리의 개념과 기법들이 실제 기업들에서 어떻게 적용되고 있는지를 실감나게 이해하는 데 도움이 될 것으로 생각한다.

역자들이 대학에서 오랫동안 생산운영관리를 강의해 오면서 느낀 점은 학생들이 이 교과목은 어렵고 딱딱할 것이라는 선입견을 가지고 있으며, 따라서 다소 두려움으로 가지고 수업에 임한다는 것이었다. 그리고 교과목의 이름에서부터 공장운영을 학생들이 연상하면서 자신의 장래 진로와 무관한 교과목으로 느끼기도 했다. 이런 학생들의 오해를 풀어주고, 경영학을 전공하는 학생이라면 반드시 필요한 지식이 운영관리라는 점을 깨닫게 만드는 것이 교강사의 중요한 역할이면서 목표였다. 그 방법은 이 세상의 모든 일 혹은 업무는 프로세스로 진행된다는 점과 기업뿐 아니라 모든 조직에서 행해지는 모든 일이 직간접적으로 서로 영향을 주고받는다는 점을 이해시키는 것이었다. 이런 점에 가장 충실하게 내용이 구성되고 기술된 교과서가 바로 이 책이라고 역자들은 생각했고, 따라서 학생들에게 올바른 시각을 키워줄 것으로 자신하면서 번역에 임했다. 또한 운영관리의 영역에서 다루는 많은 개념과 실천기법들이 실제 기업에서 적용되고 있는 사례를 이 책이 그 어떤 교과서보다도 풍부하게 다루고 있어서 학생들이 현실감과 함께 학습할 수 있을 것이라는 점을 강하게 느끼며 번역을 할 수 있었다.

역자들이 번역한 이전 판에서는 시간적인 제약으로 인해 여러 곳에서의 오타를 놓쳤고, 번역이 원서의 문장에 충실하다 보니 문장이 매끄럽지 못한 부족한 점이 있었다. 하지만 이번 개정판의 번역에서는 수차례 교정 과정을 거치면서 오역과 오타를 거의 제거했고, 문장 또한 원서의 내용을 충분히 반영하면서 가독성을 최대한으로 높이는 데 주력했다. 그 결과로 출간하게 된 이 책에 저희 역자들은 자부심을 갖고 많은 독자들에게 추천할 수 있게 되었다. 그럼에도 불구하고 여전히 남아 있을 수 있는 오류와 실수에 대해서는 역자진들의 전적인 책임임을 밝히고자 한다. 마지막으로 번역서의 출간을 승낙해준 원서의 저자인 Schroeder 교수와 동료교수에게 감사하게 생각하며, 또한 행정적 업무를 지원해주신 (주) 시그마프레스의 강학경 사장님에게 감사의 마음을 표시하고자 한다. 그리고 무엇보다도 꼼꼼하게 확인하고 인내심을 갖고 편집 작업을 맡아준 편집부 직원들에게도 깊은 감사를 드리고 싶다.

2019년
역자 일동

## 특징

오늘날의 복잡한 기업환경에서 운영관리는 흥미로우면서도 중요한 분야이다. 따라서 경영학의 학사 및 석사 과정의 학생들은 모든 기업의 핵심 기능인 운영기능에 대해 반드시 이해해야 한다.

이 책은 공급사슬의 틀 안에서 운영관리 의사결정이 이루어져야 함을 강조하고 있고, 운영관리 및 공급사슬관리 전공의 학생들에게 흥미로운 주제들을 제시하고 있다. 그리고 의사결정의 다기능적 성격을 강조하면서 학생들에게 최신 경영 관점 또한 제시하고 있다. 이 책은 모든 장에서 다기능적 의사결정을 담고 있는 최초의 교재이다.

의사결정을 프로세스, 품질, 생산능력, 재고, 공급사슬의 다섯 범주로 구분해 책에서의 내용을 조직화하는 차별화된 틀이 사용되고 있다. 이 틀은 학생들이 운영관리 및 공급사슬관리를 마케팅과 재무 등 타 기능과 연계해 그 역할과 책무성을 수월하게 이해할 수 있도록 하는 것이 목적이다(아래 그림 참조). 또한 이 책은 제조기업과 서비스기업 모두를 균형 있게 다루고 있으며, 소싱과 물류에 관한 장을 추가해 공급사슬 영역에서의 운영기능을 강조하고 있다.

그리고 글로벌 운영, 공급사슬관리, e-운영, 서비스 설계, 역량 기반 전략, 식스시그마, 린 시스템, 3D 프린팅, 지속경영, 공급사슬위험, 대량고객화 등 최신 주제들도 포함시켰다. 물론, 전통적인 주제인 프로세스 설계, 서비스 시스템, 품질경영, ERP, 재고관리, 스케줄링 등에 대해서도 내용을 보강했다.

이 책은 전체 18개 장에서 운영관리와 공급사슬관리의 개념들을 설명하고 있고, 또한 사례 연구를 위한 18개의 기업사례를 제공하고 있다. 이들 사례는 학생들의 문제 구성 능

공급사슬 내 운영의 의사결정을 위한 프레임워크

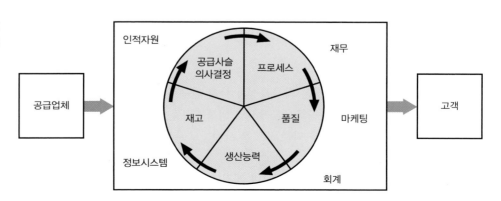

력을 강화하고, 교재에서 제시하는 개념들을 예시하고자 하는 목적으로 제시되었다. 분량이 긴 사례와 짧은 사례를 포함하고 있으며, 이들은 분량이 긴 연습문제 혹은 예제가 아니라 핵심 경영의 사례를 연구하는 것으로서 노스웨스턴, 쉐필드, 크랜필드대학교와 사례센터로부터 가져온 것이다.

대부분의 운영관리 교재보다는 짧은 분량으로 작성된 이 책은 학생들이 알아야 할 핵심 내용들을 다루면서 지나치게 자세한 내용이나 관련성이 낮은 내용은 제외했다. 즉 책의 분량을 제한함으로써 기본적인 내용을 압축해 설명하고 있다.

이 책은 정규학기의 강좌뿐 아니라 사례 연구 강좌와 모듈식 강좌에 적합하다. 특히 다기능적 의사결정 및 공급사슬 관점의 의사결정을 추구하는 사람들에게 유용하다. 강좌의 교강사는 필요에 따라 다른 사례, 보조교재, 참고자료 등을 쉽게 보완해서 사용할 수 있도록 만들었다.

교강사를 위한 보조자료에는 각 장과 사례 연구에서의 문제풀이를 도와주는 엑셀 템플릿을 20개 담고 있다. 이들 외에도 선형계획법, 시뮬레이션, 수송문제, 대기행렬 등을 다루는 장들도 포함시키고 있어 교강사는 필요에 따라 이용할 수 있다. 그리고 파워포인트 슬라이드, 문제풀이, 문제은행, 교재의 인터넷 학습에서 소개하는 기업의 웹사이트를 담고 있다.

이 책의 교육적 특징을 정리하면 다음과 같다.

- 각 장에서는 선도기업이 수행하고 있는 최신 경영기법을 소개하기 위해 운영선도사례 코너를 포함하고 있다.
- 각 장에서 최소 3개의 인터넷 학습을 포함시켜 해당 장에서 논의한 개념의 이해를 확장할 수 있게 했다.

- 각 장에서의 다기능적 성격을 강조하기 위해 악수를 의미하는 표식을 사용하고 있다. 해당 내용은 운영의 의사결정이 다기능적 측면을 내포하고 있음을 강조한다.
- 계량적인 내용의 장에서는 풀이문제를 포함시켜 학생들에게 추가 예제를 제공하고 있다.

- 엑셀 스프레드시트가 도움이 되는 내용의 장에는 말미에 특정 문제의 스프레드시트가 연결되어 있다.

## 제7판의 특징

이 책의 특징은 의사결정과 사례 연구를 중심으로 하고 있다는 점이다. 소싱, 물류, 지속가능, 글로벌 공급사슬에서의 의사결정들을 새롭게 추가해 의사결정의 틀을 강화했고, 이들 의사결정들을 다룬 새로운 사례들도 추가했다.

1. **공급사슬관리.** 이번 개정판에서는 공급사슬의 부분을 새롭게 추가했으며, 소싱과 글

로벌 물류에 대한 장을 새롭게 포함하고 있다. 소싱의 장에서는 소싱의 목표, 아웃소싱, 오프쇼어링, 공급기반 최적화, 구매사이클, 가중점수법 등에 대한 내용을 포함하고 있다. 글로벌 물류의 장에서는 물류의 역할, 수송수단, 물류센터, 물류 네트워크, 입지, 제3자 물류, 물류전략 등의 내용을 포함하고 있다. 그리고 공급사슬관리의 장을 이 부분으로 이동해 공급사슬의 위험과 지속가능성의 절을 추가했다. 그렇게 함으로써 이번 개정판은 공급사슬 관련 내용을 최신으로 업데이트했다.

2. **지속가능성.** 이번 개정판은 지속가능성을 더욱 강조해 운영기능, 운영 및 공급사슬 전략, 프로세스 선택, 공급사슬관리의 장에서 다루고 있다. 새로운 사례 연구로서 '머피 웨어하우스 : 지속가능 물류'를 추가했다.

3. **글로벌.** 글로벌 운영 및 공급사슬의 내용을 더욱 보강했다. 소싱과 글로벌 물류의 장을 추가해 글로벌 관점의 강조를 단순히 운영을 넘어서 전체 공급사슬로 확대했다. 아웃소싱, 오프쇼어링, 글로벌 공급사슬의 관리에 대한 내용을 새롭게 추가했다. 글로벌 소싱, 공장의 글로벌 입지, 글로벌 물류 사례도 추가했다.

4. **기타 추가사항.** 린 식스시그마, 3D 프린팅, 빅데이터, 분석기법, 소싱의 윤리, 재난상황에서의 물류 등에 대한 내용도 추가했다.

5. **사례.** 사례센터, 노스웨스턴대학교, 셰필드대학교, 크랜필드대학교가 개발한 사례를 18개 포함하고 있다. 기존의 사례들은 수정해 최신 내용을 포함시켰다. 새롭게 추가된 10개 사례는 다음과 같다.

　　알티머스 브랜즈 : 구매위험의 관리
　　머피 웨어하우스 : 지속가능 물류
　　폴라리스 인더스터리 : 공장의 글로벌 입지
　　쉘터박스 : 재난복구의 10년
　　웨스터빌 진료소 : 가치흐름도
　　완벽으로의 여정 : 메이오 클리닉의 품질관리
　　3M에서의 린 식스시그마
　　세이지힐 인 : 서비스 프로세스와 품질
　　TCM : 품질관리
　　베스트홈스 : 수요예측

# 요약 차례

# 차례

## 제3부 | 품질

제**6**부 ▶ 공급사슬 의사결정

제**16**장 ┃ 공급사슬관리

제**17**장 ┃ 소싱

제**18**장 ┃ 글로벌 물류

## 제7부  사례 연구

# 소개

1. 운영기능

2. 운영전략과 공급사슬전략

3. 제품 설계

이 책의 제1부에서는 운영기능, 운영전략과 공급사슬전략, 그리고 제품 설계에 대해 소개하고 있다. 이 부분을 학습한 후에 학생들은 기업에서 운영과 공급사슬에서 의사결정이 갖는 중요성이 얼마나 큰지를 이해하게 될 것이다. 또한 모든 의사결정의 지침 역할을 하는 전략의 필요성을 강조한다. 그리고 신제품 개발을 제품의 생산 또는 서비스 전달 이전에 행해지는 다기능적(cross-functional) 의사결정이라는 관점에서 다루고 있다. ∎

# 운영기능

## 학습목표

| | |
|---|---|
| **LO1.1** | 운영관리의 정의 |
| **LO1.2** | 운영관리자와 공급사슬관리자가 행하는 다섯 가지 주요 의사결정 |
| **LO1.3** | 운영기능에서 행해지는 다기능적 의사결정의 본질 |
| **LO1.4** | 운영의 변환시스템에서 보는 전형적인 투입물과 산출물 |
| **LO1.5** | 운영관리자와 공급사슬관리자가 당면한 최근 이슈 |

운영관리(operations management)는 제품과 서비스의 생산을 다루는 분야이다. 우리는 매일 풍부한 제품과 서비스들을 접하는데, 이들은 모두 운영관리자의 지휘하에 생산되고 있다. 비영리기업과 정부기관의 서비스도 운영관리자에 의해 관리되고 있다. 만약 효과적인 운영관리가 없었다면 지금과 같은 산업화된 현대사회는 존재할 수 없었을 것이다. 그런 면에서 조직에서의 운영기능은 제품과 서비스를 창출하고 글로벌 경제를 지탱하는 엔진 역할을 한다고 하겠다.

　모든 기업에서 운영관리자는 중요한 위치를 차지하고 있다. 한 공장을 책임지는 공장장이 그렇고, 공장 내에 생산 및 재고관리자, 품질관리자, 생산라인 감독자와 같이 다양한 관리자들이 있다. 이들은 모두 운영관리자에 속하며, 제조 영역에서의 제품 생산과 공급을 담당한다. 또한, 기업 혹은 사업부 차원의 모든 생산 관련 관리자들도 운영관리자에 포함된다. 본사의 운영담당(혹은 생산담당) 부사장, 그리고 품질, 생산, 재고관리, 시설, 설비 등을 담당하는 지원부서의 관리자들이 여기에 속한다.

　한편, 운영관리자는 제조뿐만 아니라 서비스 산업에서도 중요한 역할을 한다. 민간부문인 호텔, 레스토랑, 항공사, 은행, 소매업종에서 운영관리자는 리더의 역할을 맡게 된다. 공공부문인 우체국, 경찰서, 주택공사 등의 조직에도 운영관리자가 존재한다. 이들 조직에

운영관리자들은 제조업과 서비스 조직 모두에서 중요한 의사결정을 담당한다.

© McGraw-Hill Education/Jill Braaten

서 운영관리자들은 제조업에서의 운영관리자가 제품의 생산과 전달을 담당하는 것과 마찬가지로 서비스의 생산과 전달을 담당한다.

얼핏 보면 서비스 운영과 제조업의 운영에는 공통점이 없을 것처럼 보인다. 하지만 운영의 통합적인 측면에서 살펴보면 서비스업과 제조업 모두가 그 운영활동을 변환(transformation) 프로세스로 볼 수 있고, 이 프로세스는 공급사슬의 일부분이라는 것을 알 수 있다. 제조업에서의 투입물은 원자재, 에너지, 인력, 자본 등이며, 이들이 완제품으로 변환되는 프로세스를 거치게 된다. 마찬가지로 서비스 운영에서는 동일한 유형의 투입물들이 서비스 산출물로 변환되는 과정을 거친다. 따라서 어떤 조직이든 운영관리자의 역할은 이러한 변환 프로세스를 효과적이면서 효율적으로 관리하는 것이다.

현대의 경제구조는 제품을 생산하는 것에서 서비스를 생산하는 것으로 급격히 변화하고 있다. 미국 내 인력의 80% 이상이 서비스 산업에 종사하고 있다고 한다.[1] 비록 서비스 산업의 고용률이 절대적으로 우세하지만, 내수와 수출에 필요한 제품을 생산하는 제조업이 여전히 중요하게 인식되고 있다. 서비스업과 제조업 모두의 중요성 때문에 이 책에서는 두 가지 산업에서의 운영을 동등한 중요도로 다룰 것이다.

과거 이 분야가 제조업 중심으로 주로 다루어졌을 때 운영관리는 '생산관리'라는 이름을 갖고 있었다. 이후 서비스 산업까지 확장되면서 '생산 및 운영관리' 혹은 더 단순하게 '운영관리'라고 불리게 되었다. 이 책에서는 제조업과 서비스 산업 모두에서 '운영관리'라는 용어를 사용할 것이다.

오늘날, 운영과 공급사슬을 담당하는 관리자들은 수많은 전문가협회에 가입되어 있다. 이러한 단체들을 통해 자격증을 취득할 수도 있고, 다른 관리자들과 네트워크를 형성할 수도 있으며, 우수사례(best practice)를 공유하고 배울 수 있는 기회를 얻게 된다. 다음의 운영선도사례 글상자에서 운영관리와 공급사슬관리와 연관된 전문가협회들에 대해 살펴볼 수 있다.

---

[1] U.S. Census Bureau, *Statistical Abstract of the United States*, Washington, DC, 2016 ed.

**운영선도사례** 공급사슬관리와 관련된 전문가협회

**운영관리협회(Association for Operations Management)**

생산, 재고, 공급사슬, 자재관리, 구매, 물류 등과 같은 운영관리 전반에서 지식을 창출하고 선도한다(자세한 정보는 www.apics.org에서 확인할 수 있음).

**미국품질관리협회(American Society for Quality)**

기업의 성과를 높이고 개선된 사업장을 만들기 위해 지식의 증진, 품질개선, 지식교환 등에 노력하고 있는 선도적인 협회이다(자세한 정보는 www.asq.org에서 확인할 수 있음).

**공급관리협회(Institute for Supply Management)**

전 세계의 다양한 공급관리협회 중 가장 크고 가장 명성이 높은 협회이다. 많은 연구, 홍보, 교육 등을 통해 공급관리와 구매 전문가를 양성한다(자세한 정보는 www.ism.ws에서 확인할 수 있음).

**공급사슬관리전문가위원회(Council of Supply Chain Management Professionals)**

세계적으로 명성 있는 공급사슬관리 전문가위원회이다. 공급사슬 관련 지식과 연구를 진행하여 널리 전파하고 있으며 공급사슬관리 전문가들을 양성하고 있다(자세한 정보는 http://cscmp.org에서 확인할 수 있음).

## 1.1 왜 운영관리를 공부해야 하는가?

모든 기업은 마케팅, 재무, 혹은 생산의 입장에서 의사결정을 하지 않고, 사업 전체를 보고 의사결정을 할 수 있는 유능한 인재를 원한다. 협소한 관점이 아닌, 큰 그림을 볼 수 있는 구성원을 원하는 것이다. 만약 당신이 편협하게 한 가지 기능부서적인 관점만 가지고 있다면 당신의 경력은 심하게 제한될 것이다.

기업의 모든 의사결정은 본질적으로 다기능적인 측면을 갖는다.[2] 운영기능은 모든 조직에서의 주요 업무이므로 당신이 선택한 부서나 직종이 무엇이더라도 당신은 운영기능부서와 함께 일하게 될 것이다. 따라서 운영기능에 대해 제대로 이해하고 있어야 한다. 만약 조직에서 자신이 속해 있는 부서의 구성원들 하고만 일을 한다면 기업은 존속하기 어려울 것이다. 이것이 바로 이 책의 모든 부분에서 다기능적 관점을 강조하는 이유이다.

당신이 운영관리를 공부하게 되면, 단지 운영기능뿐 아니라 기업의 전 영역에 적용할 수 있는 아이디어, 기법, 원칙들을 배울 수 있다. 예를 들어 모든 업무는 프로세스를 통해 (혹은 단계별로) 수행되는데, 이 책에서 배우게 되는 프로세스 사고의 원칙들을 모든 기능부서에서 적용할 수 있다. 또한 학생들이 졸업한 후 특정 직업을 선택할 때 운영관리를 통해 배운 지식들이 가장 유용하다는 것을 깨닫게 될 것이다.

마지막으로, 운영관리는 공부하기 흥미롭고 도전적인 분야이다. 정성적인 내용도 있고 계량적인 내용도 있지만, 모두가 경영을 잘하기 위해서 반드시 필요한 내용이다. 당신이

---

[2] 왼편의 '악수'하는 표식은 다기능적인 내용을 강조하기 위해 사용되고 있으며, 조직 내의 여러 기능이 함께 협력해야 함을 의미한다.

선택한 직업이 무엇이든 상관없이 흥미롭고 유용한 지식을 얻을 수 있을 것이다.

## 1.2 운영관리와 공급사슬의 정의

**LO1.1 운영관리의 정의**

제품을 생산하고 서비스를 제공하는 모든 조직(영리와 비영리)은 고객에게 **가치**(value)를 제공하려고 한다. 가치란 유·무형의 편익으로 볼 수 있고, 고객은 기꺼이 지불할 용의가 있는 가격으로 제품 혹은 서비스를 구매한다. 예를 들어 신발의 가치는 보기 좋고, 편안하며, 내구성이 있으면서 고객이 수용할 수 있는 가격으로 제공되는 것이다. 그리고 어떤 고객들에게는 가치 있는 것이 다른 고객들에게는 그렇지 않을 수도 있다. 항공기의 일등석은 업무상 비행기를 자주 타야 하는 사람에게는 가치 있는 것이지만, 여행을 목적으로 비행기를 타는 사람에게는 비싼 항공료 때문에 그렇지 않을 수도 있는 것이다. 따라서 가치는 항상 고객의 관점에서 정의되어야 한다. 운영선도사례 글상자에서 델(Dell)이 고객에게 어떻게 가치를 창출해 주는지를 보여주고 있다.

기업은 고객에게 제공하는 제품 혹은 서비스에 내재된 가치를 찾기 위해 노력한다. 그런 후에 제품을 생산하고 서비스를 전달하는 데 영향을 미치는 의사결정사항에 적용한다. 이러한 의사결정들은 운영에서의 설계, 실행, 성과에 영향을 미치게 되므로 구매와 물류부서의 관리자들과 함께 의사결정을 해야 한다.

**구매기능**(sourcing function)은 다른 영리 혹은 비영리 조직으로부터 조직의 변환 프로세스로 들어가게 될 투입물을 구매하고, **물류기능**(logistics function)은 한 조직에서 다른 조직으로 제품 혹은 서비스를 물리적으로 이동시키는 역할을 한다. 총괄적으로 보면, 기업의 운영, 구매, 물류기능이란 고객이 구매하는 제품 혹은 서비스를 위한 공급사슬을 관리하는 것이다.

대부분의 기업은 큰 공급사슬의 한 부분으로 존재한다. **공급사슬**(supply chain)이란 원자재가 생산을 통해 최종 고객에게 전달되는 생산 및 서비스 운영의 네트워크를 말하며, 구매, 생산, 유통 과정을 따라 흐르는 자재, 돈, 정보의 물리적인 흐름으로 구성된다. 예를 들어 식품류의 공급사슬은 농장에서 시작하여 식품가공업체와 도매상을 거쳐 소매상까지 이르게 된다. 이처럼 공급사슬에는 서로 다른 조직들이 함께 연결되어 있다는 것을 알 수 있다.

이 책은 운영관리를 공급사슬의 틀 안에서 논의할 것이다. 즉 외부 공급업체와 고객을 포함하는 공급사슬의 개념 안에서 운영기능을 다룰 것이다. 공급사슬에 대해 좀 더 논의하기 전에 운영관리를 우선 다음과 같이 정의하고자 한다.

> **운영관리**(operations management)는 기업의 제품과 서비스를 생산하고 전달하기 위한 의사결정에 초점을 두고 있다.

운영관리 정의에는 설명이 필요한 세 가지 측면이 있다.

## 운영선도사례  고객에게 제품 및 가치를 제공하는 델

마이클 델(Michael Dell)은 1984년 1,000달러의 자본금으로 델 컴퓨터를 창업했다. 델 컴퓨터는 고객 주문형 PC를 중간 유통상을 거치지 않고 고객에게 직접 판매함으로써 낮은 원가로 판매하는 사업모델을 만들었다. 델 컴퓨터는 개인용 데스크톱 컴퓨터 이외에도 서버, 스토리지, 네트워크 제품, 전자장비와 각종 액세서리, 비즈니스 솔루션 등을 판매하면서 총수익의 거의 반을 해외에서 올리고 있다.

2013년에 마이클 델과 투자자들이 주식을 매입하여 비상장 기업화했고, 2015년에는 사업 영역을 클라우드와 서비스로 확장하기 위해 EDS를 매입했다.

델 컴퓨터 전략의 핵심은 고객지향의 혁신이다. 고객의 니즈를 충족시키고 고객에게 가치를 제공하는 새롭고 향상된 제품 및 서비스를 제공하겠다는 델 컴퓨터의 확고한 의지이다. 고객이 인터넷 혹은 전화를 이용하여 직접 주문(2007년 이후에 일부 소매점을 통해서도 주문 가능)을 할 수 있게 하는 직접판매시스템을 고안해낼 수 있었던 것은 델의 고객지향전략

덕분이었다. 제품 주문을 받게 되면 델 컴퓨터의 생산공장에서 조립되어 바로 고객에게 제품이 배송되었으며, 생산공장에서는 최소한의 완제품 재고만을 보유했다.

델에서는 생산기능의 중요성 이외에도 구매와 물류활동이 매우 중요하다. 구매관리자는 델 제품을 생산하는 데 필요한 많은 부품을 구매하고, 물류관리자는 고객 수요를 충족하기 위해 부품과 완제품을 글로벌 지역으로 운송하는 책임을 담당하고 있다. 빠르게 변화하고 있는 델의 공급사슬을 관리하는 것이 좋은 성과를 위한 도전적인 부분인 것이다.

현재 델 컴퓨터는 친환경적인 경영을 추구하고 있다. 델 컴퓨터의 글로벌 본부는 100% 녹색에너지로 운영되고 있으며, 데스크톱 컴퓨터의 경우 탄소배출을 감축하도록 설계되었다. 뿐만 아니라 델 컴퓨터는 전 세계 고객들에게 컴퓨터 리사이클을 무료로 해 주는 최초의 컴퓨터 업체이다. 'Plant a Tree for Me', 'Plant a Forest for Me'와 같은 캠페인을 통해 60만 그루의 나무를 심어 지구온난화에도 대응하고 있다.

출처 : www.dell.com, 2015.

1. **의사결정.** 위의 정의에서 보듯이 **의사결정**(decision making)은 운영관리의 핵심 요소이다. 모든 관리자들은 의사결정을 해야 하듯이 운영기능에서도 마찬가지로 의사결정이 중요하다. 운영기능에서의 의사결정은 그 유형에 따라 몇 가지 범주로 나눌 수 있는데, 이 책에서는 공급사슬의 틀 안에서 **프로세스**(process), **품질**(quality), **생산능력**(capacity), **재고**(inventory), **공급사슬**(supply chain) 등 다섯 가지 유형으로 나누어 살펴볼 것이다. 이들 의사결정은 조직에서 운영관리자들이 수행해야 할 업무들을 기술해 주는 프레임워크가 된다. 의사결정에 대한 세부적인 내용은 앞으로의 장에서 자세히 살펴보도록 하겠다.

2. **기능.** 어떤 조직이더라도 운영기능은 마케팅, 재무와 더불어 핵심 기능이라고 할 수 있다. 제조기업에서는 일반적으로 운영기능을 제조 혹은 생산부서라고 부르며, 서비스 조직에서는 운영부서 혹은 산업 내의 특수한 이름으로 부르기도 한다(예 : 보험회사의 정책 서비스부서). 통상적인 용어로 '운영'은 제품 혹은 서비스를 생산하고 전달하는 기능을 일컫는다. 위와 같은 관점에서 운영기능을 다른 기능과 분리하는 것이 의사결정의 내용을 분석하고 책임범위를 정하는 데 있어서 유용하지만, 우리는 기업 내 다기능적 특성을 고려하여 통합적인 관점으로 봐야 한다.

3. **프로세스.** 앞서 언급한 대로, 운영관리자는 변환 프로세스와 그 프로세스의 인터페이스를 계획하고 통제한다. **프로세스 관점**(process view)은 제조업과 서비스업에서의 운

영을 변환 프로세스로 정의할 수 있는 공통점을 제공할 뿐만 아니라 조직 내부와 공급사슬에서 운영기능을 설계하고 분석하는 데 강력한 기초를 제공하기도 한다. 또한 우리는 프로세스 관점을 이용하여 운영관리자를 기업 내 변환 프로세스의 관리자로 생각할 수 있다. 이 프로세스 관점은 운영부서 이외의 다른 기능부서들에게도 생산적인 프로세스 관리를 위한 중요 시사점을 제공한다. 예를 들어 영업부서도 투입물, 변환, 산출물로 구성된 생산 프로세스로 볼 수 있다. 은행의 수신부서나 여신부서 또한 마찬가지 프로세스를 가지고 있다고 생각해볼 수 있다. 이처럼 프로세스 관점을 통해 운영관리 개념을 다른 기능부서에 적용할 수 있는 것이다. 예를 들어 토요타(Toyota)는 린 사고(lean thinking)를 적용하여 인사, 회계, 재무, 정보시스템, 법률 부서 등 전사적으로 프로세스 개선을 추구했다. 프로세스 개선은 비단 운영부서에만 국한되어 있는 것이 아니다.

정리해보면, 운영관리 분야는 의사결정, 기능, 프로세스로 정의할 수 있으며, 우리는 세 가지 요소를 이 장에서 좀 더 자세히 살펴볼 것이다. 그에 앞서 일반적으로 기업의 운영부서가 해야 하는 의사결정을 다루고 있는 Pizza U.S.A.의 예시를 다루도록 한다.

## 1.3 Pizza U.S.A.의 의사결정

**LO1.2** 운영관리자와 공급사슬관리자가 행하는 다섯 가지 주요 의사결정

Pizza U.S.A. Inc.는 피자를 만들어 전국적으로 판매하는 기업으로 미국 내에 85개의 직영점과 프랜차이즈점(통틀어 매장이라고 부른다)을 운영하고 있다. 이 기업의 운영기능은 본사 차원의 운영과 개별 매장에서의 운영으로 구성되어 있으며, 운영 및 공급사슬 의사결정들은 다음과 같다.

### 프로세스

본사 운영관리자는 모든 매장의 균일성을 위해 프로세스와 관련된 의사결정을 하고 있다. 표준 설비를 개발했고, 각 매장은 자신에 맞도록 조정할 수 있도록 했다. 각 매장에서는 피자를 대량으로 만들 수 있는 장비를 이용하여 한정된 메뉴를 제공하고 있다. Pizza U.S.A.에서는 고객들이 피자가 만들어지는 과정을 투명한 유리창을 통해 볼 수 있게 하여 아이부터 어른까지 피자가 나오는 과정을 즐길 수 있다. 피자 판매는 서비스업이기 때문에 고객들의 흥미를 끌 수 있고, 편리한 레이아웃을 만드는 것이 특히 중요하다.

본사의 운영부서에서 정해 놓은 설계기준 내에서, 각 매장의 점장들은 지속적으로 프로세스를 개선하기 위해 노력한다. 프로세스 내부에 부가적인 투자를 한다거나, 종업원들이 스스로 개발한 더 나은 방법과 절차를 사용하기도 한다. 예를 들어 매장은 피자를 만드는 프로세스의 속도를 높이기 위해 설비의 배치를 조정하고 있다.

Pizza U.S.A.는 운영의 다섯 가지 핵심 의사결정사항을 신중히 관리하면서 고객들을 만족시킨다.

© Steve Mason/Getty Images

## 품질

모든 매장에 적용되는 품질표준은 본사 운영부서에서 결정된다. 품질표준에는 서비스 품질을 유지하는 표준과 서빙되는 피자의 품질 및 음식위생 표준이 포함된다. 서비스 품질을 측정하는 것은 어렵지만, 피자의 품질은 몇 가지 기준을 이용하여 쉽게 측정할 수 있다. 서빙될 때 피자의 온도 혹은 레시피 기준에 맞게 원재료를 사용했는지 등을 기준으로 삼을 수 있다. 서비스 품질의 경우 종업원의 친절, 청결, 서비스의 신속, 친화적인 분위기 등으로 측정할 수 있으며, 이는 점장의 관찰, 고객의 의견, 고객 서베이 등의 방법으로 관리된다. 점장은 이처럼 내부 품질을 신중히 관리해야 할 뿐 아니라 납품업체가 기준을 맞추는지도 확인해야 한다.

서비스 품질과 음식의 품질이 회사의 표준을 충족하도록 하는 책임은 모든 종업원들에게 있기 때문에 자신의 일에서 품질 달성을 확실히 해야 한다.

## 생산능력

생산능력과 관련된 의사결정은 최대한으로 만들 수 있는 피자의 양을 결정하는 것이다. 어느 특정 시점에서의 생산능력은 그 시점에서 사용 가능한 장비와 인력에 의해 결정된다. 먼저, 본사에서 매장의 입지와 프로세스 관련 의사결정을 할 때에 각 매장의 물리적인 생산능력 한도가 정해진다. 그런 후 개별 매장의 점장들은 설비의 가용성을 고려한 생산능력 한도 안에서 연간, 월간, 일간 생산능력 변화를 계획한다. 손님이 가장 많은 피크 시간에는 파트타임 아르바이트를 고용하고, 주문이 한산할 때는 수요를 높이기 위해 광고를 할 수도 있다. 또한 하루 동안의 영업시간대에 따른 수요를 충족시키기 위해 종업원들을 교대제로 근무하게 하기도 한다.

## 재고

각 매장의 점장들은 본사에서 제공하는 레시피에 필요한 재료들을 구입한다. 점장은 밀가루, 토마토소스, 소시지 등의 재료들을 얼마나 구입할지, 언제 주문할지 등을 결정한다. 즉 매장의 운영관리자는 생산능력을 감안하여 재료의 흐름을 관리하기 위해 구매와 재고의 의사결정을 통합해서 수행한다. 이를테면 자신의 생산능력으로 만들 수 있는 피자의 양에 비해 과도하게 재료를 구입하기를 원하지 않는다. 또한 손님이 많을 때 재료가 모자라거나, 한산할 때 재료가 남는 것도 원하지 않을 것이다.

## 공급사슬

공급사슬의 의사결정은 소싱(sourcing)과 물류로 구성된다. 소싱은 본사에 의해 이루어지는데, 본사가 모든 재료의 공급업체를 선정하고, 가격협상을 하고, 포괄계약(미리 설정한 기간 동안 정해진 가격으로 특정 제품 혹은 서비스를 납품하도록 공급업체와 계약)을 체결하면, 각 매장은 포괄계약에 의해 필요에 따라 각 재료를 주문하고 공급업체는 각 매장으로 공급한다. 물류는 주문 물품이 정시에 배달되도록 해야 하는데 제3자 물류업체가 자신의 운송수단과 배송센터를 활용하여 각 매장으로 전달한다.

Pizza U.S.A. 사례는 운영의 한 예에 불과하기 때문에 학생들은 '보다 일반적으로 운영관리자의 역할이 무엇인가?'라는 의문을 가질 수 있다. 운영선도사례 글상자를 보면 몬스터닷컴(Monster.com)에서 광고하는 다섯 가지 유형의 운영관리자 직책과 그들의 의사결정 권한과 책임을 살펴볼 수 있다. 여기서는 단지 예시의 목적으로 매우 간단히 설명하고 있다.

운영선도사례에서 보듯이 운영과 공급사슬관리에는 다양한 관리자 역할이 존재한다. 입문 단계의 감독자에서부터 중간관리자, 최고경영진에 이르기까지 다양한 직책이 있다.

---

**운영선도사례** 몬스터닷컴에서 살펴볼 수 있는 운영 및 공급사슬 관련 직무

### 공급사슬 분석가

온라인 쇼핑 기업인 이베이(eBay)가 소유한 페이팔(PayPal)이 신규 제품의 전 과정 지원을 담당할 공급사슬관리 전문가 **monster** Your calling is calling™ 를 고용하고자 한다. 이 직무는 전 세계 생산지와 배송지로의 출장이 요구되며, 전반적인 상품관리와 배송관리의 책임을 갖는다. 즉 정시배송과 예산관리를 위해 공급자로부터의 구매품 재고를 관리하고, 상품의 국제운송을 관리하며, 페이팔과 이베이의 내부 조직과 협력해야 한다. 또한 직무 수행을 위해서는 세세한 사항까지 챙기는 꼼꼼함을 필요로 한다.

### 사업성 평가 전문의 공급사슬 분석가

카디널 헬스(Cardinal Health)가 잠재 사업기회를 찾기 위해 내부 및 외부의 정보를 수집, 평가하고 분석하는 전문가를 찾고 있다. 자격요건으로 사업성 평가요소와 수리적 분석기법을 이해하고 활용할 능력이 필요하다. 요구되는 역량은 내부 및 외부 고객의 니즈를 파악하여 효과적인 소통능력으로 고객에게 질 높은 결과를 제공할 수 있어야 한다.

### 운영담당 부사장

엔비스타 신용조합(Envista Credit Union)이 본점과 지점의 운영기능을 조직, 기획, 지휘하는 책임을 질 임원을 찾고 있다. 이 임원은 전략적 실행계획과 목표의 수립 과정에 참여하게 될 것이다. 후보자는 강력한 의사소통능력을 갖춰야 하며, 신용조합의 비전과 미션을 위해 고객과의 중요한 관계를 이해하고 있어야 한다.

### 지속적 개선 추진위원장

콘아그라 푸드(ConAgra Foods)는 무결점 공장문화를 구축하는 시스템을 추진할 책임자를 구하고 있다. 추진위원장은 공장장과 협력하여 지속가능계획을 실행하고, 교육표준을 준수하고, 개선기법을 리드하는 역할을 수행한다. 그리고 미래의 공장장으로 성장할 역할을 수행하게 된다.

### 자재 소싱 관리자

영양제를 직판하고 있는 허벌라이프(Herbalife)가 2억 달러 규모 원자재의 글로벌 소싱을 담당할 고위 관리자를 구하고 있다. 그 역할은 원자재 원가를 줄이고, 상품시장의 추세를 분석하고, 원자재별로 소싱전략을 최고경영자에게 제안하는 것이다. 또한 재고를 적정 수준으로 유지하고 공급업체와 전략적 관계를 구축해야 한다.

출처 : Abstracted from www.monster.com, April 2012.

이 직책들이 운영기능의 범위를 나타내 주고 있으며, 제조업과 서비스업 모두에 적용된다.

또한 운영기능이 글로벌 차원에서 이루어지기 때문에 운영관리자들이 국제적으로 진출할 수 있는 기회가 많다. 외국의 기업들이 선진 운영관리를 원하고 있기 때문에 이 책에서 배우는 내용들을 글로벌하게 적용할 수 있을 것이다.

## 1.4   공급사슬에서의 운영 의사결정 ─ 프레임워크

Pizza U.S.A.에서 살펴본 다섯 가지 의사결정 영역은 운영관리자와 공급사슬관리자가 수행해야 하는 다양한 의사결정을 이해할 수 있는 프레임워크를 제공해 준다. 비록 다양한 프레임워크가 있을 수도 있지만, 여기에서 사용하는 프레임워크는 의사결정 책임에 따라 결정사항을 묶을 수 있는 개념적인 틀이다. 이 유용한 프레임워크를 〈그림 1.1〉과 〈표 1.1〉에서 각 영역의 주요 의사결정 예시와 함께 요약하여 보여주고 있다.

이 프레임워크의 다섯 가지 의사결정에 각별한 주의를 기울이는 것이 운영 및 공급사슬의 성공적인 관리를 위한 핵심이다. 실제로 운영 및 공급사슬관리가 얼마나 잘 이루어지는지를 이 의사결정 프레임워크로 평가할 수 있다. 5개 영역의 각 의사결정이 기업전략을 잘 지원하고, 가치를 제공하며, 다른 기능부서와 잘 조화된다면 운영 및 공급사슬이 잘 관리되고 있다고 말할 수 있다.

이 책의 주요 섹션이 다섯 가지 의사결정 영역을 하나씩 다루고 있다.[3] 즉 운영 및 공급사슬의 관리자가 당면한 의사결정과 다기능적 이슈를 이 책이 통합적으로 다루는 프레임워크가 바로 이것이다.

**분석학**(analytics)은 더 나은 의사결정을 위하여 데이터를 분석하는 방법론으로서 오퍼레이션 리서치(OR), 통계학, 데이터 사이언스, 컴퓨터 사이언스에서의 분석기법을 많이 사용한다. 분석학에서의 분석은 대량 혹은 소량의 데이터를 이용하여 기술(descriptive), 예측(predictive), 또는 처방(prescriptive)의 목적으로 이루어진다. 기술적 분석은 일반적으로 데

**그림 1.1**
공급사슬에서의 운영 의사결정을 다루는 프레임워크

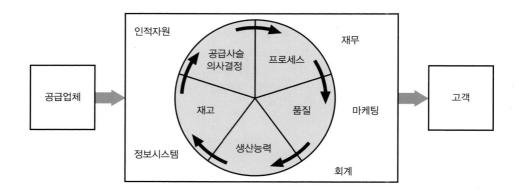

---

[3] 다섯 가지 영역을 QPICS라고 하며 '큐픽스'로 읽는다.

표 1.1
운영 및 공급사슬에서의 의사결정 – 프레임워크

| 의사결정 | 예시 |
|---|---|
| 1. 프로세스 | • 어떤 유형의 프로세스를 선택할 것인가? |
| | • 서비스 전달시스템을 어떻게 설계할 것인가? |
| | • 고객 및 자재의 흐름을 어떻게 관리할 것인가? |
| | • 린 시스템의 어떤 원리를 도입할 것인가? |
| | • 환경 목표와 글로벌 목표를 어떻게 달성할 것인가? |
| 2. 품질 | • 품질표준을 무엇으로 할 것인가? |
| | • 품질을 어떻게 관리하고 개선할 것인가? |
| | • 어떤 통계적 접근법을 사용할 것인가? (예 : 관리도, 식스시그마) |
| | • 공급업체와 고객을 품질관리에 어떻게 참여시킬 것인가? |
| 3. 생산능력 | • 설비의 규모, 입지, 변경시점의 전략을 어떻게 할 것인가? |
| | • 운영총괄계획(S&OP)을 어떻게 실천할 것인가? |
| | • 변동하는 수요에 생산능력을 어떻게 대응시킬 것인가? |
| | • 생산일정계획에 우선순위 원칙을 어떻게 적용할 것인가? |
| 4. 재고 | • 재고를 얼마나 유지할 것인가? |
| | • 주문량의 크기와 재주문 빈도를 어떻게 할 것인가? |
| | • 재고 보유의 책임을 누가 질 것인가? |
| | • 공급업체의 보유재고와 고객의 보유재고를 어떻게 조화시킬 것인가? |
| 5. 공급사슬 | • 어느 공급업체를 이용할 것인가? |
| | • 소싱을 어떻게 실행하고 평가할 것인가? |
| | • 어떤 수송수단을 이용할 것인가? |
| | • 경제적인 자재 흐름을 위하여 물류창고를 어떻게 활용할 것인가? |

이터로부터 현재의 상황을 요약하며, 한 단계 나아가 예측 분석은 미래에 일어날 일을 예측하고, 처방 분석은 수학적 모델을 이용하여 최적 혹은 최선의 의사결정을 찾아준다. 운영 및 공급사슬관리에서 분석학은 품질관리, 수요예측, 생산능력계획, 일정계획, 재고관리, 물류관리, 소싱 등 다양한 의사결정을 위해 활용된다.

이 책에서는 운영선도사례를 소개하고 있을 뿐 아니라 그 사례가 기업의 특정 상황에서는 최선이 아닐 수 있는 예도 보여주고 있다. 다른 해법을 요구하는 상황들도 있을 수 있기 때문에 운영의 의사결정을 유연하게 다루어야 한다. 예를 들어 린 시스템이나 식스시그마의 성공적인 실천은 최고경영자의 지원에 달려 있고, 최선의 수요예측기법은 이용 가능한 데이터에 달려 있다. 만약 모든 기업에 효과적인 유일한 경영기법이 있다면 운영관리에는 도전적인 측면이 없을 것이다. 따라서 이 책은 선도기업의 사례가 최선이 아닐 수 있는 조건들을 논의하면서 고려해야 할 다양한 상황과 전제조건들을 제시하고 있다.

## 1.5 다기능적 의사결정

**LO1.3** 운영기능에서 행해지는 다기능적 의사결정의 본질

운영기능은 모든 기업에서 중요한 요소이며, 운영관리자의 올바른 의사결정이 없다면 어느 기업도 생존하기 어렵다. 운영기능은 마케팅, 재무와 더불어 기본적인 세 가지 기능 중 하나이며, 기업은 또한 인사, 정보시스템, 회계 등의 지원기능을 갖추고 있다. 어떤 조직은 운영부서를 지원하기 위해 구매와 물류부서를 독립하여 운영하기도 한다. 또 다른 조직에서는 운영, 구매, 물류부서를 통합하여 공급사슬부서로 운영하기도 한다.

조직의 각 기능마다 특정 의사결정과 책임이 있다. 마케팅은 일반적으로 수요를 창출하고, 매출을 이루어내는 책임이 있으며, 운영기능은 제품 혹은 서비스를 생산하고 유통하는 책임이 있다. 또한 재무기능은 자본의 조달과 분배를 담당한다. 영리기업에서의 기능은 기업 내 부서의 구성과 밀접하게 연관된다. 일반적으로 기업들은 기능 분야를 기초로 하여 조직되기 때문이다.

모든 기능이 자기 기능의 의사결정에 책임을 지는 것도 중요하지만, 다른 기능들과 의사결정을 통합하는 것도 중요하다. 예를 들어 운영 및 공급사슬 의사결정의 다섯 가지가 서로 분리될 수 없으며 서로 긴밀하게 통합되어야 할 뿐 아니라 마케팅, 재무 등 다른 기능의 의사결정과도 통합되는 것이 중요하다. Pizza U.S.A.의 사례로 돌아가보자. 마케팅부서에서 피자 가격을 바꾼다면, 변화된 가격은 판매에 영향을 주고, 생산에 필요한 능력, 필요한 재료의 양 등에 영향을 미칠 수 있다. 다른 예로 재무부서에서 필요한 자본을 조달할 수 없다면, 운영부서에서는 자본을 줄이기 위해 프로세스를 재설계하고 피자와 관련된 모든 재고들을 더욱 효율적으로 관리해야 할 것이다. 결국에는 고객에의 대응시간, 원가 등의 요소에도 영향을 미치게 될 것이다.

따라서 의사결정들은 본질적으로 상호 관련성이 높고 체계적이다. 하지만 많은 기업들에서는 기능부서들 간에 장벽(functional silos)이 만들어져 **다기능적 의사결정**(cross-functional decision making)을 저해하고 있다. 이처럼 기능부서들이 자신들의 특권과 역할만을 강조하게 되면 조직 전체는 어려움을 겪게 될 것이다.

하지만 그렇지 않은 기업들도 있다. 텍사스 인스트루먼트(TI)는 다기능적 통합을 추진한 선도기업이다. TI는 신제품 개발과 일상적인 업무 개선을 위해 다기능팀을 조직했고, 다양한 기능으로부터 온 구성원들이 공통적인 방법론을 교육받고, 공동의 목표를 성취하기 위해 노력하고 있다. 〈표 1.2〉에서는 다기능적 의사결정들의 중요한 연관성을 보여주고 있다.

경영의 의사결정들은 본질적으로 다기능적이다.
© Corbis

표 1.2
다기능적 의사결정의
예시

| 핵심 의사결정영역 | 운영 의사결정과의 인터페이스 |
|---|---|
| **마케팅** | |
| 목표시장과 고객니즈 | 품질설계와 품질관리 |
| 시장규모(수량) | 프로세스 유형의 결정(라인, 뱃치, 프로젝트)과 생산능력 결정 |
| 유통채널 | 재고수준과 물류 |
| 가격 | 품질, 생산능력, 재고 |
| 신제품 도입 | 다기능팀 |
| **재무 및 회계** | |
| 가용자본 | 재고수준, 자동화 정도, 프로세스 유형의 결정, 생산능력 |
| 변환 프로세스의 효율성 | 프로세스 유형의 결정, 프로세스 흐름, 부가가치 요소 결정, 소싱 |
| 순현재가치와 현금흐름 | 자동화, 재고, 생산능력 |
| 프로세스 원가와 직무 원가 | 프로세스 유형의 결정 |
| 운영의 평가 | 원가시스템 |
| **인적자원** | |
| 종업원의 역량 수준 | 프로세스 유형의 결정과 자동화 |
| 전일 근무자/파트타임 근무자의 수 | 생산능력과 일정계획 |
| 종업원 교육 | 품질향상과 기법 |
| 직무설계 | 프로세스와 기술의 선택 |
| 팀워크 | 운영에서의 다기능적 의사결정 |
| **정보시스템** | |
| 이용자 니즈 결정 | 운영기능에서의 모든 정보시스템 이용자를 지원 |
| 정보시스템의 설계 | 운영기능의 업무를 간소화하고, 분석과 의사결정을 지원 |
| 소프트웨어 개발 | 생산능력, 품질, 재고, 스케줄링 등의 의사결정에 필요한 소프트웨어 개발 |
| 하드웨어 구입 | 의사결정의 자동화와 소프트웨어 운영에 필요한 하드웨어 구입 |

## 1.6 프로세스로서의 운영

**LO1.4** 운영의 변환시스템에서 보는 전형적인 투입물과 산출물

운영은 투입물을 산출물로 변환해 주는 **변환시스템**(transformation system) 혹은 **변환 프로세스**(transformation process)로 정의할 수 있다. 이때 시스템 투입물은 에너지, 자재, 인력, 자본, 정보를 포함한다(〈그림 1.2〉 참조). 투입물은 프로세스 기술을 통하여 산출물로 변환되는데, 프로세스 기술이란 그 방법, 절차, 설비를 말한다.

운영의 프로세스 관점은 서로 다른 산업에서의 상이한 운영방식을 동일한 시각으로 이해하는 데 유용하다. 예를 들어 제조기업에서의 변환 프로세스는 원자재를 최종제품으로 변환하는 과정이다. 자동차를 생산할 때 철강, 플라스틱, 알루미늄, 직물 등 다양한 원자재가 부품으로 변환되고, 그 부품들은 다시 조립되어 자동차가 완성되는 것이다. 또한 설

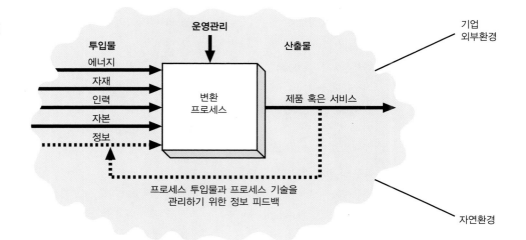

그림 1.2
생산시스템으로서의
운영

비를 운영하고 유지하기 위한 인력과 에너지, 정보시스템도 자동차를 생산하는 데 필수적이다. 서비스 산업의 변환 프로세스 또한 투입물을 서비스 산출물로 변환해 준다. 예를 들어 항공사들은 항공기와 장비의 자본 투입물과 조종사, 승무원 등의 인력 투입물을 이용하여 고객들에게 안전하고, 신뢰할 수 있으며, 빠르고 효율적인 항공서비스를 제공한다. 〈표 1.3〉을 통해 여러 산업에서 다양한 유형의 변환 프로세스가 존재한다는 것을 알 수 있다. 이같이 다양한 변환 프로세스를 살펴봄으로써 시스템으로서의 운영을 어떻게 분석하고 관리할 것인지에 대해 많이 배울 수 있다.

　　프로세스 관점은 기업 전체를 상호 연결된 프로세스들로 구성된 시스템으로 이해하는 기초가 되며, 조직을 분석하고 개선할 수 있게 만들어준다. 재무, 마케팅, 회계 등 모든 기능은 프로세스를 통해 업무를 처리한다. 예를 들어 주식의 재무적 분석, 연말에 실행하는 회계결산, 시장조사 등 모두가 각각의 프로세스에 따라 진행된다. 따라서 프로세스의 원리와 기법들을 기업의 모든 기능에 적용할 수 있다.

　　이들 모든 프로세스와 시스템은 기업의 **내부 및 외부환경**(internal and external

표 1.3
생산시스템의 예시

| 운영 | 투입물 | 산출물 |
|---|---|---|
| 은행 | 텔러, 지원인력, 컴퓨터 장비, 시설, 에너지 | 금융서비스(대출, 예금, 안전한 보관 등) |
| 레스토랑 | 요리사, 웨이터, 음식, 장비, 시설, 에너지 | 식사, 엔터테인먼트, 고객만족 |
| 병원 | 의사, 간호사, 지원인력, 장비, 시설, 에너지 | 의료서비스와 회복된 환자 |
| 대학 | 교수, 직원, 장비, 시설, 에너지, 지식 | 교육받은 학생들, 연구실적, 공공서비스 |
| 제조공장 | 장비, 시설, 근로자, 에너지, 원자재 | 완제품 |
| 항공사 | 비행기, 시설, 조종사, 승무원, 정비원, 지원인력, 에너지 | 승객과 화물의 장소 이동 |

environments)과 상호작용한다. 기업 내부에서의 상호작용이란 다기능적 의사결정을 통해 이루어지며, 외부환경과의 상호작용은 운영기능의 경제적, 물리적, 사회적, 정치적 환경을 통해 발생한다. 예를 들어 인건비가 상승하는 경제적 변화, 소비자가 친환경 제품을 선호하는 사회적 변화, 규제를 가하는 정치적 변화 등이 발생하면 운영 및 공급사슬기능은 제품과 서비스를 생산하는 방식을 바꿔야만 할 것이다. 운영기능이 내부 및 외부환경에 둘러싸여 그들과 끊임없이 상호작용하고 있으므로 기업은 지속적으로 외부환경을 모니터링해야 하며, 필요하다면 환경에 대응하는 변화를 운영 및 공급사슬에서 도모해야 한다. 빠르게 변화하는 오늘날의 글로벌 경쟁에서 지속적인 변화는 생존에 있어서 필수적이기 때문이다. 프로세스 관점으로 운영을 바라보면서 변환시스템을 지속적으로 업데이트한다면 운영기능이 외부환경으로부터 단절되지 않고 오히려 환경의 변화에 적응할 수 있게 해 준다.

## 1.7  운영 및 공급사슬의 최근 이슈

**LO1.5 운영관리자와 공급사슬관리자가 당면한 최근 이슈**

오늘날 운영과 공급사슬에 여러 가지 중요하고 도전적인 이슈들이 있으며, 이들을 이 책에서 반복적으로 다룰 것이다. 이들 이슈들이 빠르게 변하는 시대에서 새로운 리더십을 추구하는 관리자들에게 운영 및 공급사슬관리가 매우 흥미로운 분야임을 알게 해 줄 것이다.

**서비스 운영**

운영의 개념과 아이디어들이 오랫동안 서비스기업의 운영에도 적용되어 왔다. 하지만, 공급사슬의 최신 아이디어를 적용함에 있어서는 제조기업에 비해 서비스기업이 뒤처져 있다. 이는 이 책에서 배우는 것을 서비스기업에 적용하는 것이 큰 도전이면서 기회임을 의미한다. 그리고 서비스업 특유의 개념인 서비스 회복(service recovery), 웹 기반의 서비스, 서비스의 글로벌화 등도 여전히 실행에서 도전적인 면을 갖고 있다. 그럼에도 불구하고 월마트, 노드스트롬, 스타벅스, 아마존, 페덱스, 델타 항공과 같이 서비스 산업의 일부 선도기업들은 뛰어난 운영을 보여주고 있다. 이들 기업은 이 책에서 제시하는 많은 개념들을 적용함에 뛰어난 능력을 보여주고 있음을 알 수 있다.

**고객지향의 운영**

모든 운영기능은 **고객의 소리**(voice of the customer, VOC)를 통해 고객의 요구사항을 충족하는 것을 목표로 해야 한다. 이 개념은 흔히 마케팅 교과목에서 가르치는 개념이지만 운영 및 공급사슬 교과목에서도 적용된다. 중요한 점은 고객의 니즈를 충족시키기 위해 효율성을 저해해서는 안 된다는 것이다. 오히려 모든 프로세스의 효율성을 향상시키고 고객이 원하지 않는 요소를 제거함으로써 프로세스의 낭비를 최소화하는 데 고객이 강력한 동인이 될 수 있다. 고객을 최우선으로 놓고자 하는 운영 및 공급사슬관리자에게 이 개념은 지속적으로 도전적 이슈이기 때문에 그런 목적의 개념과 기법을 이 책에서 제시하고 있다.

**의사결정의 내적 및 외적 통합**

모든 관리자가 당면하는 가장 어려운 문제점은 조직 내 기능들 간의 의사결정 통합이다. 어떤 기업은 기능들을 독립적인 부서로 조직하고 그들 사이의 통합이 거의 이루어지지 않는 경우가 있다. 하지만 선도기업들은 다기능팀, 정보시스템, 관리자의 협업, 종업원의 순환근무 등 다양한 방법으로 기능들의 통합을 기하고 있다. 새로운 시스템이나 접근법을 실행할 때 일어나는 대부분의 문제점은 기능들 사이의 내부 협조가 이루어지지 않기 때문에 발생한다. 공급사슬 내 조직들 사이에서도 마찬가지다. 기업이 자신의 공급업체나 고객과 파트너십 관계를 맺더라도 성공적이지 못한 것은 서로 간의 의사결정 통합이 이루어지지 못하기 때문이다. 때로는 그들 사이의 적절한 정보시스템이 부재하기 때문이기도 하다.

**환경의 지속가능성**    오늘날 지구온난화, 수질오염, 대기오염 등에 대한 관심이 높아짐에 따라 자연환경의 **지속가능성**(sustainability)을 강조하고 있다. 기업들은 재화를 생산할 때 지구 생태계에의 부정적 영향을 최소화하면서 미래 세대의 삶을 위험하게 만들지 않도록 압력을 받고 있다. 운영선도사례에서 인터페이스 회사가 이 같은 환경 이슈에 어떻게 성공적으로 대처했는지를

설명해 주고 있다. 운영 및 공급사슬기능이 대기, 토지, 수질의 오염을 줄이기 위해 엄청난 성과를 이루어 왔지만 여전히 가야 할 길이 멀다. 그들은 오염을 줄이고, 자원을 보호하며, 제품을 재활용할 수 있는 방법을 찾으면서 미래 세대에 지속가능한 세상을 넘겨주기 위한 사회적 책임을 다하고 있다. 운영 및 공급사슬을 전향적으로 운영하는 기업들이 지속가능성을 하나의 도전 이슈로 받아들이고 있는 것이다.

코카콜라는 전 세계에서 생산되고 판매된다. 이 사진은 베네수엘라에서 종업원이 트럭에서 코카콜라 제품을 하역하고 있는 장면이다.
© Ronaldo Schemidt/AFP/Getty Images

**운영의 글로벌화**    오늘날 운영과 공급사슬의 **글로벌화**(globalization)는 기업들에게는 흔한 주제이다. 사업의 성격이 글로벌화되는 속도가 빨라지고 있다는 정보는 어렵지 않게 얻을 수 있다. 따라서 운영과 공급사슬의 전략을 수립할 때는 국내만의 효과를 볼 것이 아니라 글로벌 효과를 염두에 두고 해야 한다. 중소기업조차도 제품과 서비스를 글로벌 시장에서 구매하거나 판매하고 있다. 이런 이유로 사업장의 입지 등 여러 의사결정을 글로벌 관점에서 해야 할 것이다. 기술도 국가의 경계를 넘어 빠르게 전파되고 있다. 운영과 공급사슬의 모든 의사결정이 글로벌이라는 경영의 본질에 의해 영향을 받지 않을 수 없게 되었다.

## 운영선도사례 인터페이스에서 변환 프로세스를 지속가능 개념으로 운영

지속가능경영에 대한 관심은 지속적으로 높아지고 있고, 대부분 기업의 운영기능이 이러한 노력에 깊이 관련되어 있다. 지속가능의 철학은 '미래 세대가 자신의 니즈를 충족하는 능력을 현재 세대가 저해하지 않으면서 현재의 니즈를 충족'시키는 것이다. 카펫 제조업체인 인터페이스는 지난 15년 동안 이러한 철학과 함께 사회적 영향, 환경적 영향, 재무적 영향을 강조하는 방향으로 운영을 전환했다.

전형적인 운영의 변환 프로세스는 끊임없이 새로운 원자재의 투입을 필요로 한다. "대부분의 경우 자연에서 원자재를 채취하는 것이 자연

© Arcaid Images/Alamy Stock Photo

의 재생 속도를 초과하고 있다." 생산에 이어서 고객은 제품을 사용하고 폐기한다. 인터페이스는 이같은 전통적인 공급사슬을 환경비용의 최소화를 위해 바꾸기로 했다. 그들은 신제품 생산을 위한 가장 바람직한 원재료는 자신들의 사용 만료된 제품이라는 것을 알게 되었고, 소비자가 사용하고 버린 중

고 카펫을 생산시스템의 투입물로 다시 사용하는 폐회로 공급사슬을 구축했다. 여전히 새롭게 추출한 원재료가 약간 필요하기 때문에 완벽한 폐회로 시스템은 아니지만 지속가능을 위한 올바른 방향이라고 믿고 추진했다.

인터페이스는 4대륙에 생산설비와 100여 개 국가에 사무실을 갖고 있는 글로벌기업으로서 모듈식 사각형 카펫의 설계, 생산 및 판매의 선두기업이다. 지속가능의 목표를 설정한 후로 1억 3,300만 파운드의 폐기 카펫이 신상품 생산의 원료로 다시 사용되었다고 인터페이스는 보고하고 있다. 네덜란드에 위치한 유럽 생산공장에서 일련의 획기적인 변혁을 했다. 2015년 기준으로 공장은 재생 에너지를 100% 사용하고, 생산공정에서 물을 거의 사용하지 않으며, 매립해야 하는 쓰레기가 거의 없는 성과를 이루어냈다.

출처 : Dave Gustashaw and Robert W. Hall, "From Lean to Green: Interface, Inc." *Target* 24, no. 5 (2008), pp. 6-14; interfaceglobal.com 2015.

## 1.8 요점정리와 핵심용어

이 장에서는 도전적이고 역동성을 가진 운영관리와 공급사슬 분야를 개괄적으로 소개했다. 운영과 관련 공급사슬에서의 의사결정, 타 기능 의사결정과의 연관성을 강조했다. 또한 다섯 가지 주요 의사결정 영역인 프로세스, 품질, 생산능력, 재고, 공급사슬이 이 책의 구조로 사용되고 있다.

이 장에서의 요점은 다음과 같다.

- 운영 및 공급사슬은 글로벌 경제에서 고객에게 가치를 창출해 주는 제품과 서비스를 생산한다. 그리고 운영기능은 영리기업 혹은 비영리 조직 모두에게 필수적인 기능이다.
- 운영관리는 기업의 제품과 서비스를 생산하고 전달하기 위한 의사결정에 초점을 두

고 있다. 이들 의사결정은 전체 공급사슬을 통해 고객에게 전달되는 제품 혹은 서비스에 내재된 가치를 최대화하는 것이다.

- 공급사슬이란 원자재부터 제조업체, 궁극적으로는 고객에게 이르는 제조와 서비스 운영의 네트워크이다. 공급사슬은 구매, 생산, 유통 등의 전체 사슬을 따라 흐르는 자재, 자본, 정보의 물리적인 흐름으로 구성되며, 서로 다른 많은 조직들을 연결시키고 있다.

- 운영에는 다섯 가지의 핵심적인 의사결정 영역이 있으며, 프로세스, 품질, 생산능력, 재고, 공급사슬이 그것이다. 이들 의사결정의 경우 필요하다면 분석적 기법을 사용하고, 우수사례가 항상 최선이 아니기 때문에 특수 상황이나 예외 상황을 고려한다.

- 운영의 의사결정은 본질적으로 다기능적이다. 이들 의사결정은 마케팅이나 재무 등 다른 기능의 활동에 영향을 주거나 영향을 받을 수 있다. 따라서 복잡한 의사결정을 수행할 때는 다기능팀을 종종 구성하게 된다.

- 운영 및 공급사슬관리자가 당면하거나 앞으로 중요하게 대두될 여러 도전적인 이슈들을 살펴보았다. 그 이슈들은 서비스 운영, 고객지향의 운영, 의사결정의 내적 및 외적 통합, 환경의 지속가능성, 운영의 글로벌화 등이다.

| 핵심용어 | | |
|---|---|---|
| 가치 | 다기능적 의사결정 | 의사결정 |
| 고객의 소리 | 물류기능 | 재고 |
| 공급사슬 | 변환시스템 | 지속가능성 |
| 구매기능 | 분석학 | 품질 |
| 글로벌화 | 생산능력 | 프로세스 |
| 내부 및 외부환경 | 운영관리 | 프로세스 관점 |

---

**인터넷 학습**

1. 위키피디아(http://www.wikipedia.org)
   위키피디아에서 운영관리(operations management)의 정의를 읽고 운영관리의 역사에 대해 정리해보라.

2. 일상 품목들이 어떻게 만들어지는가?
   오토바이, 젤리, 데님 등 일상적인 제품들이 만들어지는 과정을 보여주는 사이트를 찾아보라. 제품 한 가지를 선택하고, 그 제품의 구매, 제조, 유통 등에서 다섯 가지 의사결정 영역과 관련된 의사결정이 무엇인지를 설명해보라.

3. 몬스터닷컴(http://www.monster.com)
   몬스터닷컴에서 운영관리와 관련된 직책과 직무의 기회를 찾아보라. 당신의 관심을 끄는 1~2개 직무에 대해 수업시간에 토의할 준비를 해보라.

## 토의질문

1. 왜 운영관리를 공급사슬의 개념 안에서 공부해야 하는가?
2. '생산관리'와 '운영관리'라는 용어 간의 차이점은 무엇인가?
3. 운영관리와 공급사슬관리의 차이점은 무엇인가?
4. 구매 및 물류관리자의 핵심 의사결정사항에는 어떤 것이 있는가?
5. 마케팅관리자 혹은 재무관리자의 역할과 운영관리자의 역할은 어떻게 다른가? 또한 유사한 점은 무엇인가?
6. 운영관리기능이 인사, 정보시스템, 회계기능과 어떻게 관련되는가?
7. 다음과 같은 조직에서의 운영관리 본질을 서술하라. 먼저 조직의 산출물을 규정하고, 다음으로 다섯 가지 의사결정 유형을 활용하여 중요한 운영 의사결정과 역할을 규정하라.
   a. 대학 도서관
   b. 호텔
   c. 중소 제조업체
8. 7번 문제 조직들의 생산시스템에 대해 투입물, 변환 프로세스, 산출물을 설명하라.
9. 운영관리의 의사결정 관점과 프로세스 관점에 대해 서술하라. 이 두 가지 관점이 운영관리 분야를 학습하는 데 있어서 유용한 이유가 무엇인가?
10. 미래에 운영관리 분야가 직면할 수 있는 도전에 대해 서술하라. 신문이나 경영 분야의 잡지, 인터넷을 활용해 찾아보라.
11. 운영관리 전공자가 갈 수 있는 직무들을 다양한 출처에서 찾아보고, 그들의 역할을 정리하라.
12. 운영의 프로세스 사고가 다음과 같은 업무에 어떻게 적용될 수 있는지 생각해보라.
    a. 다른 기업의 인수
    b. 연말 결산
    c. 신제품 개발을 위한 시장조사
    d. 정보시스템 설계
    e. 신규 종업원의 고용

# 운영전략과 공급사슬전략

## 학습목표

LO2.1  운영전략의 정의

LO2.2  운영전략요소의 정의 및 사업전략과 타 기능 전략과의 연계

LO2.3  운영기능의 목표와 경쟁수단의 차별화

LO2.4  모방적 제품전략과 혁신적 제품전략의 비교

LO2.5  운영기능의 차별적 역량

LO2.6  운영 및 공급사슬의 글로벌적 특성

LO2.7  공급사슬전략의 두 유형

LO2.8  환경과 지속가능 운영

기업은 운영기능과 공급사슬을 통해 단지 제품 혹은 서비스만 생산하는 것이 아니라 기업의 글로벌 경쟁력에 기여할 수 있다는 점을 점차 인식하고 있다. 즉 운영기능과 공급사슬이 지속적으로 제품, 서비스, 프로세스를 개선하여 기업의 차별적 역량에 기여할 수 있다. 운영선도사례에서 인시그니아 애슬레틱스(Insignia Athletics)가 유연생산시스템과 적시배송으로 고객화 및 표준화 제품을 생산하는 운영전략의 사례를 설명하고 있다.

**LO2.1 운영전략의 정의**

운영기능은 사업전략과 완벽하게 연결되어 있어야 하며, 운영기능의 전략과 의사결정이 기업의 니즈를 달성하고 **경쟁우위**(competitive advantage)를 높여주어야 한다.

운영기능은 기업의 핵심 가치창출기능으로서 기업이 선택한 시장에서 운영기능과 공급사슬이 경쟁기업보다 더욱 생산적일 때 가치가 창출될 수 있다. 그 가치창출과 경쟁우위를 위해 기업의 모든 기능이 잘 협력해야 한다. 모든 기능 사이의 의사결정이 잘 조화되기 위해서는 전사적으로 모든 기능의 경영자들이 함께 운영전략을 수립해야 할 것이다.

## 운영선도사례　인시그니아 애슬레틱스 : 미국인의 여가를 위한 미국산 제품

매사추세츠주 우스터에 위치한 인시그니아 애슬레틱스(Insignia Athletics)는 미국 내에서 야구 글러브를 생산하고 있다. 그래서 수입해서 판매하는 글러브보다 훨씬 높은 인건비를 지불하고 있다. 인건비가 높은 만큼 인시그니아는 고객이 가치를 두는 다른 요소들, 즉 신속한 납품, 독특한 디자인, 제품 품질, 고객의 선호 등을 뛰어난 수준으로 제공하고 있다. 그들의 글러브는 소매상과 온라인을 통해 150~300달러에 팔리고 있고, 고객이 선택하는 색상으로 고객의 이름을 새긴 고객맞춤 제품으로 10일 이내로 배송하고 있다.

인시그니아의 운영전략은 유연한 적시생산시스템의 장점을 이용하여 고객이 원하는 것을 신속히 생산하여 배송하는 것이다. 따라서 유행

© Purestock/SuperStock

이 지나서 재고를 처분해야 할 필요가 없게 되었다. 가죽이 대부분을 차지하는 재료비가 생산원가의 55%를 차지하고 있는데, 인시그니아는 자동 절단시스템을 개발하여 불규칙한 모양의 원재료에서도 높은 수율을 얻고 있으며, 새로운 모델에 대해서도 신속히 생산전환을 할 수 있다.

미국의 인건비가 높지만 인시그니아는 효율적인 생산, 원재료의 절약, 신속한 출시, 소매업체 요구에의 신속한 반응, 소비자에 맞는 고객맞춤 제품으로 경쟁하고 있는 것이다. 이렇듯 기업들은 다양한 운영전략으로 자신만의 방법으로 경쟁하고 있다.

출처 : "Worcester Manufacturer Dons a Rally Cap," www.wbjounal.com, 2012, www.insigniaathletics.com, 2016.

---

이 장의 논의를 위하여 운영전략을 다음과 같이 정의할 수 있다.

> **운영전략**(operations strategy)은 사업전략 및 타 기능의 전략과 밀접하게 연계되어, 기업의 경쟁우위를 달성하게 하는 운영 및 공급사슬의 일관된 의사결정 패턴이다.

이 정의는 운영 및 공급사슬에서 이루어지는 모든 의사결정뿐 아니라 타 기능의 의사결정을 이끄는 기초로 이 장에서 사용하게 될 것이다.

이 장에서는 운영전략의 요소들을 예시하기 위하여 맥도날드(McDonald's)의 사례를 사용하고 있다. 캘리포니아에서 맥도날드 형제가 운영한 햄버거 가게를 본 따 1955년에 레이 크록(Ray Kroc)이 일리노이주의 데스 플레인즈(Des Plaines)에 첫 레스토랑을 열었다. 맥도날드의 서비스 시스템은 한정된 메뉴, 표준화된 음식의 신속한 제공, 편리한 서비스와 낮은 가격을 바탕으로 설계되었다. 이전까지만 해도 깨끗하고 친절한 환경에서 빠르게 제공되는 음식은 없었다. 표준화된 설비와 시설, 종업원 교육을 통해 맥도날드 시스템은 미국 전역뿐 아니라 전 세계의 많은 매장으로 빠르게 확산되었다.

맥도날드의 시스템은 엄격한 기준을 충족하도록 한 표준화 서비스 시스템이다. 시스템의 세세한 모든 부분이 신속하고 효율적인 음식 서비스를 위해 설계되었다. 그러면서 서비

스 시스템과 공급사슬을 매년 지속적으로 개선했다. 예를 들어 많은 음식과 음료 메뉴를 확대하면서도 항상 기존 레스토랑의 능력 범위 안에서 해 왔다. 운영의 정보시스템도 개선하고, 샌드위치의 포장을 스티로폼에서 자연분해성 종이 포장으로 전환하는 등 환경적으로도 대응해 왔다. 건강식품의 추세에 맞춰 샐러드, 사과 슬라이스, 구운 치킨 등을 메뉴에 추가했다. 그런 노력에도 불구하고 맥도날드는 여전히 소비자의 비만과 환경에의 부정적 영향으로 종종 비판받고 있다.

맥도날드는 글로벌 서비스기업이다. 글로벌 확장을 위한 운영전략은 각국에서 메뉴와 프로세스를 최소한으로 변화시키면서 서비스 시스템과 공급사슬을 설계하는 것이다. 그렇지만 지역적인 선택 메뉴도 제공하는데, 예를 들어 독일에서는 맥주, 인도네시아에서는 맥라이스, 포르투갈에서는 수프, 노르웨이에서는 연어 버거를 제공하고 있다. 또한 제품과 서비스의 통제를 강화하기 위하여 프랜차이즈 시스템도 도입했다. 오늘날 맥도날드는 120개국 35,000개 이상의 매장에서 매일 평균 6,800만 명의 고객에게 서비스를 제공하는 최대 규모의 글로벌 푸드 서비스 회사이다. 이제 맥도날드의 운영전략을 통해 운영전략의 요소들이 사업전략을 어떻게 지원하는지를 설명하고자 한다.

## 2.1  운영전략모형

운영전략은 기업의 다른 기능, 즉 마케팅, 엔지니어링, 정보시스템, 인적자원 등에서와 마찬가지로 기능전략의 하나이다. 운영전략이 **기능전략**(functional strategy)이기 때문에 〈그림 2.1〉에서와 같이 기업전략과 사업전략에 따라 수립되어야 한다. 점선으로 묶인 박스의 내

부에 표시된 미션, 목표, 전략적 의사결정, 차별적 역량이 운영전략의 핵심이며, 그 외의
요소들은 운영전략 수립 과정에서의 투입물과 결과물에 해당된다. 운영전략을 활용한 결
과는 타 기능과 잘 연계되어 운영 의사결정이 일관된 패턴으로 이루어지는 것이다.

**기업전략과
사업전략**

기업전략과 사업전략이 〈그림 2.1〉의 맨 윗부분에 위치하고 있다. **기업전략**(corporate
strategy)은 기업이 추구하는 사업을 정의한다. 예를 들어 월트디즈니는 '사람들을 행복하게
만드는' 기업으로 스스로를 정의하고 있다. 그래서 테마파크뿐 아니라 애니메이션, 영화 제
작, 캐릭터 상품화 등 전 세계적으로 엔터테인먼트와 관련된 다양한 사업을 포함하고 있다.
　**사업전략**(business strategy)은 기업전략을 따라서 특정 사업이 경쟁하는 방법을 정의한다.

그림 2.1
운영전략 프로세스

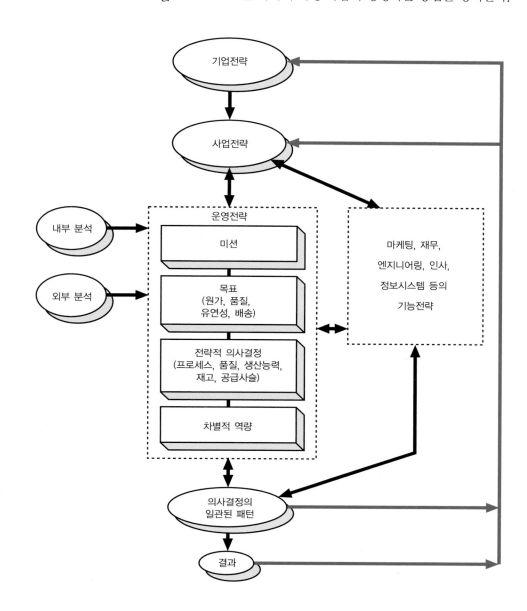

대부분의 대기업들은 서로 다른 목표시장에서 경쟁하고 있는 다양한 사업분야를 가지고 있다. 마이클 포터(Michael Porter, 1980)는 사업전략의 세 가지 기본 유형으로 차별화 전략, 저원가 전략, 집중화 전략을 제시했다. 차별화 전략이란 독특하면서도 혁신적인 신제품을 수시로 출시하는 전략이고, 저원가 전략은 모방적인 제품 혹은 서비스의 상품시장에서 저원가를 추구한다. 집중화 전략은 지리적으로 혹은 제품 포트폴리오 차원에서 좁은 시장에 집중하는 전략으로서 차별화 전략 혹은 저원가 전략과 결합할 수 있다.

**매직 킹덤. 월트디즈니는 '사람을 행복하게 만드는' 사업을 하고 있다.**
© Phelan M. Ebenhack/AP Images

**운영미션**

운영미션은 사업전략과 연계되어야 하며, 다른 기능부서들의 전략과 조화를 이루어야 한다. 만약 사업전략이 혁신제품을 통한 차별화라면, 운영미션은 신제품의 도입과 변화하는 시장 니즈에 맞게 제품을 생산하는 유연성을 강조해야 한다. 다른 사업전략에서는 낮은 원가 혹은 빠른 배송 등과 같이 운영미션이 달라지게 된다. 따라서 운영미션은 사업단위에서 선택한 특정 사업전략으로부터 기인하는 것이다.

맥도날드의 운영미션은 고객에게 일관된 품질의 음식을 청결하고 친근한 환경에서 저가격으로 신속하게 제공하는 것이다. 또 다른 운영미션의 사례로 메드트로닉의 운영선도사례를 참고하기 바란다.

**운영목표**

운영목표 또는 경쟁우선순위가 운영전략의 두 번째 요소이다. 일반적으로 운영목표를 원가, 품질, 배송, 유연성의 네 가지로 설명하지만, 이 외에도 혁신, 안정성, 환경적 지속가능성 등을 추가하기도 한다. 운영목표는 운영미션에 기반을 두며, 운영미션을 계량적으로 측정 가능한 지표로 다시 표현해 놓은 것이다. 그리고 전략의 특성상 운영목표는 장기지향적 (5~10년)이다.

운영목표의 일반적인 네 가지를 다음과 같이 정의할 수 있다.

- 원가는 운영기능이 사용하는 자원의 양으로서 일반적으로 단위당 생산원가 또는 매출원가로 표현된다.
- 품질은 고객의 요구사항에 제품 혹은 서비스가 부합하는 정도이다.
- 배송은 제품 혹은 서비스를 신속하고 정시에 제공하는 것이다.

표 2.1
운영목표의 예

| | 올해 | 5년 후 목표 | 세계 일류기업의 현재 |
|---|---|---|---|
| **원가** | | | |
| 생산원가(매출액 대비 비율) | 55% | 52% | 50% |
| 재고회전율 | 4.1 | 5.2 | 5.0 |
| **품질** | | | |
| 고객만족(제품에 만족하는 고객의 비율) | 85% | 99% | 95% |
| 폐기 혹은 재작업 비율 | 3% | 1% | 1% |
| 보증비용(매출액 대비 비율) | 1% | 0.5% | 1% |
| **배송** | | | |
| 재고로 충족되는 주문의 비율 | 90% | 95% | 95% |
| 재고 보충의 리드타임 | 3주일 | 1주일 | 3주일 |
| **유연성** | | | |
| 신제품 개발에 걸리는 기간 | 10개월 | 6개월 | 8개월 |
| 생산능력의 ±20% 변경에 걸리는 기간 | 3개월 | 3개월 | 3개월 |

- 유연성은 운영활동을 신속히 변화시킬 수 있는 능력이다.

〈표 2.1〉에서는 운영의 장기적 성과를 계량화하는 운영목표의 지표를 몇 가지 보여주고

---

## 운영선도사례　장기적인 주주가치를 창출하는 운영미션 : 메드트로닉의 전 CEO 빌 조지(Bill George)

… 영리기업의 주된 미션은 주주가치의 극대화라는 일반적인 철학이 근본적으로 잘못된 것이라는 믿음을 나는 갖게 되었다. 이 철학은 단기적으로 주주가치의 증대를 가져올지는 몰라도 장기간 지속되기는 어렵다. 단순히 재무 성과만을 고려하는 전략의 기업은 시간이 지남에 따라 주주가치는 정체될 것이고 결국은 저하될 것이다. …

주주가치의 장기적인 성장을 위해 가장 좋은 방안은 종업원들이 기꺼이 헌신할 수 있는 미션, 일관성 있게 실천하는 기업가치, 경영 상황의 변화에 잘 대응할 수 있는 명확한 사  업전략을 갖추는 것이다. 기업의 미션을 한결같이 추구하는 기업이 결국에는 주위 사람이 가능하다고 생각하는 수준 이상으로 주주가치의 증대를 이룩하게 될 것이다. …

주주가치 증대의 결과에 경영진의 재무적 인센티브(보너스, 인센티브 보상, 스톡옵션 등)를 연계시킨다면 적어도 단기적

으로는 분명 동기부여가 될 것이다. 이런 관계는 많은 사례로 잘 알려져 있다. 하지만 최고경영자는 기업에서 일하는 많은 구성원들의 극히 일부에 불과하다. …

기업의 목표는 '고객에게 서비스한다'는 것으로 귀결된다. 고객에게 서비스하는 측면에서 그 분야의 다른 기업보다 우월하고 오랫동안 그 우위를 지속시킬 수 있는 기업이 궁극적으로 주주가치를 창출하게 될 것이다. …

결국에는 고객에게 혁신적인 제품, 우월한 서비스, 타의 추종을 불허하는 품질을 장기적으로 제공하는 방법으로 내가 아는 유일한 방법은 종업원을 미션과 분명한 목표로 동기부여하는 것이다. 제품이나 서비스의 혁신적인 아이디어는 시간이 지나면 경쟁사들이 모방하게 될 것이지만, 높게 동기부여된 구성원의 기업은 경쟁사가 모방하기 매우 어려울 것이다.

출처 : William George, "Address Given to the Academy of Management," *Academy of Management Executive* 15, no. 4 (November 2001), pp. 39–47, and Medtronic.com, 2016.

있다. 향후 5년 뒤의 목표를 현재와 비교할 수 있으며, 세계 일류기업의 현재와도 비교하고 있다. 일류 경쟁기업과 비교하는 것은 **벤치마킹**(benchmarking)이 목적이며, 경쟁기업보다 앞서 있는지 뒤처져 있는지를 볼 수 있다. 운영목표는 개별 기업의 상황에 맞춰 설정되며, 모든 지표에서 경쟁사보다 우월해야 하는 것은 아니다.

맥도날드에서는 각 매장마다 원가, 품질, 서비스 시간 측면에서 특정 목표를 갖고 있다. 표준화된 운영방식으로 이들 목표를 달성하고자 하며, 달성 정도를 정기적으로 측정하고 있다. 맥도날드는 각 매장의 성과를 추적하고 있으며 그것을 경쟁사와 비교하고 있다.

**전략적 의사결정**

전략적 의사결정은 운영전략의 세 번째 요소로서 운영목표를 달성할 수 있는 방법을 규정한다. 일관성 있는 전략적 의사결정은 주요 의사결정 영역(프로세스, 품질, 생산능력, 재고, 공급사슬)에서 이루어져야 한다. 또한 다른 기능부서들의 의사결정과도 일관성과 조화를 이루어야 하는데 이것이 가장 어려운 부분이다.

〈표 2.2〉에서 운영의 주요 전략적 의사결정을 보여주고 있다. 이들 의사결정은 교환관계(trade-off)에 있는 선택을 요구한다. 예를 들어 하나의 대규모 공장을 지을 것인지 여러 개의 소규모 공장을 지을 것인지 결정해야 한다. 하나의 대규모 공장을 지을 경우 규모의 경제가 발생하여 전체 투자비용을 줄일 수 있는 이점이 있는 반면 여러 개의 소규모 공장들은 시장 근처에 위치할 수 있으며 보다 나은 고객서비스를 제공할 수 있다. 따라서 전략적인 의사결정은 운영에서 추구하는 목표에 따라 이루어져야 하고, 가용자본, 마케팅 목표

**표 2.2**
운영에서의 주요
전략적 의사결정

| 전략적 의사결정 | 의사결정 유형 | 전략적 선택사항 |
|---|---|---|
| **프로세스** | 프로세스의 범위 | 제조 혹은 구매(make or buy) |
| | 자동화 | 수작업 혹은 기계화 |
| | 프로세스 흐름 | 프로젝트, 뱃치, 라인, 연속 |
| | 직무의 전문성 | 높은 전문성 혹은 낮은 전문성 |
| **품질** | 접근법 | 예방 혹은 사후검사 |
| | 교육훈련 | 기술교육 혹은 관리교육 |
| | 공급업체 | 품질기준의 선정 혹은 원가기준의 선정 |
| **생산능력** | 공장 규모 | 하나의 대규모 공장 혹은 여러 개의 소규모 공장 |
| | 입지 | 시장 인접, 저비용 지역, 혹은 해외 |
| | 투자 | 영구적 투자 혹은 일시적 투자 |
| **재고** | 규모 | 높은 재고수준 혹은 낮은 재고수준 |
| | 유통 | 중앙 창고 혹은 분산 창고 |
| | 관리시스템 | 엄격한 관리 혹은 느슨한 관리 |
| **공급사슬** | 구매 | 내부조달 혹은 아웃소싱 |
| | 물류 | 국내 혹은 글로벌 |

등도 함께 고려해야 한다.

맥도날드의 사례는 전략적 의사결정의 다섯 영역에서 어떻게 일관된 패턴으로 전략적 선택을 했는지를 보여준다.

프로세스 : 특수 장비와 작업의 흐름이 고객에게 음식을 신속히 전달하게 만들어준다. 예를 들어 프렌치프라이를 담는 특수 도구(scoop)는 손쉽게 올바른 양을 봉지에 담게 해 준다. 그리고 종업원은 고객의 주문을 조리사에게 전달하기 위해 정보기술을 이용하고 있다.

품질 : 농장에서 공급업체를 거쳐 매장에 이르기까지 품질과 식품안전의 검사와 확인이 2,000번 이상 이루어진다. 각 매장에서는 매일 72개 이상의 안전과 품질요소를 확인한다. 또한 관리자는 '햄버거 대학(Hamburger U)'에서 서비스, 속도, 품질, 청결, 친절 등의 기준을 지키기 위해 교육받는다.

생산능력 : 매장의 생산능력은 고객의 대기시간을 최소로 유지하는 것을 목표로 설계되며, 하루 동안에 변동하는 수요에 맞춰 종업원의 근무일정을 계획한다.

재고 : 적시생산(JIT) 시스템을 이용하여 매장에서 필요할 때 바로 식재료와 포장용기를 공급받을 수 있으며, 음식과 포장이 매장마다 높은 수준으로 표준화되어 있다.

공급사슬 : 각 매장의 공급사슬은 신속하고 빈번한 재고 보충을 할 수 있도록 설계되어 있다.

**차별적 역량**

모든 운영부문은 경쟁업체와 차별화되는 역량(운영능력)을 가져야 한다. 차별적 역량이란 어느 누구보다 운영 면에서 뛰어난 그 어떤 능력을 뜻한다. 그것이 경쟁사가 모방하기 어려운 독특한 자산(인적 자산 혹은 자본적 자산)일 수도 있고, 특허 기술 혹은 운영에서의 혁신일 수도 있다.

차별적 역량은 운영기능의 미션과 연계되어야 한다. 예를 들어 운영미션은 신제품 개발에서의 우월을 추구하는데 차별적 역량이 재고관리시스템의 우수성이라면 적합하지 않을 것이다. 또한 차별적 역량은 마케팅, 재무 등 다른 기능부서들과 조율되면서 전사적으로 지원받을 때 경쟁우위의 기반이 될 수 있다.

차별적 역량은 기업의 사업전략을 설정하는 데 사용될 수도 있다. 사업전략이 항상 시장에서부터 도출되어야 하는 것은 아니며, 운영의 차별적 역량을 기존 시장 혹은 잠재 신시장에서 발휘하도록 사업전략을 수립할 수도 있다. 기업이 경쟁하기 위해서는 유망한 시장과 함께 재화를 공급하는 독특한 역량이 있어야 할 것이다.

월마트(Walmart)의 미션은 매장에서의 낮은 원가이다. 이러한 미션을 달성하기 위해 월마트는 운송비용 감소를 목표로 크로스도킹(cross-docking)이라는 차별적 역

**월마트의 차별적 역량은 저원가전략을 가능하게 만들었다.**
© Mcgraw-Hill Education/John Flournoy

량을 개발했다. 크로스도킹을 이용하여 공급업체의 트럭에 실려 있는 제품을 창고로 하역하는 것이 아니라 월마트의 트럭으로 바로 옮길 수 있었다. 또한 월마트는 정교한 재고관리시스템과 경쟁자보다 강력한 구매력을 가지고 있었기 때문에 재고와 원가를 최소화할 수 있었다. 이러한 차별적 역량이 월마트가 낮은 원가로 경쟁할 수 있도록 만들어주었다.

맥도날드의 초기 차별적 역량은 독특한 서비스와 공급사슬이었는데, 경쟁업체들이 이 시스템을 점차 모방하게 됨에 따라 차별적 역량을 변환시스템의 지속적 개선으로 수정했다. 그 결과로 지금은 맥도날드의 브랜드와 함께 변환시스템이 차별적 역량이 되었다.

## 2.2 운영목표를 통한 경쟁

**LO2.3** 운영기능의 목표와 경쟁수단의 차별화

운영을 통한 다양한 경쟁방식을 설명하기 위해 앞서 소개한 네 가지 운영목표를 이용할 수 있다. 대부분의 기업들은 1~2개의 운영목표에 초점을 두고 운영의 전략적 의사결정이 일관성 있게 이루어지면서 운영목표의 달성을 지원하게 한다.

첫 번째로 살펴볼 내용은 **품질 목표**(quality objective) 달성을 통한 경쟁이다. 품질은 고객이 원하는 것을 만족시키는 것이다. 마케팅에서 특정 목표시장을 규정하고 운영기능이 이들 고객의 구체적 요구사항을 이해하는 것은 기본이고, 운영 프로세스는 이들 요구사항을 만족시킬 능력을 갖고 있어야 한다. 만약 품질을 통한 경쟁이 운영목표라면 제품 설계, 생산, 공급사슬이 고객의 품질 기대 수준을 맞출 수 있어야 한다. 예를 들어 중저가 호텔에서 고객이 기대하는 서비스와 고급 호텔에서 기대하는 서비스는 다를 것이다. 종업원은 고객이 기대하는 서비스를 제공할 수 있도록 교육을 받아야 하며, 공급사슬의 의사결정(예 : 시트의 구매결정)은 고객의 요구사항을 충족할 수 있도록 이루어져야 한다.

다음으로 **저원가 목표**(low-cost objective)를 추구하는 경우를 보자. 저원가를 달성하는 가장 좋은 방법은 제품 설계와 운영 모두에서 고객의 요구사항(품질요구)에 중점을 두면서 재작업, 폐기, 품질검사 등 운영에서 발생하는 비부가가치적 단계들을 제거하는 것이다. 지속적 개선을 통해 오류를 사전에 예방함으로써 원가를 절감하는 것이 가장 바람직하다. 저원가 목표는 제품사양을 단순히 충족하는 것 이상이어야 하며, 원가를 줄이기 위해 자동화와 정보시스템에 투자를 해야 할 수도 있다.

운영목표로 **배송 목표**(delivery objective)를 선택한다면 전략적 의사결정은 고객의 기대에 따라서 신속 혹은 적시배송을 달성하도록 이루어져야 한다. 고객이 기업인 경우 신속한 배송보다는 적시배송을 일반적으로 원한다. 일반 소비자들은 자신의 주문이 가급적 빨리 배송되기를 기대하기 때문에 신속배송이 바람직할 것이다. 서비스기업에서의 신속배송이란 고객이 서비스를 받기 위해 대기하는 시간의 최소화를 의미한다. 제조기업에서 품질개선의 일환으로 비부가가치 단계를 줄인다면 제품을 생산하고 배송하는 데 걸리는 시간이 간접적으로 단축되는 효과가 있다. 또한 프로세스의 작업전환 시간을 개선해도 시간이 줄어들게 된다. 이를 위해 기업들은 복잡한 운영을 단순화하거나 제품 혹은 서비스의 설계를 새롭게 하는 노력을 한다.

마지막으로 **유연성 목표**(flexibility objective)를 선택한 경우를 보자. 운영에서의 소요시간을 줄이면 자동적으로 유연성은 향상될 수 있다. 생산하는 데 16주가 걸리는 제품의 생산시간을 2주로 줄였다고 가정해보자. 그러면 생산 스케줄을 변경하는 것이 16주가 아니라 2주 이내에 가능하기 때문에 고객의 주문에 유연하게 대처할 수 있게 된다. 유연성 확보의 또 다른 방법은 생산능력을 더 보유하는 것, 유연성 높은 기계를 구입하는 것, 다양한 옵션 생산이 가능하도록 제품을 재설계하는 것 등이 있다.

지금까지 살펴본 내용을 통해 운영목표들이 서로 연결되어 있다는 것을 알 수 있다. 만약 품질의 운영목표를 강조한다면 비용 감소, 시간 개선, 높은 유연성을 자연스럽게 함께 얻을 수 있다. 따라서 운영기능의 개선을 위해 품질이 어떻게 보면 좋은 출발점일 수 있다. 그러면서 다른 목표들에 영향을 주는 전략적 의사결정들을 추구하는 것이다. 하지만 때로는 운영목표들이 서로 교환관계에 있게 된다. 예를 들어 높은 품질을 위해 첨단기술의 프로세스를 사용해야 한다면 원가가 상승할 것이며, 유연성이 높은 제품 혹은 프로세스를 설계하는 데도 비용이 더 많이 발생하게 될 것이다.

특정 운영목표에 중점을 두는 기업 사례를 보자. 맥도날드의 운영목표는 물론 저원가와 신속한 서비스이다. 유럽의 거대 패션 유통업체인 자라(Zara)는 여분의 생산능력과 신속한 공급사슬관리로 매장에서 가장 인기 있는 품목들을 재보충하는 데 불과 몇 주일밖에 걸리지 않는다. 렉서스(Lexus)는 자동차의 제품 설계와 공정 설계로 고품질 자동차를 생산하는 것으로 잘 알려져 있다. 치폴레(Chipotle)는 매우 유연한 서비스 프로세스로 고객이 자신의 음식을 고객화할 수 있도록 하고 있다.

## 2.3 다기능적 성격의 전략결정

**LO2.4** 모방적 제품전략과 혁신적 제품전략의 비교

운영목표가 미션과 연계되어야 할 뿐만 아니라 전략적 의사결정이 사업전략 및 마케팅전략, 재무전략과도 연계되어야 한다. 〈표 2.3〉에는 서로 상반된 2개 사업전략과 그에 따른 기능전략과의 연계성을 보여주고 있다. 첫 번째는 **모방적 제품**(product imitator)(혹은 저비용)의 사업전략으로 가격에 민감한 표준화 제품(서비스)의 성숙기 시장에서 전형적으로 볼 수 있는 전략이다. 이 경우 운영목표는 원가에 최우선으로 두면서 우수한 공정기술, 낮은 인건비, 낮은 재고수준, 높은 수직통합, 원가 절감을 겨냥한 품질개선 등과 같은 전략적 의사결정으로 원가를 줄이는 노력을 해야 한다. 마케팅과 재무의 기능전략 또한 〈표 2.3〉에서와 같이 모방적 제품의 사업전략을 지원하는 결정을 해야 할 것이다.

두 번째 사업전략은 **혁신적 제품**(product innovator)과 신제품 출시(제품 리더십)의 사업전략이다. 이 전략은 일반적으로 단기간 내에 우수한 품질의 제품을 출시하여 우위를 확보할 수 있는 신흥시장 또는 성장 가능성이 있는 시장에서 이용된다. 경쟁하는 데 제품의 가격은 크게 중요하지 않기 때문에 원가를 강조하지 않으며, 우수한 신제품을 빠르고 효율적으로 출시하기 위한 유연성이 강조된다. 운영에서의 전략적 의사결정에는 신제품 개발팀 활용, 유연한 자동화, 유연성 높은 작업자, 시장 변화에의 신속한 대응 등이 포함된다. 그

표 2.3
전략적 대안

| | 전략 A | 전략 B |
|---|---|---|
| 시장 전략 | 모방적 제품전략 | 혁신적 제품전략 |
| 시장 상황 | 가격에 민감 | 제품특성에 민감 |
| | 성숙기 시장 | 도입기 시장 |
| | 대규모 수량 | 소규모 수량 |
| | 표준화 제품 | 고객화 제품 |
| 운영미션 | 성숙제품에 맞는 저원가 강조 | 신제품 도입을 위한 유연성 강조 |
| 운영의 전략적 의사결정 | 탁월한 프로세스 | 탁월한 제품 |
| | 고정 자동화 | 유연 자동화 |
| | 변화에의 대응속도 느림 | 변화에의 대응속도 빠름 |
| | 규모의 경제 | 범위의 경제 |
| | 종업원 참여 | 제품개발팀 이용 |
| 운영의 차별적 역량 | 탁월한 공정기술과 수직적 통합을 통한 저원가 | 신제품팀과 유연 자동화를 통한 빠르고 신뢰성 있는 신제품 출시 |
| 마케팅전략 | 대량 유통 | 한정된 유통 |
| | 반복 판매 | 신시장 개발 |
| | 판매기회의 최대화 | 신제품 설계 |
| | 전국적 영업인력 | 에이전트를 통한 판매 |
| 재무전략 | 낮은 위험성 | 높은 위험성 |
| | 낮은 이익률 | 높은 이익률 |

리고 재무와 마케팅의 기능전략은 통합된 방식으로 사업전략을 지원해야 한다.

〈표 2.3〉에서는 서로 다른 사업전략을 지원하기 위해서는 극명하게 다른 유형의 운영이 필요하다는 것을 보여주고 있다. 혁신적 제품의 사업전략을 위해서 높은 유연성과 고품질 제품의 생산을 한다면 원가는 높아질 것이다. 즉 어떤 상황에서도 효과적인 유일한 운영전략이란 존재하지 않는다. 따라서 운영기능을 평가할 때 사업전략뿐만 아니라 운영미션과 목표가 무엇인지를 먼저 살펴보아야 한다.

또한 〈표 2.3〉에서는 모든 기능부서들이 사업전략을 지원해야 하는 것을 보여주고 있다. 모방적 제품전략에서의 마케팅전략은 대량유통, 반복 판매, 판매기회의 최대화, 전국적 영업인력에 중점을 두어야 한다. 이와는 반대로 혁신적 제품전략에서의 마케팅전략은 한정된 유통, 신시장 개발, 신제품 설계, 에이전트를 통한 판매에 초점을 두어야 한다. 이처럼 운영전략과 사업전략만의 통합으로는 불가능하며, 모든 기능전략들이 지원해야 가능한 것이다.

마케팅과 운영기능을 통합 연계하고 운영의 미션과 목표를 명확히 하는 것이 고객의 **주문획득요건**(order winners)과 **주문자격요건**(order qualifiers)을 만족시키는 데 필수적이다. 주

3M의 기업전략은 제품 혁신이다.

© McGraw-Hill Education/ Jill Braaten

문획득요건이란 마케팅기능이 선택한 목표시장에서 고객의 주문을 획득할 수 있는 운영목표이다. 모방적 제품전략에서는 가격이 주문획득요건이 되며, 이를 위해 운영, 마케팅, 재무기능은 저원가의 전략이 필요하다. 다른 목표들(유연성, 품질, 배송)은 경쟁에서 밀리지 않기 위해 최소한으로 갖춰야 하는 주문자격요건일 뿐이다. 주문자격요건들의 성과가 부족하다면 고객의 주문을 상실하게 되겠지만 주문자격요건들의 성과가 높다고 해서 고객의 주문을 획득할 수는 없다. 왜냐하면 오직 가격 혹은 원가만이 주문을 획득할 수 있는 요인이기 때문이다.

혁신적 제품전략에서의 주문획득요건은 탁월한 제품을 빠르고 효과적으로 출시하는 유연성이며 원가, 배송, 품질은 주문자격요건이 된다. 이렇듯 주문획득요건은 기업이 선택한 전략에 의해 결정되며, 모든 기능부서들은 주문획득요건에서는 우월한 성과를 내고, 주문자격요건에서는 고객이 최소한으로 수용할 수 있는 정도의 성과를 위해 노력해야 한다.

그렇다면 월마트의 주문획득요건은 무엇일까? 바로 저원가이다. 그래서 운영의 모든 의사결정이 원가를 절감하는 데 맞춰져 있다. 고급스러움과 우수한 고객서비스를 추구하는 노드스트롬(Nordstrom)의 경우는 월마트와 다르다. 이들 사이의 주문획득요건이 다르기 때문에 운영전략도 다른 것이다.

## 2.4  차별적 역량

**LO2.5** 운영기능의 차별적 역량

운영기능의 올바른 목표를 선택하고 타 기능전략과 연계시키는 것만으로는 충분하지 않다. 그것이 중요하지만 전략은 경쟁우위를 제공할 수 있어야 한다. 그러기 위해서는 전략이 경쟁사에 의해 모방되거나 대체되는 것이 어렵고, 흔하지 않고 고객에게 가치 있는 것을 제공할 수 있어야 한다.[1] 그렇지 못하면 경쟁사가 쉽게 모방하거나 우회하는 전략으로 당사의 전략을 무력화시킬 것이다.

경쟁우위는 운영기능에서 차별화되는 역량을 개발함으로써 달성할 수 있다. 독특하면서 모방이 어려운 차별적 역량에는 여러 유형이 있는데, 이를 운영기능의 전략적 의사결정 유형으로 범주화하여 설명하고자 한다.

---

[1] 흔히 RBV로 불리는 자원 기반 관점(Resource-Based View)의 이론이다.

프로세스 : 특허 혹은 지적재산권의 기술이나 장비. 예를 들어 3M은 경쟁사가 구하지 못하도록 하기 위해 생산장비를 자체적으로 개발하고 있다. 또한, 혁신적인 프로세스도 차별적 역량이 되며, 이를테면 옥수수, 폐기물, 또는 녹조류로 에너지를 생산하는 기술이 그러하다. 그리고 직원의 이직률을 낮추고 생산성을 높이는 조직문화와 관리기법도 해당한다.

품질 : 혁신적인 품질경영시스템으로서 식스시그마를 심도 있게 수행하는 능력이나 국가품질대상을 수상하는 것이 예이다.

생산능력 : 폭스바겐이 중국에서 자동차를 생산한 최초의 외국기업이었던 것처럼 특정 지역이나 시장에 먼저 생산설비를 갖추는 것이 차별적 역량에 해당한다. 혹은, 엑셀 에너지(Xcel Energy)가 풍력발전 설비를 앞서서 구축하는 것처럼 경쟁사보다 더 많은 생산능력을 갖추는 것도 예가 된다.

재고 : 수요를 충족하는 충분한 재고의 확보능력으로서, 예를 들어 2011년에 동남아시아에서 홍수가 발생했을 때 경쟁사들은 생산을 못하고 있는 상황에서 씨게이트(Seagate Technologies)는 디스크 드라이브의 수요를 충족시킬 수 있었다.

위의 영역들 중에서 하나 이상의 영역에서 차별적 역량을 갖추면 경쟁우위를 확보할 수 있지만, 물론 그것이 고객의 니즈에 맞지 않으면 아무 소용이 없다. 그리고 차별적 역량은 기업의 전략과도 일치해야 한다. 한편으로 차별적 역량은 독특한 광고기법이나 혁신적인 재무계획과 같이 운영 이외의 기능에 의해서도 발현될 수 있다.

차별적 역량은 흔히 과정에 의해 결정되기 때문에 모방이 어려울 수 있다. 즉 역량 개발의 과정이 한 단계를 바탕으로 다음 단계가 진행되어 이루어지기 때문에 수년 혹은 수십

## 운영선도사례    언더아머의 로컬생산전략

스포츠 의류와 액세서리 제조업체인 언더아머(Under Armour)는 제품이 판매되는 로컬시장에서 소량 생산하는 목표로 진화된 생산 프로세스를 개발하는 운영 미션을 세웠다. 미국 소비자를 위해서는 미국에서 생산하고, 남미 소비자를 위해서는 브라질에서, 유럽시장을 위해서는 유럽에서, 중국 시장을 위해서는 중국에서 생산하는 계획을 하고 있다.

© Justin Sullivan/Getty Images

현재 언더아머는 14개국에서 생산하고 있지만 주로 중국, 요르단, 베트남에서의 생산이 많다. 그러나 주요 시장으로의 운송에 대개 수 주일이 소요되고, 때로는 생산 지연이나 항만에서의 노동자 파업으로 더 걸리기도 한다. 언더아머와 같은 '유행 산업'의 기업들에게는 시간이 전부다. 따라서 각국의 엔지니어와 디자이너는 순환하면서 볼티모어 본사에서 협력하여 새로운 생산 프로세스를 개발하고 있다. 언더아머는 로컬생산전략모델로 현지 시장의 수요에 대응하는 시간의 개선을 기대하고 있는 것이다.

출처 : L. Mirabella, "Under Armour Pushes to Localize Manufacturing," *Baltimore Sun*, reprinted in *Star Tribune*, Oct. 26, 2015.

년이 걸리는 경우도 있다. 예를 들어 해외 유정 탐사와 개발의 역량은 흔하지 않고, 소수의 글로벌기업만이 갖추고 있다. 또한 차별적 역량은 때로는 기이하게 보여 이해하고 분석하는 것이 어려운 경우도 있다. 조직문화 혹은 학습을 바탕으로 이루어진 것에는 특히 그러하다. 예를 들어 식품 소매업체인 트레이더 조(Trader Joe's)는 독특한 조직문화로 종업원 이직률이 낮고 높은 수익성을 달성하고 있으며, 많은 의료기술업체는 학습과 지식 축적이 얼마나 가치 있는 역량인지를 보여주는 예이다. 따라서 차별적 역량은 겉으로는 모방이 쉬운 것처럼 보이지만 실제는 모방이 어려울 수 있다.

운영선도사례에서는 언더아머(Under Armour)가 운영전략을 통해 경쟁우위를 창출한 사례를 보여주고 있다. 이 장의 후반부에는 운영전략을 글로벌 영역으로 확장하는 이슈와 공급사슬전략과 환경요인을 고려하는 이슈를 살펴볼 것이다. 이들은 기업들이 많은 관심을 갖는 최근 이슈들이다.

## 2.5  글로벌 운영과 공급사슬

**LO2.6** 운영 및 공급사슬의 글로벌적 특성

시장이 근본적으로 글로벌화되고 있다는 얘기를 우리는 매일 듣고 있다. 음료수, DVD, TV, 패스트푸드, 은행, 여행, 자동차, 오토바이, 농기계, 기계공구 등 다양한 제품과 서비스가 글로벌화되고 있는 것이다. 물론 여전히 내수시장에서의 틈새시장이 존재하지만 추세는 시장과 제품이 점차 글로벌화되고 있다.

기업이 글로벌 시장에서 운영활동을 하려면 제품의 생산과 판매가 글로벌 활동에 맞도록 조직화되어야 한다. 그래서 다음의 특성을 갖춘 **글로벌기업**(global corporation)이 탄생하고 있다. 설비와 공장은 국가별이 아닌 전 세계를 기반으로 입지하고, 제품과 서비스는 국가 간에 이동하게 된다. 구성요소, 부품, 서비스는 글로벌적으로 소싱하고, 공급업체는 국적과는 상관없이 가장 우수한 업체로 선정된다. 글로벌기업으로 잘 알려진 제조기업은 포드, 3M, 네슬레, 필립스, 디어&컴퍼니, 코카콜라, 캐터필라 등이다.

글로벌기업은 글로벌화된 제품 설계와 프로세스 기술을 활용한다. 글로벌 기호에 맞게 기본 제품 혹은 서비스가 설계되며, 만약 특정 지역을 위한 변경이 필요하다면 별도의 제품으로 설계하는 것이 아니라 제품의 옵션으로 처리한다. 프로세스 기술 또한 글로벌로 표준화한다. 예를 들어 블랙&데커(Black & Decker)는 전 세계적으로 통하는 수공구를 개발했고, 그 외에도

Ford의 운영기능은 전 세계적으로 위치하고 있다.
© Eduardo Verdugo/AP Images

패스트푸드, 의류, 음료수도 글로벌 제품이 되고 있다.

제품과 서비스의 수요 또한 지역적이 아니라 전 세계적으로 고려한다. 따라서 규모의 경제가 크게 확대되고 비용은 낮아지게 된다. 아이폰의 경우 글로벌 제품으로 제조되고 판매되고 있어, 그 수요와 비용이 처음부터 글로벌 시장에 맞춰져 있다.

물류와 재고관리시스템 또한 글로벌화되고 있다. 따라서 부품과 제품의 운송이 전 세계의 관점에서 조정되고 있다.

일부 서비스에서도 글로벌적인 운영을 볼 수 있다. 예를 들어 컨설팅기업, 패스트푸드, 통신, 항공여행, 엔터테인먼트, 금융서비스, 소프트웨어 프로그래밍에서 글로벌 운영이 이루어지고 있다. 물론 모든 서비스가 글로벌화되는 것은 아니다. 지역을 기반으로 하여 로컬로 제공되는 서비스도 남아 있지만 추세가 글로벌화라는 점은 부인할 수 없다. 글로벌화된 서비스기업의 예로는 브리티시항공, 스타벅스, 마이크로소프트, 월마트 등이다.

어떤 기업들은 글로벌화로 인한 규모의 경제를 누리면서 지역화 요소를 가미하는 하이브리드 접근법을 적용하기도 한다. 예를 들어 제품 설계는 지역을 기반으로 하면서 물류, 재고관리와 같은 일부 기능을 글로벌적으로 표준화하는 것이다.

글로벌화로의 변화가 운영전략에 주는 시사점은 매우 크다. 운영과 공급사슬을 글로벌적으로 인식하면서 공급업체와 고객을 전 세계에서 탐색해야 한다. 운영기능의 미션, 목표, 전략적 의사결정에서 글로벌적인 차별적 역량이 개발되어야 한다. 또한 제품 설계, 프로세스 설계, 시설의 입지, 인력 정책 등 운영과 공급사슬에서의 거의 모든 의사결정이 글로벌화에 의해 영향을 받게 된다.

## 2.6 공급사슬전략

LO2.7 공급사슬전략의
두 유형

운영기능이 글로벌로 확장된 것처럼 운영전략은 **공급사슬전략**(supply chain strategy)으로 확장될 수 있다. 공급사슬전략에서는 운영활동 이외에 고객, 공급업체, 물류를 고려대상에 포함시키면서 공급업체에서부터 최종 고객에 이르기까지 재고, 자재, 정보의 흐름에 초점을 둔다.

공급사슬은 원자재에서 시작하여 제조를 거쳐 최종 고객에 이르기까지 공급과 조달로 연결된 제조 혹은 서비스의 네트워크라고 정의했다. 따라서 공급사슬전략은 기업의 운영전략뿐만 아니라 공급사슬 내 공급업체와 고객의 전략과 역량을 고려한다. 즉 공급사슬전략을 통해 기업 차원이 아닌 공급사슬 차원에서 경쟁하려 하는 것이다.

공급사슬전략은 전체 공급사슬이 지속적으로 경쟁우위를 달성하는 것을 목표로 한다. 경쟁우위의 달성 방안은 이번 장에서 설명한 개념을 확장하여 생각할 수 있다. 예를 들어 공급사슬은 고객이 가치를 두면서 경쟁사가 쉽게 모방하기 어려운 차별적 역량을 가져야 한다. 이러한 차별적 역량은 기업 자신뿐 아니라 공급사슬 내 파트너들의 활동에 기반을 두어야 한다. 따라서, 기업 자신과 공급사슬 내 파트너는 일관성 있는 공급사슬전략을 위해 동일한 미션과 목표를 추구해야 한다. 어떤 기업도 전체 공급사슬을 통제할 수 없기 때문에 일관된 공급사슬전략을 달성하는 것은 어려울 수 있다. 하지만 공급사슬 내 파트너들과 서로 상반된 목표를 추구한다면 일관된 목표로 협력하는 다른 공급사슬과는 경쟁할 수 없을 것이다.

앞서 논의한 바와 같이 공급사슬전략에는 모방(imitation)과 혁신(innovation)의 두 가지 기본 전략이 있다. 모방전략의 기업은 경쟁자와 유사한 제품을 만들면서 효율성과 저원가를 경쟁수단으로 삼는다. 반면 혁신전략의 기업은 경쟁수단으로 제품 차별화를 선택하며 높은 가격을 부과한다. 한 예로 스키복 업체인 스포트 오버마이어(Sport Obermeyer)를 살펴보자. 스포트 오버마이어는 매년 스키복의 95% 정도를 신제품 혹은 새로운 디자인의 제품으로 출시한다. 이 회사는 제품을 판매하기 오래전(적어도 1년 전)에 수요를 예측하여 생산계획을 수립해야 하는데, 그 결과 자주 재고 부족이 발생하거나 혹은 재고가 남아 시즌이 끝날 때에는 가격인하를 단행해야 했다. 스포트 오버마이어의 문제점은 공급사슬이 제품의 특성에 부합하지 않는다는 것이다. 유행을 타는 패션 스포츠의류가 혁신적 제품의 특성을 가졌기 때문에 불확실한 수요의 예측 정확도를 높이고 공급사슬은 유연해야 하는데도 효율성과 저원가를 추구했던 것이다. 즉 스포트 오버마이어는 잘못된 공급사슬을 갖고 있었던 것이다.

기업은 자신의 공급사슬이 적합한지를 규명하기 위해 먼저 제품을 모방적 제품과 혁신적 제품의 두 범주로 분류해야 한다. 모방적 제품은 상용품(commodities)에 가깝기 때문에 수요를 예측하기 쉬우며 이익률이 낮다. 따라서 모방적 제품에는 매우 효율적이면서 비용이 낮은 공급사슬이 적합하다. 치약, 석유, 일반차량과 대부분의 식료품이 모방적 제품에 해당한다. 이와는 대조적으로, 혁신적 제품은 수요를 예측하는 것이 어려우며 이익률이 높다. 따라서 불확실한 수요에 대응하기 위해 유연하고 빠른 공급사슬이 적합하다. 패션의류, 전기차, 전자 신제품, 일부 장난감 등이 혁신적 제품에 속한다. 〈표 2.4〉의 윗부분에서

표 2.4
공급사슬전략

출처 : Fisher, 1997

| 특성 차이 | 모방적 제품 | 혁신적 제품 |
|---|---|---|
| 제품수명주기 | 2년 이상 | 3개월 내지 1년 |
| 이윤에의 기여 정도 | 5~20% | 20~60% |
| 생산계획 시 평균 예측오류 | 10% | 40~100% |
| 평균 재고고갈률 | 1~2% | 10~40% |
| 연말 가격인하 압력 | 0% | 10~25% |
| **공급사슬전략** | | |
| 목표 | 저원가 및 예측 가능 공급 | 예측이 어려운 수요에의 신속한 대응 |
| 생산(제조) | 높은 가동률과 저원가 생산 | 충분한 여유 생산능력 및 짧은 생산 소요시간(가동률은 낮을 수 있음) |
| 재고 | 높은 재고회전율 | 부품 혹은 완제품의 충분한 재고 (재고회전율은 낮을 수 있음) |
| 공급업체 | 가격과 품질요소로 선정 | 속도, 유연성, 품질요소로 선정 |

두 유형의 제품 특징을 비교하고 있는데, 제품수명주기, 이윤에의 기여 정도, 수요예측의 오류, 재고고갈의 비율, 연말 가격인하 압력 측면에서 모방적 제품과 혁신적 제품이 매우 대조적임을 알 수 있다.

기업들은 종종 두 유형의 제품 모두에 동일한 공급사슬전략을 사용하는 오류를 범한다. 식료품 회사인 제너럴 밀스(General Mills)는 제품 대부분이 모방적 제품이었기 때문에 재고회전율과 공장의 가동률을 높이는 효율적인 공급사슬을 운영하고 있다. 하지만 혁신적 제품을 신규로 도입하게 되면 불확실한 수요에 대응하기 위해서는 현재의 공급사슬과는 다른 유연한 공급사슬이 필요하게 된다. 이와 같은 딜레마에 직면하게 될 때 모든 제품에 동일한 공급사슬전략을 사용하는 잘못된 선택을 해서는 안 된다.

〈표 2.4〉의 하단에 두 유형의 공급사슬전략을 요약하고 있다. 모방적 제품의 공급사슬은 비용이 낮으면서 예측이 가능한 공급을 목표로 하며, 혁신적 제품의 공급사슬은 재고고갈, 판매 상실, 가격인하를 최소화하기 위해 불확실한 수요에 빠르게 대응하는 것을 목표로 한다. 혁신적 제품의 높은 이익률이 수요 불확실성에 대비한 충분한 여유 생산능력과 충분한 재고로 인한 높은 비용을 흡수할 수 있다.

다시 스포트 오버마이어 사례로 돌아가보자. 스포트 오버마이어는 혁신적 제품에 맞게 예측의 정확도를 높이고, 생산능력을 늘리고, 제품의 공급 리드타임을 획기적으로 줄였다. 그 결과 과잉생산과 과소생산으로 발생하는 비용을 반으로 줄일 수 있었으며 이윤은 60% 정도 증가했다. 소매업체들은 제품의 판매 준비율이 99%를 넘게 되자 행복해했고, 스포트 오버마이어는 고객 주문을 가장 잘 충족시키는 기업이 되었다.

모든 운영 의사결정에서는 그것이 자사의 기업 범주 아니면 공급사슬 범주에서 이루어지는 의사결정인지를 고려하는 것이 중요하다. 운영과 공급사슬의 상황이 운영전략 수립을 위해서뿐만 아니라 기업 내 모든 기능전략과 공급사슬전략 수립에서 기초가 되는 것이다.

## 2.7 환경과 지속가능 운영

**LO2.8** 환경과 지속가능 운영

**지속가능 운영**(sustainable operations)의 중요성이 운영기능과 공급사슬의 전략과 목표에서 점차 높아지고 있다. 이는 운영활동이 환경에 미치는 영향을 최소화 내지는 제거하는 것이며, 미래 세대에서 기업의 사회적, 재무적 생존력을 갖추는 것을 의미한다.

운영과 공급사슬의 녹색화는 기업 내 모든 운영활동과 글로벌 공급사슬에서 환경에의 영향을 평가하는 것으로부터 시작되어야 한다. 기업이 공급사슬을 녹색화하기 위해서는 제품 개발, 구매, 생산, 포장, 유통, 수송, 서비스, 제품수명 종료 후의 관리 등을 포함한 모든 영역에서 녹색화 기회를 찾아야 한다. 이를 위해서는 기업의 모든 기능이 참여해서 다기능적 노력을 기울여야 한다. 왜냐하면 새로운 장비에 투자하거나 제품 포장방식을 변경하는 등의 필요가 발생할 수 있기 때문이다. 이렇듯 운영활동의 환경적 영향을 줄이는 것은 전략적 과제이며, 따라서 기업전략의 한 부분으로 인식되어야 한다.

전략이 수립되고 나면 다음에 나열된 것 중에서 중점을 두어서 먼저 시작할 부분을 정하고 점차적으로 하나씩 해결해 나가는 것이 바람직하다.

1. 대기오염, 수질오염, 매립오염을 제거한다.
2. 에너지 소비를 줄인다.
3. 운송 및 탄소발자국 총량을 최소화한다.
4. 재활용 가능하며 자연분해성 포장을 위해 공급업체와 협력한다.
5. 제품의 재사용, 제품수명 종료 후 회수, 리사이클링을 한다.

대부분의 기업들이 제일 먼저 하는 것은 위 다섯 가지 영역의 전부 혹은 일부에서 환경적 영향을 측정하는 것이다. 그런 후에 측정한 결과치를 개선하기 위한 전략과 실행계획을 개발하기 위하여 다기능팀을 조직하게 되며, 이에는 공급사슬의 파트너들도 참여시켜 전체 공급사슬로 그 노력을 확산시킬 수 있다. 한편으로 이러한 과정은 환경적 영향이 최소화될 수 있도록 운영전략과 공급사슬전략에 부합되면서 이루어져야 한다.

월마트는 1989년에 리사이클이 가능하고 자연분해되는 포장재를 사용하자는 운동을 실시했으나 실패로 끝났다. 그 이유는 공급업체와 비판가들이 이 운동을 월마트의 이익을 높이기 위해 공급업체를 이용하는 것으로 믿었기 때문이다. 그래서 2005년에 실시한 접근법은 달랐다. 공급업체, 월마트의 경영진, 환경단체, 정부, 학계의 대표들로 팀을 구성했고, 이 팀에서 목표를 설정하고, 환경영향의 측정방법을 정했으며, 공급사슬의 녹색화 프로그램을 추진했다. 그 결과는 다음과 같았다.

- 엔진 작동 없이 화물을 냉장보관할 수 있는 디젤-전기 냉장 트럭을 구입하여 거의 7,500만 달러의 연료비를 절감했으며, 연간 이산화탄소 배출량을 40만 톤 줄일 수 있었다.
- 농민들에게 그들이 재배하는 유기농 순면과 순면 수확 시즌 이후의 재배 농작물을 구매할 것을 약속했다. 그 결과 월마트는 세계에서 가장 많은 유기농 순면을 구매하는 기업이 되었다.

환경에 초점을 둔 지속가능 운영은 공급사슬 파트너의 도움으로 달성할 수 있는 기업 및 운영의 목표이며 전략이다. 이 목표는 비용을 증가시키거나 이윤을 감소시키는 것이 아니다. 항상은 아니더라도 대부분의 경우에 제품의 재설계와 프로세스의 변화를 통해 비용을 줄이고 이윤을 증대시킬 수 있다. 영국의 소매업체인 막스&스펜서(Marks & Spencer)는 매립하는 쓰레기를 완전히 제거하는 목표를 달성한 최초의 대형 소매업체이며, 그 과정에서 공급사슬 파트너들이 중요한 역할을 했다.

## 2.8 요점정리와 핵심용어

이 장에서는 기업의 고객이 가치를 두는 것에 바탕을 둔 운영전략과 공급사슬전략을 수립하여 경쟁우위를 달성해야 함을 강조했다. 그 요점은 다음과 같다.

- 운영전략은 미션, 목표, 전략적 의사결정, 차별적 역량으로 구성된다. 네 가지 요소는 긴밀하게 통합되어야 하며, 타 기능과도 연계되어야 한다.
- 운영미션은 사업전략과 연계되어야 한다. 운영에서 추구하는 미션은 저원가, 빠른 신제품 개발, 빠른 배송, 높은 품질 등이다.
- 운영목표는 원가, 품질, 배송, 유연성이다. 기업 내에서 부가가치를 창출하지 못하는 활동들을 제거한다면 이들 목표들 모두가 개선될 수 있지만, 일반적으로는 네 가지 목표 중 하나를 주문획득요건으로 선택하고 나머지는 주문자격요건으로 삼는다.
- 운영의 전략적 의사결정은 운영목표를 달성하는 방법을 다룬다. 전략적 의사결정은 주요 영역인 프로세스, 품질, 생산능력, 재고, 공급사슬 등에서의 의사결정으로 구분할 수 있다.

- 운영전략과 공급사슬전략은 사업전략 및 타 기능전략과 연계되어서 일관된 의사결정, 독특한 역량, 경쟁우위를 가져다줄 수 있어야 한다.
- 운영의 차별적 역량은 운영미션을 지원하고 경쟁업체와의 차별성을 줄 수 있어야 한다. 차별적 역량에는 쉽게 모방할 수 없는 우월 기술, 조직문화, 유연한 생산능력, 재고, 운영에서의 혁신 등이 포함된다.
- 운영전략과 공급사슬전략은 글로벌 영역으로 확장되었으며, 글로벌 사업전략을 추구하는 기업에게는 특히 그러하다.
- 경쟁의 기본 단위는 기업이 아니라 전체 공급사슬이다. 따라서 운영전략을 확장한 공급사슬전략은 자신뿐 아니라 공급사슬 파트너의 전략과 역량을 함께 고려한다.
- 지속가능 운영이 중요한 목표와 전략이 되었으며, 이를 위해 공급업체를 포함한 다기능팀을 조직해야 하고, 설계, 제조, 유통 등 모든 단계에서의 환경영향을 측정하고 감소시키는 활동을 해야 한다.
- 모든 운영에 적용되는 유일의 최고 전략은 존재하지 않는다. 추구하는 전략이 모방적 제품전략, 혁신적 제품전략, 혹은 그 외의 다른 전략인지에 따라 미션, 목표, 전략적 의사결정, 차별화 역량이 달라질 수 있다.

**핵심용어**

| | | |
|---|---|---|
| 공급사슬전략 | 사업전략 | 주문자격요건 |
| 글로벌기업 | 운영목표 | 주문획득요건 |
| 기능전략 | 운영미션 | 지속가능 운영 |
| 기업전략 | 운영전략 | 차별적 역량 |
| 모방적 제품 | 유연성 목표 | 품질목표 |
| 배송 목표 | 저원가 목표 | 혁신적 제품 |
| 벤치마킹 | 전략적 의사결정 | |

---

**인터넷 학습**

1. 메드트로닉(http://www.medtronic.com)
   웹사이트에서 메드트로닉의 미션을 확인해보라. 그 미션이 운영전략 및 운영의 의사결정과 어떻게 연결되는가?
2. 월마트(http://www.corporate.walmart.com)
   웹사이트에서 월마트의 조직문화와 글로벌 책무성을 확인해보라. 월마트가 경쟁사와 차별되는 점이 무엇이며, 월마트가 글로벌 운영에 어떻게 접근하는지를 토의할 준비를 하라.
3. 액센추어 컨설팅(http://www.accenture.com)
   액센추어는 어떻게 기업이 글로벌 운영을 통해 성과를 높일 수 있도록 도와주는가?

---

## 토의질문

1. 운영전략과 공급사슬전략을 수립하고 실행해야 하는 이유는 무엇인가?
2. 다음의 경영 상황에 적합한 운영 미션을 서술해보라.
   a. 앰뷸런스 서비스
   b. 하이브리드 자동차의 배터리 생산
   c. 제품수명주기가 짧은 전자제품의 생산
3. 한 운영관리자의 불만을 들어보자. "상관은 내 말을 절대 들어주지 않는다. 상사가 내게 원하는 것은 오로지 문제를 일으키지 않는 것이다. 그러면서 운영의 개선을 위한 자본 투자는 거의 없다."
   a. 이 기업에는 운영전략이 존재하는가?
   b. 이러한 상황에서 할 수 있는 것은 무엇인가?
4. 운영미션, 주문획득요건, 주문자격요건, 차별적 역량을 자신의 방식으로 설명해보라.
5. 기업이 운영전략과 공급사슬전략을 갖고 있는지를 어떻게 알 수 있는가? 당신이라면 어떤 질문을 할 것이며, 어떤 정보를 수집할 것인가?
6. 인근에 있는 병원을 선정해서 그 병원이 강조하는 운영목표(원가, 품질, 배송, 유연성)가 무엇인지를 평가해보라. 모든 부서가 같은 목표에 집중하고 있는가? 그들의 주문획득요건과 주문자격요건은 무엇인가?
7. 식품 소매업체가 추구하는 전략이 모방적 제품전략 혹은 혁신적 제품전략인지에 따라 운영과 공급사슬에 필요한 전략적 의사결정이 어떻게 다를 수 있는지를 설명하라.
8. 운영전략과 공급사슬전략의 예를 찾아 그 전략을

설명하는 문장을 적어보라.

9. 고품질이 비용을 더 많이 발생시키는 운영의 예를 설명하라. 이때 당신은 품질을 어떻게 정의했는가? 고품질이 더 많은 비용을 발생시키는 이유는 무엇인가? 만약에 품질을 달리 정의한다면 고품질이 비용을 적게 발생시킬 수도 있는가?

10. 다음 기업들의 차별적 역량은 무엇인가?
    a. 스타벅스
    b. 휴렛 팩커드(HP)
    c. 버거킹

11. 운영에서의 차별적 역량이 어떻게 기업 경쟁의 기초가 되는지를 설명하라.

12. 차별적 역량이 지속가능하면서 쉽게 모방되지 않는 사례를 2개 찾고, 그 차별적 역량의 모방이 어려운 이유를 설명하라.

13. 당신이 잘 아는 글로벌기업의 사례에서 글로벌화가 운영과 공급사슬에 어떤 영향을 주는지를 설명하라.

14. 기업전략과 운영전략의 연계성이 부족하게 되면 어떤 결과를 초래하게 되는가?

# 제품 설계

## 학습목표

| | |
|---|---|
| **LO3.1** | 신제품 출시의 세 가지 전략 |
| **LO3.2** | 신제품 개발의 단계 |
| **LO3.3** | 신제품 설계의 동시공학 기법 |
| **LO3.4** | 공급업체 선정 시 적용 기준 |
| **LO3.5** | 품질기능전개 기법 |
| **LO3.6** | 모듈설계의 이점 |

신제품 개발은 사업의 중요한 부분이다. 기업은 신제품을 통해 성장할 수 있으며, 경쟁우위를 점할 수 있는 기회를 얻을 수 있다. 신제품을 출시할 때는 품질의 희생 없이 조기에 출시하는 것이 매우 중요하다. 예를 들어 세계적인 자동차 제조업체들의 경우 과거에는 신차 개발에 4년이 소요되었던 반면 지금은 2년 이내에 출시하고 있다. 또한 개인용 컴퓨터는 1년이 채 되지 않는 매우 짧은 제품수명주기를 갖고 있다.

생산하게 될 제품이 신제품의 설계로 규정지어지기 때문에 생산운영에 큰 영향을 미친다. 동시에, 현재의 생산 프로세스와 제품이 신제품의 기술에 제약조건이 될 수 있다. 따라서 신제품을 개발할 때는 목표로 하는 시장뿐 아니라 신제품의 생산 프로세스를 함께 고려해야 한다.

제품의 설계는 사업전략에서부터 시작된다. 사업전략은 기업이 목표로 하는 시장, 제품의 차별화, 그리고 고객이 자사 제품을 구매해야 하는 이유 등을 규정하는 가치제안(value proposition)을 포함한다. 이것이 바로 신제품 설계의 시작이며, 신제품의 설계에는 사업전략이 반영되어야 한다. 운영선도사례에서는 포드 자동차의 전략과 신제품 개발이 연계되어 있는 사례를 설명하고 있다.

**운영선도사례** 포드 자동차의 신제품 개발 프로세스

포드의 신제품 개발 프로세스는 기업의 비전을 구현하고, 사회의 니즈가 혁신적인 설계와 엔지니어링을 통해 어떻게 반영되는지를 보여주는 프로세스이다.

자동차는 아마도 사람들이 소유하는 제품 중 가장 복잡한 제품일 것이다. 일반적으로 중형 자동차의 경우 600여 개의 하부시스템을 구성하고 있는 20,000개 이상의 부품들로 이루어진다. 또한, 24가지의 다양한 플라스틱을 포함한 최소 73개의 서로 다른 소재들이 사용된다.

자동차를 설계하고 생산하는 프로세스 역시 매우 복잡하다. 이 프로세스는 세 가지의 핵심 정보가 투입되면서 시작된다.

• 성과와 리더십에 대한 포드의 전략과 목표

• 시장조사
• 환경, 안정성, 성능 측면에서의 목표를 위한 연구개발 접근법

이러한 목표를 이루기 위해 포드 자동차는 R&D 분야에 연간 40억 달러를 투자한다. 신제품 개발 프로세스 자체도 획기적으로 변화하고 있다. 포드는 개발조직과 구매조직이 긴밀하게 협력하도록 만들고, 차종별로 개발 책임을 맡기고, 전 세계로부터 전문성을 활용하는 글로벌 접근법을 개발하고 있다. 기대하는 결과는 설계와 구매에서의 중복되는 과정을 제거함으로써 보다 고객 중심의 제품을 저비용과 고품질로 개발하는 것이다.

출처 : corporate.ford.com, 2015.

## 3.1 신제품 출시전략

**LO3.1** 신제품 출시의 세 가지 전략

일반적으로 신제품 출시를 위한 접근법에는 시장 기반, 기술 기반, 다기능적 협력의 세 가지가 있다.

**시장 기반**(market pull) : 기업이 만들 제품을 결정할 때 현재의 기술보다는 시장을 가장 우선적으로 고려하는 접근법이다. 기업은 시장에서 판매할 수 있는 것을 만들어야 한다. 고객 니즈를 먼저 규정하고, 그런 후에 고객에게 제품을 공급하기 위해 필요한 기술, 자원, 프로세스들을 조직화한다. 시장이 새로운 제품을 '끌어당기는(pull)' 형식이다.

**기술 기반**(technology push) : 기업이 만들 제품을 결정할 때 현재의 시장보다는 기술을 가장 중요한 요인으로 보는 접근법이다. 기업은 뛰어난 기술과 제품을 개발함으로써 기술 기반의 이점을 추구한다. 그리고 나서 제품을 시장으로 '밀어내며(push)', 그 제품의 수요를 창출해내는 것은 마케팅의 역할이다. 제품의 우수한 기술성 때문에 자연스럽게 시장에서 이점을 갖게 되며, 고객들은 제품을 구매하고 싶어 하게 된다.

**다기능적 협력**(interfunctional view) : 이 접근법은 제품을 시장 니즈에 맞춰야 할 뿐 아니라 제품의 기술적 이점도 가져야 한다고 본다. 따라서 모든 기능부서(예 : 마케팅, 엔지니어링, 운영, 재무)들은 기업이 원하는 신제품을 설계하기 위해 협력해야 한다. 이를 위해 일반적으로 다기능팀을 구성하여 신제품 개발의 책임을 맡긴다. 이 접근법이 가장 바람직하지만 실행의 어려움도 가장 크다. 그 이유는 기능부서들 사이에 서로 경쟁하고 갈등을 빚는 문제점을 극복해야 하기 때문이다. 하지만 이 접근법이 잘 실행만 된다면 가장 좋은 결

그림 3.1  그네 설계에서 협력의 결여

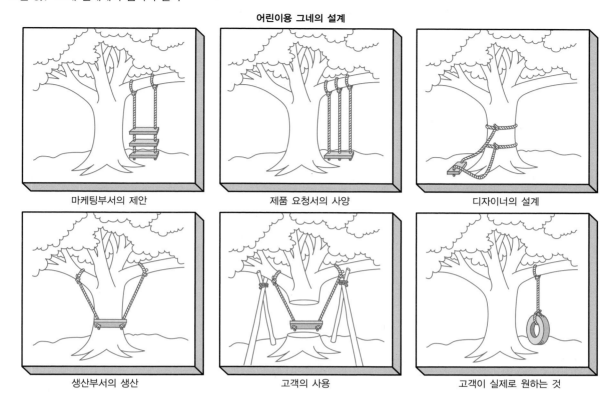

**어린이용 그네의 설계**

마케팅부서의 제안

제품 요청서의 사양

디자이너의 설계

생산부서의 생산

고객의 사용

고객이 실제로 원하는 것

과를 낼 수 있다. 따라서 이 장에서는 이러한 부분에 중점을 둘 것이다. 〈그림 3.1〉은 기능 간의 상호 협력이 부족한 경우를 예시로 보여주고 있다.

## 3.2  신제품 개발 프로세스

**LO3.2** 신제품 개발의 단계

대부분의 기업에서는 구체적인 단계를 규정한 신제품 개발(new-product development, NPD) 프로세스를 명시하고 있다. 그 프로세스를 공식적인 문서로 규정하고 있으며, 단계별로 진행할 때는 책임자의 승인을 필요로 한다. 이 프로세스의 목표는 제품 개발 과정을 통제하면서, 모든 중요한 이슈들이 신제품 개발팀에서 다루어지도록 하는 것이다. ISO 9000의 인증을 받기 위해서도 기업은 잘 정의된 신제품 개발(NPD) 프로세스가 있어야 하며, 이에 따라서 제품 개발이 이루어져야 한다.[1]

신제품을 개발하는 일반적인 단계는 **콘셉트 개발**(concept development), **제품 설계**(product design), **파일럿 생산/테스트**(pilot production/testing)의 단계이다. 단계의 명칭과 수

---

[1] ISO는 International Organization for Standards의 약칭으로 국제표준화기구이다. ISO 9000은 좋은 품질의 제품을 설계하고 생산하도록 하는 신제품 개발 및 생산에 적용되는 표준이다. ISO 9000의 인증을 받기 위해서는 신제품 개발의 절차를 규정하는 매뉴얼이 구축되고 적용되어야 한다.

는 기업별로 다양하지만, 내용적인 면은 매우 유사하다.

**콘셉트 개발**

이 단계에서는 신제품에 대한 다양한 아이디어를 만들고 이들의 콘셉트 대안을 평가한다. 콘셉트 개발 동안에는 제품을 물리적으로 설계하기보다는 시장에서의 니즈를 규정하고, 충족시키는 여러 접근법을 고려하여 최선의 방법론을 선택한다. 예를 들어 새로운 스마트폰을 개발할 때 콘셉트 개발부터 시작하면서 스크린의 크기, 메모리 용량, 카메라 유형, 소프트웨어의 특징 등 어떤 속성을 갖출 것인지, 무엇이 소비자와 시장에게 어필할 것인지를 정한다.

　콘셉트 디자인의 여러 대안 중에서 하나를 선정하고 다음 단계인 제품 설계 단계로 넘어간다. 일반적으로 제품 설계 단계로 넘어가기 위한 의사결정에는 최고 관리자의 승인이 필요하다. 승인이 이루어지면 신제품 설계를 위해 다기능팀이 구성된다.

**제품 설계**

이 단계는 신제품의 물리적 형태를 설계하는 단계이다. 시작할 때는 신제품에 대해 개괄적인 아이디어만 있지만, 단계가 끝날 때는 일체의 제품 사양서가 만들어지고 시제품 생산을 위한 상세한 설계도면이 만들어지게 된다.

　제품의 설계는 제품원가, 품질, 출시 일정 간의 많은 교환관계를 고려해야 한다. 엔지니어들은 프로젝트의 여러 부분에 역할이 부여되고, 작업 중에 제품원가, 품질, 출시 일정에 궁극적인 영향을 주는 의사결정들을 해야 한다. 이 때문에 개발부서가 이 단계를 진행할 때 마케팅, 생산, 재무/회계기능이 관여하여 기업에 가장 이득이 되는 방향으로 교환관계의 의사결정을 해야 한다.

　엔지니어링에서는 제품을 생산하기 전에 디자인하고 시뮬레이션하는 컴퓨터 소프트웨어가 이용된다. 이러한 소프트웨어는 제품을 생산하지 않고도 제품이 제대로 작동할 수 있을지 확인해볼 수 있도록 해 준다. 컴퓨터를 통해 설계하고 테스트한 가상의 프로토타입은 설계업무를 쉽고 더 빠르게 할 수 있게 해 준다. CAD(computer-aided design)시스템을 이용하면 컴퓨터 모니터를 통해 제품을 볼 수 있어서 청사진 혹은 도면의 필요성을 없애준다. 제품 설계의 마지막 단계에서는 컴퓨터 이미지와 데이터베이스를 파일럿 생산을 위해 생산부서로 전송된다. 앞에서의 스마트폰 예를 들면 모든 부품과 소프트웨어가 생산을 위한 자세한 사양서로 만들어지게 된다.

　제품 설계와 동시에 **프로세스 설계**(process design)가 진행되어야 한다. 생산부서에서는 제품 설계가 완성될 때까지 프로세스 설계를 미루어서는 안 된다. 프로세스 설계가 제품 설계와 나란히 진행된다면 제품 설계가 완전히 확정되기 전에 생산이 용이한 제품 설계로 수정될 수 있다. 또한 제품 설계자들도 가능한 공정 프로세

**제품 설계에 이용되는 CAD 시스템**
© Juice Images/Alamy

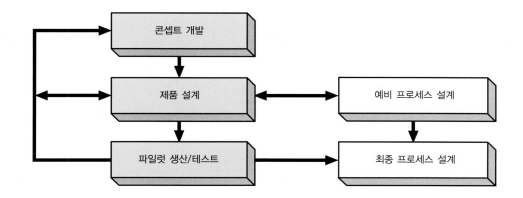

그림 3.2
신제품 설계 프로세스

스를 이해하고, 잘못된 설계가 생산의 효율성을 어떻게 떨어뜨리는지를 알 수 있게 된다. 〈그림 3.2〉는 프로세스 설계가 어떻게 제품 설계와 병행되어야 하는지를 보여주고 있다.

**파일럿 생산/테스트**  세 번째 단계에서는 제품이 생산되기 전에 **시제품**(production prototypes)을 만들어 테스트해야 한다. 예를 들어 새로운 노트북을 설계하는 경우에 여러 개의 노트북이 시제품으로 제작되어 제품의 사양을 충족하는지 테스트하게 된다. 이 과정에는 하드웨어와 소프트웨어의 성능평가, 노트북의 신뢰성을 위한 수명주기평가 등이 포함된다. 유사한 과정을 비행기, 자동차, 시리얼 등 다양한 신제품들이 개발될 때 거치게 된다.

**3D 프린팅**(3D printing) 혹은 적층생산(additive manufacturing)의 기법이 시제품 개발을 쉽고 빠르게 만들어주고 있다. 거의 모든 3차원 형태가 금속, 플라스틱, 혹은 세라믹의 재료를 층층으로 쌓아 만들어질 수 있다. 테스트를 위한 시제품 제작이 과거에는 수일 혹은 수 주일 걸렸던 것을 잉크젯 방식의 프린터를 사용하여 불과 몇 시간 안에 만들어진다. 이러한 3D 프린팅 기술은 단순히 시제품 제작을 위해서가 아니라 고객화 제품을 소규모로 생산하는 경우에도 사용될 수 있다.

이 단계에서 프로세스 설계가 완성된다. 제품 설계가 완성되어 감에 따라 프로세스 설계가 구체화되고 실제로 제품 생산이 가능한지를 테스트하게 된다. 양산을 통해 시장에 출시되기 이전에 프로세스가 최적화되도록 제품 설계와 프로세스 설계의 조정이 이루어지게 된다. 양산이 원활히 이루어지기 위해서는 제품의 사양, 프로세스의 설계 사양, 작업자를 위한 교육 매뉴얼, 테스트 결과 등의 **정보 패키지**(information package)가 완료되어야 한다. 그렇게 되어야만 설계가 생산으로 무난히 이어질 수 있기 때문이다.

## 3.3 다기능적 제품 설계

**LO3.3** 신제품 설계의 동시공학 기법  신제품 개발 프로세스에서는 자주 **불일치**(misalignment) 현상이 발생한다. 계획 혹은 기술이 아무리 완벽하더라도 마케팅, 제품 설계, 생산 간의 불일치가 일어날 수 있다. 이러한 불일치는 마케팅, 기술, 인프라, 보상 체계 사이에서도 발생할 수 있다.

그림 3.3 순차적 접근법과 동시공학 접근법

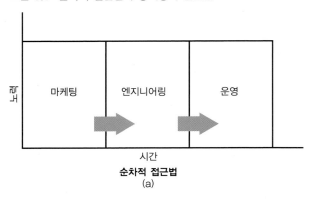

순차적 접근법
(a)

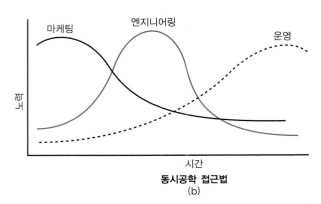

동시공학 접근법
(b)

마케팅에서의 불일치는 제품이 시장의 니즈를 충족하지 못할 때 발생한다. 이런 현상은 시장의 정보가 미흡하거나 시장의 니즈를 잘못 해석했을 때 일어난다. 그 결과로 매출이 부진하게 되고 제품의 설계가 변경되거나 시장에서 퇴출된다. 기술의 불일치는 개발부서가 설계한 제품이 운영부서에 의해 만들어지지 못할 때 발생한다. 이 경우는 기술이 너무 앞서가거나, 입증되지 않았거나, 잘못 이해한 경우에 일어난다. 운영기능에서 작업자의 기술 수준, 통제시스템, 품질관리, 조직 등이 신제품에 맞지 않기 때문이다. 또한 보상 체계의 내용이 새로운 프로세스의 도입보다는 기존의 기술을 그대로 유지하도록 유도하기 때문일 수 있다.

신제품 개발에서의 이러한 문제점을 극복하기 위해서 마케팅, 엔지니어링, 운영부서가 병렬로 진행하는 접근법이 제안되었다. 〈그림 3.3〉의 (a)에서 볼 수 있듯이 전통적인 접근법은 단계별로 진행된다. 마케팅에서 엔지니어링으로 그리고 운영부서로 결과물이 전달되는 방식이다. 이것은 **순차적 프로세스**(sequential process)로 각 기능부서의 역할이 완료되어야 다음 단계가 시작되는 방식이다.

〈그림 3.3〉의 (b)는 **동시공학**(concurrent engineering 혹은 simultaneous engineering)이라고 불리는 동시개발 프로세스를 설명하고 있다. 모든 기능부서들은 시작 단계부터 함께하며, 콘셉트 개발이 시작되면서 신제품 개발팀으로 구성된다. 첫 번째 단계에서는 마케팅이 중심이 되지만 다른 부서들도 맡은 업무를 수행한다. 제품 설계 단계에는 마케팅의 역할이 축소되며 엔지니어링이 중심이 된다. 마지막으로 신제품을 테

팀워크. 신제품을 동시에 설계하기 위해 신제품 개발팀에는 모든 기능부서들이 참여한다.

스트하고 시장에 출시할 때는 운영부서가 중심이 되어 진행한다.

전통적인 접근법이 릴레이 경주라고 하면 동시공학 접근법은 럭비에 비유할 수 있다. 릴레이 경주에서는 각 선수들이 바통을 넘겨받으며 자신이 맡은 부분의 레이스를 완주한다. 하지만 럭비는 전체 팀이 필드에서 함께 뛰면서 골대를 향해 공을 전진시킨다.

직업안전 및 보건을 위한 미국질병예방통제센터(CDC)에서 동시공학기법을 이용한 동시개발팀이 유해환경에서 작업자를 보호하는 데 이용되는 산업용 산소마스크의 국내 인증 프로세스를 혁신적으로 변화시켰다. 다기능팀은 기능부서들 간에 결과물 이관을 빠르고 원활하게 일어나도록 만들었다. 그 결과, 인증 프로세스의 절차가 빠르게 진행되도록 개선되었으며, 산소마스크의 품질을 향상시켜 작업자의 안전성을 높였다.

동시공학이 항상 효과적인 것은 아니다. 한 연구에 의하면 불확실성이 높은 프로젝트에서는 동시공학이 프로젝트의 성과를 떨어뜨린다고 했다. 이런 유형의 프로젝트에서는 동시공학이 창의성을 저해하는 것처럼 보인다.[2] 동시공학은 제품을 개선하거나 기존의 기술에 익숙한 시장을 위한 제품에서만 성과를 높여준다는 것이다. 이 결과를 볼 때 최선의 경영기법이란 보편적인 것이 아니라 상황에 따라 결정된다는 것을 의미한다.

## 3.4 공급사슬협력

**LO3.4** 공급업체 선정 시 적용 기준

기업 내부의 협력이 중요한 것처럼 공급사슬에서 고객 및 공급업체와의 협력 또한 매우 중요하다. 신제품 개발에서 고객 및 공급업체가 종종 관여하지만 설계 프로세스에 직접 참여하는 긴밀한 협력관계가 요구된다.

고객과의 **협력**(collaboration)이란 고객이 기꺼이 구매할 용의가 있는 제품을 설계하기 위해 고객들이 갖고 있는 지식과 전문성의 도움을 얻는 것이다. 협력은 다음과 같이 매우 다양한 형태로 일어날 수 있다.

- 고객에게 "당신의 삶을 좀 더 편리하고 생산성 있게 만들기 위해서 우리가 무엇을 해야 하나요?"와 같은 질문을 한다.
- 설계팀과 지식을 공유한 고객들에게 인센티브를 부여한다. 금전적인 보상, 신제품을 제일 먼저 사용할 수 있는 권한 등이 포함된다.
- 정보를 공유하기 위해 기술협력의 플랫폼을 구축한다. 컴퓨터 네트워크 혹은 소프트웨어를 이용하는 등의 다양한 형태가 가능하다. 내셔널 세미컨덕터(National Semiconductor)는 자신의 제품을 사용하여 고객이 회로를 설계할 수 있는 소프트웨어를 개발했다.
- 고객을 설계팀의 자문가로 참여시킨다.

---

[2] A. R. Sohel, D. N. Mallick, and R. G. Schroeder, "New Product Development: Impact of Project Characteristics and Development Practices on Performance," *Journal of Product Innovation Management* 30, no. 2 (2013), pp. 331–48.

고객과의 협력을 위해 프록터&갬블(Procter & Gamble)은 'P&G Advisor' 프로그램을 만들어서 고객이 신제품을 사용해본 후 피드백을 제공하는 형태로 고객들이 제품 개발에 참여하게 하고 있다.

고객과의 협력은 많은 이점을 제공하지만, 이를 위해서는 '디자인을 지배한다(controlling the design)'의 태도를 버리고 고객과 파트너십으로 일한다는 마음가짐을 가져야 한다. 설계자들은 단순히 고객에게 그들이 원하는 것, 필요로 하는 것을 묻는 수준에 그쳐서는 안 된다. 왜냐하면 고객은 자신이 원하는 것을 언제나 알고 있지는 않기 때문이다. 좀 더 정교한 방법은 기존의 제품을 사용하는 고객을 관찰하여 제품의 한계점을 찾거나 그들이 궁극적으로 원하는 결과가 무엇인지를 질문하는 방법이다. 설계팀원들은 계속해서 스스로에게 "고객이 하는 것보다 우리가 더 잘할 수 있는 것은 무엇인가?"를 질문해야 한다. 이러한 방식으로 고객과 협력할 때 신제품 설계는 향상될 수 있다.

공급사슬에서 협력의 또 다른 측면은 공급업체와의 협력이다. 구매하는 자재들이 일반적으로 제품원가의 50% 이상을 차지하기 때문에 공급업체들이 제품 설계 과정에서 협력하는 것이 중요하다. 제품에 적용되는 신기술을 우리 기업이 보유하고 있지 않은 경우에는 특히 그러하다.

공급업체가 신제품 개발팀에 직접 참여하거나, 설계 프로세스의 중요한 단계에서 기여하는 방식으로 할 수 있다. 공급업체의 역할은 그들이 지닌 전문성을 바탕으로 설계 혹은 접근방법을 향상시키는 것이다. 공급업체를 핵심적인 협력자로 고려하는 경우 다음과 같은 요소들을 살펴봐야 한다.

- 기술적 전문성(technical expertise) : 공급업체가 우리 기업이 보유하고 있지 않은 기술적인 전문성을 갖고 있는가?
- 역량(capability) : 공급업체가 원가, 품질, 제품 성능의 목표를 달성할 수 있는가?
- 생산능력(capacity) : 공급업체가 우리의 제품 개발 일정을 충족할 수 있는가? 또한 생산량을 늘릴 수 있는가?
- 저위험(low risk) : 공급업체가 기대에 부응하지 못했을 경우 예상되는 위험은 무엇인가?

많은 연구에 의하면 공급업체와 협력하면 원가, 시간, 품질, 제품 성능이 10~20%가 향상된다고 한다. 그렇다고 해서 모든 공급업체와의 협력을 고려해야 하는 것은 아니다. 제품 설계에 중요한 역할을 할 수 있고, 프로세스에 무언가를 기여할 수 있는 업체와 협력해야 한다. 운영선도사례에서는 쉐비 볼트에 장착되는 배터리의 설계에 핵심 공급업체가 지원한 사례를 소개하고 있다. 공급사슬의 핵심적인 공급업체 및 고객과 협력할 때 설계 프로세스는 크게 향상될 수 있다.

## 운영선도사례    쉐비 볼트의 배터리를 설계한 공급업체

제너럴 모터스(General Motors)는 쉐비 볼트(Chevy Volt)의 배터리 개발을 위해 25개 업체 중에서 2개의 공급업체를 선정했다. 한 곳은 독일 업체로 메사추세츠주 워터타운에 위치한 A123로부터 배터리를 조달하는 콘티넨탈 오토모티브(Continental Automotive)이고, 다른 한 곳은 한국 업체로 미시간주에 위치하고 있는 콤팩트 파워(Compact Power)였다. 이 두 업체들은 GM과 협력하여 배터리를 개발했다. GM은 시제품을 떨림, 온도 변화, 극한의 상황에서 반복적으로 테스트하는 등 실제 운행조건에서 시뮬레이션했다.

2008년 10월에 GM은 콤팩트 파워를 볼트의 유일한 배터리 공급자로 선정했다. 양산 전의 첫 번째 시제품을 2009년 6월 미시간주 워런에서 제작했다. 2009년 10월까지 80대의 시제품을 만들어 다양한 조건에서 도로주행 테스트를 실시했다. 마침내 2010년 11월에 공장에서 생산한 첫 번째 볼트 차가 만들어졌고, 미국에서 팔리는 차 중에서 가장 연비가 우수한 자동차가 되었다. 이것이 복잡한 기술의 신형 자동차를 많은 개발비와 시간을 들여 개발한 사례이다. 쉐비 볼트는 2011년 Motor Trend Car로 선정되었고, 2011년 Green Car, 2011년 North American Car, 2011년 World Green Car로도 선정되었다.

© Aaron Roeth Photography

출처 : www.wikipedia.org, 2016.

## 3.5  품질기능전개

**LO3.5 품질기능전개 기법**

신제품 개발 프로세스에는 다양한 도구와 기법들이 이용된다. **품질기능전개**(quality function deployment, QFD)란 고객의 요구사항과 제품의 기술적인 사양을 연결해 주는 도구이다. 품질기능전개를 이용하면 고객이 사용하는 일반적인 언어를 엔지니어들이 이해할 수 있는 기술적인 요소로 바꿔줄 수 있다. 또한 마케팅, 엔지니어링, 운영 간의 다기능적인 협력을 가능하게 해 준다.

1972년에 일본의 미쓰비시 조선소에서 처음으로 품질기능전개를 사용했다. 그 이후로 토요타와 미국의 여러 기업들로 퍼져 나가게 되었다. 현재는 자동차, 전자, 가전, 서비스 산업 등에서 전 세계의 기업들이 사용하고 있다. 이것은 고객의 모든 요구사항을 빠짐없이 고려하게 한다는 점에서 매우 유용한 커뮤니케이션 도구라고 할 수 있다.

품질기능전개를 이용할 때 기업은 다양한 고객속성을 정의한다. 각각의 고객속성은 하나 혹은 여러 개의 기술적 특성으로 만족시킬 수 있다. 〈그림 3.4〉를 보면 매트릭스의 왼쪽 편에 있는 고객속성은 위쪽의 기술적 특성과 연결되고 있다. 이렇게 완성된 매트릭스를 **품질의 집**(house of quality)이라고 한다.

〈그림 3.4〉에 예시된 품질의 집을 자전거의 예로 자세히 설명하고자 한다. 이 예를 통해 고객속성부터 한 단계씩 살펴보기로 하자.

**그림 3.4 관계 매트릭스**

| 고객속성 | 상대적 중요성 | 기어 개수(#) | 자전거 무게(lbs) | 프레임 강도(ft/lbs) | 순항속도(mph) | 페인트 칠 횟수(#) |
|---|---|---|---|---|---|---|
| 페달 돌리기 쉬움 | 10 | ⓥ | Ⓧ | X | √ | |
| 내구성 | 20 | | ⓥ | ⓥ | Ⓧ | |
| 빠른 속도 | 15 | √ | X | X | √ | |
| 낮은 비용 | 20 | X | X | Ⓧ | Ⓧ | X |
| 외관 | 10 | | | | | ⓥ |
| 기타 | 25 | | | | | |
| 합계 | 100 | | | | | |

기술적 특성

**관계**
- ⓥ 강한 양(+)의 관계
- √ 양(+)의 관계
- X 음(−)의 관계
- Ⓧ 강한 음(−)의 관계

**고객 인식**

1  2  3  4  5

▲ 우리 기업의 자전거
● 경쟁자 A
■ 경쟁자 B

**고객속성**

〈그림 3.4〉에서 매트릭스 왼쪽의 **고객속성** (customer attributes, CA)은 고객의 소리라고 할 수 있다. 여기서 고객속성은 제품의 중요한 속성을 정의하기 위해 자전거의 잠재적 고객들을 대상으로 시장조사를 수행하여 결정한 것이다. 이때 적합한 고객과 접촉하기 위해서는 목표시장을 정의하는 것이 중요하다. 이 경우 '캠퍼스의 대학생들이 사용하는 자전거'라는 특정 시장을 대상으로 자전거를 설계한다고 가정하자. 대학생들을 대상으로 그들이 생각하는 자전거의 중요한 특징과 속성을 알아내기 위해 인터뷰나 설문조사를 실시할 수 있다.

학생들이 선호하는 자전거는 페달을 돌리기 쉽고, 내구성 있고 튼튼하며, 빠른 가속을 할 수 있고, 낮은 가격과 외관을 중요하게

**자전거의 설계는 QFD를 이용하여 이루어진다.**
© Paul Bradbury/AGE Fotostock

생각하는 것으로 나타났다고 가정하자. 이 단계에서의 CA는 구체적이지 못하기 때문에 QFD 프로세스를 통해 좀 더 자세한 정의가 필요하다.

품질의 집에 몇 가지 속성을 추가하게 된다. CA가 매트릭스의 왼쪽에 정렬된 후, 각각의 CA는 고객에 의한 상대적 중요도 점수가 매겨지며 총합이 100점이 되도록 한다. 이 점수가 〈그림 3.4〉의 '굴뚝' 칸에 표시되어 있다. 매트릭스의 오른쪽에는 각 CA별로 우리 기업의 현재 자전거가 경쟁업체들과 어떻게 비교되는지를 보여주고 있다.

**기술적 특성**　QFD의 다음 단계는 고객속성을 **기술적 특성**(engineering characteristics, EC)으로 바꿔주는 것이다. 이것은 신제품 설계에서 각 고객속성을 어떻게 충족할 것인가를 생각하는 단계라고 할 수 있다. 기술적 특성은 측정이 가능해야 하며 구체적이어야 한다. 그리고 신제품의 최종 설계사양과 밀접한 연관성을 갖는다.

자전거 설계에서는 기어의 개수, 자전거의 무게, 프레임의 강도, 순항속도, 페인트 칠 횟수 등이 기술적 특성이다. 〈그림 3.4〉의 매트릭스 맨 위쪽에 이러한 기술적 특성들이 정렬되어 있고, 기술적 특성은 각각의 고객속성과 연결되는 것을 볼 수 있다. 예를 들어 '페달 돌리기 쉬움'이라는 고객속성의 경우 자전거 기어의 개수와 밀접하게 연관된다. 일반적으로 기어의 개수가 많을수록 여러 조건에서 쉽게 자전거를 탈 수 있기 때문이다. 또한 '페달 돌리기 쉬움' 속성은 역으로 자전거의 무게와도 연관된다. 〈그림 3.4〉를 보면 각각의 고객속성과 기술적 특성 간의 관계를 나타내 주기 위해 다양한 부호를 사용하고 있다. 이들 관계의 규명은 기술적인 테스트 혹은 일반적인 이해관계를 이용하여 행해진다.

다음은 품질의 집에 지붕이 더해진 〈그림 3.5〉를 살펴보기로 하자. 지붕 부분은 EC 간의 관계를 보여주는데, 이것은 EC들 간의 **교환관계**(trade-off)를 알아보기 위한 것이다. 예를 들어 자전거의 무게는 순항속도에 음(−)의 영향을 미치게 될 것이며, 페인트 칠 횟수는 자전거의 무게에 미미하지만 영향을 미칠 것이다.

마지막으로 〈그림 3.5〉의 아랫부분은 경쟁사 제품의 EC값을 보여주고 있다. 또한 우리 신제품의 **목표값**(target value)을 보여주고 있다. 목표값은 각 CA의 중요도, EC와의 연관성, 경쟁사 제품 대비 우리 신제품의 바람직한 성능에 의해 결정된다. 품질의 집의 궁극적인 결과물은 CA가 EC의 목표값으로 변환된 매트릭스의 아랫부분이다.

품질의 집은 기능부서들 간에 커뮤니케이션을 원활하게 할 수 있도록 도와준다. 고객의 가치를 반영한 시장요구와 엔지니어들이 고려해야 하는 설계 특성이 밀접하게 연결되어 있기 때문이다. 그렇기 때문에 설계상의 모든 교환관계를 고려하면서 시장의 요구를 충족시키는 설계를 할 수 있다. 품질의 집은 제품 설계를 부품 설계로, 그리고 공정 설계로 연결시키기 위해 확장할 수 있다. 이 경우 제품 설계에서의 목표값이 부품 및 공정 설계에서 고객속성이 된다. 또한 품질의 집을 공급업체와 연결하게 되면, 설계의 목표값이 공급업체에게는 고객속성이 된다. 이런 방법으로 제품 설계와 생산에 관련된 공급사슬 내 모든 기업들이 서로 연결된 설계를 할 수 있다.

서비스 산업에서도 제조업과 마찬가지로 QFD를 적용할 수 있다. 예시의 목적으로 피자

그림 3.5 품질의 집

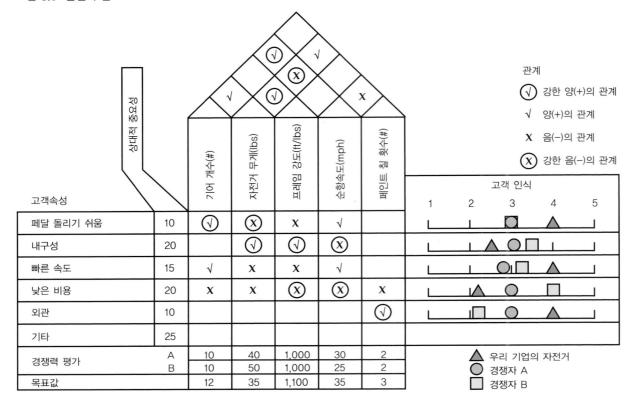

가게가 포장 및 배달 서비스를 새롭게 시작하는 상황을 가정해보자. 고객으로부터 조사된 서비스의 CA는 빠르며, 친절하고, 신뢰성 있는 서비스이다. 그리고 배달원의 단정한 용모와 배달될 때 뜨거운 상태의 피자도 CA로 포함되었다. 이러한 CA는 〈그림 3.6〉의 QFD 매트릭스에서 왼쪽에 나타나 있다.

　서비스 산업의 경우 EC를 정의하고 측정하는 것이 어렵다. 위의 사례에서 EC는 배달시간(분), 고객만족(정기적인 설문조사), 실제 배달시간(약속된 시간과 비교), 배달될 때의 피자 온도이다. 고객 설문조사를 통해 용모단정, 친절, 주문완료, 서비스 만족과 같은 무형의 CA들을 측정할 수 있다.

　CA는 자전거 사례와 같은 방법으로 각각의 EC와 연결된다. 〈그림 3.6〉에서 품질의 집 지붕, 고객 인식, 경쟁력 평가, 목표값 등을 볼 수 있다. 서비스 산업의 경우 제조업과는 다른 방법으로 QFD를 작성하지만 적용되는 일반 원리는 동일하다.

## 3.6　모듈설계

**LO3.6 모듈설계의 이점**

흔히 제품들이 설계될 때 고객의 니즈를 충족하면서 생산을 용이하게 만들 수 있는 공용부품 혹은 모듈의 특성을 고려하지 않은 채 한 제품씩 설계되는 경우가 많다. 모듈로 설계

그림 3.6 Pizza U.S.A. 배달 서비스의 QFD

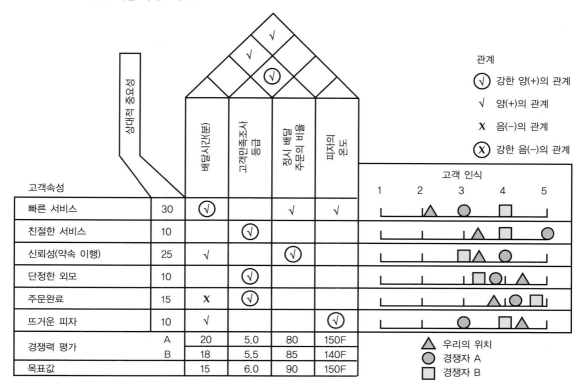

하면 제품의 다양성을 높이면서 동시에 부품의 다양성은 줄일 수 있다. **모듈설계**(modular design)의 핵심은 기본이 되는 부품과 모듈들을 개발하고, 그것들을 다양하게 조립하여 다양한 제품을 생산할 수 있도록 하는 것이다. 고객에게는 다양한 종류의 많은 제품이 제공되는 것처럼 보이지만, 운영부서에서는 몇몇의 기본 부품과 프로세스만 이용한다. 모듈설계가 다음 장에서 설명하는 대량고객화의 전제조건이 된다.

운영부서에서 제품에 들어가는 부품 종류의 수를 통제하는 것은 매우 중요하다. 이를 통해 프로세스와 장비를 표준화하면서 대량생산을 효율적으로 할 수 있기 때문이다. 생산품의 다양성이 높을수록 생산에서는 복잡성과 비용이 크게 증가하게 된다.

모듈설계는 제품 설계에 대한 시각을 변화시킨다. 각각의 제품을 별개로 설계하지 않고, 표준 부품모듈과 표준 프로세스를 이용하여 제품들을 설계하며, 제품라인은 기본 모듈을 중심으로 분류되어야 한다. 공통모듈은 하나 이상의 제품라인에서 사용될 수 있게 만들어져야 하며, 불필요한 제품 장식들은 제거해야 한다. 이렇게 모듈 접근법을 이용하면 제품의 불필요한 다양성은 줄이면서, 모듈을 통한 제품 다양성은 높아질 수 있다.

사례를 통해 모듈설계 접근법을 이해해보도록 하자. 미네소타대학교의 학생들은 침대를 대량생산하는 업체의 생산 및 운영에 대해 연구했다. 이 업체는 2,000개가 넘는 서로 다른 조합의 매트리스를 생산하고 있었다. 그런데 이 매트리스 중 50%는 판매율이 3%밖에 되지 않는다는 것을 발견했다. 또한 시장조사에서는 지나치게 다양한 제품이 마케팅에 전혀 도움이 되지 않으며 동시에 원가만 증가시키고 있다는 것이 밝혀졌다.

모듈설계 아이디어를 이용하여, 매트리스의 제품라인은 네 가지 규격(레귤러, 트윈, 퀸, 킹 사이즈)으로 설계되었으며, 매트리스를 만들기 위한 스프링 구조와 패드의 두께도 제한했다. 또한 고객 선호도에 따라 매트리스 커버의 색상과 디자인 종류도 적절하게 수정했다. 이를 통해 매트리스 부품의 수는 크게 감소했으며, 고객에게는 다양한 종류의 제품을 제공할 수 있게 되었다. 예를 들어 침대규격의 네 가지, 스프링 구조의 세 가지, 패드 유형의 세 가지, 커버 유형의 여덟 가지인 경우 총 288개의 매트리스 설계가 가능해진다.

$$4 \times 3 \times 3 \times 8 = 288개 \ 조합$$

물론, 고객들이 선호하지 않는 조합(예 : 비싼 스프링과 얇은 패드)이 있기 때문에 계산된 모든 조합을 생산하지는 않는다. 위의 예시를 살펴보면 다양한 종류의 제품 조합이 가능하지만 부품 수는 한정적이라는 것을 알 수 있다.

미네소타대학교의 연구팀은 기본 부품을 정하고 제품 조합을 결정하는 데 마케팅, 운영, 엔지니어링 부서가 함께 참여할 것을 제안했다. 또한, 1년에 한 번씩 정기적인 검토를 통해 기본 부품과 제품 조합을 결정하고 나면 그것을 엄격히 고수할 것을 제안했다. 이 연구팀은 모듈설계 개념을 이용하여 지나치게 많은 제품종류라는 문제를 해결했을 뿐 아니라 제품 다양성에 대한 마케팅 이점도 제공하게 되었다.

델 컴퓨터는 모듈설계 방식으로 컴퓨터를 설계하고 있다. 델의 인스피론 노트북의 경우 많은 옵션의 선택이 있다—여섯 가지의 프로세서, 네 가지의 메모리, 세 가지의 하드 드라이버, 두 가지의 운영체제, 두 가지의 미디어장치, 세 가지의 무선장치, 다섯 가지의 디스플레이, 다섯 가지의 소프트웨어 선택, 세 가지의 배터리. 총 33개의 서로 다른 모듈(부품)이 노트북에 들어갈 수 있지만, 이론적으로 생산할 수 있는 노트북 종류를 계산해보면 다음과 같다.

**델은 모듈설계 접근법을 사용하고 있다.**

© Jeff Chiu/AP Images

$$6 \times 4 \times 3 \times 2 \times 2 \times 3 \times 5 \times 5 \times 3 = 64,800$$

물론 모든 모듈이 조립되는 것이 아니기 때문에 실제 선택할 수 있는 종류는 이보다 적다. 델은 모듈설계를 통해 생산은 간소화하면서 고객에게는 충분한 선택권을 제공하고 있다.

## 3.7 요점정리와 핵심용어

신제품의 설계를 통해 제품 사양이 결정되기 때문에 신제품 설계는 운영기능에 큰 영향을 미친다. 또한 기업이 신제품을 개발할 때 운영기능이 제약될 수도 있으며, 비용이 더 많이 들게 만들 수도 있다. 따라서, 운영기능과 신제품 개발은 서로 깊숙하게 연결되어 있다.

- 신제품 개발에는 시장 기반, 기술 기반, 다기능적 협력의 세 가지 접근법이 있다. 다기능적 협력의 접근법이 신제품을 설계할 때 기술과 시장을 모두 고려하기 때문에 가장 좋은 접근법이라고 할 수 있다.
- 신제품 개발 프로세스는 콘셉트 개발, 제품 설계, 파일럿 생산/테스트의 단계를 거친다.
- 제품은 설계 초기부터 제조 가능성을 고려하여 설계되어야 한다. 동시공학 접근법을 이용하여 생산 프로세스를 제품 설계의 일부로 고려함으로써 가능하다.
- 동시공학은 순차적 접근법과는 달리 제품 설계를 위한 단계들이 겹치게 된다. 일반적으로 신제품 개발팀은 모든 부서(마케팅, 엔지니어링, 운영, 재무/회계)의 대표자들로 구성되어 기능부서 간의 역할 통합이 가능하다.
- 신제품 개발에서 공급사슬 협력은 필수적이다. 공급사슬 협력이란 신제품 개발 프로세스에서 고객과 공급사슬이 모두 협력하는 것이다.
- 품질기능전개(QFD)는 고객속성과 기술적 특성을 연결해 준다. 제조업과 서비스업 모두에서 이용할 수 있는 품질의 집이라는 도구를 이용하여 행해진다.
- 같은 제품라인에 속해 있는 제품들에 들어가는 부품의 종류 수를 최소화하기 위해 모듈설계가 이용된다. 모듈설계는 표준모듈을 설계하고 시장에서 충분한 수요가 있는 옵션의 조합만을 고려하는 것이다.

**핵심용어**

| | | |
|---|---|---|
| 고객속성 | 목표값 | 콘셉트 개발 |
| 교환관계 | 불일치 | 파일럿 생산/테스트 |
| 기술 기반 | 순차적 프로세스 | 품질기능전개 |
| 기술적 특성 | 시장 기반 | 품질의 집 |
| 다기능적 협력 | 시제품 | 프로세스 설계 |
| 동시공학 | 정보 패키지 | 협력 |
| 모듈설계 | 제품 설계 | 3D 프린팅 |

**인터넷 학습**

1. Japan Business Consultants(http://www.mazur.net/publishe.htm)
   QFD가 다양한 제품과 서비스의 설계를 위해 어떻게 사용되는지를 보라.
2. Society of Concurrent Product Development(http://www.scpdnet.org)
   위 홈페이지에 있는 글 중 하나를 읽고 수업시간에 토의할 준비를 하라.
3. 3M(http://www.3m.com)
   3M의 사이트에서 혁신(innovation)이라는 단어로 검색한 제품 하나를 선택해 그 제품을 설명하라.

## 토의질문

1. 신제품 개발에서 기능 간 협력이 중요한 이유는 무엇인가? 기능 간 협력이 부족할 때 나타나는 현상은 무엇인가?
2. 신제품을 개발할 때 시장 기반 접근법과 기술 기반 접근법은 어떤 상황에서 최선의 접근법인가?
3. 연극에서 대본을 쓰고 연출하는 단계를 설명하라. 이를 3.2절에서 설명한 신제품 개발의 3단계와 비교하라. 이들 사이에 관련성이 있는가?
4. 우리 경제에서 제품 다양성이 증가하고 있는 이유는 무엇인가?
5. 모듈설계 개념이 어떻게 생산품의 다양성을 통제함과 동시에 제품의 다양성을 가능하게 하는가?
6. 제품 설계에서 운영기능의 적절한 역할은 무엇인가?
7. 여행사, 맥주회사, 컨설팅회사에서는 제품사양이 어떠한 형태로 표현되는가?
8. 일상생활에서 사용하는 제품 중 모듈설계의 사례를 찾아보라.
9. 당신의 학우 중 한 명을 고객으로 하고 당신은 공급자로 가정하라. 고객에게 어느 한 제품을 선택하게 하고 바람직한 고객속성을 정하게 하라. 그러고 나서 당신은 고객의 요구를 충족시키기 위해 필요한 기술적 특성을 규명하라. 매트릭스에서 관계를 명시하여 품질의 집 매트릭스를 완성하라. 그런 뒤 기술적 특성이 고객의 요구를 충족하는지 상대방에게 물어보라.
10. 제품 설계에 있어 품질기능전개(QFD) 접근법을 사용할 때 가장 근본적인 장점이 무엇인가? 또한 이러한 방법을 사용할 때 생기는 부정적인 효과에 대해 알아보라.
11. 한 학생이 책과 학용품을 담는 백팩을 디자인하려고 한다. 이때 고객속성은 (1) 편안함, (2) 튼튼함, (3) 충분한 공간, (4) 메고 다니기에 무겁지 않음이다. 이러한 고객속성을 만족할 수 있는 기술적 특성들을 생각해보라. 그리고 이들 사이에 양(+)과 음(−)의 관계를 보여주는 QFD 매트릭스를 작성하라.
12. 어느 사업가가 대학 캠퍼스 내에 샌드위치 가게를 설계하고자 한다. 이 가게에서 고객에게 제공하는 서비스(제품이 아님)의 고객속성을 정의하라. 그리고 이를 충족시킬 기술적 특성들을 규명해보라.
13. 당신이 사고 싶어 하는 차에 다섯 가지의 내부 색상, 세 가지 형태의 라디오, 세 가지의 엔진, 두 가지의 배터리 종류(일반용량, 대용량), 열 가지 종류의 외장 색상, 두 가지의 변속기, 그리고 네 가지의 휠커버 옵션이 있다고 가정하자. 이 자동차의 생산 가능한 조합 수는 얼마인가? 고객의 선택을 제한하지 않으면서 조합의 수를 줄이는 방법은 무엇인가?

# 프로세스 설계

운영관리자가 수행하는 가장 중요한 의사결정 중에는 제품과 서비스를 생산하는 프로세스의 설계와 개선이 있다. 이 의사결정은 프로세스와 기술의 선택, 운영에서 일어나는 흐름의 분석, 운영에 의한 부가가치의 분석을 포함한다. 제2부에는 두 가지 주제가 있는데, 첫째는 자재, 고객, 정보의 흐름을 향상시키기 위하여 프로세스를 설계하고 개선하는 것이고, 둘째는 프로세스 설계에서 낭비요소를 제거하는 것이다. 효율적인 프로세스이면서 고객에게 가치를 제공하는 프로세스를 설계하고 관리하기 위하여 이들 원리가 사용된다. ■

# 프로세스 선택

## 학습목표

프로세스 의사결정은 제품 혹은 서비스를 생산하는 프로세스 유형을 선택하는 것이다. 예를 들면 자동차 생산에는 라인 프로세스를, 와인 생산에는 뱃치(batch) 프로세스, 양복점에서는 개별작업(job shop) 프로세스를 이용한다. 프로세스를 선택할 때는 제품 생산량의 규모와 표준화 제품인지 혹은 고객화 제품인지를 고려하여 결정해야 한다. 일반적으로 표준화 제품을 대량으로 생산하는 경우는 라인 프로세스가 이용되며, 고객화 제품을 소량으로 생산하는 경우는 뱃치 혹은 개별작업 프로세스가 이용된다.

이 장에서는 다양한 유형의 프로세스를 설명하고, 어떤 상황에서 어떤 프로세스가 적합한지를 설명할 것이다. 프로세스 유형을 두 가지 기준으로 분류할 것이다. 첫 번째는 제품흐름의 방식에 따른 분류로서 연속 프로세스, 라인 프로세스, 뱃치 프로세스, 개별작업 프로세스, 프로젝트 프로세스 등의 유형이 있다. 두 번째 분류는 주문을 충족시키는 방식에 의한 분류로 주문생산(make-to-order), 주문조립(assemble-to-order), 재고생산(make-to-stock)의 유형으로 구분된다.

프로세스의 유형을 설명한 후에는 프로세스 선택과 관련하여 집중화 생산, 대량고객화, 3D 프린팅에 대해 논의할 것이다. 또한 프로세스 선택 시의 환경적 고려와 기업이 선택한 프로세스가 환경에 미치는 영향에 대해 논의할 것이다.

# 4.1  제품흐름의 성격

**LO4.1** 제품흐름의 성격에 의한 다섯 가지 프로세스 유형

제품흐름에는 연속 프로세스, 조립라인, 뱃치, 개별작업, 프로젝트 등 다섯 가지의 유형이 있다. 제조업에서의 제품흐름은 자재의 흐름과 같은 의미이다. 왜냐하면 자재가 점차 최종 제품으로 변환되어 가기 때문이다. 반면 서비스업에서의 흐름은 제품이라기 보다는 고객 혹은 정보의 흐름이라고 할 수 있다.

## 연속 프로세스

**연속 프로세스**(continuous process)는 설탕, 제지, 석유, 발전과 같은 장치산업(process industry)에서 이용된다. 이와 같은 제품들은 연속된 방식으로 생산되며 표준화 정도가 높고 생산 수량도 매우 대규모이다. 연속 프로세스의 제품은 흔히 액체 혹은 반고체 상태의 제품으로서 한 공정에서 다음 공정으로 끊김 없이 흘러간다. 예를 들어 정유 프로세스의 경우 원유를 끌어오는 파이프, 탱크, 증류탑 등으로 구성되며, 가솔린, 디젤, 석유, 윤활유 등 다양한 제품을 생산한다.

연속 프로세스는 상용품(commodity)의 생산에 이용되는 경우가 많다. 상용품의 경우 제품 차별화가 어렵고, 고객들은 가격에 매우 민감하기 때문에 낮은 원가가 '주문획득요건(order winner)'이 된다. 따라서, 연속 프로세스에서는 총생산원가를 줄이기 위해 자동화를 높이고, 최대 생산능력 수준에서 운영되며, 재고와 유통비용을 최소화한다. 연속 프로세스에서는 단위 산출물당 원가는 매우 낮은 반면 제품믹스나 제품유형을 변경하는 유연성은 매우 제한적이다.

## 조립라인

전통적인 **조립라인**(assembly line) 프로세스에서는 한두 종류의 제품을 생산하고, 유연성이 낮은 장비와 노동력을 사용한다. 유연성이 높은 조립라인으로 대량고객화를 하는 프로세스에 대해서는 이 장의 후반에서 설명할 것이다. 조립라인 흐름의 특징은 작업이 순차적으로 진행되며, 생산 제품은 한 단계씩 조립라인을 따라 이동한다는 것이다. 제품이 액체 혹은 반고체인 연속 프로세스와는 달리 조립라인은 단절된 형태의 제품을 생산한다. 자동차, 냉장고, 컴퓨터, 프린터 등 대량생산되는 많은 소비재들이 그 예이다.

〈그림 4.1〉은 금속 브래킷(metal bracket) 생산에 이용되는 라인 프로세스를 보여주고 있다. 첫 번째 생산 단계에서는 직사각형의 금속을 원하는 모양의 브래킷으로 절단한다. 두 번째 단계에서는 드릴로 2개의 구멍을 뚫고, 그다음 단계에서는 90도로 브래킷을 구부린 다음, 마지막으로 페인트 칠을 한다. 작업 순서에 적합하게 작업장을 위치시키며 제품은

그림 4.1
조립라인의 흐름

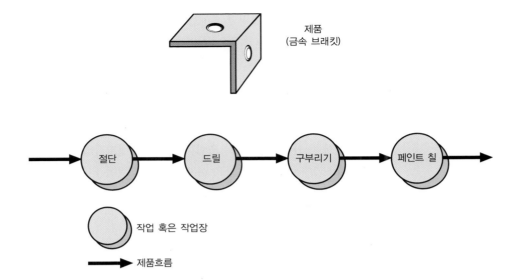

제품
(금속 브래킷)

절단 → 드릴 → 구부리기 → 페인트 칠

⬤ 작업 혹은 작업장

➡ 제품흐름

라인의 한쪽 끝에서 다른 쪽 끝으로 이동한다.

　　연속 프로세스와 마찬가지로 전통의 조립라인 역시 매우 효율적이지만 유연성은 떨어진다. 따라서 조립라인은 많은 수량의 표준화된 제품에 적합하다. 동시에 제품 자체 혹은 생산 수량을 변경하는 것은 매우 어렵기 때문에 생산이 유연하지 못하다. 예를 들어 자동차 생산라인이 새로운 모델 생산으로 변경되는 데는 몇 주일의 시간이 소요된다. 또한 라인은 일정한 속도로 움직이기 때문에 생산 수량을 변경하기 위해서는 작업시간을 늘리든지 아니면 전체 라인을 새롭게 설계해야 한다.

　　조립라인의 선택이 정당화되는 상황은 제한적이다. 일반적으로 많은 자본의 투자가 필요하며, 이 투자를 정당화하기 위해 대량생산이 요구된다. 그 예로 반도체 웨이퍼(wafer)를 생산하는 공장을 짓기 위해서는 20억 달러의 초기투자가, 자동차 생산공장에는 10억 달러가 필요하다. 자동차 생산공장의 경우 2교대로 생산한다면 1분에 한 대씩 자동차가 생산되며, 연간 대략 350,000대가 생산된다. 대규모 자본투자가 요구되기 때문에 재무부서는 조립라인 선택에 민감하고 투자결정을 위해 운영기능과 긴밀하게 협력한다. 또한, 마케팅기능은 대량으로 판매할 수 있는 판매활동을 해야 한다.

## 뱃치 흐름

**뱃치 프로세스**(batch process)는 제품을 뱃치(batch) 혹은 로트(lot)의 묶음으로 생산하는 것이 특징이다. 생산되는 제품은 한 작업장에서 다음 작업장으로 묶음으로 함께 이동하며, 각 작업장은 서로 유사한 장비 혹은 프로세스로 구성되어 있다.

　　〈그림 4.2〉는 다양한 금속 브래킷을 소량으로 생산하는 뱃치 프로세스의 예를 보여주고 있다. 모양이 서로 다른 브래킷 A, B, C는 4개의 작업장을 거치게 된다. A는 네 가지 작업이 모두 필요하며, B는 절단, 구부리기, 페인트 칠의 세 가지 작업만 필요하다. 마지막으로 C는 절단, 드릴, 페인트 칠의 작업을 필요로 한다. 뱃치 생산의 한 가지 특징은 조립라인보

대부분의 자동차 생산 프로세스는 조립라인으로 이루어져 있다.

다 다양한 종류의 제품을 생산할 수 있다는 것이다. 각각의 제품들은 서로 다른 흐름경로를 갖게 되며, 어떤 제품은 일부 작업장을 건너 뛰기도 한다. 결과적으로 생산흐름은 규칙적이고 순차적인 조립라인 프로세스와는 대조적으로 간헐적이고 혼류적인 성격을 띤다.

그림 4.2
뱃치 프로세스(금속 브래킷)

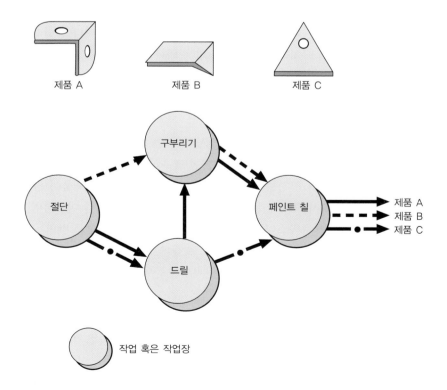

뱃치 생산은 한 가지 특정 제품에 특화되지 않은 **범용장비**(general-purpose equipment)를 이용하며, 범용장비는 유연성을 제공해 준다. 또한, 작업자들은 다양한 종류의 제품을 만들 수 있어야 하기 때문에 숙련도와 유연성이 높다. 뱃치 생산은 장비나 작업자 측면에서 조립라인보다 더 유연성이 높은 편이다. 로트는 1단위부터 100단위까지 다양한 크기가 가능하기 때문 뱃치 프로세스는 소량의 주문을 처리하는 데 적합하다.

뱃치 생산의 **혼류 흐름**(jumbled flow)은 생산일정 수립과 재고문제를 어렵게 만든다. 공장의 생산능력이 거의 최대로 가동될 때, 프로세스상의 작업들이 대기하게 되면서 높은 재고가 발생할 수 있다. 또한, 가동률이 높아지면 작업자나 기계들이 어느 한 작업을 처리하는 동안 다른 작업들은 지연되면서 작업들 간의 간섭이 발생하기도 한다. 따라서 생산 과정에서 효율의 손실이 발생하게 된다.

뱃치 생산에서는 기계와 작업자들이 프로세스의 유형에 따라 조직화된 작업장에 배치되기 때문에 **공정별 배치**(process layout)가 이루어진다. 반면에 조립라인 프로세스에서는 제품별로 필요한 기계와 작업자가 조직화되므로 **제품별 배치**(product layout)가 이루어진다. 공정별 배치의 예는 일반 고등학교를 들 수 있다. 고등학교의 경우 영어, 수학, 화학 등 과목(프로세스)별로 교실이 조직되어 있고, 학생들의 이동(흐름)은 설비(교실) 사이에서 뱃치 단위로 진행되며, 한 프로세스(과목)가 끝나면 다음 프로세스로 이동한다.

뱃치 생산은 생산량이 많지 않거나 다양한 종류의 제품일 경우 적합하다. 뱃치 생산의 예는 가구, 보트, 접시 등 다양성이 매우 높지만 종류별로는 소량 내지 중간 수준의 양으로 생산되는 제품들이 해당한다. 예를 들어 가구 생산에서는 다양한 스타일과 옵션이 요구된다. 소파의 경우 고객의 주문에 의해 생산되기도 하고 재고보유를 위해 생산되기도 한다. 각각의 소파는 서로 다른 천을 이용하고, 팔걸이나 등받이의 모양도 다르며, 길이도 모두 다르다. 따라서 각각의 소파는 하나 혹은 작은 로트 크기로 만들어지면서 종류 수는 아주 많은 다양한 소파가 만들어진다.

### 개별작업

**개별작업**(job shop)은 공정별 배치를 이용하며 고객주문에 따라 제품을 생산한다. 개별작업은 뱃치 프로세스의 특별한 경우라고 할 수 있다. 개별작업도 제품을 뱃치로 생산하지만 그 로트 크기는 작으며, 고객의 주문에 의해서만 제품이 생산된다.

뱃치 프로세스와 같이 개별작업은 범용장비를 이용하며, 프로세스는 혼류 흐름을 갖는다. 제품믹스나 생산량에 대한 유연성이 매우 높은 반면, 생산량이 적고 표준화 정도가 낮기 때문에 원가는 일반적으로 높다. 개별작업으로 생산하는 제품의 예는 주문생산되는 플라스틱 부품, 기계부품, 전기부품 등이다.

### 프로젝트

**프로젝트**(project) 프로세스는 독특하고 창의적인 제품의 생산에 많이 이용된다. 그 예로는 콘서트, 빌딩 건설, 대형 항공기 제작 등이 있다. 엄밀하게 말하면 프로젝트 프로세스에는 제품의 흐름이 존재하지 않는다. 제품은 가만히 있고 자재와 작업자가 제품이 생산되는 곳으로 이동하기 때문이다. 프로젝트 프로세스에서는 이전에 생산되지 않은 제품을 만들기 때문에 계획 수립과 일정관리가 매우 어렵다. 또한, 범용장비가 일부 사용되지만 자동화하는 것이 상당히 어렵다. 작업자들의 경우 생산하는 제품이나 서비스의 독특성 때문에 높은 숙련도가 요구된다.

프로젝트 프로세스에서는 제품이 하나씩 만들어지기 때문에 제품마다 조금씩 다르게 만들어진다. 그래서 고객화 정도와 특이성이 높은 제품의 생산에 프로젝트 프로세스가 사용된다. 일반적으로 프로젝트 생산의 원가는 매우 높으며 때로는 원가통제가 어렵다. 그 이유는 프로젝트의 모든 부분을 사전에 자세히 결정하는 것이 어렵고 생산 과정 동안 계속해서 수정이 일어나기 때문이다.

보잉(Boeing)은 프로젝트 프로세스를 이용하여 대형 항공기를 만든다. 각각의 비행기는 공장 내 정해진 장소에서 생산되며, 이때 자재와 작업자가 정해진 장소로 이동하여 작업이 이루어진다. 여러 항공기를 생산하게 되면 작업량의 균형을 맞추기 위한 일정 수립이 매우 복잡해진다. 건설산업의 경우 빌딩, 도로, 댐 건설에서 프로젝트 프로세스를 이용하고, 또한 서비스업에서는 모금활동, 정치 캠페인, 콘서트, 전시회 등이 프로젝트 프로세스가 사용되는 예이다.

### 프로세스 유형의 비교

지금까지 살펴본 다섯 가지 유형(연속, 조립라인, 뱃치, 개별작업, 프로젝트)의 특징이 〈표 4.1〉에 요약되어 있다. 이 표를 통해 다섯 유형의 프로세스들을 직접적으로 비교해볼 수 있다. 연속 프로세스와 조립라인 프로세스에서는 작업자들의 숙련도가 비교적 낮고 자동화 정도는 높다. 반면에 뱃치, 개별작업, 프로젝트 프로세스에서는 작업자들의 숙련도가 높고 자동화 정도는 낮다. 또한 목표와 제품특성에서도 서로 반대의 특징을 갖고 있음을 알 수 있다.

프로세스의 효율성을 측정하는 한 방법은 **스루풋 비율**(throughput ratio, TR)의 계산이다.

$$스루풋\ 비율(TR)= \frac{순수\ 작업시간}{총\ 생산소요시간} \times 100\%$$

계산식의 분자는 작업과 작업 사이에서 제품이 대기하는 시간을 제외하고 기계나 작업자가 실제로 작업한 시간만을 고려한 시간이다. 분모는 프로세스에서의 모든 작업시간과 대기시간을 포함한 작업이 생산시스템에 머문 전체 시간이다. 이 비율은 전체 생산시간 중에서 실제로 부가가치를 창출하는 작업시간의 비율이라고 할 수 있다. 뱃치 프로세스와 개별작업 프로세스의 경우 스루풋 비율이 10~20% 내외이며, 40% 이상인 경우는 드물다. 이것은 대부분의 소요시간이 실제 작업시간 이외의 대기시간으로 흘러간다는 것을 의미한다. 이와는 대조적으로 연속 및 조립라인 프로세스의 스루풋 비율은 90~100%에 이른다.

주택 산업의 사례로 프로세스 선택의 결정을 설명해보자. 프로젝트 프로세스로 만들어

표 4.1
프로세스의 특징

| 특징 | 연속 프로세스 및 조립라인 | 뱃치 프로세스 및 개별작업 | 프로젝트 |
|---|---|---|---|
| **제품** | | | |
| 주문 유형 | 연속 혹은 대형 뱃치 | 뱃치 | 개별단위 |
| 제품의 흐름 | 순차적 | 혼류적 | 없음 |
| 제품 다양성 | 낮음 | 높음 | 매우 높음 |
| 시장 유형 | 대량 | 고객화 | 독특 |
| 생산 수량 | 대량 | 소량 내지 중간 수준 | 매우 소량 |
| **작업자** | | | |
| 숙련도 | 낮음 | 높음 | 높음 |
| 작업 유형 | 반복적 | 불규칙적 | 불규칙적 |
| 임금 | 중간 | 높음 | 높음 |
| **자본** | | | |
| 투자 | 많음 | 중간 | 중간 |
| 재고 | 적음 | 많음 | 거의 없음 |
| 장비 | 특수목적 | 범용 | 범용 |
| **목표** | | | |
| 유연성 | 낮음 | 중간 | 높음 |
| 원가 | 낮음 | 중간 | 높음 |
| 품질 | 사양적합성 | 사양적합성 | 사양적합성 |
| 배송 | 정시 | 정시 | 정시 |

지는 주택은 고객주문에 의해 제작되는 주택이다. 주문제작 주택은 건축가에 의해 주택마다 독특하게 설계되어 만들어지거나, 기존의 설계를 개별 주택에 맞게 수정하여 만들어진다. 이 프로세스는 노동집약적이고 시간과 비용이 많이 소요되지만 유연성은 매우 높다. 그리고 작업을 하기 위해 범용장비들이 이용된다.

뱃치 프로세스는 여러 채의 비슷한 주택들을 건설하는 경우에 볼 수 있다. 이 경우 고객은 몇 개의 샘플 주택 중 하나를 골라 색상, 구조물, 카펫 정도의 옵션만을 선택할 수 있다. 이러한 주택은 주문제작 주택보다 단위 면적당 가격이 저렴한 반면 유연성은 조금 떨어진다.

조립라인 프로세스는 모듈주택이나 공장 생산 주택에 해당한다. 표준주택의 각 구역을 공장에서 비교적 저렴한 인력으로 생산한다. 인력비용이 비싼 배관공, 목수, 전기기사 대신에 완성된 전기 및 배관시스템을 공장에서 설치한다. 생산이 완료된 각 구역들이 건축 장소로 이동되고 크레인을 이용하여 조립하는 데는 불과 며칠 정도밖에 소요되지 않는다. 모듈주택

**주택건설에는 다양한 유형의 프로세스가 사용될 수 있다.**

© David Buffington/Getty Images

은 일반적으로 가장 저렴하지만, 고객선택의 유연성은 가장 낮다.

주택건설회사는 어떤 유형의 프로세스로 주택을 건설할 것인지를 전략적으로 결정한다. 대부분의 회사는 하나의 유형을 선택하지만, 복수의 유형을 선택하고자 한다면 각 유형별로 사업부를 구분할 필요가 있는 이유는 프로세스 운영에 필요한 작업자, 관리 방식, 자본 등이 유형별로 다르기 때문이다.

## 4.2  주문충족의 방법

LO4.2 주문충족 방식에
의한 프로세스 유형들의
차이점

운영부서에서 다루는 또 다른 주요 의사결정은 고객의 주문을 어떻게 충족할지와 관련된 것이다. 충족방식에는 주문생산, 주문조립, 재고생산이 있으며, 각 방식에는 장단점이 존재한다. 먼저 **재고생산**(make-to-stock, MTS) 프로세스는 고객의 주문을 가용 재고로 충족하기 때문에 고객주문에 빠른 서비스를 제공할 수 있으며, **주문생산**(make-to-order, MTO) 프로세스보다 원가가 적게 발생한다. 반면에 주문생산(MTO) 프로세스는 제품의 고객화를 위한 유연성이 매우 높다. **주문조립**(assemble-to-order, ATO) 프로세스는 재고생산과 주문생산의 혼합 형태라고 할 수 있다. 주문조립(ATO)의 경우 고객의 주문이 접수되면 완제품 생산까지는 단순한 조립작업만 하면 되기 때문에 비교적 빠른 서비스가 가능하다. 그러면서 고객은 자신이 원하는 선택을 제한적으로나마 할 수 있기 때문에 제품 고객화의 유연성도 높은 편이다.

MTO 프로세스에서는 고객의 주문에 따라 생산이 이루어진다. 주문은 고객이 원하는 사양에 따라 이루어지기 때문에 프로세스 내의 각 작업은 특정 고객과 연결지을 수 있다. 이와는 반대로 MTS 프로세스에서 생산하는 제품은 일단은 재고로 보유하기 위한 것이므로 프로세스 내의 작업이 특정 고객과 연결되지 않는다. 따라서, 생산되는 작업의 유형만 보아도 MTO 프로세스인지 MTS 프로세스인지를 구분할 수 있다. 만약에 진행되는 작업들이 어떤 고객으로 특정된다면 그 프로세스는 MTO 프로세스이다.

MTO 프로세스에서의 생산과 주문충족은 고객주문으로 시작된다. 주문에 해당하는 제품 설계가 이미 존재하는 것이 아니라면 설계를 진행하고, 주문제품에 필요한 자재가 미리 준비되어 있지 않다면 자재들을 주문한다. 자재가 준비되면 인력을 투입하여 주문제품을 완성하고, 완성한 후에는 고객에게 전달하고 고객의 지불이 완료되면 주문충족 사이클이 종료된다.

MTO 프로세스의 성과는 제품의 설계, 생산, 배송에 소요되는 시간으로 측정할 수 있다. 이것을 **리드타임**(lead time)이라고 한다. 또한 주문충족이 정시에 완료되는 비율로도 측정할 수 있는데, 정시의 기준을 고객이 요구한 납기 또는 고객에게 약속한 납기로 할 수 있지만, 고객이 요구한 납기가 보다 엄격한 기준이 된다.

이와는 반대로 MTS 프로세스는 고객에 의해서가 아니라 생산자에 의해서 표준 제품라인이 결정된다(〈그림 4.3〉 참조). 제품을 재고로 보유하고 있다가 고객의 주문 발생 즉시 충족시킨다. 따라서, 생산부서에서는 고객의 주문을 재고로 대응해야 하므로 실제 수요 발생 이전에 적정 재고를 보유해야 한다. 이를 효과적으로 수행하기 위해 중요한 관리이슈는 수요예측, 재고관리, 생산계획이다.

MTS 프로세스는 기업이 생산할 제품을 확정하고 생산하는 것으로 시작된다. 그러고 나서 고객이 제품을 주문하게 되고, 만약 재고가 있으면 바로 고객에게 배송되지만, 재고가 없다면 **미납주문**(back order)이 되거나 혹은 고객주문을 상실하게 된다. 미납주문은 추후에 충족되는 주문으로서 고객은 그때까지 기다리게 된다. 고객이 주문한 제품을 수령하고 값을 지불하고 나면 주문충족 사이클은 종료된다.

앞에서도 언급했듯이 MTS 프로세스에서는 생산 중인 제품에 고객을 특정지을 수 없다. MTS의 생산은 재고를 보충하기 위해 이루어지기 때문이다. 고객의 주문은 생산 사이클과는 완전히 별개로 재고인출의 사이클을 따른다. 어느 특정 시점에 생산되고 있는 제품은 그 시점에 발생하는 고객주문을 반영하는 것이 아니라 미래의 주문을 위해 재고를 보충하는 것에 맞춰져 있기 때문이다.

MTS 프로세스의 성과는 재고로 주문이 충족되는 비율로 측정할 수 있다. 이것을 **서비스 수준**(service level) 혹은 주문충족률이라고 부르며, 일반적으로 90~99%를 목표로 한다. 또 다른 측정지표로는 재고 보충에 소요되는 시간, 재고회전율, 가동률, 미납주문의 충족에 소요되는 시간을 들 수 있다. MTS 프로세스의 목표는 목표 서비스 수준을 최저 비용으로 달성하는 것이다.

요약을 해보면, MTS 프로세스는 재고로 고객주문을 충족하기 위한 재고 보충이 핵심인 반면 MTO 프로세스는 고객의 주문이 핵심이다. 따라서 MTO 프로세스가 MTS보다 더 다양한 제품을 제공할 수 있고 유연성이 더 높다. 두 프로세스의 성과 측정방법 또한 완전히 다르다. MTS 프로세스는 서비스 수준과 재고 보충의 효율성으로 측정되며, MTO 프로세스는 고객주문에의 반응시간, 고객과 약속한 납기를 준수하는 능력으로 측정된다.

**주문조립**(ATO) 프로세스는 MTS 프로세스와 MTO 프로세스의 혼합 형태이며, 반조립품을 MTS로 생산하면서 최종 조립은 MTO를 통해 이루어진다. 수요 발생 이전에 반조립품을 만들어 놓고, 고객주문이 접수되면 재고로 가지고 있던 반조립품을 완성품으로 조립하는 것이다. 〈그림 4.3〉에서 ATO는 수요예측으로 반제품을 생산하여 재고로 보유하는 것을 나타내고 있다. ATO 프로세스를 사용하기 위해서는 제품의 설계가 모듈로 이루어져야 한다. 운영선도사례에서 서브웨이(SUBWAY)가 어떻게 ATO를 적용하고 있는지를 보여준다.

표준화된 제품을 생산하는 많은 기업들이 생산 리드타임을 줄여서 ATO 프로세스 혹은 MTO 프로세스를 사용하는 방향으로 나아가고 있다. 표준화된 제품을 신속하게 만들 수만 있다면 완제품 재고를 가지고 있을 필요가 없다. 대신에 고객이 주문하게 되면 만들기 시작하거나 조립하면 된다. 예를 들어 앨런 브래들리(Allen Bradley)는 300종류가 넘는 전동기동장치(motor starter)를 주문이 들어오면 하루 만에 만들어서 배송한다. 과거에 MTS로 생산하던 이 제품을 ATO 방식으로 바꾸면서 재고비용을 감소시키고 고객서비스를 개선할 수 있었다. 앨런 브래들리가 ATO로 전환할 수 있었던 것은 빠르고 유연한 생산라인으로 제품을 조립하게 되었기 때문이다.

그림 4.3
MTS, MTO, ATO의
비교

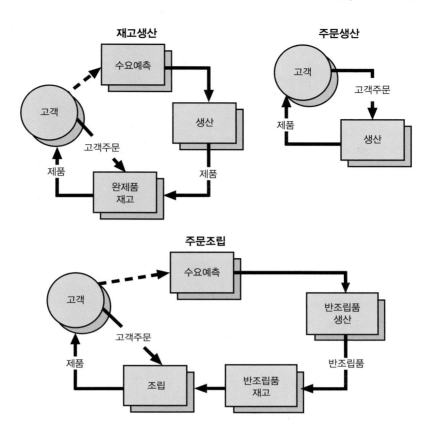

세 가지 프로세스 유형이 다이아몬드 반지 생산에 적용되는 예를 보자. MTS 프로세스는 완제품 반지를 재고로 보유하는 보석상점에서 사용하는 프로세스로서, 고객은 보석상점에서 재고로 가지고 있는 반지를 구매하는 것이다. ATO 프로세스는 고객이 원석을 고르고 또한 반지의 표준 세팅 중에서 하나를 선택하면 보석상이 이 두 가지를 조립하는 경우이다. MTO 프로세스는 보석상이 고객의 디자인에 따라 맞춤 세팅을 하는 것으로 고객이 요구하는 세팅과 원석에 따라 독특한 반지가 만들어진다.

MTS, MTO, ATO의 고객주문 유형에 따라 공급사슬상에서 제품과 특정 고객주문이 서로 만나는 **주문의 접점**(order penetration point)이 결정된다.[1] 〈그림 4.4〉에서 볼 수 있듯이

그림 4.4  고객주문과의 접점

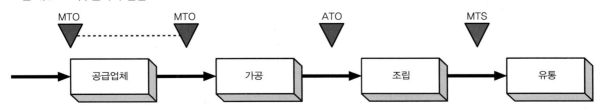

---

[1] 고객주문의 분리점(customer order decoupling point)이라고도 한다.

## 운영선도사례    서브웨이에서의 ATO 프로세스

서브웨이(SUBWAY)는 전 세계 111개국에 44,000개의 점포를 가지고 있다. 서브웨이는 ATO 프로세스를 이용하여 샌드위치를 생산하여 판매하고 있다.

샌드위치 재료 중에서 빵, 미트볼, 소스는 MTS를 통해 재고로 보유한다. 개별 매장에서 직접 만들거나 혹은 공급업체에서 공급받아 재고로 보유한다. 이들 품목들은 표준 품질을 충족하면서 뱃치 프로세스로 효율적으로 생산된다.

그리고 고객이 매장에 들어와 샌드위치를 주문하면 ATO 프로세스가 적용된다. 고객은 빵 종류 중에서 자신이 원하는

© Tim Boyle/Getty Images

빵을 고르고, 샌드위치 속에 들어가는 재료들도 선택할 수 있다. 따라서 고객화 정도가 높으며, 각각의 샌드위치는 고객의 요구를 정확히 충족할 수 있다. 이것이 바로 ATO 프로세스의 장점이다.

서브웨이는 MTS와 ATO를 모두 사용하여 효율적이고 효과적으로 샌드위치를 생산하고 있다. 재료들은 뱃치 프로세스로 생산되고, 최종 제품인 샌드위치는 그때그때 하나씩 고객 요구에 맞춰 만들어진다.

출처 : www.subway.com, 2016.

네 가지 경우가 가능하다. MTS의 경우 최종 조립이 끝난 후 고객주문이 공급사슬에 투입이 되므로 고객은 재고로 대응 가능한 제품만을 선택할 수 있다. ATO에서의 주문 접점 시점은 가공이 완료되고 최종 조립이 시작되기 전이다. 고객주문이 발생한 후에 제품을 조립하기 때문에 고객이 선택할 수 있는 모듈 범위 내에서 고객화가 가능하다. MTO의 경우, 가공 이전에 혹은 특별한 자재나 부품이 필요한 경우 공급업체에게 자재를 주문하기 전에 고객주문이 공급사슬에 투입된다. 그렇기 때문에 MTO에서는 다양한 종류의 고객화가 가능하지만 고객에게 전달되는 리드타임이 길고 원가가 높게 발생한다.

## 4.3 프로세스 선택 의사결정

**LO4.3** 프로세스 선택의 의사결정

프로세스를 분류하는 두 가지 차원인 제품흐름과 주문충족의 방법에 대해 살펴볼 것이다. 〈표 4.2〉는 두 가지 차원을 바탕으로 한 여섯 가지의 경우를 보여주고 있다. 이 표는 실제로 이용되는 6개의 조합을 보여주지만, 한 기업에서 제품과 시장수요량에 따라 복수의 프로세스 조합을 이용할 수도 있다. 한 공장에서 복수의 프로세스를 이용한다면 공장 내 공장(plant-within-a-plant)의 개념을 이용해야 한다. 이 개념에 대해서는 이번 장 마지막 부분에서 살펴보기로 한다.

여섯 가지 모두가 실제로 산업에서 사용되고 있다. 재고생산(MTS)을 하려면 조립라인을 사용하는 것이 일반적이지만, 주문생산(MTO)에도 조립라인을 사용할 수 있다. 예를 들어 자동차의 조립라인은 특정 고객을 위해 다양한 자동차 옵션을 생산하기 위해 사용

표 4.2
프로세스 특성
매트릭스

| | 재고생산(MTS) | 주문생산(MTO)/주문조립(ATO) |
|---|---|---|
| **연속 프로세스 및 조립라인** | 자동차 조립<br>정유<br>통조림 공장<br>카페테리아 | 자동차 조립<br>델 컴퓨터<br>전자부품<br>패스트푸드 |
| **뱃치 및 개별작업 프로세스** | 기계 공작소<br>와인<br>유리제품 공장<br>의복용 보석 | 기계 상점<br>레스토랑<br>병원<br>맞춤 보석 |
| **프로젝트 프로세스** | 후분양 주택<br>상업용 그림<br>비초상권 미술품 | 빌딩<br>영화<br>선박 |

되기도 하지만, 또한 딜러의 재고 보충을 위해 재고생산을 하기도 한다. 그리고 프로젝트 프로세스는 일반적으로 MTO에 사용되지만, 건설회사에서는 후분양을 목적으로 주택을 MTS로 건설하여 재고로 보유하고 있다가 나중에 판매하기도 한다.

프로세스 선택의 의사결정을 이해하기 위해 한 예를 이용해서 살펴본 후에 일반화해보기로 하겠다. 이 장의 4.1절에서 다루었던 프로젝트, 뱃치, 조립라인 프로세스를 이용한 주택건설 예시를 생각해보자. 건설회사는 이들 중 어떤 프로세스를 선택할 것인지를 결정하고, 선택한 프로세스로 주택을 재고생산할 것인지 아니면 주문생산할 것인지를 선택할 수 있다. 그렇다면 이런 선택을 할 때 고려해야 하는 요인은 무엇일까?

첫 번째로, 기업은 시장 상황을 고려해야 한다. 조립라인은 대량 시장을 대상으로 저렴한 주택을 공급할 때 적합하며, 뱃치 프로세스는 시장 규모가 다소 작고 중저가의 주택을 공급할 때 적합하다. 마지막으로 프로젝트 프로세스는 고가의 주택을 공급할 때 적합하다. 이렇듯 프로세스 선택으로 마케팅과 운영기능이 모두 영향을 받게 되므로 다기능적으로 마케팅과 운영기능이 서로 협의를 해야 한다. 궁극적으로 시장 상황에 프로세스를 맞춰 선택하는 것이 핵심 전략적 의사결정이라고 할 수 있다.

두 번째로, 필요한 자본규모를 고려해야 한다. 조립라인의 경우 프로젝트나 뱃치 프로세스보다 더 많은 자본이 필요하다. 공장에 설비를 갖춰야 하고 완성 혹은 부분적으로 완성된 주택에 자금이 묶여 있어야 하기 때문에 많은 자본이 필요하게 된다. 반대로 프로젝트에 의한 주문주택의 건설은 한 번에 한 채 혹은 몇 채의 주택만 지으면 되고 공장도 필요없기 때문에 자본이 덜 필요하게 된다. 따라서 재무기능은 자본에 관련된 의사결정을 위해 운영기능과 긴밀히 협의해야 한다.

세 번째로, 인력의 가용성과 인건비에 대해 고려해야 한다. 프로젝트와 뱃치 프로세스에는 배관공, 전기기사, 목수처럼 임금이 비싼 숙련공이 필요하다. 반면에 조립라인에서는 비교적 임금이 저렴하고 숙련되지 않은 작업자를 고용한다. 노동조합도 작업자들의 공급과 임금에 많은 영향을 끼칠 수 있다. 따라서 작업자들의 고용, 교육훈련, 임금과 관련된 사안을 다루기 때문에 인적자원기능이 운영기능과 함께 의사결정을 해야 한다.

마지막으로, 프로세스와 제품에 적용되는 기술의 상태를 고려해야 한다. 혁신으로 인해 비용을 회수하기도 전에 프로세스가 더 이상 쓸모없어지지 않을까? 이러한 분석은 프로세스 위험 평가의 일부분이다.

요약해보면, 〈표 4.2〉의 프로세스들 중에서 선택하기 위해서는 네 가지 요소를 고려해야 한다.

1. 시장 상황
2. 필요자본
3. 인력
4. 기술

## 4.4 제품-프로세스 전략

**LO4.4** 제품·프로세스 매트릭스

우리는 지금까지 프로세스 의사결정이 마치 한 번 결정하면 영원히 그 프로세스를 이용해야 하는 고정적인 것처럼 다루었다. 하지만 실제로는 프로세스가 시간이 흐름에 따라 계속 진화하므로 매우 동태적인 성격을 갖는다. 또한 프로세스 의사결정은 제품 의사결정과 밀접한 연관이 있다.

Hayes와 Wheelwright(1979)는 제품과 프로세스 선택의 역동성을 고려한 제품-프로세스 매트릭스를 제안했다(〈그림 4.5〉 참조). 매트릭스의 제품 차원(수평축)은 전형적인 제품의 수명주기로서 독특한 제품부터 수량이 많은 표준화된 제품까지 나타내고 있으며, 일반적으로 제품은 매트릭스의 왼쪽에서 오른쪽으로 진화한다.

매트릭스의 프로세스 차원(수직축)은 프로젝트 프로세스부터 연속 프로세스까지 나타내준다. 프로세스 역시 제품 수명주기와 비슷한 수명주기를 갖고 있으며, 상단의 프로젝트 프로세스에서 맨 밑의 연속 프로세스로 진화하게 된다. 많은 제품들이 제품 및 프로세스 수명주기를 따른다. 자동차의 경우 헨리 포드(Henry Ford)가 조립라인을 발명하기 전인 1900년대 초반까지는 개별작업 프로세스로 생산했다. 전자제품의 경우 조립라인으로 생산하기에 충분한 물량이 확보되기 전까지는 뱃치 프로세스를 이용하여 생산하게 된다. 대부분의 제품이 수명주기 동안 프로젝트 프로세스에서 연속 프로세스까지 진화하는 것은 아니지만, 〈그림 4.5〉에 나열된 프로세스 중에서 한두 범주로 바뀌는 것이 흔한 일이다.

대부분의 기업은 매트릭스의 대각선에 위치한다. 그 의미는 높은 다양성으로 소량생산되는 제품은 프로젝트 혹은 개별작업으로 생산되고, 대량생산되는 표준화 제품은 조립라인 혹은 연속 프로세스로 생산된다는 것이다. 매트릭스의 대각선이 제품과 프로세스 사이의 논리적인 일치를 나타낸다.

**제품-프로세스 매트릭스**(product-process matrix)는 제품과 프로세스 차원에서 기업이 선택할 수 있는 전략들을 보여준다. 흔히 전략을 말할 때 제품의 선택만을 다룬다. 하지만 프

**그림 4.5 제품-프로세스 매트릭스**

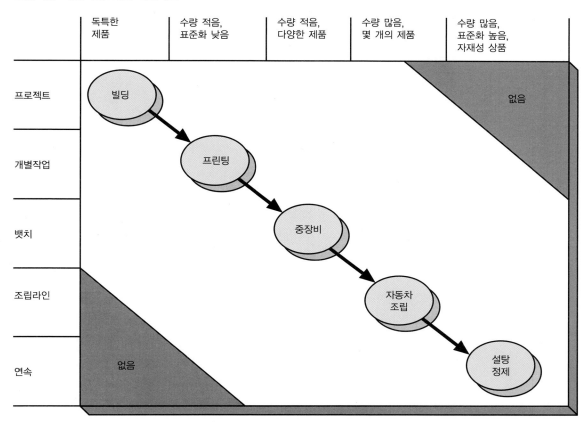

출처 : Hayes, Robert H., and Steven C. Wheelwright. "Line Manufacturing Process and Product Life Cycles." *Harvard Business Review*, January – February 1979, pp. 133 – 140.

로세스가 기업이 시장에서 경쟁할 수 있는 독특한 역량을 제공할 수 있다. 따라서 제품과 프로세스 모두에서의 전략적 조합을 결정하는 것이 위 매트릭스에서의 포지션을 결정하는 것이다. 전략적 포지션을 선택할 때는 제품과 프로세스 선택 모두가 반드시 고려되도록 마케팅과 운영이 다기능적으로 협력해야 한다. 예를 들어 어떤 기업에서 표준화된 음료수를 대량으로 생산하고 있다고 하자. 만약 이 기업이 새로운 시장에 진입하여 다양한 종류와 맛을 가진 음료수를 소량으로 생산하려고 한다면, 현재 가지고 있는 생산역량과 전혀 부합하지 않는다. 새로운 시장에 진입하려면 새로운 장비에 투자하고 기존 장비를 변경해야 한다. 그렇지 않으면 이 새로운 시장에서 경쟁할 역량이 있는지를 재고해야 한다.

기업은 경쟁업체보다 더 빨리 대각선 아래로 이동해야 해 저원가로 경쟁우위를 점하기를 원할 수 있다. 만약 고객이 대량의 표준화된 제품을 받아들일 준비가 되어 있다면 빨리 이동하는 것이 좋다. 그러나 고객이 고객화된 제품을 더 선호한다면 기업은 경쟁력을 유지하기 위해 원래 위치로 다시 돌아가야 할 것이다.

동종 산업 내의 모든 기업들이 제품-프로세스 매트릭스 대각선에서 동일한 포지션에 위치하지는 않는다. 어떤 기업은 맨 위 왼쪽에 위치하며, 다른 기업은 대각선 아래로 이동하기도 한다. 소형 계산기 산업의 사례를 살펴보자. 휴렛 팩커드(Hewlett-Packard)는 소량 생산, 높은 다양성, 그리고 고가의 계산기를 고집했으며, 다른 업체들은 대각선 아래로 이동하여 대량의 표준화된 저가 계산기를 생산했다. 휴렛 팩커드의 계산기는 회계, 서베이, 전기공학과 같은 틈새시장에 특화되어 있기 때문에 비교적 적은 수량을 높은 가격으로 판매할 수 있었다.

## 4.5 집중화 생산

**LO4.5** 집중화 생산의
특징

흔히 기업은 생산수량의 규모와 표준화 정도가 다양한 여러 제품을 함께 생산한다. 만약 이런 모든 제품을 같은 공장에서 혼합하여 생산한다면 생산성의 재앙을 가져올 수 있다. **집중화 공장**(focused factory)의 개념을 처음 제시한 스키너(Skinner)가 전자기구를 생산하는 기업의 이야기를 하고 있다.[2] 이 기업은 한 공장에서 소량으로 주문제작하는 자동조종장치와 대량으로 표준화되어 있는 연료계를 함께 생산하고 있었다. 연료계에서 몇 년 동안 적자를 보게 되자 경영진은 최후의 수단으로 공장에 벽을 세워 연료계 생산과 자동조종장치 생산을 분리하기로 결정했다. 또한 각 제품을 담당하는 품질관리 및 자재관리의 직원도 분리했으며, 작업자와 감독관, 기계들도 각각 분리했다. 그 결과 4개월 만에 연료계에서 수익이 발생하게 되었으며, 자동조종장치 역시 수익성이 향상되었다.

위 사례에서 문제점은 생산에서 두 제품이 서로 다른 미션을 추구하고 있었기 때문에 발생한 것이다. 연료계는 낮은 비용을, 자동조종장치는 우수한 제품성능과 혁신을 추구하고 있었다. 생산이 분리되기 이전에는 연료계보다는 자동조종장치 생산에서 품질, 자재, 기술이 더욱 엄격하게 관리되어야 했다. 그 결과 연료계의 비용은 부풀려지게 되고 과잉 관리되는 상황이 발생했다. 생산 프로세스가 분리된 후에 각 제품의 생산 니즈가 분리되었고, 각 프로세스는 각자의 고객과 시장 요구에 잘 대응할 수 있게 되었다.

서비스 역시 '모든 사람을 대상으로 모든 것을' 하려고 하면 초점을 잃게 된다. 서비스 운영의 경우 낮은 비용 혹은 혁신과 같은 뚜렷한 미션을 가지고 있어야 한다. 예를 들어 월마트는 'save money, live better'라는 마케팅 전략을 위해 공급사슬에서의 낮은 비용을 목표로 하고 있다. 월마트는 구매에서 규모의 경제, 효율적인 공급사슬, 경제적인 매장 운영을 통해 저비용을 달성할 수 있었다. 케이마트(Kmart)가 낮은 가격으로 월마트를 공략하려고 했지만 그들은 과다 비용으로 인해 파산하게 되었다. 케이마트의 사례는 생산전략과 역량이 마케팅전략과 맞지 않아 초점을 잃게 된 사례이다.

하나의 시설과 운영으로 서로 다른 복수의 목표를 성취하려고 할 때 역시 생산과 서비스는 초점을 놓치게 된다. 때로는 기업이 시장에 제공하는 제품라인을 다양화하려 함에 따라 서로 양립할 수 없는 제품들이 한 공장 안에서 함께 생산되기도 한다. 이 경우 **공장 내 공장**

---

[2] W. Skinner, "The Focused Factory," *Harvard Business Review* (May–June 1974), pp. 113–21.

(plant-within-a-plant)의 개념을 이용하여 각 제품을 분리하여 생산해야 한다. 이것은 같은 공장에서 어느 한 제품라인의 프로세스를 다른 제품라인의 프로세스와 분리하는 것이다. 이로 인해 기업은 규모의 경제를 실현할 수 없게 되겠지만 시장의 요구를 더 잘 충족시킬 수 있기 때문에 수익성이 향상될 수 있다.

허니웰(Honeywell)은 한 건물 안에 여러 PWP로 집중화 운영을 하고 있다.
© Spencer Platt/Getty Images

어느 냉장고 생산업체가 집중화 공장의 개념을 이용하여 2개의 PWP를 운영한 사례가 있다. 이 회사에서는 표준화된 성숙기 제품인 컴프레서와 소량의 고객화된 제품인 컴프레서를 각각 분리하여 생산하고 있다. 이는 한 공장에서 2개의 분리된 집중화 공장을 운영하여 모든 측면에서의 생산 성과가 향상된 사례이다.

서비스 운영에서도 서로 다른 서비스를 서로 다른 조직에서 담당하게 하여 집중화를 기할 수 있다. 고가의 서비스 집약적인 상품과 저가의 표준화된 상품을 판매하고 있는 보험회사에서 동일한 종업원들이 두 종류의 상품을 모두 다룬다고 하자. 이 경우 고가의 상품은 과소 서비스를 받게 되며, 저가의 상품은 과다 서비스를 받게 되므로 문제가 발생하게 된다. 해결방법은 서로 다른 조직에서 혹은 공장 내 공장(PWP)으로 분리된 업무공간에서 각각의 상품을 다루는 것이다. 그렇게 되면 두 상품 모두 적절한 서비스 수준을 달성할 수 있다.

## 4.6 대량고객화

**LO4.6** 대량고객화와 3D 프린팅의 장단점

지금까지 생산 프로세스의 전통적인 유형에 대해 살펴보았다. 하지만, 유연생산의 출현으로 대량고객화가 가능해졌다. **대량고객화**(mass customization)는 하나의 로트 크기로 고객화 생산을 하면서도 전체적으로는 대량생산하는 전략이다. 그런데 대량고객화라는 말 자체는 모순적이며, 점보 새우 혹은 귀가 터질 듯한 침묵처럼 두 가지 단어가 양립할 수 없는 것처럼 보인다. 그렇지만 배치되는 개념인 대량생산과 고객화가 컴퓨터, 로봇, 모듈설계, 인터넷을 포함한 현대적 기술에 의해 극복되었다.

전통적인 대량생산은 대량의 표준화된 제품을 한정된 옵션으로만 생산하는 **규모의 경제**(economies of scale)에 기반을 두고 있다. 이를 통해 생산량이 증가할수록 단위당 생산원가가 줄어들게 된다. 반면, 대량고객화는 단일 프로세스에서 다양한 제품을 생산하는 **범위의 경제**(economies of scale)를 기반으로 한다. 이 경우에는 동일한 프로세스의 활용이 높아져 단위당 생산원가가 줄어들게 된다. 즉 대량고객화는 공통 제품이 아니라 공통 프로세스를 경제성의 기반으로 이용하는 것이다.

고객화란 각각의 고객에게 서로 다른 제품을 제공하는 것을 말한다. 하지만 대량고객화는 대량생산과 거의 같은 원가에서 고객화된 제품을 제공하는 것이다. 따라서 고객화 제품을 대량으로 생산할 때 원가가 높아진다면 진정한 의미의 대량고객화라고 할 수 없다.

대량고객화의 초기 사례 중 하나가 파리미키(Paris Miki)로 이는 일본, 미국, 유럽 등에 1,000개 이상의 매장을 갖고 있는 세계 최대의 안경 유통업체이다. 이곳에서의 대량고객화는 고객을 디지털 사진으로 찍어서 안경의 설계를 하는 것으로 시작된다. 그런 후에 고객의 얼굴에 어울리는 렌즈를 자동적으로 제안하고, 검안사는 렌즈를 고객이 원하는 형태로 조정한다. 다음으로, 고객이 코다리, 안경다리, 경첩 등을 선택하면 그에 따라 제안되는 안경의 사진을 볼 수 있다. 마지막 단계에서, 제작 기술자가 렌즈와 안경테를 한 시간 내에 매장에서 제작하게 된다.

대량고객화의 유형에는 다음과 같이 세 가지가 있다.

1. 모듈생산과 주문조립(ATO)
2. 빠른 작업전환(주문 사이의 작업준비시간이 제로)
3. 옵션의 지연생산(postponement)

**모듈생산**(modular production)은 주문생산 프로세스를 이용하여 다양한 옵션을 제공할 수 있다. 델 컴퓨터는 전화나 인터넷으로 고객주문을 받으면 고객의 주문을 빠르게 충족하기 위해 미리 만들어 놓은 표준 모듈 혹은 표준 부품을 조립한다. 조립이 완료되면 철야배송으로 고객에게 5일 이내로 배송한다. 이를 위해서는 생산의 모듈화뿐 아니라 제품 설계가 모듈화되어야 한다. 한편으로 델 컴퓨터는 동일한 프로세스로 표준 컴퓨터를 생산하여 소매업체의 매장으로도 공급하고 있다.

**빠른 작업전환**(fast changeover)은 파리미키가 안경을 만드는 대량고객화의 형태이다. 이 경우에는 생산이 컴퓨터로 제어되고, 바코드나 유사한 기술을 이용하여 각 주문의 고객이 선택한 옵션을 파악할 수 있도록 하는 것이 중요하다. 또한 생산장비에서 작업전환이 거의 즉시로 이루어져 하나의 로트 크기를 경제적으로 생산할 수 있어야 한다.

**지연생산**(postponement)은 배송시점 직전까지 생산의 일부분을 연기시키는 것이다. 고객화된 티셔츠를 판매하는 가게에서는 구매하는 시점에 고객의 설계사항을 입힌다. 휴렛 팩커드의 프린터는 미국 혹은 해외의 물류창고에서 출하하기 직전에 향하는 시장의 전압에 맞는 전력공급장치를 조립한다. 이같은 지연생산은 전 세계 어디든 표준화된 단위로 배송하고, 현지에서 수요를 충족해야 하는 마지막 순간에 고객화하

대량고객화가 모든 기업에서 효과적인 것은 아니며, 자동차 조립업체는 대량고객화에 어려움을 겪고 있다.

© Monty Rakusen/Getty Images

## 운영선도사례 뉴발란스에서의 대량고객화

© McGraw-Hill Education

뉴발란스(New Balance)는 온라인으로 주문을 받아 고객화된 맞춤 운동화를 생산하여 5일 이내로 고객에게 배송한다. 고객은 28가지의 색상으로 운동화의 밑창, 몸통, 발꿈치, 그리고 강조하는 부분의 색을 선택할 수 있다. 물론, 운동화는 다양한 표준 스타일과 크기로 제공된다. 고객은 자신만의 독

특한 운동화를 설계하기 위해 색상을 원하는 조합으로 선택할 수 있다.

뉴발란스는 미국 뉴잉글랜드주의 공장에서 매일 7,000개 이상의 운동화를 생산하고 있다. 이것이 가능한 이유는 바로 대량고객화의 접근법을 사용하기 때문이다.

출처 : www.newbalance.com/nb1/explore.

는 것을 가능하게 만든다.

제조 관점에서 대량고객화는 제품-프로세스 매트릭스의 동태성을 바꿔 놓았다. 유연 자동화는 원가의 큰 차이 없이 작은 로트 크기와 큰 로트 크기를 함께 생산할 수 있게 만들어 주며, 프로세스의 큰 변화 없이 생산 제품의 폭을 넓힐 수 있게 해 주었다. 유연 자동화 기업의 생산 프로세스 포지션은 매트릭스상에서 수평적으로 넓게 자리 잡게 된다. 하지만, 대량고객화가 모든 고객화 수준과 모든 규모의 생산수량에도 경쟁력 있게 생산한다는 것은 아니다. 대량고객화에도 한계가 있지만 전통적 형태의 생산에서처럼 한계가 크지는 않다. 운영선도사례에서는 뉴발란스(New Balance)가 고객화된 운동화를 제공하기 위하여 어떻게 대량고객화를 사용하고 있는지를 소개하고 있다.

대량고객화를 초기에 실행한 몇몇 기업이 고객화 제품을 중단하게 되자 대량고객화가 모든 기업에게 타당한 전략인지에 대한 의견충돌이 일어났다. 랜즈엔드(Land's End)가 고객화 청바지를 출시했을 때 대량고객화의 사례로 인용되었지만, 2011년부터 더 이상 고객화 제품을 생산하지 않기로 했다. 자동차 생산 역시 대량고객화의 현실성에 부딪히게 되었다. 자동차 조립업체들이 성공적으로 모듈을 설계하고 생산전환 시간을 줄였지만 고객의 요구와 생산 프로세스를 연결시키는 것은 어려웠다. 예를 들어 대다수의 국가에서 자동차 조립업체가 고객에게 직접 자동차를 판매하지 않고 대리점 네트워크를 통해서 고객과 공장이 의사소통해야만 한다. 또한 고객이 차량의 색상을 선택하고 싶어 하지만, 생산 프로세스의 초반에 뱃치로 도장작업을 하기 때문에 이런 특성이 대량고객화를 어렵게 만들었다.

최근의 연구에 의하면 대량고객화를 가능케 하는 핵심 요소는 다기능적 통합인 것으로 나타났다.[3] 모듈생산만으로는 대량고객화가 이루어지지 않으며, 모듈생산이 대량고객화로 이어지기 위해서는 기능 간 협력이 필요하다. 모듈화를 하고자 하면 R&D, 운영, 마케팅 기능 사이의 정보교환과 협력의 필요성을 높이게 된다. 따라서 다기능적 통합이 이루어질

---

[3] A. R. Sohel, R. G. Schroeder, and D. N. Mallick, "The Relationship among Modularity, Functional Coordination, and Mass Customization: Implications for Competitiveness," *European Journal of Innovation Management*, 13, no. 1 (2010), pp. 46–61.

때에만 모듈화가 대량고객화를 가져오게 된다. 이러한 사실 또한 어느 실천기법이 효과를 내기 위해서는 적합한 조건이 있다는 것을 보여준다. 즉 대부분의 새로운 관리기법은 어느 특정 환경과 조건하에서만 성공적으로 사용될 수 있는 것이다.

## 4.7  3D 프린팅과 적층생산

**3D 프린팅**(3D printing)은 최근에 사용되기 시작한 비교적 최신 기술이면서 프로세스이다. 이 기술은 적층생산(additive manufacturing)이라고도 불리며, 3차원의 물건을 만들기 위하여 플라스틱, 금속, 혹은 세라믹의 재료를 층층으로 쌓는 기술이다. 잉크젯 방식의 프린터가 정상 크기의 물건이 만들어질 때까지 재료를 얇은 층으로 계속 뿌리는 방식으로서, 구멍이 있는 모양, 불규칙한 표면, 그 외의 어렵고 복잡한 구조의 물건을 만들어낼 수 있다. 3D 프린팅이 나오기 전에는 이런 물건은 금속을 깎아서 만들거나, 플라스틱 사출금형을 이용하여 만들었다. 적층생산을 제품–프로세스 매트릭스에서의 프로세스 유형에 비교한다면 개별작업 프로세스에 해당한다.

3D 프린팅은 의료 임플란트, 우주항공, 수리부품, 의류, 시제품 제작, 예술품 등 다양한 분야에서 응용되고 있다. 포드와 GM은 신제품 설계에서 시제품 제작을 3D 프린팅으로 하고 있고, 병원과 치과에서 환자에 맞는 임플란트를 이 기술로 만들고 있다. 수리부품 생산의 경우는 수리부품을 미리 생산하여 재고로 갖고 있을 필요없이 필요한 시점에 3D 프린팅으로 만들 수 있다. 스웨덴의 자동차 생산업체인 코닉세그(Koeningsegg)는 2014년에 자신의 자동차인 원 슈퍼카(1 supercar)를 위한 수리부품을 이 기술로 만들었다.

적층생산에서는 제품의 설계가 3차원 디지털 형태로 설계부서에서 3D 프린터로 전송된다. 그렇기 때문에 클라우드 컴퓨터를 이용하여 생산을 분산시키는 것이 가능하다. 부품이나 제품을 멀리서 생산하여 운송할 필요가 없이 설계를 원거리로 보내 그곳에서 생산하게 만들 수 있는 것이다. 하지만, 적층생산은 아직 발전 초기 단계이다. 이것이 전통적인

**3D 프린터와 이를 이용해 생산한 물건**
출처 : © Victor J. Blue/Bloomberg via Getty Images

생산을 대체하기보다는 특정 상황에서 보조하는 역할을 하게 될 것이다. 설계를 세계 어디에나 전송하여 그곳에서 생산하게 한다는 아이디어는 매우 매력적이다. 3D 프린터의 가격은 가장 기본 제품의 경우 1,000달러 이하로 떨어졌지만, 정교한 제품은 수십만 달러에 이르고 있다.

적층생산의 가격이 떨어짐에 따라 여러 분야에서 고객화 제품을 소량으로 생산할 수 있게 되었다. 적층생산은 선진국과 개발도상국에서의 생산을 재배치하도록 만들 것이다. 국가와 산업은 디지털 기술을 중심으로 자신의 적층생산을 구축할 것이며, 그 결과로 투자, 노동력, 생산지의 이동이 일어날 것이다.

이미 UPS는 3D 프린팅을 실험하고 있다. 자신의 허브 지역인 켄터키주 루이빌에 산업용 3D 프린터를 100대 구입하여 비행기 부품부터 아이폰 부품까지 거의 모든 것을 만들고 있다. 3D 프린팅이 공급사슬의 길이를 짧게 만들고 재고를 줄여주기 때문에 앞으로 이것이 서비스 기회가 될지 아니면 위협이 될지를 궁금해하고 있다. 페덱스(FedEx)와 아마존(Amazon)도 자신들의 연구를 진행하고 있다.

## 4.8 환경적 고려

**LO4.7** 환경오염의 예방, 통제, 관리기법

조직의 어느 기능들보다 운영기능은 자연환경에 영향을 많이 준다. 변환 프로세스에 투입되는 투입물의 선택에서부터 프로세스의 산출물과 부산물까지, 생산 프로세스와 관련된 의사결정은 환경적으로 큰 영향을 준다. 규제나 소비자들의 철저한 감시가 높아지면서 기업은 계속해서 어떻게 이해관계자들의 요구를 충족시킬 수 있을지 고려해야 한다.

기업에서 프로세스 선택 의사결정을 할 때 환경적인 영향을 반드시 고려해야만 하며, 특히 세 가지 부분에 대해 생각해봐야 한다.

첫 번째로, **오염 예방**(pollution prevention) 기술이다. 설비구조에의 투자를 통해 생산 프로세스의 오염물질을 제거하거나 줄일 수 있다. 예를 들어 프로세스를 선택할 때 태양열을 이용하는지 석탄연료를 이용하는지에 따라 프로세스에서 발생하는 오염물질의 종류가 달라진다. 오염 예방을 위한 투자에는 원자재의 낭비를 줄이도록 프로세스를 설계하거나, 오염물질을 줄이도록 제품이나 프로세스를 재설계하거나, 에너지가 적게 드는 장비에 투자하는 등의 방법이 있다. 이들 방법 모두는 오염이 발생하기 전에 예방하는 방법들이다.

두 번째는 **오염 통제**(pollution control) 기술로 이 역시 구조적인 투자에 해당한다. 오염 통제 기술은 프로세스에서 나온 산출물로서의 오염물질과 유해 부산물을 처리하고 폐기하는 기술이기 때문에 오염 예방의 기술과는 구분된다. 환경규제가 덜 엄격했을 때 이용되었던 기존의 프로세스에 이런 기술을 추가하는 것이 일반적이다. 오염 통제는 프로세스에서 나온 오염 부산물을 처리하는 단계가 추가되므로 기존의 프로세스가 길어지게 된다.

세 번째는 프로세스의 운용 방식과 관련한 **오염관리기법**(pollution practices)이다. 프로세스를 새로운 방식으로 운용하도록 작업자들을 재교육하는 것, 환경적 영향에 대한 창조적이고 혁신적인 개선방안을 찾기 위하여 다기능적으로 협력하는 것이 포함된다. 그리고, 프로세스 운용과 관련한 감시 체계와 보고 체계도 포함되고, 친환경 자재를 사용하는 것으로 인증받은 공급업체를 새롭게 선정하는 등의 공급사슬관리의 변화도 포함된다.

많은 프로세스들이 환경적인 영향을 줄이기 위해 수년에 걸쳐 개선되어 왔다. 예를 들어 나무를 이용하여 새로운 종이를 만드는 것이 아니라 폐지를 이용하여 생산하는 것처럼 프로세스 투입물을 바꾸는 노력이 있었고, 재활용 플라스틱 병을 이용하여 공원에 벤치를 만드는 것과 같이 재사용을 통한 혁신에 이르기까지 운영기능은 환경적 이슈를 관리하는 주요 역할을 담당하고 있다.

기업에서 이러한 프로세스 의사결정을 채택한 사례는 굉장히 많다. 2015년에 미국환경보호청(EPA)은 생산공장에서 에너지 소비를 줄이는 지속적인 개선을 한 128개 단체에게 ENERGY STAR 상을 수여했다. 이들 기업은 온실가스 배출을 250억 톤 줄였다. 그러한 노력의 선두에 있는 기업으로는 홈디포, 파나소닉, 필립스, 디모인 공립학교, 뉴욕 장로회 병원 등이다.

프로세스 선택과 관련하여 기타 환경적 고려사항은 다음과 같다.

1. 산출물의 재활용 — 프로세스 부산물을 다른 용도로 사용한다. (예 : 공립학교의 음식물 쓰레기를 돼지농장으로 보낸다.)
2. 재활용 투입물 — 프로세스에 나온 자재를 다른 프로세스의 투입물로 사용한다. [예 : 앤더슨 윈도우(Anderson Windows)는 프로세스의 부산물인 대팻밥을 다른 제품라인에서 열가소성 수지를 생산하기 위한 자재로 투입한다.]
3. 재제조 — 부품을 복원하여 새 제품의 생산에서 재사용한다. (예 : 캐터필라는 산업 장비의 많은 부품을 재사용한다.)

## 4.9   다기능적 의사결정

프로세스 선택 의사결정에는 여러 측면에서 기능부서 간의 상호작용이 일어난다. 마케팅은 프로세스 선택 의사결정에서 많은 부분을 담당한다. 프로세스의 선택은 대규모 자본투자를 필요로 하기 때문에 프로세스를 짧은 시간에 바꾸는 것은 어려운 일이다. 많은 경우 프로세스에의 자본투자를 기업이 회수하는 데 걸리는 기간보다 기업이 속한 시장의 변화가 더 빠르게 일어난다. 따라서 마케팅과 운영기능은 현재와 미래의 시장 요구를 충족시키기 위해 서로 협력해야 한다.

마케팅의 중요한 역할은 미래 수요를 예측하고 관리하는 것이다. 예측은 항상 부정확하지만, 수요의 다양한 가능성에 대해 제품과 프로세스가 어떻게 대응할 것인지의 시나리오 계획을 갖고 있어야 한다. 이것은 프로세스 선택과 자본투자에 관련된 위험을 관리하는 방법이기도 하다. 마케팅은 프로세스 선택과 수요와의 관계를 이해하고 선택된 프로세스를 지원하는 수요관리를 해야 한다.

프로세스 선택의 의사결정은 자본투자를 필요로 하기 때문에 재무기능이 중요한 역할을 한다. 프로세스 선택 의사결정을 위해 현금흐름 분석과 순현재가치 분석을 해야 한다. 이를 통해 수용 가능한 위험 수준에서 목표 자본회수율을 달성하는 선택을 하도록 만든다. 또한 재무기능은 선택된 프로세스 구축을 위해 필요한 자본을 마련해야 하고, 향후 시간이 흐르면서 제품, 프로세스, 환경적 이유로 변경해야 할 때에 필요한 자본도 제공해야 한다.

인적자원기능은 선택된 프로세스에 적합한 인력을 제공하는 데 핵심적인 역할을 한다. 앞에서 보았듯이 프로세스별로 요구되는 숙련도 수준과 작업 전문성이 다르다. 따라서 인적자원부서는 선택된 프로세스에 잘 부합하는 인력을 채용하고, 교육훈련을 하는 등의 인력관리를 해야 한다.

정보시스템과 회계기능의 경우 각각의 프로세스에 대해 서로 다른 성과지표와 서로 다른 정보를 필요로 한다는 것을 이해하고 있어야 한다. 주문생산 프로세스를 위한 정보 및 회계시스템은 재고생산 프로세스에서 잘 작용하지 않는다. 또한 개별작업 프로세스의 정보시스템은 조립라인의 환경에서 잘 작용하지 않는다. 이는 프로세스 유형에 따라 일정관리와 재고관리 방법이 다르기 때문이다. 그리고, 하드웨어와 소프트웨어에 많은 투자가 필요하므로 정보시스템과 회계의 의사결정은 프로세스 선택과 긴밀하게 조율되어야 한다.

지금까지 프로세스 선택 의사결정이 기업의 모든 분야에 영향을 미친다는 것을 살펴보았다. 이는 기업의 미래 역량을 결정짓는 전략적 의사결정이기 때문에 모든 기능부서들이 함께 협력해야 한다. 다기능적 협력이 적합하게 이루어질 때에 선택된 프로세스가 기업에게 경쟁우위를 제공하게 되며, 모든 기능부서에 의해 지원을 받게 된다.

## 4.10  요점정리와 핵심용어

이 장에서는 프로세스의 설계와 선택이 어떻게 기업의 전략적 요구를 충족하는지를 강조했다. 그 핵심 요점은 다음과 같다.

- 프로세스 유형에는 연속, 조립라인, 뱃치, 개별작업, 프로젝트의 다섯 가지가 있다. 연속 프로세스와 조립라인 프로세스는 대량의 표준화된 제품 생산에 적합하며, 제한된 유연성을 가지고 낮은 원가로 생산할 수 있다. 뱃치 프로세스와 개별작업 프로세스는 소량 내지 중간 규모의 수량으로 고객화되거나 높은 다양성의 제품 생산에 적합하다. 이들 프로세스의 단점은 제품별로 흐름이 불규칙하여 생산의 효율성을 저하시키는 것이다. 프로젝트 프로세스는 한 번에 하나씩 생산하는 독특하고 창의적인 제품 생산에 적합하다. 프로젝트 프로세스의 복잡한 계획 수립과 일정 수립은 일반적으로 제품이나 서비스의 원가를 증가시킨다.
- 프로세스 분류의 두 번째 기준은 주문충족 방식에 따라 재고생산(MTS), 주문생산(MTO), 혼합형인 주문조립(ATO)으로 분류된다. MTS에서는 고객주문의 사이클과 재고 보충의 사이클이 서로 구분된다. 반면에 MTO는 고객주문에 의해 시작되고 배송 성과가 중요하다. MTS 프로세스는 표준화된 제품을 제공하는 반면, MTO 프로세

스는 고객주문에 맞는 제품을 생산한다. ATO 프로세스에서는 사전에 반조립품 형태의 재고를 보유하고 있다가 고객의 주문이 접수되면 최종 제품으로 조립한다.

- 프로세스와 고객주문의 접점은 고객주문이 생산 프로세스에 투입되는 시점을 의미한다. 이는 프로세스가 MTS, ATO, 혹은 MTO로 설계되는지와 관련된다.

- 제품흐름과 주문충족 방식의 조합에 의해 여섯 가지 유형의 프로세스가 있을 수 있다. 여섯 가지 유형의 프로세스 중에서 선택할 때는 시장 상황, 필요 자본규모, 노동력, 기술을 고려해야 한다. 따라서 프로세스 선택 의사결정은 언제나 전략적이며 다기능적인 특성을 지닌다.

- 제품−프로세스 매트릭스는 제품과 프로세스의 수명주기에 의한 동태적인 관점을 제시한다. 전략에서는 매트릭스상에서 제품과 프로세스에 대한 포지션을 결정하게 된다. 이 매트릭스는 마케팅의 제품 결정과 운영기능의 프로세스 결정이 서로 조화되도록 도움을 준다.

- 집중화 생산은 생산 프로세스나 시장 유형에 따라 생산제품과 프로세스를 분리하는 것이다. 프로세스와 제품의 유형에 따라 서로 다른 설비를 이용하거나 공장 내 공장(PWP)의 개념으로 운영되어야 한다.

- 대량고객화는 고객화 제품을 대량생산 제품과 거의 동일한 원가 수준으로 생산할 수 있는 능력이다. 이는 유연 자동화, 로봇, 모듈설계, 정보시스템을 통해 이루어진다. 대량고객화는 모듈생산/주문조립, 빠른 작업전환, 지연생산의 세 가지 유형으로 이루어진다.

- 3D 프린팅과 적층생산은 3D 디지털 설계를 시제품 혹은 고객화 제품으로 신속히 만들 수 있다. 이 기술은 전통적인 생산기술을 대체한다기보다는 보완하게 될 것이다. 3D 프린팅은 설계를 전 세계 어디에나 전송하여 그곳에서 제품을 생산하도록 하는 능력이 있다.

- 프로세스 설계에서는 환경적 고려를 해야 한다. 프로세스에 대한 의사결정을 할 때 기업은 구조적으로 오염 예방 또는 오염 통제의 기술을 구축할 것인지 아니면 오염문제를 관리할 관리기법을 적용할 것인지를 고려해야 한다. 또한 제품의 재활용, 재제조 등도 고려되어야 한다.

- 프로세스 선택 의사결정은 인적자본, 재무, 정보시스템, 시장에의 배송능력 등에 영향을 주기 때문에 다기능적인 특성을 갖는다. 따라서 모든 기능부서에서는 프로세스 선택에 대한 지식을 보유하고, 프로세스 선택이 자신의 기능과 환경에 미치는 영향을 알고 있어야 한다.

**핵심용어**

| | | |
|---|---|---|
| 개별작업 | 범위의 경제 | 제품별 배치 |
| 공장 내 공장 | 빠른 작업전환 | 조립라인 프로세스 |
| 공정별 배치 | 서비스 수준 | 주문생산 |
| 규모의 경제 | 스루풋 비율 | 주문의 접점 |
| 대량고객화 | 연속 프로세스 | 주문조립 |
| 리드타임 | 오염관리기법 | 지연생산 |
| 모듈생산 | 오염 예방 | 집중화 공장 |
| 미납주문 | 오염 통제 | 프로젝트 |
| 뱃치 프로세스 | 재고생산 | 혼류 흐름 |
| 범용장비 | 제품–프로세스 매트릭스 | 3D 프린팅 |

---

**인터넷 학습**

1. 젤리벨리 공장 투어(http://www.youtube.com/watch?v=Xa3rwBR7WyE)
   젤리벨리(Jelly Belly)의 공장을 둘러보고, 사용하고 있는 프로세스의 유형이 무엇인지를 설명하라. 그리고 자동화는 얼마나 이용되는지를 설명하라.
2. 버몬트 비누공장(http://www.vermontsoap.com/about-us/virtual-factory-tour/)
   버몬트 비누공장(Vermont Soap Factory)을 둘러보고, 사용되고 있는 프로세스를 설명하라.
3. 크라이슬러 공장 투어(http://www.chrysler.com/en/200/factory-tour)
   크라이슬러(Chrysler)에서 사용하고 있는 조립라인 프로세스를 살펴보고 이를 설명하라.

---

## 토의질문

1. 다음의 프로세스를 연속, 조립라인, 뱃치, 개별작업, 프로젝트 프로세스로 분류해보라.
   a. 의사의 진찰실
   b. 자동 차량세차
   c. 대학 커리큘럼
   d. 시험공부
   e. 수강신청
   f. 전력생산
2. 조립라인 프로세스가 뱃치 프로세스보다 더 효율적이지만 유연성이 떨어지는 이유를 세 가지 들어보라.
3. 서비스 산업의 생산성 향상이 제조업에 비해 훨씬 낮다. 이것은 프로세스 선택 의사결정의 영향인가? 서비스 산업에서 보다 효율적인 프로세스를 사용하는 것을 어렵게 만드는 문제점은 무엇인가?
4. 여러 산업(가구, 주택, 요트, 패션의류 등 포함)이 제품–프로세스 매트릭스에서 표준화와 효율성을 위해 대각선으로 우하향하지 못하는 이유는 무엇이라고 생각하는가?
5. 고급 레스토랑, 패스트푸드 레스토랑, 카페테리아의 프로세스 성격(자본규모, 제품 유형, 노동력, 계획 수립, 관리시스템)을 비교해보라.
6. 고객주문에 의해 기념품 숟가락을 생산하는 기업이 있다. 고객은 숟가락의 크기를 선택하고, 고객

이 원하는 디자인을 새겨 주기도 한다. 이 기업은 숟가락과 식탁 용품을 재고생산하는 사업에 진출하는 것을 고려하고 있다. 이 신규 사업을 위해서 무엇을 해야 하는가?

7. 다음 기업들의 전략은 무엇인가? 이 기업들의 전략을 제품 혹은 프로세스, 아니면 두 가지 모두에 의해 정의해보라.

   a. 맥도날드

   b. AT&T 전화회사

   c. 제너럴 모터스

   d. 하버드 경영대학

8. 어느 기업에서 시장의 요구를 더 잘 충족시키기 위해 뱃치 프로세스에서 조립라인 프로세스로 바꾸려고 한다. 프로세스 변화와 관련하여 마케팅, 재무, 인적자원, 회계, 정보시스템 부서의 관심 이슈는 무엇인가?

9. 대량고객화의 사례를 이 장에서 설명한 기업 이외의 사례로 들어보라.

10. 대량고객화를 달성하기 위한 기술과 접근법에는 어떤 것들이 있는가?

11. 3D 프린팅의 적용 사례를 인터넷에서 찾아보라.

12. 규모의 경제와 범위의 경제의 차이점은 무엇인가? 프로세스에 투자할 때 기업은 이들을 어떻게 고려하는가?

13. 집중화되지 못한 생산에서의 징후는 무엇인가?

14. 공장 내 공장(PWP)의 장단점은 무엇인가?

15. 생산운영에서 환경적 이슈를 다루어야 하는 이유는 무엇인가?

16. 환경규제에 부합하도록 프로세스를 관리하는 방법은 무엇인가?

# 서비스 프로세스 설계

## 학습목표

**LO5.1** 서비스기업과 제조기업의 특성 차이

**LO5.2** 서비스-제품 번들의 요소

**LO5.3** 서비스 전달시스템 매트릭스에 다양한 서비스를 대응

**LO5.4** 고객접촉이 서비스 전달시스템에 주는 영향

**LO5.5** 서비스 회복과 서비스 보증

**LO5.6** 기술발전과 글로벌화가 서비스관리에 주는 영향

**LO5.7** 서비스-수익 사슬의 특성

오늘날 미국을 비롯하여 유럽, 아시아에 이르기까지 80% 이상의 일자리가 서비스업이지만, 경영학 및 운영관리의 교과목에서 서비스의 생산에 대한 강조는 낮은 편이다. 현대 경제에서 서비스 산업의 중요성이 커지고 있기 때문에 서비스 프로세스 설계에 대해 더욱 관심을 가져야 할 것이다.

이전 장에서 논의한 제조 프로세스와는 달리 우리는 매일 서비스 프로세스를 접할 수 있다. 고객으로서 우리는 프로세스에 참여하고, 우리가 좋은 서비스를 받는지 아닌지를 금방 알 수 있다. 불행히도 세계 최상급이라 할 수 있는 서비스는 드물다. 당신이 최근에 상점에서 받은 서비스는 만족스러웠는가? 병원에서 진료를 받기 위해 대기하는 것이 즐거운가? 항공사 서비스에 대해서는 어떻게 생각하는가?

서비스를 제공하는 조직은 매우 다양하다. 서비스를 고객에게 판매하는 조직(예 : 레스토랑, 가전제품 수리), 기업에 판매하는 조직(예 : 컨설팅, 회계법인), 비영리 서비스 조직(예 : 헬스케어, 교육), 정부 서비스 조직(예 : 인허가 기관, 경찰)에 이르기까지 다양한 조

## 운영선도사례　몽고메리 카운티 공립학교

메릴랜드주에 있는 몽고메리 카운티 공립학교(Montgomery County Public Schools, MCPS)는 2010년에 말콤볼드리지 국가품질상을 수상했다. MCPS에는 202개의 학교가 있으며, 156,000명의 학생과 23,000명의 교직원으로 구성되어 있다. 학교의 미션은 학생이 대학과 미래 직장에서 성공하기 위한 학문지식, 문제해결능력, 그리고 인성을 갖추도록 하는 것이다.

이러한 미션을 정립하기 위해서 먼저 대학과 미래 직장을 준비하기 위한 목표를 세우고, 그 목표를 성취하기 위해 필요한 지식과 기술을 구체화하는 방법을 사용했다.

MCPS의 성공은 서비스의 우수성을 나타내는 지표로 확인할 수 있다. 학생의 졸업 비율이 88.3%로서 전국에서 가장 높다. 2015년 졸업생을 기준으로 볼 때 SAT의 평균 점수가 1,629점이었고, 대학에서의 장학금 합계가 3억 3,500만 달러에 달했다. 또한 졸업생의 2/3가 대학과목을 선이수했다.

학생과 관련된 지표 이외에서도 서비스의 우수성을 보였다. 학교 운영과 관련된 지표로서 학교 물품의 제공, 장비의 유지보수, 교직원의 만족과 이직률, 에너지 소비의 절감 등에서 우수한 성과를 보였다. 운영관리와 공급사슬관리에서의 성과는 외부기관으로부터 인정받는 결과를 얻었다. 2015년에 MCPS의 구매부서가 국가구매협회로부터 최우수 구매성과상을 수상한 것이다.

MCPS에서 교육 서비스 시스템의 우수성은 하루아침에 일

출처 : Montgomery County Public Schools

궈진 것은 아니다. 그 노력은 1999년에 'Our Call to Action: Pursuit of Excellence'라는 캠페인을 통해 전략계획을 수립하면서 시작되었다. 이 전략계획은 정기적으로 업데이트되면서 교육 제공의 모든 면에서 혁신하면서 성과를 개선하는 가이드라인이 되었다.

출처 : "Climb to the Top", *Quality Progress* 44, no. 1 (April 2011), pp. 39~47; http://www.montgomeryschoolsmd.org/, 2016.

직들이 서비스를 제공하고 있다. 이러한 조직들의 운영기능은 매우 다양하지만 서비스 조직에서 이용하는 프로세스에는 공통적인 요소들이 존재한다.

서비스를 향상시키려면 무엇을 해야 하는가? 서비스 프로세스의 설계는 더 나은 서비스를 전달하기 위해 필수적이다. 이전 장에서 다루었던 프로세스 선택의 아이디어를 서비스로 확장해보도록 하겠다. 이 장에서는 서비스의 구성요소, 서비스 시스템 설계, 서비스의 글로벌화, 서비스 보증, 서비스 조직에서 종업원들에 의해 수행되는 중요한 역할들에 대해 살펴보도록 하겠다. 운영선도사례에서는 우수 서비스 조직의 예로 몽고메리 카운티 공립학교를 소개하고 있다.

## 5.1 서비스의 정의

**LO5.1** 서비스기업과 제조기업의 특성 차이

서비스의 정의들 대부분은 **무형성**(intangibility)을 강조한다. 서비스는 실제로 무형이다. 즉 서비스 프로세스는 변환 과정을 수행하여 고객에게 가치를 창조하는데, 이때 변환 과정의 결과물은 물리적인 것(제품)이 아니다. 서비스는 정의하기 어렵고 쉽게 측정할 수도 없다.

그 예로 병원에 진료를 받으러 간 환자를 살펴보도록 하자. 환자가 병원에서 검사도 받고 진료도 받았다면 한 가지 서비스를 받은 것인가, 아니면 복수의 서비스를 받은 것인가? 따라서 서비스를 공식적으로 정의하는 것보다 서비스 프로세스의 특성과 관리자와 고객에게 주는 시사점에 대해 고려하는 것이 더 중요하다고 할 수 있다.

**생산과 소비의 동시성**(simultaneous production and consumption)은 서비스의 중요한 특성이다. 생산이 발생하는 동안 고객이 생산시스템에 속해 있기 때문이다. 고객은 서비스 제공자가 생산을 하고 있는 바로 그때에 수요를 발생시키기 때문에 프로세스에서 불확실성을 유발한다. 또한 생산과 소비의 동시성은 대다수의 서비스가 저장될 수 없다는 것을 의미하기도 한다. 그리고, 고객과 서비스 제공자가 서로 만나야 하기 때문에 서비스가 고객의 근처에 위치해야 한다. 그래야만 고객이 서비스 제공자에게 접근할 수 있으며, 반대로 서비스 제공자도 고객에게 접근할 수 있다. 콜센터, TV 방송, 인터넷과 같은 통신서비스와 전기 서비스 등은 고객과 거리가 멀어도 서비스를 제공할 수 있는 예외에 속한다.

서비스 프로세스에서 **전방 업무**(front office)와 **후방 업무**(back office)의 프로세스를 구분하는 것이 중요하다. 고객이 실재하거나 고객과 상호작용을 해야 하는 프로세스가 전방 서비스 프로세스이고, 고객이 실재할 필요가 없는 프로세스가 후방 서비스 프로세스이다. 따라서, 생산과 소비의 동시성은 고객이 프로세스에 직접 참여하는 전방 서비스에 적용되는 것이다. 예를 들어 소매점의 점원과 치과의사가 고객과 상호작용할 때는 전방 서비스를 제공하는 것이다. 제조업 프로세스와는 달리 서비스 제공자와 고객 간의 상호작용이 서비스 프로세스의 설계에서는 매우 중요하다.

후방 서비스는 고객의 소비와는 분리되어 수행되기 때문에 고객과의 상호작용을 프로세스에 반영할 필요가 없다. 은행에서 이루어지는 많은 업무와 병원에서의 샘플분석 업무는 서비스 생산과 소비가 동시에 일어나지 않는 후방 서비스의 예다.

서비스의 특성은 매우 다양하고 서비스 제공자와 고객 사이의 상호작용 정도도 매우 다양하기 때문에 서비스를 일반화한다는 것은 어렵다. 하지만 서비스는 제조업의 산출물과는 명백히 구분될 수 있다. 〈표 5.1〉은 서비스와 제조업 제품 사이의 중요한 차이점을

**표 5.1**
서비스와 제품의
차이점

| 제품 | 서비스 |
| --- | --- |
| 유형 | 무형 |
| 구매하는 시점에 소유권이 전환됨 | 일반적으로 소유권이 전환되는 것은 아님 |
| 재판매가 가능 | 재판매가 불가능 |
| 구매 전에 볼 수 있음 | 구매 전에 존재하지 않음 |
| 재고로 저장이 가능 | 저장 불가능 |
| 생산이 소비에 앞서 이루어짐 | 생산과 소비가 동시에 이루어짐 |
| 운송이 가능 | 운송이 불가능(생산자는 이동 가능)* |
| 판매자가 생산 | 구매자가 생산의 일부분 |

\* 전기와 통신 서비스는 예외

보여주고 있다.

## 5.2   서비스-제품 번들

서비스 프로세스를 설계하기 전에 서비스-제품 번들(bundle)을 정의해야 한다. **서비스-제품 번들**(service-product bundle)은 세 가지로 구성된다.

1. 실재하는 서비스[**명시적 서비스**(explicit service)]
2. 서비스에 대한 무형 혹은 심리적인 이득[**암묵적 서비스**(implicit service)]
3. 물리적 제품[**보조용품**(facilitating goods)]

대부분의 서비스는 명시적 서비스, 암묵적 서비스, 보조용품의 묶음으로 이루어진다. 예를 들어 고객이 패스트푸드점에 갔을 때 신속하고 정확한 서비스(명시적 서비스)를 원하며, 보조용품으로서 음식을 제공받는다. 이 경우 암묵적 서비스는 종업원과의 상호작용이나 주변 분위기에서 느끼는 즐거움 같은 것이다. 대부분의 서비스에는 사무실이나 장비와 같이 고정된 보조용품이 있는데, 이들은 서비스 생산을 위해 사용은 되지만 소비되지 않는 것들이다.

지하철의 예를 들어보면, 명시적인 서비스는 한 장소에서 다른 장소로 이동하는 것, 청각, 시각, 후각 등으로 인지하고 경험하는 것, 승차감 등이다. 암묵적 서비스는 지하철이 이상적으로 제공해야 하는 안전성과 공공 운송수단이라는 복지를 수혜받는 느낌을 말한다. 마지막으로 지하철 차량 그 자체는 보조용품이 되는 것이다. 서비스를 설계할 때는 서비스-제품 번들의 어느 한 요소를 너무 강조해서도, 다른 요소들을 무시해서도 안 된다.

대다수의 서비스들은 앞서 설명한 지하철 서비스보다 훨씬 더 복잡하다. 스키 리조트에서의 명시적 서비스, 암묵적 서비스, 보조용품에 대해 정의해보도록 하자. 명시적 서비스는 숙소와 상점에서, 그리고 스키를 타면서 오감으로 얻는 경험을 말한다. 여기에는 리조트 직원들과의 상호작용, 슬로프의 상태, 도전적인 활강 등이 포함된다. 암묵적 서비스는 스키를 탈 때의 즐겁고 유쾌한 기분을 말한다. 보조용품에는 리프트, 건물, 스키 슬로프로 이용되는 산이 포함된다. 스키 리조트를 설계할 때 이렇듯 서비스-제품 번들의 세 가지 요소에 대해 정확히 계획하고 관리해야 한다.

〈그림 5.1〉은 서비스-제품 번들의 여러 가지 예를 보여주고 있다. 이들 대부분의 번들은 서비스 조직에 의해 제공되지만, 자동차의 경우는 흔히 제조품으로

서비스-제품 번들을 즐기는 스키어
© Purestock/SuperStock

인식되는 것이다. 자동차를 서비스-제품 번들의 예로 표시한 이유는 고객이 자동차를 구매할 때 여러 가지 서비스 요소도 함께 구매하기 때문이다. 자동차의 서비스-제품 번들에는 물리적인 자동차뿐 아니라 시험운전의 기회, 구입 대금의 금융, 자동차 보증까지를 포함한다. 이러한 서비스 요소들이 합해져서 서비스-제품 번들(혹은 제품-서비스 번들)을 구성하는 것이다.

고객에게 서비스를 전달하기 전에 운영관리자가 해야 할 일은 서비스 시스템을 설계하는 것이다. 프로세스에 이용될 기술, 필요한 종업원의 유형, 종업원 외모 및 설비의 외관 등 세부적인 것들을 포함하여 서비스 전달에 이용할 프로세스를 설계해야 한다. 명시적 서비스와 보조용품에 대한 운영관리자의 관리사항은 명확하지만, 암묵적 서비스의 경우는 고객이 서비스에서 느끼는 감정이 고객에 따라 매우 다르기 때문에 관리하기가 힘들다. 따라서, 서비스 시스템에서의 암묵적 서비스를 설계하기 위해서는 기업이 가진 가능한 모든 수단을 이용하는 것이 중요하다.

여기서 강조되어야 할 점은 서비스 자체와 서비스의 전달시스템은 분리가 불가능하기 때문에 함께 설계되어야 한다는 것이다. 또한 서비스를 수행할 때는 수행을 위한 프로세스뿐 아니라 고객에게의 어필이 모두 필요하므로 마케팅과 운영이 함께 서비스 행위를 수행해야 한다. 따라서, 서비스의 설계와 서비스 전달에는 다기능적 협력이 필수적이다.

제품과 마찬가지로 서비스에도 공급사슬이 있다. 서비스 공급사슬에서는 물리적 제품의 흐름보다는 작업, 고객, 그리고 정보의 흐름이 더 중요하다. 서비스 자체는 저장할 수 없지만, 물리적 품목의 재고를 이용하기 때문에 물품의 공급사슬에 의존하기도 한다. 병원의 예를 들면, 환자에게는 명시적 서비스(예 : 수술)를 제공하는 프로세스, 검사 및 분석실에서의 정보, 보험회사로부터 정보 및 돈의 흐름, 퇴원 후 재활센터로 보내는 환자의 정보 등이 필요하다. 이러한 공급사슬의 복잡한 네트워크는 제조업의 공급사슬과 유사하지만, 서비스 공급사슬은 유형의 제품흐름과 무형의 업무흐름을 모두 포함한다.

그림 5.1
서비스-제품 번들의
다양한 예

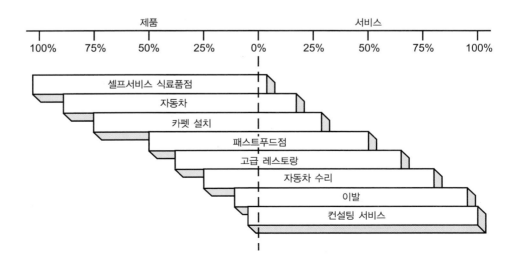

## 5.3  서비스 전달시스템 매트릭스

LO5.3 서비스 전달시
스템 매트릭스에 다양한
서비스를 대응

서비스와 서비스를 고객에게 전달하는 방식을 다양하게 생각해볼 수 있다. 어떤 서비스는
오직 한 가지의 표준화된 방법으로 전달되어 모든 고객은 거의 동일한 서비스를 제공받으
며, 어떤 서비스는 고객 요구에 따라 매우 고객화되어 있어서 동일한 서비스가 다른 고객
에게 반복되지 않는다. 관리자의 중요한 역할은 고객의 요구에 맞는 올바른 프로세스가 되
도록 서비스 전달시스템을 설계하는 것이다.

〈그림 5.2〉에서 소개하고 있는 **서비스 전달시스템 매트릭스**(service delivery system matrix)
는 고객의 선호와 서비스 전달시스템의 설계특징을 포함하고 있다. 매트릭스의 가로축은
고객의 요구(customer wants and needs) 차원으로서 고객이 추구하는 서비스 패키지를 나타

그림 5.2  서비스 전달시스템 매트릭스

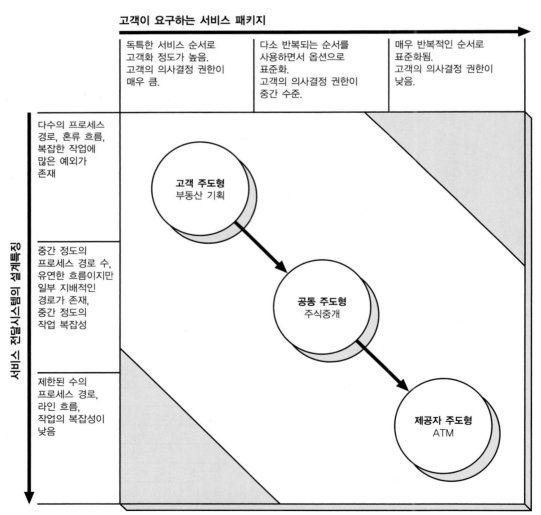

출처 : Collier and Meyer(1998)에서 발췌

내고 있다. 고객들마다 서로 다른 요구를 한다면 서비스 프로세스에는 불확실성과 변동성이 높아진다는 내용을 담고 있다. 고객이 추구하고 원하는 것이 기본적으로 동일하다면 매우 표준화되고 반복적인 프로세스로 대응할 수 있으며, 반대로 고객들 간의 요구사항이 서로 다르고 독특하다면 고객화된 서비스를 제공할 수 있는 프로세스로 대응해야 한다.

매트릭스의 수직축은 서비스 전달시스템의 설계특징을 나타내며, 서비스 프로세스에서 고객이 거치는 경로의 경우 수가 많고 적음을 의미한다. 경로 경우의 수가 적으면 서비스에서 고객이 선택할 수 있는 옵션이 적게 될 것이며, 경로의 수가 많을 수 있다면 고객에게 서비스를 제공할 때마다 다른 서비스가 제공될 것이다.

매트릭스의 두 축에 따라 세 종류의 서비스를 정의할 수 있다. **고객 주도형 서비스**(customer-routed services)의 경우 고객은 독특하고 고객화된 경험을 원한다. 고객은 서비스가 전달되는 방식, 시기, 순서뿐만 아니라 서비스의 구성요소들을 결정하는 데 매우 큰 권한을 갖는다. 이러한 서비스의 경우 고객이 서로 다른 경험을 원하기 때문에 서비스 프로세스에서는 개인의 재량권을 부여하고 고객과 상호작용을 활발히 해야 한다. 또한 매우 유연한 프로세스로 서비스를 수행해야 하며, 고객의 요구에 맞는 정확한 경험을 제공하도록 종업원을 교육시켜야 한다. 고객 주도형 서비스의 예로는 개인 트레이너, 인터넷 쇼핑, 박물관의 서비스를 들 수 있으며, 이전 장에서 배웠던 고객화가 높은 개별작업 프로세스와 비슷하다.

고객의 요구와 서비스 시스템 설계가 모두 중간 정도에 있으면 **공동 주도형 서비스**(co-routed services)에 해당한다. 공동 주도형 서비스는 어느 정도 표준화된 프로세스를 이용하면서 고객에게 약간의 선택을 할 수 있게 하는 경우이다. 의료 서비스와 주식중개 서비스가 여기에 해당된다. 또 다른 예로, 골프코스의 경우 표준화된 절차(1홀부터 18홀까지)에서 게임을 즐길 수 있도록 설계되어 있지만, 서비스 시스템 내에서 고객은 어떻게 게임을 할 것인지를 결정하는 권한을 어느 정도 갖고 있다.

마지막으로 **제공자 주도형 서비스**(provider-routed service)를 통해서는 매우 표준화된 서비스가 제공된다. 서비스가 전달되는 동안 고객은 아주 소수의 옵션만 선택 가능하며, 매우 유사한 요구사항을 가진 고객들을 위한 서비스이다. 예를 들어 현금자동인출기(ATM)는 고객이 선택할 수 있는 이용방법이 한정되어 있고, 제공하는 서비스도 매우 제한적이므로 ATM을 이용하는 고객의 재량권은 거의 없다고 하겠다. ATM에서 처리할 수 없는 서비스를 받고자 한다면 고객은 지점에 전화를 하거나 방문하는 등의 방법을 이용해야 한다. 맥도날드에서 햄버거 식사 서비스와 병원에서 혈액검사 서비스를 받는 것도 예가 될 수 있다. 제공자 주도형 서비스는 앞 장에서 설명한 조립라인 프로세스와 본질적으로 유사하다. 이를 제공자 주도형으로 부르는 이유는 서비스 제공자가 서비스 수행방식을 정하기 때문이다.

서비스 전달시스템 매트릭스는 서비스의 유형을 분류해 줄 뿐 아니라 운영관리자의 업무가 어떻게 달라야 하는지를 보여준다. 예를 들어 제공자 주도형 서비스의 경우는 관리자가 관심을 기울여야 하는 사항은 자동화와 자본투자일 것이고, 이와는 반대로 고객 주도형 서비스에서는 인력관리와 유연한 기술의 이슈가 관심사항일 것이다.

앞 장에서 배웠던 제품-프로세스 매트릭스처럼 서비스 전달시스템 매트릭스에서도 대부분의 기업들은 서비스와 프로세스 매트릭스상의 대각선에 위치한다. 어떤 고객시장을 대상으로 할 것인가(수평축)와 서비스 프로세스를 어떻게 설계할 것인가(수직축)는 모두가 전략적 의사결정이다. 따라서 이러한 전략적 계획을 수립할 때는 외부의 기회요소와 내부의 역량이 모두 고려되도록 마케팅, 운영, 인적자원 기능이 긴밀히 협력해야 한다.

제품-프로세스 매트릭스와 서비스 전달시스템 매트릭스 사이의 주된 차이점은 서비스 프로세스의 설계가 일반적으로 고객 수의 크기에 영향을 받지 않는다는 것이다. 제품-프로세스 매트릭스에서는 수요규모와 제품의 고객화 정도가 생산 프로세스를 결정하는 중요한 요소였지만, 서비스에서는 고객 수와는 상관없이 동일한 유형의 프로세스로 서비스를 제공하는 특성이 있다. 예를 들어 다리가 부러진 환자에게 수행하는 의료 서비스는 2,000개 병동이 있는 큰 병원에서나 120개 병동밖에 되지 않는 작은 병원에서나 비슷하다. 또한, 패스트푸드점에서는 고객 수나 고객의 주문 규모에 관계없이 같은 방법으로 서비스를 제공한다. 서비스 공급량을 늘리고자 한다면 단순히 더 많은 매장을 개설하겠지만 서비스 프로세스는 동일하게 운영하게 된다. 수량보다는 고객화의 정도가 서비스 프로세스를 설계하고 서비스를 제공하는 데 더 큰 영향을 주는 것이다.

**셀프서비스**(self-service) 역시 서비스 프로세스 설계 과정에서 고려해볼 수 있다. 식료품점에서 고객이 구입한 물건을 스스로 봉투에 담듯이 프로세스의 핵심 단계에서 고객이 종업원의 역할을 수행한다. 혹은, 셀프주유소처럼 고객이 전체 서비스 프로세스를 독자적으로 완료하기도 한다. 서비스가 제공되는 동안에 고객의 노동력이 '무료'로 사용되므로 기업은 셀프서비스를 통해 이득을 볼 수 있다. 하지만 셀프서비스가 성공하기 위해서는 고객의 셀프 업무가 단순해야 하고, 고객이 스스로 하는 것에 만족해야 하므로 이들을 신중하게 고려하여 서비스 프로세스를 설계해야 한다.

서비스 전달시스템 매트릭스에서 정의한 모든 유형의 서비스에서 셀프서비스가 가능하다. 운영관리자는 고객이 기꺼이 그리고 쉽게 수행할 수 있도록 셀프서비스를 설계해야 한다. ATM기 같은 경우에는 사용방법이 비교적 쉽기 때문에 다양한 목표시장의 고객들이 선호하지만, 이케아(IKEA)에서 고객이 자신의 선택 물품을 창고선반에서 스스로 꺼내는 것은 일부 고객층만 선호할 수 있다. 따라서, 기업이 적합한 서비스 프로세스를 설계하기 위해서는 목표시장의 요구에 대해 정확히 이해해야 한다.

ATM 셀프서비스는 다양한 고객층이 선호함과 동시에 운영의 효율성을 제공한다.

## 5.4  고객접촉

**LO5.4** 고객접촉이 서비스 전달시스템에 주는 영향

**고객접촉**(customer contact)과 서비스 프로세스의 연관성을 자세히 이해하기 위하여 고객과 서비스 조직 간의 상호작용을 살펴보기로 한다. 저접촉 서비스의 경우 서비스를 생산하는 부분과 서비스를 전달하여 고객이 소비하는 부분으로 분리할 수 있다. 그렇게 함으로써 고객을 서비스 생산 부분으로부터 분리하는 것이 가능하며, 프로세스의 표준화를 통해 효율성이 훨씬 향상될 수 있다. 저접촉 서비스의 예로는 온라인 주문과 ATM 은행거래를 들 수 있으며, 이들은 주로 앞에서 설명한 제공자 주도형 프로세스로 설계된다. 저접촉 서비스는 고객접촉으로부터 완충된 상태에서 이루어지도록 설계되기 때문에 〈그림 5.3〉에서 완충적 시스템으로 표현하고 있다.

접촉 스펙트럼의 반대쪽에 표시된 고접촉 서비스는 서비스가 전달되는 동안 시스템 내에 고객이 참여하게 되며, 치과, 미용실, 컨설팅 등이 예가 된다. 고접촉 서비스에서는 고객으로 인한 불확실성 때문에 프로세스의 효율성이 떨어지게 된다. 예를 들어 고객이 서비스받는 과정에서 서비스 제공자에게 일상적이지 않은 요구를 하게 되면 프로세스의 시간이 늘어나게 될 것이다. 이렇듯 고접촉 서비스 시스템의 경우 서비스 제공자가 고객화를

그림 5.3  고객접촉 매트릭스

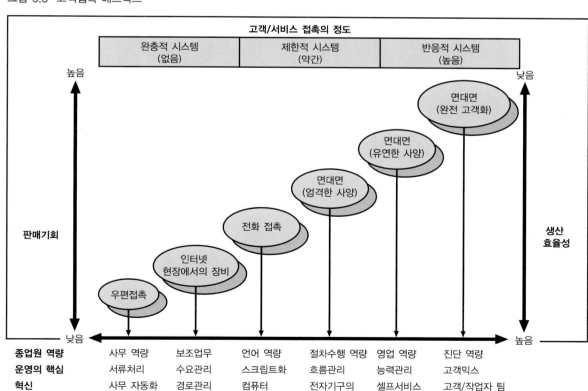

출처 : Chase, Jacobs, and Aquilano, *Operations Management for Competitive Advantage*, 10th ed. (New York: McGraw-Hill, 2004).

어느 정도 제한하지 않는 경우라면 그 프로세스는 일반적으로 고객 주도형으로 이루어지며, 따라서 이때의 서비스 전달시스템은 고객 요구에 반응적인 시스템이라고 할 수 있다.

〈그림 5.3〉에 표시된 중간 정도의 고객접촉 서비스에서는 다소 제한된 방식(전화 혹은 제한된 방식의 면대면)으로 고객이 프로세스 중간에 관여한다. 이 경우 고객이 선호하는 서비스 내용이 제한된 상호작용으로 반영이 되기는 하지만 프로세스의 효율성이 저해되지 않는 범위에서 수용된다.

서비스 운영관리자는 항상 고객접촉의 수준을 염두에 두어야 한다. 그 이유는 접촉 정도가 높을수록 프로세스에서의 변동성이 커지기 때문이다. 변동성은 운영관리자에게는 어려운 도전과제이다. 왜냐하면 변동성은 서비스 생산계획의 수립을 어렵게 만들고, 고객의 대기시간을 증가시키기 때문이다. 〈표 5.2〉에서 **고객 기반의 변동성**(customer-introduced variability) 다섯 가지 유형을 정의하고 있다. 이 모든 유형의 불확실성을 수용하고자 하는 서비스 기업은 비용이 통제 불가능한 수준으로 커진다는 것을 보게 될 것이다. 따라서 불확실성을 관리하는 방법을 찾아야 하는데, 불확실성을 감소시키는 혁신적인 수단을 찾는 방법과 불확실성을 저비용으로 수용하는 수단을 찾는 방법이 있다.

변동성을 관리하는 방법에 대해 몇 가지 예로 살펴보자. 레스토랑에서는 고객 방문의 변동성 때문에 어느 시간대에는 좌석이 비어 있고 또 다른 시간대에는 좌석이 모두 차서 고객의 대기줄이 길게 발생하기도 한다. 고객의 방문이 무작위적으로 발생하지만 보통은 식사시간 주변으로 몰려 있는 양상을 보인다. 따라서 예약시스템을 도입한다면 일부 고객을 피크시간보다 이르게 혹은 늦게 방문하도록 만들어 방문의 변동성을 관리할 수 있다. 한편으로, 병원에서는 환자가 움직이고, 식사하고, 물을 마시고, 화장실을 가는 능력이 개인별로 차이가 있어서 역량의 변동성이 존재한다. 따라서 많은 병원들은 환자의 기본적인 니즈를 돕기 위해서 저임금 보조원을 고용하고, 간호사와 같이 고임금 노동력은 보다 전문적인 작업을 맡게 하고 있다.

고객접촉의 정도와 프로세스의 비효율성 간 관계를 다음과 같이 표현할 수 있다.

$$잠재적 \ 비효율성 = f(고객접촉 \ 정도)$$

고객접촉의 정도는 서비스가 생산되어 고객에게 전달되어 소비되는 데 걸리는 시간으로 측정할 수 있다. 이 시간이 길어지면 서비스 프로세스의 효율성이 떨어지게 된다. 〈그림 5.3〉에서 보여주고 있듯이 고접촉 서비스는 효율성이 낮기 때문에 비용이 높게 발생하게 되지만, 한편으로 고객에게 판매를 늘릴 수 있는 기회가 많아져서 수익이 높아질 수 있다. 예를 들어 컨설턴트는 일반적으로 고객과의 접촉 정도가 매우 높아서 그러한 상호작용이 이루어지는 과정에서 추가적인 컨설팅의 기회를 얻을 수 있고 그 결과 추가수익을 올릴 수 있다.

서비스 전달시스템을 설계할 때 가능하다면 고접촉 서비스 부분과 저접촉 서비스 부분을 분리하여 전방 업무와 후방 업무의 프로세스를 별도로 구축해야 한다. 전방 업무(고접

표 5.2
고객 기반 변동성의
유형

출처 : Frei, F. "Breaking the
Trade-off Between Efficiency
and Service," *Harvard Busi-
ness Review*, November
2006, pp. 92-101.

- 방문의 변동성(arrival variability) : 서비스받기 위해 고객이 방문하는 시간의 불확실성
- 요구의 변동성(request variability) : 고객이 서비스–제품 번들에 대해 요구하는 내용의 불확실성
- 역량의 변동성(capability variability) : 고객이 서비스에 참여하는 능력에서의 불확실성
- 노력의 변동성(effort variability) : 고객이 기꺼이 필요한 행동을 취할지에 대한 불확실성
- 주관적 선호의 변동성(subjective-preference variability) : 서비스받는 방식에 대한 무형적 선호도의 불확실성

촉)에서는 고객과 집중적인 상호작용이 필요한 반면, 후방 업무(저접촉)는 고객과 분리되어 효율적으로 운영될 수 있다. 고접촉 서비스와 저접촉 서비스를 분리하는 개념은 앞서 논의한 집중화 생산을 응용한 것이다.

고접촉 서비스와 저접촉 서비스는 다음과 같은 특성이 있다.

- 저접촉 서비스는 면대면 상호작용이 필요하지 않다. 선박운항, 은행의 수표처리 프로세스가 저접촉 서비스에 속한다.
- 저접촉 서비스에는 숙련된 종업원, 효율적인 프로세스 절차, 프로세스의 표준화가 필요하다. 그리고 고접촉 서비스는 유연성 있고, 친절하며, 고객과 기꺼이 함께 일하고자 하는 종업원이 필요하다.
- 저접촉 서비스는 수요의 변동이 있더라도 평균적 수요 수준에서 운영될 수 있다. 하지만, 고접촉 서비스의 제공자는 수요가 최고조에 이를 때 해당 수요에 즉각적으로 대응할 수 있어야 한다.

항공 서비스는 고접촉 서비스지만 고객으로 인한 변동성이 높지 않다.

© Ryan McVay/Getty Images

- 고접촉 서비스는 일반적으로 프로세스에서의 변동성 때문에 더 높은 가격이 부과되고 서비스의 고객화 정도가 높다.

서비스 전달시스템을 설계할 때 고객접촉이 중요한 고려사항이지만 유일한 요소는 아니다. 고객과의 상호작용 시간이 길고 상호작용 동안 교환되는 정보의 양이 많으면 고객접촉의 관리는 더욱 어려운 과제가 된다. 고객으로 인한 불확실성의 본질도 매우 중요한 요소이다. 예를 들어 고객접촉이 많지만 고객과의 상호작용이 표준화되어 있거나 고객이 셀프서비스를 수행한다면 프로세스의 효율성을 달성할 수 있다. 패스트푸드점의 경우 고객접촉이 상대적으로 높지만 접촉의 본질이 매우 통제되어 있는 데 비해 고급 레스토랑에서는 고객 요구의 불확실성이 매우 높은 편이다. 따라서, 고객접촉 그 자체보다는 고객으로 인해 불확

실성이 발생하거나 셀프서비스 요소가 포함되어 있지 않은 경우에 프로세스의 비효율성이 나타나게 된다.

## 5.5 서비스 회복과 보증

**LO5.5** 서비스 회복과 서비스 보증

**서비스 회복**(service recovery)은 서비스가 실패했을 때, 다시 말해 서비스의 전달 과정에서 뭔가 잘못되었을 때 관리해야 하는 중요한 사항이다. 서비스 회복은 서비스 실패에 대한 보상과 가능하다면 고객의 요구 서비스를 회복시키는 것으로 구성된다. 예를 들면 정전이 되었을 때의 서비스 회복은 전력회사가 전력을 복구하는 과정이다. 레스토랑에서 웨이터가 고객의 치마에 수프를 쏟았을 때의 서비스 회복은 옷을 말릴 수 있도록 도와주고, 정중히 사과하고, 세탁비용을 제의하는 것이다. 서비스 회복이 고객의 관점에서 신속하고 적절히 이루어진다면 오히려 고객은 서비스 실패와 회복 과정을 받아들이고 전체 서비스 경험에 만족스러워할 수 있다. 서비스 실패는 가끔 불가피하게 발생하기 때문에 기업은 서비스 회복이 일관되게 이루어지도록 서비스 회복 프로세스를 설계해야만 한다. 운영선도사례에서 UPS가 서비스 회복을 잘 수행한 사례를 보여주고 있다.

대다수의 기업은 자신의 서비스에 대한 정의를 하고 만족스러운 서비스 제공이 이루어지도록 하기 위해 **서비스 보증**(service guarantee)을 하면서 회복 프로세스를 구체화시켜 놓는다. 서비스 보증은 제품의 보증과 유사하지만, 서비스의 경우 고객의 마음에 들지 않는

---

### 운영선도사례　UPS의 서비스 회복

인튜이트(Intuit)의 이사였던 타라 헌트(Tara Hunt)는 주로 사무실에서 소포를 수령해 왔는데, 하루는 저장장치를 주문하여 집으로 배송토록 했다. UPS에 전화를 걸어 확인해보니 명절 공휴일 기간 동안에 일부 소포가 오후 9시까지도 배달되지 못했다는 말을 들었다. 그녀는 소포가 도착하지 않아 강아지와

© Luke Sharrett/Bloomberg via Getty Images

산책도 나가지 못한 채 계속 기다릴 수밖에 없었다며 UPS의 배송지연 사실을 트위터에 올렸다. 자포스(Zappos)의 CEO 토니 셰이(Tony Hsieh)는 타라를 이전에 만난 적이 있었고, 그 이후 그녀의 트위터를 팔로잉하고 있었다. 그는 UPS의 회장과 저녁을 먹으면서 타라의 실망감에 대해 전해주었다. 5분 후에 UPS의 운영관리자가 타라에게 연락을 취해서 다음날 아침의 배송시간을 약속했다.

다음 날 아침 9시 정각에 초인종이 울렸다. UPS에서는 소포의 배달뿐 아니라 꽃과 초콜릿, 그리고 그녀의 강아지를 위한 간식과 장난감을 전달했다. 바로 다음 날에 타라는 UPS를 이용하기 위해 집을 나섰고, 자포스에서 신발을 구매했다. 타라는 이후에 디지털 마케팅 전문가, 연구자, 작가, 대변인으로서 성공적인 경력을 이어갔으며, SNS를 이용하여 기업이 성장하는 데 돕는 일을 열정적으로 하고 있다.

출처 : "A Social Networker's Story," *Business Week*, March 2, 2009, p. 30; www.tarahunt.com, 2016.

다고 해서 반품이 되지 않는다. 예를 들어 만약 당신이 미용실에서 머리를 너무 짧게 잘랐다고 하더라도, 머리가 길 때까지 그대로 둘 수밖에 없다. 서비스 보증은 두 가지 요소로 구성된다. 첫째는 어떠한 서비스가 고객에게 전달될 것인지에 대한 약속이고, 둘째는 그 약속이 이행되지 못했을 때 어떠한 보상과 서비스 회복이 이루어질 것인지의 내용이다. 기업은 서비스 보증을 명시함으로써 어떠한 서비스가 정확히 고객에게 전달되어야 하는지를 명확히 할 수 있다. 이에 맞도록 기업은 서비스 프로세스를 설계하고 종업원이 서비스를 항상 정확히 전달할 수 있도록 교육시켜야 한다.

페덱스(FedEx)는 미국 국내운송 서비스에 대해 환불 보증 서비스를 실시하고 있다. 소포가 약속한 시간에 배달되지 않으면(예 : 다음 날 아침 10시 30분까지) 고객에게 운송료를 환불해 준다고 약속하고 있다. 이같은 서비스 보증은 운영 프로세스가 해야 하는 것이 무엇인지를 명확히 정의하고 있다. 또 다른 예로서 매사추세츠주의 공구 유통업체인 애틀랜틱 패스너(Atlantic Fasteners)는 정시배송을 약속하는 서비스 보증을 "우리는 고객과의 약속 시간 정시에 무결점 품질의 공구를 배송하며, 그렇지 않을 경우 100달러의 쿠폰을 드립니다"라고 명시하고 있다. 어떤 기업의 경우는 서비스 보증의 내용이 다소 불명확한 경우도 있다. 예를 들어 호텔에서 고객이 만족하지 못하면 숙박료를 무료로 한다든지, 레스토랑에서 고객이 음식에 만족하지 못하면 무료로 디저트와 식사를 제공한다는 표현을 한다. 이러한 표현에는 운영기능이 어떻게 서비스를 수행해야 하는지에 대해 명확한 내용은 없지만 그렇다 하더라도 서비스 보증이 없는 경우보다는 낫다고 하겠다.

서비스 보증을 광고 술책이나 고객이 만족하지 못할 경우 환불받는 방법이라고 단순히 볼 것은 아니다. 이것은 서비스 제공자가 약속한 대로 수행할 것을 보증하는 것이다. 만약 고객이 만족하지 못하여 서비스 보증을 통해 환불을 요구한다면 기업은 그 내용을 통해 피드백을 받을 수 있다. 즉 고객이 서비스에서 기대하는 것은 무엇인지, 그리고 어떻게 하면 고객의 기대를 더욱 잘 충족시키는 서비스 프로세스로 설계할 수 있을지를 알 수 있다.

신중하게 설계된 서비스 보증은 고객과 서비스 기업 모두에게 이점을 제공한다. 고객에게는 서비스 보증이 서비스 구매에서의 위험을 줄여준다. 즉 고객은 어떤 서비스를 구매하는지, 서비스 실패는 어떤 상황인지, 그런 경우에 어떻게 보상받을 수 있는지를 정확히 알 수 있다. 기업에게는 서비스 보증이 서비스를 통해 무엇을 달성하고자 하는지를 명확히 규정해 준다. 그로 인해 서비스 전달시스템의 설계를 할 수 있고, 서비스 실패 시에는 어떤 범위로 회복시켜야 하는지를 명확히 해 주며, 또한 종업원에게 높은 품질의 서비스를 제공하도록 하는 동기부여의 역할도 한다. 무엇보다 서비스 보증은 충성고객을 만들어주는 장점이 있다.

## 5.6 서비스에서의 기술과 글로벌화

**LO5.6** 기술발전과 글로벌화가 서비스관리에 주는 영향

기술의 발전은 서비스의 전달 방식에 커다란 영향을 주었다. 〈표 5.3〉은 의료 서비스부터 교육, 통신까지 다양한 범위의 서비스들에 기술이 어떻게 사용되고 있는지를 예시하고 있

다. 우리는 기술이 어떻게 서비스의 유형을 다양하게 만들었는지, 그리고 서비스의 아웃소싱과 오프쇼어링(offshoring)을 기술이 어떻게 가능하게 만들었는지를 논의하면서 서비스의 글로벌화를 살펴볼 것이다. 먼저, 서비스 프로세스의 자동화에 기술이 어떻게 적용되고 있는지와 서비스기업에서 종업원－고객 간의 관계를 기술이 어떻게 향상시켰는지를 살펴볼 것이다.

레빗(Levitt, 1972)은 그의 고전적인 연구에서 **생산라인 접근법**(production-line approach)을 서비스에 어떻게 적용하는지를 설명했다.[1] 이 접근법을 적용하려면 서비스는 표준화되어야 하고, 이용되는 설비들은 서비스 전달 과정에서 실수를 최소화하고 서비스 표준으로부터 오차가 최소화되도록 설계되어야 한다. 또한 서비스 전달 과정을 가능한 한 많이 자동화하여 비용을 줄이고, 일반적으로 제공자 주도형 프로세스로 설계하여 고객화 정도가 낮은 서비스를 제공한다.

레빗은 맥도날드의 사례를 통해 이 개념을 설명하고 있다. 맥도날드는 서비스 시스템의 거의 모든 측면을 표준화하고 있으며, 기술이 서비스 시스템에서 매우 중요한 요소이다. 서비스의 일관성을 유지하기 위하여 특수 도구들을 사용하는데, 예를 들면 정확한 조리시간을 위해 타이머를 사용하고, 프렌치프라이의 일정한 양을 효율적으로 봉투에 담기 위해 자체 개발한 스쿱(scoop)을 사용한다. 식재료의 양, 조리 방식, 서빙방법 등도 일관성을 위해 세밀하게 규정되어 있다. 심지어 매장을 청소하는 절차까지 세밀하게 기술되어 있는 등 서비스의 모든 것이 표준화되어 전 세계적으로 일관성 있게 관리된다.

서비스의 자동화가 모든 유형의 서비스에서 항상 옳은 설계방향은 아니다. 자동화로 서비스의 효율성은 높아지겠지만(더 많은 고객에게 낮은 원가로 서비스를 제공), 자동화가 서비스의 특성을 변화시키고 판매기회를 감소시킬 수 있다. 궁극적으로 어느 수준의 자동화가 합당한지는 시장이 결정하게 될 것이다.

슐레징거와 헤스켓(Schlesinger and Heskett, 1991)은 서비스 시스템의 중심에는 기술이

표 5.3
서비스 전달 프로세스
에 기술의 적용

| 서비스 | 사용 기술의 예 |
| --- | --- |
| 의료 | 집중치료실, MRI, 전자의료기록, 자동진단검사, 심박조절기, 수술로봇, 원격처방 |
| 통신 | 휴대전화, TV, 화상회의, 위성전화, 이메일, 인터넷, 클라우드 기반의 컴퓨팅 |
| 소매 | POS, 재고관리시스템, RFID, 전자결제, 셀프서비스 체크아웃 |
| 교육 | 전자도서관, 인터넷, e-교육 |
| 법률 | 자동검색, 증거물 데이터베이스 |
| 호텔 | TV 체크아웃, 카드키, 예약시스템, 냉난방 제어, 인터넷 접속 |
| 항공 | 항공 트래픽 제어시스템, 자동항법, 예약시스템, 기내 기술 서비스 |

---

[1] T. Levitt, "The Production-Line Approach to Service," *Harvard Business Review* 50, no. 3.

**기술이 서비스 전달을 수월하게 해 준다.**

© Ariel Skelley/Getty Images

아니라 종업원이 있어야 한다는 대조적인 시각을 보여 주었다.[2] 그들은 서비스 기업이 다음과 같이 행동해야 한다고 주장했다.

● 기술은 종업원들을 감시하거나 대체하는 역할이 아니라 전방 업무의 종업원들을 보조하는 역할로 이용되어야 한다.

● 종업원들에 대한 가치투자는 기술에 투자하는 것 이상으로 중요하다.

● 관리자나 스태프들을 고용하고 교육하는 것만큼 전방 업무의 종업원들을 교육시키는 것도 매우 중요하다. 또한 모든 조직의 종업원들 성과에 합당한 보상을 해야 한다.

이러한 종업원 중심의 접근법은 생산라인 접근법의 대안으로서 사람과 기술 모두를 강조한다. 이 접근법은 공동 주도형 혹은 고객 주도형 프로세스에 의해 고객화된 서비스를 제공할 때 적합할 것이다.

다음으로, **서비스 아웃소싱**(outsourcing of services)과 **오프쇼어링**(offshoring)에 대해 살펴보자. 서비스 아웃소싱과 오프쇼어링은 정보기술의 진보가 있어서 가능해졌다. 서비스 아웃소싱이란 자사 기업 밖의 다른 기업에게 인력채용, 급여관리, 회계 서비스, 콜센터 등의 기능을 수행하게 만드는 것이다. 그리고 오프쇼어링은 이러한 서비스 활동을 다른 국가로 가져가는 것을 말한다.

서비스 아웃소싱에는 제조업에서의 아웃소싱과 마찬가지로 많은 기회와 도전이 존재한다. 장점은 원가를 낮출 수 있고, 기업의 핵심 역량에 집중할 수 있다는 것이며, 단점은 아웃소싱 업체와의 조율비용이 발생하고 직접적인 통제권을 상실한다는 것이다. 제조업과 다른 차이점은 서비스의 무형성 때문에 발생한다. 물리적 제품은 아웃소싱 업체로부터 수령해서 검사할 수 있지만 서비스의 경우 검사하는 것이 어렵다. 따라서 서비스가 표준에 맞게 수행되었는지 알기 위해 또 다른 메커니즘이 필요하다.

서비스 아웃소싱에서는 고객과 프로세스 모두에 주의를 기울여야 한다. 목표시장의 고객이 요구하는 사항이 어떤 프로세스를 아웃소싱할 것인지를 선택하는 주요 결정요인이 된다. 관리자는 고객의 요구 및 니즈(서비스 전달시스템 매트릭스 참조)와 프로세스가 적합하게 매칭되도록 해야 한다. 즉 고객의 요구를 제대로 이해하고 있어야만 프로세스, 기술, 서비스 종업원에 대한 적절한 조합의 의사결정을 전략적으로 할 수 있다.

오프쇼어링은 해외 기업으로 아웃소싱하는 것으로, 듀크대학교와 부즈&컴퍼니(Booz &

---

[2]  Heskett, Sasser, and Schlesinger. *The Service Profit Chain: How Leading Companies Link Profit and Growth to Loyalty, Satisfaction, and Value* (New York: Free Press, 1997).

Co.)에 의한 조사보고서가 흥미로운 결과를 제시하고 있다.[3] 미국, 유럽, 인도, 중국 등지로 부터 수집한 자료를 분석하여 다음의 결과를 보고하고 있다.

1. 콜센터처럼 이용도가 높고 단순한 서비스들이 표준품처럼 되어서 주요 글로벌 업체 들 사이에 합병으로 이어지고 있다.
2. 엔지니어링, 분석작업, 법률 서비스와 같은 전문적인 서비스에서도 오프쇼어링이 증 가하고 있다. 정보기술이 발달함에 따라 세계 어디에 있는 전문가와도 비교적 쉽게 소통할 수 있게 된 영향이다.
3. 전 세계의 유능한 서비스 인재들이 발빠르게 행동하는 기업에 의해 활발히 채용되고 있다. 따라서 앞으로는 이들 서비스 인재가 부족하여 뒤늦은 기업들은 고용하기 어렵 게 될 것이다.
4. 일부 글로벌 서비스업체가 좋은 품질의 서비스를 일관되게 제공하지 못하고 있다. 따 라서, 원청업체와 글로벌 서비스업체는 공통의 업무 프로세스를 개발하여 관리하고, 공동의 목표를 달성하기 위해 협력해야 한다.

이 조사보고서의 결론에서 덧붙이기를, "다국적 기업은 그들이 필요한 기술과 역량을 얻 기 위해 마치 문어처럼 모든 방면으로 다리를 뻗어야 한다"고 했다. 그러기 위해서 운영관 리자는 공급사슬과 서로 협력하면서 기업의 목표를 달성해야 하는 도전적인 측면이 크다고 하겠다. 운영선도사례에서는 미국에서 인도로 오프쇼어링하는 사례를 소개하고 있다.

국내 및 해외의 아웃소싱 업체와 협력하는 것이 클라우드 컴퓨팅의 기술에 의해 가능해 졌다. **클라우드 컴퓨팅**(cloud computing)이란 인터넷을 통해 서버, 데이터베이스, 애플리케 이션에 접근하여 정보기술의 자원을 요구에 따라 전달하는 기술이다. 이로 인해 원격으로 떨어져 있는 장소 간에, 그리고 서로 다른 플랫폼 간에 정보를 신속히 교환하는 것이 가능 해졌다. 또한, 소프트웨어 능력의 확장이나 수정도 추가 인프라에의 투자 없이도 가능하게 만들어주었다. IT 시스템의 운영과 업데이트에 시간과 비용이 크게 발생하지 않기 때문에 클라우드 컴퓨팅을 사용하는 기업은 시장환경 변화에 민첩하게 대응할 수 있을 것이다.

예를 들면, 소매유통업체의 고객은 판매자가 자신들에게 모든 유통채널(매장, 웹사이 트, 택배 등)에 관한 정보를 제공해 주고, 또한 어떤 채널을 통해서도 구매가 가능하기를 기대한다. 많은 소매유통업체들이 이처럼 다양한 유통채널의 IT 시스템을 별개 시스템의 형태로 갖고 있는데, 그 이유는 각 채널의 공급사슬과 인터페이스가 서로 다른 시점에 구 축되었기 때문이다. 하지만, 클라우드 컴퓨팅을 이용하면 이처럼 서로 다른 유통채널을 단 일의 글로벌 IT 시스템으로 통합할 수 있다. 게다가 고객에게 제공되는 정보와 공급사슬의 데이터가 서로 연계되어 실시간으로 업데이트가 가능하게 된다.

---

[3] Conto, Lewin, and Sehgal, *Offshoring the Brains as Well as the Brawn* (Los Angeles, CA: Booz & Co., 2008).

## 운영선도사례  인도의 오프쇼어링 서비스

© Mustafa Quarishi/AP Images

인도에는 미국에서 오프쇼어링한 콜센터가 많이 있다는 것은 잘 알려져 있지만, 전문 서비스들 또한 오프쇼어링되고 있다는 사실은 잘 알려지지 않았다. 전문 서비스에는 직무 역량이 높은 종업원이 필요하기 때문에 이들 전문 서비스는 오프쇼어링 추세의 영향을 받지 않을 것이라고 과거에는 생각했었다. 하지만, 정보기술이 발전하면서 이제는 가능해졌다.

- 미국 텍사스주 오스틴에 위치한 터스커그룹(Tusker Group)에서 고용한 인도 변호사는 시간당 25달러를 받고 40만 건의 문서를 처리한다. 유사한 일을 미국의 변호사에게 의뢰하면 시간당 125달러 이상을 지불해야 한다.
- 펜실베이니아주의 알투나 병원(Altoona Hospital)에 근무하는 7명의 방사선 전문의는 야간 응급상황을 위해 야근할 필요가 없다. 알투나 병원은 인도 벵갈루루에 있는 업체와 계약했고, 그곳의 방사선 전문의들은 미국에서 교육을 받은 전문가이다. 미국과 인도의 시차 때문에 양국의 전문의들이 잠자는 시간을 빼앗기지 않고 일할 수 있는 것이다. 시카고의 한 방사선 전문의는 오프쇼어링에 대해 다음과 같이 말하고 있다. "우리는 게으르거나 일하기 싫어서 오프쇼어링을 하는 것이 아니라 품질을 이유로 하고 있다."

출처 : "More Legal Legwork Is Outsourced to India," *USA Today*, October 15, 2008; "Some U.S. Hospitals Outsourcing Work," Associated Press, December 6, 2004.

## 5.7  서비스 수익성과 종업원

**LO5.7** 서비스-수익 사슬의 특성

서비스의 수익성을 위해서는 무엇보다도 고객과 종업원에 중점을 두는 것이 중요하다. 특히, 전방에서 서비스를 전달하는 종업원, 그들을 지원하는 기술, 종업원 교육, 그리고 고객만족에 초점을 맞춰야 한다. 〈그림 5.4〉의 **서비스-수익 사슬**(service-profit chain)에 의하면, 이들 요소들이 서로 연계되어 개선될 때 기업의 수익성이 향상된다.

**고객 충성도**(customer loyalty)가 매출증대와 수익성의 핵심 요인이다. 시장점유율이 수익성의 핵심 요인으로 여겨지고 있지만, 고객 충성도 또한 시장점유율만큼 혹은 그 이상으로 중요한 요인이다. 충성고객의 고객생애 동안 가치는 굉장히 크다. 많은 산업에서 고객 충성도가 5%만 증가해도 25~85%의 이익이 증가하게 된다고 한다.

서비스-수익 사슬에서 살펴보면 고객 충성도는 고객만족에 의해 형성된다. 고객이 만족을 하게 되면 그들은 서비스를 재구매할 뿐 아니라 다른 사람들에게 긍정적인 경험에 대해 얘기하게 된다. 서비스에 매우 만족한 고객은 고객충성이 형성되어 단순하게 만족한 고객보다 훨씬 많은 이익에 기여하게 된다.

고객만족의 직접적인 동인은 **서비스의 외적 가치**(external service value)이다. 외적 가치란 고객이 서비스로부터 받는 이득에서 서비스를 받기 위해 발생하는 비용을 뺀 값으로, 가격뿐만 아니라 서비스의 탐색비용, 서비스 장소로 오는 비용, 서비스받기 위한 대기비

그림 5.4   서비스-수익 사슬의 연결관계

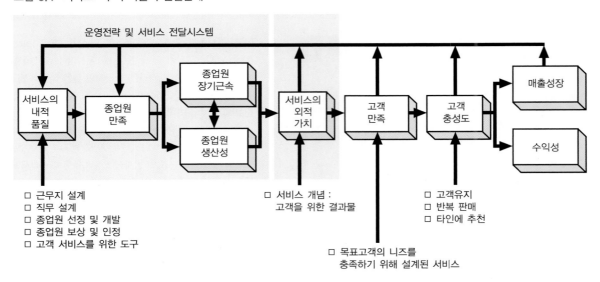

출처 : Heskett et al., "Putting the Service-Profit Chain to Work," *Harvard Business Review*, March–April 1994, p. 166.

용, 서비스의 문제를 바로잡는 비용 등이 포함된다. 예를 들어 보험회사인 프로그레시브 (Progressive Corp.)는 사고현장으로 신속히 출동하여 대체교통을 제공하는 비용, 거처 마련, 보상청구처리 등의 서비스를 제공할 수 있도록 CAT팀(재난대응팀)을 조직했다. 법률 소송비용을 피하고 피보험자에게 보험금을 신속히 지급함에 따른 이득이 CAT팀 출동의 비용과 팀 운영비를 초과하고 있다. CAT팀이 고객에게 가치를 제공하고 있는 것이 프로그레시브가 보험업계에서 가장 높은 이윤을 내는 이유이다.

서비스-수익 사슬에서의 종업원 역할을 살펴보도록 하자. 고객에게 가치를 전달하는 데는 **생산성 높은 종업원**(productive employees)이 필수적이다. 생산성 높은 종업원이 경영자, 적절한 기술, 시스템으로부터 지원을 받을 때 운영비용은 낮아지고 고객은 만족하게 된다. 예를 들어 사우스웨스트항공(Southwest Airlines)은 항공 산업에서 가장 생산적인 종업원들을 보유하고 있다. 짧은 노선, 빠른 탑승과 출발, 생산성 높은 종업원으로 인해 항공기와 조종사 활용률이 경쟁업체들에 비해 40%나 높다. 높은 **종업원 유지율**(employee retention)과 낮은 이직률 또한 생산성과 고객 가치에 영향을 준다. 전통적으로 종업원 이직에 따른 비용을 후임자의 고용과 훈련비용만으로 보았는데, 실제로 가장 큰 비용은 생산성의 저하와 고객만족의 감소이다. 사우스웨스트의 경우 고객이 인지하는 서비스 가치가 높은 것은 낮은 운임, 정시 이착륙, 친절한 종업원 때문이다.

종업원 유지율과 생산성의 동인은 **종업원 만족**(employee satisfaction)이다. 한 보험회사의 조사에 따르면 불만족 종업원의 30%가 회사를 그만둘 의사를 가지고 있으며, 잠재적 이직률 또한 만족 종업원의 3배나 되는 것으로 나타났다. 종업원 만족은 **서비스의 내적 품질**(internal service quality)에 따른 결과이다. 내적 품질이란 종업원 고용 프로세스, 작업환경, 직무 설계, 보상시스템, 서비스 종업원을 보조하는 기술 등을 포함한다. 경영진이 종업원들의 업무 수행을 지원하기 위한 내부 품질시스템에 관심을 기울이면 종업원의 만족도가 향상되면서 생산성은 높아지고 이직률은 낮아지게 된다. 종업원들은 자신이 고객을 위해서 일을 하고 있다고 느낄 때 만족하게 된다. 이를 통해 종업원과 고객이 모두 만족할 수 있다. 종업원 만족을 위한 한 가지 방안은 전방 업무의 종업원에게 고객의 요구를 즉각적으로 충족시키기 위해 재량권을 부여하는 것이다. 예를 들어 리츠칼튼(Ritz-Carlton) 호텔에서는 전방 업무의 종업원들에게 고객을 위해 2,000달러까지 사용할 수 있는 권한을 부여하고 있다.

서비스-수익 사슬은 서비스의 전달에서 종업원이 중심적 역할을 한다고 설명하고 있다. 이것이 서비스가 제조업과 차별되는 점인 이유는 제조업에서는 종업원이 고객과 직접 접촉을 하지 않기 때문이다. 제조업에서 종업원이 고객만족에 영향을 미치는 것은 제품이 생산되고 나서 한참 후에 전달되는 제품을 통해서이다. 반면에 서비스에서는 종업원의 사기(morale), 태도, 만족이 직접 고객의 만족과 충성도에 영향을 미치게 된다. 따라서, 고객 접촉의 정도가 중간 이상인 서비스에서는 고객과 종업원 사이의 완충지역이 존재하지 않는다.

서비스 프로세스를 설계할 때 종업원과 고객 간의 직접적 접촉 상황을 반영해야 한다. 효과적인 방법은 서비스 종업원이 업무를 수행할 때 고객정보를 실시간으로 제공해 주는 기술적 도구로 종업원의 일을 돕는 것이다. 예를 들어 은행 직원이 고객과 마주 앉아서 혹은 전화로 상담할 때 고객의 계좌와 관련된 정보를 빠르게 파악할 수 있다면 고객 프로파일에 맞는 금융상품을 추천할 수 있다. 이렇게 개인 맞춤의 판매기회는 우편이나 이메일을 통한 저접촉 마케팅보다 훨씬 효과적이다. 또한 서비스 종업원이 고객에게 친절하게 행동할 수 있도록, 그리고 스트레스를 받는 상황에서도 고객만족을 추구하도록 미소짓는 훈련을 시키는 것도 서비스의 향상에 도움이 된다. 서비스 종업원은 생산성과 고객만족으로 보상받을 수 있어야 한다. 서비스-수익 사슬에 의하면 생산성과 고객만족은 서로 충돌하는 개념이 아니라 생산성이 높아야 고객만족도 높아진다. 고객만족과 생산성의 향상은 열심히 일한다고 해서 달성되는 것이 아니라 인력, 기술, 서비스 프로세스의 향상을 통해서 가능해진다.

서비스-수익 사슬의 흥미로운 적용 사례를 네바다주 라스베이거스에 위치한 하라스(Harrah's)에서 찾아볼 수 있다. 전통적으로 도박 산업은 하이롤러(high roller, 도박에 돈을 많이 쓰는 사람) 위주였지만, 하라스의 CEO였던 개리 러브만(Gary Loveman)은 수익성과 성장을 위한 핵심 요소가 하이롤러 위주가 아니라 모든 고객에게 뛰어난 서비스를 제공하는 것임을 보여주었다. 그는 "게임 그 자체는 본질이 엔터테인먼트라는 점을 사람들은 인식하지 못하고 있다"고 했다. 모든 사람은 확률의 게임을 반복해서 즐기고 싶어 하며, 그러한 즐거움을 주는 것은 만족하고 있는 종업원이 뛰어난 서비스를 제공할 때 가능하다고 지적했다.

## 5.8 요점정리와 핵심용어

이 장에서는 서비스 프로세스 설계에 대해 살펴보았으며, 핵심 요점은 다음과 같다.

- 전방 업무는 생산과 소비의 동시성으로 정의할 수 있다. 서비스는 보유하고 있다가 나중에 사용하는 것이 불가능하며, 따라서 고객 근처에 위치해야 한다. 단, 통신과 전기와 같이 기술을 바탕으로 전달하는 서비스는 예외이다. 고객은 서비스 생산이 이루어지는 동안 프로세스의 일부이며, 이 때문에 비효율성이 발생하게 되지만, 동시에 판매의 기회를 얻을 수 있는 이점이 있다.
- 후방 업무는 고객이 발생시키는 불확실성으로부터 완충이 가능하다. 따라서 효율성을 극대화하는 프로세스 설계가 가능하다.
- 서비스는 명시적 서비스, 암묵적 서비스, 보조용품으로 구성된 서비스–제품 번들이다. 이들 세 가지 요소를 적절하게 조합하여 제공하는 것이 중요하며, 서비스의 심리적(암묵적) 요소를 도외시해서는 안 된다.
- 서비스 전달시스템 매트릭스는 서비스의 고객화 정도와 서비스 전달시스템을 서로 대비시킨 매트릭스이다. 두 요소를 조합한 결과의 세 가지 서비스 유형은 고객 주도형, 공동 주도형, 제공자 주도형 서비스이며, 이들 각 유형에서는 운영관리자에게 요구되는 사항이 서로 다르다.
- 고객접촉은 고객과 서비스 제공자 사이에서 상호작용이 이루어지는 정도를 의미한다. 일반적으로 고접촉의 서비스는 전방 업무로 수행되며, 저접촉 서비스는 고객으로부터 떨어진 후방에서 수행된다. 또한 고객접촉의 정도에 따라 서비스 시스템의 효율성이 영향을 받게 된다.
- 서비스가 약속한 대로 수행되지 않았을 때 기업은 빠르게 서비스 회복을 제공해야 한다. 서비스 보증을 통해 서비스가 약속하는 것, 서비스 실패는 어떤 것인지를 고객이 이해할 수 있다. 그리고 운영자는 무엇을 해야 하는지를 정확히 알 수 있다.
- 기술을 이용한 서비스의 자동화는 효율성을 높여주어 비용을 낮추고 서비스 품질을 일관되게 만들어준다. 또 다른 관점은 종업원이 기업 역량의 근본이며, 기술은 종업원의 업무를 지원하여 고객에게 가치를 높여주는 수단으로 보는 것이다.
- 서비스 아웃소싱과 오프쇼어링에는 많은 기회와 도전이 존재한다. 아웃소싱의 결정을 위해서는 프로세스와 사람의 이슈를 고려해야 한다. 오프쇼어링은 세계 어디에서든지 우수한 인력이 있다면 활용하는 개념이다. 아웃소싱과 오프쇼어링 모두는 공급사슬 내에서의 협력과 조율이 필요하며, 클라우드 컴퓨팅 기술이 이같은 조율을 가능하게 만들고 있다.
- 서비스–수익 사슬은 기업의 수익성을 위해 고객만족과 충성, 종업원 만족, 종업원 유지율, 생산성 등이 어떻게 중요한지를 보여준다. 이 사슬 모델에서는 종업원의 채용, 직무 설계, 작업환경, 교육훈련, 지원 수단, 종업원 보상체계 등이 중요한 동인들이

다. 이 연결고리에서 취약한 요소가 있다면 그것이 고객의 충성도와 기업의 수익성을 감소시키는 요인이 된다.

**핵심용어**

| | | |
|---|---|---|
| 고객 기반의 변동성 | 생산라인 접근법 | 서비스 회복 |
| 종업원 유지율 | 생산성 높은 종업원 | 암묵적 서비스 |
| 고객접촉 | 서비스–수익 사슬 | 오프쇼어링 |
| 고객 주도형 서비스 | 서비스–제품 번들 | 운영 서비스 시스템 |
| 고객 충성도 | 셀프서비스 | 서비스 아웃소싱 |
| 공동 주도형 서비스 | 서비스 보증 | 전방 업무 |
| 명시적 서비스 | 서비스의 내적 품질 | 제공자 주도형 서비스 |
| 무형성 | 서비스의 외적 가치 | 종업원 만족 |
| 보조용품 | 서비스 전달시스템 | 후방 업무 |
| 생산과 소비의 동시성 | 　매트릭스 | |

---

**인터넷 학습**

1. 퓨젓 사운드 에너지(http://www.pse.com)
   회사 홈페이지의 '계정 및 서비스' 탭에서 서비스 보증의 내용을 찾아보라. 보증되는 서비스 내용은 무엇이며, 서비스 회복의 정책은 무엇인가? 그 정도가 충분한지 아닌지에 대한 이유를 설명하라.
2. 파이크 플레이스 피시(http://www.pikeplacefish.com)
   친절하고 흥이 넘치는 종업원이 어떻게 고객만족을 가져와서 회사를 유명하게 만들었는지를 설명하라.
3. 사우스웨스트 항공사 블로그(http://www.community.southwest.com)
   이 블로그는 사우스웨스트가 우수한 서비스를 제공할 수 있게 만드는 기업의 가치와 태도가 무엇이라고 설명하고 있는가?

## 토의질문

1. 다음의 서비스들을 고객접촉의 정도(높음, 중간, 낮음)에 따라 분류하라. 또한 고객이 서비스 전달시스템에 초래하는 불확실성의 정도(높음, 중간, 낮음)는 얼마나 되는가?
   a. 은행에서의 수표결제
   b. 은행의 텔러창구
   c. 은행의 대출 서비스

2. 다음의 서비스들은 서비스 전달시스템 매트릭스의 어느 부분에 속하는가?
   a. 자판기
   b. 집안청소 서비스
   c. 가전기구 수리

3. 2번 문제의 서비스들에서 운영관리의 과업은 어떻게 다른가?

4. 다음 서비스들에서 서비스-제품 번들을 설명하라.
   a. 병원
   b. 변호사
   c. 트럭운송회사

5. 고객접촉모델의 강점과 약점에 대해 논하라.

6. 다음의 조직들에서 전방 업무와 후방 업무를 구분하라. 이들 서비스들은 고객접촉의 정도를 늘리거나 줄이는 방법으로 개선할 수 있는가? 저접촉 서비스와 고접촉 서비스를 구분하는 방법으로 개선할 수 있는가?
   a. 병원

b. 트럭운송회사
c. 식료품점
d. 가전기구 수리업체

7. 다음 서비스에서 가능한 서비스 보증을 정의하라.
   a. 대학교 수업
   b. 극장 공연
   c. 중고차 구매

8. 극장의 서비스-수익 사슬을 설명하라. 사슬의 각 요소를 정의하고, 그들을 어떻게 측정할 수 있는지를 설명하라.

9. 서비스 운영관리에서 서비스-수익 사슬이 중요한 이유는 무엇인가?

10. 일상에서 발견할 수 있는 서비스 보증은 어떤 것이 있는가?

11. 서비스 보증이 효과적이기 위해서 필요한 속성은 무엇인가?

12. 서비스 보증을 갖추었을 때의 장점과 단점은 무엇인가?

13. 서비스 운영의 개선을 위해 서비스 전달시스템 매트릭스를 어떻게 이용할 수 있는가?

14. 서비스 기업이 서비스를 아웃소싱한다는 것은 어떤 의미인가?

15. 서비스를 오프쇼어링할 때 기업이 추구하는 핵심 사항은 무엇인가?

# 6
CHAPTER

# 프로세스 흐름 분석

## 학습목표

| | |
|---|---|
| LO6.1 | 프로세스 사고와 시스템 경계의 개념 |
| LO6.2 | 기업활동을 다양한 기능이 포함된 프로세스 관점으로 이해 |
| LO6.3 | 프로세스 흐름도의 작성 |
| LO6.4 | 프로세스 흐름도를 이용한 분석 목적의 다양한 질문 |
| LO6.5 | 프로세스 능력의 분석 |
| LO6.6 | 프로세스 재설계의 원리 |

한 고객이 상점에 들어가서 페인트 샘플 중에서 자신이 원하는 색상을 선택하여 상점 종업원에게 제시한다. 종업원은 색상 정보를 기계에 입력하고, 기계는 해당 색상에 맞는 물감을 캔 안에 자동으로 분사한다. 또 다른 기계는 캔 안의 물감이 골고루 섞이도록 흔든다. 이렇게 만들어진 고객맞춤 페인트를 고객은 불과 몇 분 안에 가지고 나간다. 이렇게 고객맞춤 페인트를 만드는 간단한 프로세스에는 고객의 선호, 종업원의 기량, 자동화 기술이 포함되어 있다.

이 장에서는 프로세스를 설명하고, 제품과 서비스를 생산하기 위해 프로세스가 어떻게 이용되는지를 다룬다. **프로세스 흐름 분석**(process-flow analysis)은 투입물을 산출물로 변환하는 일련의 단계를 관찰하고 분석하는 작업이며, 흐름 분석을 통해 고객에게 가치를 제공하는 제품 혹은 서비스를 더 나은 방법으로 생산하여 전달하고자 한다.

프로세스 흐름의 측정은 프로세스 흐름 분석의 핵심이며, 이를 통해 변환 프로세스를 개선할 수 있다. 프로세스의 측정지표에는 공정시간, 스루풋 시간(throughput time), 흐름률, 재고, 생산능력 등이 포함된다. 이 장에서는 병목(bottleneck)의 개념을 정의하고, 위의 측정지표들을 계산하는 방법을 알아볼 것이다.

프로세스 흐름 분석을 위한 필수도구 중 하나가 흐름도(flowchart) 혹은 프로세스 맵(process map)이다. 더 나은 프로세스를 설계하기 위해 이용되는 흐름도에는 프로세스 흐름뿐만 아니라 고객, 공급자, 종업원까지 고려해야 한다. 고접촉 서비스의 프로세스 흐름도는 일반적으로 고객의 관점에서 작성되는데, 예를 들어 병원의 수술 프로세스는 환자에게 행해지는 활동들로 표현된다. 반면에 제조업에서의 흐름도는 생산시스템을 통해 흘러가는 제품에 행해지는 활동들로 표현된다.

프로세스 흐름 분석을 명확히 이해하기 위해 먼저 프로세스 사고(process thinking)에 대해 살펴볼 것이다. 프로세스 사고는 경영학 교육과 실무에서 가장 강력한 개념이다.

## 6.1 프로세스 사고

**LO6.1** 프로세스 사고와 시스템 경계의 개념

**프로세스 사고**(process thinking)란 모든 일(work)을 프로세스로 인식하는 시각으로서, 프로세스를 하나의 시스템으로 기술하는 것에서 시작된다. 시스템은 프로세스의 범위, 투입물, 산출물, 공급자, 고객, 시스템에서의 흐름으로 설명될 수 있다. 프로세스의 측정지표와 흐름도를 살펴보기 전에 먼저 시스템의 정의에 대해 알아보자.

**시스템**(system)이란 서로 연관된 요소들의 집합으로서, 단순한 집합이 아니라 구성요소들이 서로 유기적으로 연결되어 큰 효과를 발휘하는 조합을 의미한다. 예를 들면 인간의 몸을 하나의 시스템이라고 볼 수 있다. 심장, 폐, 뇌, 근육은 어느 하나라도 없으면 제대로 기능을 하지 못하는 이유는 서로 연결되어 영향을 주고받는 관계에 있기 때문이다.

기업 또한 하나의 시스템으로 볼 수 있다. 기업에는 마케팅, 생산운영, 재무, 회계, 인사, 정보시스템 등의 기능들이 존재한다. 각 기능들은 개별적으로는 아무것도 할 수 없다. 생산할 수 없는 것을 판매할 수 없으며, 팔리지 않는 제품을 생산하는 것은 아무 의미도 없다. 기업 내 기능들은 상호작용 정도가 매우 높으며, 개별적으로보다는 전체가 하나의 시스템으로서 가치를 갖는다.

운영기능에서 변환시스템은 작업자, 장비, 고객(서비스 변환시스템의 경우에 해당), 변환활동으로 구성되어 있다. 변환시스템을 분석하기 위해서는 먼저 **시스템 경계**(system boundary)를 규정해야 한다. 시스템 경계는 분석하고자 하는 대상의 시스템에 포함된 자원과 활동을 분석 대상이 아닌 자원 및 활동과 분리하는 것이다. 시스템 경계를 규정하는 것은 항상 어렵고 때로는 인위적이지만, 분석 대상의 시스템을 그것을 포함한 더 큰 시스템으로부터 구분하기 위해 반드시 필요한 작업이다. 이런 관점에서 보면, 기업의 경계는 해당 기업을 그 기업이 속해 있는 공급사슬과 구분짓는 선으로 인식될 수 있다.

이 개념을 설명하기 위해 새로운 정보시스템을 도입하는 은행의 예를 살펴보자. 한 은행에서 현재 사용 중인 시스템을 더 큰 용량, 최신 하드웨어와 소프트웨어의 새로운 시스템으로 교체하려고 한다고 하자. 이 새로운 시스템을 운용하기 위해서는 사용자를 교육시켜야 하기 때문에 인적자원기능은 이 시스템에 포함되는 것으로 고려될 수 있다. 운영기능도 새로운 소프트웨어에 의해 영향을 받으므로 시스템 경계 안에 포함되어야 한다. 이렇게 새로운 정보시스템에 의해 영향을 받는 기업의 모든 기능이 경계 내부에 포함되어야 하고, 영향을 받지 않는 기능은 경계의 밖으로 구분지어야 한다. 이런 방식으로 시스템 분석의 목적을 위해 적합한 시스템 경계를 설정해야 한다.

다음으로는, 새로운 정보시스템으로 전환할 때 영향받는 기능들로 구성한 다기능팀(cross-functional team)이 구성되어야 한다. 이 팀의 구성원은 각자의 기능 관점에서 변환을 바라보면서 타 기능과의 상호작용을 고려하는 분석을 한다. 이렇게 단일 기능의 관점이 아니라 다기능의 관점에서 분석이 수행될 때 우리는 시스템 관점에서 분석이 이루어진다고 말한다.

## 6.2 프로세스 관점의 기업활동

**LO6.2** 기업활동을 다양한 기능이 포함된 프로세스 관점으로 이해

프로세스 사고가 가장 중요하게 기여한 점은 기업활동을 서로 연관된 프로세스들이 모인 하나의 시스템으로 보게 한 점이다. 기업활동을 **프로세스 관점**(process view of a business)으로 보는 것은 수평적 관점이고, 반면에 기능의 집합으로 보는 것은 수직적 관점이다. 이를 〈그림 6.1〉에서 보여주고 있다.

기업활동을 서로 연결된 프로세스의 집합으로 보는 관점을 다음의 상황으로 이해해보자. 영업팀은 고객주문을 창출하는 프로세스를 수행하면서 동시에 운영기능과 소통하면서 주문충족이 가능한 생산능력이 확보되어 있는지를 확인한다. 또 다른 마케팅 스태프는 고객주문의 가격을 정하는 프로세스를 수행한다. 운영기능이 주문을 접수하면 주문충족에 필요한 산출물을 생산한다. 출하부서는 배송을 준비하는 프로세스를 진행하고, 운송부서는 배송일정을 수립한다. 재무기능은 고객에게 대금청구를 하고 결제하는 프로세스를 수행하기 위해 마케팅으로부터 가격정보를 받고, 운영부서로부터는 주문량과 배송완료 확인 정보를 받는다.

기업활동을 프로세스들의 집합으로 보는 관점은 의사결정이 다기능적으로 이루어져야 한다는 점을 강조한다. 이는 어떤 프로세스를 수행하기 위해서는 기능부서들 사이에 서로

그림 6.1
기업활동의 프로세스 관점

출처: V. Grover and M. K. Malhorta, "Business Process Reengineering: A Tutorial on Concept, Evolution, Method, Technology and Application," *Journal of Operations Management* 15 (1997), p. 200.

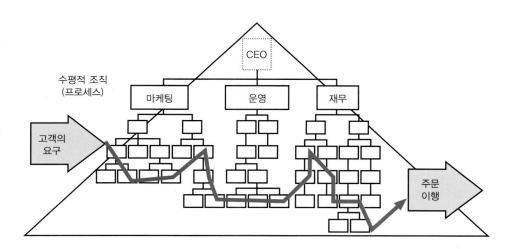

넘겨주고 넘겨받는 과정이 필요하다는 의미이고, 이 과정에서 시간과 정보의 손실이 발생할 수 있다. 따라서, 어떤 프로세스가 많은 단계를 거쳐야 한다면 효율적으로 수행하기가 어렵다. 운영선도사례에서는 새로 개발한 암치료 신약의 임상실험 단계가 복잡하고 많은 시간이 소요되는 프로세스임을 보여주고 있다.

또 다른 사례로, 어느 MRI(자기공명영상) 검사병원에서 환자의 검사지연이 지속적으로 발생하는 문제가 있었다. 검사지연의 문제를 해결하기 어려웠던 이유는 MRI 검사병원이 환자의 검사일정을 스스로 정하지 못했기 때문이었다. 환자를 진료하는 외부 병원과 계약 관계를 맺고 있었는데 그들이 검사일정을 정하는 것이 문제의 원인이었다. 그 검사일정은 실제 검사가 이루어지는 일정과는 자주 불일치했고 검사소요시간도 충분하지 못했다. 게다가 검사장비를 운용할 기술자를 추가로 고용할 필요가 발생했지만 그 지역에 기술자의 수가 부족하여 원활하게 고용이 이루어지지 못했다. 이 사례에서 검사지연의 문제는 운영에서의 문제지만 외부 병원과의 상호 소통이 근본 문제였다. 이 문제를 해결하기 위해서는 두 기관을 포함하는 큰 시스템으로 접근해야 했었다.

위의 예들은 운영기능이 더 큰 조직의 단지 일부임을 보여주는 사례들이다. 어떠한 의사결정도 운영기능에만 국한되지 않고 조직 내 다른 기능들과 상호작용을 한다. 이렇게 기업활동을 프로세스 관점으로 보게 되면 다양한 기능들 간의 상호작용에 대해 이해할 수 있

## 운영선도사례    신약 임상실험 프로세스의 분석

밴더빌트–잉그램 암센터(VICC)가 임상실험을 개시하는 복잡한 프로세스를 개선하고자 했다. 임상실험이란 신약을 사람에게 통제된 상태로 실험하는 연구이다. 이러한 실험에 환자들이 자발적으로 지원하고, 실험 결과는 신약이 현장에서 사용되는 것을 승인할지 여부를 결정하는 데 활용된다.

VICC는 프로세스 흐름도를 작성하기 위해 전문가로 팀을 조직했다. 팀은 암 전문의, 연구 간호사, 행정 담당자, 암 수련의, 그리고 3명의 프로세스 분석 전문가로 구성되었다. 팀은 초기 준비, 승인절차, 예산 수립, 최종 준비 등 프로세스의 주요 활동을 흐름도로 작성하는 것부터 시작했다.

다음 작업으로, 218건의 과거 임상실험 결과 자료를 사용하여 프로세스의 각 단계를 완료하는 시간을 계산했다. 그리고 그 시간들을 부가가치의 시간과 비부가가치의 시간으로 구분했다.

프로세스에 포함된 활동들을 분석한 결과 놀라운 사실이 발견되었다. 활동들의 단지 32~54%만이 부가가치의 활동으로 나타났다. 따라서, 팀의 다음 작업은 발견된 사실을 바탕으로 향후의 임상실험을 조기에 개시하고 더 많은 임상실험을 할 수 있도록 하는 것이었다. 이는 프로세스에서의 비부가가

© Erik Isakson/Blend Images LLC

치 활동들을 제거하는 개선을 통해 가능하게 되었다.

출처 : David M. Dilts and Alan B. Sandler, "Invisible Barriers to Clinical Trials," *Journal of Clinical Oncology*, October 1, 2006.

다. 이들의 관계를 다음 절에서 설명하는 흐름도로 표현하면 상호작용을 단순화하면서 개선할 수 있다.

## 6.3  프로세스 흐름도 작성

LO6.3 프로세스
흐름도의 작성

프로세스 흐름도는 프로세스를 이해하고 개선하는 첫 단계에서 사용되는 도구이다. 이 도구는 매우 다양한 산업에서 보편적으로 사용되고 있다. 흐름도는 거의 모든 형태의 프로세스에 사용될 수 있으며, 프로세스가 제품 혹은 서비스를 성공리에 생산하도록 하는 활동들을 이해하는 데 도움이 된다.

**프로세스 흐름도**(process flowchart)는 다이어그램으로 변환 프로세스를 시각적으로 표현한 것이다. 프로세스 흐름도를 부르는 이름은 다양하며, 제조업에서는 **프로세스 맵**(process map), **프로세스 차트**(process chart), 서비스업에서는 **서비스 청사진**(service blueprint)이라고 부르기도 한다. 제7장에서 설명하는 린 시스템을 실천하는 기업에서는 프로세스 흐름도 대신에 가치흐름 지도(value streaming map)가 일반적으로 사용된다. 시각적인 다이어그램의 가치는 변환 프로세스 내부에서 일어나는 일들을 기록할 수 있다는 것이다. 이와 같은 도식화된 자료를 프로세스 성과지표와 함께 사용하게 되면 그 변환 프로세스가 어떻게 개선될 수 있는지를 파악하는 데 도움을 줄 수 있다. 프로세스의 개선은 다음 요소의 일부 혹은 전부를 변화시킴으로써 가능해진다.

1. 원자재
2. 제품 혹은 서비스의 설계
3. 직무 설계
4. 프로세스의 단계 혹은 활동
5. 관리와 통제 목적의 정보
6. 기구와 장비
7. 공급자

프로세스 흐름도에는 다양한 형식이 있지만 그중 가장 보편적인 것은 **시스템 흐름도**(system flowchart)이다. 〈그림 6.2〉는 '공급업체 선정'의 시스템 흐름을 보여주고 있다. 이것은 구매업체의 입장에서 그려진 것이며, 의사결정을 해야 하는 지점과 흐름의 각 단계를 함께 보여주고 있다.

또 다른 예의 〈그림 6.3〉은 의류매장에서 남성 맞춤복을 판매하는 서비스 프로세스를 보여주고 있다. 이 시스템 흐름도(혹은 서비스 청사진)는 시스템에서 고객과 서비스 제공자가 상호작용하는 과정을 설명해 준다. 이 서비스 청사진에서는 고객, 판매사원, 재단사의 관점에서 보는 프로세스도 함께 보여주고 있는데, 이러한 흐름도를 수영장 레인 **흐름도**(swim lane flowchart)라고 부른다. 수영장 레인 흐름도는 수영장의 레인과 같은 모양으로

그림 6.2
공급업체 선정의
흐름도

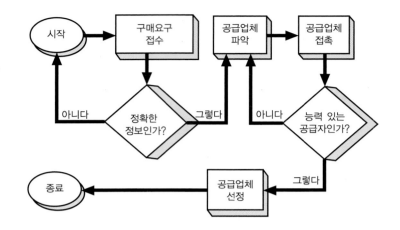

수평 혹은 수직 칸에 개인 혹은 조직을 나열하고, 각 단계에서 누가 어떤 활동을 하는지를 보여준다. 〈그림 6.3〉의 수직축을 살펴보면 소매점에서 옷을 구입하는 프로세스와 관련이 있는 다양한 관련자들을 볼 수 있다.

흐름도를 작성할 때는 해당 프로세스에 익숙지 않은 사람이라도 그 프로세스를 쉽게 이

그림 6.3  의류매장에서의 의류 판매 서비스

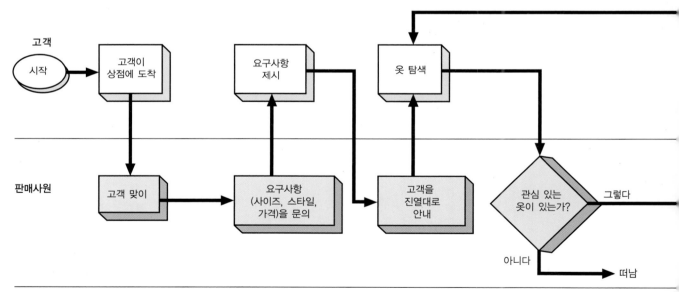

**서비스 청사진의 한 부분으로서 재단사가 맞춤복을 수선하고 있다.**

© Hero Images/Getty Images

해하고 흐름 분석을 할 수 있도록 작성되어야 한다. 그러기 위해서는 몇 가지 원칙에 따라 작성되어야 한다. 이들 원칙은 프로세스 사고를 바탕으로 하는데, 변환 과정을 투입물, 산출물, 고객, 공급자, 경계, 프로세스의 단계와 흐름으로 구성된 하나의 시스템으로 본다. 그 원칙은 다음과 같다.

1. **분석 대상의 변환 프로세스(시스템)를 선정하여 명확히 한다.** 제품 혹은 서비스를 생산하고 전달하는 공급사슬 전체나 기업활동의 전체 또는 일부분 등이 가능한 대상이다. 이상적으로는 기업의 성과에 영향을 주는 변환 프로세스를 선택하는 것이 좋다.

2. **흐름도를 작성하고 향후 지속적인 분석을 책임질 개인 혹은 팀을 명확히 한다.** 이 개인 혹은 팀은 선택된 프로세스에 친숙하고, **프로세스 오너십**(process ownership)을 가진

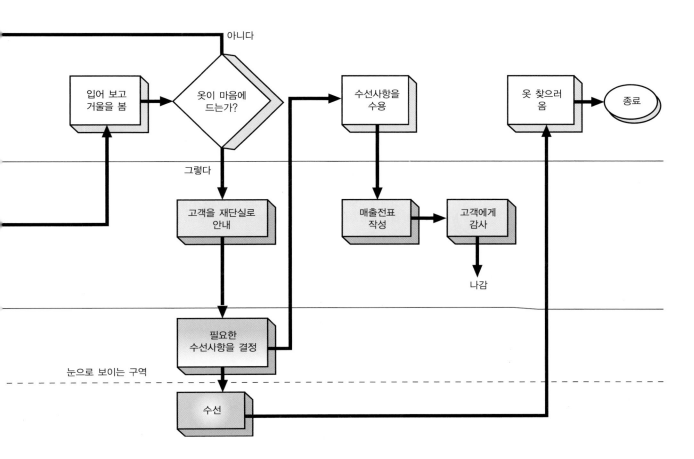

개인 혹은 팀이어야 한다. 오너십을 가진 개인 혹은 팀은 해당 프로세스의 변화를 주도하고 실행할 권한을 갖고 있다는 의미이다. 대상 프로세스가 다양한 기능에 영향을 미치게 된다면 다기능팀이 필요할 것이며, 공급사슬에 영향을 미치게 된다면 기업 간 협력이 팀 구성에 중요하다.

3. **변환 프로세스의 경계를 정한다.** 변환 프로세스의 경계란 해당 프로세스가 시작되고 끝나는 활동을 말하며, 이에 의해 프로세스의 고객과 공급자가 누구인지가 정해지고 프로세스의 단계가 결정된다. 어떤 경우에는 기업의 기능이나 부서가 고객 또는 공급자가 될 것이며, 또 다른 경우에는 공급사슬의 기업이 고객 또는 공급자가 된다.

4. **고객에게 제공되는 산출물을 완성하는 데 필요한 단계와 순서를 규명한다.** 프로세스 흐름도에서의 단계는 실제로 행해지는 것이어야 하며, 행해진다고 생각되는 것이어서는 안 된다. 실재하는 그대로의 흐름도를 작성하고 나면 프로세스의 개선된 흐름이 어떠해야 하는지를 작성하는 데 도움이 된다.

5. **변환 프로세스의 단계 혹은 활동들의 성과지표를 명확히 한다.** 활동들의 성과지표는 전체 프로세스의 성과와 연계된 것이어야 한다. 예를 들어 프로세스의 배송 성과에 관심이 있다면 각 단계의 공정시간을 측정하면 되고, 품질 성과에 관심이 있다면 각 단계에서의 불량률을 측정하면 될 것이다.

6. **흐름도에 사용되는 부호를 정의하고 일관성 있게 사용하면서 흐름도를 작성한다.** 〈그림 6.4〉는 Microsoft Visio를 이용하여 시스템 흐름도를 작성할 때 이용되는 부호를 보여주고 있다. 이 부호를 〈그림 6.2〉와 〈그림 6.3〉에서도 사용했고 ISO 9000 표준과도 일치한다.

다른 형태의 흐름도를 작성할 때 이와는 다른 부호를 사용하기로 정할 수도 있지만, 부

**그림 6.4**
**흐름도의 일반적 부호**

| 부호 | 의미 |
| --- | --- |
| 경계점 | 이 부호는 흐름도의 '시작'과 '종료'를 나타내며, 대상 프로세스의 경계를 결정한다. 명확히 하기 위해 '시작'과 '종료'의 글을 부호 안에 표기해야 한다. |
|  프로세스 | 이 부호는 프로세스의 단계 혹은 활동을 나타낸다. 명확히 하기 위해 단계 혹은 활동의 간단한 설명을 부호 안에 기입해야 한다. |
|  의사결정/평가 | 이 부호는 어떤 결정이나 판단이 이루어지거나 복수의 선택 대안이 가능한 'IF-THEN'의 조건을 나타낸다. 명확히 하기 위해 결정, 판단, 혹은 조건의 내용을 부호 안에 기입해야 한다. 화살표에는 결정사항, 판단사항, 혹은 조건의 결과를 나타내는 적합한 내용이 적혀야 한다. |
|  흐름 | 이 부호는 흐름의 방향을 나타낸다. 흐름은 물품, 정보, 사람(예 : 고객)의 흐름이 될 수 있다. |

호들을 일관되게 사용하고, 사용하는 부호의 범례가 주어진다면 상관없다. 〈그림 6.5〉는 물류센터에서 농축산물을 식료품점으로 공급하기 위해 저장창고에서 피킹(picking)하는 프로세스의 흐름도이다. 이 경우는 물류센터 내부에서 일어나는 '물품'의 흐름이 관심사항이어서 물품의 흐름으로 표현되었다. 하지만, 물류센터의 관리와 통제를 목적으로 한다면 동

**그림 6.5**
피킹 프로세스의
흐름도

| 대상구역 | 채소, 유제품, 육류 구역 | | 프로세스 흐름도 | | 요약 | 현행 | 제안 | 절감 |
|---|---|---|---|---|---|---|---|---|
| 운영 활동 | 피킹 | | | | 운영 | 7 | | |
| 작성자 | RGS | | 제거 가능? | | 운송 | 5 | | |
| 차트번호 | 01  총 1쪽의 1 | | 결합 가능? | | 검사 | 1 | | |
| 날짜 | 1/8/13 | | 순서 변경 가능? | | 지연 | 5 | | |
| | | | 단순화 가능? | | 보관 | 0 | | |
| | | | | | 시간 | | | |
| | | | | | 거리 | 215 | | |

| 거리 (피트) | 시간 (분) | 운영 운송 검사 지연 보관 | 설명 (현행 X / 제안 □) | 비고 |
|---|---|---|---|---|
| 1 | 5 | | 주문서를 컴퓨터로 프린트 | |
| 2 | 90 | 60 | 창고로 전송 | |
| 3 | | 120 | 책상에서 대기 | |
| 4 | | 3 | 작업장별로 분류 | |
| 5 | 30 | 10 | 출발점으로 전달 | |
| 6 | | 80 | 주문처리를 대기 | |
| 7 | | 4 | 작업자가 주문별로 분류 | |
| 8 | | 20 | (채소) 작업자가 주문 이행 | |
| 9 | 20 | 15 | 유제품 구역으로 이동 | |
| 10 | | 25 | 컨베이어에서 작업 대기 | |
| 11 | | 10 | (유제품) 작업자가 주문 이행 | |
| 12 | 30 | 30 | 육류 구역으로 이동 | |
| 13 | | 60 | 컨베이어에서 작업 대기 | |
| 14 | | 5 | (육류) 작업자가 주문 이행 | |
| 15 | 45 | 15 | 검사장으로 이동 | |
| 16 | | 4 | 검사 | |
| 17 | | 10 | 경로별로 카트에 선적 | |
| 18 | | 50 | 창고로 이동하기 위해 대기 | |
| 19 | | = | | |
| 20 | | 526 | 총시간 | |
| 21 | | | | |

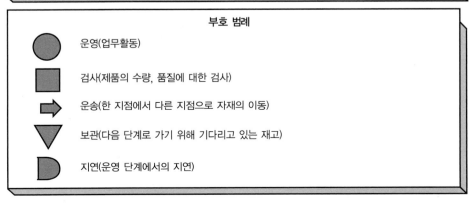

**부호 범례**

⬤ 운영(업무활동)

■ 검사(제품의 수량, 품질에 대한 검사)

➡ 운송(한 지점에서 다른 지점으로 자재의 이동)

▽ 보관(다음 단계로 가기 위해 기다리고 있는 재고)

D 지연(운영 단계에서의 지연)

일한 피킹 프로세스를 '정보'의 흐름으로 표현할 수도 있다.

## 6.4  프로세스 흐름 분석을 위한 질문

흐름도의 작성은 프로세스 흐름 분석을 위한 중요한 첫 단계이며, 작성된 흐름도를 분석함으로써 프로세스의 개선목표를 위해서 어떻게 프로세스가 개선되어야 하는지를 도출해낼 수 있다. 개선목표의 예로는 효율성 향상, 스루풋 시간의 감소, 품질의 향상, 작업자의 사기 앙양 등이 될 수 있다.

작성된 흐름도와 해당 프로세스를 분석하기 위해서는 체계적인 접근법이 필요하다. 이를 위해 작성된 흐름도와 프로세스와 관련된 질문들을 던지면서 분석하게 되는데, 〈표 6.1〉은 시스템의 성과와 관련하여 흐름, 시간, 품질, 수량, 원가와 관련된 질문들을 보여주고 있다.

이러한 질문들을 이용하면 프로세스의 개선기회를 찾을 수 있다. 〈그림 6.5〉의 흐름도를 보면서 물류센터의 피킹 프로세스에 관련된 질문을 던져보면 이 중에서 많은 활동들(운송, 검사, 지연, 보관)이 부가가치를 창출하지 못하는 활동으로서 축소되거나 제거되어야 한다는 것을 알 수 있다. 실제로 물류센터에서의 상당한 시간이 이동을 위해서나 다음 작업을 기다리는 데 사용되어 실제로 가치가 더해지는 시간은 매우 작다는 것을 알 수 있다(총

**표 6.1**
**프로세스 성과와 관련한 질문**

| 질문 카테고리 | 예시 |
|---|---|
| 1. 흐름 | • 변환 프로세스의 단계들 사이에 작업의 균형이 잡혀 있는가?<br>• 변환 프로세스의 병목 단계는 어디인가?<br>• 모든 단계와 활동이 필요한 것인가?<br>• 변환 프로세스 내부의 흐름 패턴은 어떤 모양인가? |
| 2. 시간 | • 산출물 한 단위를 생산/배송하는 데 걸리는 시간은 얼마인가?<br>• 이 시간을 줄일 수 있는가?<br>• 산출물이 완료되는 시간의 간격은 얼마인가?<br>• 지나친 준비시간이 발생하는 곳은 어디인가?<br>• 지나친 대기시간이 발생하는 곳은 어디인가? |
| 3. 수량 | • 일정 기간(예 : 1주일) 동안 이론적으로 생산 가능한 수량은 얼마인가?<br>• 이 수량을 변경하는 것이 얼마나 쉬운가?<br>• 일정 기간(예 : 1주일) 동안 실제로 생산되는 단위는 얼마인가? |
| 4. 품질 | • 과거의 불량률은 얼마인가?<br>• 어느 단계 혹은 활동에서 불량이 발생하는가?<br>• 실수가 발생하는 곳은 어디인가? |
| 5. 원가 | • 산출물 한 단위를 생산하는 데 발생하는 원가는 얼마인가?<br>• 산출물 한 단위를 생산/전달하는 데 발생하는 총원가의 구조는?<br>• 줄이거나 제거할 수 있는 원가요소가 있는가? |

526분 중 57분). 분석의 결과로 여러 가지 개선이 이루어졌으며, 예를 들어 복도 위치를 옮기고(프로세스 배치의 변화), 병목과 노동시간을 줄이기 위해 작업방법을 수정하고(작업방법의 변화), 운송차량에 쉽고 빠르게 물품을 싣기 위하여 특수 장비를 사용(장비의 변화)하는 개선을 했다.

의류매장에서 맞춤복을 판매하는 서비스 청사진의 예에서도 다음의 질문들을 던지면서 개선방안을 찾을 수 있다.

- 판매사원이 고객의 요구사항을 잘 이해할 수 있도록 교육시킨다면 고객이 쉽게 원하는 옷을 찾을 수 있는가?
- 고객이 옷을 고르는 시간을 줄이기 위해 미리 전화를 하여 추천 옷을 준비하게 할 수 있는가?
- 고객이 양복을 입어보는 동안 재단사는 고객에게 어떻게 재단하면 양복이 더 잘 어울릴지를 제안하게 할 수 있는가?
- 고객이 원하는 옷을 쉽게 찾을 수 있도록 매장의 배치를 바꿀 수 있는가?

요약해보면, 프로세스 흐름 분석의 시작은 투입물을 산출물로 변환시키는 프로세스를 명확히 표현하는 것이다. 그러기 위해서는 물품의 흐름, 정보의 흐름, 서비스의 흐름이 잘 표현되어야 한다. 흐름도가 완성되면 프로세스에서의 흐름, 시간, 수량, 품질, 비용 등과 관련된 질문을 던지면서 개선의 기회를 모색할 수 있게 된다.

## 6.5 프로세스 흐름의 성과 측정

**LO6.5 프로세스 능력의 분석**

프로세스 개선을 목적으로 하는 프로세스 흐름도가 작성되면 몇 가지 기본적인 성과지표를 통해 프로세스의 구조와 성과를 파악할 수 있다.

공항에서 비행기에 탑승하기 위한 공항 보안 프로세스를 살펴보자. 이 프로세스에는 보안검색을 받기 위해 기다리는 승객, 이들과 수하물을 검색하는 스캐너들이 있다. 우리는 승객이 대기줄에 들어서면서부터 검색이 완료되어 수하물을 찾기까지 걸리는 시간을 측정할 수 있다. 이 경우에 우리가 관찰할 수 있는 세 가지가 있는데, 대기줄에서 기다리는 승객의 평균 인원, 검색대가 일정 시간 동안 처리하는 평균 승객 수, 승객이 이 프로세스에서 소요하는 평균 시간 등이다. 이들 세 요소 사이에는 관련성이 있는데, 그 관련성을 발견한 사람의 이름을 붙여서 **리틀의 법칙**(Little's Law)이라고 부른다.

**공항 보안검색대에서의 평균 대기시간은 리틀의 법칙을 따른다.**
© Philippe Merle/AFP/Getty Images

리틀의 법칙은 시스템 안에 있는 개체수($I$)가 시스템으로 들어오는 개체들의 평균 유입률($R$)과 개체가 시스템에서 머무는 시간의 평균($T$) 간의 곱셈으로 표현되는 관계가 있음을 보여준다. 시스템에서 머무는 평균 시간을 **스루풋 시간**(throughput time)이라고 하며, 이는 제품 혹은 서비스에 프로세스가 시작되는 시간부터 종료될 때까지 걸리는 시간이다. 그 시간은 실제로 프로세스의 활동이 개체에 행해지는 시간과 프로세스 도중에 개체가 대기하는 모든 시간이 포함된다. 리틀의 법칙을 수학적으로 표현하면 다음과 같다.

$$I = T \times R$$
$$I = \text{시스템 내에 있는 개체수의 평균(혹은 재고)}$$
$$T = \text{평균 스루풋 시간(활동시간} + \text{대기시간)}$$
$$R = \text{프로세스에의 평균 유입률}$$

공항 검색의 사례에 적용해보면, 만약에 공항 검색대가 1분에 평균 5명의 승객을 처리하고($R=5$), 한 승객이 검색을 마치기까지 평균 20분의 시간이 소요된다면($T=20$), 검색 프로세스에 있는 승객의 평균 인원은 100명이 된다($R \times T = 100$). 이 같은 관계가 성립되기 위한 조건이 있는데, 그것은 프로세스가 안정 상태(steady state)에 있다는 조건이며, 그 의미는 개체가 프로세스에 들어오는 평균 유입률과 프로세스를 마치고 떠나는 평균 유출률이 동일하다는 것이다.

리틀의 법칙은 매우 강력해 실제로 널리 사용되고 있다. 이 법칙은 제조업뿐 아니라 서비스업에서 어떤 형태의 변환 프로세스에서도 사용될 수 있다.

---

**예제**

하루에 평균 100개의 제품을 생산할 수 있는 공장이 있다. 제품의 공정시간과 대기시간을 모두 포함한 스루풋 시간은 평균적으로 10일이다.

$$T = 10\text{일}$$
$$R = \text{하루에 100개}$$

그렇다면, 공장 내부에 있는 재고의 평균 수량은 1,000개가 된다.

$$I = 10 \times 100 = 1,000\text{개}$$

또 다른 예로, 기업의 외상매출금을 돈이 재고로 있는 상태로 간주할 수 있다. 따라서 리틀의 법칙을 적용해보면, 만약에 200만 달러의 외상매출금 잔고($I$)가 있고, 하루에 평균 2만 달러씩 새롭게 발생하고 또 회수($R$)된다면 스루풋 시간은 100일이다. 즉 100일의 외상매출금에 해당하는 금액을 평균 잔고로 보유하고 있다는 의미이다.

$$T = I/R = 2{,}000{,}000 / 20{,}000 = 100\text{일}$$

리틀의 법칙은 제조업 및 서비스업에서 안정 상태에 있는 모든 형태의 프로세스에 적용될 수 있다. 그리고, 리틀의 법칙 공식에 있는 3개의 변수 중에서 두 변수만 알고 있다면 세 번째 변수는 계산할 수 있다는 점에서 매우 유용하다. 위의 예제에서 $I$와 $T$가 계산되는 것을 보았고, 마찬가지로 $I$와 $T$를 알고 있다면 $R$을 계산할 수 있다 ($R=I/T$).

다음으로 생산능력, 공급, 수요를 포함한 프로세스 성과지표를 살펴보기로 하자. **생산능력**(capacity)은 일정 시간 동안 유지할 수 있는 변환 프로세스의 최대 산출률 혹은 최대 흐름률을 말한다. 공항 보안검색 사례에서의 평균 흐름률은 1분당 5명이었지만 검색대의 최대 능력은 1분당 8명일 수 있다. 승객들이 무작위적으로 도착하기 때문에 검색대의 생산능력은 승객의 평균 유입률보다 커야 한다. 만약 승객의 평균 유입률이 검색대의 생산능력보다 크다면 대기줄이 무한대로 길어질 것이다. 그 이유는 일부 시간 동안에는 승객의 유입률이 평균 유입률보다 낮을 것이며, 그 시간 동안에는 검색대의 생산능력이 최대로 활용되지 못하기 때문이다. 이런 현상은 대기행렬이론(queuing theory)에 의해 설명될 수 있다.

대부분의 프로세스들은 변환 과정을 수행하는 여러 가지 자원으로 구성된다. 공항 보안검색의 프로세스는 승객의 신원과 탑승권을 확인하는 직원, 스캐닝 장비를 다루는 직원, 그리고 스캐닝 장비로 구성된다. 일반적으로 변환 프로세스를 수행하는 $n$개의 자원이 있다고 가정해보면 이 프로세스의 생산능력은 다음과 같다.

$$생산능력 = Min.(자원\ 1의\ 생산능력,\ 자원\ 2의\ 생산능력,\ \cdots,\ 자원\ n의\ 생산능력)$$

전체 프로세스의 생산능력은 가장 생산능력이 작은 자원에 의해 제약을 받는데, 이러한 자원을 **병목자원**(bottleneck)이라고 한다.

변환 프로세스에서 실제로 생산되는 양은 프로세스의 생산능력뿐 아니라 수요량과 공급량에 의해 결정되는데, 그 **흐름률**(flow rate)은 다음과 같다.

$$흐름률 = Min.(공급량,\ 수요량,\ 생산능력)$$

앞서 살펴본 공장의 예제에서 생산능력은 하루에 200개이며, 수요량은 75개/일, 공급량은 100개/일이라고 가정해보자. 이 경우 실제로 생산되는 양은 수요량인 75개/일(세 가지 중 최솟값)일 것이다. 만약 하루의 수요가 150개로 증가한다고 하면, 흐름률은 하루 공급량과 같은 100개가 된다.

## 6.6  Pizza U.S.A. 프로세스 흐름의 성과 측정

프로세스 성과 측정의 개념을 이해하기 위해 Pizza U.S.A.의 예제를 보자. 피자 매장에서는 일곱 가지 토핑으로 피자를 만들고, 가장 유명한 것은 '모듬 피자'라고 가정한다. 매장에는 주방장과 서빙직원이 있으며, 매장에서 사용하는 오븐은 한 번에 4판의 피자를 구울 수 있다. 그리고, 피자의 변환 프로세스에서는 다음의 단계가 순서대로 진행된다고 가정하자.

| | 시간(분) | 담당 |
|---|---|---|
| 주문을 받는다. | 1 | 서빙직원 |
| 피자의 크러스트를 만든다. | 3 | 주방장 |
| 재료를 준비하여 크러스트에 올린다. | 2 | 주방장 |
| 피자를 굽는다. | 24 | 오븐 |
| 피자를 잘라서 박스에 담는다. | 1 | 서빙직원 |
| 고객이 지불을 한다. | 1 | 서빙직원 |

1. 이 프로세스의 생산능력(capacity)은 얼마인가?

이 프로세스의 세 가지 자원을 살펴보면

- 서빙직원은 1개의 주문을 처리하는 데 3분(1+1+1)을 소요한다. 따라서 시간당 20개의 주문을 처리할 수 있다.
- 주방장은 1개의 주문을 처리하는 데 5분(3+2)을 소요하며, 시간당 12개의 주문을 처리할 수 있다.
- 오븐은 주문당 평균 6분을 소요하며(24÷4=6), 시간당 10개의 주문을 처리할 수 있다.

세 가지 자원의 생산능력 중 최솟값인 시간당 10개가 이 프로세스의 능력이다. 다시 말해 이 시스템은 시간당 10판의 피자를 만들 수 있는 것이다.

2. 이 프로세스의 병목자원(bottleneck)은 무엇인가?

프로세스의 생산능력을 결정짓는 자원 중 하나가 오븐이다.

© BananaStock/PunchStock

위 사례에서 병목은 바로 오븐이다. 오븐이 피자를 굽는 시간은 주문당 평균 6분이고, 그 시간 동안 서빙직원은 절반의 시간인 3분 동안만 바쁘고 나머지 3분 동안은 쉬게 된다. 주방장도 마찬가지로 5분 동안은 주문을 처리하지만 1분이라는 유휴시간이 발생하게 된다. 만일 주방장과 서빙직원 간의 작업 균형을 위해 담당 역할을 조정한다면 주방장은 업무가 줄어들어서 편하게 일할 수 있게 되지만 프로세스의 흐름률은 증가되지 않는다. 프로세스 흐름률을 높이기 위해서는 오븐에서 피자를 굽는 시간을 줄이는 방법을 찾든지 혹은 오븐을 추가로 더 설치해야 한다. 이와 같이 프로세스에서는 병목자원이 처리할 수 있는 양보다 더 많은 양을 생산해낼 수 없다.

### 3. 스루풋 시간은 얼마인가?

만약 시스템 안에서의 대기시간이 없다고 가정한다면 스루풋 시간은 단순히 모든 단계의 시간을 합해 주면 된다.

$$1+3+2+24+1+1=32분$$

모든 단계를 거쳐서 피자 한 판을 만드는 데는 32분이 소요된다. 오븐의 능력을 높여서 주방장으로 병목이 옮겨진다고 해도 스루풋 시간은 줄어들지 않을 것이다. 스루풋 시간을 줄이기 위해서는 조리시간, 준비시간 등과 같은 실제 활동의 흐름시간을 개선해야 한다.

### 4. 흐름률은 얼마인가?

수요량과 공급량이 생산능력보다 높다고 가정하면 흐름률은 병목자원의 생산능력인 시간당 10개 주문이 된다. 하지만 이것은 흐름률의 최대치이며, 실제 흐름률은 이에 미치지 못할 수도 있다. 만약 수요량 혹은 공급량이 생산능력보다 낮은 경우라면 가장 작은 수량이 흐름률을 결정하게 된다.

### 5. 평균 수요량이 생산능력의 60%라고 가정하면 한 판의 피자를 만드는 원가는 얼마인가?

주방장에게는 시간당 15달러, 서빙직원에게는 시간당 11달러의 인건비를 지급하며, 간접비용은 직접인건비의 50%라고 가정하자. 생산능력의 60%에 해당하는 흐름률은 시간당 6판의 피자를 만드는 것이다. 그렇다면, 시간당 인건비는 15+11=26달러가 되며, 간접비로 50%를 더하면 26+13=39달러가 된다. 이를 피자 한 판당 드는 원가로 다시 계산하면 39÷6=6.5달러가 된다. 그리고, 피자 한 판의 재료비를 2달러로 가정하면 피자 한 판의 총원가는 6.5+2=8.5달러가 된다.

### 6. 피자의 단위 원가를 어떻게 줄일 수 있는가?

- 가격정책, 광고 등을 통해 수요를 증가시킨다.
- 자동화 혹은 프로세스 개선의 방법을 통해 전체 변환 프로세스의 흐름률을 증가시킨다.
- 인건비, 재료비, 간접비를 줄인다.

위의 세 가지 접근법은 서로 연관성을 갖고 있다. 즉 수요가 증가하게 되면 어느 시점에서는 생산능력을 증가시켜야 할 필요가 발생하게 된다. 또한 추가 수요가 창출되지 않는다면 흐름률을 개선하는 것은 아무 의미가 없을 것이다.

## 6.7 프로세스 재설계

**프로세스 재설계**(process redesign)은 고객 니즈를 충족시키는 핵심 프로세스를 규명하는 것으로 시작된다. 핵심 프로세스는 흔히 여러 기업을 포함하게 되는데, 이런 프로세스를 이 장에서 설명한 기법을 이용하여 자세히 분석하게 된다. 그런 후 프로세스 흐름을 분석한 결과를 바탕으로 프로세스에 변화를 기하게 된다. 프로세스의 변화는 일부 단계들을 제거하거나 합치는 방식, 혹은 프로세스 단계를 완전히 새롭게 구성하는 방식으로 이루어진다. 그렇게 함으로써 고객 요구를 더 잘 충족시키는 방향으로 프로세스가 재설계되고 통합된다. 프로세스를 광범위한 개념에서 재설계하는 활동은 **비즈니스 프로세스 재설계**(business process redesign, BPR)라는 용어로 표현하고 있다. 운영선도사례에서는 프로세스를 개선하기 위해 BPR이 어떻게 적용되었는지를 보여주고 있다.

해머와 챔피(Hammer and Champy)는 자신들의 유명한 저서 *Reengineering the Corporation* (2006)에서 기업들의 대부분 비즈니스 프로세스들이 낙후되어서 완전히 재설계되어야 한다고 주장했다. 과거의 많은 프로세스들이 마케팅, 운영, 재무 등 개별 기능부서에 국한되어 설계되었고, 정보시스템을 제대로 활용하지 않고 있었다. 그 결과 프로세스들은 고객에게 서비스하는 시간이 너무 오래 걸리고, 비효율적이며, 낭비가 심하게 발생했다.

이러한 문제점을 가지고 있었던 한 대형 보험회사의 사례를 보자. 고객이 보험문제로 콜센터에 전화를 하면 콜센터에서 고객의 문의사항을 컴퓨터에 입력하고, 온라인으로 계약부서, 상품설계부서, 회계부서 등의 부서 중에서 한 부서로 전달된다. 그곳에서는 수일 동안 대기상태로 있다가 담당 직원이 살펴보고 답을 준다. 때로는 문의사항이 잘못된 부서로 전달되었다가 다시 올바른 부서로 전달되면 또다시 수일을 기다리기도 했다. 만약에 문의사항이 여러 부서와 관련되어 있다면 대기상태가 부서마다 반복되기도 했다. 마침내 고객 서비스 부서가 몇 주일 후에 고객에게 연락하게 되지만, 많은 경우 고객의 질문에 완벽하게 답하지 못하거나 잘못된 대답을 하기도 했다.

이 프로세스를 고객 서비스 담당직원 위주로 완전히 재설계했다. 가능한 부분에서 상세한 컴퓨터 프로토콜과 표준 응대법을 이용하여 전화상으로 고객문의를 처리하게 했다. 더 세세한 대응이 필요한 경우 다른 전문가에게 확인한 후에 고객에게 다시 연락을 취하도록 했다. 고객 서비스 담당자들은 다양한 내용을 익히도록 다기능적인 훈련을 받아야 했으며, 모든 부서들은 이들을 지원하도록 했다. 비록 담당자들에게 교육을 이전보다 많이 시켜야 했었지만, 이를 통해 서비스의 속도와 정확성이 크게 개선되었고 수백만 달러의 비용을 절감할 수 있었다. 그리고 고객은 한 사람의 담당자만 접촉하면 되므로 귀찮은 상황이 대폭 줄어들게 되었다.

프로세스의 일부 단계만을 변화시켜서는 전체적으로 개선되지 않거나, 앞서 본 보험회사의 경우처럼 전체를 새로운 접근법으로 재설계해야 한다면 **근본적 재설계**(radical redesign)가 이루어져야 한다. 이러한 근본적 재설계는 흔히 새로운 생산기술이나 정보기술을 이용하여 이루어지게 된다.

## 운영선도사례    크레디트 스위스 : 성공적인 프로세스 재설계

스위스 취리히에 본사를 두고 있는 크레디트 스위스(Crédit Suisse)는 50개 국가에서 200만 명 이상의 고객을 갖고 있으며, 5만 명 이상의 종업원을 고용하고 있는 글로벌 금융회사이다. 이 은행에서는 여러 주요 프로세스들을 재설계하였는데, 그 중에는 '계좌 결산' 프로세스의 재설계가 있다.

**CREDIT SUISSE**

금융회사에 대한 규제가 심해지고 신속한 서비스에 대한 고객의 기대가 높아짐에 따라 신속하면서 오류가 없는 프로세스의 필요성이 높아졌다. 이 은행에서는 소매금융 및 기업금융의 고객으로부터 매일 수백 개 계좌의 결산이 이루어지고 있는데, 과거의 결산 프로세스에서는 많은 수작업 단계와 여러 직원을 거쳐야만 했다. 아래 그림에서 보여주는 기존의 프로세스가 많은 오류를 발생시키고, 또한 느리고 비효율적이었다.

기존 프로세스를 분석하면서 중요한 사실들이 발견되었다. 많은 결산 요청은 표준화된 방식으로 처리될 수 있고, 따라서 자동화가 가능하다는 것을 알게 되었다. 그래서 고객관리 담당자가 고객계좌의 결산과 관련된 모든 활동을 다룰 수 있도록 새로운 소프트웨어를 개발하였고, 다른 직원은 예외적인 상황이 아니면 관여할 필요가 없도록 하였다. 그 결과, 계좌 결산의 시간이 50% 단축되었으며, 오류도 단지 0.01% 수준으로 줄일 수 있었다.

출처 : Peter Küng and Claus Hagen, "The Fruits of Business Process Management: An Experience Report from a Swiss Bank," *Business Process Management Journal* 13, no. 4 (2007), pp. 477–87; www.credit-suisse.com, 2016.

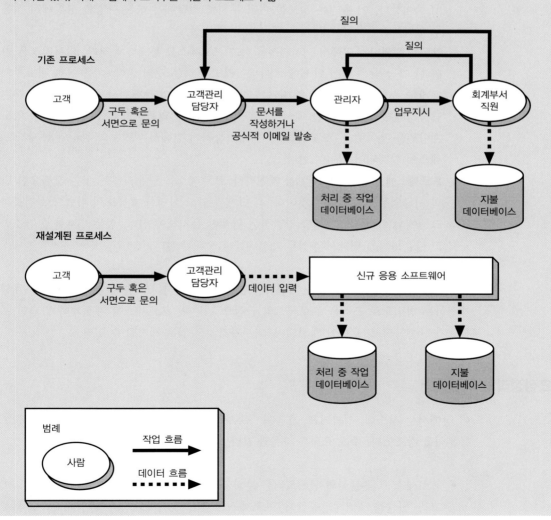

근본적 재설계를 위한 네 가지 원칙은 다음과 같다.

1. **조직을 직무가 아닌 결과 중심으로 조직화하라.** 위에서 살펴본 보험회사 사례는 조직이 직무별로 나뉘어 있는 경우였다. 이 회사가 고객 서비스라는 결과를 중심으로 조직을 재조직화함으로써 획기적인 개선을 이루었다. 고객 서비스 담당자가 목표 결과를 달성하기 위해 필요한 모든 활동을 처리하게 했던 것이다. 비록 한 사람이 모든 것을 처리하는 것이 항상 가능한 것은 아니지만, 직무 범위를 확대함으로써 부서 간에 넘겨주고 받는 것을 최소화할 수 있었다.

2. **업무의 담당자가 직접 관련 정보를 다루게 하라.** 병원의 간호사에게 환자 병상 옆에서 휴대용 정보기기를 이용하도록 만들어주면, 환자에게 처방한 약의 정보를 바로 입력하여 환자의 정보를 업데이트할 수 있다. 그렇게 하면 간호사는 환자 정보의 업데이트를 미루거나 다른 사람에게 입력하도록 전달해야 할 필요가 없어서 실수의 가능성이 줄어든다. 이 원칙은 정보를 여러 부서로 전달해야 하는 다양한 상황에서 적용될 수 있다.

3. **업무가 수행되는 곳에서 의사결정을 하고 프로세스를 통제하게 하라.** 의사결정은 가능한 한 가장 낮은 일선 단계에서 이루어지도록 하는 것이 좋다. 이를 통해 관료주의를 제거할 수 있고 의사결정을 빠르게 할 수 있다. 위의 보험회사 사례에서는 고객관리 담당자에게 고객을 위한 의사결정을 다른 부서에 의뢰하지 않고 직접 할 수 있도록 재량권을 부여했다. 그렇지만, 이것이 가능하기 위해서는 정보의 관리와 통제가 프로세스에 설계되어 있어야 한다.

4. **프로세스에서 불필요한 단계를 제거하라.** 프로세스를 단순화하는 것은 불필요한 단계와 서류업무를 제거하는 것이다. 각 단계를 앞서 설명한 흐름도의 기법으로 검토하여 그중에서 고객에게 가치를 창출하는 단계만 유지해야 한다. 업무의 흐름을 간소화하고 단순화하기 위해서는 업무 재설계를 실시해야 한다.

프로세스 재설계는 운영활동을 개선하는 많은 기법 중 하나일 뿐이지만, 프로세스 흐름을 개선하는 방법으로 조직을 프로세스의 관점으로 본다. 프로세스를 재설계하게 되면 프로세스가 단순화되고, 흐름이 개선되며, 비부가가치 작업은 제거될 수 있다.

## 6.8 요점정리와 핵심용어

이 장에서는 시스템, 성과지표, 흐름도, 프로세스 재설계의 개념을 바탕으로 프로세스 흐름분석을 강조했다. 주요 요점은 다음과 같다.

- 프로세스 흐름 분석의 선행조건은 분석할 시스템을 규정하는 것이다. 시스템의 경계, 고객, 산출물, 투입물, 공급자, 프로세스 흐름을 정의하고 외부 환경요소와 구분해야

한다.

- 프로세스 관점은 고객 요구를 충족시키는 목적으로 상호 연관된 프로세스들의 수평적 집합으로 기업활동을 보는 것이다.
- 프로세스 흐름도는 변환 프로세스를 도식화한 것이다. 그 목표는 변환 프로세스에 익숙하지 않은 사람들도 쉽게 이해할 수 있도록 변환 프로세스에서의 흐름을 시각적 다이어그램으로 표현하는 것이다.
- 프로세스 흐름도는 물품의 흐름, 정보의 흐름, 고객의 흐름에 적용된다. 제조업에서의 흐름도는 일반적으로 물품의 흐름을 보여주며, 서비스업에서는 고객과 서비스 제공자가 어떻게 상호작용하는지를 보여주기 위해 서비스 청사진이 작성된다.
- 프로세스 흐름 분석은 흐름도와 성과지표를 이용하여 관련된 질문들을 던지고 답을 구하는 방식으로 이루어진다. 그런 질문들이 프로세스의 개선을 위한 기회들을 찾도록 도와준다.
- 프로세스 개선을 위해서 성과지표는 필수적이다. 프로세스의 핵심 성과지표로는 스루풋 시간, 흐름률, 재고, 생산능력 등이 있다. 병목자원은 전체 프로세스의 생산능력을 결정짓는 자원을 일컫는다.
- 프로세스의 수행 방식을 변화시키기 위해서는 프로세스 재설계를 이용한다. 이 접근법은 본질적으로 다기능적이며, 재설계를 위해서 업무방식, 흐름, 정보시스템을 종합적으로 살펴보아야 한다.

**핵심용어**

| | | |
|---|---|---|
| 근본적 재설계 | 스루풋 시간 | 프로세스 재설계 |
| 기업활동의 프로세스 관점 | 시스템 | 프로세스 차트 |
| 리틀의 법칙 | 시스템 경계 | 프로세스 흐름도 |
| 병목자원 | 시스템 흐름도 | 프로세스 흐름 분석 |
| 비즈니스 프로세스 재설계 | 프로세스 맵 | 흐름률 |
| 생산능력 | 프로세스 사고 | |
| 서비스 청사진 | 프로세스 오너십 | |

---

**인터넷 학습**

1. 프로세스 맵의 예제(http://www.smartdraw.com)
   'Templates'와 'Flowchart'를 클릭하여 다양한 맵을 살펴보라. 흐름도의 가장 분명한 특징은 무엇인가? 다소 혼란스럽고 분명하지 않은 흐름도가 있는가?
2. Q-Skills(http://www.q-skills.com/flowchrt.html)
   흐름도에 대한 요약을 읽고, 흐름도를 이용할 때의 어려운 점에 대해 설명하라.
3. 리틀의 법칙(http://en.wikipedia.org/wiki/Little's_law)
   리틀의 법칙을 잘 이해하기 위해 읽어보라.

## 연습문제

**문제**

1. 미네소타 바이킹즈 축구 경기의 티켓을 사기 위한 티켓 라인이 한 라인당 평균 100명의 팬이 줄을 서 있고, 평균 유입률은 1분에 5명이다. 티켓 구매자가 예상할 수 있는 평균 대기시간은 얼마인가?

**풀이**

리틀의 법칙($I = T \times R$)을 이용하여 $T$를 풀면 다음과 같다.

$$T = I \div R = 100 \div 5 = 20$$

티켓 구매자는 라인에서 평균 20분을 소비할 것으로 예상할 수 있다.

**문제**

2. 조(Joe's) 세탁소는 호텔 침대 시트를 세탁하는 계약을 체결했다. 조가 시트 한 뱃치를 세탁기에 넣는 데는 1분이 걸리고, 세탁은 20분, 건조는 30분이 걸린다. 시트 한 뱃치당 10분의 다림질 시간이 걸리고, 다림질을 하는 종업원은 2명이 있다. 마지막으로, 시트를 포장하고 세탁비 청구를 하는 데는 2분이 걸린다. 그리고 한 뱃치씩 처리할 수 있는 세탁기가 5대, 건조기가 7대 있다.

   a. 세탁시스템의 생산능력은 얼마인가? 그리고 병목자원은 무엇인가?
   b. 시트 한 뱃치의 평균 스루풋 시간은 얼마인가?
   c. 만약 흐름률이 시간당 10개 뱃치라면, 시스템 안에 있는 시트 뱃치의 평균 수(재고)는 얼마인가?

**풀이**

   a. 각 자원의 생산능력은 다음과 같다.
   - 조는 각 뱃치 세탁에 3분이 걸리고, 따라서 시간당 20개 뱃치를 처리할 수 있다. 다림질은 10분이 걸리고, 따라서 각 종업원들은 시간당 6개 뱃치를 처리할 수 있으며, 두 종업원의 총 생산능력은 시간당 12개 뱃치이다.
   - 세탁기는 뱃치당 20분 또는 한 시간에 3개 뱃치를 처리하고, 5대의 기계가 있으므로 총 생산능력은 시간당 15개 뱃치이다.
   - 건조기는 뱃치당 30분 또는 한 시간에 2개 뱃치를 처리하고, 7대의 기계가 있으므로 총 생산능력은 시간당 14개 뱃치이다.

   가장 큰 제약(최소 생산능력)은 다림질이고, 따라서 시스템 생산능력은 시간당 12개 뱃치이며, 다림질이 병목자원이다.

   b. 각 시트 뱃치에 대한 시스템의 평균 스루풋 시간은 다음과 같다.

   $$T = 1 + 20 + 30 + 10 + 2 = 63분$$

   c. $I = T \times R = (63 \div 60) \times 10 = 10.5$뱃치 (참고로, 63분을 시간 단위로 변환함)

**문제**

3. 테이블 30개를 갖춘 식당이 있다. 고객이 도착하면 관리자가 자리로 안내하고, 서빙직

원이 음식을 서빙하고, 고객이 식사 후에 가격을 지불한다. 프로세스를 나타낸 그림의 윗부분에는 각 단계에서의 시간이 표시되어 있고, 밑에는 단계 사이에 걸리는 시간이 표시되어 있다. 그리고 1명의 관리자, 1명의 계산원, 4명의 서빙직원이 있다.

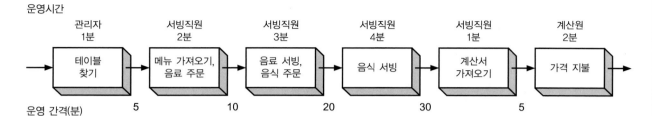

a. 시스템의 생산능력은 얼마이고, 병목자원은 무엇인가?

b. 각 고객의 스루풋 시간은 얼마인가?

c. 만약 시간당 20명의 고객이 도착한다면 고객으로 채워진 테이블은 평균적으로 몇 개인가?

**풀이**

a. 각 자원의 생산능력은 다음과 같다.

- 관리자는 고객당 1분이 걸리고, 시간당 60명의 고객(또는 테이블)을 처리할 수 있다.
- 계산원은 고객당 2분이 걸리고, 시간당 30명의 고객을 처리할 수 있다.
- 각 서빙직원은 테이블당 10분이 걸리고, 시간당 6개의 테이블을 처리할 수 있다. 4명의 서빙직원이 있으므로 서빙직원의 총 생산능력은 시간당 24개의 테이블이다.
- 사용 가능한 테이블은 30개이다.

최소 생산능력을 가진 자원은 서빙직원이고, 따라서 시스템의 생산능력은 시간당 24개의 테이블이며 병목자원은 서빙직원들이다.

b. 각 고객의 스루풋 시간은 다음과 같다.

$$1+2+3+4+1+2+5+10+20+30+5=83분$$

c. 만약 시간당 20명의 고객이 도착한다면, 이용되고 있는 테이블의 평균 수는

$$I=T \times R=(83 \div 60) \times 20 =27.7개일 것이다.$$

## 토의질문

1. 다음 조직의 운영에서 분석을 위한 시스템을 하나 규정하고, 그 시스템의 고객, 생산 서비스, 공급자, 그리고 주된 프로세스 흐름을 정의하라.

   a. 대학

   b. 패스트푸드 음식점

   c. 도서관

2. 조직을 프로세스 관점으로 보게 되면 다기능적 협력이 매우 필요함을 알 수 있게 되는 이유를 설명

해보라.

3. 리틀의 법칙을 설명해보라. 이 법칙을 어떻게 이용할 수 있는지, 그리고 한계점이 무엇인지를 설명하라.

4. 병목을 정의해보라. 그리고 병목을 찾는 것이 중요한 이유를 설명하라.

5. 생산능력, 흐름률, 수요 사이의 차이를 설명하라.

6. 기존 프로세스를 재설계할 때 나타나는 문제점으로서 새로운 프로세스의 설계에서는 나타나지 않

는 문제점은 무엇인가?

7. 프로세스 개선에 착수하기 전에 대상 시스템을 정의하는 것이 왜 중요한가? 세 가지 이유를 제시해보라.

8. 흐름도의 예를 찾아보고 상세한 내용을 조사하라. 흐름도가 프로세스의 개선을 위해 어떻게 이용되는지를 설명해보라.

9. 서비스 청사진을 설명하고, 그것이 언제 사용되어야 하는지를 예를 들어 설명해보라.

## 문제

1. 어느 보험회사에서 보험청구를 처리하는 평균 흐름률이 시간당 10건이고, 평균 스루풋 시간은 6시간이다.

   a. 이 시스템 안에는 평균적으로 얼마나 많은 청구가 진행되고 있는가?

   b. 만약 보험청구의 수요가 시간당 7건이고 시스템의 처리능력(생산능력)이 시간당 8건이라면, 흐름률은 얼마인가?

   c. 당신의 답에는 어떤 가정이 필요한가?

2. 어느 은행에서 고객 예금계좌로 입금된 수표를 추심하는 프로세스가 다음과 같다고 가정하자.

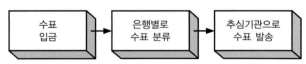

   a. 수표 입금은 시간당 1,000장, 수표 분류는 시간당 800장, 수표 발송은 시간당 1,200장으로 할 수 있는 능력이 있다고 하면, 전체 시스템의 수표 처리능력은 얼마인가?

   b. 만약 흐름률이 시간당 평균 600장이고, 평균 200장의 수표가 시스템 안에 있다면, 수표의 평균 스루풋 시간은 얼마인가?

   c. 어떻게 하면 스루풋 시간을 줄일 수 있겠는가?

3. 어느 헤어살롱에 여성 고객에게 서비스를 제공하는 3명의 스타일리스트가 있다. 접수원이 평균

1분에 걸쳐 고객을 접수하고 나면, 스타일리스트가 고객의 머리를 감기고 말리고 손질하는 데 평균 25분이 소요된다. 요금계산 또한 접수원에 의해 수행되고 3분이 소요된다.

   a. 이 프로세스의 생산능력은 얼마이고, 병목자원은 무엇인가?

   b. 평균 스루풋 시간은 얼마인가? 만약 평균 흐름률이 시간당 5명의 고객이라면, 시스템 안에 있는 평균 고객의 수는 몇 명인가?

   c. 만약 프로세스로 유입되는 고객의 도착이 무작위(random)로 이루어지고, 프로세스의 흐름률이 최대 생산능력에 점점 근접해지면 시스템 안에는 어떤 현상이 일어나겠는가?

4. 주디의 케이크 상점은 고객주문에 따라 신선한 케이크를 만든다. 주디의 보조원이 2분 동안 고객 주문을 접수하면, 주디는 8분 동안 재료를 섞어서 케이크 팬에 담아 구울 준비를 한다. 그러면 오븐에서 30분 동안 케이크로 만들어지는데, 오븐은 한 번에 3개의 케이크를 구울 수 있다. 케이크를 오븐에서 꺼내면 1시간 동안 식힌다. 그 후 보조원은 2분 동안 케이크를 포장하고, 3분 동안 고객의 가격지불을 처리한다.

   a. 이 프로세스의 생산능력은 얼마이고, 병목자원은 무엇인가?

b. 케이크의 평균 스루풋 시간은 얼마인가?

c. 만약 시간당 평균 5개의 케이크 주문이 들어온다면, 이 상점의 프로세스 안에는 케이크가 평균적으로 몇 개가 만들어지고 있겠는가?

5. 스완키 호텔은 고객들에게 룸서비스를 제공한다. 룸서비스의 프로세스는 룸서비스 관리자가 전화로 주문을 받는 것에서 시작하는데 이는 주문당 평균 2분이 소요된다. 그 후 관리자는 주방으로 주문을 전달하고, 주방에서 요리사가 각 주문의 음식을 준비하는 데는 평균 16분이 소요된다. 주방에는 4명의 요리사가 있다. 만약 고객이 음료를 함께 주문하면, 관리자는 주방에 주문함과 동시에 바(bar)에 음료 주문을 전달한다. 1명의 바텐더에 의해 주문 음료가 만들어지는 데는 3분이 걸리는데, 고객주문의 80%가 음료를 포함하는 주문이다. (고객주문의 20%는 음료를 포함하지 않는 주문이다.) 주방과 바에서 모두 준비되면 웨이터가 그것들을 객실로 가져가고 고객으로부터 돈을 지불받는다. 객실운반 웨이터는 6명이 있고, 웨이터가 각 주문을 처리 완료하는 데는 20분이 소요된다.

a. 이 프로세스의 생산능력은 얼마이고, 병목자원은 무엇인가?

b. 고객주문의 평균 스루풋 시간은 얼마인가?

c. 금요일 밤에 시간당 10건의 룸서비스 주문이 있다고 가정하자. 그러면 금요일 밤에 평균적으로 얼마나 많은 주문이 룸서비스 시스템 안에 있겠는가?

d. 종업원에 대한 다음의 인건비를 가정하자. 웨이터는 시간당 9달러(팁 제외), 요리사는 시간당 15달러, 바텐더는 시간당 10달러, 룸서비스 관리자는 시간당 18달러이다. 또한, 직접 인건비의 60%에 해당하는 간접비가 추가로 발생하며, 고객주문 음식과 음료의 재료비가 주문당 평균 6달러라고 가정하자.

• 시간당 10건의 고객주문을 처리한다면 주문의 평균 원가는 얼마인가?

• 이 시스템이 달성할 수 있는 주문당 최소 원가는 얼마인가?

e. 당신은 답을 하면서 불합리하게 보이는 가정을 했는가?

6. 어느 가구 공장에서 두 종류(대형 및 소형)의 나무 테이블을 만들고 있다. 테이블의 생산 프로세스는 다음과 같이 진행된다.

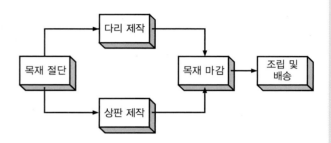

소형 테이블은 100개 단위의 뱃치로 생산되고, 대형 테이블은 50개 단위의 뱃치로 만들어진다. 한 뱃치 생산의 소요시간은 프로세스의 각 단계에서 생산 준비시간과 각 단위의 생산시간으로 이루어지며, 단위 생산시간은 대형 및 소형 테이블에 동일하다. 프로세스 각 단계에서의 생산능력은 아래 표에 주어져 있다.

|  | 준비시간 (분) | 개당 생산시간 (분) | 생산능력 (시간당 개수) |
|---|---|---|---|
| 목재 절단 | 30 | 5 | 15 |
| 다리 4개 제작 | 60 | 10 | 10 |
| 상판 제작 | 60 | 12 | 8 |
| 목재 마감 | 20 | 8 | 12 |
| 조립 및 배송 | 20 | 17 | 14 |

a. 이 시스템의 생산능력은 얼마이고, 병목공정은 무엇인가?

b. 테이블의 스루풋 시간은 얼마인가?

c. 소형 테이블이 시간당 평균 6개의 비율로 생산이 이루어질 때, 시스템 안에는 얼마나 많은 책상이 만들어지고 있겠는가?

7. 다음 프로세스의 흐름도를 작성하라.

a. 납입고지서의 지불

b. 대학교 등록

c. 도서관으로부터 도서 대출

8. 7번 문제에서 작성한 흐름도가 이 장에서 설명한 부호를 올바르게 사용하여 작성되었는지를 확인하라.

9. 무엇(what), 누구(who), 어디서(where), 언제(when), 어떻게(how)의 질문을 사용하여 7번 문제 프로세스의 개선안을 제시해보라.

10. 올바른 부호를 사용하여 다음 프로세스의 흐름도를 작성해보라.

a. 취업면접 준비

b. 도서관에 가서 공부하고 집으로 귀가

11. 무엇, 누구, 어디서, 언제, 어떻게의 질문을 사용하여 10번 문제 프로세스의 개선안을 제시해보라.

12. 다음 프로세스의 서비스 청사진을 작성해보라.

a. 피자 배달

b. 자동차 수리

13. 흐름, 시간, 수량, 품질, 원가의 질문을 사용하여 12번 문제의 프로세스에서 개선안 도출을 위한 분석을 해보라.

# 린 사고와 린 시스템

## 학습목표

**LO7.1**  린 사고의 기원 및 변천

**LO7.2**  린 사고의 기본원칙 다섯 가지와 린 시스템에서의 일곱 가지 낭비 유형

**LO7.3**  반복생산시스템을 위한 기준생산계획의 안정화

**LO7.4**  린 시스템에서의 칸반시스템 설계

**LO7.5**  린 사고와 생산준비시간, 로트 크기, 설비 배치, 유지보수의 연관성

**LO7.6**  린 시스템에서 종업원, 품질 및 공급업체의 특징

**LO7.7**  린 시스템의 실행방안

생명보험회사인 제퍼슨 파일럿 파이낸셜(Jefferson Pilot Financial)은 선진 기업들이 린 사고와 린 시스템의 개념을 이용하여 고객의 생명보험 신청서를 처리하는 프로세스를 어떻게 개선했는지를 알게 되었다. 제퍼슨의 개선 목표는 두 가지였다. 첫째는 신청서를 접수한 시점부터 보험상품을 설계하여 제시하는 시점까지 걸리는 스루풋 시간을 줄이는 것이었고, 둘째는 신청서를 처리하는 과정에서 10%나 되는 실수를 줄이는 것이었다. 제퍼슨은 이 장에서 설명하는 린 사고의 기본원칙을 적용하여 스루풋 시간의 70%를 줄이고 실수는 40%를 줄일 수 있었다.[1]

린 사고와 린 시스템은 제조업과 서비스업의 다양한 산업에서 운영 프로세스의 개선을 위해 널리 적용되고 있다. 린의 개념은 운영기능 이외에 프로세스 개선을 위해서도 사용되고 있는데, 예를 들어 소프트웨어 개발과 유지보수, 연간 예산 수립, 심지어는 부실채권의 회수에도 적용될 수 있다. 린은 어떤 개념이며, 기업들이 자신의 사업 성과를 개선하기 위

---

[1] C. K. Swank, "The Lean Service Machine," *Harvard Business Review* 18, no. 10 (October 2003).

해 린의 개념을 어떻게 사용하고 있는가?

　　이 장에서는 기업들이 성과의 개선을 위해 채택하고 있는 린의 개념, 원리, 기법을 소개할 것이다. 린의 개념, 원리, 기법은 비단 제조업의 생산시스템에만 적용되는 것이 아니라, 관리시스템, 서비스 시스템, 그리고 공급사슬에까지도 적용된다. 우선 린이 어떻게 변천되어 왔는지를 살펴보고, 다음으로 린 사고의 다섯 가지 기본원칙을 소개하고자 한다.

## 7.1 린의 변천

**LO7.1** 린 사고의 기원 및 변천

제2차 세계대전 이후 전 세계적으로 미국의 대량생산시스템은 선망의 대상이 되었다. 대량생산이란 **반복생산**(repetitive manufacturing)의 기술을 이용하여 표준화된 제품들을 대량으로 생산하는 것이다. 원가를 줄이기 위해 뱃치 크기를 크게 하여 제품이 생산되었으며, 빠르게 생산할 수 있는 기계를 만들었다. 어떤 경우에는 효율성이라는 명목하에 품질을 희생하기도 했으며, 작업자들은 반복되는 단순업무에 지쳐 불만이 쌓이기 시작했다. 그렇지만 여전히 전 세계는 미국의 제품을 구입하고 있었다.

　　1960년대 들어 토요타에 의해 '일본의 기적'이 시작되었다. 토요타는 미국의 제조업체들을 방문해본 후, 미국의 대량생산시스템을 모방하지 않기로 결정했다. 그 당시 토요타자동차의 수요가 많지도 않았을 뿐 아니라, 미국의 대량생산 시스템을 모방하기 위한 자원도 부족했기 때문이다. 그래서 토요타는 낭비를 최소화하는 방법을 개발하게 되었다. 폐기물과 재작업 그리고 재고를 낭비로 간주했으며, 또한 단순하지만 고품질의 프로세스와 작업자를 가능한 한 많이 활용하여 훨씬 작은 뱃치 크기와 적은 재고로 자동차를 생산해야한다는 것을 깨달았다. 이것이 바로 오늘날의 **토요타 생산시스템**(Toyota Production System, TPS), **적시생산**[Just-In-Time(JIT) manufacturing] 방식이다. 운영선도사례에서는 미국 켄터키주 조지타운에 있는 토요타 공장의 TPS 사례를 소개하고 있다.

　　1981년 네브래스카주의 가와사키(Kawasaki) 오토바이 공장에서 JIT 방식으로 TPS의 다양한 아이디어를 활용한 것이 JIT가 미국에 처음 도입된 사례였다. 하지만 대량생산시스템을 전반적으로 변화시키는 것이 아니었고, 주로 재고를 줄이기 위해 JIT를 활용한 것이었다. 그 결과 TPS를 모방하려 한 많은 미국 기업들이 부분적인 개선만 달성할 수 있었다.

　　1990년 Womack, Jones, Roos는 일본, 미국, 유럽 자동차 제조업체들의 JIT 생산에 대해 연구하여 그 결과를 *The Machine That Changed the World: The Story of Lean Production*이라는 유명한 책으로 발간했다. **린 생산**(lean production)이란 고객이 요구하는 것만을 정확히 제공하여 모든 생산 프로세스에서 낭비를

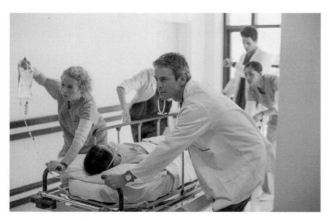

병원 응급실에서 신속한 환자 치료를 위해 린 사고를 적용하고 있다.

© Paul Bradbury/Getty Images

## 운영선도사례  미국 켄터키주 조지타운에 위치한 토요타 공장의 TPS

토요타 자동차 켄터키 공장(TMMK)은 미국의 토요타 주력 생산기지로서 연간 50만 대의 자동차를 생산하고 있다. TMMK는 1986년에 설립되어 현재 켄터키주 조지타운의 1,300에이커 규모 부지에 750만 제곱피트 크기의 시설을 보유하고 있으며, 7,000명의 종업원들이 캠리, 아발론, 렉서스 모델을 생산하고 있다.

TMMK의 종업원들은 필요한 직무교육뿐 아니라 문제해결기법, 지속적 개선기법까지 교육받고 있다. 작업은 낭비를 최소화하고 품질을 보증하기 위해 표준화되어 있다. 종업원들은 품질 문제가 발생하면 라인을 멈추는 권한을 부여받고 있다. 또한 종업원들은 그들의 작업과 작업환경을 개선하기 위해 다양한 제안을 하고 있었는데, 놀랍게도 TMMK에서의 제안 건수가 연간 10만 건에 이르고 있다.

또한 TMMK의 성과는 그들의 협력업체에 달려 있다는 것을 깨닫고, 적극적으로 350개 협력업체들을 도와 TPS를 실행하도록 했다. TMMK는 켄터키주 얼랭어에 Toyota

© Hannu Liivaar/Alamy Stock Photo

Supplier Support Center를 세우고 협력업체들에게 컨설팅 서비스를 제공했다. 그 결과 협력업체들이 TMMK에 납품을 빈번히 하고 있으며, TMMK는 공장 내에 평균적으로 4시간 이내의 자재 재고만을 보유하고 있다.

출처 : A. Harris, "Automotive Special Report–Made in the USA," *Manufacturing Engineer* 86, no. 1(2007), pp. 14–19, www.toyotaky.com, 2016.

체계적으로 제거하는 것으로 정의했다. 그들은 린 생산방식을 이용한 우수 기업은 지역을 불문하고 생산 성과에서 크게 앞서고 있음을 보고했다. 일본, 미국, 유럽의 모든 지역에서 최고 성과의 공장은 가장 낮은 성과의 공장들보다 노동생산성은 2배 이상, 불량률은 절반, 재고는 2주에서 2시간의 생산 분량으로 줄어든 결과를 보이고 있었다. 미국에서 가장 좋은 성과를 내던 공장은 노동생산성 및 품질 측면에서는 일본 최고의 공장과 비교할 만했지만 유럽의 공장들은 훨씬 뒤떨어져 있었다. 즉 미국 최고의 공장들은 TPS를 적용하여 일본 공장과 경쟁할 수 있었지만, 대다수의 평균적 미국 공장들은 여전히 일본의 수준에 미치지 못한다는 것을 보여주고 있었다.

오늘날 린 생산방식의 개념, 원칙, 기법들이 **린 사고**(lean thinking)로 일컬어지고 있으며, 많은 글로벌 기업들에 의해 사용되고 있다. 미국의 3M, 벤딕스(Bendix), 블랙&데커, 브릭스&스트래튼(Briggs&Stratton), 디어&컴퍼니, 이튼(Eaton), 포드, 제너럴 일렉트릭(General Electric), HP, 허니웰, IBM, 유나이티드 헬스케어(United Health Care), 웰스 파고(Wells Fargo) 등의 기업들이 린 사고를 도입한 기업들로 유명하다. 거의 모든 경우에 재고회전율 증가(연간 50회에서 100회로), 뛰어난 품질, 괄목할 만한 원가절감(15~20%)이 보고되었다.

## 7.2 린의 기본원칙

**LO7.2** 린 사고의 기본
원칙 다섯 가지와 린 시
스템에서의 일곱 가지
낭비 유형

린 사고(lean thinking)란 업무를 처리하는 프로세스에 대한 사고방식의 하나라고 할 수 있다. 린 사고는 특정 개념, 원칙, 기법을 포함하여 다섯 가지 기본원칙으로 특징지을 수 있다. 이들 기본원칙은 효율적으로 고객에게 가치를 제공하는 것을 목표로 한다.

가치 창출

린 사고의 첫 번째 기본원칙은 제품 혹은 서비스의 어떤 면이 고객이 기대하는 가치를 창출하는지를 명확히 규명하는 것이다. 가치(value)는 고객에 의해 정의되며, 고객이 원하는 장소에서, 원하는 시간에, 기꺼이 지불하고자 하는 가격으로 고객이 원하는 제품 혹은 서비스를 제공하는 것이다. 가치는 기업이 정의하는 것이 아니라 고객의 소리(voice of the customer)로 고객이 직접 말하는 것이다. 때로는 고객이 당면한 문제를 해결해 주는 해법이 가치이다. 따라서 가치는 동태적인 특성을 지니며, 고객의 기호가 변하듯이 가치도 시간이 지남에 따라 변화한다. 기업은 고객이 가치를 두는 제품과 서비스의 특성을 설계하고 제공해야하며, 가치를 두지 않는 활동은 하지 말아야 한다. 즉 가치 없는 제품 특성은 제거하고, 서비스 시스템의 경우는 고객의 대기시간을 줄여야 한다.

린 사고에서 **낭비**(waste)는 고객에게 전달하기 위해 생산하는 제품 혹은 서비스에서 가치에 기여하지 않는 모든 것을 의미한다. 이러한 낭비는 고객이 인지하는 가치를 넘어서는 비용을 발생시키게 된다. 낭비를 일컫는 일본어는 **무다**(muda)이다. 많은 프로세스에서 고객에게 가치를 가져다주는 시간은 전체 스루풋 시간의 단지 5~10%에 불과하다. 분명한 낭비라면 기업은 제거하기를 원하겠지만 낭비의 많은 형태가 겉으로 드러나지 않는다. 예를 들어 어느 제품의 생산에서 실제로 가치가 더해지는 생산시간은 단지 3시간에 불과하지만 실제로 생산에 걸리는 시간은 1주일이 될 수도 있다. 기계나 작업자가 작업 가능한 상태가될 때까지 제품이나 고객이 기다리는 시간, 필요한 자재를 찾는 시간, 작업의 오류를 수정하는 시간 등이 비부가가치 시간에 해당된다.

〈표 7.1〉에서 TPS의 아버지로 인식되는 토요타의 기술자였던 다이이치 오노(Taiichi

표 7.1
일곱 가지 유형의
낭비

출처 : Adapted from Taiichi
Ohno, *Toyota Production
System: Beyond Large-Scale
Production.* (New York:
Productivity Press, 1988).

- 과잉생산 : 고객의 수요보다 더 많이 생산하여 불필요한 재고, 관리, 서류 작업, 창고 공간으로 이어짐
- 대기시간 : 기계와 작업자가 공급업체나 선행 작업으로부터 일거리를 기다리거나 고객이 대기줄에서 기다림
- 불필요한 운반 : 잘못된 배치, 상호 조율의 부족, 잘못된 조직화로 인해 자재를 이중, 삼중으로 반복이동
- 초과 가공 : 프로세스의 잘못된 설계와 부적절한 유지보수로 추가적인 노동과 기계시간이 필요
- 과잉 재고 : 큰 로트 크기, 잘못된 수요예측, 잘못된 생산계획 때문에 재고가 쌓임
- 불필요한 동작 : 작업자의 불필요한 동작이나 자재를 가지러 가는 추가 움직임
- 불량 : 불량품을 생산하고 분류해내는 과정에 사용되는 자재·노동·생산능력, 또는 고객에 대한 품질보증비용

Ohno)가 규정한 일곱 가지 유형의 낭비를 정의하고 있다. Womack과 Jones의 저서인 린 사고(Lean Thinking)에서는 작업자의 과소 활용(underutilization of workers)을 여덟 번째 낭비 요소로 정의했다. 그 이유는 작업자의 정신적·육체적 능력을 인지, 개발, 활용을 못하기 때문에 발생하는 낭비로서 종업원 교육훈련을 제대로 못했거나 종업원의 높은 이직률, 종업원을 존중하지 않는 조직문화 등에 기인한다.

**가치흐름**

린 사고의 두 번째 기본원칙은 제품 혹은 서비스 프로세스의 가치흐름을 규명하고 연구하고 개선하는 것이다. **가치흐름**(value stream)을 통해 제품이나 서비스를 생산하고 전달하는 프로세스의 모든 단계와 작업을 처음부터 끝까지 파악할 수 있다. 가치흐름에는 가치를 창출하는 단계 및 작업뿐 아니라 가치를 창출하지 못하는 것들도 포함될 수 있다. 따라서 가치흐름 분석의 목표는 프로세스에서 가치를 창출하지 못하는 부분을 찾아 제거하는 것이다.

이와 관련된 기법으로는 **가치흐름도**(value stream mapping)가 있다. 이것은 프로세스의 가치흐름을 시각적으로 표현한 것으로 앞서 살펴본 프로세스 흐름도와 유사하다. 가치흐름도를 작성하기 위해서는 프로세스 내부의 작업과 그 흐름을 현장에서 직접 관찰하여 개선의 기회를 찾는 것인데, 이를 일본에서는 **겜바**(gemba)라고 부른다. 가치흐름도는 프로세스의 시작점과 종료점, 그 사이의 단계와 작업들, 프로세스의 성과정보를 나타내준다. 〈그림 7.1〉은 의료클리닉에서 환자의 흐름을 간단하게 보여주는 가치흐름도이다. 가치흐름도

그림 7.1 의료클리닉에서의 가치흐름도

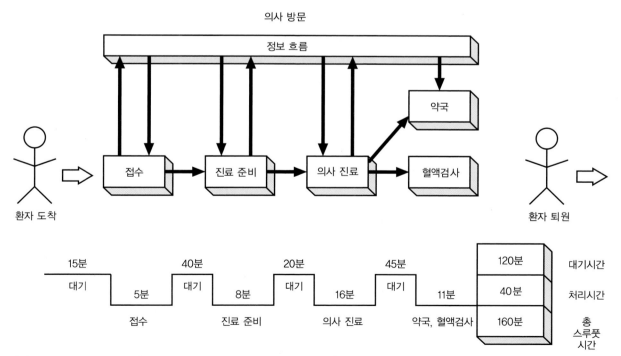

출처 : Bushell, Mobley & Shelest, "Discovering Lean Thinking at Progressive Health Care," *Journal of Quality & Participation* 25, no. 2, pp. 161–191.

를 분석하고, "이 단계 혹은 작업이 고객에게 가치를 창출해 주는가?"와 같은 질문을 던지고 해답을 찾아보면서 프로세스를 개선할 수 있다. 프로세스의 성과를 향상시키고 궁극적으로 고객에게 가치를 제공하기 위해서는 그림에서의 환자가 대기줄에서 기다려야 하는 상황처럼 불필요하면서 부가가치가 더해지지 않는 단계와 작업을 줄이거나 제거해야 한다.

**순조로운 흐름**    린 사고의 세 번째 기본원칙은 프로세스 내부의 흐름을 간결하고 순조롭게 만들고, 오류를 없앰으로써 낭비를 제거하는 것이다. 이 원칙을 설명하기 위해 〈그림 7.2〉를 살펴보기로 하자. 이 그림에서 생산은 개울물의 흐름, 물의 수위는 원자재·재공품·완제품의 재고로 비유된다. 개울의 바닥에 있는 바위들은 품질, 공급자, 배송, 기계고장 등과 관련된 문제점을 의미한다. 전통적인 접근법에서는 바위들(문제점)을 모두 잠기게 할 정도로 많은 재고를 보유하면서 물이 흐르게 하는 것이었다. 하지만 린 사고에서는 정반대로 물(재고)의 수위를 낮춰서 바위(문제점)를 수면 위로 노출시킨다. 이 바위들을 분쇄하면(문제점을 해결하면) 물의 수위를 더 낮추어 더 많은 바위들을 노출시킨다. 모든 바위들이 조약돌이 될 때까지 이 과정을 반복하면 개울의 흐름은 낮은 수위에서도 매끄럽고 간결해진다. 즉 적은 재고를 보유하면서 원하는 생산율을 달성할 수 있게 된다. 이 비유에 의하면 재고를 시스템에서 낭비를 초래하는 문제점을 감추는 요소로 보고 있다.

흐름이 간결하고 순조로우며 오류가 없다는 것의 의미는 생산흐름이 생산을 할 때마다 혹은 고객을 서비스할 때마다 달라지지 않는다는 뜻이다. 따라서 흐름이 예측 가능하여 작업자와 장비의 자원이 적합하고 정확하게 각 생산 단계에 투입되도록 만든다. 또 다른 의미는 작업자들은 자신의 작업이 선행 작업 및 후행 작업과 어떻게 연결되어 있는지를 이해하고 있어야 한다는 뜻이다. 그렇게 함으로써 프로세스의 각 단계가 누구에 의해 수행되는지가 투명해지면서 각 단계들이 모호함 없이 연결된다. 이때의 목표는 동일한 작업이 중복되어 일어나지 않도록 하는 것인데, 예를 들어 볼트를 다시 죄든지, 서류작업을 다시 확인한다든지, 고객에게 동일한 정보를 다시 묻는 것 등과 같은 중복을 없앨 수 있다. 흐름을

그림 7.2  간결하고 순조로우며 낭비 없는 흐름을 개울에 비유

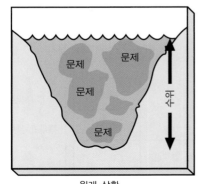
원래 상황
(재고가 문제를 감추고 있음)

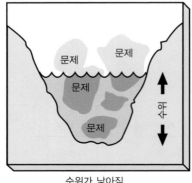
수위가 낮아짐
(문제가 노출됨)

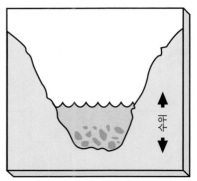
물이 순조롭게 흘러감
(문제들이 해결됨)

간결하고 순조롭게 일어나도록 만드는 기법이 많이 있는데, 이들에 대해서는 이 장의 후반부에서 살펴볼 것이다.

흐름을 간결하고 순조로우며 오류가 없도록 만드는 목표를 공급업체를 포함하는 공급사슬로 확장할 수 있다. 린 생산에서의 작업자와 공급업체는 후행 프로세스를 위해서 적합한 품질의 부품을 제시간에 생산해야 하는 책임을 지고 있다. 공장의 경우에 작업자가 작업 도중에 불량품이나 빠진 요소를 발견하게 되면 안돈(andon, 줄을 의미하는 일본어)을 잡아당겨 기술자의 도움을 바로 구해야 한다. 이렇듯 린 시스템에서의 작업자와 공급업체는 그 책임의 범위가 넓을 뿐 아니라 프로세스 개선의 아이디어를 도출하는 책임도 지고 있다. 이들이 품질팀이나 제안제도와 같은 참여방식으로 생산 프로세스를 개선하게 된다. 이 아이디어의 배경에는 어떤 작업을 가장 잘 아는 사람은 바로 그 작업의 담당자이기 때문에 작업방식을 개선하는 최적의 위치에 있다는 것이다. 따라서 린 사고는 작업자와 공급업체의 역량을 최대로 활용하도록 만든다.

**고객에 의한 풀 시스템**

린 사고의 네 번째 기본원칙은 고객이 끄는(pull) 것만 생산하는 것이다. 이 원칙은 전통적 대량생산의 **푸쉬**(push) 방식을 린 생산의 **풀**(pull) 방식으로 바꾸는 것이다. 푸쉬 방식이란 예측오차를 내포한 수요예측을 바탕으로 생산계획을 수립하고, 그 계획에 의해 수요 발생 이전에 제품 혹은 서비스를 미리 생산하는 것이다. 재고의 필요성과는 무관하게 프로세스의 각 단계는 생산계획에 의해 큰 뱃치 크기로 생산하여 다음 단계로 밀어 넘기게 된다. 그렇게 함으로써 생산자원을 최대로 활용할 수 있어 생산원가를 낮출 수 있기 때문이다.

이와는 반대로, 풀 시스템에서는 프로세스 하류(downstream)의 고객이 주문을 할 때 비로소 생산을 하고 그 주문을 충족시킨다. 공장의 경우는 후행 작업, 공급사슬의 경우는 고객업체가 어떤 제품이 언제 필요한지의 주문을 하고, 그 주문이 프로세스의 상류로 단계별로 전달된다. 상류의 프로세스는 하류의 프로세스로부터 생산요구가 있기 전에는 생산을 할 수 없기 때문에 재고가 최소로 유지된다. 주요 항공사들이 사용하는 '허브 앤 스포크(hub and spoke)' 시스템을 푸쉬 시스템의 예로 볼 수 있다. 반면에 풀 시스템으로 운영하는 항공사는 허브가 없는 직항 노선으로 운영하는 경우이다. 자신의 목적지에 가기 위해 허브를 거쳐서 가는 것을 원하는 고객은 없을 것이지만 푸쉬 시스템의 항공사는 효율성을 위해 허브를 두고 있다.

**완벽 추구**

린 사고의 다섯 번째 기본원칙은 완벽함을 추구하는 것이다. 완벽함을 위해서는 모든 프로세스의 지속적인 개선 노력이 필요하며, 필요하다면 급진적인 변화도 수반되어야 한다. 지속적 개선이 이루어질 때 고객에게 계속해서 더 큰 가치를 제공할 수 있다. 여기서 **완벽함**(perfection)이란 고객의 요구에 적합한 제품과 서비스를, 정시에, 빠르게 전달하는 것을 말한다. 고객의 요구가 변하면 가치의 정의도 변하게 되므로 완벽함의 정의도 따라서 바뀌게 된다. 그러므로 개선을 위한 노력에는 끝이 없는 것이다.

린 사고에서 완벽함을 위해 필요한 프로세스 변화는 실험과 가설검정과 같은 과학적 기법을 사용하여 이루어져야 한다. 단순히 직관에만 의존하여 프로세스를 변화시켜서는 안 되고, 린 사고는 과학적으로 도출된 증거에 입각하여 의사결정하는 것을 강조한다.

**린 사고의 기법들**

생산 프로세스의 개선을 위한 간단하면서도 유용한 기법으로서 **5 whys**기법이 있다. 이는 프로세스에서 발견된 문제점(예 : 제품결함, 배송지연)의 인과관계를 체계적으로 탐색하는 문제해결기법이다. 이 기법은 적어도 다섯 번의 왜(why) 질문을 함으로써 발견된 문제점의 근본 원인을 찾게 해 주며, 올바른 문제해결로 동일한 문제가 다시 발생하지 않게 해준다. 예를 들어 트럭이 시동이 걸리지 않는다고 하자. 왜? 배터리가 죽었다. 왜? 얼터네이터 (alternator) 발전기가 고장이다. 왜? 얼터네이터 벨트가 끊어졌다. 왜? 안내된 서비스 일정에 따라 트럭이 유지보수되지 않았다. 왜? 트럭이 구식이기 때문에 수리부품이 없다. 이렇게 반복되는 질문으로 근본 원인을 찾으면 해결책을 도출할 수 있다. 즉 수리부품을 판매하는 판매처를 찾거나 혹은 유지보수가 가능한 트럭으로 교체하는 것이다.

린 시스템의 또 다른 기법으로 널리 알려진 것이 5S이다. 이것은 종업원의 사기, 안전한 작업환경, 프로세스 효율성을 위해 작업장(예 : 생산현장, 사무실, 병원 등)을 재조직하는 기법이다. 이 기법의 이름은 다섯 가지 일본 용어에서 딴 것으로, 〈표 7.2〉에서 정의하고 있다. 5S기법으로 작업장이 잘 조직화되어 있으면 도구 혹은 서류철과 같은 '물건'들을 찾는 데 시간을 낭비하지 않을 수 있으며, 제자리에 놓여 있지 않은 것들을 빠르게 알아차릴 수 있다. 종업원으로 하여금 어떤 물건을 어떻게 그리고 어디에 보관할지를 스스로 결정하게 하여 종업원들이 주인의식을 갖도록 만들고, 작업의 표준화를 돕고, 안전한 작업환경을 만들어주며, 프로세스가 복잡해지는 것을 방지해 준다. 뒤페이지의 운영선도사례를 참고하기 바란다.

지금까지 보았듯이 린 사고의 다섯 가지 기본원칙은 많은 기법과 개념을 포함하고 있다. 다음 절에서 우리는 널리 사용되는 다양한 기법을 보다 자세히 살펴보고자 한다.

표 7.2
5S

| 용어 | 해석 | 설명 |
|---|---|---|
| Seiri | 정리 | 필수적인 것들만 남기기 위해 어떤 것을 유지하고 어떤 것을 버릴지 결정한다. |
| Seiton | 정돈 | 작업의 흐름이 효율적으로 이루어지도록 필수적인 것들을 정돈한다. |
| Seiso | 청소 | 항상 말끔히 치워 현장을 청결한 상태로 유지한다. |
| Seiketsu | 표준화 | 업무를 표준화하고 정리-정돈-청소를 적용한다. |
| Shitsuke | 습관화 | 정리-정돈-청소-표준화를 습관화한다. |

## 운영선도사례    5S + 안전 = 6S!

미국환경보호청(EPA)은 기업들이 유해 화학물질을 안전하게 저장할 수 있도록 교육훈련 자료를 제공하는 6S(5S+안전) 프로그램을 운영하고 있다. 이 교육은 5S기법을 활용하여 보관장소에 방치되어 있는 사용되지 않는 화학물질을 제거하고, 사용되는 화학물질은 실제 사용하는 작업장으로 분산배치하고, 보관장소를 정돈하고, 표식을 붙여서 화학물질을 쉽게 찾고, 없어진 물질을 쉽게 발견할 수 있도록 하고 있다.

아래의 사진은 어느 생산공장에서 5S 활동을 하기 전에 화학물질들이 정돈되어 있지 않아서 쉽게 찾기가 어려운 상황을 보여주고 있다. 5S를 도입한 후에 보관 수납장에 필요한 화학물질만을 단지 수일 사용분만을 보관하면서 선반에 표식을 붙여 놓았다. "누구라도 어떤 물건을 30초 이내에 찾을 수 있도록 하는 것이 기본 규칙이다."

안전을 의미하는 여섯 번째 S가 표준 5S에 추가되었다. 화학물질의 안전한 사용과 보관을 위해서 6S 교육이 기업들에게 화학물질 보관장소에 적절한 경고 표식을 붙이고, 주위 공간을 깔끔하게 정돈하는 데 도움이 되었다.

이 예에서 보듯이 5S와 같은 린 개념은 기업이나 상황에 맞도록 맞춤될 수 있다. 여기서는 위해한 화학물질을 취급하는 작업장에서 필요로 하는 안전이 5S에 추가된 사례이다.

출처 : www.epa.gov(2016).

이전

이후

## 7.3  기준생산계획의 안정화

**LO7.3** 반복생산시스템을 위한 기준생산계획의 안정화

기업이 간결하고 순조로우며 오류가 없는 흐름을 달성하기 위한 하나의 방법은 매일 수행되는 작업량을 평준화하는 것이다. 서비스에서의 의미는 매일의 고객 수를 일정하게 계획하든지 혹은 광고나 가격정책으로 고객의 수를 균일한 수준으로 만든다는 뜻이다. 이러한 기법을 **기준생산계획의 안정화**(stabilizing the master schedule)라고 일컫는다. 이 개념이 서비스에서는 일반적으로 활용되지 않지만 여전히 이 개념을 적용할 수 있다.

제조업에서의 생산계획 수립 프로세스는 장기 생산계획 수립부터 시작하여 연간, 월별, 일별 계획으로 구체화하게 된다. 제품의 기준생산계획은 각 기계나 작업자의 작업량을 거의 동일한 수준으로 만드는 것을 목표로 한다. 예를 들어 1개월의 생산계획이 10,000개의 A제품, 5,000개의 B제품, 5,000개의 C제품으로 사전에 수립되었다고 가정하자. 만약에 한 달 동안의 작업일수가 20일이라고 하면 하루 동안의 생산은 각 제품의 1/20씩(500개의 A, 250개의 B, 250개의 C) 생산하는 것이다. 게다가 이들이 생산라인에 올려질 때에는 개별 단위의 생산순서가 혼합(예 : AABC/AABC/AABC/)되어 이루어지도록 한다. 즉 A제품을 2단위 만들때 B와 C는 1단위씩 만들도록 한다. 자동차 조립공장에서의 프로세스는 흔히 이런 방식으로 동일한 생산라인에서 다양한 모델을 생산하는데, 매일매일의 각 모델 생산 수량과 판매되는 수량을 거의 동일하게 하여 재고를 최소로 유지하고자 함이다.

수요에 공급을 맞추는 것은 **택트타임**(takt time)으로 설명할 수 있다. 택트(takt)는 독일어로 오케스트라 지휘자가 음악의 빠르기를 조절하기 위해 사용하는 지휘봉을 의미한다. 린 시스템에서 택트타임이란 각 산출물이 생산완료되는 시간의 간격을 말한다. 예를 들어 택트타임이 2분이라는 것은 제품 한 단위가 매 2분 간격으로 생산되는 것이며, 한 시간 동안 30개의 제품을 생산한다는 것이다(60/2). 린 시스템에서는 생산의 택트타임을 시장의 평균 수요율과 같도록 만들어서 생산량이 수요량과 같아져 재고를 최소화할 수 있다.

택트타임은 생산 가능한 시간을 그 시간 동안의 시장 수요량으로 나누어서 계산된다. 만약 시장 수요량이 하루 동안 평균적으로 1,000개의 제품이고, 하루 동안 생산 가능한 시간은 7시간(420분)이라면, 택트타임은 420÷1000=0.42(분/개)가 된다. 따라서 시장의 수요를 만족하기 위해서는 매 0.42분마다 한 단위씩 생산되어야 한다. 생산속도가 택트타임보다 느리면 수요를 충족하지 못하게 되며, 반대로 생산속도가 택트타임보다 빠르면 재고가 쌓이게 된다. 즉 택트타임은 평균 수요와 동일한 비율로 생산하고자 하는 개념이다.

린 시스템에서의 생산은 수요를 적시에 충족하도록 일정이 수립되기 때문에 하루의 생산계획량이 정해지면 그 이상의 생산을 허용하지 않는다. 예를 들어 하루의 생산할당량을 6시간 만에 완성했다면 생산을 멈추고 작업자는 유지보수 혹은 품질팀의 활동을 하면서 생산적인 시간을 보낸다. 반대로, 생산이 수요의 속도를 따르지 못했다면 초과근무로 당일에 생산계획량을 맞추어야 한다. 린 시스템의 목표는 매일의 생산을 적정량으로만 하는 것이기 때문에 생산량과 수요량이 근접하게 되어 완제품 재고를 최소화하게 된다. 또한 이렇게 함으로써 모든 작업장과 외부 공급업체에게도 균일한 작업량이 부과되므로 재공품과 원자재 재고를 줄이는 데도 도움이 된다. 대량생산시스템에서는 효율성의 이유로 시장 수요와는 무관하게 생산의 로트 크기를 크게 하여 재고가 많이 쌓이게 되는 특징이 있는데 린 시스템은 이와는 대조적이다.

안정된 기준생산계획과 균일한 작업량이 린 시스템의 장점을 실현하기 위해 도움이 되는 요소지만 린 시스템의 엄격한 구성요소는 아니다. 예를 들어 미니애폴리스 심장병원(MHI)은 린 사고를 바탕으로 환자 치료시스템을 설계했다. 미네소타주의 지방에서 발생하는 심장마비 환자는 현지 병원에서 치료가 어려워 대도시인 미니애폴리스의 MHI로 긴급히 이송되는데, 심장마비 환자의 발생이 무작위이므로 환자 치료 서비스의 수요가 안정적이지 못하다. 따라서 택트타임의 개념으로 서비스 치료를 계획할 수 없었다. 그렇지만 MHI는 비부가가치 활동을 제거하고 치료 프로세스에서의 흐름을 간결하고 신속하게 만들어서 환자 치료의 평균 시간을 린 사고 적용 이전의 3~4시간에서 95분으로 단축했다. 그러자 환자의 사망률도 국가 평균의 반으로 줄었다. 이 예에서 보듯이 린의 모든 기법이 모든 상황에서 항상 적용되는 것은 아니고, 유연하게 필요에 따라 적용되고 있다.

## 7.4 칸반시스템을 이용한 흐름 통제

**LO7.4** 린 시스템에서의 칸반시스템 설계

**칸반**(kanban)은 린 시스템에서 생산을 지시하고 자재를 이동시키는 방법으로서 고객이 주문하는 것만을 생산한다는 린의 기본원칙을 실행하는 수단이다. 일본어로 칸반이란 표식(카드, 사인, 간판)이라는 뜻으로, 순차적 프로세스를 통과하는 부품의 이동과 시점을 통제한다. 칸반시스템은 매우 단순하면서 시각적인 방법을 사용하는 '부품 인출의 시스템'으로서 카드와 용기를 이용하여 부품을 한 작업장에서 다음 단계로 적시에 이동시킨다. 서비스업에서도 재고수준을 통제하거나 문서 혹은 고객처럼 서비스의 작업대상을 프로세스를 통해 이동시키는 목적으로 칸반시스템이 사용될 수 있다. 하지만 칸반이 주로 제조업과 관련되어 있기 때문에 생산시스템을 통해 생산품을 끌어당기는 용도로 칸반이 어떻게 이용되는지를 설명하고자 한다.

칸반시스템의 목적은 후행 작업장에서 부품의 공급을 요구하는 신호를 선행 작업장으로 보내고 요구량만큼만 적시에 생산되도록 하는 것이다. 부품은 작은 용기에 담기며, 용기는 정해진 개수만 사용된다. 모든 용기가 생산부품으로 가득 차면, 후행 작업장에서 빈 용기가 돌아올 때까지 생산을 더 이상 하지 않는다. 따라서 재공품 재고는 사용되는 용기 수에 의해 제한받게 된다.

시장 수요에 맞춰 수립된 최종조립의 생산일정이 작업장별로 부품을 적시에 이동시키도록 만든다. 생산을 지시하는 부서가 매일 거의 동일한 생산일정계획을 최종조립라인에 전달하면, 모든 작업장의 작업자는 후행 작업장(고객 작업장)으로부터 생산주문을 칸반으로 받는다. 만약 후행 작업장에서 생산을 멈추면 선행 작업장(공급 작업장)에서는 모든 부품 용기가 채워져 있고 후행 작업장으로부터는 빈 용기가 돌아오지 않기 때문에 마찬가지로 생산을 멈추게 된다. 이러한 칸반시스템을 공급업체로 확장한다면 고객 기업의 공장에서 주문을 할 때에만 공급업체가 반응하여 공급하도록 만든다.

칸반시스템이 물리적으로 어떻게 통제시스템이 될 수 있는지 살펴보도록 하자. 작업장 A와 작업장 B 사이에는 8개의 용기가 이용되고(A가 B에게 공급), 각 용기에는 20개의 부품을 담을 수 있다고 가정하자. 두 작업장 사이에서 존재할 수 있는 재고의 최대량은 160개(8×20)이며, 모든 용기가 가득 차면 작업장 A의 생산이 멈추게 된다.

〈그림 7.3〉은 8개의 용기가 어떻게 이용되는지 보여주고 있다. 3개의 용기는 작업장 A의 저장소에 위치하고 있으며 생산된 부품으로 가득 차 있다. 1개의 용기는 현재 작업장 A에서 생산되고 있는 부품으로 채워지

**허니웰의 칸반 스퀘어.** 칸반 스퀘어는 점선의 사각형으로 표시되어 있으며, 이 스퀘어 안에는 1개의 캐비닛만 위치하도록 한다. 후행 작업장에서 캐비닛을 인출하여 스퀘어가 비게 되면 다음 캐비닛을 생산하게 된다.

© The Hands-On Group, Inc. www.handsongroup.com.

그림 7.3  칸반시스템

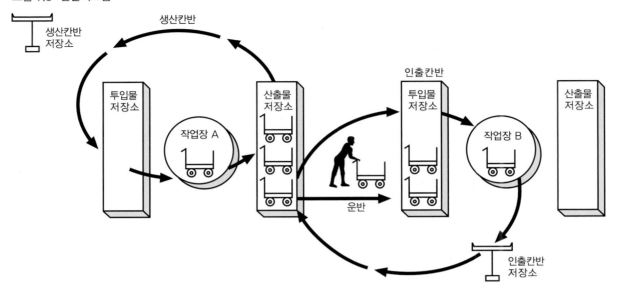

고 있는 중이다. 또한, 가득 찬 1개의 용기가 A에서 B로 이동하고 있으며, 2개의 용기는 작업장 B의 저장소에 위치하고 있다. 마지막으로 1개의 용기는 작업장 B에서 사용되고 있다. 이들 두 작업장 사이에 용기가 8개나 필요한 이유는 작업장 A가 B 이외의 다른 작업장을 위해서도 부품을 생산하며, 작업장 A의 기계가 고장날 경우를 대비해야 하고, A에서 B로 이동하는 시간을 언제나 정확히 예측할 수 없기 때문일 것이다.

어떤 기업들은 생산칸반과 인출(이동)칸반의 두 가지 유형을 이용하여 용기의 흐름을 통제하기도 한다. 이러한 칸반들은 생산을 승인하고 용기 안에 있는 부품이 무엇인지 확인하기 위해 사용된다. 생산의 통제를 위해 칸반 카드 대신에 바닥에 사각형 공간(칸반 스퀘어)을 표시하여 그곳에 용기가 없으면 선행 작업장에 생산 주문을 하는 것으로 인식하는 방법을 사용하기도 한다. 가장 중요한 점은 시각적인 표식을 사용한다는 것이다. 비어 있는 용기가 쌓이면 작업장에서의 생산이 뒤처져 있다는 신호이며, 모든 용기가 가득 차 있다면 생산을 멈춰야 한다는 신호이다. 생산로트의 크기는 용기에 담기는 수량과 동일하며, 모든 부품이 고정된 크기의 용기에 가지런히 담기게 된다. 이 모든 것이 생산작업이 진행되어야 할지 멈춰야 할지를 표시하는 시각적 표식이다.

한 작업장에서 필요로 하는 용기의 수는 수요율, 용기의 크기, 용기의 순환 리드타임을 이용하여 다음과 같이 구할 수 있다.[2]

$$n = \frac{DT}{C}$$

$n$ = 용기의 총 개수

---

[2] 수요 혹은 시간의 불확실성을 고려해서 분자에 안전재고를 더할 수 있다.

$D$=생산부품을 사용하는 작업장으로부터의 수요율

$C$=용기의 크기(보통은 1일 수요의 10%보다 작음)

$T$=용기가 전체 순환을 완료하는 데 걸리는 시간(용기가 생산부품으로 채워지고, 대기하고, 이동하고, 사용되어 빈 용기로 다시 돌아오는 데 걸리는 시간으로 리드타임이라고도 함)

---

**예제**

부품을 사용할 후행 작업장의 수요가 1분당 2개이며, 용기에는 25개의 부품을 담을 수 있다고 가정해보자. 또한 용기가 작업장 A에서 작업장 B를 거쳐 되돌아오는 데는 100분의 리드타임이 소요된다. 이 경우 8개의 컨테이너가 필요한 것을 알 수 있다.

$$n = \frac{2(100)}{25} = 8$$

재고의 최대량은 용기 크기에 사용되는 용기의 수를 곱한 200개($8 \times 25$)가 된다.

$$재고의 \ 최대량 = nC = DT$$

---

용기의 크기를 줄이거나 용기의 개수를 줄이면 재고를 줄일 수 있다. 이를 위해서는 용기가 순환하는 데 걸리는 시간을 줄여야 한다. 그 시간이 단축되면 사용되는 칸반의 수를 줄이고, 그에 상응하는 용기의 수를 줄일 수 있게 된다. 지속적 개선의 기법으로 재고를 줄이는 것이 바로 린 시스템에서의 관리자와 작업자가 지는 책임이다. 즉 생산시간, 대기시간, 이동시간 등으로 구성된 **리드타임의 단축**(reducing lead time)이 핵심이다.

칸반시스템의 완성된 형태는 모든 작업장을 서로 연결했을 때이며, 더 나아가서 공급업체까지도 연결했을 때이다. 그러한 형태의 시스템에서는 시각적인 통제 수단을 이용하여 모든 자재가 생산시스템 안에서 최종조립의 일정계획에 따라 풀 방식으로 이동하게 된다.

## 7.5 가동준비시간 및 로트 크기의 감축

**LO7.5** 린 사고와 생산준비시간, 로트 크기, 설비 배치, 유지보수의 연관성

비부가가치 활동을 제거하기 위해 린 사고가 적용하는 또 하나의 기법이 가동준비시간(setup time)과 로트 크기의 단축 기법이다. 가동준비시간이란 부품 생산을 시작하기 위해 기계를 준비시키는 비생산적인 시간을 말한다. 서비스에서는 고객에게 서비스하기 전에 준비하는 시간을 말하며, 예를 들면 치과에서 환자의 상태를 검사하기 위해 의자에 앉히고 의자 위치를 조정하는 시간이다.

**가동준비시간의 단축**(reducing setup) 혹은 작업교체시간의 단축은 린 생산시스템에서 매우 중요하다. 가동준비시간을 단축하게 되면 가용 생산능력이 증가하고, 생산일정 변경 시에도 유연하게 대처할 수 있으며, 재고도 줄어든다. 또한 가동준비시간이 0에 가까워지면

생산 로트 크기를 가장 이상적으로 한 단위까지 다가갈 수 있다. 그렇게 되면 택트타임을 시장의 수요율 및 생산율과 동일하게 만들 수 있다.

생산관리자는 대개 제품 한 단위의 생산시간 단축에 집중을 하고 가동준비시간은 도외시하는 경향이 있다. 장시간 동안 대량으로 생산한다면 가동준비시간보다는 생산시간이 더 중요할 수 있다. 하지만 최선의 방법은 가동준비시간과 생산시간 모두를 줄이기 위해 노력하는 것이다. 그러기 위해서는 엔지니어, 관리자, 작업자들 모두가 가동준비 프로세스에 관심을 기울일 필요가 있으며, 때로는 새로운 장비와 기법이 필요하기도 하다.

가동준비시간의 단축에 그동안 관심을 두지 않았다면 획기적인 시간 단축의 여지가 많을 것이다. 예를 들면 GM에서는 프레스 설비에 금형을 교체하는 데 소요되는 시간을 6시간에서 18분으로 줄였다. 이로 인해 이 공정에서의 재고비용이 100만 달러에서 10만 달러로 줄어들었으며, 리드타임이 축소되었고, 생산능력의 활용도도 증가했다. 병원의 예를 들면, 많은 병원들이 수술실에서 한 환자의 수술이 끝난 후 다음 환자의 수술 시작까지 소요되는 시간을 단축하는 것에 초점을 두고 있다. 이 프로세스에 린 개념을 도입한 병원은 최대 30분을 단축하여 수술실의 가용능력을 증가시킨 사례를 보고하고 있다.

많은 기업들이 추구하는 **한 자릿수 가동준비**(single setup)는 가동준비시간을 10분 이내로 완료하는 것을 의미하며, **원터치 가동준비**(one-touch setup)는 1분 이내로 가동준비를 완료하는 것을 뜻한다. 이렇게 가동준비시간을 줄이기 위해서는 가동준비의 프로세스를 2단계를 거쳐 설계할 필요가 있다. 첫째는 외부 가동준비와 내부 가동준비를 구분하는 것이다. **내부 가동준비**(internal setup)란 기계를 멈추어야만 할 수 있는 준비활동을 말하고, **외부 가동준비**(external setup)는 기계가 작동되는 동안에 할 수 있는 준비활동을 말한다. 야구경기에서 한 타자가 타석에서 배팅하고 있을 때 다음 타자가 준비타석에서 워밍업하는 것을 외부 가동준비의 비유로 생각할 수 있다. 둘째는 내부 및 외부 가동준비를 분리한 다음에 가능한 한 많은 내부 가동준비를 외부 가동준비로 전환하도록 노력해야 한다. 예를 들어 두 세트의 금형을 이용하면서 한 세트는 기계 내부에 장착하여 생산에 사용하면서 다른 한 세트는 다음 생산을 위해서 준비하는 데 사용하는 방법을 적용하는 것이다. 혹은 작업 전환을 도와주는 기구를 개발하여 사용하거나 하여 내부 가동준비를 최소화하면 다음 작업을 신속히 수행할 수 있게 된다.

가동준비시간을 단축하기 위해 종업원에게 연습을 시키기도 한다. 신속한 작업 전환의 좋은 사례를 자동차 경주에서 찾아볼 수 있다. 경주 중간에 경주차에 연료를 채우고 타이어를 교체하고 창문을 닦는 행위가 가동준비작업이라 할 수 있는데 이 작업이 아주 짧은 시간에 매우 숙련도가 높은 피트크루(pit crew)에 의해 행해진다. 가동준비시간의 단축을 위한 기법들을 활용하여 준비작업을 신속히 한 사례로는 사우스웨스트

피트크루가 경주차의 신속한 재출발을 위한 준비를 하고 있다.
U.S. Air Force photo by Master Sgt Michael A. Kaplan

항공사를 들 수 있다. 사우스웨스트는 비행기가 착륙하기 전에 다음 비행을 위한 준비의 많은 부분을 수행하여 착륙 후 땅 위에서 행해지는 가동준비가 줄어들어 비행기의 재이륙을 위한 시간을 단축한 것이 사우스웨스트의 성공에 밑거름이 되었다.

가동준비시간의 단축은 동일한 작업장에서 복수의 제품 혹은 모델을 생산하는 경우 특히 유용하다. 앞서 우리는 제품의 생산을 시장 수요율에 맞추어 여러 제품을 혼합된 순서로 작업하는 것에 대해 알아보았다. 그러한 순서로 생산하기 위한 전제조건은 서로 다른 제품생산 사이의 가동준비시간이 거의 0에 가까워야 한다는 것이다. 그렇지 않다면 완벽하게 혼합된 순서로 생산하는 것이 경제적으로 불가능하다. 그런 경우에는 어느 정도의 로트 크기로 생산하면서 로트 크기를 줄이기 위한 노력을 계속해서 기울여야 한다. 한 단위 로트 크기로 생산하고자 하는 목표는 비생산적인 가동준비시간의 단축에 관심과 노력을 집중하게 해 주므로 우리가 포기할 수 없는 목표이다.

## 7.6  설비배치의 변경과 기계의 유지보수

린 시스템은 자연스럽게 설비배치와 기계장비에 영향을 주게 된다. 린 시스템에서는 로트 크기가 작아지고 재고는 사용처 근처에서 보관되기 때문에 흐름이 간결해지는 방향으로 설비배치가 변화된다. 게다가 재고량이 줄어들므로(단지 몇 시간 혹은 며칠분의 공급량) 필요한 저장공간이 줄어들어 작업장의 크기가 클 필요가 없다. 한 조사에 의하면 린 시스템의 공장 규모를 전통적인 공장과 비교해보면 약 1/3의 공간만 필요하다고 보고하고 있다.

린 사고를 적용한 제조공장의 설비배치가 어떻게 달라지는지를 〈그림 7.4〉에서 보여주고 있다. 먼저 그림 (a)에서 전통적인 공장의 설비배치를 보여주고 있는데, 여기서는 공급업체가 부품을 창고로 배송하면 창고에서 내부 작업장으로 투입하고, 때로는 생산 중간의 부분 완성품이 다시 창고에 저장되기도 한다. 린 시스템이 실행되면서 모든 창고가 제거되고, 모든 재고는 그 부품이 사용되는 작업현장에 보관되는 상황을 그림 (b)가 보여주고 있다. 그림 (c)는 그룹 테크놀로지(group technology, GT) 혹은 **셀생산**(cellular manufacturing)으로 진화된 린 시스템의 배치를 보여주고 있다. 이 경우, 작업장들이 제품라인별로 배치되어 부품이 한 방향으로 간결하게 흐르도록 설계되어 있다. 따라서 각 기계 옆에 쌓아두는 완충재고가 제거된 상황을 보여준다. 이렇게 린 사고를 적용하면 자연스럽게 셀생산으로 진화될 수 있다.

린 시스템에서는 기계장비의 **예방적 유지보수**(preventative maintenance)가 매우 중요하다. 작업자가 자신이 다루는 기계장비를 정기적으로 점검하는 것은 마치 차량 보유자가 스스로 오일 상태를 확인하고 정기 검사를 하는 것과 마찬가지다. 린 시스템에서는 작업자가 매일의 생산계획을 정확히 준수함으로써 재고를 최소한으로 유지하기 때문에 기계장비가 예기치 않게 고장나는 것을 예방해야 한다. 린 시스템에서는 생산능력, 재고, 작업자 등 모든 자원의 수가 항상 정량으로 운영되며, 작업자는 자신이 다루는 기계장비와 작업장의 유지보수를 책임진다. 이렇게 함으로써 작업자는 자신의 작업과 작업환경에 대한 통제를 더

그림 7.4
린과 셀생산에서 설비
배치 개선

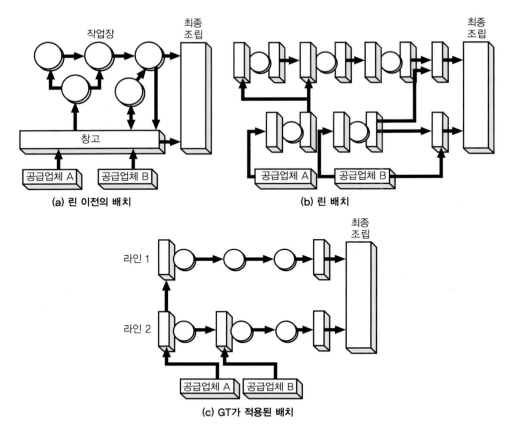

**(a) 린 이전의 배치**

**(b) 린 배치**

**(c) GT가 적용된 배치**

욱 잘할 수 있다. 이같은 유지보수는 정규시간 동안의 생산활동에 지장을 주지 않도록 주로 교대시간 중에 이루어진다.

## 7.7 작업자의 교차교육, 보상, 참여

**LO7.6** 린 시스템에서 종업원, 품질 및 공급업체의 특징

린 시스템의 성공적 운영을 위해 중요한 요소 중 하나는 전통적인 공장에 비해 훨씬 직무 범위가 넓은 작업자들이다. 따라서 인사부서에서는 작업자가 다양한 직무를 수행할 수 있도록 **교차교육**(cross-training)을 시켜야 한다. 제조업의 경우, 한 작업장에서의 작업주문이 없으면 다른 작업장으로 이동하여 그곳에서 작업을 수행해야 한다. 따라서 여러 작업장의 기계장비를 가동준비시키고, 운영하고, 유지보수하고, 작업 결과를 검사할 수 있도록 훈련되어야 한다. 이렇게 교차교육을 받은 작업자의 장점은 생산시스템의 유연성이 높다는 것이다. 병원에서는 여러 병동에서 일할 수 있게 훈련받은 간호사, 공장에서는 다른 작업장으로 전환배치될 수 있는 작업자가 있다면 이들을 필요로 하는 곳으로 언제나 이동시킬 수 있게 된다. 그런 경우라면 특정 작업장에서 만일의 상황에 대비한 추가 작업자를 배치할 필요성이 줄어들게 된다.

작업자의 유연성을 높이기 위해서는 그에 합당한 임금 체계와 보상이 필요하다. 전통적

인 임금 체계는 흔히 연공서열과 직무기술의 수준에 기반을 두었지만, 린 시스템에서는 작업자가 수행하는 직무의 수에 바탕을 두어야 한다. 그렇게 하면 작업자는 더 많은 직무기술을 습득하기 위해 노력할 것이고 더욱 유연성이 높아질 것이다. 하지만, 직무기술 단위로 노동조합이 구성되어 있다면 작업자의 유연성 확대를 원하지 않을 수 있다. 따라서 노동조합과 신뢰관계를 구축하여 린 시스템에서 요구되는 작업자로 발전할 수 있게 함께 노력해야 한다.

린 시스템에서는 작업자와 엔지니어가 문제해결활동에 적극적으로 참여하도록 하기 위해 품질팀이나 제안제도를 실시하게 된다. 생산시스템에 내재되어 있을 수 있는 문제점들을 해결하는 노력을 모든 종업원들이 개인적으로든 팀으로든 기울이도록 종업원들이 자발적으로 참여하고 팀워크를 발휘할 수 있는 환경을 만들어야 한다. 린 시스템은 작업자의 이해와 협조가 없다면 실행될 수 없다. 일부 작업자들은 교차교육을 받고 스스로 유지보수 활동까지 해야 함으로써 스트레스를 받을 수 있다. 이런 작업자는 아마도 린 시스템에 맞는 작업자가 아닐 것이다. 모든 기능부서의 관리자는 종업원이 자신의 새로운 역할을 이해하고 린 방식의 접근법을 수용할 수 있도록 만들어야 한다.

## 7.8  품질의 보장

린 시스템에서는 불량 제품 혹은 서비스가 낭비의 주요 유형이기 때문에 품질은 절대적으로 중요하다. 내적으로는 불량으로 인해 낭비되는 부품과 노동력이 불필요한 비용을 증가시키고, 외적으로는 고객이 기대하는 가치를 충족시키지 못한다. 따라서, 린의 첫 번째 기본원칙에 의해 고객이 기대하는 가치가 창출될 수 있도록 린 시스템의 프로세스가 품질 기반으로 설계되어야 한다.

불량 제품과 서비스는 명백한 낭비이다. 더 중요하게는 불량이 작업자에 의해 발견되면 다음 단계로 넘어가지 않도록 작업자가 프로세스를 중지시킬 수 있어야 한다. 린 시스템에서 프로세스가 멈추게 되면 원인인 품질문제가 곧바로 관심의 대상이 된다. 예를 들어 패스트푸드 레스토랑에서 음식이 적정 온도에 못 미친다면 고객에게의 판매를 중단하게 되고, 따라서 고객의 대기줄이 길어지게 될 것이다. 그러면 고객의 대기시간이 길어지고 고객 가치가 떨어질 것이므로 즉시 문제해결을 해야 한다.

린 시스템에서는 내부의 오류가 있으면 그것을 재고나 다른 방식으로 덮는 것이 아니라 오류를 노출시켜 그 장소에서 해결되도록 시스템을 설계한다. 품질문제를 재고로 덮는다는 의미는 품질문제가 발생하더라도 해당 부품만 더 진행하지 못하도록 하고 추가로 보유한 재고를 이용하여 프로세스가 멈추지 않고 계속 진행될 수 있도록 한다는 의미이다. 이때의 추가 재고는 분명 낭비이다. 하지만, 린 시스템은 추가 재고를 보유하지 않기 때문에 거의 완벽에 가까운 품질이 필요하다. 린의 기본원칙과 기법을 꾸준히 적용한다면 프로세스의 지속적인 개선이 이루어져 원하는 품질을 달성할 수 있을 것이다.

## 7.9 공급업체와의 관계 변화

린 시스템으로 전환하게 되면 **공급업체와의 관계**(supplier relationships)도 근본적으로 변화하게 된다. 린 시스템에서의 공급업체는 구매기업 내부의 작업장과 동일하게 취급된다. 공급업체도 그 부품을 사용하는 프로세스로부터 칸반과 부품 용기를 받으며 빈번한 배송을 적시에 해야 한다. 공급업체를 바라보는 시각은 구매기업의 외부에 위치한 공장 혹은 생산팀으로 인식한다. 이것은 핵심 공급업체를 파트너로 인식하는 현대 공급사슬관리의 사고방식이라고 하겠다.

**린에서의 공급업체는 작은 로트 크기로 빈번한 배송이 요구된다.**
© Mario Tama/Getty Images

린 시스템에서는 인근 지역에 위치한 공급업체들이 하루 동안 여러 번의 부품 배송을 한다. 이것을 **공동입지**(co-location)라고 부른다. 먼 곳에 위치하는 공급업체들은 구매기업의 인근에 창고를 운영하면서 창고로 대량 배송을 하고 창고에서 다시 부품을 소량으로 분할하여 여러 번 고객기업에 배송한다. 하지만 이 경우에는 파이프라인 재고가 많아지고 리드타임이 길어져서 바람직하지 않기 때문에 인근에 위치하여 리드타임이 짧은 공급업체를 더 선호한다. 거리가 먼 공급업체에게도 린 시스템을 적용하게 되면 결국 로트 크기가 줄어들지 못하여 궁극적으로는 고객기업의 재고를 공급업체가 대신하여 보유하게 되는 것과 마찬가지 효과가 나타난다.

린 시스템에서 공급업체에게 주어지는 것은 납품일이 아니라 특정 납품시간이다. 예를 들어 두 시간의 생산에 필요한 부품을 공급업체에게 아침 8시, 10시, 정오, 오후 2시에 배송하도록 하는 식이다. 배송 때마다 공급업체는 빈 용기와 인출 칸반을 수거하고, 수거한 용기만큼만 생산하여 다음 배송을 해야 한다. 배송된 부품은 품질검사 없이 바로 조립라인에 투입된다. 소매업체라면 공급업체가 물품을 매장으로 바로 공급하는 형태이다. 따라서 구매기업은 공급업체의 품질에 대해 완전한 확신을 할 수 있어야 한다. 그렇게 되면 서류업무, 리드타임, 재고, 검수 공간, 저장 공간을 크게 줄일 수 있게 된다.

매일 여러 번의 배송을 하는 것은 운송비용이 많이 들기 때문에 공급업체들은 서로 연합하여 순차-순환 배송을 하기도 한다. 예를 들어 오전 8시 배송을 맡은 공급업체가 다른 공급업체를 순서대로 방문하여 부품을 싣고, 오전 10시에는 또 다른 공급업체가 나머지 공급업체들을 순서대로 방문하여 부품을 실어 배송하는 방식이다. 이런 방식으로 배송하면 작은 로트의 운송비용을 크게 줄일 수 있게 된다.

린 시스템에서는 소수의 공급업체와 거래관계를 형성하는 경향이 있다. 그 이유는 장기 계약관계를 맺어 필요한 품질 확보를 보장하기 위해서이다. 일반적으로는 소수의 공급업체와 장기 계약관계를 형성하면 공급업체가 기회주의적 행동으로 가격 인상을 시도할 수 있어서 이를 막기 위해 더 많은 관리비용을 발생시킨다. 하지만 린 시스템에서는 공급업체와 계약을 체결할 때 가격안정의 조항을 포함시켜 관리할 수 있다. 이렇듯 린 시스템에서의 공급업체 관계는 과거의 유형과는 완전히 달라져야 한다.

많은 기업들이 린 시스템을 구축하면서 '공급업체 통합 프로그램'을 운영하고 있으며, 그 내용은 다음과 같다.

1. **공급업체의 조기 선정.** 부품의 최종 설계가 완성되기 전에 공급업체를 선정하고 공급업체와 함께 설계한다.
2. **부품군으로 구매.** 한 공급업체에게 유사한 부품들을 군(郡)으로 묶어 구매함으로써 공급업체의 경제적 생산과 운송을 가능하게 한다.
3. **장기전략적 관계.** 부품의 수명주기 동안 독점적 구매계약을 체결하면서 구체적인 가격계획의 일정을 요구한다. 때로는 동일 부품을 2개 이상의 공급업체로부터 구매하는 경우가 있지만 이 경우에도 장기전략적 관계를 구축한다.
4. **부품의 수령 및 검수 과정에서 서류업무의 단순화.** 배송과 관련한 업무를 줄임으로써 고객기업과 공급업체 모두 비용을 절감할 수 있다.

린 시스템을 구축하기 위해서는 공급업체와의 관계를 변화시키는 것이 매우 중요하다. 소수의 공급업체로 공급사슬이 간결해지면 공급사슬 전체에서의 재고가 줄어들고, 이들 파트너 기업들이 전체 공급사슬 내의 흐름을 개선하기 위해 노력할 수 있다.

공급업체의 수를 지나칠 정도로 줄여도 되는가? 지나치게 줄이면 공급사슬 내의 재고가 너무 적어서 공급사슬의 흐름이 중단될 위험이 높아진다. 일반적으로 재고의 역할은 공급사슬 내의 어느 한 기업에서 생산이 지체되거나 중단되더라도 나머지 단계의 흐름이 계속되도록 하는 완충 역할을 해주기 때문이다. 린 시스템하에서 공급업체의 수가 줄어들면 이 같은 공급사슬의 중단 위험이 높아질 수 있다. 린 시스템에서는 생산의 흐름을 유지하는 것이 더 중요한 사항이므로 지나치게 공급업체의 수를 줄이는 것은 경계할 필요가 있다.

## 7.10 린의 실행

**LO7.7 린 시스템의 실행방안**

린의 기본원칙은 제조업뿐 아니라 서비스업에서도 동일하게 적용할 수 있다. 예를 들어 〈표 7.3〉은 헬스케어 조직에서 볼 수 있는 일곱 가지 낭비 유형을 예시하고 있다. 헬스케어에서의 과잉생산이란 환자가 물리치료만으로도 치유될 수 있음에도 불구하고 검사나 수술을 지나치게 많이 하는 경우일 것이다. 불필요한 운반의 예는 환자의 병실에서도 할 수 있는 검사를 여러 장소로 환자를 이동시키면서 하는 경우이다. 또한, 불필요한 동작의 예로는 간호사가 하루에도 수 킬로미터씩 보행해야 하는 경우이다. 정부의 공공 서비스도 린 사고를 적용하여 효과를 볼 수 있다. 실제로 일반관리 프로세스에 린 시스템의 적용이 증가하고 있다. 〈표 7.4〉는 린 시스템의 기본원칙, 기법, 개념들을 요약해서 보여주고 있다.

표 7.3
헬스케어에서의 낭비

| 낭비 | 헬스케어에서의 예 |
|---|---|
| 과잉생산 | • 여러 양식이 동일한 정보를 질문<br>• 보고서의 중복된 복사본<br>• 중복된 실험실 검사 |
| 대기시간 | • 환자의 대기<br>• 검사 결과의 기다림 |
| 불필요한 운반 | • 병원 내부의 타 부서 혹은 타 병원으로의 이송 |
| 초과 가공 | • 시스템에 환자의 정보를 반복 입력 |
| 과잉재고 | • 약품의 과잉재고<br>• 의료용품의 과잉재고 |
| 불필요한 동작 | • 물품 보관창고로의 왕래<br>• 분실된 환자정보와 차트 찾기 |
| 불량 | • 처방과 수술에서의 실수<br>• 오더 입력의 실수<br>• 기입이 누락된 양식 |

표 7.4
린의 기본원칙, 기법,
개념

| 린 기본원칙 | 기법 및 개념 |
|---|---|
| 고객 관점에서의 가치를 창출 | • 고객이 정의하는 가치를 이해<br>• 제거 대상인 무다(낭비) |
| 가치흐름의 규명, 분석, 개선 | • 가치흐름도의 작성<br>• 현장에서의 흐름 개선 활동 |
| 간결하고 순조로우며 오류 없는 흐름 | • 기준생산계획의 안정화<br>• 균일한 작업량<br>• 택트타임<br>• 가동준비시간의 단축<br>• 셀생산<br>• 예방적 유지보수 |
| 고객이 요구하는 것만을 생산 | • 통제시스템으로서의 칸반<br>• 로트 크기의 감축<br>• 공급업체 관계/공동입지 |
| 완벽의 추구 | • 작업장의 조직화 기법인 5S<br>• 문제의 근본원인을 찾는 5 Whys<br>• 종업원의 교차교육<br>• 카이젠(지속적 개선) |

　　린 사고의 적용과 유지는 **카이젠**(kaizen) 프로젝트의 실천으로 이루어진다.[3] 카이젠 프로젝트는 보통 이틀 내지 일주일 사이에 특정 생산작업(예를 들어 최근에 품질문제가 증가한 영역)에서 획기적인 성과(품질, 속도, 비용)를 내는 것을 목표로 한다.

　　청량음료 기업인 닥터페퍼 스내플(Dr. Pepper Snapple Group Inc.)은 산업 전반적으로 매

---

[3] 카이젠은 지속적 개선을 의미하는 일본어이다.

출이 감소하는 가운데도 카이젠으로 이익이 증가할 수 있었다. 거의 모든 종업원들이 팀으로 겜바활동(작업현장에서의 관찰)을 통해 낭비요소를 찾아 제거하는 노력을 했다. 그 결과 청량음료 생산의 가동준비시간이 32분에서 13분으로 줄어들었고, 재고보유 공간이 150만 제곱피트가 줄어들었으며, 포장을 간소화하여 인쇄비용이 감소되었다. 또한 5년 동안의 카이젠 활동으로 총 절감비용이 2억 7,000만 달러에 달했다.

원활한 린 실행을 위해서 다음의 접근법이 제안되고 있다.

1. 개선이 필요한 프로세스를 분석할 팀을 구성한다. 팀은 해당 프로세스와 관련이 있는 모든 부서와 직위의 대표들로 구성되어야 한다.
2. 고객이 가치를 두는 요소가 무엇인지 결정한다. 고객은 내부 고객일 수도 있고 외부 고객일 수도 있으며, 오로지 고객만이 가치요소의 결정에서 고려되어야 한다.
3. 프로세스의 모든 단계를 가치흐름도로 작성하면서 각 단계에서의 시간과 가치를 포함시켜 작성한다. 그런 후에 가치흐름도를 분석하여 일곱 가지 낭비 유형으로 비부가 가치 활동을 찾아 제거한다. 이때 5S와 5 Whys의 기법이 사용될 수 있다.
4. 프로세스에서의 작업흐름은 고객의 수요에 의해 일어나도록 한다. 고객이 요구하기

---

## 운영선도사례   린과 환경

에너지와 환경폐기물[Energy and Environmental(E2) wastes]은 그동안 간과되어 왔지만, 린 시스템의 일곱 가지 낭비 유형과 마찬가지로 비용을 발생시키기 때문에 최근에는 심도 있는 조사가 이루어지고 있다.

미국 육군에 판매되는 엔진과 부품을 재제조하는 뉴욕주의 테크모티브(Tecmotiv)는 린 개념을 적용한 E2 프로그램을 실시했다. 12실린더 엔진의 재제조를 시작하기 전에 먼저 세척을 해야 하는데, 이 공정이 매우 비용이 많이 발생하고 시간이 많이 걸리는 과정이기에 린과 환경의 아이디어로 해결하기로 했다. 먼저, 생산 작업자뿐 아니라 정부의 보건안전기관의 관련자도 포함시킨 다기능팀을 구성했다. 이 팀은 세척 프로세스를 잘 이해하기 위하여 가치흐름도와 같은 린에서의 분석 도구를 사용했다.

세척 공정의 한 작업장에서 엔진 세척에 사용되는 물의 온도를 낮추면 에너지 사용을 줄일 수 있다고 했다. 하지만, 그 방법이 후행 공정에 미치는 영향을 다기능 개선팀이 분석한 결과, 물의 온도를 낮추면 많은 에너지가 요구되는 압축공기 방식의 건조와 분사가공의 필요성이 높아진다는 것을 발견했다. 따라서, 세척용수의 온도를 높이는 것이 전체적으로 에너지 소비량을 줄일 수 있을 뿐 아니라 후행 공정의 작업량도 줄여 사이클 시간이 줄어든다는 것을 알았다.

결과적으로 세척 공정에서의 개선이 괄목할 만한 환경의 개선을 가져왔다. 세척제, 물, 분사가공 용매의 소비가 거의 60% 감소했으며, 노동과 에너지의 소비량도 각각 20%와 30%가 줄었다.

테크모티브는 린과 환경의 아이디어는 종종 함께 이루어진다는 것을 알았다. 이 기업은 E2 낭비에 초점을 두고 기존의 프로세스 낭비요소를 줄임으로써 환경 개선을 다양한 시각으로 접근할 수 있게 되었다.

© iStockphoto/Getty Images

출처 : Christopher D. Chapman and Newton B. Green II, "Leaning Toward Green," *Quality Progress*, March 2010, pp. 19–24.

전까지는 생산하지 않고, 생산이 요구될 때 고객이 신호를 보내도록 만든다.

5. 개선이 지속적으로 일어나도록 필요한 변화를 실천한다. 그런 후에는 기업 내부의 또 다른 프로세스, 혹은 공급사슬상의 상류와 하류의 조직을 대상으로 개선 사이클을 반복한다.

린 사고의 실천이 간단하게 보일지 모르나 실제로는 도전요소가 많이 있다. 실천이 효과적이기 위해서는 경영자가 린의 중요성을 지속적으로 구성원들에게 강조해야 한다. 또한, 관리기법에서의 변화뿐 아니라 기업의 철학과 문화도 변화되어야 한다. 변화되어야 할 관리기법에는 종업원들이 문제해결에 참여하고 낭비요소의 근본 원인을 제거하고, 공급업체와 긴밀한 관계를 구축하도록 유도하기 위해 적절한 보상 체계를 갖추는 것을 포함한다. 린의 기본원칙, 기법, 개념이 점차 다양한 환경으로 적용을 넓혀 가고 있다. 많은 기업들이 친환경 경영을 위해서 이를 적용하고 있으며, 그 사례를 운영선도사례에서 보여주고 있다.

한때 린의 기본원칙은 단지 반복적 생산시스템에만 적용 가능하다고 믿었다. 하지만, 비반복적 생산을 하는 다양한 제조업과 서비스업에서도 린의 장점을 얻을 수 있다는 것이 사실로 나타나고 있다. 이렇게 기업의 관리기법 변화에 큰 영향을 미친 린 사고가 과거에 포드 자동차가 컨베이어 조립라인으로 생산관리의 혁신을 이룬 사건에 비견되고 있다.

## 7.11 요점정리와 핵심용어

린의 개념, 원리, 기본원칙이 제조업과 서비스업에서의 낭비를 줄이기 위해 사용될 수 있다. 우리는 린 기본원칙이 비부가가치 활동들을 제거하고 낭비를 최소화하는 린 시스템을 어떻게 만드는지 살펴보았다. 이 장의 요점은 다음과 같다.

- 린 사고는 프로세스를 바라보는 관점으로, 다섯 가지의 기본원칙은 고객가치의 규명, 가치흐름의 개선, 제품과 서비스의 흐름, 고객에 의한 풀(pull), 완벽함의 추구 등이다.
- 다섯 가지 린 기본원칙은 지속적 개선을 위해 작업자와 파트너의 능력을 최대로 이용하여 낭비를 제거하고자 한다. 이때 사용되는 린 기법에는 5S, 5 Whys, 가치흐름도 등이 있다.
- 제조업에서의 린 시스템은 안정적이고 평준화된 기준생산계획을 바탕으로 한다. 이를 위해 매일의 생산이 기준생산계획 안에서 모델 혼합생산의 방식으로 일관되게 이루어져야 한다. 이때의 택트타임은 시장에서의 평균 수요율에 생산율을 일치시키는 개념이다.
- 제조업에서 칸반은 생산시스템 안에서 부품을 고객 요구에 의해 끌어당기는 목적의 도구이다. 각 부품별로 작업장에서 사용되는 용기의 수가 정해지게 되므로 재공품 재고의 양이 제한된다. 이같은 풀 방식은 서비스에도 적용되며, 고객에 의해 요구가 발생할 때 요구된 것만 제공하게 된다.

- 로트 크기, 가동준비시간, 리드타임의 단축은 린 시스템에서 재고를 줄이는 데 있어 핵심이다. 서비스에서도 한 고객에서 다음 고객의 서비스로 전환하는 시간을 줄이고 리드타임을 줄이는 노력을 해야 한다.
- 린 시스템에서의 설비배치는 공간을 적게 필요로 한다. 또한 셀생산과 그룹 테크놀로지에 의한 설비배치로 발전할 수 있도록 노력해야 한다.
- 린 시스템에는 작업자가 다양한 작업을 할 수 있도록 교차교육을 해야 한다. 이렇게 유연성이 높은 작업자로 만들기 위해서는 종업원의 고용, 교육, 평가, 보상방법들을 바꿔야 한다.
- 린의 성공적 실행을 위해서는 공급업체와의 관계를 새롭게 해야 한다. 공급업체에게는 빈번한 배송과 신뢰성 있는 품질이 요구된다. 그래서 공급업체와 구매계약을 장기계약으로 협의할 수도 있다.
- 카이젠은 지속적 개선을 강조한다. 카이젠 프로젝트는 특정 프로세스에서 린 사고의 적용으로 1~2주일 내로 빠른 개선 결과를 내도록 수행된다.
- 린 개념, 원칙, 기법들은 설계, 제조, 유통, 서비스, 공급사슬 등에도 적용할 수 있다.

**핵심용어**

| | | |
|---|---|---|
| 가동준비시간 단축 | 내부 가동준비 | 적시생산 |
| 가치흐름 | 리드타임 단축 | 카이젠 |
| 가치흐름도 | 린 사고 | 칸반 |
| 겜바 | 린 생산 | 택트타임 |
| 공급업체와의 관계 | 반복생산 | 토요타 생산시스템(TPS) |
| 공동입지 | 셀생산 | 푸쉬 |
| 교차교육 | 예방적 유지보수 | 풀 |
| 균일작업량 | 완벽함 | 한 자릿수 가동준비 |
| 기준생산계획의 안정화 | 외부 가동준비 | 5 Whys |
| 낭비(무다) | 원터치 가동준비 | |

---

**인터넷 학습**

1. 토요타 생산시스템(http://www.toyota-global.com/company/vision_philosophy/toyota_production_system)
   TPS에 관한 자료를 읽어보라. 그런 뒤 온라인 퀴즈를 풀어보고, 틀린 문제를 수업시간에 토의할 준비를 하라.
2. 린 엔터프라이즈 연구소(http://www.lean.org)
   린 생산에 관한 글을 읽고 수업시간에서 토의할 준비를 하라.
3. 린과 미국환경보호청(http://www.epa.gov/lean/)
   린 사고와 개념이 정부기관의 업무에 어떻게 적용되는지를 읽어보고 수업시간에 토의할 구체적인 예를 찾아보라.

---

## 연습문제

문제

1. **칸반과 택트타임.** 어느 작업장에서 300개의 부품을 담는 칸반 용기를 사용하고 있다. 하나의 용기에 담을 부품을 생산하기 위해서는 90분의 가동준비 및 생산시간이 필요하다. 그리고, 용기를 다음 작업장으로 이동하고, 그곳에서 대기했다가 사용된 후에 빈 용기로 다시 돌아오는 데 걸리는 시간은 140분이다. 또한, 다음 작업장에서의 평균 수요율은 1분당 부품 9개이다.

   a. 이 시스템에서 필요한 용기의 수를 계산하라.

   b. 이 시스템에서의 최대 재고는 얼마인가?

   c. 품질팀에서 가동준비 및 생산시간을 65분 단축하는 방법을 찾았다. 만약 이러한 변화가 이루어진다면, 용기의 수는 줄어들 수 있는가?

   d. 이 프로세스의 택트타임은 얼마인가?

풀이

   a. 용기가 전체 순환을 완성하는 데 걸리는 시간이 $T$라고 하면, 90분의 가동준비 및 생산시간에 나머지 과정의 소요시간 140분을 더한 것이다.

$$n = DT \div C = (9 \times (90 + 140)) \div 300 = 6.9(7로 올림)$$

   b. 모든 용기가 가득 차면 생산이 멈출 것이기 때문에, 최대 재고량은 모든 용기가 가득 차 있을 때이다. 즉

$$nC = 7(300) = 2100$$

   c. $n = DT \div C = (9 \times (25 + 140)) \div 300 = 4.95(5로 올림)$. 따라서 용기의 수를 7개에서 5개로 줄일 수 있다.

   d. 택트타임 $= 1/9분 = 60/9초 = 6.67초$. 프로세스가 1분당 9개를 생산하므로 택트타임은 단위당 6.67초이다.

문제

2. **칸반.** 작업장 A는 작업장 B에게 부품을 생산하여 공급하며, 사용되는 칸반 용기에는 100개의 부품을 담을 수 있다. 작업장 B에서의 평균 수요율은 1분당 4.5개 부품이다. 아래 표는 각 작업장의 가동준비시간, 생산시간, 이동시간, 대기시간을 나타내 주고 있다.

|  | 작업장 | |
| --- | --- | --- |
|  | A | B |
| 가동준비시간 | 4 | 3 |
| 단위당 생산시간 | 0.1 | 0.4 |
| 이동시간 | 2 | 6 |
| 대기시간 | 10 | 20 |

a. 두 작업장 사이에서 필요로 하는 용기의 최소 수는 얼마인가?

b. 용기 2개가 추가로 사용 가능하다고 가정하자(추가비용은 없다). 이 용기 2개를 추가로 사용한다면 두 작업장 사이의 수요를 충족할 수 있는 최대 수요율은 1분당 얼마인가? 그리고 1분당 8.5개의 평균 수요율을 감당할 수 있는가?

**풀이**

a. $T$를 한 용기가 두 작업장 사이에서 순환하는 데 소요되는 시간이라고 하자. 가동준비시간은 $4+3=7$분, 100개 부품의 생산시간은 $100 \times (0.1+0.4)=50$분, 이동시간은 $2+6=8$분, 대기시간은 $10+20=30$분이다. 따라서, $T=7+50+8+30=95$분이다.

$$n=DT \div C=(4.5 \times (95)) \div 100=4.275(5개로 올림)$$

b. 용기 2개를 추가로 사용하게 되면,

$$n=DT \div C$$
$$5+2=(D \times (95)) \div 100$$
$$D=7 \times (100 \div 95)=1분당 7.37개$$

$7.37 < 8.50$ 이므로 7개의 용기로는 1분당 8.5개의 수요율을 처리할 수 없다.

## 토의질문

1. 당신의 지역에 있는 반복생산을 하는 공장을 방문해보라. 그 공장에서 재고발생의 주요 원인은 무엇인가? 로트 크기와 가동준비시간에 대해 물어보라. 그 공장에 린 시스템을 적용할 수 있는가? 그 이유는 무엇인가?

2. 반복생산의 뜻을 정의하고, 개별작업생산 및 뱃치생산과 비교해보라.

3. 린의 개념, 원칙, 기법들이 서양 국가가 아니라 왜 일본에서 만들어지고 진화했겠는가?

4. 린 기본원칙들을 당신이 이해한 내용으로 표현해보라.

5. 린 시스템에서 안정적인 기준생산계획이 왜 필요한가? 만일 안정적이지 못하다면 그 결과는 어떠할 것으로 생각하는가?

6. 린 시스템에서 로트 크기와 재고를 줄이는 구체적인 접근방법에 대해 논의해보라.

7. 린 사고의 도입 전과 후의 공급업체관계에 대해 설명하라.

8. 린 시스템에서의 종업원과 관리자는 전통적인 생산방식에서의 종업원 및 관리자와 어떻게 다른가?

9. 린 사고가 재고비용 이외의 비용(자재, 인력, 간접비)을 어떻게 줄일 수 있는지를 구체적으로 토의해보라.

10. 반복생산을 하는 기업 중에서 린을 적용하지 말아야 하는 기업이 있는가? 그 이유는 무엇인가?

11. 린 사고를 서비스 운영에 적용한 사례를 인터넷에서 찾고, 린 기본원칙이 어떻게 적용되는지를 설명해보라.

12. 린 사고가 회계, 재무, 인적자원, 마케팅 프로세스에 어떻게 적용될 수 있는가?

13. 다음의 경우에 일곱 가지 유형의 낭비를 정의해보라.
    a. 레스토랑
    b. 개인병원

14. 다음 프로세스에 대한 가치흐름도를 작성해보라.
    a. 카페테리아
    b. 식료품 가게

15. 공급사슬이 지나치게 '린'하다는 의미는 무엇인가? 이것의 문제점이 무엇인지를 예로 설명해보라.

## 문제

1. 제품 A, B, C의 월별 수요가 다음과 같을 때 일별 생산수량을 계산해보라. 한 달의 생산 일수를 20일로 가정하라.
   a. 5000 A, 2500 B, 3000 C
   b. 2000 A, 3000 B, 6000 C

2. 어떤 린 작업장이 25개 부품을 담는 용기로 운영되고 있다. 평균 수요율은 시간당 100개이고, 한 용기가 순회하는 데는 180분이 걸린다고 가정하라.
   a. 이 시스템을 운영하는 데는 몇 개의 용기가 필요한가?
   b. 최대로 쌓일 수 있는 재고량은 얼마인가?
   c. 얼마나 많은 칸반 카드가 필요한가?

3. 어느 작업장에서 가동준비시간은 10분이고, 로트 크기가 40개인 부품의 생산시간은 50분이다. 생산이 완료된 후에는 용기가 다음 작업장으로 순환하는 데 추가로 3시간이 소요된다. 평균 수요율은 한 달에 20,000개 부품이며, 한 달의 생산가능시간은 160시간이다.
   a. 얼마나 많은 용기가 필요한가?
   b. 이 프로세스의 택트타임은 얼마인가?

4. 연간 2,000시간을 운영하는 공장에서 부품에 대한 수요율이 연간 100,000개라고 가정하자. 그리고 칸반 용기의 순환시간은 24시간이라고 하자.
   a. 부품 100개의 용기 크기로 몇 개의 용기가 필요한가?
   b. 용기 크기를 부품 60개로 줄였을 때의 효과는 무엇인가?
   c. 이 프로세스의 택트타임은 얼마인가?
   d. 연간 수요율이 80,000개라면 택트타임은 얼마인가?

5. 어느 작업장에서 50개의 부품 생산에 필요한 가동준비시간 및 생산시간이 30분이다. 그리고 다음 작업장으로 용기가 순환하는 데는 10분이 소요되고, 하루 중 평균 수요율이 1분당 부품 1개라고 하자.
   a. 작업장 A가 언제 생산을 하고 언제 쉬는지, 그리고 용기의 이동이 언제 A에서 B로 일어나는지를 그림으로 그려보라.
   b. 문제 a의 그림에서 얼마나 많은 표준 용기가 필요한가?
   c. 용기의 수를 계산하기 위해 $n = DT \div C$ 공식을 사용하라.

6. 부품을 기계가공하는 기업에서 작업장 A와 작업장 B가 아래의 시간으로 부품을 생산하고 이동시킨다. 각 시간의 단위는 분으로 표시되었다.

|  | 작업장 | |
| --- | :---: | :---: |
|  | A | B |
| 가동준비시간 | 3 | 2 |
| 생산시간(부품당) | 0.5 | 0.1 |
| 이동시간 | 6 | 8 |

두 작업장 사이에서 순환하는 용기는 50개 부품을 담으며, 작업장 B의 수요율은 1분당 부품 4개이다.
   a. 얼마나 많은 용기가 필요한가?
   b. 만약 이동시간을 반으로 줄이면 필요한 용기의 수에 어떤 영향을 주는가? 그리고 얼마나 재고를 줄일 수 있는가?

7. 어떤 린 작업장이 50개 단위의 로트 크기로 생산하고 있다. 시간당 수요가 200개 부품이고, 한 용기가 순환하기 위한 가동준비, 생산, 이동, 대기시간의 합이 3시간이라고 가정하자.
   a. 필요한 용기의 수를 계산하라.
   b. 최대로 쌓였을 때의 재고량은 얼마인가?
   c. 재고를 줄이기 위한 대안은 무엇인가?

8. 어느 공급업체가 빈번한 배송을 요구하는 고객기업에 부품을 공급하고 있다. 공급업체의 창고에서 선적하고 고객기업에 수송하여 하역하는 시간을 포함하여 한 번 순환에 걸리는 시간은 6시간이다.

로트 크기는 한 트럭에 실리는 12개 팰릿이고, 고객기업은 시간당 2개의 팰릿을 사용한다.

a. 고객기업에 공급하기 위해서 몇 대의 트럭이 필요한가?

b. 만약 트럭이 고장나면 어떤 일이 발생하겠는가?

c. 배송의 문제가 발생하더라도 고객기업에서 부품 부족의 문제가 발생하지 않도록 하려면 어떻게 해야 하는가?

d. 만약 고객기업이 6시간 동안 생산중단을 한다면 공급업체에게 어떤 일이 일어날 것인가?

# 품질

8. 품질경영

9. 품질관리 및 개선

품질은 원가, 배송, 유연성과 함께 운영관리의 4대 목표에 해당하며, 품질목표를 달성하기 위해서는 품질시스템의 모든 측면을 관리하고 통제하는 것이 필요하다. 제8장에서 품질경영을, 제9장에서는 품질관리 및 개선을 다루게 된다.

제3부에서는 품질과 관련된 내용들을 폭넓게 다루되, 품질과 관련된 전통적 주제인 통계적 기법 이외에 품질관리와 계획 및 정책과 관련한 사항을 좀 더 많이 포함하고 있다. 산업현장에서 품질은 주로 경영상의 문제이며, 통계적 기법의 사용 목적은 우선 시스템을 안정시키고, 그런 후에 안정된 시스템을 지속적으로 개선하는 것이다. ■

# 품질경영

## 학습목표

| | |
|---|---|
| **LO8.1** | 품질을 고객의 관점에서 정의 |
| **LO8.2** | 품질 특성의 네 가지 차원 |
| **LO8.3** | 제품 품질과 차별된 서비스 품질의 측정 |
| **LO8.4** | 제품 혹은 서비스에 품질 사이클의 적용 |
| **LO8.5** | 공급사슬 차원의 통합된 품질경영 |
| **LO8.6** | 품질비용과 재무 성과의 관계 |
| **LO8.7** | 품질경영 선구자들의 철학 |
| **LO8.8** | ISO 9000과 말콤 볼드리지 품질상의 기준 차이 |
| **LO8.9** | 성공적인 품질개선의 장애요인 |

품질은 원가, 유연성, 배송과 함께 운영의 4대 핵심 목표 중 하나이다. 품질경영은 본질적으로 특정 부서를 초월해 다기능적으로 조직 전체가 참여하며, 운영기능은 고객을 위해 우수한 품질의 제품을 생산해야 하는 특별한 책임을 가진다. 이를 위해서 조직 전체의 협력을 구해야 하며, 품질관리와 통제에 면밀한 관심을 가져야 한다.

품질경영은 오랜 기간 다양한 의미로 해석되어 왔다. 1900년대 초반에는 품질관리를 품질검사로 해석했고, 1940년대 들어서는 품질에 통계적 의미가 내포된 것으로 해석했다. 당시 개발된 품질과 관련된 통계적 기법들은 프로세스에 내재된 자연스러운 변동 범위 안에서 품질을 통제하기 위한 목적으로 사용되었다. 보다 구체적으로, 품질경영 선구자 월터슈하트(Walter Shewhart)는 프로세스 변동을 안정적으로 관리하고 품질과 관련된 검사 빈도

## 운영선도사례 　리츠칼튼호텔

리츠칼튼호텔은 29개 국가에서 89개의 호텔을 운영하는 프리미엄 호텔기업으로서 기업의 중역, 컨퍼런스 기획자, 부유한 개인 여행자들을 주요 고객으로 삼고 있다. 리츠칼튼은 이들에게 고품질의 서비스를 제공할 수 있도록 잘 훈련된 38,000명의 직원을 고용하고 있으며, 호텔기업으로서는 유일하게 두 차례나 말콤 볼드리지 국가품질상을 수상했다.

리츠칼튼은 자신들의 규정인 황금표준(Gold Standards)과 전략적 계획 수립 프로세스를 통해 고객들의 요구사항을 종업원들의 행동 표준으로 전환하고 있다. 이를 통해 손님들이 원하는 것이 무엇인지 정확히 파악하여 가장 간단한 방법으로 제공할 수 있는 시스템을 설계했다. 리츠칼튼의 자료에 의하면 종업원들이 서비스 황금표준에 대해 잘 이해할수록 손님들의 만족도 역시 높아진다는 것을 보여주고 있다.

종업원들은 팀 혹은 개인 수준에서 고객 요구사항에 대응하면서 고객에 개별 맞춤 서비스를 제공한다. 고객이 좋아하거나 싫어하는 요소들을 손님이력(guest history)으로 컴퓨터에 저장하고, 고객이 세계 어디의 리츠칼튼호텔에 방문하든 이 데이터를 종업원에게 제공하여 고객에게 맞춤 서비스를 제공할 수 있게 한다.

만약 고객이 싫어하는 것이나 어떤 문제점을 종업원이 발견하면 즉시 고객을 행복하게 만들기 위한 결정을 하도록 권한이 주어지고 있다. 혹은 다른 동료들에게 도움을 청할 수도 있다. 이러한 시스템은 명확히 정의된 서비스 제공시스템과 함께 잘 훈련받고 사리판단이 뛰어나며 동기부여된 종업원들에 의해 성패가 좌우된다. 바쁜 날에는 100만 번 이상의 고객 접점을 갖게 되는 리츠칼튼은 자사의 고객과 품질 요구사항들을 조직의 가장 낮은 계층에서 일하는 종업원들이 충족시켜야 한다는 것을 잘 알고 있다.

요컨대 리츠칼튼호텔은 고객 요구사항을 종업원의 행동과 우수한 시스템으로 변환하는 작업에 매우 탁월하다. 통계에 따르면 97%의 리츠칼튼 고객들이 그들이 호텔에 머무르는 동안 추억에 남을 만한 경험을 갖게 되었다고 한다.

출처 : www.ritzcarlton.com, 2016.

를 줄이기 위해서 통계적 관리도(statistical control chart)를 개발했다. 1960년대에 들어서 **품질경영**(quality management)은 모든 기능부서가 제품의 설계와 생산에 직간접적으로 연관되므로 조직 전체를 포괄하는 의미로 확대되었다. 이때부터 품질은 단순한 생산활동이 아니라 고객에게 제공하기 위해 조직 전체가 반드시 노력해야 하는 대상으로 인식되었다. 오늘날 품질경영은 지속적 개선, 경쟁우위, 고객 중심과 같은 보다 새롭고 다양한 개념들까지 포함하고 있다. 운영선도사례에서는 말콤 볼드리지 국가품질상을 2회나 수상한 리츠칼튼(Ritz-Carlton)호텔이 최신 품질경영의 원칙들을 어떻게 실천하는지를 보여주고 있다.

## 8.1 고객 요구로 정의되는 품질

**LO8.1** 품질을 고객의 관점에서 정의

품질은 '현재뿐만 아니라 미래의 고객 요구사항에 부합하거나 이를 뛰어넘는 것'으로 정의될 수 있다. 이는 제품 또는 서비스가 고객의 사용목적에 적합(fit)하다는 것을 의미한다. **용도 적합성**(fitness for use)은 고객이 받는 편익(benefit)과 관련있으며, 그 편익은 제품 혹은 서비스가 고객의 니즈를 만족시키는 능력에 의해 결정된다. 따라서 제품 혹은 서비스가 올바른 편익을 갖고 있는지는 생산자가 아닌 고객이 결정하는 것이다.

품질과 관련있는 **고객만족**(customer satisfaction)의 의미는 제품 혹은 서비스의 품질이 고객의 기대 수준을 충족하는 것이다. 예를 들어 자동차가 고객의 기대에 맞게 기능을 한다

리츠칼튼의 종업원들은 누구나 손님이 제기한 문제나 불평을 해소하기 위해 최대 2,000달러까지 사용할 수 있다. 이들 종업원들이 바로 리츠칼튼이 두 번이나 말콤 볼드리지 국가품질상을 수상하게 된 핵심 요인이다.

© Sylvain Grandadam/AGE Fotostock

든지, 어떤 서비스가 고객의 기대에 부합하는 방식으로 제공된다든지 하는 경우이다. 하지만, 고객이 받는 편익이 매우 크더라도 고객의 기대에 비교해서는 만족하지 않을 수 있다. 따라서 고객만족은 상대적인 의미의 품질이라 하겠다.

고객의 기대는 여러 요소에 의해 결정된다. 광고가 고객의 기대를 결정할 수도 있고, 혹은 제품이나 서비스가 고객이 기대하는 것보다 사용하기에 어려운가 쉬운가도 영향을 주는 요소이다. 그리고 고객이 다른 제품과 서비스를 경험하게 됨에 따라 고객의 기대도 시간이 지나면서 변화하기도 한다. 예를 들어 리츠칼튼의 고객이 갖는 기대는 저가 호텔의 고객이 갖는 기대와는 분명히 다를 것이다.

기업은 제품 혹은 서비스의 설계와 생산을 통해 고객의 요구를 충족시키려 한다. 기업은 제품 혹은 서비스의 품질 특성을 가급적 구체적으로 규정하고 이를 충족하기 위해 노력한다. 그러면서 생산 프로세스와 서비스 제공 프로세스의 개선을 위해서도 지속적으로 노력한다. 그 결과의 품질이 고객의 요구사항을 충족하는지 여부는 궁극적으로 고객에 의해 판단될 것이다.

## 8.2  제품의 품질

**LO8.2** 품질 특성의 네 가지 차원

제조기업에서의 제품 품질을 이해하는 데는 다음의 품질 차원이 도움이 된다.

- 설계 품질(quality of design)
- 적합성 품질(quality of conformance)
- '능력'(abilities)
- 현장 서비스(field service)

**설계 품질**(quality of design)은 제품이 생산되기 전에 마케팅, 기술, 운영 등 여러 기능부서 구성원들로 구성된 다기능 제품 설계팀에서 일차적인 책임을 지고 결정한다. 설계 품질은 시장조사, 디자인 콘셉트 및 제품사양에 의해 결정된다. 시장조사는 주로 고객 요구를 파악하기 위한 목적으로 시행된다. 이렇게 파악된 고객 요구를 만족시키는 방법이 다수 존재할 수 있기 때문에 디자인 콘셉트의 구체적인 대안이 개발되어야 한다. 예를 들어 어떤 고객이 저렴하고 연비가 우수한 자동차를 원한다면 이러한 요구는 다양한 디자인 콘셉트로 충족될 수 있다. 디자인 콘셉트가 정해지면 이를 디지털 설계도면(digital blueprint)이나 자재명세서(bill of materials)의 방식으로 구체적인 제품사양으로 전환하게 된다.

**적합성 품질**(quality of conformance)이란 제품사양을 만족하는 제품의 생산을 의미한다. 설계사양의 품질에 관계없이 제품이 사양에 맞도록 만들어졌다면 생산기능은 그 제품을 적합성 품질이 우수한 제품으로 간주한다. 예를 들어 저렴한 신발이 주어진 사양대로 제작된다면 적합성 품질 수준이 높고, 그렇지 못하다면 적합성 품질 수준이 낮다고 말한다. 이와 같이 설계품질과 적합성 품질은 각각 **품질**이라는 용어의 다른 측면을 대변한다.

품질은 소위 **능력**(ability)이라는 또 다른 차원과 연관되는데, 이에는 가용성, 신뢰성 및 유지보수성으로 세분화될 수 있다. 이들 세 가지 능력은 시간의 차원을 포함하고 있어서 품질의 의미를 시간의 차원에서 확장시킨다. 이처럼 품질의 정의에 시간을 추가하는 것은 지속적인 고객만족을 반영하기 위해 필요하다.

**가용성**(availability)은 고객에게 사용 가능한 연속적인 상태로 정의된다. 어떤 제품이 수리나 정비유지가 필요한 상태가 아닐 경우 해당 제품은 이용 가능, 즉 가용성이 있다고 한다. 가용성은 계량적으로 다음과 같이 측정될 수 있다.

$$가용성 = \frac{가동시간}{가동시간 + 고장시간}$$

**신뢰성**(reliability)은 제품이 고장나기 전까지 사용 가능한 양적 시간이다. 제품의 신뢰성은 고장시점과 다음 고장시점 사이의 평균시간(meantime between failure, MTBF)으로 측정된다. 예를 들어 휴대전화의 신뢰성은 그것이 고장나기 전까지의 기대수명을 의미한다. 따라서 MTBF가 길면 길수록 제품의 신뢰성이 더 높다고 말할 수 있다.

**유지보수성**(maintainability)은 제품이나 서비스가 고장난 후 정상적인 상태로의 복구를 의미한다. 모든 고객들이 정비나 수리를 귀찮고 성가신 것으로 생각하므로, 제품이 복구되어 빨리 사용될 수 있도록 높은 수준의 유지보수성이 요구된다. 예를 들어 건설용 중장비를 생산하는 캐터필라는 전 세계 어느 곳이든 48시간 이내에 수리부품을 공급함으로써 탁월한 유지보수성을 지원하고 있다. 유지보수성은 제품을 수리하는 평균시간(meantime to repair, MTTR)으로 측정될 수 있다.

따라서 가용성은 신뢰성과 유지보수성의 조합이다. 즉 어떤 제품의 신뢰성과 유지보수성이 높다고 하면 그 제품의 가용성이 높다고 말할 수 있다. 앞에서 정의한 가용성의 수식을 MTBF와 MTTR을 이용하여 아래와 같이 다시 표현할 수 있다.

$$가용성 = \frac{MTBF}{MTBF + MTTR}$$

예를 들어 어떤 제품의 MTBF가 8시간이고, 고장났을 때의 MTTR이 2시간이라면 가용성은 80%가 된다.

품질의 마지막 차원인 **현장 서비스**(field service)는 제품이 판매된 이후에 발생하는 제품의 보증, 수리 또는 교체를 반영한다. 현장 서비스를 때로는 고객 서비스나 판매 서비스 혹은 단순하게 서비스라고 부르기도 한다. 현장 서비스가 신속성, 숙련도, 정직성과 같은 요소들과 관련이 있다고 하겠는데, 그 이유는 고객은 품질의 문제가 신속하면서도 만족스러운 방법으로 그리고 높은 정직성과 친절성으로 해결되기를 기대하기 때문이다.

품질의 네 가지 차원이 〈그림 8.1〉에 요약되어 있다. 그림에서 보여주듯이 품질은 양호한 제품 설계 그 이상의 의미를 가지며, 품질의 개념이 생산 단계에서의 품질관리, 제품수명주기 동안의 품질, 그리고 판매 이후의 현장 서비스 품질로 확대된다.

## 8.3  서비스 품질

**LO8.3** 제품 품질과 차별된 서비스 품질의 측정

**서비스 품질**(service quality)의 정의 및 측정은 제품 품질과는 상당히 다르다. 서비스 품질은 보조용품, 명시적 서비스, 암묵적 서비스의 세 가지 차원을 가지고 있다. 보조용품의 품질은 제품 품질의 차원으로 측정되지만, 명시적 서비스와 암묵적 서비스는 다른 방식의 측정을 필요로 한다.

제품 품질의 측정이 매우 객관적인 데 반해, 서비스 품질의 측정은 개념적이고 주관적이다. 예를 들어 제품의 설계 품질은 자동차 가속기를 밟았을 때의 속도나 브레이크를 밟은 후의 제동거리처럼 제품의 성능으로 측정될 수 있으며, 적합성 품질은 불량으로 인한 폐기물과 재작업의 비용으로 측정될 수 있다. 서비스에서도 객관적인 품질의 특성이 있으며, 예를 들어 드라이브 스루에서 주문음식을 받기까지의 시간, 발을 수술한 후 통증 없이 걷는지 여부 등이 그러하다. 하지만 일반적인 것은 고객이 서비스 품질을 어떻게 인지하는지를 주관적으로 측정하는 것이다.

**SERVQUAL**[1]은 서비스 품질을 측정할 때 가장 많이 사용하는 측정지표로서 다섯 가지의

그림 8.1
품질의 다양한 차원

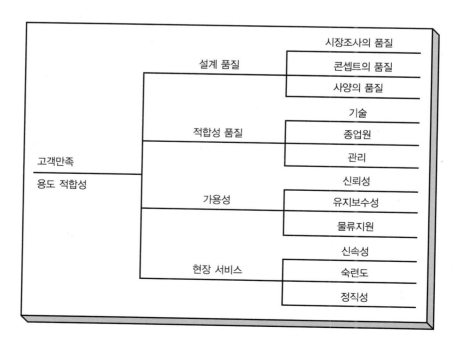

---

[1] Parasuraman, A., Zeithaml, V. A., and Berry, L.L. SERVQUAL: A multiple-item scale for measuring consumer perceptions of service quality, Journal of Retailing, 64(1), 1988.

차원으로 고객 인지도를 측정한다.

1. **유형성**(tangibles)은 기업의 물리적 설비, 장비 및 종업원의 외관을 의미한다. 예를 들어 식당이 더럽고 음식이 볼품없거나 종업원이 면도도 안 하고 지저분하면 유형성의 품질 수준은 낮은 것이다.

2. **신뢰성**(reliability)은 기업이 약속한 서비스를 성실하고 실수 없이 정확하게 고객에게 전달하는 능력이다. 예를 들어 식당이 오후 7시에 예약을 받고서는 고객을 예약시간에 앉히지 못하거나, 웨이터가 주문한 음식과 다른 메뉴를 제공할 경우에는 신뢰성이 낮은 것이다. 서비스 신뢰성은 제품 품질에서의 신뢰성과는 다르다는 것을 유념할 필요가 있다.

3. **반응성**(responsiveness)은 고객에게 신속히 서비스를 제공하거나 필요한 도움을 제때에 주는 것을 의미한다. 예를 들어 식당에서는 식사가 제때에 제공되어야 하며, 손님이 메뉴와 관련된 구체적인 정보를 알고 싶을 때는 즉시 도움을 주어야 한다.

4. **확신성**(assurance)은 종업원이 필요한 지식 및 예의를 갖추고 있고 고객에게 믿음이나 신뢰를 심어주는 능력이다. 예를 들어 식당에서 종업원이 메뉴를 제대로 이해하고 있고 예의 바르게 서비스를 제공할 때 확신성이 높다고 말할 수 있다.

5. **공감**(empathy)은 기업이 고객에게 제공하는 개별적 관심이나 애정이다. 식당에서 종업원은 손님 한 명 한 명을 도와주고 따뜻한 관심을 보여줘야 한다.

위에서 설명한 것처럼 서비스 품질을 구성하는 다섯 가지 차원은 제품 품질과는 다르며, 서비스 제공 단계에서 종업원이 고객과 긴밀하게 상호작용하는 것을 포함하고 있다.

SERVQUAL을 측정할 때는 다섯 가지 서비스 차원을 측정하는 22개 항목으로 구성된 설문지를 이용하며, 다섯 가지 차원 각각에 대한 고객의 기대 수준과 실제 받는 서비스에 대한 고객의 인식 수준 차이(gap)로 측정된다. 예를 들어 고객이 공감을 그다지 많이 기대하지 않았을 때에는 실제로 공감을 충분히 받지 못하더라도 서비스 품질 수준은 높을 수 있다. 서비스 품질 측정의 척도로서 기대 수준과 인식 수준 사이의 차이를 사용하는 것에 대한 논쟁이 많았다. 어떤 사람은 제공되는 서비스에 대한 인식 수준의 정도로 서비스 품질을 측정해야 한다고 주장하고, 또 다른 이는 제공된 서비스에 대한 인식 수준과 기대 수준 간의 차이 정도가 서비스 품질의 더 나은 척도라고 말하고 있다.

## 8.4 품질의 계획, 통제 및 개선

**LO8.4** 제품 혹은 서비스에 품질 사이클의 적용

이 절에서는 품질의 차원들이 어떻게 품질을 관리하는 프로세스의 일부가 될 수 있는지를 설명하고 있다. 품질의 계획, 통제 및 개선 프로세스는 고객, 기업의 운영기능 및 타 부서 사이에 지속적인 상호작용을 필요로 한다. 〈그림 8.2〉는 이러한 상호작용이 **품질 사이클**(quality cycle)을 통해서 어떻게 일어나는지 보여주고 있다. 고객의 요구는 종종 마케팅 기

그림 8.2
품질 사이클

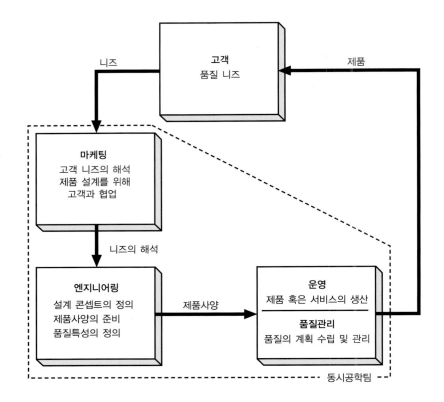

능에 의해 결정된다. 이러한 요구는 고객이 직접 표현하거나 시장조사 프로세스를 통해서 발견할 수 있다. 엔지니어링 부서는 다른 부서와 협력하여 고객의 요구를 충족하는 제품을 설계하게 된다. 품질기능전개(QFD)의 기법이 고객의 소리(voice of customer, VoC)를 개발 사양과 연계하는 유용한 기법이다.

일단 설계 콘셉트 및 제품사양이 결정되면 설계 품질이 완성된다. 그런 후에 품질 사이 클의 한 부분인 운영부서가 제품사양에 정의된 대로 제품을 생산하면서 적합성 품질을 달성하는 생산이 지속적으로 이루어지도록 해야 한다. 이는 일반적으로 적절한 교육훈련, 감독, 설비보전 및 작업자에 의한 품질검사를 통해 이루어진다. 이상과 같이 고객의 니즈를 파악하고 그에 따라 제품 설계를 하고 생산을 하는 과정은 끝이 없는 반복을 하게 된다. 이 것이 바로 지속적 개선이 이루어지는 방식이다.

〈그림 8.3〉은 대중교통시스템의 품질 사이클을 보여주고 있다. 정부의 교통기획청은 고객의 요구를 파악하는 마케팅 기능의 역할을 한다. 기획자는 대중교통 서비스의 설계 콘셉트와 사양을 구체적으로 결정하고, 교통관리국은 서비스를 제공하며, 일반 대중이 만족 여부에 대해 의견개진을 하면 품질 사이클이 반복된다. 모든 기업은 품질의 모든 측면이 계획되고 통제되고 지속적으로 개선되도록 하는 품질 사이클을 실행해야 한다. 여기서 고객의 피드백은 양질의 제품 및 서비스를 생산하기 위해 필수적인 요소이다.

품질의 계획, 통제 및 개선의 사이클을 실행하기 위해서는 다음과 같은 절차가 필요하다.

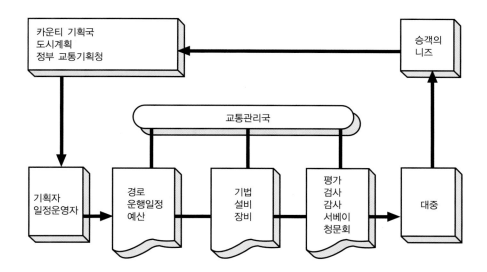

그림 8.3
대중교통시스템의
품질 사이클

1. 고객 요구에 입각하여 품질속성을 정의한다.
2. 각각의 품질속성을 어떻게 측정할 것인가를 결정한다.
3. 품질표준을 수립한다.
4. 각 품질표준에 따라 적절한 테스트를 한다.
5. 품질불량의 원인을 발견하고 시정한다.
6. 지속적으로 개선한다.

품질계획은 제품속성으로부터 출발해야 한다. 품질계획 수립자는 고객만족을 달성하기 위해 어떤 속성이 중요한지 결정한다. 예를 들어 내의 생산기업인 레그스(L'eggs)는 자사가 생산하는 상품의 품질속성으로 (1) 편안하고 안락한 착용감, (2) 매력적인 외관, (3) 고객이 합리적이라고 생각하는 내구성을 선정했다. 운영부서는 팬티스타킹 제조에 필요한 적정 수준의 원자재가 안락한 착용감과 외관을 결정하며, 실과 봉제 패턴이 내구성을 좌우한다고 판단했다.

다음으로는 각 제품속성의 품질을 시험 및 측정하는 방법을 고안해야 한다. 예를 들어 레그스의 생산부서는 제품의 강도를 시험하는 특수 장비를 개발했으며, 동시에 육안으로 직물 결함, 솔기 결함 및 색조 변이를 검사했다.

사용할 측정기법을 결정하면 품질계획 수립자는 각 속성에서 요구되는 품질의 수준을 규정하는 **표준**(standards)과 **허용오차**(tolerances)를 결정한다. 표준은 달성해야 할 바람직한 목표를 규정한 것이다. 예를 들어 팬티스타킹이 테스트 장비 위에서 찢어지지 않고 버텨야 하는 압력의 크기가 표준의 하나라고 볼 수 있다. 허용오차는 종종 이들 표준에서 최대/최소로 허용되는 범위(±양)로 정의된다.

표준이 설정되면 테스트 프로그램을 준비해야 한다. 레그스는 표본추출의 방식으로 테스트 프로그램을 수립했다. 왜냐하면 매년 생산하는 수백만 개의 팬티스타킹을 전수 검사할 때는 엄청난 비용이 소요되기 때문이다.

결함을 발견하기 위한 검사만으로는 충분치 않다. "우리는 품질검사에 의존해서는 안 되며, 품질을 제품 안에 심어야 한다"라는 격언이 말하듯이 제품의 결함이 발생하지 않도록 설계가 이루어져야 한다. 결함이 발견되면 품질담당자 및 작업자는 근본 원인을 찾아서 시정해야만 한다. 품질불량의 원인은 부적합한 원자재의 사용, 교육훈련의 부족, 불명확한 업무절차, 결함이 있는 기계장치 등일 수 있다. 품질불량 원인의 발견 및 시정 후에는 생산시스템이 통제된 상태가 된다는 의미이고, 이 상태에서 지속적 개선의 활동이 가능하게 된다.

## 8.5 실수방지의 설계

**LO8.5** 공급사슬 차원의 통합된 품질경영

품질불량을 줄이기 위한 더 좋은 방법은 오류가 처음부터 일어나지 않도록 예방하는 것이다. 이를 위해서는 제품 혹은 서비스의 설계 및 내부 프로세스의 설계가 오류 발생을 방지하도록 이루어져야 한다. 이는 공급업체와의 협력, 문제의 발생 이전에 종업원을 교육 · 훈련시키고, 예방 차원에서 장비를 유지보수함으로써 가능하다. 그럼에도 불구하고 오류가 발생할 때는 신속하게 시정하고 동일한 형태의 오류가 향후 발생하지 않도록 관련 시스템 자체를 바꿔야 한다.

1960년대에 일본 토요타 자동차의 시게오 신고(Shigeo Shingo)는 **실수방지**(mistake-proofing)라는 개념을 개발했다. **포카요케**(Poka-yoke)는 일본어로 '실수방지'를 의미한다. 포카요케의 아이디어는 제품의 생산과 사용 단계에서 사람에 의한 실수가 일어나는 것이 불가능하도록 설계하거나, 또는 실수가 발생하더라도 쉽게 탐지할 수 있도록 제품 및 프로세스를 설계하는 것이다. 예를 들어 문이 열려 있을 때에는 전자레인지가 작동하지 않고, 자동차의 브레이크 페달을 밟고 있지 않으면 시동이 걸리지 않도록 설계되어 있다. 이것이 소비자가 안전하지 않은 상태나 의도하지 않은 상태로 제품을 사용하지 않도록 한 포카요케의 예이다. 생산 프로세스에서는 부품이 거꾸로 조립되거나 실수로 부품을 누락하지 않도록 부품들이 설계되어야 한다.

서비스의 경우도 서비스 제공자와 고객에 의한 실수를 예방하도록 설계되어야 한다. 예를 들어 테마파크에서 많은 놀이기구들이 탑승자의 신장 기준을 설정해 놓고 있다. 이 신장 기준에 못 미치는 어린아이가 놀이기구를 타지 못하도록 하기 위해 놀이기구의 입구에 신장을 확인하는 막대를 세우고 기준 신장에 해당하는 높이에 선을 그어 놓음으로써 놀이기구 운영자가 쉽게 신장기준의 충족 여부를 확인할 수 있게 하고 있다.

실수를 예방하는 것이 어려울 때는 실수를 탐지하는 것이 쉬워야 한다. 예를 들어 자동차의 계기판에 있는 모든 경고등은 운전자가 자동차의 문제를 쉽게 발견하고 재앙으로 이어지지 않도록 해 주고 있다. 〈그림 8.4〉는 실수방지의 더 많은 사례들을 보여주고 있다.

그림 8.4
실수방지(포카요케)의
예

Courtesy of John Grout's
Mistake-Proofing Center
(www.mistakeproofing.com)

의료용 가스 배출구는 특정 밸브가 특정 배출구에만 꼭 맞도록 설계되어 있다.

화상으로부터 보호하기 위해 물의 온도가 지나치게 높게 올라가면 물의 흐름이 멈추게 된다.

현금자동지급기(ATM)가 고객이 카드를 손에 쥔 상태에서 거래를 하게 만든다.

학교버스에 좌우로 움직이는 철사 줄을 범퍼에 부착하여 어린 학생들이 차량 앞의 시선 사각지대에 있는지를 확인하도록 만든다.

## 8.6 공급사슬의 품질관리

지금까지 우리는 제품 혹은 서비스의 품질이 고객에 의해 정의되고, 품질의 계획, 통제, 개선의 사이클이 고객 니즈에 의해 시작된다는 것을 보았다. 따라서 고객이 운영기능에서 중요한 한 부분을 차지할 뿐 아니라 공급사슬 전체에서도 그러하다. 그런 면에서 공급업체의 역할이 매우 중요하다.

많은 제품이나 서비스를 보면 필요한 투입물(부품 혹은 용역)의 50% 이상은 공급업체로부터 구매된다. 사실상 아웃소싱으로 제품의 100%를 공급업체로부터 구매하기도 한다. 예를 들어 애플의 아이폰은 애플 내부에서 하는 설계작업을 제외하고는 생산의 모든 것이 외부에서 이루어진다.

공급업체와 함께 협력할 때는 반드시 준수해야 할 몇 가지 원칙이 있다. 첫째, 공급업체가 제품의 설계에 참여함으로써 초기 설계 단계부터 결점이 예방될 수 있어야 한다(포카요케). 공급업체는 종종 중요한 원자재나 서비스를 추천하여 제품의 품질을 개선할 수 있게 하거나 공급업체의 부품이 관련된 프로세스에서 결함이 발생하는 것을 예방하는 도움을 준다.

제품구조가 복잡할 때는 최종 제품에서 요구되는 품질 수준이 달성되도록 공급업체가 높은 품질 수준을 유지하는 것이 중요하다. **누적수율(rolled yield)**이라는 개념이 최종 고객이 경험하는 누적 불량률을 설명해 준다. 예를 들어 어떤 제품 혹은 서비스가 100개의 구성품으로 만들어지고, 각 부품은 99% 수율(1% 불량률)을 기록한다고 가정해보자. 이 경우에 최종 제품의 누적수율은 모든 개별 생산자들의 수율을 곱함으로써 결정된다. 동일한 수율(0.99)을 가진 100명의 생산자가 있기 때문에 이 경우에 누적수율은 $0.99 \times 0.99 \times \cdots \times 0.99$(100회 반복)이다.

$$누적수율 = 0.99^{100} = 0.366$$

위에서 보여주듯이 최종 제품의 누적수율은 0.366에 불과하다. 그러므로 최종 제품의 높은 누적수율, 예로서 99%를 보장하기 위해서는 공급업체가 제공하는 품질 수준을 획기적으로 높여야만 한다. 최종 제품의 누적수율이 99%가 되기 위해서는 100개의 공급업체 모두가 99.99% 수율에 해당하는 품질을 확보하고 있어야 가능하다.

공급업체 관리는 단순히 공급자를 선정하고 품질 적합성을 검사하는 이상의 것을 요구한다. 또한 운영기능은 공급업체로 인한 위험을 관리하고 그들이 지속적인 프로세스 관리를 하는지 확인해야 한다. 미국에서 리콜되는 많은 제품들의 문제가 판매기업이 아니라 공급업체에서의 품질문제에 기인하고 있다. 한 사례로, 2007년에 마텔(Mattel)의 장난감이 납성분 검출로 리콜된 적이 있었다. 이 장난감은 중국의 공급업체에 의해 전량 생산된 것이었지만 판매기업이 리콜비용에 대한 법적 책임을 부담해야만 했다.

그러므로 공급업체 품질의 관리는 공급업체를 선정하는 것뿐 아니라 지속적으로 그들을 관리하는 시스템을 필요로 한다. 공급업체 관리는 납품되는 물품의 검사를 통해 품질 표준에 적합한지를 확인하는 것 이상을 의미한다. 그들의 생산 프로세스를 감독해야 하는데 이를 위해서는 공급업체 인증(certification)이 한 방법이 될 있다. **공급업체 인증**(supplier certification)은 공급업체가 자신의 프로세스를 안정되게 통제하고 있으며, 최소한 ISO 9000 수준의 감사(audit)를 통과할 수 있음을 확인해 주는 것이다. 감사에서는 불량의 예방을 위해 문서화된 절차, 훈련, 프로세스의 지속적인 통계적 관리 등의 품질시스템이 구축되어 있는지를 확인하게 된다.

공급업체 선정 당시에는 가격과 제품 샘플이 양호한 수준일 수 있다. 하지만 과연 이것만으로 충분한가? 실제로 해외 공급업체로부터 구입하는 품목들이 다음과 같은 이슈에 부딪힌 사례들이 있었다.

- 구매기업에게 제시된 샘플은 '보석'이나 마찬가지였다. 다시 말해 공급업체의 실제 양산 프로세스에서 생산되지 않았을 뿐 아니라 면밀하게 고른 품목이었다. 그것은 정성을 기울여 수작업으로 제작되었고 검사를 통해 품질이 확보된 표본이었다.
- 최종 수율이 60%에 불과한 프로세스에서 생산된 제품을 검사를 통해 불량을 선별하고 있었다. 이것은 생산 프로세스가 양호한 품질을 일관되게 생산할 수 없다는 것을 의미한다.

## 운영선도사례 보잉의 공급업체 등급평가시스템

세계 최대 우주항공기업인 보잉은 2014년에 47개국에 흩어져 있는 13,000개 이상의 공급업체를 지원하기 위해 620억 달러를 투자했다. 상업용 항공기, 전투기, 인공위성, 전자 무기시스템, 첨단 정보통신시스템에 이르기까지 복잡하고 첨단기

© David R. Frazier Photolibrary, Inc./Alamy

술 기반의 제품들을 생산하는 공급업체 지원시스템에 투자를 했다. 공급업체들은 보잉이 고객의 요구사항과 납기를 충족하는 데 결정적인 역할을 하고 있다. 수많은 업체들의 성과를 보잉은 어떻게 추적하여 개선이 필요한 업체와 도움을 필요로 하는 업체를 확인할 수 있는가? 그 답은 공급업체의 성과등급을 평가하는 시스템이었다.

보잉은 공급업체들을 3개의 성과 범주(품질 성과, 납기 성과, 일반 성과)로 등급을 매기고 있다. 각 범주의 성과를 월별로 추적하고 기준과 비교하여 다섯 가지 색깔로 등급을 정하고 있다 ― 빨강(불만족), 노랑(개선 필요), 갈색(만족), 은색(매우 우수), 금색(탁월)의 색으로 표현하고 있다. 품질 성과에 대

해서는 각 색상의 깃발을 사용하고 있는데, 빨강(98% 이하의 합격률), 노랑(평균 98%의 합격률), 갈색(평균 99.55%의 합격률), 은색(평균 99.8%의 합격률), 금색(평균 100% 합격률)의 깃발이다. 이렇게 매겨진 공급업체의 등급은 보잉의 생산현장, 사업부, 본부의 계층에서 확인할 수 있게 만들었다. 그리고 공급업체들은 자신의 성과등급을 통보받으며 부족한 면이 무엇인지를 알도록 피드백받고 있으며, 문제가 발생할 때마다 상세한 보고서를 받고 있다.

이같은 보잉의 공급업체 등급평가시스템은 공급업체에게 개선을 위한 동기부여를 할 뿐 아니라 보잉의 다양한 부서에서 역량 있는 공급업체를 선정하고 파트너로 삼을 수 있는 정보를 제공하고 있다. 그리고 탁월한 성과의 업체는 매년 그 해의 최우수 업체로 선정된다.

출처 : Kirsten Parks and Timothy Connor, "*The Way to Engage,*" *Quality Progress* 44, no. 1 (April 2011), pp. 20–27; www.boeing.com, 2016; www.boeingsupplier.com, 2016.

- 공급업체가 대량의 로트 크기로 생산하고 있었기 때문에 생산이 완료된 후에나 품질 문제가 발견되었다.
- 생산 사이클의 시간이 길고 변동적이었기 때문에 재고가 대규모로 쌓였다.

위의 사례는 공급업체가 우수한 품질시스템을 구축하고 있음을 보장할 수 있는 공급업체 인증이 왜 필요한지를 보여주는 것이다. 그렇지 않다면 샘플을 제시할 때는 낮은 가격에 우수한 품질이었다가 이후에는 문제가 있는 품질로 생산하게 될 수 있다. 운영선도사례에서는 보잉이 공급업체 품질을 확실히 하기 위해 공급업체 등급평가 시스템을 어떻게 활용하고 있는지를 보여주고 있다.

## 8.7 품질 및 품질비용과 재무 성과

**LO8.6** 품질비용과 재무 성과의 관계

품질과 재무 성과 사이에는 밀접한 관계가 존재한다. 우선 품질과 비용의 관계를 살펴보자. 품질 분야의 강력한 개념은 품질비용의 계산이며, **품질비용**(cost of quality)에는 예방비용, 평가비용, 내부 실패비용 및 외부 실패비용이 포함된다. 예방비용을 제외한 나머지 항

목들은 처음부터 제품이나 서비스를 올바르게 생산하지 못할 때 발생하는 비용이다. 잘못된 품질에 비용을 연관짓게 되면 다른 비용들처럼 품질비용을 관리하고 통제할 수 있게 된다. 품질문제를 비용으로 표현하면 관리자들은 돈으로 이해를 할 수 있어 일반적으로 동기부여와 의사소통, 관리 측면에서 강력한 수단이 된다.

대부분 회사들은 품질을 관리하기 위해 얼마나 많이 지출하고 있는지를 잘 알지 못한다. 품질비용을 측정하는 기업들은 품질비용이 대략 매출의 30% 정도이고, 분포 범위는 매출의 20~40% 구간에 있을 것으로 추정한다. 이러한 품질비용 규모는 대부분 회사의 순이익보다 2~3배 높기 때문에 품질비용의 감소를 통해 큰 폭으로 순이익을 늘릴 수 있다. 선진 경영을 하고 있는 기업들은 수년 동안의 노력으로 품질비용을 전체 매출의 30%에서 3% 수준으로 줄일 수 있었다. 이는 제품의 품질을 개선하는 과정에서 획득한 성과이다.

품질비용은 **통제비용**(control cost)과 **실패비용**(failure cost)의 두 가지 요소로 구분된다. 통제비용은 생산흐름으로부터 불량을 제거하는 활동에 소요되는 비용이며 예방 및 평가활동이 여기에 해당한다. 예방비용은 품질계획, 신제품 검토, 훈련, 공학적 분석 등의 활동에 의한 비용을 포함한다. 이들 활동들은 생산 이전에 수행되며 불량이 발생하지 않도록 예방하는 것을 목표로 한다. 통제비용의 또 다른 항목인 평가비용은 불량은 이미 발생했으나 그 제품이 고객에게 전달되기 전에 불량을 평가하고 검사하는 활동의 비용을 포함한다.

실패비용은 생산 프로세스 단계(내부 실패비용)에서나 제품이 출고된 후(외부 실패비용)에 발생한다. 내부 실패비용은 불량으로 인한 폐기, 재작업, 등급인하, 장비 고장시간과 같은 요소들을 포함하며, 외부 실패비용은 품질보증비용, 반품, 그리고 보상비 등을 포함한다. 품질비용의 여러 요소를 〈표 8.1〉에 요약해서 보여주고 있다.

품질비용은 혼동을 초래하는 용어일 수 있다. 〈표 8.1〉에서 네 가지 비용 중 세 가지는 부적합비용 또는 불량품질비용이라고 불린다(평가, 내부 실패, 외부 실패). 반면에 예방비용은 좋은 품질을 달성하고자 하는 비용이다. 〈그림 8.5〉는 이들 네 범주의 비용이 어떤 연관성을 갖는지를 보여주고 있다. 예방비용과 평가비용이 증가하면 내부 및 외부 실패비용은 감소하게 된다. 따라서 통제비용(예방비용과 평가비용)과 실패비용(내부 및 외부) 사이에는 서로 교환관계가 존재한다. 〈그림 8.5〉에 의하면 통제비용과 실패비용이 서로 교차하는 품질 수준, 즉 100% 완벽한 품질 이하에서 최적의 품질 수준이 존재한다고 시사하는 것처럼 보인다. 하지만, 예방 및 평가비용의 곡선을 지속적으로 오른쪽 방향으로 이동하게 하는 노력(즉 예방 및 평가활동을 보다 효율적으로 수행하는 방안을 개발)으로 품질을 지속적으로 개선해야 한다고 경영자들은 강조하고 있다.

교육훈련, 공정계획, 신제품 검토와 같은 예방활동에 투자를 하게 되면 이후에 생산 단계에서 발생하는 비용(평가비용과 내부 실패비용)과 생산 이후에 발생하는 비용(외부 실패비용)을 피할 수 있다는 것을 많은 기업들이 알게 되었다. 이는 예방비용의 레버리지 효과가 매우 크다는 의미로서, 예방비용에 1달러를 투자하면 평가비용, 내부 및 외부 실패비용에서 1달러 이상을 절감할 수 있게 된다. 이렇게 절감된 비용은 순이익에 직접적으로 영향을 주어 이익을 몇 배로 증가시키게 된다.

표 8.1
품질비용

출처 : J. M. Juran and A. B. Godfrey, eds., *Juran's Quality Handbook*, 5th ed. (New York: McGraw−Hill, 1999).

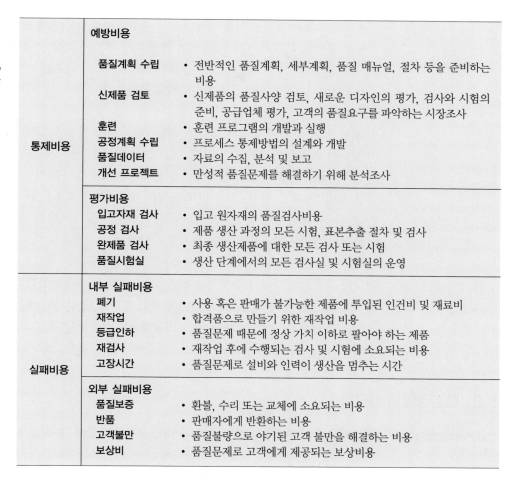

| | | |
|---|---|---|
| **통제비용** | **예방비용** | |
| | 품질계획 수립 | • 전반적인 품질계획, 세부계획, 품질 매뉴얼, 절차 등을 준비하는 비용 |
| | 신제품 검토 | • 신제품의 품질사양 검토, 새로운 디자인의 평가, 검사와 시험의 준비, 공급업체 평가, 고객의 품질요구를 파악하는 시장조사 |
| | 훈련 | • 훈련 프로그램의 개발과 실행 |
| | 공정계획 수립 | • 프로세스 통제방법의 설계와 개발 |
| | 품질데이터 | • 자료의 수집, 분석 및 보고 |
| | 개선 프로젝트 | • 만성적 품질문제를 해결하기 위해 분석조사 |
| | **평가비용** | |
| | 입고자재 검사 | • 입고 원자재의 품질검사비용 |
| | 공정 검사 | • 제품 생산 과정의 모든 시험, 표본추출 절차 및 검사 |
| | 완제품 검사 | • 최종 생산제품에 대한 모든 검사 또는 시험 |
| | 품질시험실 | • 생산 단계에서의 모든 검사실 및 시험실의 운영 |
| **실패비용** | **내부 실패비용** | |
| | 폐기 | • 사용 혹은 판매가 불가능한 제품에 투입된 인건비 및 재료비 |
| | 재작업 | • 합격품으로 만들기 위한 재작업 비용 |
| | 등급인하 | • 품질문제 때문에 정상 가치 이하로 팔아야 하는 제품 |
| | 재검사 | • 재작업 후에 수행되는 검사 및 시험에 소요되는 비용 |
| | 고장시간 | • 품질문제로 설비와 인력이 생산을 멈추는 시간 |
| | **외부 실패비용** | |
| | 품질보증 | • 환불, 수리 또는 교체에 소요되는 비용 |
| | 반품 | • 판매자에게 반환하는 비용 |
| | 고객불만 | • 품질불량으로 야기된 고객 불만을 해결하는 비용 |
| | 보상비 | • 품질문제로 고객에게 제공되는 보상비용 |

어느 건설회사가 고속도로 건설 프로젝트에서 불량품질비용을 조사한 결과 72개의 부적합 요소를 발견했고, 이들 부적합 요소를 다음과 같이 예방 가능한 오류의 유형으로 분류했다.

그림 8.5
품질비용들의
교환관계

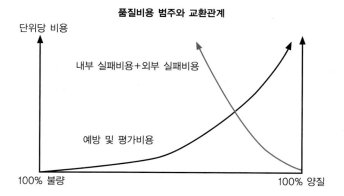

**품질비용 범주와 교환관계**

단위당 비용

내부 실패비용+외부 실패비용

예방 및 평가비용

100% 불량          100% 양질

- 고속도로의 일부 구간을 여러 번이나 재작업하게 만든 설계 문제
- 고속도로에 입힌 시멘트를 여러 차례 보수를 하게 만든 시멘트 공급업체의 부적합 문제
- 납기를 맞추지 못한 일부 하청업체의 문제

이 회사는 위 세 가지 유형의 오류를 예방하는 노력을 기울임으로써 그 이후의 프로젝트에서 상당한 비용을 절감할 수 있었다.

품질비용 분석을 적절히 활용하면 품질개선을 위한 강력한 인센티브의 역할을 한다. 과다한 실패비용과 통제비용으로 인해 발생하는 낭비에 경영진은 관심을 갖게 될 것이다. 또한 품질비용을 줄이는 과정을 모니터링할 수 있는 계량적 기반을 제공한다.

품질의 개선은 제품을 일관된 품질로 생산하게 만들거나 고객 요구에 더욱 부합하는 제품 혹은 서비스를 개발할 수 있게 만들어 기업의 매출을 획기적으로 증가시킬 것이다. 고객들이 진정으로 자신이 좋아하는 제품이나 서비스를 제공받음으로써 만족도가 개선된다면 기업의 매출 및 시장점유율 증가에 강력한 영향을 줄 것이기 때문이다.

이처럼 품질의 개선은 매출증가와 비용감소의 두 가지 방법으로 기업의 수익성에 영향을 주게 된다. 즉 품질은 매출, 이익, 수익성 모두에 강력한 영향을 준다.

## 8.8  품질경영의 선구자

**LO8.7** 품질경영 선구자들의 철학

지금까지 품질관리에 대한 많은 접근법이 제시되어 왔다. 품질경영의 현대적 접근법을 형성하는 데 기여한 선구자들 중에는 데밍(Deming), 주란(Juran), 크로스비(Crosby), 파이겐바움(Feigenbaum), 슈하트(Shewhart), 이시카와(Ishikawa) 등이 있지만, 데밍과 주란이 일본 기업에 품질을 가르치고 미국과 유럽 기업들이 품질에 관심을 다시 갖게 만든 사람으로 잘 알려져 있다.

에드워즈 데밍

**데밍**(Deming)은 경영진이 품질경영에서 핵심적인 역할을 수행해야 한다고 강조했다. 그는 품질을 안정된 시스템에 대한 지속적인 개선이라고 정의하면서 두 가지 사항을 강조했다. 우선 관리, 설계, 생산, 영업 등 모든 시스템은 통계적 의미로 안정되어야만 한다. 이를 위해서는 모든 품질 속성들을 찾아서 꾸준히 측정해야 하며, 이들 측정값들이 일정한 평균값 근처에서 일정한 분산을 가질 때 해당 시스템은 안정되어 있다고 말하게 된다. 데밍이 강조하는 두 번째 요소는 다양한 시스템을 지속적으로 개선해서 변동을 줄이고 고객 요구를 더욱 잘 만족시키는 것이다.

데밍은 그의 철학을 〈표 8.2〉에 정리한 14개 요소로 설명하고 있다. 그는 최고경영진이 장기적 관점에서 품질을 관리해야 하며, 단기적 이익을 이유로 품질을 희생시켜서는 안 된다고 강조했다. 분기별 영업이익 보고서 및 단기적 목표에 과도하게 집중하는 것은 최고경영진이 고객 서비스나 장기적 품질개선에 신경을 쓰지 못하게 만든다고 주장했다. 다른 품

표 8.2
데밍의 14개 경영원칙

출처 : W. Edwards
Deming, *Out of the Crisis*
(Cambridge, MA: MIT
Center for Advanced
Engineering Study, 1986).

**시장에서 제품 및 서비스의 경쟁력을 유지하기 위해 경영자가 계획해야 할 14개 필수사항**

1. 단기적 이익이 아니라 장기적으로 시장에서 경쟁력을 유지할 목표를 갖고서 제품 및 서비스 개선에 대한 **일관된 목표를 구축하라.**
2. **새로운 철학을 수용하라.** 일상적으로 허용되었던 실수, 결함, 지연, 오류 등을 거부하고, 변화의 필요성을 수용하라.
3. **대량검사에 의존하는 것을 중단하라.** 그 대신 처음부터 제품 안에 품질을 설계하고, 품질의 통제 및 개선을 목적으로 통계적 수단을 활용하라.
4. **가격만으로 공급업체를 선정하는 관행을 멈춰라.** 대신 총원가(total cost)를 최소화하라. 프로세스에 통계적 품질관리를 적용한다는 증거를 제시하지 못하는 공급업체를 배제함으로써 공급업체의 수를 줄여 나가라.
5. 품질 및 생산성을 높이고 원가를 지속적으로 줄이기 위해서 **생산시스템을 지속적으로 개선하라.**
6. 모든 종업원을 대상으로 **교육훈련 및 재교육을 제도화하라.**
7. 종업원들이 일을 더 잘하도록 **경영진 및 감독자가 리더십을 발휘해야 한다.**
8. **두려움을 떨쳐내라.** '시스템 문제'를 종업원의 잘못으로 비방하지 말라. 효과적으로 양방향 의사소통이 일어나도록 동기부여하고 통제 중심의 관리 행태를 제거하라.
9. **부서 간 장벽을 제거하라.** 연구, 설계, 생산, 영업 등 다른 부서들 간의 팀워크를 장려하라.
10. 더 우수한 방법을 제공해주지 않으면서 생산성을 높일 것을 요구하는 **프로그램이나 운동, 슬로건을 없애라.**
11. 품질을 방해하는 **임의로 설정한 생산할당량, 작업표준이나 목표를 제거하라.** 대신 리더십과 작업프로세스를 지속적으로 개선하라.
12. 업무에서 느끼는 종업원의 자부심을 앗아가는 **장벽**(불량 시스템이나 부실한 경영)을 제거하라.
13. 모든 종업원의 **평생교육 및 자기계발을 장려하라.**
14. 모든 구성원이 14개 원칙 모두를 실천하도록 만들어라.

질 선구자와 마찬가지로 품질을 달성하는 수단으로 대량검사에 대한 의존을 줄이고, 대신에 불량이 발생하지 않도록 사전예방에 집중할 것을 강조했다. 이러한 사전예방은 모든 종업원에 대한 교육과 적절한 감독 및 지도, 통계적 관리절차를 적용함으로써 가능하다고 데밍은 제안했다.

데밍은 더 나아가서 양질의 제품 및 서비스를 생산하기 위해서는 경영진이 부서 간의 장벽을 제거하고, 직원들이 서로 협력해서 일하도록 동기부여해야 한다고 강조했다. 그는 회사가 사용하는 많은 작업표준, 개인 보상시스템 및 생산할당량이 개인 및 부서 간의 협력을 방해하고 결국 품질개선도 막는다고 보았다.

데밍은 프로세스를 안정시키고 개선하기 위해 통계적 기법의 적용을 강력하게 주장했다. 품질은 열심히 노력한다고 개선되는 것이 아니라 작업자와 관리자가 제품에 내재된 변동의 원인을 확인하고, 변동을 통제하고 줄이기 위해 적합한 도구들을 갖추고 있어야 한다고 했다.

데밍과 다른 품질 선구자들은 대부분의 품질문제들은 작업자가 아니라 시스템의 불량 때문에 발생한다는 점을 한결같이 주장했다. 품질문제를 종업원 탓으로 돌려서는 안 되며, 대신에 경영진이 시스템을 바꾸어 품질을 개선해야 한다. 경영자를 포함한 모든 계층의 관리자가 품질에 대한 책임감을 갖는 것이 매우 중요하다.

조지프 주란

**주란**(Juran)은 품질에 대한 계획, 통제, 개선이라는 **품질 삼각축**(quality trilogy)을 창안했다. 계획 단계에서 기업은 주요 사업목표, 고객, 요구되는 제품을 명확히 해야 한다. 새로운 제품은 정교한 시험을 거친 후에 그리고 고객 요구의 만족이 입증될 때에만 도입되어야 한다. 품질개선에 가장 중요한 품질문제(소수의 핵심, the vital few)부터 먼저 해결하는 면밀한 계획이 필요하다고 주란은 제안했다.

그리고 주란은 다음 장에서 다루는 통계적 기법을 활용하여 품질을 관리할 것을 강조했다. 품질이 보장되는 설계를 하고, 시스템이 안정적으로 생산하도록 경영진이 필요한 절차 및 기법들을 구축해야 한다고 강조했다. 데밍처럼 주란도 프로세스 통제를 달성하는 수단으로 통계적 품질관리를 적용해야 한다는 강한 믿음을 갖고 있었다.

품질 삼각축의 세 번째는 개선이다. 주란은 프로세스의 획기적 개선과 점진적 개선 모두가 필요하다고 했으며, 시스템이 통계적 관리 상태에 있을 때에만 가능하다고 주장했다. 또한 그는 모든 종업원들의 교육훈련 및 참여가 있을 때에만 지속적 품질개선이 가능하다고 믿었다.

이 책의 저자인 슈뢰더(왼쪽)가 학회에서 주란을 만나다.

© Roger Schroeder

데밍과 주란은 품질개선의 세부사항에 대해서는 견해를 달리하나 대부분의 경우에는 그들의 주장이 일치하고 있다. 그들과 다른 품질 선구자들이 제창한 공통적인 사상을 〈표 8.3〉에 정리하여 보여주고 있다. 이 표에 의하면 품질사고의 기저에 공통점이 존재함을 알 수 있다.

## 8.9  ISO 9000 표준

**LO8.8** ISO 9000과 말콤 볼드리지 국가품질상의 기준 차이

1987년에 제정된 **ISO 9000**은 오늘날의 기업들이 품질을 보증하기 위해 사용하는 주요 접근법 중 하나이다. ISO 9000은 163개국의 회원들로 구성된 ISO(International Organization for Standardization, 국제표준화기구)에 의해 제정된 많은 표준 중 하나이다. 그 외에도 환경경영(ISO 14000), 사회적 책임(ISO 26000), 공급사슬 안전(ISO 28000), 위험관리(ISO 31000)의 표준들이 있다.

애초의 ISO 9000은 **적합품질**(conformance quality), 즉 제품사양에의 적합성에 초점을 두었으며, 고객의 니즈를 포함하고 있지 않았다. 즉 기업이 원하는 제품이 팔리지 못하더라도 그것을 제품사양에 적합하게 만들도록 하는 품질시스템을 갖추기만 하면 되었다. 그 이후에 ISO 9000이 수정되면서 고객의 요구사항, 지속적 개선, 경영자의 리더십을 포함시켜 품질이 단순히 제품사양에 부합하는 것 이상으로 고객의 니즈를 충족해야 하는 것으로 수정되었다. 이 표준은 계속해서 업데이트되고 있다.

표 8.3
품질사고의 변화

| 변화 이전 | 변화 이후 |
| --- | --- |
| 사후처리 | 사전대비 |
| 검사 | 예방 |
| 사양충족 | 지속적 개선 |
| 제품 지향 | 프로세스 지향 |
| 비난과 질책 | 문제해결 |
| 품질 아니면 생산일정 | 품질 및 생산일정 |
| 원가 또는 품질 | 원가 및 품질 |
| 운영부서 중심 | 마케팅, 설계 및 운영부서 |
| 품질문제의 대부분은 현장 작업자에 기인 | 품질문제의 대부분은 관리자에 기인 |
| 불량 은폐 | 불량은 노출되어야 함 |
| 품질문제는 품질부서의 책임 | 품질문제는 구매, 연구개발, 마케팅 및 운영부서의 책임 |
| 경영진의 부수적인 업무 | 경영진의 일상 업무 |
| 중역은 품질평가에서 제외 | 품질 성과가 중역의 평가항목 |
| 품질은 비용을 증가시킴 | 품질은 비용을 줄여줌 |
| 품질은 기술적 이슈 | 품질은 관리적 이슈 |
| 생산일정 우선 | 품질 우선 |

ISO 9000은 기업이 품질을 보장하는 시스템과 프로세스를 어떻게 구축해야 하는지를 설명하고 있지만, 그 효익은 품질 그 이상이다. ISO 9000의 표준을 채택하고 있는 기업을 그렇지 못한 기업과 비교해보면, 채택 기업이 생존 가능성이 높고, 매출과 고용의 성장이 훨씬 높으며, 종업원의 보수도 높고, 고용 관련 재해가 적은 것으로 나타났다. ISO 9000은 대기업과 중소기업, 단순한 제품과 복잡한 제품 모두에 이상적으로 적용 가능하며, 서비스와 소프트웨어 개발에도 적용 가능한 표준이다. 운영선도사례에서 아이오와 의료클리닉이 ISO 9000 인증을 받기 위해 기울인 노력을 읽어보기 바란다.

ISO 9000 표준은 기업이 고객 요구사항을 일관되게 충족시키기 위해 절차, 정책, 훈련 등을 포함하는 품질시스템을 구축해야 한다는 점을 강조한다. 품질 매뉴얼 및 세심한 기록이 문서화 작업의 일부로서 요구된다. 그리고 ISO 9000은 프로세스 흐름도, 작업자 지침서, 시험검사방법, 직무기술서, 조직도, 고객만족의 측정, 지속적 개선 프로세스를 운영할 것을 요구한다. 또한 종업원들이 업무절차에 대한 교육을 받고 실제 업무에서 그대로 준수할 것을 요구한다. ISO 9000 표준을 제대로 준수하는지 확인하기 위해 외부의 인증 심사기관이 인증신청한 조직을 감사하여, 적합하게 문서화된 품질시스템을 운영하고, 교육훈련을 모두 완료하고, 또한 품질시스템이 기술된 사항을 충족하고 있는지를 판단한다. 어떤 불일치 사항도 없는 경우 심사기관은 신청한 기업이나 공장에 인증자격을 부여한다. 인증을 받았다고 해서 그 조직의 제품 자체가 우수한 품질이라는 것을 보증하지는 않으며, 단

## 운영선도사례    아이오와 의료클리닉의 ISO 9000 인증

아이오와 의료클리닉(Physicians' Clinic of Iowa, PCI)는 아이오와주의 최대 사설 의료기관으로 내과와 외과의 20개 진료과목 치료를 제공하는 복합의료기관이다. 아이오와주의 시더래피즈에서 1997년에 설

립되어 현재는 80명이 넘는 내과 및 외과 의사를 보유하고 있다.

PCI는 2003년 11월 10일 자로 ISO 9000 인증을 받았다. 그 인증은 하루아침에 이루어진 것이 아니라 경영진이 인증을 추진하기로 결정한 후 약 2년 6개월 동안 교육과 감사에 약 108,000달러를 투자한 노력의 결과였다. 이러한 노력을 통해 200,000달러 이상의 비용절감을 하여 초기 투자를 회수했고, 인증 이후에도 재인증을 위해 계속해서 노력하고 있다.

PCI가 ISO 9000 인증을 추진한 배경에는 다섯 곳의 지역에서 다양한 진료과목의 진료를 제공하지만 하나의 의료기관으로 운영되는 것이 요구되었기 때문이다. 단일 조직으로 운영하면 공동의 목표, 프로세스, 절차로 정부부처가 요구하는 필수 요건을 충족시키면서 인증기관의 자발적 요건도 만족시킬 수 있다.

ISO 9000 인증을 위해서 PCI는 전문의 의료행위를 지원하면서 진료의 효율성을 개선하도록 종합적이면서 환자 중

© McGraw-Hill Education/Mark Dierker

심의 품질경영시스템을 구축했다. 그 결과, PCI는 각종 서류와 기록, 부적합성을 효과적으로 통제하는 방법, 핵심 프로세스를 감시하고 관찰하는 방법, 문제의 발생을 예방하고 문제를 해결하는 방법을 명확히 할 수 있었다. 이러한 효과가 비단 PCI에서만 일어나는 것은 아니다. 사설 및 공공 의료기관, 국내 및 해외의 의료기관들이 ISO 9000 인증으로 유사한 효과를 얻고 있다.

출처 : Robert Burney, James Levett, and Paula Dolan, "ISO-Lating the Problem," *Quality Progress* 42, no. 1 (January 2009), pp. 36-40; www.pcofiowa.com, 2016.

지 제품을 생산하는 프로세스를 인증한 것이다. ISO 9000 인증은 인증 심사기관의 사후감사를 받으며 이를 통해 정기적으로 갱신된다.

ISO 9000은 전 세계의 품질 실무에 지대한 영향을 주었다. 많은 기업들은 거래를 하기 위한 하나의 전제 조건으로 상대방에게 ISO 9000 인증을 요구하고 있다. EU는 유럽시장에서 제품이나 서비스를 판매하기 위한 표준으로서 ISO 9000 인증을 요구하고 있고, 유럽의 고객들은 제품 및 서비스가 ISO 9000에 적합할 것을 요구하고 있다. 유럽뿐 아니라 미국 등 다른 국가의 기업들도 자사의 공급업체들이 ISO 9000 인증을 받을 것을 요구하고 있다.

ISO 9000이 경쟁전략, 정보시스템 및 사업 성과를 포함하지 않는다는 점에서 완전한 품질시스템이라고 볼 수는 없다. ISO 9000 인증을 받은 기업이라 하더라도 그 기업의 시장이 위축되거나 혹은 시장에서 퇴출될 수도 있다. 그럼에도 불구하고 ISO 9000 인증은 우수한 품질의 제품과 높은 고객만족도를 보장하기 위한 기본적인 프로세스를 구축하는 중요한 첫 단계이다.

## 8.10 말콤 볼드리지 국가품질상

미국 의회는 미국 산업계에서 품질경영을 추진하고 품질 성과를 개선할 목적으로 1987년에 말콤 볼드리지 국가품질상을 제정했다. 오늘날 말콤 볼드리지 국가품질상 기준은 산업계에서 널리 인정받고 있으며 미국에서 품질실무의 명실상부한 최고 품질기법으로 자리매김하고 있다. 이 품질상의 기준은 ISO 9000 기준과 유사하지만 전략, 정보시스템, 사업 성과를 함께 요구하고 있다.

**말콤 볼드리지 국가품질상**(Baldrige Award)은 매년 제조, 서비스, 중소기업, 보건의료, 교육, 비영리단체 등 6개 분야의 각각에서 최대 3개의 조직들에게 수여된다. 지금까지 수상한 기업들을 보면 밀리켄&컴퍼니(Milliken & Co), 페덱스, 서니 프레시 푸드(Sunny Fresh Foods), 리츠칼튼, 3M, IBM, 위스콘신대학교(스타우트), 펄리버학교구 등이 있다. 이들은 품질상을 수상하기 위해 품질경영을 높은 수준으로 실행하고 있을 뿐 아니라 성과의 탁월성도 함께 보여주었다.

말콤 볼드리지 기준은 품질활동 노력이 최고경영진의 리더십, 사업 성과, 종업원 참여, 내부 프로세스 관리, 높은 고객만족 등과 연계되었는지를 확인한다. 말콤 볼드리지 심사원이 평가하는 품질 영역들은 〈표 8.4〉에 정리되어 있다. 말콤 볼드리지의 7개 평가항목은 품질상을 신청한 기업이 준비한 자체평가보고서와 심사원들의 현장방문 결과를 근거로 평가된다. 심사원들은 자체평가보고서 심사에서 통과한 신청기업을 대상으로 현장방문을 실시한다.

말콤 볼드리지 평가기준은 총 1,000점 만점이며, 7개 영역의 점수 배분은 〈표 8.4〉와 같다. 첫 번째 영역인 리더십(leadership)은 최고경영진의 의지, 비전, 모든 관리자가 프로세스에 능동적으로 참여하는 정도, 품질 가치관이 전체 조직에 스며든 정도를 근거로 평가된다. 또한 사회적 책임, 윤리적 행동 및 지역사회 참여 정도를 포함하고 있다.

두 번째 평가항목인 전략(strategy)은 여러 가지 품질노력들을 함께 묶어 주는 가교 역할을 한다. 성공적인 신청기업은 높은 수준의 품질목표 및 계획을 능동적으로 수립하여 실천하고 있다. 기업의 전략계획에 품질의 요소가 포함되어 있다면, 품질경영의 전략과 기업의 전략계획은 구분되지 않을 수 있다.

세 번째 항목은 고객(customers)이다. 수상 기업들은 포커스 그룹, 시장조사, 일대일 면담 등을 포함한 다양한 원천으로부터 객관적인 고객 데이터를 수집하고 있다. 회사가 고객 요구에 부합하고 고객만족 실현에 자원을 집중할 수 있도록 정보가

**말콤 볼드리지 국가품질상**
출처 : U.S. Department of Commerce

표 8.4
말콤 볼드리지 국가품
질상 : 탁월한 성과의
기준(2015-2016년)
출처 : U.S. Department of
Commerce, 2016.

| 평가 영역 및 항목 | | 점수 |
|---|---|---|
| 1 | **리더십** | 120 |
| | 1.1 최고경영진 리더십 | |
| | 1.2 지배구조 및 사회적 책임 | |
| 2 | **전략** | 85 |
| | 2.1 전략의 수립 | |
| | 2.2 전략의 실행 | |
| 3 | **고객** | 85 |
| | 3.1 고객의 소리 | |
| | 3.2 고객참여 | |
| 4 | **측정, 분석 및 지식경영** | 90 |
| | 4.1 조직 성과의 측정, 분석 및 개선 | |
| | 4.2 지식경영, 정보 및 정보기술 | |
| 5 | **종업원** | 85 |
| | 5.1 종업원 근무환경 | |
| | 5.2 종업원 참여 | |
| 6 | **운영** | 85 |
| | 6.1 직무 프로세스 | |
| | 6.2 운영의 효과성 | |
| 7 | **성과** | 450 |
| | 7.1 제품 및 프로세스 성과 | |
| | 7.2 고객 중심 성과 | |
| | 7.3 종업원 중심 성과 | |
| | 7.4 리더십 성과 | |
| | 7.5 재무 성과와 시장 성과 | |
| | **총점** | 1,000 |

생산되고 사용되어야 한다. 말콤 볼드리지 국가품질상 수상 기업들은 고객을 최소한으로 만족시키는 것이 아니라 고객들을 감동시키려고 노력한다. 종종 고객의 기대치를 뛰어넘으며 고객 요구를 앞서서 예측하기도 한다.

네 번째 평가항목은 측정, 분석 및 지식경영(measurement, analysis, and knowledge management)이다. 여기서는 사실 데이터에 입각한 의사결정을 일컫는데 종종 '사실 기반의 관리'로도 불린다. 회사의 데이터베이스는 종업원들이 접근할 수 있어야 하며, 공급자와 내부 프로세스 및 고객에 관련된 포괄적인 정보를 담고 있어야 한다. 정보시스템은 회사의 의사결정을 지원할 수 있도록 통합되어 활용될 수 있어야 한다.

다섯 번째 평가항목은 매우 광범위한 영역인 종업원(workforce)이다. 여기서는 종업원 참여, 지속적 교육 및 훈련, 팀워크, 작업자에 의한 의사결정 등을 포함한다. 아울러 동기부여, 보상, 인정, 그리고 리더십 개발까지 포함한다. 과거 수상기업들은 품질개선 노력의 기본사항으로서 종업원 중심을 강력하게 주창했다.

여섯 번째 평가항목인 운영(operations)은 프로세스의 정의, 문서화, 통계적 프로세스 관리 및 프로세스 개선기법 등을 포함한다. 최고의 기업은 프로세스에 대한 이해가 깊으며, 여러 기능과 부서를 통합하는 프로세스를 갖추고 있다.

마지막 일곱 번째 항목은 가장 배점이 많은 성과(results)이다. 여기서는 제품의 성과, 고객 중심 성과, 재무 성과 및 시장에서의 성과, 종업원 중심 성과, 프로세스 효과성 성과 및 리더십 성과를 포함한다. 예를 들어 표준 품질측정 항목인 불량률(%), 고객 반품률, 적시 인도 등은 물론, 수익성, ROI, 시장점유율도 포함된다. 성공한 기업들은 단지 1년 동안의 반짝 성과가 아니라 시간흐름에 따른 개선 추이를 증명해 보인다.

지금까지 설명한 일곱 가지 평가 영역은 일반적으로 품질경영 및 성과 개선에 대한 포괄적인 틀을 반영하고 있다. 말콤 볼드리지 국가품질상을 수상하는 데 특정 접근방법론이 요구되지는 않는다. 각 조직은 지금까지 기술한 전체 목표 및 기준 범위 내에서 자사만의 독특한 기법이나 접근방법을 자유로이 선택할 수 있다. 과거 수상기업들이 매우 다양한 접근방법론을 적용했다는 점이 이를 증명하며 이것이 말콤 볼드리지 국가품질상의 강점이다. 어떤 특별한 교리를 요구하지도 않으며, 개별기업이 스스로 '우수한 품질경영'을 자유로이 정의하고 실행할 수 있다.

많은 기업들이 품질 및 성과 개선 시스템의 수단으로서 말콤 볼드리지 기준을 적용하고 있다. 이들은 관리자들이 말콤 볼드리지 기준으로 사업부를 평가할 수 있도록 훈련시키는 프로그램을 운영하고 있다. 그 목적이 상을 수상하는 것이 아니라 사업부의 경영시스템을 진단하여 강점과 약점을 발굴하는 데 근본 목적이 있다.

## 8.11 품질개선 노력이 왜 실패하는가?

**LO8.9** 성공적인 품질 개선의 장애요인

많은 기업에서 품질개선은 상당한 재무적 이익과 효과를 가져다준다는 것이 증명되었다. 그러나 다른 기업에서는 품질노력이 실패하거나 제한적인 성과만 얻는 데 그치는 경우도 있다. 몇 가지 연구 결과에 따르면 기업들 중에서 1/3은 품질개선 프로그램으로부터 상당한 성과를 달성했으며, 1/3은 미미한 성과를 거두었고, 나머지 1/3은 결과에 만족하지 못한다고 한다. 이러한 상황이 왜 발생했을까? 이처럼 결과가 일관되지 못한 이유는 무엇인가?

기업이 품질개선을 위해 적용한 접근방식이 차이를 만드는 것이 아니라 실행 프로세스가 차이를 만든다. 기업이 품질을 개선하기 위해서는 가치관이나 경영철학을 바꾸어야 하는데 그것이 쉽지는 않다.

품질개선이 실패하는 주된 요인 중 하나는 경영자들이 단기적 재무 성과에 계속 초점을 두고 시스템의 개선을 도외시하기 때문이다. 재무 성과에 과도하게 집중하다 보면 단기적인 재무 수치를 높이기 위해 종업원을 줄이거나 훈련비를 삭감하는 등 품질시스템을 파괴하는 결과를 낳을 수 있다. 품질개선을 위해서는 당장의 재무 결과가 아니라 기저의 시스템이라는 생각으로 사고의 변화를 필요로 한다.

일부 경영자들은 품질이 실패할 때 본능적으로 종업원을 비난한다. 그러나 종업원의 업무를 둘러싼 시스템이나 규칙을 종업원은 쉽게 보지 못한다. 시스템에 내재한 품질문제의 원인은 종업원이 아니라 경영자만이 해결할 수 있는 것이다.

교환관계(trade-offs)를 믿는 경영자들은 품질개선의 노력을 잘못 이해할 수 있다. 그들은 납기나 원가를 희생시키지 않고는 일관된 품질을 획득할 수 없다고 믿고 있다. 납기에 쫓기는 상황에서 제품을 출하할 것인지 아니면 품질문제를 해결할 것인지를 결정해야 한다면 이들은 일단 제품을 출하하고 나중에 품질문제를 해결할 것이다. 또한 그들은 고품질을 위해서는 높은 원가가 발생한다고 생각한다. 이들은 일관된 품질을 달성하고 품질예방 노력을 한다면 교환관계가 발생하지 않고 납기, 유연성, 원가의 모든 것이 달성될 수 있다는 사실을 깨닫지 못하는 것이다.

경영자들은 종종 진정한 팀워크를 저해하기도 한다. 그들은 의사결정 권한을 팀에 위임하지 않거나 팀 성과보다는 개인 성과에 더 많이 보상한다. 보상시스템은 조직에 아주 깊게 박혀 있어서 변화하기 가장 어려운 것 중 하나이다. 마지막으로 품질개선 노력의 실패 원인으로 지적되는 것은 공급업체의 품질시스템을 인증하는 제도가 없는 것을 들 수 있다. 따라서 공급업체는 예방적 품질관리의 시스템으로 접근하기보다 제품을 생산한 후 검사하는 데만 관심을 갖는다. 이 경우에는 고객기업이 공급업체로부터 일관된 품질을 기대할 수 없을 것이다.

그러므로 우수한 품질의 제품을 생산하기 위해서는 고객 요구사항을 출발점으로 하는 시스템적 접근법이 필요하다. 이러한 접근법은 일부 기업의 경영철학 및 가치관과 충돌할 수 있다. 따라서 품질개선은 조직문화의 근본적인 변화를 필요로 하며, 경영자가 변화를 솔선수범하는 리더십을 발휘해야 된다.

진정한 품질개선을 이루기 위한 유일한 방법은 모든 종업원에 대한 광범위한 교육을 실시하고, 경영진 모두가 솔선수범의 리더십을 지속적으로 보여주는 것이다. 제조기업이든 서비스 기업이든 이러한 방법으로만 품질시스템을 구축할 수 있으며 공급사슬에서도 우수한 품질을 실천할 수 있다. 그 결과는 재무 성과, 인적 성과, 시장 성과의 획기적인 개선이 될 것이다.

## 8.12  요점정리와 핵심용어

이 장의 요점은 다음과 같다.

- 품질은 현재와 미래의 고객 요구사항에 부합하거나 그 이상으로 충족하는 것으로 정의할 수 있다. 제품 품질의 4개 차원은 설계 품질, 적합성 품질, 능력, 그리고 현장 서비스이다.
- 서비스 품질의 다섯 가지 차원은 유형성, 신뢰성, 반응성, 확신성, 공감이며, 이들은 고객 서베이로 측정할 수 있다.

- 제품 혹은 서비스의 품질은 고객 니즈의 이해, 설계 품질, 생산 품질, 고객에 의한 사용 품질의 사이클을 따른다. 이러한 사이클의 관리는 품질속성을 규명하고, 각 속성의 측정방법을 결정하고, 품질 기준을 설정하고, 시험 프로그램을 구축하고, 품질불량 원인을 발견하고 시정하는 과정을 거친다. 불량의 사전 예방을 통한 시스템의 지속적 개선이 가장 바람직한 방식이다.

- 공급업체 인증은 공급자가 적정 품질시스템을 구축하고 불량의 발생을 예방하게 만드는 좋은 방법론이다.

- 품질은 매출을 증가시키고 비용을 줄여준다. 품질비용은 품질 요구사항에 부적합한 정도를 측정하며, 통제비용과 실패비용으로 나눌 수 있다. 통제비용은 예방 및 평가 활동으로부터 발생하며, 실패비용은 내부 및 외부 실패로부터 발생한다.

- 품질 선구자인 데밍과 주란은 서로 조금씩 다른 품질 접근법을 주장하고 있지만 대부분의 내용들은 서로 일치한다. 데밍은 개선을 위해서는 품질에 대한 경영진의 사고 변화가 요구된다고 주장했다. 또한 통계적 품질관리 기법의 적극적인 사용을 옹호한다. 주란은 품질 삼각축인 계획, 통제, 개선을 권장했다.

- ISO 9000 인증은 고객 요구사항의 만족 및 지속적 개선을 토대로 하는 품질 접근방식이다. ISO 9000은 품질 프로세스, 일관된 품질의 제품생산 및 개선을 보장하기 위해 잘 정의되고 문서화된 절차와 그들을 실행하는 훈련된 작업자들을 필요로 한다.

- 말콤 볼드리지 국가품질상은 평가 기준에 따라 정의되고 측정하는 전사적 품질시스템을 달성한 기업을 인정해 주는 수상제도이다. 말콤 볼드리지 기준은 품질 및 성과에서의 탁월성을 평가하는 일반적인 기준으로 사용되고 있다.

- 품질개선 노력은 경영진이 솔선수범하여 리더십을 발휘하지 않거나, 고객 요구로부터 시작하는 시스템 접근법을 채택하지 않을 때는 실패한다.

핵심용어

| | | |
|---|---|---|
| 가용성 | 실수방지 | 품질경영 |
| 고객만족 | 실패비용 | 품질비용 |
| 공감 | 용도 적합성 | 품질 사이클 |
| 공급업체 인증 | 유지보수성 | 품질 삼각축 |
| 능력 | 유형성 | 허용오차 |
| 데밍(Deming) | 적합성 품질 | 현장 서비스 |
| 말콤 볼드리지 국가품질상 | 주란(Juran) | 확신성 |
| 반응성 | 통제비용 | ISO 9000 |
| 설계품질 | 포카요케 | SERVQUAL |
| 신뢰성 | 표준 | |

**인터넷 학습**

1. 리츠칼튼 호텔(http://www.ritzcarlton.com/en/about/gold-standards)
   리츠칼튼의 웹사이트에서 '황금표준(Gold Standard)'에 관한 내용을 찾아보고, 황금표준과 품질 간의 관계에 대한 토론을 준비하여 수업에 참여하라.
2. 말콤 볼드리지 국가품질상(http://www.nist.gov/baldrige)
   말콤 볼드리지 국가품질상을 가장 최근에 수상한 기업들을 찾아보고, 그들 중 한 기업이 적용한 접근방법의 핵심 내용을 5~8개로 요약하라.
3. 미국품질학회(http://www.asq.org)
   'Knowledge Center'를 클릭해서 품질경영 분야에서 당신이 관심 있는 자료를 찾아보라. 추천하는 주제는 기본 개념과 데이터의 사용이다. 검색에서 찾은 요약 및 본문을 이용하여 당신이 발견한 내용에 대해 짧은 보고서를 작성하라.

## 토의질문

1. 다음 제품의 품질은 어떻게 측정할 수 있는가?
   a. 전화 서비스
   b. 자동차 수리
   c. 볼펜 제조
2. 설계 품질과 적합성 품질 간의 차이점을 기술해 보라.
3. 제품 A는 30시간의 MTBF와 5시간의 MTTR을 가지며, 제품 B는 40시간의 MTBF와 2시간의 MTTR을 가진다.
   a. 어느 제품의 신뢰성이 더 높은가?
   b. 어느 제품의 유지보수성이 더 우수한가?
   c. 어느 제품의 가용성이 더 우수한가?
4. 당신이 최근에 경험한 안 좋은 서비스를 하나 고르고, 서비스 실패요인을 유형성, 신뢰성, 반응성, 확신성, 공감으로 분류해 설명해보라.
5. 당신이 매일 10,000개의 나무연필을 생산한다고 가정해보자. 제품속성, 측정, 시험 등을 포함하여 이 제품에 대한 품질계획 및 통제시스템을 작성해보라.
6. 당신 생각에 상대적으로 나쁜 품질의 제품 혹은 서비스와 상대적으로 좋은 품질의 제품 혹은 서비스를 고르고, 좋은 품질의 기업이 더 성공적인지 아닌지를 설명해보라.
7. 공급업체 인증이 제품 혹은 서비스의 품질에 기여한다고 생각하는가? 모든 공급업체가 인증을 받아야 하는가? 그 이유는 무엇인가?
8. 최근에 리콜된 제품을 찾아서 리콜된 이유가 무엇인지를 설명해보라.
9. 품질의 4개 차원 중에서 어떤 것이 매출 증가와 연관성이 높다고 할 수 있는가? 비용 절감과 가장 연관성이 높은 차원은 무엇인가? 매출 증가와 비용 절감 모두와 연관성이 높은 차원은 무엇인가?
10. 어느 기업에서 다음과 같은 비용자료를 수집했다.

| | |
|---|---|
| 입고자재 검사 | 20,000달러 |
| 작업자 훈련 | 40,000달러 |
| 품질보증 | 45,000달러 |
| 프로세스 계획 수립 | 15,000달러 |
| 폐기물 | 13,000달러 |
| 품질시험실 | 30,000달러 |

재작업                    25,000달러
보상                      10,000달러
고객불만 처리             14,000달러

이 기업의 예방, 평가, 외부 실패, 내부 실패 비용은 각각 얼마인가?

11. 데밍의 14개 경영원칙 중 당신이 동의하는 것과 동의하지 않는 것은 무엇인가?

12. 품질개선에 대한 데밍과 주란의 접근방법을 비교하고 차이점에 대해 설명해보라.

13. 품질관리의 첫 단계로 ISO 9000을 고려하는 이유는 무엇인가?

14. 말콤 볼드리지 국가품질상에서 평가하는 일곱 가지 기준에 대해 비판해보라. 누락된 요소가 있다고 생각하는가?

15. 볼드리지 기반의 접근방식과 ISO 9000을 비교해보라.

16 품질개선 노력을 실천함에 있어서 장애요인으로는 무엇이 있는가?

# 품질관리 및 개선

## 학습목표

**LO9.1**  품질관리시스템의 설계 단계

**LO9.2**  관리도를 이용한 프로세스 관리시스템의 설계

**LO9.3**  프로세스 능력의 정의 및 계산

**LO9.4**  일곱 가지 품질도구를 이용한 지속적 개선의 실천

**LO9.5**  식스시그마와 DMAIC 프로세스

**LO9.6**  린과 식스시그마의 차이

벨(Bell) 연구소에서 근무했던 **월터 슈하트**(Walter A. Shewhart)는 1924년에 통계적 품질 관리도(statistical control chart)를 개발했다. 벨 연구소의 또 다른 두 연구자인 닷지(H. F. Dodge)와 로믹(H. G. Romig)이 1930년대에 통계적 품질관리 이론으로 더욱 발전시켰다. 하지만 1940년대 초에 제2차 세계대전이 일어날 때까지 산업계에서 널리 사용되지 못했다. 전쟁이 발발하자 산업에 많은 양의 군수품 생산이 요구되었고, 군 당국은 주문한 군수품이 정부 표준에 적합하게 생산되도록 산업계에 통계적 품질관리를 적용할 것을 요구했다. 그 결과로 산업계에서 품질관리 목적으로 통계적 방법론을 널리 채택하게 되었다. 하지만 종전 후에 이 방법론은 다시 산업계로부터 버림받았으며, 1980년대에 이르러서야 비로소 양질의 제품 및 서비스를 보장하는 타당한 방법으로 다시 부각되었다.

서비스 산업에서는 통계적 품질관리 방법들을 도입하는 것이 상대적으로 느렸다. 이런 이유로 서비스 기업에서 통계적 품질관리 및 개선의 적용 여지가 매우 크다고 하겠다. 금융, 헬스케어, 항공, 정부부처 등에서 품질관리의 도구들이 품질을 관리하고 개선하는 데 매우 유용하다는 것을 알게 되었다.

제2차 세계대전 직후인 1946년에 미국품질학회(ASQ)[1]가 창립되었다. 설립 초기에는 통계적 품질관리기법에 초점을 두었으나, 점차 고객 니즈의 이해, 품질경영시스템, 지속적 개선으로 확대되었다. ASQ는 품질의 도구, 기법, 품질의 중요성에 대한 최신 사고 등을 품질 전문가에게 전파하고 있다. 운영선도사례에서 밀리켄&컴퍼니(Milliken & Company)가 품질관리를 위해 통계적 기법을 어떻게 적용하고 있는지를 보여주고 있다.

기업은 많은 상호 연관된 프로세스들의 집합으로 구성되며, 양질의 제품 및 서비스를 생산하기 위해서는 연관된 프로세스들의 관리가 필요하다는 점을 이 장에서 설명할 것이다. 즉 품질관리와 개선은 본질적으로 다기능적 성격을 가지며, 따라서 전사적인 참여와 지원이 요구된다.

정확한 원가자료에 관심을 갖는 회계부서는 생산 프로세스에서 품질이 잘 관리될 때 품질 관련 비용이 줄어든다는 것을 알게 될 것이다. 인적자원부서에서는 품질관리와 개선을 실천하기 위해서 프로젝트 관리, 통계적 기법, 산출물의 검사기법 등에 대해 종업원을 심도 있게 교육해야 한다는 것을 알게 될 것이다. 마케팅 부서는 품질관리기법의 사용이 생산제품의 불량률을 줄여주어 결과적으로 고객 불만이 감소하게 되는 것을 보게 될 것이다. 마지막으로, 재무부서는 품질관리와 개선의 노력이 기업의 이익에 영향을 주는 것을 알게 될 것이다. 따라서 품질관리와 개선의 아이디어는 운영부서에만 적용되는 것이 아니라 회계, 인적자원, 마케팅, 재무 등의 프로세스에서도 그 적용의 효과를 보게 된다.

## 9.1 품질관리시스템의 설계

**LO9.1** 품질관리시스템의 설계 단계

품질관리의 목표는 변환 프로세스가 산출물을 일관성 있게 생산하도록 프로세스를 안정화시키고 유지하는 것이다. 지속적 개선은 반드시 프로세스가 통계적으로 안정되게 통제된 이후에나 가능한 일이다. 기업의 모든 일은 서로 연결된 많은 프로세스로 구성되어 있으며, 프로세스는 좋은 품질의 산출물이 만들어지도록 통제된 상태가 되어야 한다.

품질관리시스템의 설계는 프로세스를 정의하는 것으로부터 시작된다. 프로세스를 정의하기 위해서는 우선 변환 프로세스를 명확히 이해해야 한다. 변환 프로세스는 제품의 생산 프로세스, 서비스의 전달 프로세스, 혹은 관리 프로세스일 수 있다. 변환 프로세스를 정의함에 있어서는 다음과 같은 질문에 답을 찾도록 해야 한다─프로세스의 결과물은 무엇인가? 산출물을 생산하는 단계(활동)는 어떤 것들인가? 제품 혹은 서비스의 품질속성에 영향을 주는 프로세스 단계는 무엇인가?

하나의 프로세스는 일반적으로 많은 하위 프로세스로 구성되어 있으며, 각 하위 프로세스에는 자신의 산출물로서 어떤 품목 혹은 서비스가 있다. 각각의 프로세스는 개별 장비, 장비들의 그룹, 또는 조직 내의 지원 프로세스가 될 수도 있다. 이들 각 프로세스에는 자신의 **내부고객**(internal customer)이 있으며, 고객에게 제공하려는 자신의 제품이나 서비스가

---

[1] 이 학회는 1997년까지 American Society for Quality Control(ASQC)라고 불렸다.

## 운영선도사례   밀리켄의 SPC 실천사례

밀리켄&컴퍼니는 1865년에 설립되어 사우스캐롤라이나주 스파턴버그에 본사를 두고 있으며, 섬유, 기능소재, 화학제품, 바닥재 등에서 글로벌 선두의 기업이다. 밀리켄이 생산하는 많은 제품 중에는 상업용 카펫, 방화 섬유, 축구화용 경량 소재, 축구 선수용 패드, 스케이트보드 등이 있다. 밀리켄은 오랫동안 지식 기반에 많은 투자를 해 왔으며, 현재는 100명 이상의 박사, 2,200건 이상의 미국 특허, 5,000건 이상의 세계 특허를 보유하고 있다. 밀리켄은 미국, 영국, 벨기에, 프랑스, 중국 등에서 39개의 제조공장을 보유하고 있으며, 전 세계적으로 약 7,000명의 종업원을 고용하고 있다.

밀리켄은 오랫동안 프로세스의 품질 성과를 모니터하기 위하여 통계적 프로세스관리(SPC)를 적용하고 있다. 한 예로, 통제 상태를 벗어난 프로세스에 대하여 프로세스의 문제를 해결하기 위해 여러 부서의 관련자들이 함께 협력하고 있다. 통제 상태를 벗어난 프로세스와 연관된 모든 종업원에게 팀 리더가 품질의 중요성을 설명하고, 팀이 어떻게 도움을 줄 수 있는지를 설명해 준다. 개선이 진행되는 과정에는 어떻게 개선되고 있는지를 모든 관련자에게 설명해 준다. 이같은 노력의 결과로 6개월이 지나지 않아 프로세스가 안정적으로 제품사

USDA Natural Resources Conservation Service

양에 부합하는 생산을 할 수 있도록 개선되었다.

1989년에 밀리켄은 말콤 볼드리지 국가품질상을 수상했으며, 그 이후에도 유럽 품질상, 캐나다 품질상, 영국 품질상 등을 수상했다. 밀리켄은 품질을 강조함으로써 저가로 공략해 오는 글로벌 업체와 성공적으로 경쟁할 수 있었다.

출처 : Christopher Wozniak, "Proactive vs. Reactive SPC," *Quality Progress*, February 1994; www.milliken.com, 2016.

생산된다. 한 프로세스의 내부고객은 그 프로세스 작업의 산출물을 받아들이는 다음 단계의 프로세스이다. 예를 들어 설계부서의 내부고객은 설계부품을 제조하는 작업장이며, 작업장의 내부고객은 제조된 부품을 사용하는 조립부서이다. 이렇듯 큰 시스템을 여러 개의 작은 프로세스나 시스템으로 나누어 생각하면 각 단계에서의 품질을 정의하고 통제할 수 있다.

통제 대상의 프로세스가 정해지면 검사나 측정을 해야 하는 **핵심 통제 포인트**(critical control point)를 선정할 수 있다. 그런 후에 각각의 포인트에서 요구되는 측정이나 시험의 형태, 검사의 수준을 결정해야 한다. 마지막으로, 검사를 누가 할 것인지, 즉 작업자 스스로 하도록 할 것인지 아니면 별도의 검사자를 둘 것인지를 결정해야만 한다. 일반적으로 **작업자에 의한 검사**(operator inspection)가 선호되는데, 그 이유는 작업자가 자신이 생산한 제품 혹은 서비스의 품질 책임을 지도록 해 주기 때문이다. 이와 같은 의사결정이 이루어지면 품질관리시스템의 전체 틀이 만들어지고, 안정된 상태의 시스템에서 지속적 개선이 가능해진다.

1. 품질관리시스템을 설계하는 첫 번째 단계는 검사 및 시험이 필요한 각 프로세스의 중

요한 포인트를 정하는 것이며, 이를 위한 가이드라인은 다음과 같다.

- 입고되는 원자재와 구매 서비스가 사양을 충족하는 것이 보장되어야 한다. 이상적으로는 공급업체의 인증을 통해 수입(收入)검사를 생략하거나 간단한 표본검사만 실시하는 것이다. **공급업체 인증**(supplier certification)은 일관된 품질성능을 위해 공급업체가 SPC와 여러 기법을 사용하고 있음을 인증하는 것이다. 그러면 인증 공급업체가 납품하는 제품 혹은 서비스를 안심하고 사용할 수 있게 된다.

- 제품 혹은 서비스가 생산되는 중간 단계에서 검사한다. 일반적인 규칙은 돌이키기 어려운 작업이 수행되는 단계 이전에 혹은 높은 가치가 제품에 더해지는 단계 이전에 작업자 스스로에 의해 검사가 이루어지게 하는 것이다. 이 단계에서의 검사 비용은 이후에 진행되는 작업에서 제품에 더해지는 가치보다 작아야 한다. 어느 단계에서 제품을 검사할 것인가는 프로세스 흐름도를 이용하여 결정할 수 있다.

- 세 번째 중요한 검사 포인트는 제품 혹은 서비스의 완성 단계이다. 제조업에서는 종종 최종 제품을 출고하기 전이나 재고창고에 입고시키기 전에 시험검사를 실시한다. 예를 들어 자동차 조립공장에서는 자동차 샘플을 조립라인으로부터 추출하여 외관 및 기능을 철저히 검사한다. 발견된 불량은 조립라인에 피드백함으로써 해당 작업자가 근본 원인을 수정할 수 있도록 한다. 또한 품질점수를 산정하여 조립공장 간에 성과 비교를 하는 데 활용한다.

생산 이후에 불량을 검사하거나 교정하는 것보다 불량이 발생하지 않도록 **사전에 예방**하는 것이 훨씬 바람직하다. 그렇지만 지속적으로 프로세스를 통제 상태로 유지하고 개선을 용이하게 하기 위해서는 표본검사가 일부 필요하다. 따라서 검사 또는 측정을 완전히 없앨 수는 없지만 예방활동을 통해 그 필요성을 줄일 수는 있다.

2. 품질관리시스템을 설계하는 두 번째 단계는 각 검사 포인트에서 사용할 측정의 유형을 결정하는 것이다. 일반적으로 두 가지 측정방법, 즉 계수형과 계량형 측정방법이 있다. **계량형 측정**(variable measurement)은 길이, 높이, 무게에서와 같이 연속형 척도를 이용한다. 계량형 측정의 예로는 부품의 규격, 액체의 점도, 고객의 서비스요청 전화에 응답하기까지의 시간 등이 해당된다.

   **계수형 측정**(attribute measurement)은 이산형 척도를 사용하며 불량품 수나 단위당 결점 수를 산정할 때의 유형이다. 품질 사양이 복잡할 경우에는 계수형 측정을 사용하는 것이 편리할 수 있다. 예를 들어 노트북 컴퓨터의 많은 성능테스트 중 어느 하나라도 통과하지 못하거나 디스플레이의 외관이 만족스럽지 못할 때 불량으로 분류하는 경우를 들 수 있다. 의류직물을 검사하는 경우에 직물에서의 흠집을 결점으로 정의하고 100야드당 결점 수를 세는 검사도 계수형 측정의 예다. 어떤 유형의 측정을 할 것인지는 측정장비의 사양에도 영향을 주게 된다.

3. 품질관리시스템을 정의하는 세 번째 단계는 적용할 검사의 양을 결정하는 것이다. 일반적으로 통계적으로 안정된 프로세스에는 많은 검사를 필요로 하지 않는다. 그렇지

만 프로세스 변수를 정의하는 것이 어려울 때나 프로세스 실패의 결과가 매우 심각할 수 있을 때는 예외이다. 예를 들어 인간의 생명을 위협할 수 있을 때는 프로세스의 통제와 모든 산출물에 대한 검사가 필요할 수 있다.

4. 품질관리시스템 설계의 마지막 단계는 누가 검사할 것인지를 결정하는 것이다. 보통은 작업자가 자신이 생산한 산출물을 직접 검사하고, 자신이 수행한 작업의 품질을 책임지도록 하는 것이 가장 좋다[종종 이것을 원천에서의 품질관리(quality at source)라고도 부른다]. 작업자가 품질에 대해 책임지면서 예방 프로그램을 적용하는 것이 대대적인 검사보다 훨씬 비용이 적게 발생한다. 고객접촉이 많이 발생하는 서비스에서는 발생하는 결점을 고객이 바로 받기 때문에 원천에서 품질을 관리하지 않을 수 없다.

때로는 고객이 제품검사에 직접 참여한다. 어떤 고객기업은 검사 요원들을 공급업체의 공장에 상주시켜 물품을 선적하기 전에 검사를 통해 합격여부를 먼저 판정하기도 한다. 정부기관은 식품과 같이 공공의 건강 및 안전과 관련이 있는 산업에서는 공급사슬의 주요 단계에서 검사원이 품질을 확인토록 하고 있다.

잘 정의된 품질관리시스템은 일련의 경영진 판단과 모든 기능부서의 참여를 필요로 한다. 품질관리의 원칙 자체는 성과의 표준, 측정, 프로세스 교정을 위한 피드백 등으로 이루어지는 기본적인 과정이다. 하지만, 특정 상황에서 이러한 원칙을 적용하는 것이 간단하지 않을 수 있다. 일반적인 원칙은 먼저 시스템을 통제 상태로 만들고, 시스템이 안정되면 지속적으로 개선을 추구하는 것이다.

## 9.2  프로세스 품질의 관리

LO9.2 관리도를 이용한 프로세스 관리시스템의 설계

**통계적 프로세스 관리**(statistical process control, SPC)는 제품 혹은 서비스가 생산되는 동안에 검사나 시험을 수행하는 것이다. 생산 프로세스의 산출물로부터 표본을 주기적으로 추출하고, 표본검사에서 제품 혹은 서비스 품질의 특성이 변했다는 믿을 만한 이유가 존재할 때는 프로세스를 중단하고 **추적 가능 요인**(assignable cause)을 찾는다. 그 요인은 작업자, 기계, 또는 원자재가 변화되었기 때문일 수 있다. 이들 변화의 원인을 규명하고 교정하고 난 후에 프로세스는 다시 가동된다. 프로세스가 **통계적 관리 상태**(state of statistical control, 혹은 통계적 통제 상태)가 되면 품질관리도(혹은 관리도)를 활용하면서 그 상태가 유지되도록 만든다.

프로세스 관리는 두 가지 핵심 원칙을 기초로 한다. 그 하나는 어떠한 프로세스에도 확률변동이 본질적으로 존재한다는 점이다. 프로세스를 아무리 완벽하게 설계했더라도 생산 품목 사이에는 품질특성에서 확률변동이 존재한다. 예를 들어 시리얼을 박스에 담는 기계는 각 박스에 정확하게 동일한 무게로 시리얼을 담지 못하고, 시리얼의 양이 어떤 평균값을 중심으로 변동이 존재한다. 따라서 프로세스 관리의 목적은 프로세스에 존재하는 확률변동의 정상적인 범위를 찾고, 그 범위 안에서 생산이 이루어지도록 하는 것이다.

프로세스 관리의 두 번째 원칙은 SPC를 하고 있지 않다면 생산 프로세스가 통제 상태를 벗어난다는 점이다. 느슨한 절차, 제대로 훈련받지 못한 작업자, 기계의 부적합한 정비로 인해 발생하는 변동은 흔히 크게 발생한다. 프로세스 관리자의 첫 번째 임무는 이같이 큰 변동의 원인(추적 가능 요인)을 발견하여 제거함으로써 프로세스를 통계적 관리 상태로 되돌리고, 단지 무작위의 확률변동만 존재하게 만드는 것이다.

대부분의 기업에서 회계, 인적자원, 영업, 마케팅, 재무 등의 관리 프로세스도 흔히 통계적 관리 상태에 있지 않을 수 있다. 하지만 이들 프로세스도 SPC를 통해 통제 혹은 관리될 수 있다. 제조업의 생산 프로세스에 적용되는 동일한 원칙이 관리프로세스를 통제하는 데도 사용될 수 있다.

SPC는 품질관리도(quality control chart)를 사용하여 수행된다. 〈그림 9.1〉의 관리도에서 $y$축은 통제하고자 하는 품질특성을 나타내고, $x$축은 시간 혹은 프로세스로부터 추출한 표본을 나타낸다. 관리도의 **중앙선**(center line)은 품질특성을 측정한 평균값이다. 관리 상태에 있을 때 **관리 상한선**(upper control limit)은 최대로 수용 가능한 확률 변동치를, **관리 하한선**(lower control limit)은 최소로 수용 가능한 확률 변동치를 반영한다. 일반적으로 관리 상한선 및 관리 하한선은 평균으로부터 ±3표준편차만큼 떨어지게 설정한다. 정규확률분포를 가정한다면 상한 및 하한의 한계선 범위가 확률적으로 관찰치의 99.74%를 포함하게 된다.

〈그림 9.1〉의 오른쪽에 정규확률분포를 보여주고 있다. 이 그림은 정규분포의 평균값이 관리도의 중앙선에 있으며, 정규분포의 꼬리 부분은 아주 작은 비율로 관리한계선 밖에 있음을 보여준다. 프로세스가 관리 상태에 있다면 표본 관측치의 99.74%가 〈그림 9.1〉의 그래프에서 관리한계 범위 안에 존재한다는 것을 의미한다.

관리도의 사용방법은 먼저 주기적으로 표본을 추출해서 〈그림 9.2〉와 같이 품질속성의 측정값을 관리도에 점으로 표시한다. 측정치가 관리한계 범위 안에 있으면 프로세스를 중단하지 않고 계속 운영한다. 하지만 때때로 프로세스가 관리 상태를 벗어난 신호를 보일

**그림 9.1**
**품질관리도**

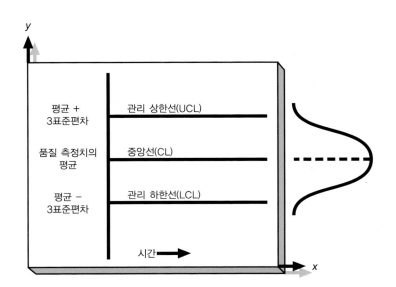

그림 9.2
품질관리도 예시

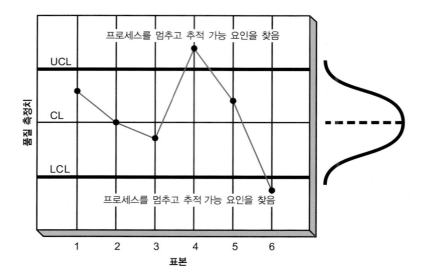

수 있다. 예를 들어 특정 측정치가 관리한계선을 벗어나는 경우, 상향 혹은 하향으로 움직이는 추세를 보이는 경우, 매우 큰 변동성으로 지그재그 움직이는 경우, 다수의 측정치가 중앙선의 한쪽으로 치우쳐 있는 경우 등이다. 이런 경우는 프로세스가 관리 상태에 있지 못하다는 의미이며, 따라서 그 원인이 무엇인지를 찾는 노력을 해야 한다.

　추적 가능 요인을 **특수요인**(special causes)이라고도 부르며, 측정값이 관리한계선 밖으로 나가게 만드는 요인이다. 반면에 변동의 **공통요인**(common causes)은 프로세스가 통계적 관리 상태에 있을 때 무작위 확률로 발생하는 변동요인으로서 프로세스를 재설계하지 않는 한 제거하기 어려운 요인이다. 관리도를 사용하게 되면 프로세스를 지속적으로 통계적 관리 상태로 유지할 수 있으며, 이 경우에는 프로세스의 산출물에는 확률변동(공통요인)만 존재하는 상태이다.

　품질속성을 계량형으로 측정할 때와 계수형으로 측정할 때 사용되는 관리도에는 약간의 차이점이 있다. 이들을 다음 절에서 살펴보기로 한다.

## 9.3　계수형 관리도

계수형 관리도는 품질특성을 연속형 척도가 아니라 이산형 척도로 측정할 때 사용한다. 이산형 척도는 품목을 양품 또는 불량품으로 분류하는 것을 말한다. 품질속성을 이산형으로 측정한 불량품이 표본에서 발견되는 비율을 관리하는 것이 한 예이다. 또 다른 예로는 벨이 3번 울릴 때까지 전화를 받지 않는 통화 수의 비율(%), 불만족 고객의 비율(%), 공급업체로부터 납품된 부품 중 불량 부품의 비율(%) 등이다.

　품질속성이 계수형으로 측정되었을 때의 적합한 관리도 유형이 계수형 관리도이며, 일반적으로 유용한 관리도가 $p$ 관리도로서 표본에 포함된 불량품의 비율을 관리하는 차트이다. 예를 들어 어떤 프로세스에서 일정한 시간 간격으로 $n$개 크기의 표본을 추출하여 표본

**계수형 관리도 : $p$ 관리도의 예제**

데이터 입력작업으로부터 200개의 표본 입력자료를 2시간 간격으로 추출한다고 가정하자. 지금까지의 11개 표본에서 입력자료의 오류비율(%)이 0.5, 1.0, 1.5, 2.0, 1.5, 1.0, 1.5, 0.5, 1.0, 1.5, 2.0%이다. 이들 11개 표본의 평균은 $\bar{p}=1.27\%$이며, 이것이 바로 관리도의 중앙선이 된다. 관리 상한선과 하한선은 다음과 같다.

$$UCL = .0127 + 3\sqrt{\frac{.0127(.9873)}{200}} = .0364$$

$$LCL = .0127 - 3\sqrt{\frac{.0127(.9873)}{200}} = -.0110$$

음수의 비율은 현실적으로 가능하지 않으므로 음수인 LCL을 0으로 처리한다. 그렇게 하면 다음의 관리도를 얻을 수 있다.

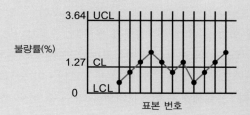

모든 표본의 점이 통제 상태에 있으므로 이들 11개 표본은 중앙선과 관리한계선을 결정하기 위해 사용할 수 있다. 그런 후에 200개 입력자료의 표본을 새롭게 추출하여 그 오류비율을 계속해서 관리도에 표시해 나가면서 프로세스가 통제 상태에 있는지 아닌지를 해석하게 된다.

에서의 불량률로 모집단 불량률을 추정하는 예를 보자. 각 표본에서 관찰된 불량률($p$)을 계산하여, $p$ 관리도에 각 표본의 $p$값을 표시하게 된다.

 $p$ 관리도의 중앙선 및 관리한계선을 정하기 위해 크기가 $n$인 표본을 여러 개 추출한다. 각 표본마다 $p$값을 계산하고 모든 표본의 $p$값을 평균하여 $\bar{p}$값을 구한다. $\bar{p}$값은 프로세스의 불량률 참값을 추정할 수 있는 최선의 값이므로 관리도의 중앙선으로 사용한다. 관리 상한선 및 하한선은 $\bar{p}$값을 사용하여 다음과 같이 계산한다.

$$UCL = \bar{p} + 3\sqrt{\frac{\bar{p}(1-\bar{p})}{n}}$$

$$LCL = \bar{p} - 3\sqrt{\frac{\bar{p}(1-\bar{p})}{n}}$$

이 경우에 프로세스의 표준편차는 제곱근 안에 있는 값이다. 관리한계선을 결정하기 위해서 평균에서 표준편차의 3배를 더하고 뺀다. 컴퓨터 자료입력 작업을 관리하기 위하여 관리한계선을 계산한 예를 앞페이지 예제에서 보여주고 있다.

중앙선 및 관리 상한선과 관리 하한선을 가진 관리도를 작성한 후에는 프로세스에서 새로운 표본들을 추출하고 관리도에 표본의 $p$값을 점으로 찍어 나간다. 표본에서의 비율이 관리한계선 범위 안에 있으면 어떤 조치도 필요하지 않지만 표본에서의 비율이 관리한계선 밖으로 나가면 프로세스 가동을 멈추고 원자재, 작업자, 또는 기계 등에서 추적 가능 요인을 찾아야 한다. 그 원인을 발견하고 시정한 이후에는 프로세스가 다시 정상 가동 상태로 회복되어 생산 혹은 서비스가 재개될 수 있다. 그러나 드물긴 하지만 간혹 어떤 추적 가능 요인도 발견되지 않는 경우가 있다.

## 9.4 계량형 관리도

관리도는 연속형 변수의 측정에서도 사용할 수 있다. 이 경우에는 표본의 각 단위를 검사할 때 연속형 변수의 측정치를 구하고, 그로부터 2개의 값, 즉 중심화 경향 측정치(일반적으로 평균값)와 변동성의 측정치(범위 또는 표준편차)를 계산한다. 이들 값을 사용하여 2개의 관리도를 작성하는데, 하나는 프로세스의 중심화 경향, 다른 하나는 변동에 대한 관리도이다. 프로세스가 이들 2개의 관리도 중 어느 하나에서라도 관리한계를 벗어날 경우에는 프로세스 가동을 멈추고 추적 가능 요인을 찾아야 한다.

계량형 측정을 할 때 2개의 관리도가 필요한 이유는 정규분포를 가정할 경우 정규분포는 2개의 모수, 즉 평균과 분산을 가지기 때문이다. 분포의 평균이나 변동성이 변할 수 있기 때문에 프로세스 관리를 목적으로 프로세스의 평균 및 범위를 관찰한다.

표본을 추출할 때마다 품질속성의 평균($\bar{x}$)과 범위($R$)값을 계산한다고 가정하면 평균관리도와 범위관리도를 이용하게 된다. 먼저 평균관리도(때로는 x차트 혹은 $\bar{x}$차트라고 부름)의 관리한계선을 다음과 같이 계산한다.

$$\text{CL} = \bar{\bar{x}}$$
$$\text{UCL} = \bar{\bar{x}} + A_2\bar{R}$$
$$\text{LCL} = \bar{\bar{x}} - A_2\bar{R}$$

여기서 $\bar{\bar{x}}$는 여러 개의 표본평균값인 $\bar{x}$들의 평균이고, $\bar{R}$는 표본 범위값들의 평균이다. 범위($R$)는 각 표본에서 가장 큰 값(최댓값)에서 가장 작은 값(최솟값)을 뺀 수치이다. 위 공식에서 $A_2$는 범위의 표준편차 3배를 나타내는 상수이다. 〈표 9.1〉이 정규분포에서 다양한 표본크기에 대한 $A_2$의 값을 보여준다. 다음으로, 범위관리도의 관리한계선은 다음과 같이 계산한다.

$$\text{CL} = \bar{R}$$
$$\text{UCL} = D_4\bar{R}$$
$$\text{LCL} = D_3\bar{R}$$

| 계량형 관리도:<br>$\bar{x}$ & $R$ 관리도의<br>예제 | 어느 볼트 생산업체가 생산 볼트의 품질을 관리하고자 한다. 각 기계는 시간당 100개의 볼트를 생산하고, 각 기계마다 별도의 관리도를 사용하여 관리하고 있다. 각 기계로부터 생산된 산출물에서 매 시간마다 확률표본으로 6개의 볼트를 추출하고, 각 볼트의 지름을 측정하여 평균과 범위를 계산하고 있다. 예로서, 한 표본으로부터 다음과 같이 6개의 측정치를 얻었다 : 0.536, 0.507, 0.530, 0.525, 0.530, 0.520. 이들 측정치의 평균은 $\bar{x}$=0.525, 범위는 $R$=0.029이다. 지금까지 얻은 모든 표본평균값의 전체 평균이 $\bar{\bar{x}}$=0.513이고, 모든 범위값의 평균이 $\bar{R}$=0.020이다. 이들 평균으로부터 관리도의 모수를 다음과 같이 계산했다(〈표 9.1〉에서 $n$=6의 관리도 상수를 이용한다). |
|---|---|

| $\bar{x}$ 관리도 | $R$ 관리도 |
|---|---|
| CL=.513 | CL=.020 |
| UCL=.513+.483(.020) = .523 | UCL=2.004(.020)=.040 |
| LCL=.513−.483(.020) = .503 | LCL=0(.020)=0 |

2개의 관리도에 표본에서 계산된 값들을 표시해보면 평균관리도에서 관리 범위를 벗어나고, 범위관리도에서는 관리 범위 안에 있음을 알 수 있다($\bar{x}$=0.525가 $\bar{x}$ 관리도의 상한선 밖에 있다). 그러므로 이 프로세스를 멈추고 범위를 벗어난 큰 지름의 볼트가 생산된 추적 가능 요인을 찾아야 한다.

상수 $D_3$ 및 $D_4$는 범위의 표준편차 3배에 해당하는 상수값을 나타내며 〈표 9.1〉에 정리되어 있다. 이들 상수값을 사용하는 이유는 관리 상한선과 하한선을 표본크기의 함수로 쉽게 계산하고자 하는 것이다. 〈표 9.1〉에서 평균관리도 및 범위관리도의 $A_2$, $D_3$, $D_4$값을 찾기 위해서는 표본크기 $n$을 사용한다.

## 9.5 관리도의 활용

관리도를 사용할 때는 몇 가지 이슈가 있다. 첫째, 표본크기의 이슈가 있다. 계수형 관리도에서의 표본은 흔히 50~300개의 관측치를 포함할 정도로 상당히 커야 한다. 일반적으로 표본에서 최소 1개의 불량을 탐지할 수 있을 정도의 크기가 되어야 한다. 예를 들어 통제 상태에 있는 프로세스가 1% 불량률을 기록할 경우에는 평균적으로 1개의 불량품을 탐지하기 위해서는 최소 100개의 표본크기가 필요하다. 계량형 관리도는 이보다는 상당히 작은 3~10개의 표본크기를 흔히 사용하는데, 이는 연속형 변수의 측정치가 아주 많은 정보를 담고 있기 때문이다.

두 번째 이슈는 표본을 추출하는 빈도이다. 생산의 산출율과 검사비용 대비 불량품 생산 시의 비용을 고려함으로써 표본추출 빈도를 결정한다. 대량생산 프로세스에서는 표본과

표 9.1
관리도의 상수

출처 : Factors reproduced from 1950 *ASTM Manual on Quality Control of Materials* by American Society for Testing and Materials, Philadelphia.

| 표본크기 $n$ | $A_2$ | $D_3$ | $D_4$ |
|---|---|---|---|
| 2 | 1.880 | | 3.267 |
| 3 | 1.023 | 0 | 2.575 |
| 4 | 0.729 | 0 | 2.282 |
| 5 | .577 | 0 | 2.115 |
| 6 | .483 | 0 | 2.004 |
| 7 | .419 | .076 | 1.924 |
| 8 | .373 | .136 | 1.864 |
| 9 | .337 | .184 | 1.816 |
| 10 | .308 | .223 | 1.777 |
| 12 | .266 | .284 | 1.716 |
| 14 | .235 | .329 | 1.671 |
| 16 | .212 | .364 | 1.636 |
| 18 | .194 | .392 | 1.608 |
| 20 | .180 | .414 | 1.586 |
| 22 | .167 | .434 | 1.566 |
| 24 | .157 | .452 | 1.548 |

표본 사이에 다수의 불량품이 양산될 가능성이 높기에 표본을 빈번하게 추출해야 한다. 검사비용에 비해 불량품 생산 시의 비용이 큰 프로세스에서도 빈번히 표본을 확보해야 한다. 비용이 큰 상황의 예는 프로세스가 통제를 벗어나게 되면 산출물을 전수 검사해야 하는 경우, 품질문제가 발생하면 생산품을 폐기해야 하는 경우이다. 이 경우에 표본추출 비용이 아주 크지 않다면 표본을 자주 확보해야 한다.

관리도는 제조 산업뿐 아니라 서비스 산업에서도 널리 사용되고 있다. 제조기업에서는 기계에서 생산되는 제품의 품질을 통제하기 위하여 각 기계 위에 관리도를 비치한다. 기계가 허용오차(tolerance) 범위 내에서 제품을 생산하고 평균과 범위가 변하고 있지 않음을 확인하기 위해 주기적으로 품질을 측정하여 관리도에 표시한다.

서비스 산업에서는 다양한 프로세스에서 소요시간이나 불량률(%)을 통제할 목적으로 관리도를 사용한다. 그 예로서 전화응답에 걸리는 시간, 고객 서비스에 소요되는 시간, 외상매출금 회수에 소요되는 시간 등에 적용할 수 있다. 또 다른 예로 불만족 고객의 비율(%)이나 대금지불 지연비율(%)을 모니터링하고 통제하기 위해 관리도를 사용할 수 있다.

## 9.6   프로세스 능력

LO9.3 프로세스 능력의 정의 및 계산

일단 프로세스가 통계적 관리 상태에 있다면 프로세스 능력을 평가할 수 있다. **프로세스 능력**(process capability)은 프로세스의 기술적 사양을 충족하거나 그 이상으로 충족할 수 있는 프로세스의 능력이다. 정의된 사양을 만족할 수 없는 프로세스를 사용하는 것은 불량이 생산된다는 의미이다. 여기서 유의할 점은 어느 프로세스가 통제 상태에 있는지 아닌지와 사양을 충족하여 생산할 수 있는 능력이 있는지 아닌지는 서로 다른 이슈라는 점이다. 프로세스가 통제 상태라고 해서 사양을 충족할 능력이 있다는 의미는 아니고, 반대로 통제 상태가 아니라고 해서 사양을 충족하지 못한다는 의미는 아니다.

프로세스 능력은 **프로세스 능력지수** $C_p$로 측정되는데, 이는 사양의 범위와 프로세스 범위의 비율이다.

$$C_p = \frac{\text{사양 범위}}{\text{프로세스 범위}}$$

〈그림 9.3〉처럼 프로세스가 사양 범위의 중앙에 위치한 경우에 $C_p \geq 1$의 의미는 프로세스가 사양을 만족시키는 능력이 있다는 것을 의미한다. 그림에서 두 프로세스의 차이는 프로세스에서 생산된 산출물의 표준편차 혹은 변동성이 다르다는 점이다.

실제 사용환경에서 사양 범위는 사양 상한(upper specification limit, USL)과 사양 하한(lower specification limit, LSL)의 차이로 계산되며, 프로세스 범위는 해당 프로세스의 측정치로 계산된 표준편차의 6배로 계산된다(6σ). 여기서의 표준편차(σ)는 생산되는 개별 품목에 의한 값의 표준편차이다. 표준편차의 6배를 취하는 논리는 프로세스 측정치 변동의 대부분이 평균으로부터 ±3표준편차 또는 전체로 표준편차의 6배 범위 안에 들어가는 것을 의미한다. 그러므로 $C_p$는 다음과 같다.

$$C_p = \frac{\text{USL} - \text{LSL}}{6\sigma}$$

그림 9.3 프로세스 능력지수의 예제

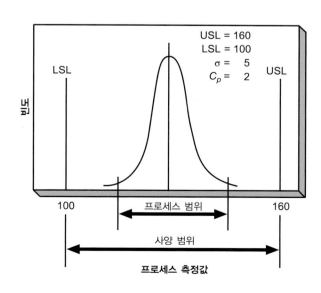

표 9.2
99.9%의 품질도 충분
하지 않은 상황

출처 : Natalie Gabel, "Is
99.9% Good Enough?"
*Training Magazine*, March
1991, pp. 40 – 41.

> 99.9%의 품질표준이 적용된다면 다음과 같은 상황이 발생할 수 있다.
>
> - 미국 국세청(IRS)은 매년 200만 개의 문서를 분실한다.
> - 은행에서는 매일 22,000건의 수표가 잘못된 계좌에서 인출된다.
> - 매일 1,314건의 전화통화가 잘못된 수신자에게 걸린다.
> - 병원에서는 매일 12명의 신생아가 다른 부모로 인계된다.
> - 시카고 공항에서는 매일 2대의 비행기가 불안하게 착륙한다.

프로세스가 사양 범위의 중앙에 위치하면서 $C_p = 1$이면 프로세스가 가까스로 사양을 만족할 수 있다는 것을 의미한다. $C_p < 1$인 프로세스의 경우에는 해당 프로세스가 사양 충족의 능력이 없다는 의미로서 능력을 갖추기 위해서는 표준편차를 줄이거나 혹은 가능하다면 사양 범위를 늘리도록 해야 한다.

정규분포에서 $C_p = 1$이면서, 프로세스가 사양 범위의 중앙에 위치하고 통계적 관리 상태에 있다면 생산제품의 99.74%가 제품 사양을 만족하거나, 혹은 평균적으로 100만 개 중에서 2,600개(ppm)가 불량이다.[2] 99.74%라는 숫자는 부록 A의 정규 확률분포표에서 얻을 수 있다. $C_p = 1.33$이면 생산제품의 99.9967%가 사양 범위 안에 있으며, 이는 33ppm임을 의미한다. 그러므로 $C_p$가 조금만 증가해도 프로세스에서의 불량률은 급격히 떨어진다. 고객들은 공급업체에게 흔히 $C_p$가 1~1.5 사이가 되도록 요구하며, 때로는 특별한 품질 요건에 따라서 $C_p$값을 2까지도 요구한다. 〈표 9.2〉는 매우 높은 프로세스 능력과 극히 낮은 불량률이 어떤 상황에서 왜 요구되는지를 보여준다.

$C_p$ 측정치의 한 가지 문제점은 프로세스 능력을 정확히 측정하기 위해서는 프로세스가 사양 범위의 중앙에 위치해야 한다는 것이다. 이러한 문제점 때문에 좀 더 널리 사용되고 있는 또 하나의 측정치($C_{pk}$)가 고안되었다.

$$C_{pk} = \text{Min}\left( \frac{\text{USL} - \mu}{3\sigma} , \frac{\mu - \text{LSL}}{3\sigma} \right)$$

여기서 $\mu$＝프로세스의 평균, $\sigma$＝프로세스의 표준편차이다.

이 프로세스 능력지수는 정규분포의 왼쪽과 오른쪽의 절반에서 프로세스 능력을 계산하고 2개의 측정값 중에서 작은 값을 선택함으로써 $C_p$의 문제를 극복할 수 있다. 〈그림 9.4a〉의 경우를 보면 $C_p = 1$이지만 $C_{pk}$의 값이 0으로 계산된다. 이 그림은 프로세스가 중앙에 위치하지 않을 때 $C_p$값을 사용하면 프로세스 능력을 잘못 나타낼 수 있음을 보여준다. 반면에 $C_{pk} = 0$으로 $C_{pk}$가 프로세스 능력을 올바르게 나타내 준다. 〈그림 9.4b〉는 분포가 중앙에 위치하고 있지는 않지만 $C_{pk} = 1$임을 보여주는 하나의 예이다. 이 경우에는 지금도 프로

---

[2]  99.74%의 양질은 (100 − 99.74)＝0.26%의 불량과 같은 의미이다. 0.26%는 0.0026에 1,000,000을 곱함으로써 2,600ppm으로 변환될 수 있다.

그림 9.4 $C_{pk}$의 계산

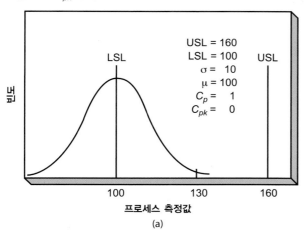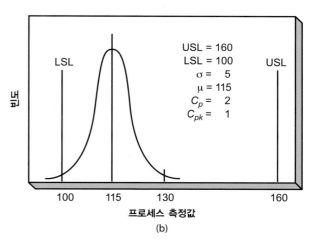

세스가 사양을 만족하는 능력을 갖고 있으나 평균값을 사양 범위의 중앙으로 좀 더 가까이 이동함으로써 프로세스를 개선할 수 있다. 이처럼 $C_{pk}$가 프로세스의 실제 능력을 좀 더 정확히 반영하기 때문에 현업에서는 보통 $C_{pk}$ 측정값을 사용한다.

## 9.7 지속적 개선

**LO9.4** 일곱 가지 품질 도구를 이용한 지속적 개선의 실천

프로세스가 고객의 요구사양을 충족하지 못한다면 **지속적 개선**(continuous improvement)이 수행되어야 한다. 지속적 개선을 위해서는 〈그림 9.5〉에서 보여주는 **품질관리의 일곱 가지 도구**(seven tools of quality control)가 사용되며, 이 도구들은 프로세스를 통제하고 개선하는 목적으로 관리자와 엔지니어가 포함된 소그룹의 개선팀에서 주로 사용한다. 〈표 9.3〉은 프로세스 개선과 관련하여 문제점을 확인하거나 해결하고자 할 때 이들 일곱 가지 도구가 어떠한 용도로 사용되는지를 요약하고 있다.

개선을 위한 프로세스는 흐름도에서 시작한다. **흐름도**(flowchart)는 작업의 흐름과 프로세스 단계들 사이의 관련성을 표현해 주며, 제거해야 할 불필요한 단계나 낭비요소를 파악할 수 있게 해 준다. 또한 추가로 자료를 수집하고 분석을 할 필요가 있는 문제들을 확인할 수 있다.

자료 수집을 위해서는 체크시트를 사용한다. 이것은 프로세스로부터 자료를 수집하는 목적의 도표이다. 예를 들어 **체크시트**(check sheet)는 하루 동안에 주기적으로 추출한 프로세스의 주요 측정치를 시간에 따라 표로 정리한 형태일 수 있다. 또한 어떤 문제점이나 품질과 관련된 사건의 발생빈도를 작성한 표가 될 수도 있다.

프로세스 개선 및 문제해결의 다음 단계는 히스토그램으로 자료를 보여주는 것이다. **히스토그램**(histogram)은 자료의 형태와 모양을 보여주기 위하여 체크시트의 자료를 빈도수로 보여준다. 히스토그램을 통해 이상점(outlier)을 발견할 수 있고, 분포의 왜도

그림 9.5
품질관리의 일곱 가지
도구

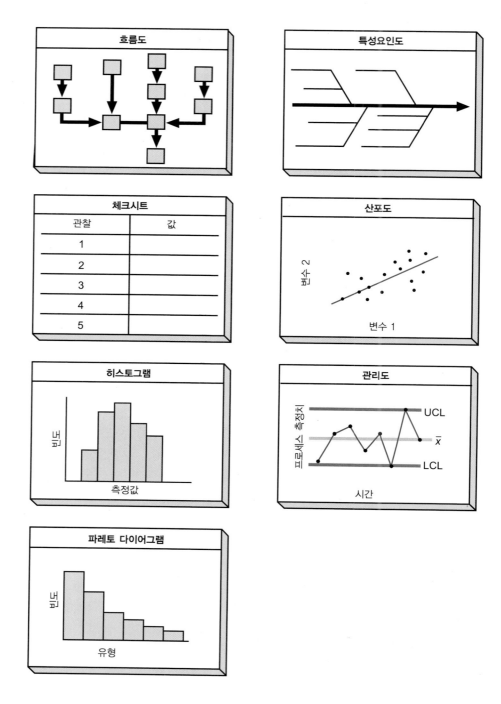

(skewness) 혹은 분포의 봉우리 모양 등 이상 형태를 알 수 있다.

　　**파레토 다이어그램**(Pareto diagram)은 무엇이 가장 중요한 문제인지를 보여준다. 1906년에 빌프레도 파레토(Vilfredo Pareto)는 어떠한 모집단이라도 소수의 개체(즉 중요한 소수)가 전체 집단에서 상당한 비율을 차지한다는 것을 관찰했다. 이러한 파레토 법칙에 의하면

**표 9.3**
**일곱 가지 품질관리 (QC) 도구의 용도**

| 도구 | 용도 |
|---|---|
| 흐름도 | 프로세스를 이해하고 문제 발생이 가능한 영역을 확인 |
| 체크시트 | 문제 영역에 관련된 자료를 표로 작성 |
| 히스토그램 | 측정항목의 발생빈도를 도식적으로 표현 |
| 파레토 다이어그램 | 가장 중요한 문제점을 확인 |
| 특성요인도 | 문제점의 가능성 있는 원인을 표현 |
| 산포도 | 두 변수 간의 관련성을 조사 |
| 관리도 | 프로세스 개선에 따른 효과를 유지 |

몇몇 소수의 실패 유형이 전체 불량의 대부분을 차지하게 된다.

〈표 9.4〉는 공장에서 트랙터의 전방 적재기를 조립할 때 발견되는 수액 누출의 가능한 원인들을 빈도수로 보여준다. 표에 의하면, 가장 많이 발생하는 원인은 느슨한 연결이고, 그다음 원인은 균열이 생긴 연결구이다. 〈그림 9.6〉은 이 자료를 파레토 다이어그램으로 전환한 것으로서 누출 발생의 원인별 빈도수를 내림순으로 보여줌으로써 여러 결점 유형의 중요성을 쉽게 알 수 있다.

파레토 다이어그램은 어느 결점을 제일 먼저 제거해야 되는지를 제시해 준다. 〈그림 9.6〉에 의하면 가장 빈번하게 발생하는 느슨한 연결을 우선적으로 조사해야 한다. 물론 균열이 생긴 연결구가 근접한 두 번째 순위이면서 첫 번째 문제와 함께 전체 불량의 78.6%를 차지하므로 이 문제 또한 조사되어야 한다. 파레토 분석은 가장 먼저 분석해야 하는 품질 문제를 찾아서 문제해결 노력을 집중할 수 있도록 하기 때문에 매우 유용한 도구이다.

다음 분석 단계에서는 여러 실패 유형 중 하나(예 : 느슨한 연결)를 선택하여 그 실패의 원인에 대한 아이디어를 낸다. 이 작업은 이시카와 다이어그램으로 불리는 **특성요인도** [cause-and-effect(CE) diagram]를 사용하여 수행할 수 있다. 이시카와 다이어그램이라는 이름은 최초로 사용했던 일본의 카오루 이시카와(Kaoru Ishikawa) 박사의 이름을 따서 붙여졌다.

느슨한 연결에 대한 특성요인도(CE 다이어그램)를 〈그림 9.7〉에서 보여주고 있다. 해결하고자 하는 문제점 그 자체를 다이어그램의 오른쪽에 표시한다. 이 문제점에 대한 여러

**표 9.4**
**트랙터의 전방 적재기에서의 수액 누출 결함**

| | 검사 수(N)=2,347 | |
|---|---|---|
| 결함 항목 | 결함 빈도수 | 결함 비율 |
| O링 누락 | 16 | 3.9% |
| 부적합한 회전력 | 25 | 6.1 |
| 느슨한 연결 | 193 | 46.8 |
| 접합점의 흠집 | 47 | 11.4 |
| 균열이 생긴 연결구 | 131 | 31.8 |
| 합계 | 412 | 100.0% |

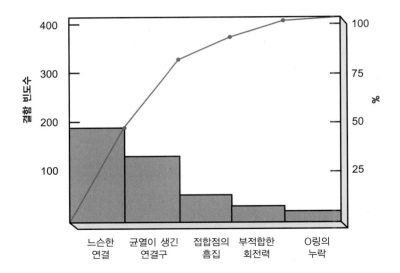

그림 9.6
파레토 다이어그램

잠재 원인으로서 원재료, 작업자, 검사, 공구 등을 다이어그램의 척추 뼈를 따라 표시한다. 이 다이어그램의 생김새는 생선뼈를 연상케 한다. 척추 뼈에는 품질문제의 가능성 있는 주된 원인을 나열하고 있으며, 각각의 주된 원인은 하위 단계의 원인으로 나뉘어 가지 뼈에 표시된다. 예를 들어 작업자 원인은 다시 세 가지(무경험, 피로, 훈련)의 가능한 원인으로 나눌 수 있고, 훈련은 또다시 콘텐츠와 방법으로 나눌 수 있다.

　　CE 다이어그램은 일반적으로 품질개선팀에 의해 작성되며 팀은 브레인스토밍을 통해

그림 9.7
'느슨한 연결' 품질
문제의 특성요인도

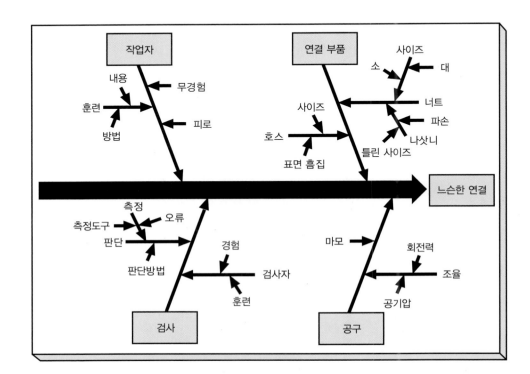

문제에 대한 여러 가지 가능한 원인을 찾아낸다. 문제해결의 행동을 취하기 전에 팀 또는 개인은 자료를 수집하여 잠재요인들을 좁혀 나가게 된다.

두 변수 사이의 관계를 보여주는 **산포도**(scatter diagram)를 이용하여 추가적으로 자료를 분석하게 된다. 만약 특정 원인과 결과가 관련성이 있을 것으로 의심된다면 그 관계는 산포도에서 직선이나 커브의 패턴으로 나타난다.

품질관리의 일곱 가지 도구를 이용하여 결점을 줄이고, 그 결과로 품질개선이 가능하다. 예를 들어 수액 누출 예제에서 공구의 회전력과 작업자의 적절한 훈련 부족이 느슨한 연결의 원인으로 파악될 수 있다. 그렇다면 이들 원인들을 시정함으로써 결함의 수가 줄어들 것이다. 그러면 두 번째 문제인 균열 연결구로 넘어가서 동일한 방법으로 지속적 개선을 하게 된다.

일단 개선이 이루어지면 **관리도**(control chart)를 새롭게 작성하여 개선의 효과가 유지되도록 프로세스를 안정시켜야 한다. 프로세스 개선 이전에 사용한 관리도는 개선 이후의 프로세스에 더 이상 적합하지 않기 때문에 관리도의 중앙선과 한계선을 새로운 자료에 입각해 새롭게 산출해야 한다.

## 9.8 식스시그마

**LO9.5** 식스시그마와 DMAIC 프로세스

기업은 품질관리 및 개선의 기법을 조직화된 방식으로 사용해야 한다. 여러 도구들 그 자체가 개선으로 연결되지는 않으며, 이들 도구들은 **식스시그마**(Six Sigma)와 같은 개선의 접근법으로 조직화될 필요가 있다. 운영선도사례에서 이 접근법의 배경을 설명하고 있다.

식스시그마는 프로세스 개선을 위한 체계적 방법으로 종종 머리글자 DMAIC으로 정의되는 5단계 접근방식을 사용한다.

1. **정의**(define) : 개선대상 프로세스를 선정하고 프로젝트 성격을 규정한다.
2. **측정**(measure) : 고객이 가치를 두는 품질 변수를 측정하고 개선목표를 설정한다.
3. **분석**(analyze) : 현재의 불량 수준에 대한 근본 원인을 확인하고, 프로세스 변화를 추진하기 위한 대안들을 고려한다.
4. **개선**(improve) : 개선을 위해 프로세스를 바꾸고 점검한다.
5. **통제**(control) : 개선된 프로세스를 안정된 상태로 유지하면서 향후에도 지속적인 개선이 이루어지도록 한다.

식스시그마 접근법은 제조, 서비스 또는 관리 영역의 프로세스에 적용할 수 있다.

개선을 위한 프로세스를 선정할 때 경영진은 전략적으로 선택해야 한다. 즉 회사의 전략 실행에서 핵심인 프로세스를 선택할 필요가 있다. 예를 들어 최고경영진은 판매 프로세스, 신입사원 채용 프로세스, 혹은 특정 제조 프로세스를 개선대상으로 결정할 수 있다.

선정된 프로세스의 개선 프로젝트를 수행할 팀으로 다기능팀을 구성하는데 그 이유는

## 운영선도사례    식스시그마 품질

모토로라(Motorola)는 모든 프로세스에서 최고 수준의 일관된 품질을 달성하고자 1980년대 중반에 **식스시그마 품질**이라

는 용어를 처음 사용했다. 식스시그마 수준은 100만 개 부품 중에서 3.4개의 결함에 상응하는 품질수준과 동의어로 쓰인다. 이러한 품질 수준은 회사의 대부분 프로세스가 보통으로 성취할 수 있는 것보다 훨씬 높은 수준을 의미한다.

식스시그마 품질은 프로세스의 표준편차가 $\sigma$인 정규확률분포와 관련되어 있다. 보통의 관리도는 $3\sigma$를 관리의 범위로 사용하지만, 식스시그마는 이보다 더 높은 성과 개선을 위한 기법이다.

2011년에 모토로라는 모토로라 모빌리티와 모토로라 솔루션으로 분리되었다. 모토로라 모빌리티는 제품 및 서비스의 품질을 고객기대 이상으로 달성하기 위하여 '기본에 충실하기'라는 접근방법으로 식스시그마의 방법론 적용에 집중했다.

모토로라의 부품업체에서 품질문제가 발생하는 사례가 있었다. 그린벨트 인증자인 한 모토로라 작업자가 간단한 히스토그램과 확률분포표를 이용하여 부품업체 프로세스의 자료를 분석했다. 그는 수집한 자료가 양봉분포(bimodal distribution)를 띠는 것을 발견했고, 2명의 기계 작업자가 모토로라의 요구사양을 서로 다르게 해석하고 있는 것을 알게 되었다. 그래서 부품업체로 하여금 작업자를 재교육시키고 측정기법을 명확히 하도록 만들었다.

모토로라는 회계부서에서 월말 결산에 소요되는 시간을 단축시키기 위해서도 식스시그마를 적용했다. 그 결과 소요시간을 2주일에서 3일로 단축시킬 수 있었다. 또한 결산에서의 오류 건수를 측정하고 매월 개선 상황을 추적했다.

출처 : www.supplychaindigital.com, 2016, www.isixsigma.com, 2016.

---

대부분의 프로세스가 여러 기능과 관련되기 때문이다. 흔히 블랙벨트로 불리는 훈련된 프로세스 개선 전문가가 개선팀을 이끌도록 임명된다. 그리고 개선팀은 DMAIC 접근방식을 사용하여 개선에 착수한다.

개선팀은 개선활동을 시작하면서 프로세스 흐름도를 작성하고, 불량을 정의하고, 고객에게 중요한 핵심 지표들을 사용한다. 이들 측정지표에 해당하는 자료를 수집함으로써 현재의 프로세스 수준을 파악하고 개선목표를 설정한다. 예를 들어 현재의 프로세스가 100번의 기회당 1개의 결함(1% 불량률)을 생산하고 있다면 개선목표를 1,000번의 기회당 1개 결함 수준(10배)으로 정할 수 있다. 식스시그마팀은 획기적인 변화를 위하여 이런 정도의 공격적인 목표를 채택한다. 물론 개선목표를 임의로 결정해서는 안 되며, 개선으로 인한 경제적 효과와 목표 달성을 위해 가능한 시간(일반적으로 프로젝트 수행기간은 6개월)을 기초로 개선목표를 수립한다.

개선목표가 설정되고 나면 다음에는 개선팀이 현재 결함 수준에 대한 근본원인을 찾는다. 개선팀은 표면적인 증상이나 징후를 뛰어넘어 근본원인을 찾는 데 집중해야 한다. 일반적으로 브레인스토밍과 면밀한 자료 수집을 거쳐 현재의 상황을 분석한다. 이 단계에서 CE 다이어그램, 산포도, 파레토 다이어그램과 같은 다양한 도구가 사용된다.

근본원인을 발견한 다음에는 개선 대안을 고려하고 개선을 실행한다. 그런 후에는 자료를 수집하여 개선이 이루어졌는지, 원가절감이 이루어졌는지, 그리고 변화의 지속을 위한 관리가 정착되었는지를 확인한다. 이 단계에서 새로운 프로세스가 통계적 관리 상태로 유지되도록 하기 위해 품질관리도가 사용된다.

## 운영선도사례 식스시그마 랜치&와이너리

식스시그마 랜치&와이너리(Six Sigma Ranch&Winery)는 와인 생산에 식스시그마 기법의 과학을 적용했다. 소유주인 카즈 알만(Kaj Ahlmann)은 수학과 통계학을 공부했으며, GE에서 근무하면서 식스시그마 기법을 적용한 경험이 있었다. 그는 이 기법이 와인 생산에도 적용될 수 있다는 확신을 가졌고, 포도농장의 이름도 식스시그마를 따서 붙였다.

식스시그마 랜치&와이너리는 최고 품질의 포도주를 저렴한 가격으로 생산하겠다는 단 하나의 목표를 달성하기 위해 노력했다. 식스시그마 기법을 특히 다음 영역에 적용했다.

- 포도농지의 선정
- 포도나무 종자의 선정
- 포도나무의 가지치기
- 포도 수확
- 발효 과정

식스시그마 랜치&와이너리는 와이너리로 유명한 캘리포니아주 나파밸리에서 북쪽으로 한 시간 떨어진 곳에 위치해 있

© Pixtal/AGE Fotostock

다. 와인 잡지의 한 비평가는 "내 경험에 의하면 이것이 최고의 템프라니요(tempranillo) 와인"이라고 했다. 템프라니요는 스페인 원산의 적포도주이다.

출처 : http://sixsigmaranch.com, 2016.

식스시그마가 제조 분야에는 잘 정착되어 있지만 그렇지 못한 서비스 혹은 관리 프로세스의 개선을 위해서도 적용이 가능하다. 서비스와 관리 프로세스에서는 단지 적용 상황이 다를 뿐이고 DMAIC 단계가 그대로 적용 가능하다. 흥미로운 적용 사례로서 와인 생산에 관한 운영선도사례를 읽어보기 바란다.

많은 기업이 식스시그마를 적용하여 획기적인 성과를 거두었다. 대표적인 기업으로는 모토로라, GE, 씨티그룹, 3M, 아메리칸 익스프레스, 허니웰 등이 있다. 이러한 성과들은 적극적인 최고경영진의 리더십, 식스시그마에 대한 폭넓은 교육훈련, 개선 전문가의 활용, 재무 성과의 치밀한 추적을 통해 가능했다. 식스시그마는 품질개선의 방법론일 뿐만 아니라 기업의 순이익을 개선하는 방법이기도 하다. 포춘 500대 미국 기업들이 지난 20년 동안에 식스시그마 노력의 결과로 4,000억 달러 이상의 원가절감을 달성한 것으로 추정된다.

## 9.9 린과 식스시그마

**LO9.6** 린과 식스시그마의 차이

많은 기업들이 린과 식스시그마 프로그램을 결합하여 사용하고 있다. 이들 두 프로그램은 본질적으로 상호 보완관계에 있지만 목적, 조직, 방법 및 프로젝트 형태에서 몇 가지 중요한 차이점을 보인다. 〈표 9.5〉에서 린과 식스시그마의 차이점을 비교하고 있다. 둘 사이의 차이점은 린과 식스시그마의 일반적인 실행 과정에서의 차이점이고, 실제 적용에서는 이들의 정의 및 용도는 다양하게 나타나고 있다.

**표 9.5**
린과 식스시그마의
비교

| 차이점 | 린 | 식스시그마 |
|---|---|---|
| 목적 | 낭비(비부가가치 활동)를 줄인다. 낭비의 한 부분으로 불량을 포함. | 불량을 줄인다. 불량에는 비부가치 활동이 부분적으로 포함. |
| 조직 : | | |
| 팀 리더십 | (일반적으로) 일시적 리더 | (일반적으로) 전담 리더 |
| 챔피언의 활용 | 챔피언 활용 없음 | 부사장급 챔피언 |
| 종업원 참여 | 모든 종업원의 참여 | 각 프로젝트를 위해 선정된 종업원 |
| 훈련 | 1주일간 훈련 | 4주일간 블랙벨트 훈련 |
| 사용기법 : | | |
| 수행 단계 | 5단계의 린 사고 | DMAIC 단계 |
| 자료 중시 | 자료 중요성 적음 | 통계적 기법 강조 |
| 흐름도 | 가치흐름도 | 모든 형태의 흐름도 |
| 풀시스템의 사용 | 고객으로부터 풀(pull) | 해당 없음 |
| 재무적 효과의 추적 | 일반적으로 안 함 | 재무부서에 의해 수행 |
| 프로젝트의 형태 : | | |
| 프로젝트의 복잡성 | 단순한 프로젝트 | 복잡한 프로젝트 |
| 완료기간 | 1주일 이하 | 일반적으로 3~6개월 |
| 프로젝트의 수 | 다수의 소규모 프로젝트 | 소수의 대형 프로젝트 |
| 프로젝트 선정 | 반드시 전략적일 필요 없음 | 프로젝트의 전략적 선정 |

린 시스템은 비부가가치 활동으로 정의되는 낭비를 줄이는 데 그 목적이 있지만, 식스시그마는 고객의 눈으로 본 관점에서 결함을 줄이는 데 그 목적이 있다. 이들의 목적은 다르지만 동시에 서로 겹칠 수도 있다. 예를 들어 린에서는 불량을 일곱 가지 낭비요소 중 하나로 간주하고 제거하고자 한다. 식스시그마는 고객 관점에서의 불량을 야기하는 낭비요소는 공략하지만 과잉재고, 불필요한 동작, 불필요한 자재의 이동과 같이 내부에서 발생하는 낭비요소는 보통 다루지 못한다. 또한 식스시그마는 프로세스의 변동을 줄이고자 하지만 린은 프로세스의 흐름을 개선하고자 한다.

또 다른 차이점은 린과 식스시그마 프로그램이 조직되는 방식에 있다. 식스시그마는 전형적으로 프로젝트 리더인 전담 블랙벨트와 부사장급 챔피언에 의존한다. 반대로 린 시스템은 일시적인 프로젝트 리더와 비공식적인 계층에 의존한다. 린 개선에는 전체 종업원이 참여하지만, 식스시그마 프로젝트는 선정된 구성원들이 참여한다. 식스시그마의 블랙벨트 교육훈련은 강도가 높으며 흔히 4주간의 훈련과 하나 이상의 프로젝트를 성공적으로 완수할 것을 요구한다. 반면에 린 교육훈련은 훨씬 비공식적이며 일반적으로 1주일 정도 수행된다. 따라서 식스시그마 프로그램은 조직구조에서 차이가 있다.

세 번째 차이점은 적용 기법에 있다. 린 사고는 고객의 니즈로부터 출발하는 프로세스를 다룬다. 식스시그마도 고객 니즈로부터 시작하지만 일련의 구조화된 DMAIC 단계는 린 사고에서 적용하는 방법과는 다르다. 또한 린 시스템은 식스시그마와 같은 수준의 자료 분석 및 통계적 분석을 강조하지 않는다. 〈표 9.5〉에서 보여주듯이 린은 가치흐름도를 사용하지만, 식스시그마는 특정 형태의 흐름도를 한정짓지 않는다. 또 하나의 중요한 차이점은 린에서만 제품 혹은 서비스의 흐름이 고객의 수요에 의해 끌어당겨지도록 하는 개념을 사용한다. 마지막으로 린은 프로젝트 비용 절감액이나 수익개선 정도를 공식적으로 추적하지 않지만, 식스시그마는 재무부서가 재무 성과를 세밀하게 추적할 것을 요구한다.

린과 식스시그마의 차이를 보여주는 마지막 영역은 추진 프로젝트의 형태이다. 린 프로젝트는 보통 간단한 프로젝트이지만, 식스시그마는 복잡하고 어려운 개선 프로젝트에 사용된다. 일반적으로 식스시그마 프로젝트는 3~6개월이 소요되며 비용절감 규모가 20만 달러 이상의 큰 성과에 초점을 맞춘다. 반면에 린 프로젝트는 카이젠(kaizen)을 이용하고 약 1주일 정도 소요되며, 프로젝트의 성과 규모는 식스시그마보다 일반적으로 훨씬 작다. 린 프로그램은 식스시그마보다 규모가 상당히 작은 개선 프로젝트를 많이 수행하며, 전략적 중요성을 고려하여 프로젝트를 선정하지는 않는다.

식스시그마와 린 모두가 개선에 초점을 두지만 일반적인 적용방식이 서로 다를 뿐이다. 그러므로 린을 이미 적용하는 조직은 식스시그마를 통해 전담 프로젝트 리더를 활용하고, 보다 공식화된 데이터 중심의 접근법을 대형 프로젝트에 적용하여 불량과 변동을 줄임으로써 효과를 얻을 수 있다. 반대로 식스시그마를 적용하는 조직은 신속하고 작은 규모로 카이젠 방식을 조직에 광범위하게 적용하여 낭비를 제거하고 프로세스 개선을 달성할 수 있다. 두 프로그램의 공통점은 미충족된 고객 요구로부터 출발하고 프로세스 개선에 초점을 맞춘다는 점이다.

어떤 기업들은 린과 식스시그마의 통합을 시도하고 있다. 이들 기업들은 식스시그마 접근방식의 특징인 DMAIC 방법론과 전담 프로젝트 리더들을 활용하면서 린의 가치흐름도, 풀 시스템(pull system), 낭비 감축 등을 DMAIC 단계의 일부로 추가하거나 보완해서 활용한다. 이러한 접근방식으로 낭비를 제거하고, 흐름을 개선하며, 불량(변동)을 줄일 수 있다.

## 9.10 요점정리와 핵심용어

이 장에서는 품질의 관리와 개선을 위한 방법을 소개했다. 그 요점은 다음과 같다.

- 품질관리는 일관된 산출물을 생산하기 위해 프로세스를 안정화하고 유지하는 것으로 정의된다. 지속적 개선은 프로세스가 안정화된 이후에 일어날 수 있다.
- 운영활동은 일련의 상호 연결된 프로세스들로 구성되며, 각 프로세스에는 내부고객이 있다. 이러한 프로세스를 관리하고 개선하기 위해서는 검사와 측정이 요구되는 핵심 통제 포인트가 정의되어야 한다.
- 프로세스 관리도는 프로세스의 시작, 중간, 종료 단계의 핵심 통제 포인트에서 적용되도록 한다. 핵심 통제 포인트는 프로세스의 흐름도를 통해 파악할 수 있다.

- 프로세스 품질관리를 하면서 생산 프로세스로부터 표본을 주기적으로 확보해야 한다. 표본측정 결과가 관리 한계선 안에 놓이면 생산은 계속되지만 표본측정 결과가 관리 한계선 밖에 놓이면 프로세스를 중단하고 작업자, 기계 또는 원재료 등에서 추적 가능 요인을 찾아야 한다. 이러한 절차를 통하여 생산 또는 서비스 프로세스는 통계적인 관리 상태로 계속 유지된다.

- SPC는 예방에 초점을 두기 때문에 가능한 한 검사보다는 통계적 프로세스 관리를 사용하는 것이 훨씬 낫다. SPC는 내부의 품질관리 목적이나 안정적 생산 프로세스가 요구되는 공급자의 인증을 위한 수단으로 사용될 수 있다.

- 식스시그마는 프로세스 개선을 위한 체계적이며 구조화된 접근법으로서 흔히 5단계 DMAIC(정의, 측정, 분석, 개선, 통제)을 이용한다. 고객이 인식하는 불량의 근본원인을 확인하고, 변화를 분석하고, 개선된 프로세스를 관리하기 위해서는 통계적 도구를 사용한 정교한 분석이 필요하다.

- 오늘날 많은 기업들은 린과 식스시그마의 프로세스 개선 접근방식을 결합하고 있다. 이들 두 방법론은 모두 현재의 고객 니즈로부터 출발하지만, 목적, 조직, 방법 및 프로젝트 형태에서는 다르다. 그러나 그들은 프로세스 개선을 추구한다는 점에서는 상호 보완적이어서 통합된 방식으로 사용될 수 있다.

- 품질관리 및 개선 용도로 일곱 가지 도구가 사용된다. 이들 도구들은 품질을 확인하고, 문제점을 발견하고, 근본원인을 분석하는 목적으로 사용된다.

- 기업의 모든 기능이 품질의 관리와 개선으로부터 효과를 얻을 수 있다. 운영기능 이외의 기능뿐 아니라 공급업체와 고객 또한 품질의 관리 및 개선을 적용하여 효과를 얻을 수 있다.

**핵심용어**

| | | |
|---|---|---|
| 계량형 측정 | 식스시그마 | 특성요인도 |
| 계수형 측정 | 월터 슈하트 | 특수요인 |
| 공급업체 인증 | 작업자에 의한 검사 | 파레토 다이어그램 |
| 공통요인 | 중앙선 | 품질관리의 일곱 가지 도구 |
| 관리도 | 지속적 개선 | 프로세스 능력 |
| 관리 상한선 | 체크시트 | 핵심 통제 포인트 |
| 관리 하한선 | 추적 가능 요인 | 흐름도 |
| 내부고객 | 통계적 관리상태 | 히스토그램 |
| 산포도 | 통계적 프로세스 관리 | DMAIC |

**인터넷 학습**

1. 미국품질학회(http://www.asq.org)

   홈페이지의 Knowledge Center를 방문하여 이 장에서 사용된 용어 중 몇 개를 찾아보라. 검색한 내용을 요약하여 수업시간에 공유하라.

2. 유튜브(http://www.youtube.com)

   통계적 프로세스 관리, 식스시그마, 품질관리의 일곱 가지 도구 등의 동영상을 찾아서 그중 하나의 동영상 내용을 수업시간에 설명하라.

3. 아이식스시그마(http://isixsigma.com)

   홈페이지의 토론방에서 품질 전문가들의 대화 주제를 찾아보라. 그리고 식스시그마와 관련하여 인력채용을 하고 있는 기업을 찾아보라.

## 연습문제

**문제**

1. **$p$ 관리도** 골프 티(tee)를 생산하는 기업이 주기적으로 100개의 티를 생산라인에서 표본으로 추출하는 방식으로 생산 프로세스를 관리하고 있다. 표본으로 추출된 티를 대상으로 품질요소를 측정하고 있으며, 관리한계선은 평균으로부터 표준편차의 3배만큼 떨어진 곳으로 정하고 있다. 최근의 16개 표본을 검사해서 얻은 각 표본의 불량률은 다음과 같다.

   | .01 | .02 | .01 | .03 | .02 | .01 | .00 | .02 |
   |-----|-----|-----|-----|-----|-----|-----|-----|
   | .00 | .01 | .03 | .02 | .03 | .02 | .01 | .00 |

   a. 평균 불량률, UCL, LCL을 결정하라.

   b. 관리도를 그리고, 측정치들을 점으로 표시하라.

   c. 티 생산 프로세스가 통계적 관리 상태에 있는지를 설명하라.

**풀이**

a. 평균 불량률(중앙선)은 다음과 같다.

$$CL = \frac{\binom{.01+.02+.01+.03+.02+.01+.00+.02+}{.00+.01+.03+.02+.03+.02+.01+.00}}{16}$$

$$= .015$$

$$UCL = .015 + 3\sqrt{\frac{.015(.985)}{100}}$$

$$= .015 + .0365$$

$$= .0515$$

$$LCL = .015 - 3\sqrt{\frac{.015(.985)}{100}}$$

$$= .015 - .0365$$
$$= -.0215(음수)$$

그러므로 LCL = 0

b.

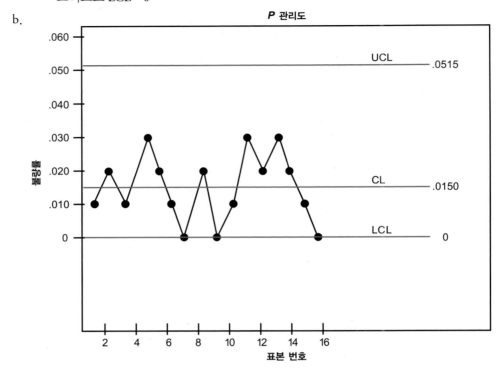

c. 모든 점이 관리한계선 안에 있기 때문에 프로세스가 통계적 관리 상태에 있다고 결론 내린다.

문제
2. **$\bar{x}$ 관리도와 $R$ 관리도** 시리얼 제조회사가 박스에 평균 20온스씩 채우고 있으며, 프로세스가 통제 상태에 있을 때의 평균 범위가 2온스이다. 표본추출은 10박스의 표본크기로 하고 있다.

a. $\bar{x}$ 관리도와 $R$ 관리도에서 CL, UCL, LCL은 얼마인가?

b. 한 표본에서의 10개 측정치가 20, 21, 19, 18, 19, 21, 22, 20, 20, 19였다. 이 프로세스는 통제 상태에 있는가?

풀이
a.

| $\bar{x}$ 관리도 | $R$ 관리도 |
|---|---|
| CL = 20 | CL = 2 |
| UCL = 20 + .308(2) | UCL = 1.777(2) |
| = 20.616 | = 3.554 |
| LCL = 20 − .308(2) | LCL = 0.223(2) |
| = 19.384 | = 0.446 |

주 : 관리도의 상수는 〈표 9.1〉에서 얻었다.

b. 평균과 범위에 대해 관리도를 확인해야 한다. 표본에서의 평균은 199/10＝19.9, 범위는 22－18＝4이다. 범위가 관리 상한선을 벗어나고 있으며, 평균은 통제 상태에 있다. 따라서 프로세스를 중단하고 추적 가능 요인을 찾아야 한다.

**문제**

3. **프로세스 능력($C_{pk}$와 $C_p$)** 보험청구를 처리하는 부서의 운영관리자가 그 부서의 보험청구 처리능력을 알아보고자 한다. 보험청구의 처리는 최소 4일이 소요된다. 이 회사는 모든 청구를 10일 이내에 처리한다는 기준을 정해 놓고 있다. 청구 처리에 소요되는 평균 일수는 8일이며, 표준편차는 1일이다.

   a. 이 부서의 $C_p$와 $C_{pk}$를 계산하라. 계산 결과로 볼 때 이 부서의 프로세스를 개선해야 하는가?

   b. 청구 처리의 평균 일수를 8일 대신에 7일로 가정하고 $C_{pk}$를 다시 계산하라.

   c. 원래의 자료를 이용하면서 표준편차를 2/3일로 하여 $C_{pk}$를 다시 계산하라. b에서처럼 평균 일수가 변할 경우와 여기서처럼 표준편차가 변하는 경우 중에서 어느 경우가 더 개선되는가? 그 결과를 설명하라.

**풀이**

a.

$$C_p = \frac{10-4}{6(1)} = 1.000$$

$$C_{pk} = \text{Min}\left\{ \frac{10-8}{3(1)}, \frac{8-4}{3(1)} \right\}$$

$$= \text{Min}\{0.667, 1.333\} = 0.667$$

$C_p$의 계산 결과는 프로세스가 사양 안에서 처리할 능력이 있음을 보여주는 듯하다. 하지만, $C_{pk}$가 1.0보다 작기 때문에 고객 서비스를 최소한으로 충족시키기 위해서라도 프로세스의 개선이 필요하다.

b. 청구의 평균 처리시간이 7일로 줄어든다면,

$$C_{pk} = \text{Min}\left\{ \frac{10-7}{3(1)}, \frac{7-4}{3(1)} \right\}$$

$$= \text{Min}\{1.0, 1.0\} = 1.0$$

c. 청구 처리시간의 표준편차가 0.667일로 줄어든다면,

$$C_{pk} = \text{Min}\left\{ \frac{10-8}{3(.667)}, \frac{8-4}{3(.667)} \right\}$$

$$= \text{Min}\{1.0, 2.0\} = 1.0$$

두 경우 모두에서 프로세스가 사양을 충족하는 능력을 갖추게 된다. 평균 처리시간이 처음에 사양 범위의 중앙에 위치하지 않았기 때문에 평균 처리시간을 중앙으로 이동시키는 것이 처리시간의 변동을 줄이는 것과 같은 효과를 준다. 이상적으로는 프로세스 능력을 향상시키기 위하여 처리시간의 평균과 변동을 모두 줄이는 것이다.

## 토의질문

1. 통계적 품질관리의 아이디어가 1940년대에 관심을 끌게 된 이유가 무엇인가?

2. 인근 공급업체로부터 칩을 구매하여 전자계산기를 당신이 생산한다고 가정하자. 구매되는 칩의 검사를 어느 수준으로 할 것인가?

3. 다음의 상황에서 계량형 검사와 계수형 검사 중 어느 것이 더 적합한지를 설명해보라.
   a. 음식의 포장 용기에 적당한 무게로 담기
   b. 옷의 흠집 검사
   c. 가전제품 표면에 있는 흠집 검사
   d. 캔디바에 포함된 설탕의 양 검사

4. 작업자가 담당한 작업의 검사를 자신이 관리할 수 있도록 해야 한다고 했다. 이 경우의 장단점을 논해보라.

5. 대부분의 프로세스는 관리도 작성을 위해 첫 번째로 표본을 추출하면 흔히 통제 상태에 있지 않다. 그 이유가 무엇인가?

6. 어느 프로세스를 관리하기 위하여 6개의 표본크기로 하루에 4번 표본추출을 하는 제안이 있었다. 이 제안을 당신은 어떻게 평가하겠는가?

7. 품질의 지속적 개선이 추구하는 목적을 규정해보라.

8. 다음의 각 상황에서는 어떤 기법이 유용한가?
   a. 품질문제의 원인들을 순서 매김
   b. 제품이 실패한 다양한 원인을 브레인스토밍
   c. 추적 가능 요인을 찾기
   d. 프로세스가 범위에서 통제 상태에 있는지를 판단
   e. 제품이 실제 사용환경에서 사용될 때 발생하는 실패의 변동성을 축소
   f. 레스토랑에서 음식을 기다리는 시간의 변동을 최저로 달성

9. 결함의 가능한 원인을 찾기 위하여 특성요인도가 사용된다. 다음의 상황에 대하여 특성요인도를 작성해보라.
   a. 아침에 자동차의 시동이 걸리지 않음
   b. 최근 시험에서 낮은 점수를 얻음
   c. 학생이 대학을 졸업하지 못함

10. 식스시그마를 하나의 척도로 보는 관점, 개선을 위한 프로세스로 보는 관점, 또한 기업경영의 철학으로 보는 관점들 각각을 설명해보라.

11. 인터넷 서점에서 책을 주문하는 프로세스를 기술하고, 이를 개선하기 위하여 DMAIC 단계를 사용하라. 판매기업의 관점으로 볼 때 각 단계에서 무엇을 할 수 있는가?

12. 프로세스 개선을 위해서 린과 식스시그마 접근법이 어떻게 함께 사용될 수 있는가?

13. 어느 기업이 린도 식스시그마도 사용하고 있지 않다면 당신은 어떤 접근법을 먼저 사용하겠는가?

## 문제

1. 어느 항공사가 탑승객을 위해 하루에 수천 건의 탑승권을 발행하고 있다. 어떤 경우에는 다양한 이유로 탑승권의 상태가 좋지 않아 고객에게 전달되기 전에 항공사 직원에 의해 폐기된다. 탑승권 발행 프로세스를 관리하기 위하여 이 항공사는 100일 동안 표본을 추출하여 불량 탑승권의 비율을 계산했더니 평균 불량률이 0.006이었다(매 1,000개 중 6개가 불량으로 폐기). 앞으로 매일 500개의 탑승권을 표본으로 추출하여 불량 탑승권의 비율을 계산하여 관리도를 작성하고자 한다.
   a. 이 문제에서 표본크기($n$)는 얼마인가? 평균 불량률을 계산하기 위하여 표본을 추출한 100일이라는 기간의 중요성을 설명해보라.
   b. 표준편차의 3배를 사용하여 CL, UCL, LCL을 설정해보라.

2. 400쪽의 인쇄 도서 12권을 표본으로 추출하여 오

류가 있는 쪽의 수를 세었다. 결함이 1개 이상 있는 쪽을 불량으로 간주했다. 그 결과, 각 표본에서의 오류비율이 0.01, 0.02, 0.02, 0.00, 0.01, 0.03, 0.02, 0.01, 0.00, 0.04, 0.03, 0.02였다.

a. $p$ 관리도를 위한 관리 한계값을 계산해보라.

b. 400쪽의 도서 한 권을 추가로 추출했더니 6쪽에서 오류가 발견되었다. 이 프로세스는 여전히 통제 상태에 있는가?

**eXcel** 3. 재고기록에 오류가 있는지를 알기 위해 매일 500개의 재고기록을 돌아가면서 확인한다. 이 확인작업은 20일 기간 동안 진행되는데 오류가 발견된 기록의 비율이 다음과 같았다.

.0025 .0075 .0050 .0150 .0125 .0100 .0050 .0025
.0175 .0200 .0150 .0050 .0150 .0125 .0075 .0150
.0250 .0125 .0075 .0100

a. $p$ 관리도를 위한 중앙선, 관리 상한선, 관리 하한선의 값을 계산해보라.

b. 20개의 비율을 관리도 위에 표시하고 어느 것이 통제 상태에 있는지를 정해보라.

c. 이 자료를 품질관리의 목적으로 사용할 만큼 프로세스가 안정되어 있는가?

4. 전자회로를 생산하는 어느 프로세스가 아주 높은 수율을 기록하고 있다. 현재 100만 개당 단지 8개의 결함만 발생하고 있다.

a. 표본크기를 100개로 할 때 관리도의 상한선과 하한선을 정하라.

b. 표본크기를 1,000개로 할 때 관리도의 상한선과 하한선을 정하라.

c. 두 표본크기 중 어떤 것을 당신은 추천하겠는가? 그 이유를 설명해보라.

5. 어느 품목이 2교대의 생산으로 만들어지고 있다. 관리자는 이 두 교대조로부터 생산되는 불량률이 차이가 있는지를 알고 싶어 한다.

a. 두 교대조 사이에 차이가 있는지를 알기 위하여 $p$ 관리도를 어떻게 사용하겠는가?

b. 첫 번째 교대조에서 크기 200의 표본이 사용

되어 $\bar{p}=0.06$을 얻었다. 첫 번째 교대조의 CL, UCL, LCL을 계산해보라.

c. 두 번째 교대조에서 크기 200의 표본을 6개 추출했고, 불량률이 0.04, 0.06, 0.10, 0.02, 0.05, 0.03으로 나타났다. 이 표본으로 보았을 때 프로세스의 평균이 위 혹은 아래로 이동했는가? 설명해보라.

6. 관리도를 적용해서 크기 6으로 추출된 지금까지의 표본들 전체 평균이 $\bar{\bar{x}}=30$이며 $\bar{R}=5$였다.

a. 이 경우의 $\bar{x}$ 관리도와 $R$ 관리도를 준비해보라.

b. 새롭게 측정된 값이 38, 35, 27, 30, 33, 32였다. 이 프로세스가 여전히 통제 상태에 있는가?

7. 4번 문제의 전자회로 생산기업이 품질관리의 방법을 재고하여 계수형 대신에 계량형 관리도를 사용하기로 했다. 계량형 관리를 위하여 단지 5개의 표본크기로 회로의 전압을 측정하고자 한다. 크기 5의 지난 표본들에서 평균 전압이 3.4볼트였으며, 범위는 1.3볼트였다.

a. 평균관리도 및 범위관리도를 위한 관리 상한선과 하한선을 정해보라.

b. 5개의 표본으로부터 다음의 자료를 얻었다.

| 표본 | 1 | 2 | 3 | 4 | 5 |
|------|-----|-----|-----|-----|-----|
| $\bar{x}$ | 3.6 | 3.3 | 2.6 | 3.9 | 3.4 |
| $R$ | 2.0 | 2.6 | 0.7 | 2.1 | 2.3 |

필요한 조치가 있다면 어떤 조치인가?

c. 4번 문제에서의 관리도 대신에 계량형 관리도를 사용할 때의 장점과 단점을 논해보라.

8. 자동차 엔진에 들어가는 어느 부품의 규격이 매우 엄격하게 정해졌다. 현재의 사양은 3.0cm±0.001이다. 품질관리의 과정은 크기 4의 표본을 추출하고 각 부품을 측정하는 것이다. 크기 4의 과거 표본으로부터 $\bar{\bar{x}}=3.0$이었고, $\bar{R}=0.0020$을 얻었다.

a. 이 부품을 위한 평균관리도와 범위관리도를 작성해보라.

b. 다음의 자료를 근거로 할 때 이 프로세스는 통

제 상태인가?

| 표본 | 1 | 2 | 3 | 4 | 5 |
|---|---|---|---|---|---|
| $\bar{x}$ | 3.0005 | 2.9904 | 3.0010 | 3.0015 | 3.0008 |
| $R$ | 0.0024 | 0.0031 | 0.0010 | 0.0040 | 0.0010 |

c. 이 프로세스에서 사양 범위를 벗어나는 산출물이 있는가?

9. 로빈후드 은행은 예금 수취금액이 최근 하락하고 있음을 인지하게 되었다. 지난 해 동안 일별 예금 수취액의 평균은 1억 900만 달러였고, 범위의 평균은 1,500만 달러였다. 최근 6일 동안의 예금 수취액은 110, 102, 96, 87, 115, 106(단위 : 백만 달러)이었다.

a. 표본크기를 6으로 할 때 $\bar{x}$ 관리도와 $R$ 관리도의 CL, UCL, LCL을 정해보라.

b. 지난 6일 동안의 평균과 범위를 구해보라. 이 수치는 평균 혹은 범위가 지난 해에 비해 변화했음을 말해주는가?

10. 어느 식품가게가 매일 신선한 생선을 공급업체로부터 공급받는다. 매일 100파운드의 생선을 주문해 왔지만, 실제 무게는 6파운드의 평균 범위로 변동하고 있다. 지난 5일 동안 공급받은 생선의 무게는 106, 94, 102, 100, 97파운드였다.

a. 이 5일의 표본으로 볼 때 생선 공급업체의 프로세스는 평균과 범위에서 통제 상태에 있는가?

b. 이 공급업체가 공급 프로세스를 좀 더 잘 관리할 수 있는 방안은 무엇인가?

11. 공장에서 시리얼 박스에 내용물을 채우면서 자동 중량계로 무게를 달고 있다. 각 박스에 채우는 목표 중량은 10온스이다. 3개 박스의 표본 크기로 20개 표본을 추출하여 무게를 측정한 결과가 다음과 같다.

eXcel

| 표본 | 1 | 2 | 3 |
|---|---|---|---|
| 1 | 10.01 | 9.90 | 10.03 |
| 2 | 9.87 | 10.20 | 10.15 |
| 3 | 10.08 | 9.89 | 9.76 |
| 4 | 10.17 | 10.01 | 9.83 |
| 5 | 10.21 | 10.13 | 10.04 |
| 6 | 10.16 | 10.02 | 9.85 |
| 7 | 10.14 | 9.89 | 9.80 |
| 8 | 9.86 | 9.91 | 9.99 |
| 9 | 10.18 | 10.04 | 9.96 |
| 10 | 9.91 | 9.87 | 10.06 |
| 11 | 10.08 | 10.14 | 10.03 |
| 12 | 9.71 | 9.87 | 9.92 |
| 13 | 10.14 | 10.06 | 9.84 |
| 14 | 10.16 | 10.17 | 10.19 |
| 15 | 10.13 | 9.94 | 9.92 |
| 16 | 10.16 | 9.81 | 9.87 |
| 17 | 10.20 | 10.10 | 10.03 |
| 18 | 9.87 | 9.93 | 10.06 |
| 19 | 9.84 | 9.91 | 9.99 |
| 20 | 10.06 | 10.19 | 10.01 |

a. 이 자료로부터 $\bar{x}$ 관리도와 $R$ 관리도를 위한 중앙선과 관리한계값을 구해보라.

b. $\bar{x}$ 관리도와 $R$ 관리도 위에 20개의 표본을 표시하고 어느 표본이 통제 상태를 벗어났는지를 찾아보라.

c. $\bar{x}$와 $\bar{R}$를 계산할 수 있을 만큼, 그리고 주기적으로 크기 3의 표본을 추출하기 시작해도 될 만큼 프로세스가 안정되어 있다고 생각하는가?

12. 어떤 프로세스에 사양 상한값으로 220, 사양 하한값으로 160이 적용되고 있다. 프로세스의 표준편차는 6이고 평균은 170이다.

a. 이 프로세스의 $C_p$와 $C_{pk}$를 계산해보라.

b. 프로세스 능력 $C_{pk}$를 1.0으로 개선하기 위하여 무엇을 할 수 있는가?

13. 어느 프로세스가 통계적 관리 상태에 있으며, 평균값은 $\mu=130$이고 표준편차는 $\sigma=8$이다. 이 프로세스의 사양은 USL=150, LSL=100이다.

 a. $C_p$와 $C_{pk}$를 계산해보라.

 b. 어느 지표가 프로세스 능력을 표현하는 더 나은 지표인가? 그 이유는 무엇인가?

 c. 정규분포를 가정하면 얼마의 비율로 제품이 사양을 벗어날 것으로 예상하는가?

14. 고객이 어느 제품에 대한 프로세스 능력으로 $C_p=1.5$를 요구했다. USL=1100, LSL=700이고, 프로세스가 사양 범위의 중앙에 위치한다고 가정하라.

 a. 이 프로세스의 표준편차는 얼마여야 하는가?

 b. 프로세스의 평균값은 얼마인가?

 c. 이 고객 요구를 충족하지 못한다면 회사는 무엇을 해야 하는가?

# 생산능력과 일정계획

운영관리자는 회사가 필요한 생산능력을 확보할 책임이 있다. 생산능력 혹은 작업일정의 의사결정을 위한 선행 단계는 수요예측이다. 제4부의 첫 장에서는 수요예측을 다루고, 이어서 장기·중기·단기 생산능력계획과 일정계획을 다룬다. ■

# 수요예측

**LO10.1 수요예측의 중요성**

예측(forecasting)은 미래 사건을 미리 예상하는 감각적이면서 동시에 과학적인 행위이다. 기업에서 경영자가 관심을 두는 것은 미래 수요의 예측이다. 예측기법들이 개발되기 이전에는 예측이 거의 예술(art)에 가까웠으나, 오늘날은 점차 과학(science)이 되고 있다. 여전히 경영자가 예측을 할 때에는 경영 차원의 판단이 요구되지만, 오늘날은 정교한 분석적인 도구와 방법론뿐 아니라 다양한 자료원으로부터 수집되는 방대한 자료의 도움을 받는다. 예를 들어 항공사가 미래의 승객수요를 예측할 때 과거의 수요자료뿐 아니라 가격과 경쟁사의 승객수요까지도 분석하고 있다.

많은 다양한 수요예측기법과 그 사용환경을 이 장에서 소개한다. 주어진 상황에서 적용할 최선의 예측기법을 선정할 때는 그 예측의 용도를 면밀히 고려해야 한다. 다시 말해 모든 상황에 효과적인 보편적 예측기법이란 존재하지 않는다.

수요예측은 거의 항상 틀린다. 판매에서 정확한 양의 수요를 예측하는 것은 드문 일이다. 수요예측과의 작은 편차는 종종 여분의 생산능력, 재고 또는 주문의 재조정 등으로 소화될 수 있다. 그러나 큰 편차는 관리에 큰 혼란을 야기할 수 있다. 예를 들어 특정 연도에 제품이 10만 개가 팔릴 것이라고 예측했지만, 실제로는 단지 8만 개가 팔렸다고 가정하자. 여분의 2만 개는 결국 재고로 남거나, 아마도 생산 수준을 줄이기 위해 직원들의 일자리를 빼앗게 될 것이다. 반대로 예측이 너무 적어도 고통스럽다. 생산능력이 한정되어 있기 때문에 추가 인력이 급하게 증원될 수도 있고, 혹은 재고가 없어 판매 기회를 잃을 수도 있다. 소비자들은 상점에서 물건이 품절되거나 재고처분 할인으로 수요예측 오류의 결과를 경험하게 된다. 이러한 예를 볼 때 수요예측이 운영기능뿐 아니라 기업의 모든 영역에 강한 영향을 미친다는 것이 명백하다.

수요예측에는 오류가 내재되어 있음을 전제로 우리는 모든 수요예측에 적어도 2개의 숫자를 제시한다. 하나는 최선의 예상치(예: 평균값, 중앙값, 최빈값)이고, 다른 하나는 예측오차(예: 표준편차, 절대편차, 범위)이다. 평균값만으로 수요를 예측하는 것은 오차를 무시하는 것이지만, 이는 실무에서 흔히 발생하는 일이다.

수요예측의 오류에 대응하는 방법에는 세 가지가 있다. 첫째는 더 나은 방법의 수요예측으로 오류를 줄이도록 노력하는 것이다. 둘째는 운영활동과 공급사슬에 더 높은 유연성을 확보하는 것이다. 셋째는 수요예측을 하는 대상의 미래 기간을 앞당기는 것이다. 그 이유는 대상의 미래 기간이 멀면 멀수록 예측오류가 커지기 때문이다. 즉 1주일 후의 수요를 예측하는 것이 1개월 후의 수요를 예측할 때보다 일반적으로 오류가 적게 발생한다. 아무리 좋은 수요예측일지라도 오차가 있을 것이므로 예측비용을 합리적인 수준으로 유지하면서 가능한 한 오차를 최소화하는 것이 우리의 목표이다.

수요예측의 복잡성과 기업 성과에 미치는 영향 때문에 수요예측은 한 기업에서뿐 아니라 공급사슬에서 중심적인 역할을 한다. 운영선도사례에서는 하라스 체로키 카지노 & 호텔(Harrah's Cherokee Casino & Hotel)이 어떻게 수요예측을 하고 있는지를 설명해 주고 있다.

## 10.1 의사결정을 위한 수요예측

많은 유형의 수요예측이 있지만, 이 장에서는 운영기능에서의 산출물에 대한 수요예측에 초점을 맞출 것이다. 우선, 수요와 판매는 서로 항상 같지는 않다. 수요가 생산능력이나 다른 경영정책상 이유에 의해 제한되지 않는다면 수요와 판매가 같아질 것이지만, 그 이외에는 판매량이 고객의 실제 수요량보다 다소 낮을 것이다.

우리는 또한 예측(forecasting)과 계획(planning)의 차이를 분명히 해야 한다. 예측은 우리가 생각하기에 미래에 '일어날' 것을 다루고, 계획은 우리가 생각하기에 미래에 '일어나야 할' 것을 다룬다. 따라서 미래에 발생할 사건을 예측하지만, 우리는 계획을 통해 의도적으로 미래 사건을 변화시키려고 노력한다. 좋은 계획은 예측치를 여러 입력자료의 하나로 활용하지만, 만약 예측치가 적절하지 않다면, 때때로 사건의 진로를 바꾸려는 계획을 시도할 수 있다.

## 운영선도사례    하라스 체로키 카지노 & 호텔에서의 성공적인 수요예측

© Medioimages/Alamy

노스캐롤라이나주 체로키 시에 위치한 하라스 체로키 카지노 & 호텔은 매년 약 400만 명의 방문객을 유치하고 있다. 이 호텔은 1,100개의 무알코올 객실을 보유하고 있다. 이 호텔은 체로키 아메리칸 인디언 부족이 세계 최대 게임회사인 하라스와 계약을 맺어서 카지노와 함께 운영하고 있다. 발생한 수익은 북아메리카 원주민의 의료, 교육 및 복지를 위해서 사용되고 있다.

체로키는 고객을 정밀하게 분류하고, 과거의 수요 패턴을 분석하고, 차등가격정책으로 연간 98.6%의 객실 이용률을 달성하고 있다. 어떻게 그런 성과를 낼 수 있을까?

우선, 체로키는 과거의 수요 및 만실로 인해 거절당한 예약신청을 바탕으로 진정한 고객수요를 예측하고 있다. 이 진정한 고객수요는 실제 매출보다 큰 수치일 것이다. 고객이 예약을 할 때 카지노 회원번호를 제시해야 하기 때문에 체로키는 예약성공 및 예약실패의 수요 모두를 추적할 수 있다.

다음으로, 체로키는 매일매일의 수요를 과거 수요를 바탕으로 예측하고 있다. 예를 들어 어느 특정 토요일의 예측을 위해서 최근 토요일의 수요뿐 아니라 과거 연도의 유사한 날짜에서의 수요를 함께 이용한다. 그리고 사용하는 예측모델은 요일, 계절성, 추세 및 계획된 행사 등도 반영해서 예측을 한다.

이렇게 얻은 예측치와 각 분류 범주의 고객이 지불할 의향이 있는 가격을 바탕으로 체로키는 각 고객 범주에 대한 매일매일의 가격을 결정한다. 이런 방식으로 매일의 객실 요금을 최대로 할 수 있어 60%의 이익률을 보이고 있다.

출처 : Metters et al., "The 'Killer Application' of Revenue Management: Harrah's Cherokee Casino & Hotel," *Interfaces*, May–June 2008 and www.caesars.com/harrahs-cherokee, 2016.

예측은 운영기능뿐 아니라 기업 내 모든 종류의 사업계획과 관리에 필요한 하나의 입력자료이다. 마케팅에서는 제품의 기획, 판매촉진, 가격 책정을 위해 수요 예측치를 사용한다. 재무부서에서는 재무계획을 위한 자료로 사용한다. 인적자원부서는 신규채용계획과 인건비계획의 수립에 수요예측치를 활용한다. 운영부서에서는 프로세스의 설계, 생산능력계획, 재고계획의 수립을 위해 사용한다. 그리고 공급사슬의 모든 기업들이 수요를 예측하고 있다.

프로세스 설계에서 예측은 프로세스의 유형이나 필요한 자동화의 정도를 결정하는 데 필요하다. 예를 들어 적은 수요가 예측된다면 자동화는 적게 필요하고, 프로세스는 가능한 한 단순해야 한다는 것을 알 수 있다.

생산능력 규모를 결정할 때에는 다양한 길이의 계획시평(planning horizon)으로 예측한 수요를 사용한다. 설비의 규모를 계획하기 위해서는 향후 수년을 내

**수요예측을 하고 예측치를 사용하기 위해 운영, 마케팅, 재무, 인적자원이 함께 협력한다.**

© mediaphotos/Getty Images

다보는 장기적인 예측이 필요하다. 고용계획이나 하청, 장비를 결정하기 위해서는 제품라인별로 중기적인 수요예측이 필요하다. 단기적으로는 인원과 기계를 업무 혹은 작업에 할당하는 결정을 위해서 개별 상품별로 매우 정확한 단기적 예측이 요구된다.

구매와 관련된 재고 결정은 단기적인 성격이며 개별 제품을 대상으로 이루어진다. 이 결정을 이끌어내는 수요예측은 일정계획을 위한 예측과 마찬가지로 개별 제품에 대해 높은 수준의 정확성이 필요하다.

〈표 10.1〉에 나타나 있듯이 운영기능에는 다양한 유형의 의사결정이 있고, 이들에서는 서로 다른 특징의 수요예측이 요구된다. 또한 이 표는 마케팅, 재무/회계, 인적자원기능에서 수요예측이 어떤 용도로 사용되는지도 보여주고 있다. 이들 의사결정 유형을 정성적, 시계열, 인과기법 등 세 가지 유형의 예측기법과 연결해 보여주고 있다.

일반적으로 **정성적 예측기법**(qualitative forecasting methods)은 경영자의 판단에 의존한다. 이 기법은 특정한 계량적 모델을 사용하지 않으며, 활용할 자료가 부족하거나 과거의 자료가 미래에 대한 좋은 지표가 되지 못할 경우에 유용하다.

**계량적 예측기법**(quantitative forecasting methods)에는 시계열 기법과 인과기법의 두 가지 유형이 있다. 일반적으로 계량적 기법은 예측치를 구하기 위해 분석적 모델을 활용한다. 모든 계량적 기법의 기본 전제는 과거 자료와 자료의 패턴이 미래를 예측하기에 신뢰할 만한 지표가 된다는 것이다. 이러한 전제로 과거 수요와 기타 관련 자료를 이용하는 예측모델을 구축하고 예측적 분석을 하게 된다.

이 장에서는 장기, 중기, 그리고 단기로 수요예측의 시평을 구분할 것이다. '장기'는 설비의 계획과 프로세스 설계를 위한 기간 범위인 2년 또는 그 이상의 미래를 의미한다. '중

**표 10.1**
수요예측의 용도와 기법

| | 시평 | 필요한 정확도 | 예측치의 수 | 관리 계층 | 수요예측 기법 |
|---|---|---|---|---|---|
| **운영기능** | | | | | |
| 프로세스설계 | 장기 | 중간 | 하나 혹은 소수 | 상 | 정성적 혹은 인과기법 |
| 생산설비계획 | 장기 | 중간 | 하나 혹은 소수 | 상 | 정성적 및 인과기법 |
| 총괄생산계획 | 중기 | 높음 | 소수 | 중 | 인과 및 시계열 기법 |
| 일정계획 | 단기 | 매우 높음 | 다수 | 하 | 시계열 기법 |
| 재고관리 | 단기 | 매우 높음 | 다수 | 하 | 시계열 기법 |
| **마케팅, 재무, 인적자원기능** | | | | | |
| 장기 마케팅 프로그램 | 장기 | 중간 | 하나 혹은 소수 | 상 | 정성적 기법 |
| 가격 결정 | 단기 | 높음 | 다수 | 중 | 시계열 기법 |
| 신제품 도입 | 중기 | 중간 | 하나 | 상 | 정성적 및 인과기법 |
| 원가 산정 | 단기 | 높음 | 다수 | 하 | 시계열 기법 |
| 자본예산편성 | 중기 | 높음 | 소수 | 상 | 인과 및 시계열 기법 |
| 인원계획 | 중기 | 중간 | 소수 | 하 | 정성적 및 시계열 기법 |

기'는 통상적으로 총괄생산계획, 예산편성, 그리고 자원의 획득과 할당 결정을 하게 되는 기간으로서 6개월부터 2년까지를 의미한다. '단기'는 자재의 조달과 특정 작업이나 활동의 일정계획을 위한, 보통 6개월보다 짧은 기간 범위를 의미한다.

## 10.2  정성적 예측기법

LO10.2 정성적 예측기법의 일반적인 네 가지 기법

정성적 예측기법은 경영자의 판단, 경험, 때로는 관련 자료를 활용한다. 개인의 판단이 사용되기 때문에 2명의 경영자가 동일한 정성적 기법을 사용하더라도 서로 다른 예측치에 이르게 된다.

어떤 사람들은 정성적 예측기법은 단지 최후의 수단으로 사용되어야 한다고 생각하지만 이는 엄밀히 말해 사실이 아니다. 정성적 예측기법은 과거의 자료들이 미래 상황 예측에 신뢰성 있는 지표가 되지 못할 때 사용되어야 한다. 예를 들어 제품의 스타일이나 기술이 달라져서 고객의 선호가 변화되는 경우이다. 또한 정성적 기법은 신제품을 도입한 경우와 같이 과거의 수요자료가 없을 때 사용된다. 이 경우에는 제품수명주기로 수요를 유추하거나 시장조사를 통해 예측할 수 있다. 하지만 정성적 기법이 판단과 경험에 의존하더라도 시스템적인 접근법이 가능하다는 사실을 알아두자.

〈표 10.2〉는 가장 잘 알려진 네 가지 정성적 기법들에 대해 설명하고 있다. 표에서 보듯이 정성적 기법은 프로세스 설계 또는 설비의 생산능력 결정을 포함한 중·장기 의사결정을 위한 예측에 사용된다. 이런 경우, 대개 과거 자료가 없거나, 만약 있다 하더라도 불안정한 패턴을 가질 것이다.

정보 기반의 판단법(informed judgment)과 델파이(Delphi) 기법 모두 예측을 위해 전문가의 의견을 사용한다. 정보 기반의 판단법으로 예측할 때, 패널그룹이 예측에 대해 토론하여 합의점에 이른다. 이 방법의 취약점은 패널의 모든 구성원들의 의견이 반영되지 못하고 한 사람이 패널을 주도해서 최종 결론을 이끌 수 있다는 것이다.

델파이 기법은 이러한 취약점을 보완하기 위해 개발되었다. 델파이 기법은 최종 예측에 도달하기 전에 익명의 구성원으로부터 자료를 여러 차례 수집하는 과정으로 이루어진다. 첫 라운드에서 패널의 각 구성원들은 익명으로 자신의 예측치를 제출한다. 그러면 모든 패널의 예측 정보는 그들의 예측에 대한 이유 또는 설명과 함께 각 패널 구성원에게 익명으로 보내진다. 두 번째 라운드에서 구성원들은 다른 패널 구성원의 예측을 참고할 수 있고, 만약 새로운 정보를 얻었다면 그들의 예측을 수정할 수 있다. 3번째 또는 4번째 라운드에 걸쳐 자료를 수집하면 예측치가 일정 범위로 수렴하는 경향이 나타나고, 구성원들은 더 이상 구성원 피드백에 기초해 그들의 예측을 수정하지 않으려 한다. 결과적으로, 델파이 패널은 가장 그럴듯한 예측치(예 : 평균, 중앙값, 최빈값)뿐 아니라 예측오차(예 : 표준편차, 절대편차, 범위)의 추정치도 도출할 수 있다.

시장조사(market surveys)는 일반적으로 제품 구입의사에 대해 잠재적 고객으로부터 응답을 얻기 위해 사용된다. 전화, 이메일, 인터넷 등 다양한 방법으로 고객의 응답을 얻는

표 10.2
정성적 예측기법

| 정성적 기법 | 설명 | 활용방안 | 정확도 | | | 비용 |
| | | | 단기 | 중기 | 장기 | |
|---|---|---|---|---|---|---|
| 1. 델파이 기법 | 전문가 패널이 몇 라운드에 걸쳐 일련의 질문에 반복적으로 응답하여 수요예측치를 도출. 각 라운드에서 패널의 익명 응답을 모든 참가자에게 제시. 보통 3~6번의 라운드를 거쳐 수요예측치가 수렴됨. | 생산능력 혹은 설비계획을 위한 장기 판매예측. 기술 변화의 시기를 가늠하기 위한 기술예측. | 보통~매우 좋음 | 보통~매우 좋음 | 보통~매우 좋음 | 보통~높음 |
| 2. 시장조사 | 시장상황에 관한 데이터를 수집하기 위해 패널, 설문지, 시장 테스트, 서베이 등을 사용. | 개별 제품이나 주요 제품군, 혹은 기업 전체의 판매예측. | 매우 좋음 | 좋음 | 보통 | 높음 |
| 3. 수명주기 유추법 | 유사한 제품의 도입, 성장, 성숙 단계에 기초한 예상. S자 모양의 매출성장곡선을 사용. | 생산능력 혹은 설비계획을 위한 장기 판매예측. | 나쁨 | 보통~좋음 | 보통~좋음 | 보통 |
| 4. 정보 기반의 판단법 | 상황에 관한 경험, 직감, 혹은 사실을 기반으로 개인이나 집단이 수요를 예측. 체계적인 기법은 따로 없음. | 개별 제품과 기업 전체의 판매예측. | 나쁨~보통 | 나쁨~보통 | 나쁨~보통 | 낮음 |

출처 : David M. Georgoff and Robert Murdick, "Manager's Guide to Forecasting," *Harvard Business Review*, January‒February 1986, pp. 110‒120.

다. 또한 시장 테스트는 고객수요를 측정하는 데 효과적인 방법이다.

수명주기 유추법(life-cycle analogy)은 제품수요가 S자 모양의 수명주기 단계(도입, 성장, 성숙)를 거친다는 사실에 바탕을 두고 있다. 곡선의 모양을 측정하기 위해서는 유사제품의 수명주기를 분석한다. 예를 들어 새로운 웹사이트의 수요는 유사한 웹사이트의 실제 수요 성장곡선에 기초를 두고 예상할 수 있다.

정성적 방법에 대해서 자세히 설명하지는 않지만, 특정 상황에서는 유용하게 적용될 수 있다는 점을 부연하고자 한다. 다음 절에서는 계량적 모델 중에서 특히 단기의 예측에 효과적인 시계열 기법부터 설명한다.

## 10.3 시계열 예측기법

**시계열 기법**(time-series methods)은 과거의 시간흐름에 따른 수요 패턴을 자세히 분석하여 그 패턴에 따라 미래를 예측하는 것이다. 모든 시계열 기법의 기본 가정 중 하나는 수요를 평준, 추세, 계절, 주기, 오차 등의 요소로 분해할 수 있다는 것이다. 〈그림 10.1〉은 예시의 한 시계열을 통해 이들 요소를 보여준다. 이 요소를 모두 더할 때(어떤 경우에는 곱할 때), 본래의 시계열과 같아진다.

**평준**(level) 요소는 대상 기간 동안에 비교적 일정한 평균수요이다. **추세**(trend)는 시간이

스키 산업에서의 수요는 다양한 패턴을 보인다. 기본적으로는 계절성을 띠며, 해가 지날수록 증가 추세를 보여주고 있다. 또한 강설량의 기후조건에 따라 수요가 무작위로 변한다.

© Randy Lincks/Alamy

지남에 따라 평균수요가 증가 혹은 감소하는 요소이다. **계절**(seasonality) 요소는 수요의 증감이 일정하게 반복되는 패턴으로서 그 반복주기가 연간, 월간, 주간, 일간일 수 있다. 예를 들어 24시간 운영되는 콜센터의 전화수요는 낮의 수요가 높고 저녁은 보통, 밤에는 낮은 수요의 패턴이 매일 반복된다. **주기**(cycle) 요소는 긴 기간(주로 수년)에 걸쳐 수요의 증가와 감소가 나타나는 패턴의 요소이다. 주기 요소의 수요 변화가 일어나는 여러 이유 중에서 전반적인 경제상황이나 제품의 수명주기 변화에 의한 이유가 대표적이다. **오차**(random error) 요소는 단기간에 일어나는 예측 불가능한 변동을 일컫는다.

시계열 예측의 기본 전략은 자료에 기초하여 각 요소의 크기와 형태를 파악하는 것이며, 무작위 오차 요소를 제외한 구성요소들이 미래를 예측하는 데 사용된다.

시계열 예측기법을 설명하기 위해 다음과 같은 기호와 용어를 사용한다.

| 자료 | | | | | | | | | | |
|---|---|---|---|---|---|---|---|---|---|---|
| | $D_1$ | $D_2$ | **실제 관측 수요** | $D_{t-2}$ | $D_{t-1}$ | $D_t$ | $F_{t+1}$ | **$t$기에 대한 수요예측치** $F_{t+2}$ | $F_{t+3}$ | |
| 기간 | 1 | 2 | ... | $t-2$ | $t-1$ | $t$ | $t+1$ | $t+2$ | $t+3$ | ... |

↑
현재 시점

$D_t = t$기의 수요

$F_{t+1} = t+1$기의 예측수요

$e_t = D_t - F_t = t$기의 예측오차

$A_t = t$기까지의 산출 평균

그림 10.1 시계열자료의 분해

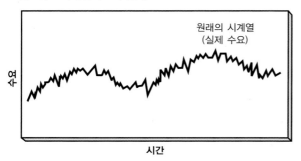

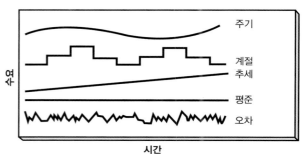

일반적인 수요예측 상황은 $t$기 말의 시점에서 $D_t$의 크기를 알게 되면서, $t+1$, $t+2$, $t+3$기의 수요예측치를 구하는 것이다.

## 10.4 이동평균법

LO10.3 이동평균법 및 지수평활법의 계산과 사용환경

시계열 예측 중 가장 간단한 기법이 **이동평균법**(moving average)이다. 이 방법은 시계열 수요에 단지 평준 요소와 무작위 오차 요소만 포함되어 있다고 가정한다. 즉 수요에 어떠한 계절적 패턴이나 추세, 혹은 주기 요소가 없다고 가정하는 것이다. 하지만, 이동평균법에는 이런 다양한 수요 요소를 포함하고 있는 경우에 적용할 수 있는 변형된 기법들도 있다.

이동평균법을 사용할 때, 계산 목적의 기간 수를 나타내는 $N$을 결정한다. 그러면 $t$시점에서 과거 $N$기간 동안의 평균 수요 $A_t$는 다음과 같이 계산된다.

$$A_t = \frac{D_t + D_{t-1} + \cdots + D_{t-N+1}}{N} \tag{10.1}$$

시계열 수요가 수평적으로 평평하다고 가정하는 경우이기 때문에 $t+1$기에 대한 최선의 수요예측은 단순히 $t$기까지 관찰된 평균수요를 사용하는 것이다. 따라서 예측수요는 다음과 같다.

$$F_{t+1} = A_t$$

$F_{t+1}$을 계산할 때마다 가장 최근에 관찰된 수요가 평균에 포함되고 가장 오래된 수요가 제외된다. 이런 방식으로 예측수요 계산에 항상 $N$개 기간의 수요가 반영되고, 새로운 수요 자료가 관찰됨에 따라 평균이 이동하게 된다.

---

**예제**

〈표 10.3〉의 숫자를 이용하여 3기간 이동평균을 계산해보자. 기간 3의 평균($A_3$)은 기간 3, 2, 1의 수요를 합산하여 기간 수인 3으로 나눈 값이다.

$$A_3 = (29 + 18 + 10)/3 = 19$$

기간 4의 예측치는 기간 3까지의 이동평균값을 사용하며, 따라서 $F_4 = 19$이다. 기간 4의 실제 수요인 $D_4 = 15$를 알게 되는 시점에서 **예측오차**(forecast error)를 다음과 같이 계산할 수 있다.

$$e_t = D_t - F_t$$

따라서 기간 4의 예측오차는 $15 - 19 = -4$로 계산된다. 나머지 기간에 대해 3기간 이동평균, 예측치, 예측오차를 계산해보라.

표 10.3
이동평균 수요예측

| 기간 | $D_t$<br>(수요) | $A_t$<br>(3기간 예측치) | $F_t$<br>(3기간 이동평균) | $D_t - F_t$<br>(예측오차) |
|---|---|---|---|---|
| 1 | 10 | | | |
| 2 | 18 | | | |
| 3 | 29 | 19.0 | | |
| 4 | 15 | 20.7 | 19.0 | −4.0 |
| 5 | 30 | 24.7 | 20.7 | +9.3 |
| 6 | 12 | 19.0 | 24.7 | −12.7 |
| 7 | 16 | 19.3 | 19.0 | −3.0 |
| 8 | 8 | 12.0 | 19.3 | −11.3 |
| 9 | 22 | 15.3 | 12.0 | 10.0 |
| 10 | 14 | 14.7 | 15.3 | −1.3 |
| 11 | 15 | 17.0 | 14.7 | 0.3 |
| 12 | 27 | 18.7 | 17.0 | 10.0 |
| 13 | 30 | 24.0 | 18.7 | 11.3 |
| 14 | 23 | 26.7 | 24.0 | −1.0 |
| 15 | 15 | 22.7 | 26.7 | −11.7 |

〈표 10.3〉에서는 3기간 이동평균이 예측을 위해 사용되고 있다. 계산된 이동평균은 1기간 시차를 두고 예측수요로 사용됨을 주목하라. 또한 표에서 실제 수요와 예측수요의 차이인 예측오차도 함께 보여주고 있다. 예측오차를 계산할 때는 $t$기의 평균($A_t$)이 아니라 $t$기의 예측수요($F_t$)를 사용하는 것에 주의해야 한다.

〈그림 10.2〉의 그래프는 위 예제의 수요와 3기간 이동평균, 6기간 이동평균을 함께 보여주고 있다. 6기간 이동평균은 $A_6 = 19.0$, $A_7 = 20.0$, $A_8 = 18.3$, $A_9 = 17.2$ 등으로 계산되었다. 실제 수요자료와 예측치를 함께 그려서 비교해보는 것이 도움이 된다. 이 그래프에 의하면 6기간 이동평균이 3기간 이동평균보다 실제 수요 변화에 느리게 반응하는 것을 알 수 있

그림 10.2
시계열자료

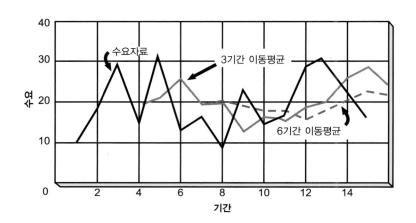

다. 일반적으로, 평균 계산에 포함된 기간이 많을수록 예측치가 수요 변화에 늦게 반응한다. 평균 계산의 기간이 많으면 예측치가 큰 변동 없이 안정된다는 장점이 있지만, 수요의 실제 변화에 느리게 반응하는 단점이 있다. 따라서 분석자는 평균 기간 $N$을 선택할 때 안정성과 반응성 사이에서 적절히 균형을 잡아야 한다.

수요 변화에 대한 이동평균의 반응을 더 빠르게 하는 한 가지 방법은 예전 수요보다 최근 수요를 상대적으로 더 중요시하는 것이다. 이를 **가중이동평균법**(weighted moving average)이라 하고, 다음과 같이 계산한다.

$$F_{t+1} = A_t = W_1 D_t + W_2 D_{t-1} + \cdots + W_N D_{t-N+1} \tag{10.2}$$

각 수요에의 가중치는 원하는 대로 정할 수 있지만 다음과 같은 조건이 충족되어야 한다.

$$\sum_{i=1}^{N} W_i = 1$$

| 예제 | 만약 3기간의 실제 수요가 $D_1 = 10$, $D_2 = 18$, $D_3 = 29$라고 하면, 3기간 단순이동평균은 19.0이다. 가중이동평균법으로 $W_1 = 0.5$, $W_2 = 0.3$, $W_3 = 0.2$의 가중치를 적용하면 3기간 가중이동평균은 21.9이다. 이 경우 0.5의 가중치는 셋째 기간(최근)에, 0.3은 둘째 기간에, 0.2는 첫째 기간에 적용되었다. 이 예에서 가중이동평균이 단순이동평균보다 셋째 기간의 증가된 실제 수요 29에 더 빠르게 반응했음을 주목하라. 그리고 단순이동평균은 모든 가중치가 동일한, 즉 $W_i = 1/N$인 특수한 형태의 가중이동평균으로 볼 수 있다. |
|---|---|

가중이동평균의 단점 중 하나는 $N$기간 동안의 수요자료 전체가 계산할 때마다 필요하다는 것이다. 게다가 가중이동평균의 반응성은 각 가중치를 변화시키지 않으면 바뀌지 않는다. 이러한 단점을 극복하기 위해 지수평활법이 개발되었다.

## 10.5 지수평활법

이번에 설명하는 시계열 기법은 계산에 필요한 자료를 적게 필요로 한다. **지수평활법**(exponential smoothing)은 새로운 평균을 계산할 때 바로 직전 평균과 새로 관찰된 실제 수요를 이용한다는 매우 단순한 개념에서 출발한다. 예를 들어 직전 평균이 20이고 최근 관찰된 수요가 24라고 가정하자. 그렇다면 새로운 평균은 20~24 사이에 있게 될 것이고, 그 값은 실제 수요와 직전 평균값에 얼마의 가중치를 둘 것인가에 달려 있다.

위의 논리를 공식화하면 다음과 같다.

$$A_t = \alpha D_t + (1 - \alpha)A_{t-1} \tag{10.3}$$

여기서 $A_{t-1}$은 직전 평균(20), $D_t$는 새롭게 관찰된 실제 수요(24), 그리고 $\alpha$는 최근 수요에 부여한 가중치($0 \leq \alpha \leq 1$)이다.

설명을 위해 $\alpha = 0.1$, $D_t = 24$, $A_{t-1} = 20$의 값을 가정하자. 그러면 식 (10.3)으로부터 우리는 $A_t = 20.4$를 얻는다. 만약 $\alpha = 0.5$이면 $A_t = 22$이고, 만약 $\alpha = 0.9$이면 $A_t = 23.6$이다. 따라서 $A_t$는 $\alpha$의 값에 따라 직전 평균인 20과 최근 실제 수요인 24 사이에서 바뀐다.

만약 $A_t$가 최근의 실제 수요에 민감하게 반응하길 원한다면, 큰 $\alpha$값을 선택해야 하고, $A_t$가 직전 평균값과 큰 차이가 없기를 원한다면 $\alpha$는 작아야 한다. 대부분의 경우에 $\alpha$는 적절한 안정성을 유지하기 위해 0.1~0.3 사이의 값으로 정한다.

**단순 지수평활법**(simple exponential smoothing)은 이동평균법의 경우처럼 시계열 수요에 주기 요소, 계절적 요소, 추세 요소가 없이 평준 요소만 있다고 가정한다. 그러면 다음 기의 지수평활 예측수요는 간단하게 현재 시점에서 구한 평균값이 된다. 즉

$$F_{t+1} = A_t$$

이 경우 예측수요는 평활 평균으로부터 한 기간의 시차를 갖는다.

우리는 위의 관계를 식 (10.3)에 대입하여 다음의 수식을 얻을 수 있다.

$$F_{t+1} = \alpha D_t + (1 - \alpha)F_t \tag{10.4}$$

단순 지수평활법의 수식으로 위 수식이 식 (10.3)보다 사용하기에 편리한데, 이는 평균값 대신에 예측수요값으로 표현하고 있기 때문이다.

식 (10.4)의 우변 항을 다음과 같이 달리 정렬할 수도 있다.

$$F_{t+1} = F_t + \alpha(D_t - F_t)$$

이 수식의 표현에 의하면, 새로운 예측치는 직전 예측치에 직전 예측오차의 일정 비율을 더한 값으로 계산된다. 그리고 직전 예측오차의 얼마를 반영할 것인가는 $\alpha$값의 선택으로 정해진다.

학생들은 종종 왜 '지수평활'이라는 이름이 이 기법에 붙여졌는지 궁금해한다. 수학적으로 보면 실제 수요에 대한 가중치가 현재 기간부터 첫 번째 기간까지$(1 - \alpha)$의 지수승 형태로 감소한다. 한 기간씩 이전으로 가면서 실제 수요에 부여하는 가중치가 기하급수적으로 감소하고, 또한 모든 가중치의 합이 1이기 때문에 지수평활법은 가중이동평균법의 특수 형태이다.

〈표 10.4〉에서는 〈표 10.3〉의 수요자료에 대해 $\alpha = 0.1$과 $\alpha = 0.3$의 평활계수로 2개의 지수평활 예측수요를 계산했다. 그리고 〈그림 10.3〉에서 그래프로 보여주고 있다. 그래프에서 보듯이 $\alpha = 0.3$은 $\alpha = 0.1$에 비해 수요 변화에 더 급격히 반응하고 덜 안정적이다. 이 두 수요예측 중에서 어느 것이 더 좋을까?

| 예제 | 기간 5의 수요예측을 $F_5 = 100$으로 했고, 관찰된 기간 5의 실제 수요가 $D_5 = 120$이라고 하자. 이 경우 $D_5 - F_5 = 20$의 예측오차가 발생한 것이다. 만약 $\alpha = 0.1$이라면, 실제 수요가 예측값을 초과한 사실을 다음 예측에 반영하기 위해 직전 예측오차의 10%만을 직전 예측치에 더하게 된다. 그러므로 이 경우 기간 6의 예측수요는 $F_6 = 100 + 0.1(20) = 102$가 된다. 즉 0.1의 평활계수를 사용하게 되면, 예측수요를 초과한 최근 실제수요에 대하여 과잉반응을 하지 않게 된다. 그러나 만약 증가하는 수요에 빠르게 반응하기를 원한다면, $\alpha$값을 높이면 된다. 예를 들어 만약 $\alpha = 0.5$ 혹은 $\alpha = 0.7$이라고 하면 기간 6의 예측수요는 어떻게 되는가? (정답 : $\alpha = 0.5$일 때는 $F_6 = 110$이고, $\alpha = 0.7$일 때는 $F_6 = 114$이다.) |
|---|---|

이 질문에 대답하기 전에 〈표 10.4〉에서 몇 개의 열을 먼저 살펴보자. 첫 번째 열에서 기간 1의 초기 예측수요로 $F_1 = 15$가 초깃값으로 주어졌다. 기간 1의 실제 수요가 10으로 나타났고, 따라서 기간 2의 예측수요는 감소할 것이다. $\alpha = 0.1$의 경우 예측수요 $F_2$는 14.5가 될 것이고, $\alpha = 0.3$인 경우의 예측수요는 13.5가 될 것이다. (이 숫자를 스스로 계산하여 확

표 10.4
지수평활법*

| 기간 | $D_t$ (수요) | $\alpha = 0.1$ | | $\alpha = 0.3$ | | $MAD_t$ ($\alpha = 0.3$) | $TS$ (추적신호) |
|---|---|---|---|---|---|---|---|
| | | $F_t$ (예측치) | $D_t - F_t$ (오차) | $F_t$ (예측치) | $D_t - F_t$ (오차) | | |
| 1 | 10 | 15 | −5.0 | 15 | −5.0 | 6.4 | −.8 |
| 2 | 18 | 14.5 | 3.5 | 13.5 | 4.5 | 5.8 | −.1 |
| 3 | 29 | 14.85 | 14.15 | 14.85 | 14.15 | 8.3 | 1.6 |
| 4 | 15 | 16.26 | −1.26 | 19.09 | −4.09 | 7.1 | 1.3 |
| 5 | 30 | 16.14 | 13.86 | 17.86 | 12.14 | 8.6 | 2.5 |
| 6 | 12 | 17.52 | −5.52 | 21.50 | −9.50 | 8.8 | 1.4 |
| 7 | 16 | 16.97 | −.97 | 18.65 | −2.65 | 7.0 | 1.4 |
| 8 | 8 | 16.87 | −8.87 | 17.85 | −9.85 | 7.9 | −.1 |
| 9 | 22 | 15.98 | 6.02 | 14.90 | 7.10 | 7.6 | .9 |
| 10 | 14 | 16.58 | −2.58 | 17.03 | −3.03 | 6.2 | .6 |
| 11 | 15 | 16.33 | −1.33 | 16.12 | −1.12 | 4.7 | .6 |
| 12 | 27 | 16.19 | 10.81 | 15.78 | 11.22 | 6.7 | 2.1 |
| 13 | 30 | 17.27 | 12.73 | 19.15 | 10.85 | 7.9 | 3.1 |
| 14 | 23 | 18.54 | 4.46 | 22.40 | 0.60 | 5.7 | 4.4 |
| 15 | 15 | 18.99 | −3.99 | 22.58 | −7.58 | 6.4 | 2.8 |
| $\Sigma(D_t - F_t)$ 편향 | | | 36.01 | | 17.74 | | |
| $\Sigma\lvert D_t - F_t\rvert$ 절대편차 | | | 95.05 | | 103.38 | | |

*임의의 시작값으로 $F_1 = 15$로 가정. 또한 $MAD_0 = 7$이라 가정. MAD와 추적 신호(TS)의 정의에 대해서는 본문 참조.

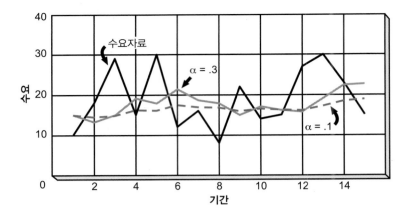

그림 10.3
시계열자료

인해보라.) 이것이 바로 α값이 더 클 때 예측수요가 수요 변화에 빠르게 반응하고, 반면에 덜 안정적이라고 한 이유이다. 우리는 실제 수요가 낮게 나타난 것이 평균이 근본적으로 변화한 이유인지, 아니면 단지 무작위적 변동에 의한 것인지를 알 수 없다.

어떤 것이 더 좋은 예측이냐는 질문에 답하기 위해, 우리는 여러 기간의 자료와 예측오차를 살펴볼 필요가 있다. 두 평활계수에 대해 15기간 동안 계산한 예측오차가 〈표 10.4〉에 계산되어 있다. 간단한 지표인 **편향**(bias)값을 계산하여 비교할 수 있는데, 편향은 모든 오차의 산술적 총합이다. 이상적으로는 양과 음의 오차가 여러 기간에 걸쳐 서로 상쇄하여 총합이 0이 되는 것이다. 〈표 10.4〉에 의하면 두 방법 모두 양의 편향값을 가지고 있는데, 둘 중 α=0.1이 α=0.3보다 더 큰 편향값을 보인다.

예측오차의 두 번째 측정법은 **절대편차**(absolute deviation)이다. 이 경우 음의 오차가 양의 오차를 상쇄하지 않도록 오차의 절댓값을 합산한다. 그 결과 예측기법에 내재된 변동량을 측정할 수 있다. 위 예에서 α=0.1의 절대편차 총합이 α=0.3보다 작게 나타났다.

흥미롭게도 α=0.1로 한 예측이 α=0.3으로 한 예측보다 편향값은 더 크지만 절대편차가 작게 나타났다. 이 경우, 두 방법 중 어느 하나를 명확하게 선택할 수 없으며, 단지 편향값과 절대편차에 대한 개인의 선호도에 그 선택이 달려 있다. 그러나 만약 어떤 예측기법이 편향값과 절대편차의 모두에서 작다면 선택은 분명해질 것이다.

α값을 결정하는 방법이 이제 명확해졌다. 지수평활법으로 예측을 할 때는 몇몇 α값으로 먼저 계산해보고, 만약 어느 α값이 다른 값보다 작은 편향값과 절대편차를 가진다면 이 값을 선호하게 될 것이다. 하지만, 만약 명백한 우열이 존재하지 않는다면 α값을 선택하는 데 있어서 편향값과 절대편차 사이의 교환관계를 고려해야 한다.

지수평활법의 장점은 계산 과정에서 데이터의 저장을 최소로 할 수 있다는 점이다. 하지만, 이러한 단순지수평활법이 실제 상황에서는 자주 사용되지 않는 이유는 수요자료에 추세나 계절적 요소 등이 포함되어 있는 경우가 많기 때문이다. 그런 경우에는 2차 평활법, 추세조정 평활법, 또는 계절적 평활법 등을 사용해야 한다.

## 10.6 예측오차

LO10.4 수요예측의
정확도를 평가하는
다양한 방법

지수평활법을 사용할 때는 평활 평균의 계산과 함께 **예측 정확성**(forecast accuracy)을 추정해야 한다. 예측 정확성의 추정은 몇 가지 목적을 위해 사용된다.

1. 엉뚱한 수요값 또는 이상값(outlier)을 감지(면밀히 평가해서 필요하다면 자료에서 제거)
2. 예측기법이 더 이상 실제 수요를 추적하지 못할 때와 재설정이 필요할 때를 판단
3. 최소 예측오차를 제공하는 모수값(예 : $N$과 $\alpha$)을 결정

여러 기간 동안의 누적 예측오차를 측정하는 방법에는 다음과 같이 네 가지 방법이 있다. (위에서 정의했듯이, $e_t = D_t - F_t$가 $t$기의 예측오차임을 기억하라.)

$$\text{오차의 누적합} \qquad CFE = \sum_{t=1}^{n} e_t$$

$$\text{오차제곱의 평균} \qquad MSE = \frac{\sum_{t=1}^{n} e_t^2}{n}$$

$$\text{오차 절댓값의 평균} \qquad MAD = \frac{\sum_{t=1}^{n} |e_t|}{n}$$

$$\text{오차비율 절댓값의 평균} \qquad MAPE = \frac{\sum_{t=1}^{n} \left| \frac{e_t}{D_t} \right| 100}{n} \qquad \text{(비율로 표현됨)}$$

$n$은 누적 예측오차를 계산하기 위해 사용되는 기간의 수를 나타낸다.

앞서 언급한 수요예측의 편향(bias)이 CFE와 동일하다. 이상적으로는 양의 오차가 음의 오차에 의해 상쇄되어 편향값이 0이 되는 것이다. 하지만 만약에 수요예측이 실제 수요보다 항상 작다면, 각 기의 예측오차는 양이 될 것이고 CFE는 편중된 예측을 의미하는 양의 큰 값이 될 것이다. 이 경우는 예측에 사용된 초깃값이 너무 낮은 것이기 때문에 더 높은 초깃값으로 재설정해야 한다.

MSE와 MAD는 예측오차의 분산을 측정한다. MSE의 제곱근은 널리 알려진 표준편차 $\sigma$이다. MSE는 양과 음의 예측오차가 서로를 상쇄하지 않도록 오차의 제곱을 취한다. 반면, MAD는 각 기간의 오차를 제곱하는 대신에 오차의 절댓값을 사용한다. MAD는 각 기간 오차의 부호에 관계없이 $n$기에 걸쳐 오차의 절대크기 평균을 구한다. MAD가 기업의 실제 예측에서 널리 사용되는데, 이는 이해와 사용이 쉽기 때문이다.

MAPE는 오차의 비율을 계산함으로써 오차값을 표준화하는 개념이다. 이는 서로 다른 시계열자료 간의 예측오차를 비교할 수 있게 해 준다. 예를 들어 만약 어떤 시계열자료는 수요값이 전반적으로 작은 값이고 또 다른 자료는 전반적으로 큰 값이라면, MAPE가 이들

두 시계열의 오차를 비교하는 정확한 방법이 될 것이다.

지수평활법을 사용할 때, 일반적으로 다음에 정의된 방식의 평활 MAD를 계산한다.

$$\text{MAD}_t = \alpha \,|\, D_t - F_t \,| + (1 - \alpha)\text{MAD}_{t-1}$$

이 경우 새로운 MAD, 즉 $\text{MAD}_t$는 현재 기간의 오차 절댓값과 직전 MAD를 $\alpha$와 $(1-\alpha)$의 비율로 더한 것이다. 이 수식은 식 (10.3)과 비슷하여 동일한 방식으로 MAD를 평활화하게 된다. 따라서 $\text{MAD}_t$는 절대오차를 지수평활화한 가중평균값이다.

$\text{MAD}_t$는 각 기간의 예측치를 계산할 때 함께 계산된다. $\text{MAD}_t$와 동일 기간에 관찰된 절대오차를 서로 비교함으로써 수요의 이상값을 찾을 수 있다. 만약 관찰된 절대오차가 3.75 $\times\text{MAD}_t$보다 더 크다면, 그 수요값이 이상값이 아닌지를 의심할 필요가 있다. 이는 정규분포에서 어떤 값이 표준편차($\sigma$)의 3배 밖에 놓일 때 그 값을 이상값으로 규정하는 것과 동일하다. 정규분포에서의 $\sigma$가 1.25 $\times\text{MAD}_t$와 동일하기 때문이다. 〈표 10.4〉에는 $\alpha = 0.3$인 경우의 $\text{MAD}_t$가 계산되어 있다. 여기서 어느 절대오차도 3.75 $\times\text{MAD}_t$를 벗어나지 않으므로 이상값으로 추정되는 자료는 없다는 것을 보여준다.

$\text{MAD}_t$의 두 번째 용도는 수요예측이 실제 시계열값을 잘 추적하고 있는지를 판단하는 것이다. 이를 판단하기 위해 추적신호(tracking signal)값을 다음과 같이 계산한다.

$$\text{추적신호} = \text{TS} = \frac{\text{CFE}}{\text{MAD}_t}$$

추적신호는 편향(예측오차의 누적합)값을 최근 계산된 $\text{MAD}_t$로 나눈 것이다. 만약 수요의 변화가 무작위적이라 가정하면, 추적신호의 관리한계(control limit)를 $\pm 6$으로 설정하는 것은 이 한계를 우연히 벗어날 확률을 3%로 설정하는 것과 마찬가지이다.[1] 따라서 추적신호 값이 $\pm 6$을 초과하면 해당 예측기법이 실제 수요를 보다 잘 추적할 수 있도록 재설정해야 한다. 〈표 10.4〉에서 추적신호값이 어떤 기간에서도 $\pm 6$을 초과하지 않는다. 따라서 예측 수요는 실제 수요를 충분히 잘 추적하고 있다고 판단된다.

계산의 예시로 〈표 10.4〉를 다시 보자. 이 표의 마지막 두 열에 평활된 MAD와 추적신호 값이 계산되어 있다. $\text{MAD}_0 = 7$이라는 임의의 초깃값으로 시작해서 $\alpha = 0.3$의 경우에 다음과 같이 $\text{MAD}_1$을 계산할 수 있다.

$$\text{MAD}_1 = .3\,|\,10 - 15\,| + .7(7) = 6.4$$

기간 1의 추적신호값은 누적 오차를 $\text{MAD}_1$로 나눈 것이다.

$$\text{TS} = -5/6.4 = -.8$$

---

[1] 관리한계의 값과 확률은 정규확률분포와 $\alpha = 0.1$을 기준으로 한 것이다.

계속해서 $MAD_2$와 기간 2의 추적신호값을 계산해서 〈표 10.4〉의 수치와 비교하는 연습을 해보라.

수요예측시스템이 컴퓨터로 자동화되어 있다면 위와 같이 오차를 관리하는 절차를 포함시키는 것이 매우 중요하다. 그렇게 함으로써 예측시스템이 관리 범위를 벗어나지 않도록 만들어준다. 만약 수요의 이상값이 감지되거나 추적신호값이 매우 큰 값으로 나타나면 시스템이 바로 알려주게 될 것이기 때문이다.

## 10.7 고급 시계열 예측기법

지수평활법의 변형된 기법으로서 **적응적 지수평활법**(adaptive exponential smoothing)이 있다. 이 기법의 한 방식에서는 단순 지수평활법을 사용하면서 매 기간의 예측에서 평활계수를 ±.05로 변화시켜 3개의 예측치를 구하고, 가장 예측오차가 작은 예측치를 선택한다. 그 결과로서의 $\alpha$값은 다음 기의 예측을 위해 사용된다.

적응적 지수평활법의 또 다른 방식은 현재의 예측오차를 기초로 $\alpha$를 계속해서 조정하는 것이다. 만약 예측오차가 크면, 예측이 정상 궤도로 돌아올 때까지 $\alpha$를 크게 유지하고, 만약 예측오차가 작으면, $\alpha$를 작게 유지하여 예측치를 안정적으로 유지한다. 이 방법은 재고예측의 상황에 잘 맞는 것으로 알려져 있다.

〈표 10.5〉에서 네 가지 시계열 예측기법을 요약하고 있다. 우리는 이들 중에서 이미 이동평균법과 지수평활법을 자세하게 논의했으며, 나머지 두 가지 기법을 다음과 같이 간략하게 설명한다.

평준, 추세, 계절적 요소가 있는 시계열자료에는 선형 회귀모형이나 비선형 모형으로 유추하는 맞춤 분석모델(customized analytical model)을 사용할 수 있다. 때로는 이런 모델이 지수평활법보다 더 정확한 예측치를 제공해 주지만 자료에 맞는 모델을 개발하는 데 많은 비용이 들기 때문에 정확성과 모델링 비용 사이의 교환관계를 반드시 따져봐야 한다.

시계열 예측의 또 하나 대안으로서 정교한 박스-젠킨스(Box-Jenkins) 기법이 개발되었다. 이 기법은 다른 기법보다 더 정밀한 분석이 가능하지만, 대략 60개 기간의 과거 자료가 필요하기 때문에 일상적인 수요예측에 사용하기에는 비용이 매우 많이 든다. 그렇지만 고비용이 수반되는 의사결정을 위해서는 박스-젠킨스 기법을 사용하는 것이 비용적으로 타당할 수 있다.

미국 켈로그사에서는 시리얼의 수요를 예측하여 재고계획 수립과 공급사슬 목표를 달성하기 위해 사용하고 있다.

표 10.5
시계열 예측기법

| 시계열 기법 | 설명 | 용도 | 정확도 | | | 상대적 비용 |
|---|---|---|---|---|---|---|
| | | | 단기 | 중기 | 장기 | |
| 1. 이동평균법 | 주어진 과거 자료의 단순평균 혹은 가중평균을 기반으로 예측함. | 재고계획, 생산계획, 일정계획 등 단기 및 중기계획의 수립 | 중간 이하 | 낮음 | 매우 낮음 | 적음 |
| 2. 지수평활법 | 이동평균과 유사하나, 최근 자료일수록 가중치를 기하급수적으로 크게 적용. 다수 품목의 수요예측에 적합함. | 이동평균법과 동일 | 중간 이상 | 중간 이하 | 매우 낮음 | 적음 |
| 3. 분석적 모델 | 보통 회귀분석법으로 시계열 자료에 선형 혹은 비선형 모델을 맞춤. | 비용적인 이유로 소수 품목의 수요예측에 제한적으로 사용 | 상당히 높음 | 중간 이상 | 매우 낮음 | 중간 |
| 4. 박스–젠킨스 기법 | 시계열을 파악하고 '최선'의 모델 적합도를 얻기 위해 자기상관기법을 사용함. 약 60개의 시계열자료가 필요함. | 비용적인 이유로 매우 정확한 단기 수요예측이 필요한 소수 품목에 사용 | 매우 높음 | 중간 이상 | 매우 낮음 | 많음 |

출처 : David M. Georgoff and Robert Murdick, "Manager's Guide to Forecasting," *Harvard Business Review*, January – February 1986, pp. 110 – 120.

요약하자면, 시계열 기법들은 수요 패턴이 안정적이라고 생각될 때 단기 또는 중기 예측을 위해 유용하며, 주로 생산계획, 예산계획, 자원의 분배계획, 재고계획, 일정계획 등과 관련한 의사결정을 위해 사용된다.

## 10.8 인과 예측기법

LO10.5 수요예측의 인과관계법

계량기법의 두 번째 유형은 **인과 예측기법**(causal forecasting method)으로서 수요와 다른 변수들 사이의 원인과 결과 관계로 분석한다. 예를 들어 아이스크림에 대한 수요는 인구, 평균 여름기온, 그리고 시간과 관계가 있을 것이다. 이들 변수들에 관한 과거 자료를 수집하여 모델을 구성하고, 제시된 모델의 타당성을 분석한다. 잘 알려진 인과기법은 회귀모형으로서 일반적으로 통계학 교과목에서 배울 수 있다.

회귀모형기법에서는 자료가 수집되기 전에 모델이 구체화되어야 하고, 자료를 수집한 다음에 분석이 진행된다. 가장 간단한 형태는 다음과 같은 단일 변수 선형모델이다.

$$\hat{y} = a + bx$$

$\hat{y}$ = 추정 수요
$x$ = 독립변수 ($\hat{y}$의 원인이 된다고 가정)

$a = y$절편

$b = $기울기

이 모델을 적용하기 위해 $x$와 $y$자료를 수집하고, 계수 $a$와 $b$를 추정한다. 그런 후에 수요의 추정치는 위의 방정식으로부터 구할 수 있다. 물론 복수의 독립변수를 사용하는 더 복잡한 다중회귀모델도 있다.

여기서 선형회귀기법의 간단한 적용 예를 살펴보자. 우리가 지역 인구를 기초로 자전거의 수요를 예측하는 데 관심이 있다고 가정하자. 과거 8년간의 자전거 수요($y_i$)와 지역 도시의 인구수($x_i$)가 〈표 10.6〉에 나타나 있다. 이들 자료를 이용하여 $a$와 $b$의 값을 계산하기 위해 엑셀, 미니탭, SPSS, JMP 또는 SAS와 같은 통계 패키지를 사용할 수 있다. 그 계산 결과는 $a = -1.34$와 $b = 2.01$로 계산되었다. 자전거의 수요를 예측하는 최선의 방정식(최소자승법)은 따라서 $y = -1.34 + 2.01x$이다. 이 방정식이 의미하는 것은 인구수가 1만 명 증가할 때 자전거 수요는 2.01(단위는 1,000개)씩 늘어난다는 것이다. 인구수를 예측변수로 한 선형관계식의 적합도가 높다는 가정을 한다면 인구 추정치가 있으면 수요 증가율(또는 추세치)을 가지고 미래의 자전거 수요를 예측할 수 있다.

인과 예측의 다른 형태인 계량경제 모델, 투입–산출 모델, 시뮬레이션 모델 등은 〈표 10.7〉에 설명되어 있다. 일반적으로, 이들 모델은 더 복잡하고 회귀모델보다 사용하기에 더 많은 비용이 든다. 그러나 경제의 일부 섹터를 자세히 분석하는 상황에서는 계량경제 모델 또는 투입–산출 모델이 적절하다.

시뮬레이션 모델은 예측 목적으로 공급사슬 또는 물류시스템을 모델링할 때 특히 유용하다. 예를 들어 TV의 수요를 예측한다고 가정하자. 이 경우 스크린 제조업체로부터 TV세트 조립업체로, 그리고 최종적으로 도매와 소매유통으로 이어지는 공급사슬을 모든 투입물, 재고, 산출물을 포함하는 시뮬레이션 모델로 모형화할 수 있다. 이 모델을 사용해서 TV의 향후 수년간의 수요예측치를 합리적으로 얻을 수 있다.

인과 모델의 가장 중요한 특징 중 하나는 이것이 수요의 전환점을 예측할 수 있다는 것이다. 단순히 추세만을 예측하는 시계열 기법과는 달리 인과 모델은 수요 전환점의 예측능력 때문에 일반적으로 중·장기의 예측을 보다 정확히 할 수 있다. 따라서 인과 모델은 설비계획과 프로세스 계획 수립에 널리 사용되고 있다.

표 10.6
회귀분석의 예*

| $i$ | $y_i$ | $x_i$ |
|---|---|---|
| 1 | 3.0 | 2.0 |
| 2 | 3.5 | 2.4 |
| 3 | 4.1 | 2.8 |
| 4 | 4.4 | 3.0 |
| 5 | 5.0 | 3.2 |
| 6 | 5.7 | 3.6 |
| 7 | 6.4 | 3.8 |
| 8 | 7.0 | 4.0 |
| | 39.1 | 24.8 |

* 자전거 수요의 단위는 1,000개이며, 인구수의 단위는 10,000명임.

표 10.7
인과 예측기법

| 인과 기법 | 설명 | 활용방안 | 정확도 | | | 상대적 비용 |
|---|---|---|---|---|---|---|
| | | | 단기 | 중기 | 장기 | |
| 1. 회귀분석 | 이 기법은 수요와 그 수요에 영향을 미치는 다른 변수(외부 혹은 내부)와의 관계를 찾음. 회귀분석법은 이들 변수 간에 제일 좋은 적합도를 얻기 위해 최소자승법을 사용 | 단기 및 중기의 총괄생산계획이나 적은 품목의 재고계획. 강한 인과관계가 있을 때 유용함 | 높음~아주 높음 | 높음~아주 높음 | 낮음 | 중간 |
| 2. 계량경제 모델 | 복수의 상호 연관된 회귀분석 방정식으로 경제의 분야별 판매 혹은 이익활동을 설명함 | 단기 및 중기 계획을 위해 제품군별로 판매를 예측 | 아주 높음~뛰어남 | 아주 높음 | 높음 | 많음 |
| 3. 투입–산출 모델 | 한 산업 분야에서 다른 분야로의 경제적 흐름을 설명하는 예측기법. 다른 산업 분야에서 목표 산출물을 생산하기 위해 필요한 투입물을 예측 | 산업별로 기업 단위 혹은 국가 단위의 수요를 예측 | 사용불가 | 높음~아주 높음 | 높음~아주 높음 | 아주많음 |
| 4. 시뮬레이션 모델 | 시간에 걸쳐 매출과 제품흐름을 변화하게 하는 유통시스템을 모의적으로 실험함. 유통 파이프라인의 영향을 반영함 | 주요 제품군별로 기업 단위의 수요를 예측 | 아주높음 | 높음~아주 높음 | 높음 | 많음 |

출처 : David M. Georgoff and Robert Murdick, "Manager's Guide to Forecasting," *Harvard Business Review*, January – February 1986, pp. 110 – 120.

## 10.9 예측기법의 선택

LO10.6 수요예측기법
선택에서의 고려요소

이 절에서는 사용할 예측기법을 선택하기 위해 고려해야 하는 요소들을 설명한다.

1. **용도 또는 의사결정의 성격.** 예측기법은 필요한 용도나 의사결정에 맞춰 선택해야 한다. 또한 사용 용도는 요구되는 정확성, 예측 시평의 길이, 수요예측할 품목의 수와 관련되어 있다. 예를 들어 재고계획, 일정계획, 가격결정 등의 의사결정은 다수 품목에 대해 높은 정확도로 단기 예측을 해야 한다. 이상적으로는 시계열 기법이 이러한 상황에 적합하다. 하지만 프로세스 계획, 설비 계획, 마케팅 프로그램에 대한 의사결정은 그 성격상 장기적이기 때문에 높은 정확성이 요구되지 않는다. 따라서 정성적 또는 인과기법이 보다 적합하다. 중기 예측이 필요한 총괄생산계획, 자본예산 편성, 신제품 도입 결정에는 보통 시계열 기법이나 인과기법이 사용된다.

2. **이용 가능한 자료.** 예측기법의 선택은 종종 이용 가능한 자료에 의해 제약을 받는다. 계량경제 모델은 단기에 구하기 어려운 자료를 필요로 할 수 있으므로 여의치 않다면 다른 방법을 선택해야 할 것이다. 박스-젠킨스 시계열 기법은 약 60개의 자료(예로서 5년간의 월별 데이터)가 필요하다. 때로는 자료의 수집은 가능하더라도 예측의 중요성에 따라 모델 수립에 걸리는 시간과 자원을 고려해야 한다. 자료의 질이 낮으면 좋지 않은 예측을 낳기 때문에 수집된 자료에 외생 요인이나 이상값이 없는지를 점검해야 한다.

3. **자료의 패턴.** 자료의 패턴은 예측방법의 선택에 영향을 미친다. 우리가 이 장에서 가정했듯이, 만약 시계열 패턴이 수평적이라면 비교적 단순한 기법을 사용할 수 있다. 그러나 만약 자료에 추세나 계절적 패턴이 있다면 더욱 정교한 방법이 필요하다. 또한 자료에 내재된 패턴에 따라서 시계열 기법으로도 충분한지 아니면 인과 모델이 필요한지가 결정된다. 만약 자료의 패턴이 시간에 따라 불안정하다면 정성적 방법을 선택할 수도 있다. 패턴을 밝혀내는 한 방법은 데이터를 그래프로 그려보는 방법으로서 예측의 첫 단계에서 행해진다.

예측기법의 선택과 관련된 또 하나의 이슈는 **적합도**(fit)와 **예측도**(prediction) 간의 차이점이다. 서로 다른 모델들을 테스트하는 경우, 사람들은 과거 자료에 가장 잘 맞춰진 모델이 가장 좋은 예측모델이라고 생각한다. 그러나 이것은 사실이 아니다. 예를 들어 지난 여덟 기간 동안 관측된 수요자료에 가장 좋은 시계열 모델을 원한다고 가정하자. 이 경우 7차 다항식 모델을 적용하면 정확히 이들 8개 자료에 맞출 수 있지만[2] 그렇다고 해서 이 모델이 반드시 최상의 예측모델이 되지 않는다.

최상의 예측모델은 해당 시계열을 잘 설명하는 것이지 자료에 억지로 맞춰진 것이 아니다. 과거의 자료에 근거하여 모델을 도출하는 올바른 방법은 모델의 적합도와 예측도를 구별하는 것이다. 먼저 전체 자료를 2개의 집단으로 분류한다. 그런 후 첫 번째 자료집단을 이용하여 계절, 추세, 주기 등에 관해 합리적인 가정을 한 몇몇 모델을 도출해낸다. 다음으로는 이들 모델을 이용해 두 번째 자료 집단의 수요를 예측한 후에 그중에서 예측오차가 가장 작은 모델을 선택한다. 이 접근방법은 첫 번째 자료집단을 모델 추정에 사용하고, 두 번째 자료집단은 모델 선택의 기준으로 사용하는 것이다.

수요예측에 빅데이터 **분석법**(analytics)이 점차 많이 사용되고 있다. 딜로이트의 조사에 의하면 공급사슬

**월마트와 같은 소매업체들은 소비자 기호의 변화를 이해하기 위해 구글 애널리틱스를 이용한다.**
© Montgomery Martin/Alamy

---

[2] 그 모델은 $Y = a_1 + a_2 t + a_3 t^2 + \cdots + a_8 t^7$ 이 된다(여기서 $t$는 시간).

관리자의 64%가 빅데이터 분석법을 오늘날 공급사슬관리에서 가장 중요한 혁신기법으로 생각하고 있다. 빅데이터는 기업의 내부 및 외부로부터 얻어진다. 예를 들어 수요예측에 유용한 내부 데이터는 바코드 데이터나 충성고객 데이터 등이 해당하며, 외부 데이터는 소셜미디어로부터 얻을 수 있다. 월마트의 경우 구글 애널리틱스로부터 빅데이터를 얻고 있으며, 공휴일이 오기 전에 이용자가 검색하는 음식의 자료를 이용하여 매장에 진열할 품목의 수요를 예측하고 있다. 만약에 나초의 일종인 '타코'의 검색이 많았다면 타코의 재고량을 늘리면서 광고에서 타코의 노출을 강조한다.

빅데이터 분석법은 예측모델을 수립하는 데 매우 유용하다. 매우 방대한 데이터 집단으로부터 과거 수요의 크기와 시기에 관한 자료를 얻어 앞서 살펴본 계량적 모델들을 구축하는 데 사용한다. 방대한 데이터는 미래의 수요예측방법에 대한 연구를 위해서도 유용하게 사용된다. 예를 들어 콜센터에서 녹음된 데이터를 코딩하여 분석함으로써 고객 니즈에 대해 통찰을 하고 예측모델을 개발하는 데 사용할 수 있다.

데이터 집단이 크든 작든 대부분의 경우 예측모델을 개선하는 데 도움이 된다. 하지만, 데이터를 너무 세세하게 분석하느라 의사결정을 더디게 만들어 공급사슬의 반응을 저하시키는 일이 없도록 해야 한다. 분석을 통해 얻는 통찰과 분석을 행하는 데 소요되는 시간 및 비용이 서로 균형을 이루게 만들 필요가 있는 것이다.

## 10.10 협력적 계획 · 예측 · 보충

**LO10.7** CPFR의 효익과 한계점

협력적 계획 · 예측 · 보충(collaborative planning, forecasting, and replenishment, **CPFR**)은 고객 기업과 공급업체가 계획을 수립하고 수요예측을 하는 과정에 정보를 서로 공유하는 시스템이다. 예를 들면 고객 기업(예 : 소매업체)이 계획하고 있는 판촉 프로그램을 공급업체는 모를 수 있다. 이런 경우 공급업체가 과거 시계열자료만 갖고 수요예측을 한다면 그 값은 부정확할 것이지만, 소매업체가 그 정보를 공급업체에게 제공한다면 예측을 개선할 수 있을 것이다.

CPFR 시스템을 통해서 고객 기업과 공급업체는 예측한 수요정보를 서로 교환한다. 그들의 예측에 차이가 있다면 그 차이의 원인을 밝히기 위해 의논한다. 그런 후 합의된 예측치를 정하고 이것을 근거로 재고보충계획을 수립한다. 하지만 이것은 예측이며, 나중에 있을 고객 기업의 실제 주문과 다를 수 있다. 이와 같은 협력적 수요예측은 통상적인 주문의 절차와는 별도로 재고보충을 계획하는 데 불확실성을 줄여준다.

CPFR은 B2B 관계에서 가장 효과적이다. 예를 들어 월마트는 예상 주문량을 공급업체들과 공유하고 있다. 그 결과 공급업체들은 월마트가 계획하고 있는 판촉 프로그램과 예상되는 수요의 변동을 파악할 수 있다. 이런 방식으로 CPFR이 월마트의 공급사슬을 조율하는 데 도움을 주고 있다. 운영선도사례에서 또 다른 CPFR의 활용 사례를 설명하고 있다.

CPFR에 대해 기억해야 할 중요한 점은 다음과 같다.

## 운영선도사례   웨스트 마린의 CPFR

© Thorsten Henn/Getty Images

웨스트 마린(West Marine)은 CPFR 시스템을 200개의 주요 공급업체와 함께 10년간 운영한 결과 예측의 정확도를 85% 향상시켰고, 성수기에 매장에서의 재고 보유율을 96%까지 높였다.

웨스트 마린은 보트용품 분야에서 미국 내 최대 유통업체로서 1975년에 캘리포니아주 팔로알토에서 첫 매장을 오픈했

다. 오늘날 300개의 매장에서 6억 6,300만 달러 이상의 매출을 기록하고 있으며, 카약, 앵커, 수상 재킷 등 75,000개 이상의 품목을 웹사이트를 통해 판매하고 있다.

계획 수립 과정에서 각 매장은 모든 품목에 대해 수요를 예측하는 책임을 진다. 각 매장은 계절성, 계획된 판촉행사, 향후 보유품목의 변화 등을 바탕으로 자신의 수요를 예측하며, 본사는 이들 예측치와 물류센터 및 공급업체에서의 계획을 종합한다.

웨스트 마린은 공급업체와 긴밀한 협력관계를 유지하면서 그들이 웨스트 마린의 수급계획 수립일정을 따르고 CPFR 사용을 수용하도록 만들었다. 공급업체들은 매장에서의 판촉행사를 미리 알 수 있게 되어 공급시점을 관리할 수 있게 되었다. 웨스트 마린은 공급업체와 CPFR에 대한 확고한 의지를 보이기 위해 CPFR에 의한 예측치만큼 구매하고자 하고 있다.

출처 : Larry Smith, "West Marine: A CPFR Success Story," *Supply Chain Management Review*, March 1, 2006; and westmarine. com, 2016.

1. 모든 당사자는 수요 정보, 미래의 판촉행사, 신제품, 리드타임 등과 같이 민감한 정보들을 기꺼이 공유해야 한다. 또한 경쟁사에 이런 민감한 정보가 유출되지 않는다는 것이 보장되어야 한다.
2. 상호 간에 유익한 장기 협력관계가 필요하다. 이러한 관계는 신뢰의 분위기와 지속적인 경영층의 관심을 필요로 한다.
3. CPFR의 성공을 위해서는 충분한 시간과 자원이 제공되어야 한다. 다시 말해 CPFR로부터 효익을 얻기 위해서는 지불해야 할 비용이 있다는 것이다.

## 10.11 요점정리와 핵심용어

수요예측은 기업의 운영 및 여타 분야에서의 계획 수립에 중요한 시작점이다. 이 장에서 우리는 수요예측의 주요 용도와 기법에 대해 살펴보았으며, 그 주요 내용은 다음과 같다.

- 의사결정에 따라서 다른 예측기법이 필요하다. 운영 분야에서 예측이 필요한 의사결정은 프로세스 설계, 생산능력계획, 총괄생산계획, 일정계획, 재고관리 등이다. 운영 이외의 분야에서 수요예측을 필요로 하는 의사결정은 장기 마케팅 프로그램, 가격 책정, 신상품 도입, 원가 추정, 자본예산 편성 등이다. 사용되는 예측기법들은 정성적,

시계열, 인과기법 등으로 분류된다.

- 정성적 기법으로서 가장 중요한 네 가지는 델파이, 시장조사, 수명주기 유추법, 정보 기반의 판단법 등이다. 정성적 기법들은 과거 수요자료가 없거나 신뢰할 수 없을 때 특히 유용하다. 정성적 기법은 프로세스 설계, 설비계획, 마케팅 프로그램 등과 같이 주로 중·장기 수요예측에 사용된다.

- 시계열 예측기법은 수요자료를 주요 성분별로 분해해서 과거의 패턴을 미래로 연장 해보려는 것이다. 주된 용도는 재고계획, 일정계획, 가격 책정, 원가 의사결정을 위한 중·단기 수요예측이다. 시계열 기법에는 이동평균법, 지수평활법, 분석적 모델, 박 스-젠킨스 기법 등이 있다.

- 인과 예측기법에는 회귀분석, 계량경제 모델, 투입-산출 모델, 시뮬레이션 모델 등 이 있다. 이 방법들은 수요와 영향 변수 사이의 인과관계를 설정하는 방법을 사용한 다. 인과기법은 시계열자료상의 전환점을 예측할 수 있으므로 중·장기 수요예측에 가장 유용하다.

- 예측의 정확성을 측정하는 방법은 편향과 편차를 보는 방법이다. 예측치의 정확성을 통제하기 위해서는 두 가지를 주기적으로 관찰해야 한다. 편향과 편차 각각이 예측에 서 잘 통제되고 있는지는 추적신호와 MAD를 통해서 알 수 있다.

- 예측기법을 선택하는 기준으로는 사용자와 시스템 정교성, 투입 가능한 시간과 자원, 용도 또는 의사결정의 특성, 자료의 이용 가능성, 자료의 패턴 등 다섯 가지 기준을 고려해야 한다.

- CPFR은 공급사슬 내 고객과 공급자가 함께 수요예측치를 공유하고 향상시켜 예측오 차를 줄이려는 기법이다.

**핵심용어**

| | | |
|---|---|---|
| 가중이동평균법 | 예측오차 | 주기 |
| 계량적 예측기법 | 예측 정확성 | 지수평활법 |
| 계절 | 이동평균법 | 추세 |
| 단순 지수평활법 | 인과 예측기법 | 편향 |
| 무작위 오차 | 적응적 지수평활법 | 평준 |
| 분석법 | 적합도 | CPFR |
| 시계열 기법 | 절대편차 | |
| 예측 | 정성적 예측기법 | |

**인터넷 학습**

1. 포캐스트프로 소프트웨어(http://www.forecastpro.com)

   이 사이트는 포캐스트프로(ForecastPro) 소프트웨어의 설명서를 담고 있다. 설명서를 읽고 이 사이트를 살펴본 후에 소프트웨어의 특징에 대해 짧게 요약하라.

2. Institute for Business Forecasting(http://www.ibf.org)

   이 사이트 조직의 목적은 무엇인지를 살펴보라. 이 사이트에는 예측 분야의 일자리 목록을 제공하고 있는데, 일자리의 유형과 예측 전문가를 구하고 있는 회사들에 대해 살펴보라.

3. 델퍼스(http://www.delphus.com)

   델퍼스(Delphus) 회사가 공급하는 소프트웨어의 종류를 살펴보고, 예측시스템 소프트웨어의 특징적인 기능에 대해 간단하게 요약하라.

## 연습문제

**문제**

**1. 이동평균, 가중이동평균, 지수평활법**

어느 식당에서 지난 6주 동안 치킨윙의 수요가 다음과 같았다.

| 주일 | 1 | 2 | 3 | 4 | 5 | 6 |
|------|-----|-----|-----|-----|-----|-----|
| 수요 | 650 | 521 | 563 | 735 | 514 | 596 |

a. 5주일 이동평균법을 이용하여 7주 차의 수요를 예측해보라.

b. 3주일 가중이동평균법을 이용하여 7주 차의 수요를 예측하라. 가중치는 $W_1=0.5$, $W_2=0.3$, $W_3=0.2$를 적용하라.

c. 지수평활법을 이용하여 7주 차의 수요를 예측해보라. α값은 0.1을 적용하고, 6주 차의 수요는 600으로 가정하라.

d. 위의 각 예측에는 어떤 가정이 사용되는가?

**풀이**

a. $F_7 = A_6 = \dfrac{D_6 + D_5 + D_4 + D_3 + D_2}{n}$

$= \dfrac{596 + 514 + 735 + 563 + 521}{5}$

$= 585.8$

b. $F_7 = A_6 = (W_1 \times D_6) + (W_2 \times D_5) + (W_3 \times D_4)$

$= (.5 \times 596) + (.3 \times 514) + (.2 \times 735)$

$= 599.2$

c. $F_7 = A_6 = [(\alpha) \times D_6] + [(1-\alpha) \times F_6]$

$= [(.1) \times 596] + [(1-.1) \times 600]$

$$=599.6$$

d. '미래의 수요는 과거 수요와 유사할 것'이라는 가정을 하고 있다. 그리고 수요에는 추세, 계절성, 주기 요소는 없다고 가정한다. 가중이동평균 모델에서는 최근 수요가 오래된 수요보다 미래의 수요를 예상하는 데 더 중요하다고 보았다. $\alpha=0.1$인 지수평활법 모델은 현재 수요에 가중치(10%)를 적게 두는 반면, 대부분의 가중치(90%)를 과거 수요에 두고 있다.

문제

**2. 지수평활법, 지수평활 MAD, 추적신호**

XYZ사는 침수 피해로 예측자료 일부를 잃었다. 아래 표의 [a], [b], [c], [d], [e], [f]를 남아 있는 자료를 이용하여 다시 계산해야 한다.

| 기간 | $D_t$<br>(수요) | $F_t(\alpha=.3)$<br>(예측) | $e_t=D_t-F_t$<br>(오차) | $\alpha=.3$<br>($MAD_t$) | 추적신호 |
|------|------|------|------|------|------|
| 0 | | | | 10.0 | |
| 1 | 120 | 100.0 | 20.0 | [a] | 1.5 |
| 2 | 140 | 106.0 | 34.0 | 19.3 | [b] |
| 3 | 160 | [c] | [d] | [e] | [f] |

풀이

a. $MAD_t=(\alpha \times |D_t-F_t|)+[(1-\alpha) \times MAD_{t-1}]$

$MAD_1=(\alpha \times |D_1-F_1|)+[(1-\alpha) \times MAD_0]$

$\quad = (.3 \times |120-100|)+[(1-.3) \times 10.0]$

$\quad = 13.0$

b. $TS_t=\dfrac{CFE}{MAD_t}$

$TS_2=\dfrac{(D_1-F_1)+(D_2-F_2)}{MAD_2}$

$\quad = \dfrac{20.0+34.0}{19.3}$

$\quad = 2.8$

c. $F_{t+1}=(\alpha \times D_t)+[(1-\alpha) \times F_t]$

$F_3=(\alpha \times D_2)+[(1-\alpha) \times F_2]$

$\quad = (.3 \times 140)+[(1-.3) \times 106.0]$

$\quad = 116.2$

d. $e_t=D_t-F_t$

$e_3=D_3-F_3$

$\quad = 160-116.2$

$\quad = 43.8$

e. $MAD_t=(\alpha \times |D_t-F_t|)+[(1-\alpha) \times MAD_{t-1}]$

$MAD_3=(\alpha \times |D_3-F_3|)+[(1-\alpha) \times MAD_2]$

$$= (.3 \times | 160 - 116.2 |) + [(1 - .3) \times 19.3]$$
$$= 26.7$$

f. $TS_t = \dfrac{CFE}{MAD_t}$

$$TS_3 = \dfrac{(D_1 - F_1) + (D_2 - F_2) + (D_3 - F_3)}{MAD_3}$$

$$= \dfrac{20.0 + 34.0 + 43.8}{26.7}$$

$$= 3.7$$

## 토의질문

1. 수요의 예측과 매출의 예측에는 차이가 있는가? 과거 매출 자료로부터 수요를 예측할 수 있는가?

2. 계획과 예측의 차이점은 무엇인가?

3. 정성적 예측기법은 최후 수단으로만 사용되어야 한다는 주장에 대해 당신은 찬성하는가?

4. 정성적 기법, 시계열 기법, 인과기법의 용도에 대해 설명하라.

5. 정성적 기법과 인과기법은 재고 결정과 일정계획을 위한 수요예측기법으로는 특별히 유용하지 않다고 말한다. 이것이 사실인 이유는 무엇인가?

6. 아래의 제품 혹은 서비스 수요에는 어떤 시계열 요소(평준, 추세, 계절, 주기 등)를 예상할 수 있는가?

   a. 꽃집 소매점의 월별 판매

   b. 슈퍼마켓의 월별 우유 판매

   c. 콜센터에서의 일별 통화 건수

7. 이동평균법과 가중이동평균법에 비해 지수평활법의 장점은 무엇인가?

8. 지수평활법에서 α값을 어떻게 정해야 하는가?

9. 예측 모델에서 적합도와 예측도의 차이점을 설명하라.

10. 어느 기업의 마케팅부서는 매년 영업사원의 판매예측치를 종합하여 판매예측을 하고 있다. 반면, 운영부서는 과거의 수요자료, 추세, 계절적 요소를 기반으로 판매예측을 하고 있다. 그러다 보니 운영부서의 예측치는 마케팅부서의 예측치보다 대략 20%가 작은 것으로 나타났다. 이 회사는 어떻게 수요예측을 해야 하는가?

11. CPFR이 수요예측의 오차를 어떻게 줄이는지를 설명하라.

12. 어떤 상황에서 CPFR이 유용하고, 또한 어떤 상황에서 유용하지 않은가?

# 문제

1. 어느 꽃가게에서 장미의 일별 수요가 아래와 같을 때 다음을 계산해보라.
   a. 3일 이동평균
   b. 5일 이동평균

| 기간 | 수요 |
|---|---|
| 1 | 85 |
| 2 | 92 |
| 3 | 71 |
| 4 | 97 |
| 5 | 93 |
| 6 | 82 |
| 7 | 89 |

2. 어느 복사기 수리점에서 수리를 요청하는 일별 통화량이 다음과 같다.

| 10월 | 통화량 |
|---|---|
| 1 | 92 |
| 2 | 127 |
| 3 | 106 |
| 4 | 165 |
| 5 | 125 |
| 6 | 111 |
| 7 | 178 |
| 8 | 97 |

   a. 3일 이동평균법으로 수요예측을 해보라. 일별로 예측오차는 얼마인가?
   b. $w_1=0.5$, $w_2=0.3$, $w_3=0.2$ 가중치를 사용하여 3일 가중이동평균법으로 수요예측을 해보라.
   c. 위의 두 예측기법 중에서 어느 것이 더 나은가?

3. ABC 꽃집은 지난 2주 동안 다음과 같이 국화를 판매했다.

| 일 | 수요 | 일 | 수요 |
|---|---|---|---|
| 1 | 200 | 8 | 154 |
| 2 | 134 | 9 | 182 |
| 3 | 147 | 10 | 197 |
| 4 | 165 | 11 | 132 |
| 5 | 183 | 12 | 163 |
| 6 | 125 | 13 | 157 |
| 7 | 146 | 14 | 169 |

아래의 질문에 답하기 위해 스프레드시트를 사용하라.
   a. 3일 이동평균법과 5일 이동평균법으로 수요를 예측해보라.
   b. 엑셀을 이용하여 위의 예측수요와 실제 수요를 그래프로 그려보라. 그래프를 통해 무엇을 알 수 있는가?
   c. 위의 예측기법 중에서 어느 것이 더 나은가? 그 이유는 무엇인가?

4. 어느 백화점의 지난 주일 판매를 11만 달러로 예측했으나 실제 판매액은 13만 달러로 나타났다.
   a. $\alpha=0.1$의 지수평활법을 이용하여 이번 주의 예측치를 구해보라.
   b. 이번 주의 실제 판매액이 12만 달러였다면, 다음 주일의 예측치는 얼마인가?

5. 어느 아이스크림 회사는 지수평활법을 이용하여 아이스크림의 수요를 예측했다. 지난 주의 예측치는 10만 갤런이었고, 실제 판매량은 9만 갤런으로 나타났다.
   a. $\alpha=0.1$을 사용하여 다음 주의 예측치를 구해보라.
   b. $\alpha=0.2$와 $\alpha=0.3$을 사용하여 예측치를 계산해보라. 만약 실제 판매량이 95,000갤런이라면 어느 값이 가장 좋은 예측치를 제공하는가?

6. 2번 문제의 자료를 이용하여 아래의 상황에서 지수평활법으로 수요예측을 해보라.
   a. $\alpha=0.1$, $F_1=90$
   b. $\alpha=0.3$, $F_1=90$

7. 6번 문제에 대해 오차의 편향과 절대편차를 구하라. 어떤 예측모델이 가장 우수한가?

eXcel  8. ABC 꽃집의 공동 소유자인 벤과 헨리 사이에 예측의 정확성에 대한 논쟁이 벌어졌다.

벤은 $\alpha=0.1$인 지수평활법이 가장 좋은 기법이라 주장하는 반면 헨리는 $\alpha=0.3$이 더 낫다고 주장하고 있다.

a. 3번 문제의 자료를 사용하고 $F_1=100$이라면 두 소유자 중에서 누가 옳은가?

b. 엑셀을 이용하여 수요예측치와 실제 수요를 그래프로 그려보라. 그래프를 통해 무엇을 알 수 있는가?

c. 예측의 정확성은 더 향상될 수 있을지도 모른다. 추가적으로 $\alpha=0.2, 0.4, 0.5$를 적용해보고 정확성이 향상되는지 확인해보라.

9. $\alpha=0.1$의 지수평활법을 이용해 아래 표의 빈칸을 채워 완성해보라.

| 일 | $D_t$ | $F_t$ | $e_t$ | $MAD_t$ | 추적신호 |
|---|---|---|---|---|---|
| 0 | | | | 20 | |
| 1 | 300 | 290 | | | |
| 2 | 280 | | | | |
| 3 | 309 | | | | |

10. 어느 사탕가게가 지난 3일간 다음에 표시된 만큼의 캔디를 판매했다. $\alpha=0.4$, $A_0=16$, $MAD_0=1$을 가정하여 아래의 표를 완성하라.

| 일 | $D_t$ | $A_t$ | $F_t$ | $e_t$ | $MAD_t$ | 추적신호 |
|---|---|---|---|---|---|---|
| 0 | | 16 | | | 1 | |
| 1 | 20 | | | | | |
| 2 | 26 | | | | | |
| 3 | 14 | | | | | |

**eXcel** 11. 어느 식료품 가게에서 추수감사절 이전 1주일 동안 냉동칠면조를 아래와 같이 판매했다.

| | 칠면조 판매량 |
|---|---|
| 월요일 | 80 |
| 화요일 | 53 |
| 수요일 | 65 |
| 목요일 | 43 |
| 금요일 | 85 |
| 토요일 | 101 |

a. $F_1=85$, $\alpha=0.2$를 이용하여 각 요일의 판매 예측치를 구해보라.

b. 주어진 자료를 바탕으로 각 요일의 MAD와 추적신호를 구해보라. 단, $MAD_0=0$을 이용하라.

c. 이 장의 내용을 기준으로 볼 때 MAD와 추적신호는 허용오차 범위 내에 있는가?

d. 위의 a번과 b번을 $\alpha=0.1, 0.3, 0.4$로 다시 계산해보라. 어느 값이 가장 좋은가?

12. 어느 회사가 가장 잘 팔리는 어떤 품목의 수요예측을 위해 지수평활법을 사용하고 있다. 이 회사는 예측을 위해 $\alpha=0.1$과 $\alpha=0.3$ 중에서 어느 것이 나은지를 살펴보려고 한다. 일별 판매에 대한 아래의 데이터를 이용하여 답해보라.

| 일 | 수요 | 일 | 수요 |
|---|---|---|---|
| 1 | 35 | 8 | 39 |
| 2 | 47 | 9 | 24 |
| 3 | 46 | 10 | 26 |
| 4 | 39 | 11 | 36 |
| 5 | 26 | 12 | 43 |
| 6 | 33 | 13 | 46 |
| 7 | 24 | 14 | 29 |

아래의 질문에 답하기 위해 스프레드시트를 사용하라.

a. 첫째 주일 7일간의 자료에 대해 $A_0=33$이라 놓고 $\alpha=0.1$과 $\alpha=0.3$을 사용한 수요예측을 한 후 절대편차를 비교해보라. 어느 방법이 더 좋은가?

b. 둘째 주일 7일간(8~14일)의 자료에 대해 $A_7=32$라 놓고 위의 두 값을 사용하여 수요예측을 한 후 절대편차를 비교해보라. 어느 방법이 더 좋은가?

c. 이 사례가 시사하는 바는 무엇인가?

13. 어느 타이어 가게에서 아래와 같은 타이어 수요가 나타났다. $F_1=198$이라고 가정하라.

a. 처음 7일간의 수요자료를 이용하여 지수평활법으로 $\alpha=0.2$, $\alpha=0.3$, $\alpha=0.4$를 사용하여 예측

을 하고 어떤 값에서 절대편차가 가장 작은지를 구해보라.

b. 나중 7일간의 수요자료를 이용하여 a번에서 확인한 가장 좋은 지수평활 모델과 3일 이동평균 모델을 비교해보라.

c. 이 문제는 어떤 원리를 예시하고자 하는가?

| 일 | 수요 | 일 | 수요 |
|---|---|---|---|
| 1 | 200 | 8 | 208 |
| 2 | 209 | 9 | 186 |
| 3 | 215 | 10 | 193 |
| 4 | 180 | 11 | 197 |
| 5 | 190 | 12 | 188 |
| 6 | 195 | 13 | 191 |
| 7 | 200 | 14 | 196 |

14. 3번 문제의 ABC 꽃집은 처음 7일간의 수요 자료를 가지고 여러 예측모델을 추정하고, 나중 7일간의 수요 자료를 이용하여 각 모델의 예측 정확도를 비교하려고 한다. 그들은 $\alpha = 0.25$를 사용하기로 결정했지만, 처음 예측치 $F_1$을 무엇으로 할지 확신하지 못하고 있다.

a. $F_1 = 160$, $F_2 = 170$, $F_3 = 180$을 이용하여 최소 절대편차 기준으로 처음 7일 동안의 수요에 대해 가장 좋은 지수평활 모델을 결정하라. 8번 문제에서 사용한 스프레드시트를 수정해서 사용하라.

b. 나중 7일간의 수요 자료를 이용하여 a번에서 확인한 가장 좋은 지수평활 모델과 3일 이동평균 모델을 비교하라. 어느 모델이 더 작은 절대오차를 보이는가?

c. 이 문제는 어떤 원리를 예시하고자 하는가?

## 부록

### 고급 예측기법

LO10.8 고급 수요예측
문제의 풀이

이 부록에서는 추세와 계절적 요소를 갖는 수요에 대한 세 가지 시계열 예측기법을 추가적으로 소개한다. 이 기법들은 이 장에서 이미 설명한 기법을 더욱 확장한 것이다.

시계열자료에 추세요소가 존재할 때 매 기간마다 평준요소와 추세요소를 새롭게 갱신하는 지수평활 모델을 만들 수 있다. 평준요소를 다음과 같이 추세요소를 포함한 1차 방정식의 확장된 버전으로 계산한다.

$$A_t = \alpha D_t + (1 - \alpha)(A_{t-1} + T_{t-1})$$

이렇게 계산된 평준값은 추세값을 갱신하기 위하여 사용되고, 갱신된 추세값과 직전의 추세값을 평활화한다. 추세값의 갱신은 다음과 같이 계산된다.

$$T_t = \beta(A_t - A_{t-1}) + (1 - \beta)T_{t-1}$$

이 경우, 추세 평활계수 $\beta$는 평준값의 평활계수 $\alpha$와 같을 수도, 다를 수도 있다. 이 모델을 적용하기 위한 시작점으로 $A_0$와 $T_0$에 대한 추정치가 필요하며, 이 추정치는 주관적 판단이나 과거 자료를 이용하여 정한다.

위의 값들을 사용하여 우리는 미래에 대한 수요예측치를 계산할 수 있다. 그 절차는 시계열자료의 추세가 일정하다고 가정했던 1차 모델과 다소 다르다. 미래 $t+K$기에 대한 수요예측치는 다음과 같이 계산된다.

$$F_{t+K} = A_t + KT_t \quad K = 1, 2, 3\cdots$$

예측할 미래가 한 기간 늘어나면 추세값을 한 단위씩 증가시킨다. 이 공식을 이용한 예를 〈표 S10.1〉에서 보여주고 있다.

추세와 계절적 요소가 모두 존재하는 시계열 수요를 예측하는 경우는 평준, 추세, 계절요소 등 3개의 변수를 매 기간마다 갱신하게 한다. $t$기의 평준요소는 다음과 같이 계산된다.

$$A_t = \alpha\left(\frac{D_t}{R_{t-L}}\right) + (1 - \alpha)(A_{t-1} + T_{t-1})$$

이 경우 수요는 계절요소 비율로 조정되고 옛 평균과 옛 추세로 평활화된다. $t$기의 추세는 다음과 같다.

$$T_t = \beta(A_t - A_{t-1}) + (1 - \beta)T_{t-1}$$

그리고 $t$기의 계절요소 비율은 다음과 같이 계산된다.

표 S10.1
추세조정의
지수평활법*

| t<br>(기) | $D_t$<br>(수요) | $A_t$<br>(평균) | $T_t$<br>(추세) | $F_t$<br>(예측치) | $D_t - F_t$<br>(오차) |
|---|---|---|---|---|---|
| 1 | 85 | 85 | 15 | 85 | 0 |
| 2 | 105 | 100.5 | 15.05 | 100 | 5.00 |
| 3 | 112 | 115.2 | 15.01 | 115.55 | −3.55 |
| 4 | 132 | 130.4 | 15.03 | 130.21 | 1.79 |
| 5 | 145 | 145.4 | 15.03 | 145.43 | −.43 |

*가정 : $A_0 = 70$, $T_0 = 15$, $\alpha = .1$, $\beta = .1$

표 S10.2
계절수요의
지수평활법*

| t<br>(기) | $D_t$<br>(수요) | $A_t$<br>(평균) | $T_t$<br>(추세) | $R_t$<br>(계절요소 비율) | $F_t$<br>(예측치) | $D_t - F_t$<br>(오차) |
|---|---|---|---|---|---|---|
| 1 | 66 | 80.5 | 10.1 | .804 | 64 | 2.0 |
| 2 | 106 | 90.1 | 10.0 | 1.195 | 108.7 | −2.7 |
| 3 | 78 | 99.5 | 9.9 | .799 | 80.4 | −2.4 |
| 4 | 135 | 110.1 | 10.0 | 1.201 | 130.7 | 4.3 |

*가정 : $A_0 = 70$, $T_0 = 10$, $L = 2$, $R_{-1} = .8$, $R_0 = 1.2$, $\alpha = .2$, $\beta = .2$, $\gamma = .2$

$$R_t = \Upsilon\left(\frac{D_t}{A_t}\right) + (1 - \Upsilon)R_{t-L}$$

여기서 우리는 계절요소 주기를 L기간으로 가정하고 있다. 각 기간마다 계절요소 비율이 있으므로 L개의 계절요소 비율이 있게 된다. 만약 수요가 월별이고, 계절요소 주기가 1년을 기준으로 반복된다면, $L = 12$이다. 추세와 평준과 마찬가지로 매 기간마다 해당 계절요소 비율이 새로운 값으로 갱신된다.

이 모델은 $A_0$, $T_0$, $R_0$, $R_{-1}$, ···, $R_{-L+1}$ 등의 최초 추정치가 필요하며, 이 추정치는 주관적 판단이나 과거 자료를 바탕으로 정해진다.

미래의 $t$기에 대한 수요예측치는 갱신된 값을 이용해 다음과 같이 계산한다.

$$F_{t+K} = (A_t + KT_t)(R_{t-L+K})$$

이 방법에 대한 예제를 〈표 S10.2〉에서 보여주고 있다.

만약 시계열 수요에 추세가 없다면, 계절적 요소만으로 이 기법을 사용할 수 있다. 이 경우, 단순히 위에서의 추세방정식과 $T_t$값을 제거하고 계산하면 된다.

시계열 예측에서 빈번하게 사용되는 기법 중에는 고전적 분해기법(classical decomposition)이 있다. 이것은 평준, 추세, 계절적, 주기적 요소 등으로 시계열자료를 분해하는 것이다. 아이들 장난감 가게의 3년간 분기 자료를 하나의 예로 설명할 수 있다. 계절적 패턴은 분기별로 나타나고, 자료에 추세와 평준요소도 존재한다고 가정하자. 다만 3년간의 자료만 있기 때문에 주기적 요소는 없다고 보자.

표 S10.3
고전적 분해기법*

| 분기 | 판매액 | 4기간 이동평균 | 2기간 이동평균 | 계절요소 비율 |
|---|---|---|---|---|
| 1 | 30 | | | |
| 2 | 42 | | | |
| 3 | 55 | 56.75 | 57.4 | .958 |
| 4 | 100 | 58 | 58.5 | 1.709 |
| 5 | 35 | 59 | 59.5 | .588 |
| 6 | 46 | 60 | 62.5 | .736 |
| 7 | 59 | 65 | 66.0 | .894 |
| 8 | 120 | 67 | 68.4 | 1.754 |
| 9 | 43 | 69.75 | 71.3 | .603 |
| 10 | 57 | 72.75 | 75.5 | .755 |
| 11 | 71 | 78.25 | | |
| 12 | 142 | | | |

**분기별 계절요소의 비율**

| | 1 | 2 | 3 | 4 |
|---|---|---|---|---|
| | | | .958 | 1.709 |
| | .588 | .736 | .894 | 1.754 |
| | .603 | .755 | | |
| 평균 | .596 | .746 | .926 | 1.732 |

* 판매액은 1,000달러 단위임

  장난감의 분기별 판매 데이터를 〈표 S10.3〉에서 보여주고 있다. 가장 높은 판매실적은 단연 4분기 크리스마스 시즌에 있다. 자료를 살펴보면 상승 추세를 볼 수 있다. 하지만 어떻게 이 추세를 자료의 계절성과 분리해낼 수 있겠는가? 이것은 4분기 이동평균을 계산함으로써 해결된다. 추세요소를 추출해내기 위해서는 계절성이 나타나는 주기만큼의 기간으로 이동평균을 해야 한다(예를 들어 계절성 주기가 1년이며 분기별 자료가 이용된다면 4분기 자료, 월별 자료가 이용된다면 12개월의 자료). 이는 계절주기 동안 수요가 많은 기간과 적은 기간의 수요를 평균하기 위한 것이다. 4기간 이동평균은 〈표 S10.3〉의 세 번째 열에 계산되어 있다. 4기간 이동평균값을 두 번째와 세 번째 분기의 중간에 위치시킨 이유는 4개 분기의 자료를 평균 낸 것이기 때문이다. 세 번째 열을 보면 증가 추세가 있는 것이 명확하다. 왜냐하면 계절성이 자료에서 제거되었기 때문이다.

  계절요소 비율을 계산하기 위해서는 각 기간에서의 평균값이 필요하다. 이것은 세 번째 열의 두 이동평균을 가지고 〈표 S10.3〉의 네 번째 열에서 2기간 이동평균이 계산되었다. 2기간 이동평균을 2개의 4기간 이동평균의 중간에 적은 것은 위쪽 4기간 이동평균과 아래쪽 4기간 이동평균을 다시 평균 낸 것이기 때문이다. 이 네 번째 열의 평균은 추세를 추정하기 위한 가장 좋은 평균값이 된다. 실제 판매액을 네 번째 열의 평균으로 나눔으로써 다섯 번째 열의 계절요소 비율을 계산했다. 이 비율에 대한 해석은 다음과 같다. 3분기의 수요는 연평균의 95.8%이고, 4분기의 수요는 연평균의 170.9%인 것으로 해석된

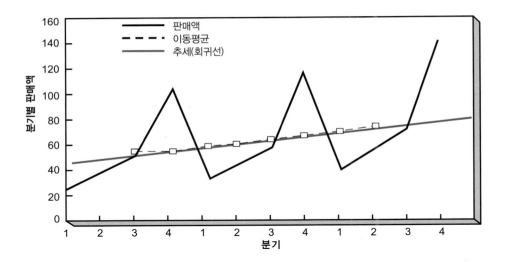

그림 S10.1
장난감 매출의 계절성

다. 계절요소 비율을 가장 잘 추정하기 위해 우리는 해당 분기의 비율들을 평균했다. 이 계산은 〈표 S10.3〉의 아래쪽에서 보여주고 있다. 이 예에서 계절요소 비율이 상당히 안정적이지만 사용한 자료가 제한적인 것에 주목하라. 일반적으로 계절요소 비율을 추정하기 위해서는 4년간의 자료가 필요하다.

원래의 판매자료와 계절성을 제거한 이동평균값(네 번째 열)이 〈그림 S10.1〉에 그려져 있다. 이 이동평균값이 상승 추세를 보이고 있다. 실제로 추세는 약간 비선형인 형태지만, 이 예에서는 추세선이 선형이라고 가정하자. 8개의 이동평균값을 이용해 회귀분석을 하면 다음과 같은 결과가 나온다.

$$Y(t) = 47.8 + 2.63t$$

여기서 Υ(t)=판매액, 그리고 t=시간이다.

원래의 판매자료를 가지고 추세선을 추정할 수도 있지만 고전적 분해기법에서는 추세선을 추정하기 위해 이동평균값을 사용한다. 그렇게 하면 좀 더 안정적인 수요예측치를 구할 수 있다.

이제 다음 연도의 판매를 예측하기 위해서는 다음과 같은 단계를 밟는다. 먼저, 위의 회귀방정식에 미래의 분기를 나타내는 숫자 13, 14, 15, 16을 대입하는 식으로 해당 분기의 평준요소를 예측한다. 〈표 S10.4〉의 두 번째 열(예상 평준)은 이렇게 구해진 것이다. 다음

표 S10.4
계절성 수요예측의
계산

| 분기 | 예상 평준 | × | 계절요소 비율 | = | 예측치 |
|---|---|---|---|---|---|
| 13 | 82.0 | | .596 | | 48.8 |
| 14 | 84.6 | | .746 | | 63.1 |
| 15 | 87.2 | | .926 | | 80.7 |
| 16 | 89.9 | | 1.732 | | 155.7 |

으로는 각 분기의 예상 평준값에 계절요소 비율을 곱한다. 그 결과, 〈표 S10.4〉에서 보는 바와 같이 다음 연도의 각 분기 예측치가 구해진다.

## 부록문제

1. 에이스 공구사는 잔디깎이 기계의 부품을 취급하고 있다. 아래의 자료는 잔디깎이 칼날의 교환 수요가 매우 높은 5월의 어느 주간 동안 일별 수요를 보여주고 있다.

| 일 | 수요 |
|---|---|
| 1 | 10 |
| 2 | 12 |
| 3 | 13 |
| 4 | 15 |
| 5 | 17 |
| 6 | 20 |
| 7 | 21 |

a. $F_1=10$, $T_0=2$, $\alpha=0.2$, $\beta=0.4$를 이용하여 한 주간의 수요를 예측해보라. 이 장의 부록에 제시된 추세 모델을 사용해보라.

b. 이 자료에 대해 MAD와 추적신호를 계산해보라. 초깃값으로 $MAD_0=0$을 사용하라.

c. MAD와 추적신호가 허용오차 범위 내에 있는가?

d. 단순 지수평활법을 사용하여 일별 수요를 예측해보라. 이때 $F_1=10$, $\alpha=0.2$로 시작하라. 또한 예측치와 실제 수요자료를 그래프에 그려보고, 예측치가 실제 수요보다 얼마의 시차로 뒤따르고 있는지를 살펴보라.

**eXcel** 2. 어느 도너츠 가게에서 판매하는 초콜릿 도너츠의 2주간 일간 수요는 다음과 같다.

| 일 | 수요 | 일 | 수요 |
|---|---|---|---|
| 1 | 80 | 8 | 85 |
| 2 | 95 | 9 | 99 |
| 3 | 120 | 10 | 110 |
| 4 | 110 | 11 | 90 |
| 5 | 75 | 12 | 80 |
| 6 | 60 | 13 | 65 |
| 7 | 50 | 14 | 50 |

a. 추세조정 지수평활법을 이용하여 수요에 대한 예측을 해보라. 초기값으로 $A_0=90$, $T_0=25$, $\alpha=\beta=0.2$를 사용하라.

b. 실제 수요와 예측치를 그래프에 그려보라.

c. 이 예측모델이 실제 수요에 잘 맞는가?

3. 어느 타이어 회사가 다양한 크기와 모양의 타이어를 생산하고 있다. 타이어의 수요는 추세와 함께 분기별로 계절별 패턴을 보이고 있다. 어느 한 타이어에 대해 다음과 같은 초기 추정치가 있다. $A_0=10,000$, $T_0=1,000$, $R_0=0.8$, $R_{-1}=1.2$, $R_{-2}=1.5$, $R_{-3}=0.75$.

a. 이 회사는 1분기의 수요가 $D_1=6,000$인 것을 확인했다. $\alpha=\beta=\gamma=0.4$를 사용하여 다음 4개 분기의 수요를 예측해보라.

b. 2분기의 수요가 $D_2=15,000$으로 관찰되었을 때 예측오차는 어느 정도인가?

c. 2분기의 수요 자료를 이용하여 다음 4개 분기의 수요를 다시 예측해보라.

**eXcel** 4. 2번 문제의 도너츠 가게에서 수요 자료에 계절성이 있다고 생각되었다. 첫 이틀의 수요가 수준 1, 세 번째와 네 번째 날의 수요가 수준 2, 다섯 번째, 여섯 번째, 일곱 번째 날의 수요가 수준 3을 형성한다. 그렇게 3개의 계절요소의 비율이 각각 $R_0=0.9$, $R_{-1}=1.3$, $R_{-2}=0.8$로 파악되었다.

a. $A_0=85$, $T_0=0$, $\alpha=\beta=\gamma=0.1$을 이용하여 1일부터 7일까지의 수요를 예측해보라.

b. 계산된 예측치의 적절성에 대해 논해보라.

5. ABC 꽃집의 주인은 판매에 계절적 패턴(월별)이

있지만 추세는 없다고 보고 있다. 지난 3년간의 수요자료와 계절요소 비율이 아래와 같이 주어졌다.

| 월 | 1차 연도 수요 | 2차 연도 수요 | 3차 연도 수요 | 계절요소 비율 |
|---|---|---|---|---|
| 1 | $12,400 | $11,800 | $13,600 | 0.8 |
| 2 | 23,000 | 24,111 | 21,800 | 1.8 |
| 3 | 15,800 | 16,500 | 14,900 | 0.9 |
| 4 | 20,500 | 21,000 | 19,400 | 1.6 |
| 5 | 25,100 | 24,300 | 26,000 | 2.0 |
| 6 | 16,200 | 15,800 | 16,500 | 1.0 |
| 7 | 12,000 | 11,500 | 12,400 | 0.7 |
| 8 | 10,300 | 10,100 | 10,800 | 0.6 |
| 9 | 11,800 | 11,000 | 12,500 | 0.7 |
| 10 | 14,000 | 14,300 | 13,800 | 1.2 |
| 11 | 10,700 | 10,900 | 10,600 | 0.9 |
| 12 | 7,600 | 7,200 | 8,100 | 0.6 |

a. $A_0=15,000$, $\alpha=\gamma=0.3$과 위에 제시된 계절요소 비율을 사용하여 3차 연도의 수요예측치를 구해보라. 각 기간에 대해 수요예측치와 새로운 계절요소 비율을 함께 구해보라.

b. 그래프에 예측치와 실제 수요를 그려보라.

c. $MAD_0=0$을 사용하여 추적신호를 계산해보라. 이때 추적신호가 허용오차 범위 내에 있는가?

d. 부록에서 설명한 고전적 분해기법을 사용하여 자료로부터 계절요소 비율을 계산하고, 추세와 평준요소를 구해보라. 이 비율과 추세 및 평준 추정치를 사용하여 내년의 월별 수요 예측치를 계산해보라.

# 11 CHAPTER

# 생산능력계획

우리는 이 장에서 제품과 서비스의 생산에 필요한 생산능력의 계획 수립에 관하여 다루고 자 한다. 기업들은 장기, 중기, 단기적인 성격을 가진 생산능력계획의 의사결정을 내린다. 장기적 의사결정은 일반적으로 1년 이상을 내다보고 내리는 설비와 관련된 의사결정이다. 이 장의 전반부에서 설비 의사결정과 이를 위한 전략적 접근을 기술한다. 다음으로는 6개 월 내지 1년 정도를 내다보고 수립하는 중기적 성격의 총괄계획을 다루고, 다음 장에서 6 개월 이하의 단기적 성격인 의사결정으로서 수요 충족을 위한 보유 자원의 스케줄링에 대 해 설명할 것이다.

설비계획, 총괄계획, 작업일정계획은 운영활동의 계획 중에서 생산능력과 관련하여 장 기, 중기, 단기적 **생산능력 의사결정의 계층구조**(hierarchy of capacity decisions)를 형성한다. 첫째로, 설비계획은 장기적인 성격으로서 생산활동에 사용할 목적의 물리적 설비를 구축 하기 위한 계획이다. 다음으로, 총괄계획은 갖춰진 설비의 생산능력 안에서 중기적인 관점 에서 인력과 생산규모를 결정하는 것이다. 마지막으로, 작업일정계획은 총괄계획의 제약

그림 11.1
생산능력 의사결정의
계층구조

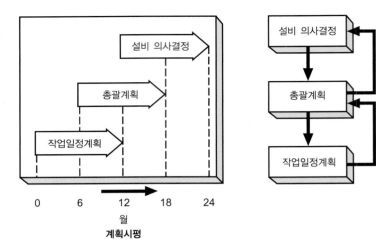

속에서 이용 가능한 생산능력을 특정 운영활동에 할당하는 단기적인 성격의 의사결정들로 구성된다.

〈그림 11.1〉이 생산능력 의사결정의 계층구조를 보여주고 있다. 생산능력의 의사결정이 위에서 아래로 진행되고, 또한 아래로부터 위로의 피드백이 있다. 이에 따라 작업일정계획으로부터 총괄계획의 수정 필요성이 제기되기도 하고, 총괄계획이 추가적인 설비의 필요성을 제기하기도 한다.

## 11.1  생산능력의 정의

LO11.1 생산능력과
가동률의 정의

우리는 **생산능력**(capacity)을 1일, 1주일, 1년 단위처럼 특정 기간에 생산할 수 있는 최대 산출물로 정의한다. 생산능력은 생산 수량, 생산 중량, 또는 특정 기간 동안 서비스를 제공해 주는 고객의 수와 같이 산출물 측면에서 측정될 수 있다. 또한 사용 가능한 호텔 방의 수, 노동인력의 수, 또는 컨설팅이나 회계업무 등에 투입 가능한 노동시간의 수와 같이 이용 가능한 물리적 자산으로 측정되기도 한다.

생산능력의 추정은 설비, 장비, 이용 가능한 인력, 그리고 1교대, 2교대, 혹은 3교대로 투입 가능한 생산인력, 또한 주간 혹은 연간 생산일수에 대한 합리적인 가정을 바탕으로 이루어진다. 만약 연간 주 5일 근무에 8시간씩 2교대가 가능하다고 가정하면, 설비의 생산능력은 주당 16×5＝80시간이고, 연간 80×52＝4,160시간이 된다. 그러나 만약에 이 설비에 1교대로만 생산인력이 투입된다면 생산능력은 반으로 줄 것이다. 설비의 생산능력은 운영 인력이 없으면 아무 소용이 없을 것이기 때문이다.

**가동률**(utilization)은 실제 산출량과 생산능력 사이의 관계이고 다음 공식에 의해 정의된다.

$$가동률 = \frac{실제\ 산출량}{생산능력} \times 100\%$$

## 운영선도사례 　비상 여유능력의 필요성을 보여준 교량 붕괴사고

미니애폴리스 시내와 미네소타대학교 부근의 I-35W 고속도로 상에 있는 미시시피강 교량이 2007년 8월 1일 저녁 러시아워 시간에 붕괴되었다. 75개 시, 카운티, 주, 연방정부 기관이 구조활동에 나섰다. 이 비극적인 사건은 비상 상황에서의 여유 서비스능력에 대한 필요성을 일깨워주었다.

미니애폴리스 경찰서와 소방서가 이 재앙에 제일 먼저 대응했다. 이들 기관은 평소에는 초과 서비스능력을 갖고 있지

© January Smith/Getty Images

만 사고 당시에는 일시적으로 그들의 서비스능력을 최대한으로 활용하게 되었다. 교외의 경찰서와 소방서는 그들의 사용 가능한 서비스능력이 교량 붕괴와 직접 관련 없는 다른 작업을 위해 투입되었다.

대다수의 희생자들이 헤네핀 카운티 의료센터에서 치료를 받았지만 9개의 인근 지역병원 역시 희생자 치료에 참여했다. 이같은 병원 응급실 간의 협동은 단일 병원이 이처럼 큰 수요를 감당할 충분한 능력을 가지지 못하므로 큰 재앙이 있을 경우 필수적이다.

합동훈련, 사전 대비, 과거의 응급사고 대처경험 등을 통해 이들 기관 사이에 긴밀한 협력관계가 갖춰져 있었기에 초기 대응과 복구 작업이 원활하게 이루어질 수 있었다. 한 구조대장이 다음과 같이 말했다. "우리는 이 사건을 미니애폴리스 한 도시의 사건으로 보지 않고, 시·카운티·주 모두의 사건으로 보았다."

출처 : "I-35W Mississippi River Bridge"(www.wikipedia.org, 2016)를 포함한 여러 자료를 정리함.

생산능력의 가동률은 설비의 혼잡도나 전체 생산능력의 활용도를 나타내는 유용한 측정치이다. 계획되거나 계획되지 않은 사건을 대비하여 여유(혹은 유휴) 생산능력이 필요하기 때문에 가동률이 100%가 되도록 계획하는 것은 결코 합리적이지 않다. 계획된 사건이란 필수적인 유지보수 또는 장비 교체 등이고, 계획되지 않은 사건은 공급업체의 운송 지연 혹은 예상치 못한 수요 등이다.

가동률은 산업과 기업에 따라 크게 다르다. 연속흐름 프로세스는 거의 100%에 가까운 가동률을 갖는다. 조립라인 프로세스는 예측되지 않은 수요에 유연하게 대응하기 위해 계획 가동률을 80% 정도로 정하기도 한다. 뱃치와 개별작업 프로세스는 일반적으로 더 낮은 가동률을 갖는다. 경찰, 소방서, 응급의료 같이 긴급한 서비스를 수행하는 경우에는 재앙의 사태가 발생할 때를 대비하여 아주 낮은 가동률을 유지한다. 운영선도사례에서는 긴급 상황에서 여러 기관으로부터 여유능력을 필요로 했던 사건으로서 미네소타주 미니애폴리스 근처 고속도로 I-35W의 교량 붕괴사고를 설명해 주고 있다.

기업이 단기간 동안에는 100% 이상의 가동률을 기록할 수 있다. 수요가 심한 변화를 보이거나 계절적인 수요를 충족하기 위해 초과근무나 작업량을 단기간 동안 높이는 방안을 사용할 수 있다. 우편과 택배 서비스에서는 종종 명절 전에 작업량을 증가시키는 수단을 사용하는 것이 그 예이다. 하지만, 기업들은 긴 기간 동안 높은 가동률을 유지할 수 없다. 작업자들의 탈진, 장비의 유지보수 지연, 그리고 원가 상승 등의 이유 때문에 대부분의 기

업에서는 중·장기로 매우 높은 가동률을 유지하는 것이 바람직하지 않다.

이론적인 최대 생산능력과는 달리 유지보수, 작업교대, 일정 변경, 결근, 그리고 사용 가능한 생산능력을 감소시키는 여러 활동의 시간을 제외한 **유효생산능력**(effective capacity)이라는 것이 있다. 유효생산능력은 장기간 동안 실제 생산을 위해 계획하는 생산능력의 크기이다. 앞서 설명한 2교대 예에서 설비의 유효생산능력을 측정하기 위해서는 계획된 사건과 예기치 못한 사건에 소요되는 시간을 차감해야 한다.

## 11.2  설비 의사결정

**LO11.2** 설비전략 수립에서의 고려요소

생산능력의 장기계획에 해당하는 **설비 의사결정**(facility decisions)은 기업에서 가장 중요한 결정 중 하나이다. 이 결정에 따라 산출 가능한 생산량에 물리적 제약이 형성되고, 종종 상당한 자본투자가 이루어진다. 그러므로 설비 의사결정은 모든 조직부서가 참여하고 최고경영자와 이사회를 포함한 기업의 가장 높은 계층에서 이루어진다.

기업은 기존 설비를 확장할 것인지, 아니면 신규로 건설할 것인지를 결정해야 한다. 아래에서 언급하는 바와 같이 이 결정에는 반드시 고려해야 하는 교환관계의 요소가 있다. 현재의 설비를 확장하는 것은 기존 구성원에게는 장소상의 편리성이라는 이점이 있지만 장기적으로는 최선이 아닐 수 있다. 반면에, 신규 설비의 건설은 더 큰 잠재적 노동시장에 가까이 입지할 수 있는 장점이 있으나 유지보수 및 훈련과 같은 활동을 중복해서 수행할 필요성이 발생한다.

건설이 요구될 때, 많은 의사결정의 소요시간이 보통 1년 내지 5년까지 걸린다. 일반적으로 1년 정도의 소요시간을 고려하는 경우는 신속히 건설할 수 있는 건물이나 장비, 혹은 리스를 하는 경우이다. 반면에 5년까지의 소요시간을 고려하는 경우는 정유공장, 제지공장, 제철소, 발전소와 같은 크고 복잡한 시설을 건설하는 경우이다.

설비 의사결정에는 다섯 가지 중요한 질문이 있다.

1. 얼마나 많은 생산능력이 필요한가?
2. 각 설비가 얼마나 커야 하는가?
3. 언제 생산능력이 필요한가?
4. 어디에 설비를 입지시킬 것인가?
5. 어떠한 유형의 설비와 생산능력이 필요한가?

이들 질문들은 개념적으로는 구분될 수 있지만, 실제로는 밀접하게 연결되어 있다. 따라서 설비 의사결정은 분석하기가 대단히 복잡하고 어렵다.

설비전략은 운영전략의 중요한 한 부분이다. 주요 설비결정이 기업의 성공에 영향을 주기 때문에, 단순히 자본예산상의 결정이 아니라 전체 운영전략의 일부로 고려될 필요가 있다.

**설비전략**(facility strategy)은 장기적으로 요구되는 생산능력의 크기, 설비의 규모, 생산능력 변경의 시점, 설비의 입지, 그리고 설비의 유형 등을 고려한다. 이 전략 수립을 위해서는 필요한 투자금액(재무), 필요한 생산능력의 크기를 결정하는 시장규모(마케팅), 새로운 설비와 관련된 인력채용의 문제(인적자원), 새로운 설비에서의 원가 측정(회계), 그리고 장비의 기술적 결정(엔지니어링) 등이 관련되기 때문에 여러 기능부서 간에 조율이 이루어져야 한다. 따라서 설비전략은 이들 기능부서와 함께 통합적으로 이루어져야 하고, 다음의 요인들에 의해 영향을 받는다.

1. **예상 수요.** 미래에 예상되는 수요가 생산능력의 증감에 있어서 핵심 요소이다.
2. **설비비용.** 비용의 규모는 생산능력 증감의 규모, 시점, 그리고 설비의 입지에 의해 좌우된다.
3. **경쟁사의 예상 행동.** 경쟁사의 반응이 느릴 것이라 예상된다면 경쟁사들이 강해지기 전에 증가된 생산능력으로 시장을 선점할 수 있게 될 것이다. 반면에, 경쟁사의 신속한 대응이 예상된다면 생산능력을 확장하는 데 있어 좀 더 신중할 필요가 있다.
4. **사업전략.** 설비결정에 있어서 사업전략이 원가, 서비스, 유연성 등을 강조할 수 있다. 예를 들어 최고의 서비스를 추구하는 사업전략이라면 충분한 생산능력의 설비 혹은 빠른 서비스를 위해 여러 시장에의 입지를 요구할 수 있다. 그 외의 사업전략이라면 원가의 최소화나 유연성의 극대화에 중점을 둘 수도 있다.
5. **글로벌화.** 시장과 공급사슬의 특성이 지속적으로 글로벌화되어 감에 따라 설비도 글로벌하게 입지시킬 필요성이 있다. 글로벌 입지는 단순히 저임금을 쫓아가는 차원뿐 아니라, 최상의 전략적 이점을 위해 신규 시장에의 접근 혹은 전문인력의 확보를 위한 것일 수도 있다.

**생산능력의 규모**　　필요한 생산능력의 규모를 정하는 것이 설비전략 수립의 일부분이다. 이것은 예측수요의 규모와 이에 대응하여 얼마만큼의 생산능력을 제공할지에 따라 정하는 전략적 결정이다. 이는 다음과 같이 정의된 **여유생산능력**(capacity cushion)의 개념으로 잘 설명될 수 있다.

$$여유생산능력 = 100\% - 가동률$$

여유생산능력은 기업이 달성할 수 있는 최대 산출량과 수요 충족에 사용되는 실제 산출량의 차이다. 생산능력 가동률이 수요 충족을 위한 실제 산출량을 반영하기 때문에, 양(+)의 여유생산능력은 생산능력을 더 많이 사용할 여유가 있음을 의미한다. 그리고 영(0)의 여유생산능력은 평균 수요와 사용 가능한 생산능력이 동일함을 뜻한다.

　　여유생산능력에 대한 계획은 전략적 성격의 결정이다. 그 규모를 결정하는 전략으로 세 가지 전략이 있을 수 있다.

설비전략. 푸에르토리코에 있는 바카디 럼(Rum) 공장은 현대적인 자동증류시설을 갖추고 있으면서 북미 시장 전체에 제품을 공급한다.

© Roger Schroeder

1. **대규모 여유.** 이 전략에서는 평균 수요를 초과하는 큰 규모의 여유생산능력을 계획한다. 이 전략은 의도적으로 평균 수요예측치보다 더 큰 생산능력을 갖추는 것으로서 시장이 팽창되고 있는 경우나 또는 설비의 건설비용과 운용비용이 생산능력 부족 시의 비용보다 크지 않을 때 적합하다. 예를 들어 발전 설비는 정전이나 전압 저하가 일반적으로 수용되기 어렵기 때문에 대규모 여유의 전략을 취한다. 성장하는 시장에 있는 기업들은 이 전략으로 경쟁사들보다 앞서서 시장을 점유할 수 있으며, 또한 신기술이 매우 빠르게 보급될 때처럼 기업이 예측하지 못한 고객수요를 충족할 때에도 효과가 있다.

2. **중간규모 여유.** 생산능력과 관련하여 다소 보수적인 기업들이 이 전략을 취한다. 생산능력이 예측수요의 평균 수준을 만족하면서 수요예측과 큰 차이가 없는 정도의 초과수요를 충족할 수 있는 여유능력을 갖추는 전략이다. 이 전략은 초과생산능력의 유지비용이 생산능력 부족 시의 비용과 엇비슷할 때 사용된다.

3. **소규모 여유.** 이 전략에서는 가동률을 최대화하기 위해 여유생산능력이 거의 없는 수준으로 계획한다. 이 전략은 정유공장, 제지공장, 혹은 기타 자본집약적인 산업의 경우처럼 재고부족 시의 비용보다 생산설비 투자가 매우 클 때 적합하다. 이 경우의 설비는 90~100%처럼 아주 높은 가동률을 유지해야만 수익성이 있기 때문이다.

여유생산능력을 계획할 때 기업은 다양한 수요 수준과 그 발생 확률을 평가함으로써 생산능력의 증가 혹은 감소를 계획한다. 예를 들어 어느 기업이 1,200단위의 생산능력을 지니고 있으며, 1,000단위의 수요발생 확률이 50%, 800단위 수요발생의 확률이 50%라고 가정하자. 그러면 평균 수요는 $(0.5 \times 1,000) + (0.5 \times 800) = 900$단위로 예상된다. 평균적으로 900단위를 생산하는 것은 $(900/1,200) \times 100\% = 75\%$의 가동률로 운영된다는 것이다.

이 장의 연습문제에서는 수요의 발생확률, 현재의 생산능력규모, 추가 생산능력의 비용 등을 이용하여 여유생산능력을 어떻게 계산하는지를 예시해 주고 있다. 이 방법을 필요한 여유생산능력의 규모를 결정하는 분석적 방법으로 사용할 수 있다.

**생산설비의 크기**    필요한 생산능력의 규모를 결정한 후에는 생산설비 각각이 얼마나 커야 하는지를 다루어야 한다. 이 이슈는 고정비용이 생산단위에 분산되기 때문에 큰 설비가 일반적으로 더 경제적이라는 **규모의 경제**(economy of scale) 개념과 관련이 있다. 규모의 경제는 두 가지 이유로 발생한다. 첫째, 큰 생산설비를 건설하고 운영하는 비용은 생산량에 비례해 증가하지 않는다. 예를 들어 어느 생산장비보다 2배의 속도로 생산할 수 있는 장비에의 투자가 2배

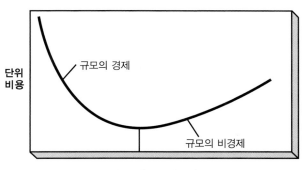

그림 11.2
생산설비의 최적 크기

단위
비용

규모의 경제

규모의 비경제

설비 크기(연간 생산량)

보다 크지 않다. 또한, 관리자 등 인력에 지불되는 간접비가 큰 규모의 설비에서는 더 많은 생산단위에 배분된다. 따라서 〈그림 11.2〉에서와 같이 단위당 생산비용은 설비의 규모가 증가함에 따라 규모의 경제가 발생하면서 감소하게 된다.

좋은 소식과 나쁜 소식이 함께 오는 것처럼, 규모의 경제 뒤에는 **규모의 비경제** (diseconomy of scale)가 나타난다. 생산설비가 커질수록 여러 이유로 규모의 비경제가 발생하게 된다. 첫째, 물류의 비경제가 나타난다. 예를 들어 제조기업에서 단일의 대규모 생산설비는 시장에 인접한 2개의 소규모 생산설비일 때보다 시장으로 물건을 운송하는 데 더 많은 운송비용을 발생시킨다. 서비스 기업에서는 대규모 설비가 고객 또는 자재의 이동을 더 많이 발생시키는데, 예를 들면 큰 병원에서의 환자 이동거리와 대규모 우편물 집배센터에서의 우편물 이동거리가 그러하다. 그리고 대규모 생산설비에서는 관리비용이 크게 증가할 수 있다. 대규모 설비에서는 관리 계층의 수가 많아지면서 비용의 증가가 산출량의 증가보다 빠르게 일어날 수 있다. 게다가 동일한 설비로 생산하는 제품 혹은 서비스의 종류가 많아지게 되면 복잡성과 혼란에 따른 비용이 증가하게 된다. 이러한 이유로 〈그림 11.2〉에서의 비용곡선이 오른쪽에서 증가하는 것으로 표현되었다.

〈그림 11.2〉가 보여주듯이 단위비용은 특정 설비 크기에서 최소가 된다. 이 최적 설비규모는 고정비용의 크기와 규모의 비경제가 얼마나 급격하게 발생하는가에 달려 있다. 예를 들어 목재가구 산업을 보면 1,000명 이상의 종업원이 있는 공장도 있고 불과 몇 명의 종업원만 있는 공장도 있다. 각 기업은 수요의 크기, 원가구조, 제품/서비스의 구성, 운영전략에 따라 최적의 설비 크기를 결정하고 있다. 즉 설비 크기의 결정에 영향을 주는 요소가 원가만이 아니라는 것이다.

**설비 의사결정의 시점 이슈**

설비전략의 또 다른 요소는 생산능력 증설의 시점이다. 여기에는 기본적으로 두 가지 대비되는 전략이 있다.

1. **선제전략**(preemptive strategy).  이 전략은 시장의 필요에 앞서서 기업이 생산능력을 증가시키는 것이다. 이 전략은 양(+)의 여유생산능력을 갖게 만들고, 경쟁사의 진입을

한동안 막으면서 시장수요를 자극할 수 있다. 애플은 이 전략을 일찍이 개인 컴퓨터 시장에서 사용했는데, 생산능력을 수요에 앞서 늘리면서 경쟁사들이 진입하기 전에 시장에서 큰 점유율을 차지했다. 애플은 오늘날에도 아이패드와 아이폰의 신제품을 출시하기 앞서 생산능력과 재고를 대량으로 확보하는 전략을 사용하고 있다.

2. **관망전략**(wait and see strategy). 이 전략은 시장수요가 성장하고 더 많은 생산능력의 필요성이 명백해질 때까지 생산능력 확장을 유보하는 것이다. 즉 기업은 저위험전략으로 시장수요를 뒤따르게 된다. 여유생산능력을 작게 혹은 음(−)으로 유지하게 되므로 잠재적 시장에서의 점유율을 놓칠 수 있다. 그러나 우월한 마케팅 채널이나 기술을 보유한 후발주자라면 시장점유를 따라잡을 수 있기 때문에 이 전략이 효과적일 수 있다. 예를 들어 스마트폰 시장에서 안드로이드폰 업체(예 : 삼성전자 등)가 가격, 광고, 신제품의 전략으로 선두주자인 애플로부터 시장점유를 빼앗아 올 수 있었다. 반면에, 미국 자동차 완성업체들은 소형차 시장에서 관망전략을 채택하여 후회스러운 결과를 낳았다. 미국 업체들이 소형차의 수요가 어떻게 전개될 지를 관망하고 있는 사이에 일본 업체들이 미국의 소형차 시장에서 지배적인 위치를 점했던 것이다.

**생산설비 입지**　글로벌화로 인해 생산설비의 입지와 새로운 시장개발의 선택폭이 확대되었기 때문에 생산설비의 입지 결정은 더욱 복잡해졌다. 예를 들어 스타벅스는 커피를 마시는 사람이 많은 국가에서 경쟁하기 위해 그곳에 매장을 위치시킬 수도 있고, 또한 전통적으로 커피를 소비하지 않는 국가에서 새로운 수요를 창출하기 위해 그곳에 위치시키려 할 수도 있다. 스타벅스의 미국 내 경쟁사인 카리부 커피(Caribou Coffee)는 아침 출근길의 오른쪽 편에 매장을 오픈하려 하고 있는데, 그 이유는 대부분 운전자들이 가는 방향에서 차를 세울 수 있다면 정차하는 경향이 있고 복잡한 도로에서 반대 방향으로 차를 돌리려 하지 않기 때문이다.

입지 결정은 정량적인 요소와 정성적인 요소 모두를 고려해서 내린다. 입지 결정에 영향을 주는 정량적인 요소에는 투자수익률(return on investment), 순현재가치(net present value), 수송비용, 세금, 그리고 제품 및 서비스의 수송 리드타임 등이다. 정성적인 요소로는 언어와 규범, 근로자와 소비자들의 태도, 그리고 소비자, 공급업체, 경쟁사와의 근접성 등이 포함된다. 특히 전방 업무 서비스는 고객의 편의를 위해 고객과 가까운 곳에 위치해야 하기 때문에 지리적 근접성이 설비 입지 결정에 있어서 다른 어떤 요인보다 더 중요하다. 예를 들면 은행, 식료품점, 식당 등이 여기에 해당한다.

기업들은 종종 입지 결정에 고려되는 요소와 그 중요도에 따른 가중치를 정하고, 각 입지 대안에 대해 요소별로 점수를 매긴다. 그런 후에 각 대안 입지의 요소별 점수와 그 요소의 가중치를 곱하여 가중평균점수를 구한다. 이 점수는 각 대안의 입지가 기업의 요구조건을 얼마나 충족하는지를 알려주고 최종적으로 입지 결정을 할 수 있게 해 준다.

**생산설비의 유형**   설비전략의 마지막 요소는 기업이 각 설비에서 무엇을 달성하고자 하는지를 반영하는 것이다. 이에 따라 네 가지의 설비 유형은 다음과 같다.

1. 제품 중심(55%)
2. 시장 중심(30%)
3. 공정 중심(10%)
4. 범용(5%)

괄호 안의 숫자는 각 설비 유형을 사용하는 포춘 500대 기업의 비율을 대략적으로 가리킨다.

**제품 중심 설비**(product-focused facilities)는 대개 큰 시장을 대상으로 하나의 제품군 또는 한 종류의 제품·서비스를 생산한다. 예를 들어 앤더슨 윈도우(Andersen Window)는 단일의 제품 중심 공장에서 미국 전체 시장을 대상으로 다양한 유형의 창문을 생산하고 있다. 제품 중심 공장은 운송비용이 낮거나 규모의 경제 효과가 클 때 사용된다. 따라서 1~2개의 장소에 설비를 집중시키게 된다. 제품 중심 설비의 다른 예로는 대형 은행의 신용카드 운영부서, 자동차 리스 업무를 미국 전역을 대상으로 수행하는 자동차 리스회사 등이 있다.

**시장 중심 설비**(market-focused facilities)는 그들이 대상으로 하는 시장에 위치한다. 서비스는 일반적으로 수송이 어렵기 때문에 대부분의 서비스 설비가 이 유형에 속한다. 신속한 고객대응이 요구되거나 고객화된 제품을 생산하는 경우, 또는 운송비용이 큰 제품의 생산

---

## 운영선도사례   BMW에서의 전략적 생산능력계획 수립

생산능력의 다양한 전략을 평가하는 데 계량적 최적 모형을 사용한 분석기법이 도움이 된다. 향후 수년 동안의 예측수요가 주어지면 그 수요를 충족하는 최소 비용의 계획을 최적 모형이 구해준다.

© Lennart Preiss/Getty Images

BMW의 사례가 그 과정을 설명하는 데 도움이 된다. BMW는 새로운 디자인의 모델에 대해 그 개발과 제품수명의 주기를 향후 12년으로 설정한다. 향후 12년 동안 글로벌 시장 전체의 예측수요를 충족하기 위해 각 공장이 어떤 제품을 얼마나 생산할 것인지를 계량적 모형을 이용하여 계산하고 있다. 그 모형은 BMW의 모든 공장, 제품모델 및 생산수량을 고려하여 최소 비용의 계획을 구해 준다.

생산능력의 크기, 설비 크기, 생산장소, 생산제품의 모델 및 수량에 대해 전반적인 전략을 수립함에 있어 이같은 분석기법이 매우 도움이 된다. 분석 결과에 따라 기업은 각 국가 시장에서의 수요만큼 각 공장에서 분산 생산할 것인지 혹은 중앙 집중으로 생산하여 수출할 것인지를 결정할 수 있다. 모형 수립에 사용되는 많은 가정들 때문에 모형의 최적해가 최종 생산능력 전략이 되지는 않지만, 많은 대안들을 평가하는 데 이 모델이 매우 유용하게 사용되고 있다.

출처 : Fleischmann B., Ferber S. and Henrich P., "Strategic planning of BMW's Global Production Network," *Interfaces*, 2006, 36(3): 194–208.

공장은 시장 중심적인 경향이 있다. 예를 들어 침대 매트리스 공장은 큰 제품 부피와 운송 비용 때문에 해당 시장 지역에 위치한다. 또한, 해외에 위치한 일부의 설비는 관세, 무역장벽, 잠재적 환율변동 등의 이유로 현지 시장에 위치한 경우이다.

**공정 중심 설비**(process-focused facilities)는 한두 가지의 공정기술을 중심으로 생산하는 설비이다. 이러한 설비는 대개 부품 또는 중간조립품을 생산하여 다음 작업을 수행하는 다른 설비에 공급한다. 예를 들어 자동차 산업에서의 엔진 공장과 트랜스미션 공장은 해당 중간 조립품을 생산하여 최종 조립공장에 공급하는 것이 일반적이다. 정유공장과 같은 공정 중심 설비는 주어진 공정기술을 이용하여 다양한 제품을 생산하기도 한다.

**범용 설비**(general-purpose facilities)는 서로 다른 다양한 공정기술을 이용하여 여러 종류의 제품과 서비스를 생산한다. 예를 들어 가구 제조업체, 일반 소비자 대상의 상업은행과 투자 서비스 회사 등이 범용 설비를 채택한다. 범용 설비는 대개 제품과 서비스 믹스에 있어서 상당한 유연성을 가지며, 때로는 하나 이상의 설비를 갖출 만큼 충분한 생산수량이 필요치 않은 기업이 사용한다.

지금까지 우리는 생산능력, 생산설비의 크기, 규모변경 시점, 입지, 설비 유형 등을 고려해 어떻게 설비전략을 수립하는지를 살펴보았다. BMW의 운영선도사례에서 설명하듯이 이들 전략적 결정을 위해서 종종 계량적인 최적 모형을 사용하는 것이 도움이 된다. 지금까지 장기적인 성격의 이슈를 살펴보았다면, 이제부터는 구축된 생산능력을 어떻게 사용할지에 관한 중기적인 의사결정을 설명하고자 한다.

## 11.3 S&OP의 정의

**LO11.3** 판매 및 운영의 총괄계획인 S&OP를 정의

**판매 및 운영계획**(sales and operations planning, S&OP)은 많은 기업에서 총괄계획의 수립 과정을 의미하는 용어로 사용되고 있다. **총괄계획**(aggregate planning)의 수립은 중기에 해당하는 기간 동안에 산출량과 수요량을 일치시키고자 하는 활동이다. 계획기간은 6개월에서 2년 사이며, 평균적으로 대략 1년이다. '총괄'이라는 용어는 모든 산출물을 통합하는 통일된 단위 혹은 소수의 제품군으로 묶어서 계획을 세운다는 의미이다. S&OP는 중기의 계획기간 동안 변동적이고 불확실한 수요에 맞춰 산출량 수준을 전반적으로 정하는 것을 목표로 한다.

우리는 S&OP가 아래와 같은 특성을 지닌 계획이라고 폭넓게 정의한다.

1. 계획기간(time horizon)은 12개월 정도이며, 보통 한 달마다 주기적으로 갱신.
2. 하나 혹은 소수의 제품군에 대한 총괄적인 수요가 변동적이고 불확실하며, 계절적 영향을 받을 수 있다고 가정.
3. 수요와 생산량의 조절이 가능.
4. 관리의 목표가 적은 재고, 좋은 노사관계, 저원가, 향후 산출량 증가의 유연성, 혹은 높은 고객 서비스 등으로 다양.

5. 설비규모가 고정되어 있으며, 확장 혹은 축소의 가능성을 배제.

S&OP를 통해 생산인력의 고용, 해고, 초과근무, 하청 등 모든 인력 관련 결정이 이루어지며, 제품의 생산량과 재고수준도 함께 결정된다. S&OP는 제품의 생산 수준에 대한 계획을 세울 뿐 아니라 투입될 자원의 적절한 조합을 결정하게 된다. S&OP 안에서는 설비규모가 고정되어 확장 혹은 축소의 가능성을 배제하기 때문에, 경영자는 시장수요를 잘 맞추기 위해 기존의 설비와 자원을 어떻게 사용할 것인지를 결정해야 한다.

S&OP에는 생산량뿐 아니라 수요에 영향을 주는 계획을 포함하기도 한다. 즉 가격, 광고, 제품구성 등 수요에의 영향 요소를 중기 계획에서 고려할 수 있다. 우리는 이 장의 후반부에서 그 수단들을 다룰 것이다.

S&OP는 일반적으로 제품군, 즉 제품 생산에 필요한 장비와 인력 등의 생산자원을 공유하는 유사한 제품/서비스의 묶음별로 이루어진다. 즉 소수의 제품군을 대상으로 S&OP를 수립하게 되는데 이는 계획 수립 과정의 복잡성을 줄이기 위해서이다. 상황이 변함에 따라 공급량과 수요 사이의 불균형이 발생하면 계획을 수정함으로써 해결한다.

S&OP는 수요와 공급량을 맞추기 위해 다기능팀의 접근법을 사용한다. 마케팅, 영업, 엔지니어링, 인사조직, 운영, 재무의 관계자로 구성된 다기능팀은 총괄임원과 함께 회의를 통해 수요예측, 생산계획, 그리고 수요와 생산량을 조절하는 모든 수단 등에 대해 합의를 한다. 다기능팀은 각 제품군에 대해 재고를 확보할 것인지, 고객수요를 관리할 것인지, 혹은 추가적인 생산능력(내부 혹은 외부)을 확보할 것인지를 결정해야 한다. 그러나 수요와 공급의 균형이 맞춰졌더라도 기존의 재무계획, 인원계획, 예산계획과 맞지 않다면 그들을 수정해야 할 수도 있다.

수립된 S&OP는 대개 월별로 갱신되는데, 계획기간은 갱신 시점으로부터 이후 대략 12 개월을 대상으로 한다. S&OP는 모든 기능부서가 통일된 계획을 실행하도록 함으로써 기능부서 간의 불일치를 줄여준다. 기능부서 사이에 발생할 수 있는 갈등을 해결하기 위해서는 강력한 리더십의 총괄임원이 필요할 수도 있다. S&OP가 어떻게 수립되는지를 운영선도사례에서 가정용 생활용품을 생산하는 레킷벤키저(Reckitt Benckiser) 사례를 참고하기 바란다.

신젠타(Syngenta)는 90개국에서 28,000명의 종업원을 가진 세계 최대 농산물 기업이다. 농산물 시장은 매우 계절성이 높기 때문에 수요예측이 어렵고 변동이 심하다. 신젠타는 기능부서 사이와 공급사슬 파트너 사이에 협력을 이끌어내려고 S&OP를 사용하고 있다. 전 세계에 흩어져 있는 관리자들은 S&OP와 지원 소프트웨어를 통해 수요예측, 마케팅계획, 재고계획, 판매계획, 총괄생산계획 등에 합의를 한다. 각 사업부가 기업의 목표를 달성하기 위해 S&OP 과정에 참여할 수 있는 것은 실시간 웹(Web)을 통해 협업이 가능하기 때문이다.

S&OP는 총괄계획의 성격이므로 다음 장에서 다룰 작업일정계획에 앞서 수립된다. 작업일정계획은 총괄계획에서 확보한 생산능력을 특정 작업, 활동, 고객주문 등에 배분하는

## 운영선도사례 가정용 청소용품의 S&OP

180개국에서 90억 파운드의 매출을 올리고 있는 레킷벤키저는 Vanish, Lysol, Calgon, Airwick과 같이 세계적인 유명 브랜드를 가지고 있다. 급변하는 소매시장에서는 생산과 판매를 위한 신속한 조정이 필요하다. 레킷은 제품 포트폴리오에 500여 개의 제품을 갖고 있기 때문에, 공급사슬의 조율을 위

© McGraw-Hill Education/Jill Braaten

해 S&OP 시스템이 필요했다.

S&OP 시스템은 레킷이 판매하는 상품 카테고리에서 매출 1, 2위를 차지하면서 매장에서의 해당 제품 매출 중 70%를 차지할 정도로 성공적으로 운영되고 있다. S&OP팀은 마케팅, 영업, 생산, 유통, R&D 등 각 기능의 관리자들로 이루어져 있다. S&OP를 활용하기 이전에는 레킷의 여러 부서들이 서로 다른 수요예측치를 사용하곤 했다. 그러나 한 경영자가 말하듯이 이제는 모든 브랜드를 '동일한 수요예측치를 사용'하여 관리할 수 있게 되었다. 이 팀은 수요예측치를 검토하고 계획을 갱신하기 위해 정기적으로 만나고 있다. 그리고 모든 브랜드와 제품에 대한 판매, 수요예측, 계획을 추적하는 소프트웨어로서 디맨드 솔루션즈(Demand Solutions)의 소프트웨어를 사용하고 있다.

출처 : www.demandsolutions.com(2009), www.rb.com(2016).

역할을 하게 된다.

## 11.4 S&OP의 다기능적 특성

중기에 걸쳐 어떻게 생산능력을 사용할지를 결정하는 총괄계획 수립은 운영기능의 주요 업무이다. 그러나 그것은 회계, 재무, 인적자원, 마케팅 등 기업 내 모든 기능부서와 다기능적으로 조정과 협력을 필요로 한다.

S&OP 또는 총괄계획은 예산, 인사, 마케팅 등 타 기능에서의 의사결정과 밀접한 관련이 있다. 특히 예산계획과의 연관성은 매우 크다. 예산은 총괄적인 생산규모, 인원수, 재고, 구매규모의 수준 등에 기초하여 수립된다. 그러므로 총괄계획은 최초의 예산편성과 추후 예산조정의 근거가 되어야 한다.

인원 또는 인적자원의 계획 또한 S&OP에 의해 크게 영향을 받는데, 이는 향후의 생산계획이 채용, 해고, 초과근무의 결정을 좌우하기 때문이다. 특히 수요 변화에 대한 완충재로 재고를 이용할 수 없는 서비스 산업에서는 총괄계획이 곧 예산계획과 인원계획이나 마찬가지로 생각될 수 있다. 서비스 생산을 위해 노동력에 크게 의존하는 노동집약형 서비스에서는 특히 그러하다.

마케팅은 항상 S&OP와 밀접하게 연관되어 있어야 하는데, 그 이유는 향후의 산출물 공급과 그에 따른 고객 서비스가 S&OP에 의해 결정되기 때문이다. 게다가, 공급과 수요의 조절변수를 사용하여 최선의 총괄계획을 결정하고자 할 때는 마케팅과 운영 간의 협력이

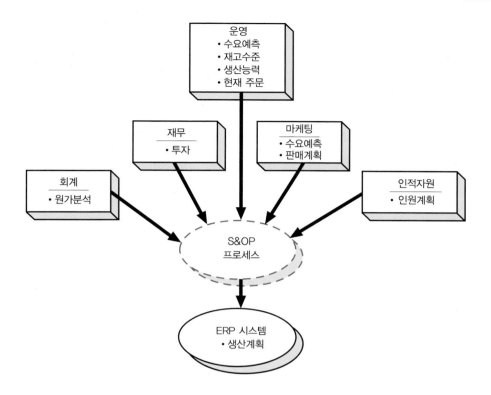

그림 11.3
S&OP와 기능부서 간
연관성

반드시 필요할 것이다.

S&OP는 별개의 독립된 시스템이 아니라 나중에 설명하게 될 전사적 자원계획(enterprise resources planning, ERP) 시스템의 주요 입력요소이다. ERP는 주문에서부터 배송과 대금결제까지의 모든 사건을 세세하게 추적하지만, 미래의 판매 및 생산에 대한 총괄계획이 입력요소로 필요하다. ERP는 입력요소인 S&OP 계획을 이용하여 총괄계획의 달성을 위한 상세한 활동(생산주문, 구매발주, 재고, 대금결제 등)을 계획하게 된다. S&OP의 수립에 있어서 입력요소와 출력요소를 〈그림 11.3〉에서 보여주고 있다.

어떤 기업에서는 S&OP 과정이 단절되거나 결여되어 있는 경우가 있다. 최고경영진이 이 과정을 적극적으로 지원하거나 관여하지 않고, S&OP에 대한 책임이 불분명하거나 기능부서 간에 서로 상충되기도 한다. 이런 기업의 정보시스템은 S&OP를 지원해 주지 못하며, 중요한 '시나리오 분석(what-if)'을 하지도 못한다. 또한 기능부서들이 S&OP를 합의한 바대로 실행하지도 않는다. 그런 경우에는 S&OP의 성공을 위해서 조직, 보고와 책임 체계, 정보시스템 등에서 변화가 선행되어야 한다.

## 11.5 수요와 공급 조절수단의 계획

**LO11.4** S&OP에서 수요관리 및 공급관리의 대안들

운영과 마케팅은 중기적인 관점에서 수요와 공급을 일치시키기 위해 서로 긴밀하게 협력해야 한다. 두 부서는 총괄계획을 수립하는 동안 설비의 생산능력 범위 내에서 제품 및 서

비스의 수요를 조절하는 의사결정을 계획한다.

선택 가능한 여러 대안을 살펴봄으로써 S&OP의 수립 과정을 더욱 명확히 이해할 수 있다. 두 가지 유형의 대안으로는 (1) 수요를 조절하는 대안과 (2) 공급을 조절하는 대안이 있다.

**수요관리**(demand management)는 다양한 방식으로 수요를 조절하거나 수요에 영향을 주는 활동을 의미한다.

1. **가격정책.** 가격차별정책은 종종 성수기 수요를 줄이거나 비수기 수요를 늘리기 위해 사용된다. 예로는 주중 평일의 영화가격 할인, 비수기의 호텔 숙박료 할인, 이월상품 또는 도입상품의 가격할인, 식당에서의 피크시간 이외 시간 특별할인 등이 있다. 이러한 가격정책의 목적은 일간, 주간, 월간 또는 연간 수요를 평준화하기 위함이다.

2. **광고와 판촉.** 이들 수단은 수요를 자극하거나 변동폭을 줄이는 수단이다. 광고는 비수기에 수요를 촉발하거나, 성수기의 수요를 비수기의 수요로 돌리기 위해 사용된다. 예를 들어 스키 리조트는 시즌을 연장시키기 위해, 그리고 칠면조 농장은 추수감사절 시즌 이외 기간의 수요를 늘리기 위해 광고를 한다.

3. **이월주문**(backlog) **또는 예약제.** 때로는 고객주문의 충족을 늦추거나(이월주문), 생산능력을 사전에 확보(예약)하는 방법도 수요에 영향을 미친다. 일반적으로 이런 방법은 성수기의 수요를 비수기의 수요로 돌리는 데 효과적이다. 하지만 이월주문의 수단은 고객의 대기시간을 길게 만들어 판매기회의 상실을 가져올 위험도 존재한다.

4. **보완재 개발.** 계절에 따라 수요의 편차가 큰 경우에는 계절적 수요 패턴이 서로 반대되는 제품을 개발하여 함께 생산하기도 한다. 예를 들어 토로(Toro)는 동일한 생산설비에서 잔디 깎는 기계와 눈 치우는 기계를 생산하여 생산설비의 연간 생산능력 활용도를 높였다. 많은 패스트푸드점에서는 아침시간 동안의 유휴설비를 활용하기 위하여 아침식사를 판매하고 있다.

서비스 산업의 기업들은 제조기업보다 위에서 언급한 모든 수단을 사용하는 수요관리에 있어서 더 적극적이다. 왜냐하면 그들의 산출물인 서비스는 재고화할 수 없기 때문에 설비의 고정된 생산능력을 최대한 활용해야 하기 때문이다.

**공급관리**(supply management)는 총괄계획을 수립하는 과정에서 다양한 수단으로 공급량을 조절하는 것이다. 여기에는 다음과 같은 대안들이 있다.

1. **종업원의 고용과 해고.** 어떤 기업은 종업원 해고의 수단을 사용하기 전에 다른 수단들을 먼저 고려하고, 또 다른 기업은 수요의 변화에 따라 종업원 수를 일상적으로 줄이거나 늘린다. 이런 관행은 기업이나 산업에 따라 다른데, 원가뿐 아니라 노사관계, 생산성, 근로자의 사기 등에 영향을 준다. 그렇기 때문에 기업의 고용과 해고 관행은 노조 협약이나 회사 정책에 의해 제약을 받는다. 수요에 맞춰 종업원 수를 변화시킬

지를 결정할 때는 그로 인한 영향을 고려해야 할 것이다.

2. **초과근무와 단축근무의 사용.** 초과근무는 특히 수요 변화가 일시적일 때 고용과 해고를 대신하여 중·단기적으로 인력을 조절하기 위해 사용한다. 초과근무는 대개 정규근무 대비 150%의 비용이 발생하며, 휴일이나 주말에는 보통 2배의 비용이 발생한다. 높은 비용 때문에 관리자들은 종종 초과근무의 사용을 꺼린다. 게다가 근로자들은 오랜 기간 동안 주당 20% 이상의 초과근무를 꺼리기도 한다. 단축근무는 해고의 방식보다는 보통 주중 근무시간을 줄이는 방식으로 인력 활용을 계획적으로 줄이는 것이다. 제조업, 교육산업, 정부 등 여러 산업분야에서 불황 혹은 낮은 수요의 기간에 휴가의 형태로 단축근무가 많이 이루어진다.

3. **비정규 또는 임시직 인력의 사용.** 때로는 계절수요 또는 성수기 수요에 맞춰 비정규 또는 임시직 직원을 고용하는 것이 가능하다. 이 대안은 비정규직 직원에게 임금과 각종 혜택을 현저히 작게 줄 수 있을 때 특히 매력적이다. 노동조합은 비정규 직원을 고용하는 것에 대해 자주 불만을 표시하는데, 비정규 근로자들은 조합비를 내지 않고 노조의 영향을 약화시키기 때문이다. 임시직 인력은 주로 계절수요나 중·단기 수요에 맞추어 활용한다. 음식점, 병원, 슈퍼마켓, 백화점 등 많은 서비스업에서 광범위하게 비정규 인력과 임시직 인력을 사용하고 있으며, 또한 농업 관련 산업에서도 임시직 인력을 많이 사용한다.

4. **재고 보유.** 제조기업에서는 재고가 공급과 수요 사이에서 완충 역할을 한다. 비수기에 추후 판매를 위해 재고를 비축하게 된다. 이렇듯 제조업에서의 재고는 공급과 수요의 연동관계를 끊어서 생산능력을 균일한 수준으로 가동하면서 안정된 생산을 할 수 있게 만든다. 재고는 이미 사용된 생산능력과 인력을 저장하여 미래의 소비 충족을 위해 사용하는 수단이다. 따라서 이 방법이 서비스업 운영에서는 불가능하므로 서비스 산업에서는 수요와 공급을 맞추는 것이 매우 어렵다.

5. **하청.** 하청은 다른 기업에 업무(제조와 서비스 활동)를 외주 주는 것이다. 이 대안은 공급의 양을 늘리거나 줄이는 아주 효과적인 수단이다. 하청업체는 제품이나 서비스의 전체 혹은 일부를 공급할 수 있다. 예를 들면 장난감 제조업체가 수요가 많은 기간에 내부제작하던 플라스틱 부품을 하청업체에게 제작하도록 하는 식이다. 서비스업 운영에서는 비서업무, 콜센터 운영, 식당 운영, 설비 운영 등을 하청 주곤 한다.

6. **제휴 협정.** 이 수단은 다른 공급원을 사용한다는 점에서 하청과 비슷하나, 제휴는 흔히 통상적인 경쟁사와 협력한다. 이와 같이 생산능력을 공유하는 기업들은 짧은 기간만 사용할 생산능력을 굳이 늘릴 필요가 없게 된다. 전력회사들이 전력 공유 네트워크를 통해 서로의 생산능력을 연결한 경우, 특정 진료를 필요로 하는 환자나 성수기 때의 환자를 다른 병원으로 이송하는 경우, 호텔과 항공사가 만석 예약되었을 때 고객을 서로 넘기는 경우 등이 예가 된다.

위의 모든 수단을 살펴보면, S&OP와 총괄계획 수립은 매우 광범위하며 기업의 거의 전반에 영향을 미친다는 것을 알 수 있다. 그러므로 이 의사결정은 전략적이고 다기능적이며, 기업의 모든 목표를 반영해야 한다. 만약 총괄계획을 좁은 관점으로 접근한다면 부적합한 결정이 이루어질 것이고 부분 최적화 현상이 발생하게 된다. 총괄계획을 수립할 때, 고객 서비스 수준, 재고수준, 인력 운영의 안정성, 그리고 비용 간의 교환관계를 고려해야 한다. 이들 요소 간의 상충되는 목표와 교환관계를 때로는 통일된 비용함수로 표현하기도 하는데, 그 방법에 대해서는 이 장의 후반부에서 설명하고 있다.

## 11.6 총괄계획의 기본전략

**LO11.5** 추종전략과 평준화전략의 비교

미국 사우스캐롤라이나주 스파턴버그에 있는 파커해니핀(Parker Hannifin) 플라스틱 부품 제조공장은 수요가 적은 시기에 인력을 그대로 유지하면서 근무시간을 줄였다. 이와 대조적으로 골드만삭스 투자회사는 2008년에 전 직원의 10%를 해고했고, 2009년 초에 또 10%를 해고했다. 이들 사례의 기업이 사용한 총괄계획의 전략을 설명하고, 기업들이 자신에게 최선인 전략을 어떻게 결정하는지를 설명하고자 한다.

중기간 동안의 전체 수요를 충족시키기 위한 전략으로 두 가지의 기본전략 혹은 그 둘을 혼합한 전략을 사용할 수 있다. 첫 번째는 인력 수준을 일정하게 유지하는 전략이고, 두 번째는 수요에 맞춰 인력 수준을 조정해 가는 전략이다.

순수 **평준화전략**(level strategy)에서는 인력규모와 정규시간에 의한 생산량을 일정하게 유지한다. 변동되는 수요는 재고, 초과근무, 임시직, 하청, 제휴 협정 등 앞서 언급한 수요관리의 수단들을 이용하여 소화한다. 평준화전략은 본질적으로 총괄계획 기간 동안에 인력을 일정한 수로 유지하면서 산출률을 일정한 수준으로 고정하는 것이다. 그렇지만, 평준화전략의 기업은 앞 절에서 논의한 수요와 공급관리의 수단들을 사용하여 수요의 변동에 대처할 수 있다.

평준화전략을 사용하면 흔히 비수기에 재고를 보유하게 된다.

© Andersen Ross/Stockbyte/Getty Images

**추종전략**(chase strategy)에서는 수요의 크기를 따라가면서 인력규모를 조절한다. 이 전략을 사용하면 수요의 변동을 인력으로 모두 소화하기 때문에 재고를 유지하거나 수요와 공급관리의 수단들을 사용할 필요가 없다. 하지만 추종전략은 수요의 변동에 따라 종업원의 고용과 해고가 상당히 빈번하게 이루어진다.

이 두 가지 전략은 극단적인 전략으로서 한 전략은 인력 수준에 전혀 변화를 주지 않고, 다른 한 전략은 수요의 변화에 따라 직접적으로 인력 수준을 변화시킨다. 현실에서의 많은 기업들은 이 두 가지 전략을 혼합해서 사용한다. 운영선도

## 운영선도사례  수요의 변동에 평준화전략으로 대응한 트래블러스 보험사

트래블러스(Travelers) 보험사는 90여개 국가의 고객을 대상으로 다양한 보험상품을 제공하고 있다. 이 회사는 자동차 소유자, 렌트카 이용자, 주택 소유자, 사업자를 대

상으로 보험을 판매하고 있다. 트래블러스는 인력과 생산능력을 평준화전략으로 관리하는 대표적인 기업이다.

허리케인 아이크가 2008년 9월에 텍사스 해변을 강타하기 전에, 다른 주의 트래블러스 보험청구 처리직원을 피해 지역으로 이동시켜 즉각적으로 피해 고객을 도울 수 있도록 준비했다. 허리케인이 상륙하기도 전에 숙련된 전문 직원을 준비시킨 것이다. 기업 내 전국재난대응센터는 업계 관례대로 외부업체에 의존하지 않고 타 지역의 숙련된 수천 명의 직원을

신속히 배치하는 계획을 갖추고 있었다.

트래블러스는 평준화전략을 사용하면서 대규모 재난이 발생할 때는 여러 지역의 직원을 동원하고, 인력이 과잉인 기간에는 교육을 받거나 미뤘던 업무를 수행하도록 하고 있다. 이 전략은 성수기에 고객 서비스를 높은 수준으로 유지할 수 있다는 점에서 장점이 있다. 트래블러스는 허리케인 아이크로부터 피해를 입은 고객에 대해 보험청구 후 48시간 이내에 연락을 취하고, 피해를 조사하고 보험금을 지불하여 대부분의 청구를 30일 이내에 종결시킬 수 있었다.

출처 : 2009년과 2015년의 연차보고서를 www.travelers.com로부터 발췌

사례에서 트래블러스 보험사가 수요의 심한 변동기간에도 평준화전략을 어떻게 성공적으로 사용했는지를 설명하고 있다.

## 11.7  총괄계획비용

**LO11.6 총괄계획과 연관된 원가항목**

대부분의 총괄계획 수립기법은 비용 최소화를 목표로 한다. 이들 기법은 기간에 따라 변동하는 수요를 예측한 값이 주어져 있다고 가정한다. 따라서 수요조절의 전략은 고려하지 않는다. 만약에 생산량뿐 아니라 수요까지도 조절하겠다면, 수요 변화로 인해 비용과 수익이 영향을 받기 때문에 비용 최소화보다는 이익 최대화 모형을 개발하는 것이 더 적합하게 된다.

수요가 주어져 있다면 다음의 비용들을 총괄계획 수립에서 고려한다.

1. **고용비용과 해고비용.**  고용비용은 신규 종업원을 모집·선발하고 완전한 수준의 생산성을 확보할 때까지의 훈련비용 등 모든 비용을 포함한다. 어떤 직무는 이 비용이 단지 수십만 원 정도지만 고도의 숙련직은 수백만 원일 수 있다. 해고비용은 퇴직금, 위로금, 기타 관련 비용 등을 포함한다. 이 비용 역시 직원당 수십만 원에서 수백만 원이 될 수 있다.
2. **초과근무비용과 단축근무비용.**  초과근무비용은 정규 임금에 초과근무 프리미엄을 더한 것이며, 일반적으로 50~100%가 추가된다. 단축근무비용은 정규생산의 경우보다 낮은 생산성으로 종업원을 활용함으로 인한 비용이다.
3. **재고유지비용.**  재고유지비용은 제품을 재고로 보유할 때의 비용으로서 자본비용, 저

장비용, 노후화비용, 가치하락비용 등 변동비 성격의 비용이다. 이 비용은 종종 재고가액 대비 비율로 표시되며, 보통 연간 15~35%의 범위이다. 이 비용은 보유 재고의 화폐가치에 대해 계상된 이자로 생각할 수 있다. 따라서 만약에 유지비용이 20%이고, 제조단가가 10달러라면, 1년 동안 한 단위의 재고를 유지하는 비용은 2달러가 된다.

4. **하청비용.** 하청비용은 물품 생산을 위탁한 기업에 지불하는 비용이다. 하청비용은 내부 생산 시의 원가보다 클 수도, 작을 수도 있다.

5. **비정규 인건비.** 비정규 또는 임시직 직원에 대해서는 복지와 시간당 임금의 차이 때문에 정규직 직원보다 인건비가 낮다. 비정규 직원의 인건비가 적게 발생하지만 운영적 이유 혹은 노동조합과의 협약에 따라 비정규 직원의 최대 구성비율을 정하는 경우도 있다. 그렇지 않으면 모든 인력을 비정규 또는 임시 직원으로 하려는 성향이 있기 때문이다. 그러나 운영의 연속성뿐 아니라, 비정규와 임시 직원을 효율적으로 활용하고 훈련시키기 위해서라도 일반적으로 정규인력이 필수적으로 요구된다.

6. **재고고갈비용 혹은 미납주문비용.** 미납주문비용과 재고고갈비용에는 고객 서비스의 저하로 인한 비용이 반영되어야 한다. 이 비용을 산정하는 것은 매우 어렵지만, 고객의 호의 저하, 매출상실로 인한 이익 감소, 미래의 판매기회 상실 등을 계상해야 한다.

모든 총괄계획의 수립에는 위 비용요소의 전부 혹은 일부가 관련된다. 해당되는 비용요소를 이용하여 전략 대안들의 총비용을 비교해야 한다. 다음 예제에서 세 가지 전략 대안에 대해 총비용을 산출하고 있다. 이런 유형의 분석을 스프레드시트에서 수행하면 매우 많은 전략 대안들을 비교해볼 수 있다.

## 11.8 총괄계획 수립 예제

**LO11.7** 헤프티 맥주회사의 예제

헤프티 맥주회사는 향후 12개월에 대한 총괄생산계획을 수립하고 있다. 여러 종류의 맥주와 포장유형이 있지만 관리자는 생산능력의 총괄 측정단위로서 갤런을 사용하기로 했다.

향후 12개월 동안의 맥주 수요는 〈그림 11.4〉의 패턴과 같이 여름이 성수기이고 겨울이 비수기인 것으로 예측되고 있다.

헤프티 양조장의 관리자는 세 가지 총괄계획 대안을 고려하고자 한다.

1. **평준화 인력.** 성수기의 수요는 재고로 충족한다.
2. **평준화 인력과 초과근무.** 성수기 수요를 충족하기 위해 재고 및 6, 7, 8월에 20% 초과근무를 사용한다.
3. **추종전략.** 각 월의 수요를 충족하는 데 필요한 만큼 직원을 고용 혹은 해고한다.

**그림 11.4**
헤프티 맥주회사의
수요예측

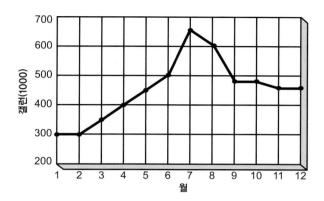

각 대안을 평가하기 위해 관리자는 다음과 같이 보유자원과 비용에 대한 자료를 수집했다.

- 계획기간을 40명의 생산인력으로 시작한다고 가정한다. 각각의 생산자는 정규근무로 매월 10,000갤런의 맥주를 생산한다. 초과근무로도 시간당 동일한 생산량이 예상되지만, 초과근무는 1년에 단 3개월만 활용할 수 있다.
- 각 생산자의 정규근무 임금으로 매월 4,000달러를 지급한다. 초과근무는 정규근무 임금의 150%를 지불하며, 최대 20%까지 초과근무를 활용할 수 있다.
- 생산자의 고용비용은 모집·선발·훈련비용을 포함해 1명당 5,000달러이다. 해고비용은 퇴직금과 부대 혜택을 포함해 1인당 4,000달러가 발생한다.
- 재고가액 산정을 위해 맥주 1갤런의 생산원가를 4달러로 계상한다. 1개월 동안의 재고유지비용은 3%로 추정된다(즉 1갤런을 1개월 동안 재고로 보유하는 비용이 12센트).
- 계획기간의 기초재고가 50,000갤런이라고 가정한다. 12개월 후에 필요한 기말재고 또한 50,000갤런이다. 매월의 예측수요는 모두 충족되어야 하고 재고고갈은 허용되지 않는다.

다음으로는 주어진 비용요소를 이용하여 세 가지 전략대안을 평가하는 것이다. 첫 단계는 모든 관련된 비용요소(정규근무, 초과근무, 채용, 해고, 재고유지)를 계산하는 〈표 11.1〉~〈표 11.3〉과 같은 스프레드시트를 작성하는 것이다. 이 예제에는 하청, 비정규 직원, 미납주문, 재고고갈 등은 공급조절 수단으로 사용하지 않았음에 유의하라.

평준화전략을 평가하기 위해 먼저 수요와 재고목표를 충족하는 데 필요한 생산인력의 수를 계산했다. 기말재고와 기초재고를 동일하게 가정했기 때문에, 인력은 한 해 동안의 총수요를 정확히 충족하는 수준이면 된다. 〈그림 11.4〉로부터 월간 수요를 모두 더하면, 연간 총수요는 5,400,000갤런이다. 각 생산자가 연간 10,000(12)=120,000갤런을 생산할 수 있기 때문에 평준화 인력으로 5,400,000÷120,000=45명의 생산인력이 연간 총수요를 충족하기 위해 필요하다. 이는 5명의 신규 종업원을 고용해야 함을 의미한다. 월별 재고와

표 11.1
총괄계획비용 – 전략 1 : 평준화 인력*

| 1 | | 1월 | 2월 | 3월 | 4월 | 5월 | 6월 | 7월 | 8월 | 9월 | 10월 | 11월 | 12월 | 합계 |
|---|---|---|---|---|---|---|---|---|---|---|---|---|---|---|
| 2 | 자원 | | | | | | | | | | | | | |
| 3 | 정규직원 | 45 | 45 | 45 | 45 | 45 | 45 | 45 | 45 | 45 | 45 | 45 | 45 | |
| 4 | 초과근무(%) | 0 | 0 | 0 | 0 | 0 | 0 | 0 | 0 | 0 | 0 | 0 | 0 | |
| 5 | 생산량 | 450 | 450 | 450 | 450 | 450 | 450 | 450 | 450 | 450 | 450 | 450 | 450 | 5,400 |
| 6 | 예측판매량 | 300 | 300 | 350 | 400 | 450 | 500 | 650 | 600 | 475 | 475 | 450 | 450 | 5,400 |
| 7 | 월말재고 | 200 | 350 | 450 | 500 | 500 | 450 | 250 | 100 | 75 | 50 | 50 | 50 | |
| 8 | 비용 | | | | | | | | | | | | | |
| 9 | 정규시간 | $180.0 | $180.0 | $180.0 | $180.0 | $180.0 | $180.0 | $180.0 | $180.0 | $180.0 | $180.0 | $180.0 | $180.0 | $2,160.0 |
| 10 | 초과근무시간 | 0.0 | 0.0 | 0.0 | 0.0 | 0.0 | 0.0 | 0.0 | 0.0 | 0.0 | 0.0 | 0.0 | 0.0 | 0.0 |
| 11 | 고용/해고 | 25.0 | 0.0 | 0.0 | 0.0 | 0.0 | 0.0 | 0.0 | 0.0 | 0.0 | 0.0 | 0.0 | 0.0 | 25.0 |
| 12 | 재고유지 | 24.0 | 42.0 | 54.0 | 60.0 | 60.0 | 54.0 | 30.0 | 12.0 | 9.0 | 6.0 | 6.0 | 6.0 | 363.0 |
| 13 | 총비용 | $229.0 | $222.0 | $234.0 | $240.0 | $240.0 | $234.0 | $210.0 | $192.0 | $189.0 | $186.0 | $186.0 | $186.0 | $2,548.0 |
| 14 | * 모든 비용의 단위는 1,000달러이고, 모든 생산량과 재고량의 단위는 1,000갤런이다. 그리고 초기 재고는 50,000갤런이다. | | | | | | | | | | | | | |

표 11.2
총괄계획비용 – 전략 2 : 평준화 인력과 초과근무*

| 1 | | 1월 | 2월 | 3월 | 4월 | 5월 | 6월 | 7월 | 8월 | 9월 | 10월 | 11월 | 12월 | 합계 |
|---|---|---|---|---|---|---|---|---|---|---|---|---|---|---|
| 2 | 자원 | | | | | | | | | | | | | |
| 3 | 정규직원 | 43 | 43 | 43 | 43 | 43 | 43 | 43 | 43 | 43 | 43 | 43 | 43 | |
| 4 | 초과근무(%) | 0 | 0 | 0 | 0 | 0 | 20 | 20 | 20 | 0 | 0 | 0 | 0 | |
| 5 | 생산량 | 430 | 430 | 430 | 430 | 430 | 516 | 516 | 516 | 430 | 430 | 430 | 430 | 5,418 |
| 6 | 예측판매량 | 300 | 300 | 350 | 400 | 450 | 500 | 650 | 600 | 475 | 475 | 450 | 450 | 5,400 |
| 7 | 월말 재고 | 180 | 310 | 390 | 420 | 400 | 416 | 282 | 198 | 153 | 108 | 88 | 68 | |
| 8 | 비용 | | | | | | | | | | | | | |
| 9 | 정규시간 | $172.0 | $172.0 | $172.0 | $172.0 | $172.0 | $172.0 | $172.0 | $172.0 | $172.0 | $172.0 | $172.0 | $172.0 | $2,064.0 |
| 10 | 초과근무시간 | 0.0 | 0.0 | 0.0 | 0.0 | 0.0 | 51.6 | 51.6 | 51.6 | 0.0 | 0.0 | 0.0 | 0.0 | 154.8 |
| 11 | 고용/해고 | 15.0 | 0.0 | 0.0 | 0.0 | 0.0 | 0.0 | 0.0 | 0.0 | 0.0 | 0.0 | 0.0 | 0.0 | 15.0 |
| 12 | 재고유지 | 21.6 | 37.2 | 46.8 | 50.4 | 48.0 | 49.9 | 33.8 | 23.8 | 18.4 | 13.0 | 10.6 | 8.2 | 361.6 |
| 13 | 총비용 | $208.6 | $209.2 | $218.8 | $222.4 | $220.0 | $273.5 | $257.4 | $247.4 | $190.4 | $185.0 | $182.6 | $186.2 | $2,595.4 |
| 14 | * 모든 비용의 단위는 1,000달러이고, 모든 생산량과 재고량의 단위는 1,000캘런이다. 그리고 초기 재고는 50,000캘런이다. | | | | | | | | | | | | | |

표 11.3
**총괄계획비용－전략 3 : 추종전략***

| 1 | | 1월 | 2월 | 3월 | 4월 | 5월 | 6월 | 7월 | 8월 | 9월 | 10월 | 11월 | 12월 | 합계 |
|---|---|---|---|---|---|---|---|---|---|---|---|---|---|---|
| 2 | **자원** | | | | | | | | | | | | | |
| 3 | 정규직원 | 30 | 30 | 35 | 40 | 45 | 50 | 65 | 60 | 48 | 47 | 45 | 45 | |
| 4 | 초과근무(%) | 0 | 0 | 0 | 0 | 0 | 0 | 0 | 0 | 0 | 0 | 0 | 0 | |
| 5 | 생산량 | 300 | 300 | 350 | 400 | 450 | 500 | 650 | 600 | 480 | 470 | 450 | 450 | 5,400 |
| 6 | 예측판매량 | 300 | 300 | 350 | 400 | 450 | 500 | 650 | 600 | 475 | 475 | 450 | 450 | 5,400 |
| 7 | 월말 재고 | 50 | 50 | 50 | 50 | 50 | 50 | 50 | 50 | 55 | 50 | 50 | 50 | |
| 8 | **비용** | | | | | | | | | | | | | |
| 9 | 정규시간 | $120.0 | $120.0 | $140.0 | $160.0 | $180.0 | $200.0 | $260.0 | $240.0 | $192.0 | $188.0 | $180.0 | $180.0 | $2,160.0 |
| 10 | 초과근무시간 | 0.0 | 0.0 | 0.0 | 0.0 | 0.0 | 0.0 | 0.0 | 0.0 | 0.0 | 0.0 | 0.0 | 0.0 | 0.0 |
| 11 | 고용/해고 | 40.0 | 0.0 | 25.0 | 25.0 | 25.0 | 25.0 | 75.0 | 20.0 | 48.0 | 4.0 | 8.0 | 0.0 | 295.0 |
| 12 | 재고유지 | 6.0 | 6.0 | 6.0 | 6.0 | 6.0 | 6.0 | 6.0 | 6.0 | 6.6 | 6.0 | 6.0 | 6.0 | 72.6 |
| 13 | 총비용 | $166.0 | $126.0 | $171.0 | $191.0 | $211.0 | $231.0 | $341.0 | $266.0 | $246.6 | $198.0 | $194.0 | $186.0 | $2,527.6 |
| 14 | * 모든 비용의 단위는 1,000달러이고, 모든 생산량과 재고량의 단위는 1,000갤런이다. 그리고 초기 재고는 50,000갤런이다. | | | | | | | | | | | | | |

각 비용이 〈표 11.1〉에 계산되어 있다.

1월의 계산 내용을 보자. 표에서 제일 윗줄에 입력된 45명의 정규 직원 각각이 한 달에 10,000갤런을 생산하기 때문에 총 450,000갤런의 맥주를 1월에 생산할 수 있다. 이 생산량은 1월 예측수요를 150,000갤런(=450,000−300,000)만큼 초과하기 때문에 이 초과량을 1월 초 재고 50,000갤런에 더하면 1월 말 재고가 200,000갤런이 된다.

다음으로 〈표 11.1〉의 비용이 다음과 같이 계산된다. 1월의 정규근무비용은 180,000달러이다(45명의 종업원×4,000달러/명). 추가근무비용은 없으며, 초기 인력 수준이 40명이었기 때문에 5명의 종업원을 신규로 고용해야 하고, 고용비용은 25,000달러이다. 마지막으로, 한 달 동안 1갤런을 재고로 유지하는 데 12센트의 비용이 발생하므로, 헤프티는 200,000갤런의 월말 재고를 유지하는 비용이 24,000달러 발생한다.[1] 따라서 1월의 총비용은 229,000달러로 예상된다. 계속해서 월별로 비용계산을 하여 모두 더하면 평준화전략을 위한 연간 총비용으로 2,548,000달러를 구할 수 있다.

평준화 인력에 초과근무를 더한 두 번째 전략대안은 계산이 약간 더 복잡하다. 만약 $X$가 이 전략의 정규인력 규모라면, 다음의 등식이 만족되어야 한다.

$$9(10,000X) + 3[(1.2)(10,000X)] = 5,400,000갤런$$

헤프티는 9개월 동안 10,000$X$갤런을 매월 생산할 것이고, 3개월 동안 초과근무를 포함해 10,000$X$의 120%를 생산할 것이다. $X$에 대해 위의 방정식을 풀면 $X$=43명이다. 이 대안에 대한 월별 재고와 각 비용을 〈표 11.2〉에서 계산하여 보여주고 있다.

세 번째 전략인 추종전략은 월별 수요를 정확히 충족하기 위해 종업원을 매월 고용하고 해고하기 때문에 매월의 인력 수준이 다르다. 이 전략에서는 〈표 11.3〉에서와 같이 재고수준이 50,000갤런으로 매월 일정하게 유지된다.

위 세 가지 전략 대안의 연간 비용은 〈표 11.4〉에 요약되어 있다. 주어진 비용과 가정하에 계산했을 때, 추종전략이 최저비용의 전략이다. 하지만 비용이 유일한 고려사항은 아니다. 예를 들어 추종전략은 고용 수준을 최저 30명에서부터 최고 65명까지 높였다가 그 후 45명 수준까지 해고를 해야 한다. 근로자의 분위기가 이와 같은 고용과 해고를 허용할 것인가? 아니면 노동조합 결성으로 더 높은 인건비를 초래하지는 않을 것인가? 아마도 성수기에 2교대 근무를 하게 하거나, 비정규 또는 임시직 사용을 고려해야 할지도 모른다. 이를 비롯한 여러 대안을 추종전략의 개선을 위해 고려해야 한다. 혹은 다소 비용은 높더라도 혼란스러운 인력운영을 피할 수 있는 평준화전략을 선택할 수도 있을 것이다.

우리는 총괄계획 수립의 간단한 예제를 통해 세 가지 전략의 비용을 비교하는 방법을 설명했다. 더 다양한 전략대안과 더 복잡한 총괄계획문제를 다루는 여러 고급기법들이 개발되어 왔다. 이들은 선형계획법, 시뮬레이션, 다양한 의사결정 규칙 등을 사용하는 상당히 복잡한 기법들이다.

---

[1] 편의상, 우리는 월평균 재고가 아니라 월말 재고를 가지고 재고유지비용을 계산한다.

표 11.4
비용 요약

| 전략 1 – 평준화 | |
|---|---:|
| 정규시간 인건비 | $2,160,000 |
| 고용/해고 | 25,000 |
| 재고유지 | 363,000 |
| 합계 | $2,548,000 |
| 전략 2 – 평준화 및 초과근무 | |
| 정규시간 인건비 | $2,064,000 |
| 고용/해고 | 15,000 |
| 초과근무 | 154,800 |
| 재고유지 | 361,600 |
| 합계 | $2,595,400 |
| 전략 3 – 추종 | |
| 정규시간 인건비 | $2,160,000 |
| 고용/해고 | 295,000 |
| 재고유지 | 72,600 |
| 합계 | $2,527,600 |

## 11.9  요점정리와 핵심용어

이 장의 핵심 요점들을 정리해보자.

- 설비 의사결정은 생산능력 의사결정의 계층구조에서 보면 장기적인 의사결정이다. 설비능력을 조금씩 변경하는 결정을 그때그때 할 것이 아니라 설비전략을 수립하여 실행해야 한다. 설비전략은 생산능력의 규모, 생산설비의 크기, 입지, 확장 시점, 생산설비 유형 등의 이슈를 다루는 것이다.
- 생산능력의 규모에서는 예측수요의 충족과 관련한 위험을 바탕으로 여유생산능력의 결정을 해야 한다. 큰 여유능력을 갖추고 생산능력의 부족을 막을 것인지 혹은 작은 여유능력으로 생산능력이 부족할 수 있는 위험을 감수할 것인지를 결정해야 한다.
- 생산능력 확장의 시점과 관련하여 기업은 생산능력을 조기에 확장하여 선제적으로 경쟁을 할 것인지, 혹은 생산능력이 얼마나 필요한지를 관망할 것인지 결정해야 한다.
- 규모의 경제와 비경제 모두를 최적 생산설비 크기를 결정할 때 고려해야 한다. 생산설비의 유형에서는 제품 중심, 시장 중심, 공정 중심, 또는 범용 설비로 할 것인지를 선택해야 한다.
- 판매 및 운영계획(S&OP), 또는 총괄계획은 설비 의사결정과 작업일정계획 사이에서 연결고리 역할을 한다. S&OP 의사결정은 중기 동안의 산출량 수준을 정한다. 그 결과로 인력규모, 하청, 고용, 재고수준이 결정된다. 이 결정은 설비의 생산능력 범위

내에서, 그리고 투입 가능한 자원의 범위 내에서 이루어져야 한다.

- 총괄계획의 수립은 중기 동안의 공급량과 수요를 맞추는 것이다. 공급량과 수요를 조절하는 다양한 수단을 고려하면서 이루어진다.

- 공급량의 조절 수단으로는 고용, 해고, 초과근무, 단축근무, 재고, 비정규 인력, 제휴협정 등이며, 수요를 조절하는 수단으로는 가격정책, 판촉, 이월주문 또는 예약제, 보완재 개발 등이다.

- 공급량과 수요를 맞추는 두 가지 기본 전략은 추종전략과 평준화전략이다. 기업들은 이들 두 전략을 혼합해서 사용할 수도 있다. 어느 전략을 사용할 것인지의 결정은 전략대안들의 총비용을 추정하여 비교하는 방법으로 할 수 있다. 비용 이외의 고려요소로는 고객 서비스 수준, 수요 변화의 가능성, 노동환경, 수요예측의 정확성 등이 있다.

**핵심용어**

| | | |
|---|---|---|
| 가동률 | 생산능력 결정의 계층구조 | 여유생산능력 |
| 공급관리 | 규모의 경제 | 유효 생산능력 |
| 공정 중심 설비 | 선제전략 | 제품 중심 설비 |
| 관망전략 | 설비 의사결정 | 총괄계획 |
| 규모의 비경제 | 설비전략 | 추종전략 |
| 범용 설비 | 수요관리 | 판매 및 운영계획(S&OP) |
| 생산능력 | 시장 중심 설비 | 평준화전략 |

---

**인터넷 학습**

1. 설비전략(http://www.ifma.org/docs/default-source/knowledge-base/sfp_whitepaper.pdf) 내용을 읽고 수업시간에 핵심 요점에 대해 토의할 준비를 하라.

2. 판매 및 운영계획(S&OP)(http://www.supplychain.com) S&OP에 대한 내용을 읽고, 수업시간에 토의할 준비를 하라.

3. 디맨드 솔루션즈(http://www.demandsolutions.com/sop.asp) S&OP에 대해 읽고 이해한 바를 수업시간에 토의할 준비를 하라.

---

## 연습문제

문제

1. **생산능력계획의 수립** XYZ 화학회사는 특정 제품에 대한 연간 수요를 다음과 같이 추정하고 있다.

| 수요(단위 : 1,000갤런) | 100 | 110 | 120 | 130 | 140 |
|---|---|---|---|---|---|
| 확률 | 0.10 | 0.20 | 0.30 | 0.30 | 0.10 |

a. 만약에 생산능력이 130,000갤런이라면, 얼마나 많은 여유생산능력이 있는가?

b. 유휴생산능력이 발생할 확률은 얼마인가?

c. 만약에 생산능력이 130,000갤런이라면, 공장의 평균 가동률은 몇 %인가?

d. 만약에 재고고갈로 판매기회가 상실되는 비용이 1,000갤런당 100,000달러이고, 1,000갤런의 생산능력을 확충하는 데는 5,000달러의 비용이 든다면, 총비용을 최소화하기 위해서는 얼마의 생산능력을 구축해야 하는가?

풀이

a. 여유생산능력=100%−가동률

  =130−[(0.1×100)+(0.2×110)+(0.3×120)+(0.3×130)+(0.1×140)]

  =9,000갤런, 또는 생산능력의 9/130=6.9%

b. 유휴생산능력의 확률=(수요<130)의 확률

  =0.1+0.2+0.3

  =0.6(또는 60%)

c. 평균 가동률=(0.1×100/130)+(0.2×110/130)+(0.3×120/130)+

  (0.3×130/130)+(0.1×140/130)

  =93.1%

d. 총비용을 최소화하는 생산능력의 규모를 결정하기 위해서는 먼저 생산능력의 확충비용을 구하고, 다음으로 수요를 채우지 못할 때의 패널티 비용을 추가해야 한다. 가능한 모든 생산능력 규모에 대해 계산하여 비교한다.


100,000갤런의 생산능력 구축 :

총비용=생산능력 비용+패널티 비용

  =(100×5,000달러)+{100,000달러×[(0×0.1)+(10×0.2)+(20×0.3)+

  (30×0.3)+(40×0.1)]}

  =2,600,000달러

110,000갤런의 생산능력 구축 :

총비용=생산능력 비용+패널티 비용

  =(110×5,000달러)+{100,000달러×[(0×0.1)+(0×0.2)+(10×0.3)+

  (20×0.3)+(30×0.1)]}

  =1,750,000달러

120,000갤런의 생산능력 구축 :

총비용 = 생산능력 비용 + 패널티 비용

$$= (120 \times 5{,}000달러) + \{100{,}000달러 \times [(0 \times 0.1) + (0 \times 0.2) + (0 \times 0.3) +$$
$$(10 \times 0.3) + (20 \times 0.1)]\}$$

$$= 1{,}100{,}000달러$$

130,000갤런의 생산능력 구축 :

총비용 = 생산능력 비용 + 패널티 비용

$$= (130 \times 5{,}000달러) + \{100{,}000달러 \times [(0 \times 0.1) + (0 \times 0.2) + (0 \times 0.3) +$$
$$(0 \times 0.3) + (10 \times 0.1)]\}$$

$$= 750{,}000달러$$

140,000갤런의 생산능력 구축 :

총비용 = 생산능력 비용 + 패널티 비용

$$= (140 \times 5{,}000달러) + \{100{,}000달러 \times [(0 \times 0.1) + (0 \times 0.2) + (0 \times 0.3) +$$
$$(0 \times 0.3) + (0 \times 0.1)]\}$$

$$= 700{,}000달러$$

총비용을 최소화하는 선택은 700,000달러의 비용이 예상되는 140,000갤런 생산능력을 구축하는 것이다.

**문제**

2. **서비스 총괄계획** AAA 회계법인은 개인소득세신고 서비스를 제공하고 있다. 고객들은 세금신고 서류작성 서비스의 유형에 따라 요금을 지불한다. 복잡한 신고를 하는 고객들에게는 200달러의 요금을 부과하고, 간단한 서비스가 필요한 고객들에게는 50달러를 부과한다. AAA에는 5명의 정규직 회계사가 주당 600달러의 보수로 일한다. 성수기(마감일 이전의 5주일)에는 임시직 회계사를 주당 600달러의 보수로 고용할 수 있다. 회사가 임시직 회계사를 채용할 때마다 채용대행회사에 200달러를 지불한다. 모든 회계사들(정규직과 임시직)은 1명당 1주일에 175달러의 비용이 드는 전문가 정보시스템을 이용하고 있다. 평균적으로, 1명의 회계사(정규직과 임시직)가 주당 4개의 복잡한 신고 또는 20개의 간단한 신고를 처리할 수 있다. 다가오는 세금신고기간 동안 간단한 서비스와 복잡한 서비스에 대한 수요는 아래 표와 같이 주어졌다. 모든 수요는 다섯째 주일까지 처리해야 한다.

| 주일 | 1 | 2 | 3 | 4 | 5 |
|---|---|---|---|---|---|
| 수요(간단) | 40 | 60 | 80 | 100 | 100 |
| 수요(복잡) | 10 | 17 | 21 | 30 | 20 |

a. 주별 수요를 모두 충족시킬 만큼 충분한 회계사를 고용할 때의 총이익을 계산하라.

b. 모든 신고서를 처리하는 시점이 수요가 발생한 시점이 아니라 다섯째 주말 이내면 되는 경우 이익을 더 많이 창출할 수 있는 계획을 찾아보라.

c. 만약에 1명 혹은 그 이상의 정규직 회계사가 주당 40시간까지 정규임금의 1.5배 수준에서 추가적으로 초과근무를 한다면, b의 답이 달라지겠는가?

d. 위 a, b, c의 답에서 누구를 언제 고용하거나 해고하는지에 관련된 결정에 영향을 미치는 어떤 제한이나 가정이 있는가?

**풀이**

수익과 정규직 회계사의 비용은 일정하기 때문에, 아래 표에 한 번만 제시한다.

| 주일 | 1 | 2 | 3 | 4 | 5 |
|---|---|---|---|---|---|
| 수익 | | | | | |
| 간단한 신고 | 2,000 | 3,000 | 4,000 | 5,000 | 5,000 |
| 복잡한 신고 | 2,000 | 3,400 | 4,200 | 6,000 | 4,000 |
| 총수익 | 4,000 | 6,400 | 8,200 | 11,000 | 9,000 |
| 정규직 5명의 비용 | | | | | |
| 회계사 | 3,000 | 3,000 | 3,000 | 3,000 | 3,000 |
| 컴퓨터시스템 | 875 | 875 | 875 | 875 | 875 |
| 정규직 총비용 | 3,875 | 3,875 | 3,875 | 3,875 | 3,875 |

a. 먼저, 필요한 회계사의 총 인원수는 다음과 같이 계산한다.

| 회계사 인원수: | | | | | |
|---|---|---|---|---|---|
| 간단한 신고 | 2.00 | 3.00 | 4.00 | 5.00 | 5.00 |
| 복잡한 신고 | 2.50 | 4.25 | 5.25 | 7.50 | 5.00 |
| | 4.50 | 7.25 | 9.25 | 12.50 | 10.00 |
| 올림한 인원수 | 5 | 8 | 10 | 13 | 10 |

필요한 임시직 회계사의 인원수를 구하기 위해, 올림한 총 인원수에서 정규직 인원 5명을 뺀다.

**임시직 회계사의 비용**

| 임시직 인원수 | 0 | 3 | 5 | 8 | 5 |
|---|---|---|---|---|---|
| 고용비용 | 0 | 600 | 400 | 600 | 0 |
| 급여 | 0 | 1,800 | 3,000 | 4,800 | 3,000 |
| 컴퓨터시스템 | 0 | 525 | 875 | 1,400 | 875 |
| 임시직 비용 | 0 | 2,925 | 4,275 | 6,800 | 3,875 |
| 정규직 비용 | 3,875 | 3,875 | 3,875 | 3,875 | 3,875 |
| 총비용 | 3,875 | 6,800 | 8,150 | 10,675 | 7,750 |
| 총수익 | 4,000 | 6,400 | 8,200 | 11,000 | 9,000 |
| 이익(손실) | 125 | (400) | 50 | 325 | 1,250 |

5주간 이익(손실) = 1,350달러

b. 이 경우 각 기간의 수요를 맞추기 위해 회계사의 수를 올림할 필요가 없다.

**임시직 회계사의 비용**

| 임시직 인원수 | 0 | 2 | 4 | 8 | 5 |
|---|---|---|---|---|---|
| 고용비용 | 0 | 400 | 400 | 800 | 0 |
| 급여 | 0 | 1,200 | 2,400 | 4,800 | 3,000 |
| 컴퓨터시스템 | 0 | 350 | 700 | 1,400 | 875 |
| 임시직 비용 | 0 | 1,950 | 3,500 | 7,000 | 3,875 |
| 정규직 비용 | 3,875 | 3,875 | 3,875 | 3,875 | 3,875 |
| 총비용 | 3,875 | 5,825 | 7,375 | 10,875 | 7,750 |
| 총수익 | 4,000 | 6,400 | 8,200 | 11,000 | 9,000 |
| 이익(손실) | 125 | 575 | 825 | 125 | 1,250 |

5주간 이익(손실) = 2,900달러

c. 4주 차에 5명의 임시직 회계사만을 활용하고 그 주일에 초과근무를 통해 총수요를 맞춘다고 가정하자.

**임시직 회계사의 비용**

| 임시직 인원수 | 0 | 2 | 4 | 8 | 5 |
|---|---|---|---|---|---|
| 고용비용 | 0 | 400 | 400 | 200 | 0 |
| 급여 | 0 | 1,200 | 2,400 | 3,000 | 3,000 |
| 정규직 초과근무 | 0 | 0 | 0 | 2,700 | 0 |
| 컴퓨터시스템 | 0 | 350 | 700 | 875 | 875 |
| 임시직 비용 | 0 | 1,950 | 3,500 | 6,775 | 3,875 |
| 정규직 비용 | 3,875 | 3,875 | 3,875 | 3,875 | 3,875 |
| 총비용 | 3,875 | 5,825 | 7,375 | 10,650 | 7,750 |
| 총수익 | 4,000 | 6,400 | 8,200 | 11,000 | 9,000 |
| 이익(손실) | 125 | 575 | 825 | 350 | 1,250 |

5주간 이익(손실) = 3,125달러

d. 총괄계획은 대부분 이 예시처럼 간단하지 않다. 예를 들어 이 문제에서 계약취소비용은 고려되지 않았다. 회사가 편리한 시점까지 서류작성을 미루는 것을 고객이 허락할지가 불확실하다. 특히 고객이 빠른 세금환불을 기대할 수 있는 경우라면 더욱 그렇다.

문제

3. **제조업 총괄계획** MI 제조업체는 현재 매 기간마다 총 500단위를 생산할 수 있는 10명의 생산인력을 보유하고 있다. 현재 종업원 1명의 기간당 인건비는 2,400달러이다. 이 기업은 오랫동안 초과근무를 허락하지 않는 정책을 적용하고 있으며, 또한 MI가 사용하는 특수장비 때문에 하청은 할 수 없다. 결과적으로, MI는 종업원을 고용하거나 해고하는 방식으로만 생산을 증가시키거나 감소시킬 수 있다. 종업원 1명당 고용비용이 5,000달러이고, 해고비용도 5,000달러이다. 재고유지비용은 각 기간 말에 남아 있는 재

고 1단위당 100달러이다. 기간 1이 시작하는 시점의 재고수준은 300단위이고, 각 기간의 예측수요가 아래 표에 주어졌다.

| 기간 | 1 | 2 | 3 | 4 | 5 | 6 |
|------|-----|-----|-----|-----|-----|-----|
| 총수요 | 630 | 520 | 410 | 270 | 410 | 520 |

a. 추종전략의 비용을 계산하라.

b. 평준화전략의 비용을 계산하라.

c. 두 전략을 비교하라.

**풀이**

a. 먼저, 추종전략에서 각 기간마다 생산량이 수요를 충족시킬 수 있는 인력 수준을 계산한다. 예를 들어 기간 1의 수요인 630단위를 충족할 수 있는 인원은 12.6명이다(생산인력 1명이 기간당 50단위를 생산). 올림한 인원 13명으로 계산한 생산량과 관련 비용은 다음 표와 같다.

| 기간 | 1 | 2 | 3 | 4 | 5 | 6 |
|------|-----|-----|-----|-----|-----|-----|
| 수량 : | | | | | | |
| 총수요 | 630 | 520 | 410 | 270 | 410 | 520 |
| 인원수 | 13 | 10 | 8 | 5 | 8 | 10 |
| 생산량 | 650 | 500 | 400 | 250 | 400 | 500 |
| 기말재고 | 320 | 300 | 290 | 270 | 260 | 240 |
| 비용 : | | | | | | |
| 인건비 | 31,200 | 24,000 | 19,200 | 12,000 | 19,200 | 24,000 |
| 고용/해고비용 | 15,000 | 15,000 | 10,000 | 15,000 | 15,000 | 10,000 |
| 재고유지비용 | 32,000 | 30,000 | 29,000 | 27,000 | 26,000 | 24,000 |
| 기간별 비용 | 78,200 | 69,000 | 58,200 | 54,000 | 60,200 | 58,000 |
| 총비용 | | | | | | $377,600 |

b. 평준화전략에서의 인력 수준을 먼저 계산한다. a와 비교하기 위해서는 여섯 기간 동안 a와 동일한 수량을 생산하도록 인원수를 설정해야 한다. a에서의 총 생산량은 다음과 같다.

$$650 + 500 + 400 + 250 + 400 + 500 = 2,700단위$$

평준화전략에서는 각 기간에 동일한 수량, 즉 기간당 2,700/6 = 450단위를 생산한다. 따라서 각 기간에 정확히 9명의 종업원이 필요하며, 그 결과 생산수량과 비용은 다음과 같이 계산된다.

| 기간 | 1 | 2 | 3 | 4 | 5 | 6 |
|---|---|---|---|---|---|---|
| 수량 : | | | | | | |
| 총수요 | 630 | 520 | 410 | 270 | 410 | 520 |
| 인원수 | 9 | 9 | 9 | 9 | 9 | 9 |
| 생산량 | 450 | 450 | 450 | 450 | 450 | 450 |
| 기말재고 | 120 | 50 | 90 | 270 | 310 | 240 |
| 비용 : | | | | | | |
| 인건비 | 21,600 | 21,600 | 21,600 | 21,600 | 21,600 | 21,600 |
| 고용/해고비용 | 5,000 | 0 | 0 | 0 | 0 | 0 |
| 재고유지비용 | 12,000 | 5,000 | 9,000 | 27,000 | 31,000 | 24,000 |
| 기간별 비용 | 38,600 | 26,600 | 30,600 | 48,600 | 52,600 | 45,600 |
| 총비용 | | | | | | $242,600 |

c. 평준화전략이 훨씬 비용이 적게 든다. 왜냐하면 종업원을 고용하고 해고하는 데 상당한 비용이 발생하기 때문이다. 또한 추종전략은 300단위라는 상당히 많은 기초재고가 불필요하게 비용을 발생시키는 데 비해, 평준화전략에서는 재고고갈을 막는 데 이 기초재고가 사용된다.

## 토의질문

1. 다음 유형의 설비를 계획하기 위해서는 어느 정도의 기간이 필요하겠는가?
   a. 식당
   b. 병원
   c. 정유공장
   d. 장난감 공장
   e. 전기발전소
   f. 공립학교
   g. 사립학교

2. 설비의 생산능력 규모, 설비 크기, 입지, 생산능력 확충시점, 설비 유형 등의 이슈들을 동시에 고려할 때 어떤 문제가 발생하겠는가?

3. 교육청은 미래 몇 년 동안의 학생 수를 예측해본 결과, 관할지역 학교의 수용능력이 2,000명까지 초과할 것으로 예상하고 있다. 유일한 대책은 학교 하나를 폐쇄하는 것이라고 교육청은 말하고 있다. 이 주장을 어떻게 평가하겠는가?

4. 설비 관련한 결정을 흔히 최고경영자가 내리는 이유는 무엇인가? 이 결정에 있어 운영, 마케팅, 재무, 회계, 엔지니어링, 인적자원부서의 역할은 무엇인가?

5. 기업전략이 생산능력 의사결정에 어떤 방식으로 영향을 주는가?

6. 판매 및 운영계획(S&OP) 혹은 총괄계획은 가끔 작업일정계획과 혼동된다. 이 둘은 어떤 차이가 있는가?

7. XYZ 기업은 계절성 제품을 생산하고 있다. 현재 이 회사는 정책적으로 평준화 인력을 채택하고 있다. 그 이유는 만약 직원을 해고한다면, 필요할 때 그들을 재고용하거나 자격을 갖춘 교체인력을 찾을 수 없을 것을 우려하고 있기 때문이다. 이 회사의 총괄계획 수립에서 문제점이 있는지를 논하라.

8. 총괄계획은 인원계획, 예산계획, 마케팅계획과 관련있다고들 말한다. 이들 계획 사이에는 어떤 관계가 있는지를 설명하라.

9. 모든 기업은 우수한 노사관계, 낮은 운영비용, 높

은 재고회전율, 우수한 고객 서비스 등 다중 목표를 갖는다. 총괄계획 수립에서 이들 목표들을 개별적으로 다루는 것과 비용이라는 단일 척도로 통합하는 것을 비교하면 어떤 장단점이 있는가?

10. 총괄계획 수립의 대상 기간을 선택하는 데 있어서 어떤 요소가 중요한가?

11. 한 이발소는 화요일부터 토요일까지 주당 5일 동안 이발사의 인력 수준을 평준화해 왔다. 화요일부터 금요일까지는 매일 점심시간과 오후 4시 이후가 최고로 붐비는 시간대이다. 금요일 오후와 토요일 하루 종일 동안은 모든 이발사들이 매우 바쁘며, 고객들은 상당한 시간을 기다리게 되고 일부 고객은 포기하고 돌아가기도 한다. 총괄계획 수립에서 고려할 수 있는 대안들은 어떤 것이 있는가? 이들 대안들의 효과를 어떻게 분석하겠는가? 어떤 데이터를 수집하고, 대안들을 어떻게 비교해야 하는가?

## 문제

1. 불확실한 수요에 대응하기 위해 얼마나 큰 생산능력을 갖출지를 결정하고자 한다. 생산능력이 부족하면 단위당 20달러의 판매상실 비용이 발생하며, 또한 각 단위의 생산능력을 갖추는 데는 7달러의 비용이 든다고 가정하자. 다양한 수요 수준에 대한 확률은 다음과 같다.

| 수요량 | 발생확률 |
|---|---|
| 0 | 0.05 |
| 1 | 0.10 |
| 2 | 0.15 |
| 3 | 0.20 |
| 4 | 0.20 |
| 5 | 0.15 |
| 6 | 0.10 |
| 7 | 0.05 |

a. 생산능력을 갖추는 비용과 판매상실 비용을 더한 총비용을 최소화하기 위해 얼마의 생산능력을 확충해야 하는가?

b. 생산능력의 크기를 결정하는 일반적인 규칙을 제시하라.

c. 이 문제가 예시하는 원리는 무엇인가?

2. 에이스 제철소는 다음과 같이 철강의 연간 수요를 예측했다.

| 수요(백만 톤) | 발생확률 |
|---|---|
| 10 | 0.10 |
| 12 | 0.25 |
| 14 | 0.30 |
| 16 | 0.20 |
| 18 | 0.15 |

a. 만약 생산능력이 1,800만 톤으로 설정되었다면, 얼마나 많은 여유생산능력이 생길 것인가?

b. 1,800만 톤의 생산능력에서 유휴생산능력의 확률과 공장의 평균 가동률은 얼마인가?

c. 만약 100만 톤의 판매상실 비용이 800만 달러이고, 100만 톤의 생산능력을 확충하는 비용이 8,000만 달러라고 한다면, 총비용을 최소화하는 생산능력 규모는 얼마인가?

3. 한 이발소는 주중 가장 바쁜 요일인 토요일에 다음과 같은 이발 수요를 가진다.

| 수요(이발 횟수) | 발생확률 |
|---|---|
| 20 | 0.1 |
| 25 | 0.3 |
| 30 | 0.4 |
| 35 | 0.1 |
| 40 | 0.1 |

a. 토요일의 평균 이발 수요는 얼마인가?

b. 만약 생산능력이 이발 35회라면, 이발소의 평균 가동률은 얼마인가?

c. 만약 생산능력이 이발 35회라면, 얼마나 많은 여유생산능력이 있는 것인가?

d. 만약에 이발 1회의 매출상실당 손실이 50달러이며, 이발 1회의 생산능력 확충비용이 100달러라면, 총비용을 최소화하는 생산능력은 얼마인가?

4. 일주일 동안 7일을 오전 11시부터 오후 11시까지 운영하는 식당이 있다고 가정하자.

a. 이 식당은 주간과 연간으로 얼마나 많은 시간의 생산능력을 갖고 있는가? (1년은 52주이다.)

b. 만약에 이 식당이 시간당 최대 40명의 고객을 서비스할 수 있다면, 고객 수로는 얼마나 많은 주당 생산능력을 갖고 있는가?

c. b에서의 계산에서 묵시적으로 어떤 가정이 포함되어 있는가?

5. 어느 응급진료소에 시간당 각각 4명의 환자를 볼 수 있는 의사 2명이 있다. 이 진료소는 매주 7일 동안 오후 6시부터 자정까지 운영되고 있다. 시간대별로 내원하는 평균 환자 수가 지난 한 달 동안 다음과 같이 집계되었다.

| 시간대 | 수요 |
|---|---|
| 6~7 | 8 |
| 7~8 | 10 |
| 8~9 | 10 |
| 9~10 | 4 |
| 10~11 | 4 |
| 11~12 | 2 |

a. 시간대별 생산능력과 수요를 선 그래프로 그려 보라.

b. a의 그래프에서 어떤 것이 관찰되는가?

c. 진료소의 생산능력을 관리하기 위해 어떤 제안을 할 수 있겠는가?

e**Xcel** 6. 한 캔디회사가 향후 6개월간의 총괄생산계획을 수립하고자 한다. 이 회사는 많은 종류의 캔디를 만들지만, 판매되는 캔디의 구성이 크게 변화되지 않는다고 보고 파운드 단위로 총괄생산량을 계획하려 한다. 현 시점에서, 이 회사는 70명의 생산직원과 9,000파운드의 재고를 가지고 있다. 각 생산직원은 한 달에 100파운드의 캔디를 생산할 수 있고, 시간당 12달러가 지급된다(한 달에 정규시간 160시간을 작업). 매월 초과근무를 정규시간의 최대 20%까지 할 수 있고, 정규시간 임금의 150%가 지불된다. 연간 1파운드의 캔디를 재고로 유지하는 데는 80센트의 비용이 발생하고, 생산직원 1명의 고용비용은 1,200달러, 해고비용은 1,500달러 발생한다. 향후 6개월 동안 캔디의 예측 판매량은 8,000, 10,000, 12,000, 8,000, 6,000, 5,000파운드이다.

a. 6개월 후의 기말재고를 8,000파운드로 하고자 할 때, 향후 6개월간 평준화전략의 총비용을 계산하라.

b. 향후 6개월 동안 추종전략의 총비용을 계산하라.

c. 수요가 가장 큰 두 달에 초과근무를 최대로 사용한다면 총비용은 얼마가 발생하는가?

7. 계절 수요의 제품을 생산하는 어느 기업의 향후 12개월 동안의 예측 수요가 아래와 같다. 현재의 생산인력으로는 한 달에 500단위를 생산할 수 있다. 1명의 생산인력은 한 달에 20단위를 생산할 수 있고 2,000달러의 임금을 받는다. 한 단위의 1년간 재고유지비용은 50달러가 발생한다. 생산량이 월별로 변동하게 되면 생산인력의 고용과 해고, 생산라인의 작업 전환 등에 따른 비용으로 단위당 100달러의 비용이 발생한다. 초기 재고가 200단위라고 가정하자.

a. 평준화전략을 사용할 때 1월 한 달 동안의 재고유지비용은 얼마인가?

b. 평준화전략에서 정규시간 인건비, 재고유지비용, 생산량 변동비용 등을 포함한 총비용이 얼마인가?

c. 추종전략을 사용할 때의 총비용은 얼마인가?

| 월 | 1 | 2 | 3 | 4 | 5 | 6 | 7 | 8 | 9 | 10 | 11 | 12 |
|---|---|---|---|---|---|---|---|---|---|---|---|---|
| 수요 | 651 | 700 | 850 | 702 | 650 | 500 | 600 | 850 | 803 | 900 | 703 | 600 |

8. 의료 진료소에 예약을 위해 매주 걸려오는 전화 중 약 40%는 월요일에 걸려온다. 많은 통화량 때문에 발신자의 20%는 통화중이라는 신호를 받게 되고 다음에 다시 전화해야 한다. 진료소 내 2개 부서당 1명의 직원이 걸려오는 전화를 받고 있다. 각 직원은 한 주 내내 같은 부서를 위해 전화를 받고 있기 때문에 의사의 진료시간, 일정 수립, 특이사항 등을 잘 알고 있다. 이 문제를 해결하기 위해 다음 대안을 고려하고 있다.

- 일부 고객이 불편을 느끼고, 진료기회를 상실하고, 고객 서비스가 안 좋다고 인식되는 현재 시스템을 유지하는 대안. 약 1,000명의 환자가 월요일에 진료소에 전화를 걸고 있으며, 진료소는 총 50,000명의 환자를 보유하고 있다.
- 피크시간의 업무량을 감당하기 위해 전화 회선과 직원을 늘리는 대안. 2개의 전화 회선과 2명의 직원을 늘리는 비용은 연간 60,000달러로 추정된다.
- 예약을 빠르게 처리하도록 컴퓨터를 도입하는 대안. 이 경우 피크시간의 업무량을 현재의 직원으로도 처리할 수 있다. 장비와 소프트웨어를 임대하고 유지하는 비용은 연간 50,000달러로 추정된다.
- 전화 회선을 늘리고 고객들에게 예약 전화를 주중에 다시 하라고 요청하는 대안. 2개의 전화 회선과 2명의 전화응대 임시직 직원을 늘리는 데는 연간 30,000달러가 발생한다.

a. 총괄계획 수립의 관점에서 위 대안들을 분석하라. 각 대안의 장단점은 무엇인가?
b. 당신은 어떤 대안을 추천하는가? 그 이유는 무엇인가?
c. 이 문제가 앞선 다른 총괄계획 수립과는 어떻게 다른가?

9. 플로리다주 올랜도에 있는 레스트웰 모텔은 다가오는 12일 동안의 총괄계획을 준비하고 있다. 이 모텔은 200개의 방을 보유하고 있다. 모텔방의 수요는 요일에 따라 변동하고 있으며, 그 수요를 아래 표에서 보여주고 있다. 모텔방 20개마다 하루 105달러의 임금을 주는 1명의 종업원을 필요로 한다. 그리고 1.5배의 임금으로 정규시간의 최대 20%까지 초과근무를 할 수 있으며, 또한 임시직 종업원을 하루 120달러의 임금으로 고용할 수 있다. 임시직 종업원도 하루에 12개의 모텔방을 맡아 청소를 하며, 이들의 고용비용과 해고비용은 발생하지 않는다. 그리고 임시직 종업원은 하루 근무시간의 일부에만 고용될 수 있기 때문에 소수점의 인원수(예 : 3.4명)로도 고용이 가능하다.

| 요일 | 월 | 화 | 수 | 목 | 금 | 토 | 일 | 월 | 화 | 수 | 목 | 금 |
|---|---|---|---|---|---|---|---|---|---|---|---|---|
| 수요 | 185 | 190 | 170 | 160 | 110 | 100 | 100 | 160 | 180 | 170 | 150 | 100 |

a. 10명의 정규직 종업원이 필요시에는 20%의 초과근무를 하고, 부족한 부분은 임시직으로 충당하는 전략을 사용한다면 12일 계획기간 동안의 총비용은 얼마인가? 이때 임시직 종업원을 고용하기 전에 우선적으로 초과근무를 최대로 활용하는 것을 가정하라.
b. 만약 10명 정규직 종업원의 초과근무를 사용하지 않고 수요 충족을 위해 임시직 종업원을 활용한다면 12일 계획기간 동안의 총비용은 얼마인가?

eXcel 10. 밴고 장난감 회사는 계절 수요를 보이는 다양한 종류의 장난감을 생산하고 있다. 향후 6개월의 수요예측(단위 : 1,000달러)이 다음과 같이 주어졌다.

| | 7월 | 8월 | 9월 | 10월 | 11월 | 12월 |
|---|---|---|---|---|---|---|
| 수요예측 | $1,000 | $1,500 | $2,000 | $1,800 | $1,500 | $1,000 |

정규직원 1명은 매월 10,000달러 상당의 장난감을 생산할 수 있으며, 6월 말의 정규직원 수는 80명이

다. 정규직원은 매월 수당을 포함해 3,800달러의 임금을 받고 있으며, 초과근무 시에는 정규시간과 시간당 생산량은 같지만 정규임금의 150%가 지불된다. 초과근무는 매월 최대 20%까지만 가능하다. 1명의 정규직원을 고용하는 비용은 1,000달러, 해고비용은 2,000달러이다. 재고유지비용은 연간 30%가 발생한다. 이 회사는 12월 말에 80명의 직원을 보유한 상태로 한 해를 마치고자 한다. 그리고 장난감의 초기 재고금액은 900,000달러이다.

a. 추종전략의 총비용을 계산하라.

b. 평준화전략의 총비용을 계산하라.

c. 엑셀을 이용하여 그 외의 다양한 전략들을 모의실험하라.

d. 1인당 고용비용이 1,500달러, 2,000달러, 2,500달러로 변할 때 위 a의 추종전략에 미치는 영향을 파악하라. 이 변화에 의하면 고용비용과 총비용 간에 어떤 관계가 있음을 알 수 있는가?

e. 엑셀을 사용하여, 수요의 변동이 추종전략 총비용에 어떤 영향을 주는지 살펴보라. 수요가 다양한 비율로 증가 혹은 감소함을 가정하라 (110%, 120%, 210%, 220% 등).

11. 어느 소규모 직물회사가 다양한 종류의 스웨터를 생산하고 있다. 수요는 매우 계절적이고, 분기별 수요예측치가 아래에 표시되어 있다. 이 수요예측치는 필요한 표준 작업시간으로 표현되어 있다.

| | 가을 | 겨울 | 봄 | 여름 |
|---|---|---|---|---|
| 예측 | 10,000 | 15,000 | 8,000 | 5,000 |

이 회사의 정규시간 임금은 시간당 12달러이고, 초과근무에는 시간당 18달러를 지불한다. 그리고 시간당 14달러로 외부에 하청을 줄 수 있다. 초과근무는 매월 최대 1,000시간까지 가능하며, 정규시간 생산을 변경(증가 또는 감소)하고자 한다면 1시간 변경에 5달러의 비용이 발생한다. 재고유지비용은 기말재고(시간)에 대해 매월 2%의 비용이 발생한다. 재고의 생산원가로는 재료비와 간접비가 직접 노무비만큼 차지하고 있다. 가을 분기 초에 5,000 표준작업시간 만큼의 재고가 있고, 정규인력의 수준은 10,000 표준작업시간 만큼이다.

a. 1년 수요의 평균 수준을 생산하는 정규인력을 연간 유지하면서 초과 수요는 외부에 하청을 주는 전략을 사용하면, 총비용은 얼마인가?

b. 추종전략의 총비용은 얼마인가?

e**X**cel 12. 베스 치킨점은 다양한 패스트푸드를 제공한다. 베스는 수요 충족을 위해 정규직원과 임시직 직원을 활용한다. 향후 12개월의 수요는 다음과 같이 예측되었다(단위는 1,000달러).

| 월 | 1 | 2 | 3 | 4 | 5 | 6 | 7 | 8 | 9 | 10 | 11 | 12 |
|---|---|---|---|---|---|---|---|---|---|---|---|---|
| 수요 | 25 | 33 | 40 | 57 | 50 | 58 | 50 | 48 | 37 | 33 | 28 | 32 |

각 직원이 매월 5,000달러 상당을 생산할 수 있다고 가정하자. 회사는 정규직원에게 수당을 포함하여 시간당 10달러의 임금을 지불하고, 임시직 직원에게는 시간당 7달러를 지불한다. 관리자는 가능한 한 많은 임시직 직원을 사용하기를 원하지만 적정한 관리와 인력고용의 지속성을 위해 정규직원 1명당 임시직 직원 1명 이하로 고용한다. 임시직 직원은 시간 단위로도 고용이 가능하기 때문에 임시직의 수는 소수점(예 : 2.6명)으로도 계획 수립이 가능하다. 예를 들어 총 직원 수 10.6명이 필요하다면 6명의 정규직원과 4.6명의 임시직 고용이 가능하다. 하지만, 5명의 정규직원과 5.6명의 임시직 직원은 가능하지 않은 이유는 임시직 직원 수가 정규직원 수를 초과하지 말아야 하기 때문이다. 매월의 수요는 재고로 충족할 수 없고 당해 월의 생산으로 충족되어야 한다. 정규직원의 고용비용은 500달러이고 해고비용은 200달러이다. 그러나 임시직 직원의 고용과 해고에는 비용이 발생하지 않는다.

a. 매월의 인력운영에서 정규직원의 수는 최소로 하고 임시직 직원의 수는 최대로 하는 전략을 수립하고, 이 전략의 총비용을 계산하라.

b. 매월의 정규직원 수를 6명으로 일정하게 유지하는 전략의 총비용은 얼마인가?

13. 밸리뷰 병원에서는 다소 계절적인 수요를 보이고 있다. 환자들은 선택적인 수술 시기를 여름과 연말 휴가기간으로 연기하는 경향이 있다. 그 결과 다음과 같은 수요예측이 주어졌다(단위는 환자-일이며, 이는 병원에 1명의 환자가 1일 동안 머무는 것을 말함).

| | 가을 | 겨울 | 봄 | 여름 |
|---|---|---|---|---|
| 수요예측 | 90,000 | 70,000 | 85,000 | 65,000 |

이 병원은 정규직 간호사, 임시직 간호사, 계약직 간호사(병원에 고용되지 않은 간호사)를 사용한다. 계약직 간호사들은 병원과 맺은 계약에 따라 근무시간의 길이가 다르다. 정규직 간호사들은 분기마다 60일을 일하고 총 15,500달러를 받는

다. 임시직 간호사들은 분기마다 30일을 일하고 6,500달러를 받는다. 계약직 간호사들은 분기마다 60일 동안 일하고 평균 17,200달러를 받는다. 이러한 세 유형의 간호사를 고용하거나 해고하는 데 1,000달러의 비용이 발생한다.

정규직 간호사 인력이 1년 동안 800명 수준으로 설정되어 있다고 가정하자. 각 정규직 간호사는 분기당 60일을 일하며, 나머지 수요는 50%의 임시직과 50%의 계약직 간호사들에 의해 분기별로 채워진다. 800명의 정규직 간호사, 200명의 임시직 간호사, 200명의 계약직 간호사 인력으로 가을 분기를 시작한다면 이 계획의 총비용은 얼마인가? 각 환자-일에 대해 간호사가 0.8일을 사용한다고 가정하자.

# 작업일정계획

3개의 병원을 보유한 어느 대학병원에서는 1년 365일의 기간을 대상으로 레지던트를 야간 근무조에 편성하는 작업일정계획을 수립해야 한다. 이때 충족해야 하는 제약조건은 레지 던트는 한 병원에서 연속으로 6주 동안 근무해야 하고, 4일 주기로 한 번 이상의 야간근무 는 하지 않게 해야 한다. 다양한 음료를 생산하는 어느 제조기업의 생산관리자는 고객주문 과 재고수준을 고려하면서 생산제품을 전환할 때의 장비 세척시간을 최소화하는 작업일정 계획을 수립해야 한다.

모든 산업에서의 기업들은 장기전략과 모순되지 않으면서 재화의 수요를 충족하는 작업 일정을 계획해야 한다. 작업일정계획은 가용 생산능력과 자원(장비, 노동력, 공간 등)을 직 무, 활동, 과업, 고객에 대해 기간별로 할당하는 의사결정이다. 이처럼 작업일정계획은 자 원할당의 의사결정이기 때문에 설비계획과 총괄계획에 의해 정해진 가용자원을 사용하는 계획이다. 따라서 작업일정계획은 앞서의 설비계획과 총괄계획의 범위 안에서 행해지는 단기적인 의사결정이다.

작업일정계획은 어떤 활동을 누가 언제 어떤 장비를 이용하여 수행하는지를 기간별로 수립하는 **기간별 계획**(time-phased plan)으로서 총괄계획과 명확히 구분된다. 총괄계획은 필요한 자원을 결정하는 것인 반면, 작업일정계획은 총괄계획에 의해 정해지는 가용자원을 운영활동의 목표를 최선으로 달성하도록 할당하는 것이다. 그리고 총괄계획은 보통 1년이라는 기간을 대상으로 이루어지지만, 작업일정계획은 그보다 짧은 기간을 대상으로 이루어진다.

작업일정계획은 높은 효율성, 낮은 재고수준, 높은 고객 서비스 등 잠재적으로 서로 충돌하는 목표를 추구한다. 생산의 효율성은 노동력, 장비, 그리고 공간의 활용도를 높게 유지하여 달성할 수 있다. 또한 재고수준을 낮게 유지하도록 해야 한다. 하지만 낮은 재고수준은 가용 자재를 부족하게 만들거나 생산의 준비시간을 오래 걸리게 하여 생산의 효율성이 떨어질 수 있다. 따라서 작업일정계획은 단기적으로 효율성과 재고수준 사이의 **교환관계 의사결정**(trade-off decision)을 해야 한다. 그러나 장기적으로는 사이클시간 감축, 품질개선 노력 등을 통해 생산 프로세스 자체를 변화시킴으로써 효율성을 높이고 고객 서비스를 개선하며 동시에 재고를 줄이는 것이 가능하다. 하지만 작업일정계획은 상충된 목표들 사이에서 잠재적인 교환관계를 주로 다루는 단기적인 활동이다.

기업의 모든 기능부서들은 서로 상충되는 목표 때문에 작업일정계획에 관심을 갖는다. 마케팅 부서는 가장 중요한 고객의 주문을 제일 먼저 처리해 주기를 바란다. 한편으로 재무 혹은 회계부서는 생산작업이 비용적으로 효율적이면서 가용자원을 최선으로 이용하기를 바란다. 이렇듯 이해관계가 서로 충돌하는 기능부서 사이에서 운영부서는 작업일정계획에서 조율을 해야 하는 입장에 놓이게 된다.

## 12.1 뱃치 작업일정계획

**LO12.1** 뱃치 작업일정계획의 개념

뱃치(batch) 생산의 작업일정계획과 관련된 '작업장(shop)', '작업(job)', '작업센터(work center)' 등 많은 전문용어들이 전통적인 제조업의 개별작업장(job shop) 유형에서 유래되었다. 하지만 그 개념은 공장, 병원, 사무실, 학교를 포함한 모든 유형의 뱃치 생산에 동일하게 적용된다. 서비스 운영에 있어서 '작업'은 '고객', '환자', '의뢰인', '서류작업' 또는 프로세스를 거치는 그 어떤 것으로도 대체될 수 있다. 게다가 '작업센터'는 '방', '사무실', '설비', '전문기술' 또는 작업을 수행하는 어떤 형태의 센터로 대체될 수 있다. 이런 식으로 그 개념은 모든 유형의 운영에 일반화될 수 있다.

이해를 위해 뱃치 생산의 몇 가지 예가 도움이 될 것이다. 대학교는 학생을 뱃치로 서비스한다고 볼 수 있는데, 뱃치의 크기는 한 강좌의 학생 수에 해당한다. 이때의 작업일정계획은 강좌를 강의실과 교강사에게 배정하는 계획이다. 알루미늄 야구 배트를 생산하는 어느 기업은 다양한 모델의 배트를 100개 단위로 생산하고 있다. 서로 다른 모델의 배트는 서로 다른 작업장에서 작업이 필요하다. 예를 들어 어떤 모델은 배트의 표면을 금속으로 처리해야 하고, 다른 모델은 플라스틱 캡을 씌우는 작업을 해야 한다.

작업을 생산자원에 할당하는 **뱃치 작업일정계획**(batch scheduling)은 매우 복잡한 관리문제이다. 첫째로, 뱃치 프로세스를 통해 흐르는 각 뱃치 작업은 여러 번의 작업 시작과 중지를 거치기 때문에 원활하지 않다. 이러한 불규칙적인 흐름은 장비와 작업기술에 따라 작업센터를 조직화한 배치 때문에 일어난다. 그 결과, 각 뱃치의 제품이나 고객이 작업센터를 이동함에 따라 대기 줄에서 기다리게 되고, 재공품 재고가 쌓이는 현상이 발생한다.

뱃치 작업일정계획의 문제는 **대기행렬의 네트워크**(network of queues)로 볼 수 있다. 각 작업센터에서 생산자원이 작업할 수 있을 때까지 생산작업이 대기하게 되면 재공품 재고의 대기행렬이 형성된다. 제품이나 고객의 흐름이 있는 네트워크는 이들 대기행렬이 서로 연결되어 있는 것이다. 뱃치 작업일정계획은 바로 이들 대기행렬을 어떻게 관리하는가의 문제를 다루는 것이다.

뱃치 운영의 특성 중 하나는 제품 또는 고객이 대기행렬에서 대부분의 시간을 보낸다는

## 운영선도사례   축구경기의 일정 수립

브라질에서 축구는 가장 인기있는 스포츠이다. 브라질축구연맹은 매년 20개 팀이 8개월 동안 우승팀을 결정하는 토너먼트의 경기일정을 정하는 문제를 안고 있다. 관중의 입장료 수입을 최대화하면서 동시에 토너먼트 결과에 정당성을 얻기 위해 공정하면서 균형된 경기일정을 수립하는 것이 중요하다.

이 과정의 목표는 30가지가 넘는 제약조건을 충족하면서 모든 팀의 경기일정을 수립하는 것이다. 제약조건의 예에는 다음과 같은 것이 있다.

- 각 팀은 다른 모든 팀과 2번 대진하면서 한 번은 홈에서, 또 한 번은 상대팀 홈에서 경기한다.
- 두 번의 경기 중 한 번은 시즌의 전반부, 또 한 번은 시즌의 후반부에 경기한다.
- 명문팀의 경기는 주중보다는 주말 경기가 가능한 한 많아야 한다.
- 동일한 도시에 기반을 둔 팀들은 경기일정이 서로 보완적이어야 한다(즉 한 팀이 홈경기를 하면 다른 팀은 어웨이 경기를 한다).
- 두 번 이상 계속해서 홈경기 혹은 어웨이 경기를 하는 팀이 없어야 한다.

그 외에도 특정 경기일정을 특정 선수, 연맹 임원, 후원 방송사, 도시 관청이 승인 혹은 거부할 수 있는 권한이 있다.

축구연맹은 경기일정을 수립하는 데 사용되는 소프트웨어를 최근에 활용하기 시작했다. 모든 제약조건을 포함시켜 일정 수립의 문제를 푸는 모델을 세우는 것은 불가능하다. 하지만, 제약조건의 일부를 만족하는 해를 먼저 구하고, 나머지 제약조건을 만족하는 실행 가능해를 찾는 방법이 효과적이다. 축구연맹

© Koji Aoki/Aflo/Getty Images

은 모든 제약조건을 만족시키면서 인기있는 경기의 TV 중계시간이 겹치지 않도록 하는 일정을 도출하여 수익 최대화의 목적을 달성하는 것이 가능하게 되었다. 하지만, 과거의 경기일정을 반복하는 것을 금지하는 축구연맹의 규칙 때문에 매년 새로운 일정을 수립해야 한다.

출처 : Celso C. Ribeiro & Sebastian Urrutia, "Soccer Scheduling Goaaaaal," *OM/MS Today*, April 2010, pp. 52–57.

것이다. 물론 대기시간의 정도는 프로세스에서의 작업 부하량에 달려 있다. 만약 프로세스에 높은 부하가 걸려 있다면 총 생산시간의 95%만큼을 대기하느라 보낼 수도 있다. 이러한 상황이라면 주문을 처리하는 데 1주일이 걸리는 작업을 20주일이 걸려 완성하게 될 수도 있다. 하지만 프로세스의 작업 부하량이 적다면 모든 작업이 빠르게 진행될 것이므로 대기시간이 줄어들 것이다. 프로세스의 작업 부하량이 얼마든 상관없이 제품, 고객, 작업의 흐름을 효과적으로 운영할 작업일정계획을 수립하는 것이 도전과제이다.

우리는 작업일정계획의 단순한 형태인 간트 차트를 먼저 설명할 것이다. 그다음에는 유한능력 스케줄링 방법과 제약이론으로 보다 복잡하고 현실적인 상황으로 확장할 것이다. 다음으로는 작업배정규칙과 현업에서 사용되는 작업일정계획 시스템의 예제를 설명할 것이다. 앞 페이지의 운영선도사례에서는 축구 리그에서의 경기일정을 계획하는 재미있는 사례를 소개하고 있다.

## 12.2 간트 차트

**LO12.2** 간트 차트의 작성

작업일정계획 수립을 위한 가장 오래된 방법 중 하나가 **간트 차트**(Gantt chart)이다. 간트 차트를 변형한 여러 방법이 있지만 이 장에서는 뱃치작업의 스케줄링 문제에 한정하여 그 사용을 설명하고자 한다.

간트 차트는 가로축에는 시간을 표시하고, 세로축에는 기계, 사람, 또는 장비시간과 같은 제약자원을 표시한 표이다. 아래의 예제에서는 장비를 부족한 제약자원으로 가정하고 작업일정을 수립하고 있다.

**예제**

3개의 작업장(A, B, C)이 있고 각 작업장은 1개의 기계를 갖추고 있으며, 작업일정을 수립해야 하는 5개의 작업(1, 2, 3, 4, 5)이 있다고 가정하자. 작업장에서 각 작업을 처리하는 시간과 각 작업이 거치는 작업장의 순서는 〈그림 12.1〉에 나타나 있다. 예를 들어 작업 2는 작업장 C에서 6시간 작업되고, 그 후 작업장 A에서 4시간 작업해야 하며, 〈그림 12.1〉에서는 C/6, A/4라고 표시하고 있다.

작업들은 각 작업장 기계의 제한된 능력 범위 안에서 시간을 순행(forward)하면서 일정이 수립된다. 일정 수립하는 작업의 순서는 임의로 1, 4, 5, 2, 3으로 가정하자.

이러한 가정하에서 이루어진 간트 차트를 〈그림 12.2〉에서 보여주고 있다. 제일 먼저 작업 1을 3개의 기계에 일정을 잡았다. 기계 A에서 2시간 동안 작업을 하고, 기계 B로 이동하여 3시간 동안(시간 2에서 시간 5까지) 작업하고, 마지막으로 기계 C에서 4시간 동안(시간 5에서 시간 9까지) 작업이 이루어진다. 작업 1이 제일 먼저 일정 수립되기 때문에 진행 과정에서 대기시간이 발생하지 않는다. 다음 일정 수립의 작업인 작업 4를 기계 C, B, A의 순서로 일정을 수립한다. 작업 4가 기계 C에서 바로 시작할 수 있는 이유는 기계 C가 시간 5까지 여유가 있고, 작업에는 4시간만 소요되기 때문이다. 다음으로 기계 B에서는 1시간 동안 대기한 후 작업이 시작될 수 있으며, 마지막으로 기계 A에서는 시간 8부터 시간 11까지 작업이 이루어진다. 다음은 작업 5의 일정을 수립하는데, 기계 A에서 시간 2까지 대기했다가 시작하여 시간 7에 완료된다. 그런 후에 기계 B로 이동하지만 시간 8까지 대기하여야 한다. 따라서 기계 B에서의 작업은 시간 8부터 시간 11까지이다. 다음 순서로는 작업 2와 작업 3의 일정을 수립하게 된다.

| 작업 | 작업장/기계시간 | 기한 |
|------|----------------|------|
| 1 | A/2, B/3, C/4 | 3 |
| 2 | C/6, A/4 | 2 |
| 3 | B/3, C/2, A/1 | 4 |
| 4 | C/4, B/3, A/3 | 4 |
| 5 | A/5, B/3 | 2 |

그림 12.1  작업일정 수립을 위한 자료

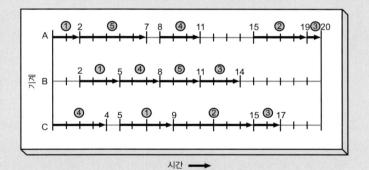

| 기계 | 유휴시간(시간) |
|------|----------------|
| A | 5 |
| B | 8 |
| C | 4 |
|   | 17 |

총소요시간 = 20시간

| 작업 | 대기시간 | 완료시각 |
|------|----------|----------|
| 1 | 0 | 9 |
| 2 | 9 | 19 |
| 3 | 14 | 20 |
| 4 | 1 | 11 |
| 5 | 3 | 11 |

그림 12.2  간트 차트. 일정계획 수립의 순서는 작업 1, 4, 5, 2, 3이다.

시각적인 일정계획. 좋은 일정계획은 모든 종업원이 시각적으로 볼 수 있어야 한다.
© Ingram Publishing

간트 차트를 작성한 후에는 작업과 기계의 성과에 대해 평가해야 한다. 기계 성과에 대한 평가방법 중 하나는 **총소요시간**(makespan), 즉 모든 작업을 마치는 데 걸리는 시간에 기초한 방법이다. 〈그림 12.2〉에 의하면 5개 작업을 완료하는 데 걸린 총소요시간은 20시간이다.

또 다른 성과 측정은 **기계이용률**(machine utilization)이다. 위 예제에서 5개 작업의 순작업시간은 43시간(〈그림 12.1〉에서 모든 작업의 기계시간 총합)이며 이용 가능한 총 기계시간은 60시간이므로 기계이용률은 43/60 = 71.7%이다. 순작업시간 43시간은 어떤 일정계획에 의하든 일정한 시간이다. 기계의 유휴시간은 3 ×(총소요시간) −43으로 계산될 수 있는데, 총소요시간을 최소화하면 기계의 유휴시간 또한 최소화할 수 있다.

작업의 성과를 측정하는 한 방법은 모든 작업의 대기시간을 총합한 값이다. 〈그림 12.2〉에서 각 작업에 대한 대기시간과 완료시각을 보여주고 있다. 이 값은 간트 차트로부터 바로 얻을 수 있는데, 물론 완료시각과 대기시간은 일정 수립의 작업순서에 전적으로 달려 있다. 작업 1을 제일 먼저 일정 수립했기 때문에 작업 1은 대기시간 없이 기한에 앞서서 완료될 수 있다. 반면에 후순위로 일정을 수립하는 작업 2와 작업 3은 상당한 대기시간이 발생한다.

일반적으로, 작업의 대기시간과 기계이용률은 일정 수립하는 작업의 순서에 크게 좌우된다. 위의 예제에서 5개의 작업에 대해 5!(5 팩토리얼)=120가지의 가능한 작업순서가 있다. 만약 이 모든 120가지의 간트 차트를 그려본다면 총소요시간이 최소이면서 작업의 대기시간 총합이 최소인 작업순서를 결정할 수 있다. 일반적으로 $n$개의 작업이 있다면 최적의 작업순서를 결정하기 위해 평가해야 하는 작업순서가 $n!$ 가지가 있게 된다. 수백 혹은 그 이상의 작업들이 있는 실제 상황에서는 그 모든 작업순서를 열거하는 것은 물론 불가능하다.

모든 가능한 작업순서에 대해 나열하지 않고도 최적의 작업일정을 정하는 알고리즘을 개발해 왔다. $m$개의 기계에 $n$개의 작업순서를 정하는 문제를 $m \times n$ **기계작업일정 문제**(machine-scheduling problem)라고 부르는데 최적해는 $m$과 $n$이 비교적 작은 수일 때 구할 수 있다. 한편 $m$과 $n$이 어떤 값이더라도 최적해는 아니더라도 우수한 해를 찾기 위한 휴리스틱 기법들이 개발되어 있다.

요약하면, 간트 차트의 뱃치작업 일정계획에 대해 아래와 같은 결론을 도출할 수 있다.

1. 작업일정계획의 성과(총소요시간, 작업 대기시간, 작업 완료시각, 기계이용률, 재고 수준)는 작업순서(어느 작업이 첫 번째, 두 번째, 세 번째에 계획되었는지 등)에 따라 크게 달라진다.

2. 작업의 대기시간은 작업일정계획에서 선행 작업의 일정과 기계의 가용능력에 달려 있다.

3. 최적의 작업일정계획을 구하는 것은 많은 계산이 요구되고, 현실적인 규모의 문제에는 적용이 불가능하다. 하지만, 최적의 작업일정계획에 근접한 일정을 구하는 우수한 휴리스틱 기법은 개발되어 있다.

뱃치 작업의 일정계획기법은 제조업과 서비스업 분야에서 다양하게 적용된다. 서비스의 경우, 병원에서의 환자 일정관리를 사례로 들 수 있다. 환자들은 병원 내에서 이동하면서 다수의 자원(인력과 장비)으로부터 서비스를 필요로 한다. 예를 들어 어느 암병원에서는 방사선 치료의 작업량이 14% 증가했음에도 불구하고 환자의 치료예약 대기시간이 40일에서 16일로 감소했다. 새로운 일정계획 시스템을 도입하면서 방사선과 직원은 모든 순차적 치료 및 연관된 예약들의 일정 수립이 가능하게 되었다. 이는 환자들이 처음부터 자신의 진료일정 전체를 알 수 있게 된 것을 의미한다.[1]

## 12.3 유한능력 스케줄링

**LO12.3 작업일정계획 수립의 순방향 방식과 역방향 방식**

유한능력 스케줄링(finite capacity scheduling, FCS)은 간트 차트의 논리를 확장한 방법으로서 자원의 제약을 고려하면서 주어진 기간 동안의 작업일정을 수립해 준다. 이를 위해 재고수준과 고객 서비스의 교환관계를 고려하면서 작업의 효율적인 흐름을 위한 일정을 도출해 주는 소프트웨어를 흔히 사용한다.

FCS는 동일한 작업을 수행하는 하나 혹은 그 이상의 기계를 가진 작업장이 여럿 있는 경우 작업의 일정계획을 수립할 수 있게 해 준다. 작업들은 진행되면서 우선순위에 따라 다른 작업을 추월하기도 하고 작업의 순서가 변경되기도 한다. 그리고 필요하다면 작업이 분리되기도 한다. 예를 들어 부품 100개를 생산하는 작업이 있다고 하면 작업일정을 원활하게 하기 위하여 부품 50개씩 2개의 로트로 분리되어 진행될 수 있다. 또한 작업이 작업장을 거치는 경로를 변경하는 것도 가능하다. FCS에서는 제약자원에 관심을 두면서 작업의 흐름을 촉진하고 작업장의 성과를 높이도록 한다. 간단한 예로 아래의 예제를 보자.

이 예제에서는 기계의 추가로 작업능력이 증가함으로써 작업의 완료시각이 현저히 개선되었고 대기시간은 감소되었다. 총소요시간은 이전의 20시간이 아니라 이제는 11시간으로 줄었다. 이러한 방식의 **순방향 스케줄링**(forward scheduling)은 현재 작업들의 실행 가능한 완료시각을 추정해 준다. 다른 방식으로 **역방향 스케줄링**(backward scheduling)은 작업의 납기 기한에서부터 역방향으로 계획을 세우면서 각 작업이 납기를 맞추기 위해 언제 시작되어야 하는지를 계산해 준다. 역방향 스케줄링은 기계 효율성보다 납기 준수가 더 중요할

---

[1] N. Huber, "Scheduling System Slashes Radiotherapy Waiting Times by 60% at Wirral Cancer Unit," *Computer Weekly* (May 4, 2004), pp. 39–40.

**예제**

간트 차트를 설명한 〈그림 12.1〉의 상황에서 각 작업장에 동일한 기계가 2대씩, 즉 기계 A, 기계 B, 기계 C가 각각 2대씩 있다고 가정해보자.

　이러한 새로운 상황에서의 간트 차트를 〈그림 12.3〉에서와 같이 작성할 수 있다. 2대의 기계 A를 각각 $A_1$과 $A_2$로 표시하고 있다. 작업일정계획을 이전과 동일하게 1, 4, 5, 2, 3의 순서로 작성해보자. 작업 1의 일정계획은 선행 작업이 없는 상황이므로 변함이 없다. 다음으로 작업 4는 약간의 변화가 있어서 기계 $C_1$, $B_2$, $A_1$의 순서로 작업이 이루어진다. 작업 5는 이전 상황에서 기계 A가 작업 중이라 즉시 시작할 수 없었지만, 이제는 기계가 2대씩 있으므로 기계 $A_2$에 작업일정을 계획할 수 있다. 다음 작업인 작업 2는 기계 C가 2대 있는 것이 크게 도움이 되어 즉시 시작할 수 있다. 그리고 작업 3 또한 이전보다 이른 시점에 시작할 수 있다.

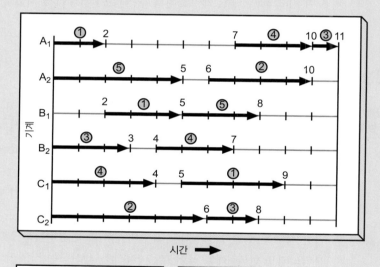

그림 12.3 작업장의 간트 차트(작업의 순서는 1, 4, 5, 2, 3)

때 사용된다.

　순방향 혹은 역방향 스케줄링에 상관없이 병목이 작업일정계획에 미치는 영향을 이해하는 것이 중요하다. **병목**(bottleneck)은 작업장에 부하되는 요구량에 비해 작업능력이 작고, 다른 모든 자원의 작업능력보다도 작은 작업장으로 정의된다. 병목자원은 전체 공장의 생산능력을 제약하게 되며, 병목에 1시간의 작업능력이 추가되면 전체 공장의 생산능력이 1시간 증가하게 된다. 하지만, 비병목 작업장에 1시간의 능력을 추가하면 그곳에 이미 초과능력이 존재하기 때문에 전체 작업일정에 전혀 도움이 되지 않는다.

〈그림 12.3〉의 예에서 작업장 C는 시간 3에서 시간 6까지 병목이다. 왜냐하면 작업 3이 대기하고 있기 때문이다.[2] 이 시간 동안에 작업 요구량이 작업능력을 초과하고, 다른 작업장은 제약이 되지 않는 시간이다. 동일한 이유로 시간 8과 시간 10 사이에는 작업장 A가 병목이며, 작업 3이 또다시 대기하게 된다. 이처럼 병목은 고정되어 있는 것이 아니라 다른 작업장으로 이동할 수 있음을 주의하기 바란다.

병목 작업장에 작업능력을 증가시키면 작업일정계획을 개선할 수 있다. 〈그림 12.3〉의 예제에서 이러한 조치를 취하면 작업 2의 순작업시간인 10시간까지 총소요시간을 줄일 수 있다. 작업능력의 증가는 기계시간의 증가, 작업준비시간의 감소, 추가근무, 하청 등 다양한 방법으로 할 수 있다. 작업일정계획 수립에서 중요한 점은 병목을 찾아서 그것을 완화해 병목자원을 지나는 흐름을 개선하는 것이다. FCS는 각 시간대에서의 병목을 찾는 데 사용할 수 있다.

병목에서의 흐름을 개선하기 위하여 생산자원의 유연성을 향상시키는 방법도 있다. 예를 들어 다양한 작업을 할 수 있는 기계, 다기능 수행의 교육을 받은 종업원을 그 자원이 가장 필요로 하는 시간에 언제든지 작업할 수 있게 하는 것이다. 또한 병목의 작업부하를 다른 기계 혹은 작업자로 이동시켜 완화할 수 있다. 유연성 향상을 목적으로 한 자원은 작업일정계획과 긴밀히 조율되어야 한다.

## 12.4 제약이론

LO12.4 작업일정계획 수립에서 제약이론의 시사점

엘리야후 골드랫(Eliyahu Goldratt)은 그의 저서 더 골(The Goal)에서 운영으로부터의 수익창출은 **산출액**(throughput), **재고**(inventory), **운영비**(operating expense) 등 측정 가능한 세 가지 양으로 구성된다고 주장했다. 이들 용어를 그는 다소 비전통적인 방법으로 정의했다. 산출액은 공장의 매출에서 생산에 사용된 원재료의 비용을 차감한 것으로 정의했다. 제품을 생산하는 것만으로는 충분하지 않고 수익창출을 위해서는 고객에게 판매되어야 한다. 따라서 만약에 운영기능이 초과 생산능력을 보유하고 있다면 운영기능의 과업은 영업기능이 매출을 늘릴 수 있도록 돕는 것이다. 반면에 만약 공장이 생산능력을 모두 사용하고 있다면 운영기능은 고객주문을 빠르게 처리하여 산출액을 증가시켜야 한다. 이는 공장에서의 병목을 찾아서 병목의 작업능력을 높임으로써 가능하다. 이는 병목에서의 장비를 더 많이 구입하기보다는 창의적인 작업일정, 초과근무, 작업인력정책의 개선 등의 방법으로 종종 가능하다. 골드랫은 이러한 접근법을 **제약이론**(theory of constraints, TOC)이라고 불렀

---

[2] 이 예제에서 작업 3을 여러 개의 로트로 분리할 수 없다고 가정한다.

는데, 판매든 생산의 병목이든 가장 중요한 제약을 완화해 산출액을 증가시키기 때문이다.

또한 수익창출을 위해서는 재고를 줄여야 한다. 골드랫은 재고를 전통적인 방식이 아니라 재고로 보유하고 있는 제품의 원자재 가치로만 정의했다. 그는 모든 인건비와 간접비를 재고가 아니라 운영비로 분류했다. 운영비는 원자재를 산출물로 변환하는 비용이다. 그의 논리는 재고는 결국 판매될 것이고 판매되기 전까지는 어떤 수익도 창출하지 못한다는 가정하에 인건비와 간접비를 재고에 포함시키면 진정한 원가가 왜곡된다는 것이다.

제약이론은 작업일정계획 수립에 많은 시사점을 던지고 있다. 첫째, 병목은 최대의 산출액을 달성하도록 일정계획이 수립되어야 하는 중요한 자원이면서 제약이다. 앞에서 언급했듯이 병목에서 추가되는 1시간의 작업능력은 곧 전체 공장의 생산능력이 1시간 늘어나는 것이다. 모든 비병목자원은 병목이 유휴 상태가 되지 않으면서 쉬지 않고 판매를 위한 작업이 이루어지도록 일정계획이 수립되어야 한다. 또한 병목자원의 앞에는 항상 작업이 대기하도록 하여 병목이 쉬지 않도록 해야 한다. 비병목자원은 병목을 쉬지 않고 작업하도록 만드는 한 최대 작업능력으로 작업할 필요가 없다. 따라서 일부 비병목 작업장에서 유휴시간이 발생하는 일정계획을 수립할 수 있고, 단지 자원의 이용률을 높이고자 재고로 생산해서는 안 된다. 병목에 공급하는 것이 필요하지 않다면 비병목은 유휴 상태가 되어야 한다.

병목자원의 작업능력을 높이기 위해 다양한 시도를 할 수 있다. 예를 들어 다른 작업으로의 전환을 신속히 하기 위해 작업준비시간을 단축하는 시도, 병목자원의 활용을 최대로 만들기 위해 휴식, 식사시간, 유지보수를 위한 멈춤을 최소화하는 시도 등이다. 필요하다면 병목공정에 노동력과 장비를 일시적으로 추가해야 한다. 이런 방법들을 사용한다면 수익창출이라는 목표에 더 가까이 다가가게 될 것이다.

하나의 사례를 보자. 델타항공의 수리 및 유지보수를 담당한 조직(maintenance, repair, overhaul, MRO)은 수리 및 지원 작업장에서 제한된 작업능력 내에서 작업의 일정 수립을 개선하기 위해 제약이론을 사용했다. 수리 및 지원 작업장의 작업속도에 맞춰 그 전후의 작업장이 작업하도록 만들었다. 그 효과로 모든 작업장에서의 재고가 감소했다. 델타 MRO에서 제약이론을 적용한 결과 산출액이 18% 증가했고 재고는 50% 감소했다.

전통적인 원가회계에서는 모든 자원과 작업장의 활용도를 극대화하기 위하여 비록 재고가 불필요하게 쌓이더라도, 혹은 작업장이 비병목 작업장이라 할지라도 쉬지 않고 작업을 하도록 만든다. 하지만, 제약이론에서는 비병목자원은 병목자원을 쉬지 않게만 만들 수 있다면 때로는 유휴시간을 가져도 상관없다. 모든 자원의 효율성을 극대화하고 낭비비용을 없앤다고 하더라도 기업의 수익이 증가하는 것은 아니라는 주장을 하고 있다.

기업은 병목현상을 줄이기 위해 다음과 같은 방법을 고려해야 한다.

- 중고 장비를 사용하거나, 비싼 초과근무를 활용하거나, 공급업체에 아웃소싱을 해서라도 병목공정의 작업능력을 증가시킬 수 있는가?
- 병목자원을 반드시 거쳐야 할 필요가 없는 작업을 다른 비병목자원으로 우회시킬 수

텍사스주 오데사시의 경찰청은 제약이론을 사용하여 경찰관 채용절차를 개선했다.
© Blend Images/Alamy

있는가?

- 품질불량이나 폐기해야 할 가능성이 있는 작업이 병목자원에 도달하지 않도록 방지할 수 있는가?
- 작업의 뱃치를 크게 하거나 작업준비시간을 단축하여 병목자원의 산출을 증가시킬 수 있는가?

제약이론은 스케줄링의 소프트웨어를 설계하고 활용하는 데 큰 영향을 주었다. 유한능력 스케줄링에 기반한 소프트웨어는 병목자원을 규명하고 수익창출의 목표를 달성하는 작업일정계획의 수립을 가능하게 만들었다.

제약이론은 서비스의 운영에도 적용될 수 있다. 미국 텍사스주 오데사시의 경찰청은 제약이론을 활용하여 신규 경찰관의 채용절차를 개선했다.[3] 기존의 채용절차는 지원, 필기시험, 신원조사, 구두 면접, 거짓말 탐지기 검사, 건강검사, 심리검사, 약물검사 등 8단계로 구성되어 있었다. 이 모든 단계를 거쳐서 최종 합격까지 걸리는 시간은 117일이나 되었다. 대부분의 단계는 불과 수일밖에 소요되지 않지만 신원조사가 104일이나 걸리는 병목 단계였다. 매년 60여 명의 지원자 중에서 단지 10명만이 모든 단계를 마치고 최종적으로 고용되는데, 이처럼 긴 소요시간 때문에 많은 지원자들이 중간에 단념하면서 다른 직업을 찾아 떠났다. 그 결과 오데사 경찰청은 우수한 자질을 갖춘 경찰관들이 부족한 문제가 있었다.

병목 단계를 완화하기 위해 신원조사를 개괄적인 초기 조사와 정밀조사의 두 단계로 나누었다. 초기 조사는 단 하루 만에 할 수 있어서 일부 지원자들을 곧바로 걸러낼 수 있었다. 정밀조사는 대부분의 다른 단계를 통과한 지원자들만을 대상으로 했다. 그 결과, 단지 3일 만에 마칠 수 있게 되어 104일의 대부분을 단축할 수 있었다. 이처럼 병목 단계에서의 소요시간이 단축됨으로써 전체 채용절차의 시간이 117일에서 16일로 감소했고, 우수한 능력의 경찰관을 매년 20명까지 채용할 수 있게 되었다.

## 12.5  작업의 배정순위 규칙

**LO12.5** 작업배정의 다양한 규칙

**작업배정**(dispatching)은 어느 특정 작업장에서 작업의 우선순위를 정하기 위해 사용하는 기법이다. 어느 한 작업의 우선순위는 거치는 작업장에서 사용되는 배정 규칙에 따라 변할 수 있다. 유한능력 스케줄링에서는 어느 작업장에서 순서를 기다리는 복수의 작업이 있을 때 다음 순서의 작업을 정하기 위하여 배정 규칙을 사용한다.

---

[3] L. J. Taylor, III, B. J. Moersch, and G. M. Franklin, "Applying the Theory of Constraints to a Public Safety Hiring Process," *Public Personnel Management* 32, no. 3 (2003), pp. 367–382.

실제 상황에서는 작업장의 상황이 종종 변동되므로 작업일정계획을 계속 준수하는 것이 불가능하지는 않더라도 쉽지는 않다. 기계가 고장 나거나, 작업자가 결근을 하거나, 원재료가 제때 준비되지 않거나 하는 상황이 발생할 수 있다. 그러면 다음으로 할 작업을 정하기 위한 배정 규칙을 적용하면서 작업일정계획을 실시간으로 조정하게 된다.

**작업배정 규칙**(dispatching rule)은 대기중인 작업들 중에서 다음으로 수행할 작업을 결정하는 규칙이다. 작업장에서 작업자와 기계가 작업의 준비가 되었다면 배정 규칙에 의해 다음 작업을 선정한다. 따라서 배정 규칙은 변하는 상황에 따라 작업 우선순위를 계속해서 동태적으로 조정하게 된다.

실제 상황에서는 다양한 유형의 배정 규칙이 사용되고 있지만, 서비스의 경우에는 세 가지 유형의 규칙이 일반적이다.

1. **선입선출 규칙**(first come, first served, FCFS)이 매우 보편적이며 고객에게 형평성의 느낌을 준다. 이 규칙에서는 고객이 대기행렬에 들어오는 순서 그대로 서비스를 받게 된다. 하지만 제조업에서는 FCFS 규칙이 작업의 납기를 맞추거나 총소요시간을 최소화하는 성과가 좋지 않기 때문에 일반적으로 사용되지 않는다.

2. **우선순위 규칙**(priority rule)은 높은 우선순위의 고객을 먼저 서비스하는 규칙이다. 고객의 우선순위는 고객이 지불하는 가격(예로서 항공기의 일등석 고객), 서비스에 걸리는 예상시간(예로서 마트에서 '10개 이하 품목'을 구매하는 고객) 등으로 설정된다.

3. **선취권 규칙**(preemptive rule)은 긴급한 서비스가 요구되는 고객이 도착하면 서비스 중인 고객의 서비스를 중단하고 긴급한 고객을 서비스하는 규칙이다. 병원, 경찰, 소방 서비스는 고객이 생사의 기로에 있는 상황에서 흔히 선취권 규칙을 적용한다.

제조업에서 일반적으로 사용되는 규칙에는 두 가지가 있다.

1. **긴급률**(critical ratio, CR)이 각 작업에 대해 다음과 같이 계산된다.

$$\text{CR} = \frac{\text{기한까지 남은 시간}}{\text{남아 있는 처리소요시간}}$$

작업장에서 대기하는 작업 중에서 최소 CR값을 갖는 작업을 먼저 수행하고, 다음으로 작은 CR값의 작업을 다음 순서로 수행하는 방식으로 진행한다. CR값이 1보다 큰 작업은 대기시간만 적절히 관리한다면 작업완료까지 시간적으로 여유가 있다. 하지만 1보다 작은 CR값의 작업은 작업시간을 단축하지 않는다면 납기를 놓치게 될 것이다. CR의 값은 납기까지 남은 시간이 앞으로의 작업시간에 비해 몇 배인지를 나타내준다.

2. **최소 소요시간**(shortest processing time, SPT)은 생산자원(작업자 혹은 기계)에 요구되는 작업시간이 가장 작은 작업을 선택하는 규칙이다. 이 규칙의 논리는 가장 짧은 소

작업배정 담당자가 진행 중인 작업의 우선순위를 정하고 있다.
© McGraw-Hill Education/Rick Brady

요시간의 작업을 신속히 완료한다면 다음 단계의 생산 자원이 빠른 시각에 작업을 이어받을 수 있어서 작업의 흐름률이 높아지고 자원의 이용률이 높아진다는 것이다.

SPT 규칙이 효율성과 산출량을 위해서는 매우 효과적이지만, 작업의 납기일을 고려하지 않기 때문에 납기를 맞추는 성과는 저조하다. 현실에서는 납기 충족이 매우 중요하기 때문에 납기를 직접적으로 고려하는 CR이 보다 효과적일 수 있다.

작업의 리드타임(작업의 시작부터 완료까지의 총소요시간)은 관리자가 납기를 어떻게 설정하고 작업일정을 어떻게 수립하는지에 따라 달라질 수 있다. 만약 어느 작업의 납기를 총작업시간보다 약간 많은 정도로 빠듯하게 설정한다면 CR과 같은 규칙하에서는 그 작업의 우선순위가 높을 것이므로 작업의 진행이 빠르게 일어날 것이다. 따라서 사용되는 배정 규칙에 따라 리드타임은 크게 늘어날 수도, 줄어들 수도 있다.

리드타임이 관리될 수 있다는 점은 어떤 사람에게는 놀라운 사실일 것이다. 리드타임은 고정되어 있거나 확률적으로 변동하는 값이라고 일반적으로 생각한다. 리드타임이 작업능력과 우선순위에 의해 정해지는 값으로 인식하는 사람은 많지 않다. 작업장에서 생산능력과 가까운 수준에서 작업이 이루어진다면 평균 리드타임은 증가할 것이다. 하지만 평균 리드타임이 긴 경우에도 높은 우선순위의 개별작업은 신속히 완료될 수 있다. 따라서 리드타임은 생산능력과 우선순위의 함수라고 할 수 있다.

요약하자면, 배정 규칙은 작업일정을 수립할 때나 작업이 진행되는 과정에서 작업의 우선순위를 정하기 위해 사용된다. 한 작업의 우선순위는 그 작업이 작업장을 거치면서 동태적으로 변경될 수 있다. 운영선도사례에서는 골프장에서 티타임의 일정계획을 수립할 때 우선순위 규칙을 사용한 예를 설명하고 있다.

## 12.6 계획 및 통제시스템

**LO12.6** 작업일정계획 수립에서 고려할 중요한 요소

운영활동의 일정을 수립할 때는 계획 및 통제시스템이 요구된다. 이 시스템은 우수한 작업일정계획을 수립하도록 만들어주며, 그 일정계획이 필요에 따라 수정되면서 실행되도록 해 준다. 이러한 스케줄링 시스템은 앞서 설명한 기법을 담고 있지만, 관리자의 관여가 없다면 그 기법들은 유명무실할 수 있다.

모든 스케줄링 시스템은 다음 질문에 답을 해야 한다.

1. **납기일을 언제로 약속할 것인가?** 납기일의 약속은 생산능력과 고객의 요구를 포함하여 마케팅 및 운영적 측면 모두를 고려해서 정해져야 한다. 우리는 간트 차트와 유한

## 운영선도사례    플로리다주 더빌리지의 골프장 티타임 일정 수립

더빌리지는 플로리다주에 위치한 은퇴자들의 지역사회로서 27홀의 챔피언 코스 12개와 9홀의 이그제큐티브 코스 36개를 보유하고 있다. 매일 7,000명 이상 되는 신청자들의 티타임을 이들 코스에 배정하는 것은 엄청나게 어려운 일이다. 더빌리지는 이 문제를 우선순위 배정방식을 기반으로 한 온라인 예약시스템으로 해결했다.

© linda nolan/Alamy

신청자가 한 라운드를 플레이하게 되면 1점을 부여하게 된다. 만약에 예약을 미리 취소하면 또 다른 1점을, 그리고 예약시간에 나타나지 않으면 또 다른 3점을 부여한다. 최근 7일 동안에 이렇게 부여된 총점수를 기준으로 골프예약을 신청하면 가장 낮은 점수의 신청자가 코스와 티타임의 선택에서 우선권을 갖게 된다. 왜냐하면 총점수가 가장 낮은 사람이 최근에 플레이를 가장 적게 한 사람이기 때문이다. 플레이를 가장 많이 하고 총점수가 가장 높은 신청자는 코스와 티타임 선택에서 가장 낮은 우선권을 갖게 된다. 예약시스템은 모든 7,000명의 신청자를 대상으로, 혹은 코스의 수용능력 범위가 다할 때까지 코스와 티타임 배정을 하게 된다.

이와 같은 점수방식이 신청자로 하여금 배정된 티타임을 지키도록 만들어 코스 수용능력이 허비되는 것을 막을 뿐 아니라 모든 주민들에게 코스를 공평하게 사용할 수 있게 해 준다. 그리고 무료로 이용하는 이그제큐티브 코스를 개인이 과다하게 이용하는 것을 막아준다. 이렇게 티타임 배정에서 우선순위 규칙을 사용한 것은 매우 성공적이었다.

능력 스케줄링을 이용하여 납기일을 어떻게 정할 수 있는지를 살펴보았다. 일정 수립 과정에서 마케팅은 적합한 고객의 우선순위를 입력해야 하며, 재무는 필요한 자본이 적기에 준비되도록 해야 한다. 이렇듯 모든 기능부서는 고객에게 최대의 가치를 제공하면서 기업의 수익성을 최대로 만들기 위해 서로 협력해야 한다.

2. **병목이 어디인가?** 설비의 생산능력은 병목 작업장에 의해 제약을 받는다. 따라서 스케줄링 기법은 병목이 어디인가를 찾아서 해소해야 한다. 병목의 해소는 준비시간의 단축, 장비의 추가 투입, 초과근무, 하청, 병목에서의 작업 재배열 등의 방법으로 생산능력을 증가시킴으로써 가능하다.

3. **특정 작업이나 활동을 언제 시작해야 하는가?** 이 질문에 대한 답은 작업배정 규칙 또는 간트 차트, FCS 스케줄링을 통해서 알 수 있다.

4. **작업이 제시간에 완료될지를 어떻게 확신할 수 있는가?** 작업배정 규칙이 부분적으로 답을 줄 수 있지만 확신을 위해서는 작업활동을 지속적으로 모니터링해야 한다. 필요하다면 제시간 완료를 위한 수정조치를 행해야 한다.

**고급 계획 수립 및 스케줄링**(advanced planning and scheduling, APS)은 유한능력 스케줄링, 제약 기반의 병목 스케줄링, 작업배정 규칙 등의 기법을 작업현장 단계에 적용하는 소프트웨어다. APS는 매일의 작업일정계획을 수립하기 위하여 자재소요량과 생산능력을 고려하며, 납기를 맞춤과 동시에 최소 재고로 최대 산출을 얻는 목표를 달성하고자 한다.

계획 및 통제시스템의 원리를 예시하기 위하여 한 예를 들어보자.

더 좋은 시스템으로 법정 일정계획을 개선할 수 있다.
© Corbis

## 재판법정의 일정 수립

재판법정의 일정 수립을 위해서는 계획 및 통제시스템이 필요로 한다. 때때로 경찰관, 증인, 변호사, 피고인 등 많은 사람들이 긴 시간을 기다릴 만큼 법정의 일정이 과부하 상태일 때가 많다. 법정에서 만약 하루가 지나도 증언을 하지 못한다면 어떤 증인들은 다시 출석하지 않을 수도 있다.

동시에, 사건들의 배정이 비효율적으로 이루어지면 판사가 기다리게 되거나 법정의 활용이 낮게 되는 문제가 발생할 수도 있다. 이러한 상황은 사건이 일찍 종료되거나 진행하기로 한 사건이 미루어질 때 발생한다.

뉴욕시의 형사 법정에서는 이러한 문제를 해결하는 방법으로 법정 스케줄링 시스템을 개발했다. 이 시스템은 다음의 다섯 가지 목적을 달성하도록 설계되었다─(1) 판사의 시간이 허비되지 않고 계속 바쁘게 만들어야 한다. (2) 사건이 일정계획에 따라 시작될 확률이 높아야 한다. (3) 동일한 경찰관의 사건은 묶어서 하루에 처리하도록 한다. (4) 높은 우선순위의 사건은 가능한 한 조기에 일정이 잡혀야 한다. (5) 모든 사건에 대해 대기시간의 최대 한계를 명확히 설정해야 한다.

이 시스템의 핵심은 우선순위 배정 규칙이다. 이 규칙은 범죄 심각성, 피고인의 수감 여부, 심문 이후 경과시간 등의 요소들에 기초해 우선순위를 배정한다. 사건의 우선순위가 특정 기준값에 도달하게 되면 법정 일정이 잡히게 되며, 그렇지 않으면 일정이 잡히지 않은 상태로 기다리게 된다.

사건의 일정이 잡히면 다중회귀방정식(multiple regression equation)으로 필요한 소요시간을 예측한다. 이 방정식은 피고인의 탄원, 범죄의 심각성, 증인의 수, 담당 판사 등 여러 인과변수를 이용한다. 예측된 소요시간에 따라 법정 일정표에 가능한 한 이른 시간대에 사건의 일정을 잡지만, 일부 시간대는 응급상황이나 향후 일정 수정을 위해 비워둔다. 우선순위는 매일매일 현재의 상황에 기초하여 수정되고, 높은 우선순위의 사건이 신규로 발생하면 일정표에 추가된다.

이 예는 서비스 운영에서 일정계획 및 통제시스템의 일부로 작업배정 규칙이 어떻게 사용되며 또한 핵심 질문들에 대해 어떻게 답을 얻는지를 보여준다. 스케줄링 기법은 기업의 정보시스템에 포함되어 일정의 수립과 실행을 위한 핵심 질문들에 답을 해 준다.

## 12.7 요점정리와 핵심용어

이 장에서 우리는 뱃치 작업 운영에서의 일정계획 수립(스케줄링) 의사결정을 다루었다. 스케줄링은 희소자원을 작업, 활동, 업무, 혹은 고객에게 배분하는 것과 관련된다. 이때의 가정은 총괄계획과 설비 의사결정으로부터 이용 가능한 자원이 정해져 있다고 본다. 이 장의 요점은 다음과 같다.

- 스케줄링은 이용 가능한 자원 내에서 낮은 재고, 높은 효율, 높은 고객 서비스 등 서로 상반된 목표를 추구한다. 따라서 스케줄링을 할 때는 내적이든 외적이든 언제나 상충관계를 다루게 된다. 이와 같은 상충된 목표들 때문에 효과적인 스케줄링을 위해 다기능적인 협력이 필요하다.
- 간트 차트는 가장 간단한 스케줄링 기법이다. 이 기법은 가용 자원에 대해 한 번에 한 작업씩 일정을 계획한다. 간트 차트는 각 작업의 대기시간, 작업 완료시각, 자원(기계) 이용률, 전체 작업의 총소요시간 등을 결정해 준다.
- 유한능력 스케줄링은 여러 작업장을 거치는 복수 작업의 일정계획 수립에 사용된다. 각 작업장은 여러 기계(또는 자원)를 가진다는 것을 제외하고는 간트 차트와 유사한 방식으로 스케줄링을 한다. 이 기법은 병목을 지나는 작업의 흐름을 향상시키기 위해 작업 분할, 대체경로 사용, 초과근무 사용, 기타 방법들을 이용한다.
- 제약이론(TOC)은 병목자원의 스케줄링을 통해 전체 산출액을 최대화하고자 하는 기법으로서 유한능력 스케줄링의 논리를 확장한 것이다. 병목자원을 통하는 흐름은 최대화하고, 비병목자원은 병목자원이 쉬지 않고 운영할 수 있도록 스케줄링한다.
- 작업배정은 작업이 공장이나 서비스 시설을 거칠 때 작업의 우선순위를 결정하는 것이다. 각 작업장에서 다음 순서로 처리할 작업이나 활동을 결정하기 위해 다양한 배정 규칙이 사용된다.
- 스케줄링 시스템은 (1) 납기일을 언제로 약속할 것인가? (2) 병목이 어디인가? (3) 특정 작업이나 활동을 언제 시작해야 하는가? (4) 작업이 제시간에 완료될지를 어떻게 확신할 수 있는가? 등의 질문들에 답해야 한다. 지속적으로 변하는 환경에 대응하기 위해 스케줄링 시스템은 정보시스템의 한 부분을 구성하면서 매일의 계획 및 통제시스템으로 운영된다.
- 한 작업이 완료되기까지의 리드타임은 확률적 현상이 아니라 생산능력과 우선순위의 결정에 의해 정해진다.

핵심용어

| | | |
|---|---|---|
| 간트 차트 | 긴급률 | 순방향 스케줄링 |
| 고급 계획 수립 및 스케줄링 | 대기행렬의 네트워크 | 역방향 스케줄링 |
| | 뱃치 작업일정계획 | 우선순위 규칙 |
| 교환관계 의사결정 | 병목 | 운영비 |
| 기계작업일정 문제 | 산출액 | 유한능력 스케줄링 |
| 기간별 계획 | 선입선출 규칙 | 작업배정 |
| 기계이용률 | 선취권 규칙 | 작업배정 규칙 |

재고 총소요시간 최소 소요시간
제약이론

---

**인터넷 학습**

1. AGI: 골드랫 협회(http://www.goldratt.com/)
   이 사이트를 방문하여 제약이론에 대한 정보를 얻어보라.
2. 테일러(http://www.taylor.com)
   이 사이트에서 스케줄링 시스템의 정보를 찾아보고 수업에서 토론하라.
3. 워털루 매뉴팩처링 소프트웨어(http://www.waterloo-software.com)
   일정계획 수립과 스케줄링의 고급 기법에 대해 찾아보라.

---

## 연습문제

**문제**

1. **간트 차트의 작성** 아래의 표는 3개의 작업장과 4개의 작업에 대한 정보를 보여주고 있다. 하나의 작업을 한 작업장에서 다른 작업장으로 이동하는 데 걸리는 시간이 6시간이라 가정하자(사용 중인 장비에 대한 대기시간은 이동시간에 포함하지 않음). 작업의 우선순위를 1-2-3-4로 하고 간트 차트를 사용한 스케줄링을 하라. 이렇게 했을 때 납기를 못 맞추는 작업이 있는가? 있다면 어느 작업인가? 작업의 우선순위를 다르게 정하면 문제를 완화할 수 있는가?

| 작업 | 작업장/기계시간 | 납기(일) |
|---|---|---|
| 1 | A/2, B/1, C/4 | 3 |
| 2 | C/4, A/2 | 2 |
| 3 | B/4, A/2 | 2 |
| 4 | B/4, A/2, C/3 | 3 |

**풀이**

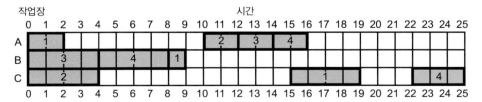

작업 4는 납기일이 3일인데 4일째에도 1시간의 작업을 해야 하므로 하루 늦게 완료될 것이다. 하지만 작업 4의 스케줄 우선순위를 작업 3의 앞으로 옮긴다면 작업 4가 납기 마감시간보다 1시간 일찍 완료되고 작업 3도 마감시간 안에 완료될 수 있다.

**문제**

2. **작업배정 규칙** 다음의 5개 작업은 작업장에서 마지막 생산작업을 기다리는 작업이다. SPT, FCFS, CR의 규칙을 사용하여 작업의 순서를 결정하라.

| 작업 | 소요시간 | 납기 | 도착 순서 |
|------|----------|------|-----------|
| A | 5 | 10 | 3 |
| B | 7 | 18 | 1 |
| C | 6 | 29 | 2 |
| D | 2 | 12 | 5 |
| E | 10 | 19 | 4 |

**풀이**

SPT 규칙은 가장 짧은 소요시간의 작업을 제일 먼저 배정한다. 그다음 순서는 두 번째로 짧은 소요시간의 작업을 배정하는 식으로 계속 진행하게 된다. 이 규칙에 의한 작업순서는 다음과 같다.

$$D - A - C - B - E$$

CR 규칙은 납기까지의 여유시간 대비 남은 소요시간의 비율이 작은 것부터 배정한다. 이렇게 CR 비율을 각 작업에 대해 계산하여 최소에서 최대의 순서로 정렬하면 다음의 순서를 얻게 된다.

$$E - A - B - C - D$$

FCFS 규칙은 작업장에 도착한 순서로 배정한다. 이 규칙에 따르면 다음과 같은 순서가 만들어진다.

$$B - C - A - E - D$$

**문제**

3. **유한능력 스케줄링**  어느 병원에 환자를 진료하는 3개의 부서(A, B, C)가 있다. C부서에는 2명의 의사가 있고, 다른 부서에는 1명씩의 의사가 있다. 현재 3개 부서에는 선착순인 환자 1, 2, 3, 4의 순서로 진료해야 하는 4명의 환자가 있고, 각 환자의 진료에 필요한 시간은 아래와 같다.

| 환자 | 부서/시간 |
|------|-----------|
| 1 | B/2, C/2, A/3 |
| 2 | A/2, C/3, A/1 |
| 3 | B/3, C/1, A/2 |
| 4 | C/2, B/3 |

유한능력 스케줄링을 사용하여 간트 차트를 작성하라.

a. 총소요시간은 얼마인가?

b. 어떤 부서가 병목인가?

c. 병목에 처리능력(생산능력)을 추가한다면 총소요시간은 어떻게 변하는가?

풀이 　　　　간트 차트는 아래와 같다.

|     | 0 | 1 | 2 | 3 | 4 | 5 | 6 | 7 | 8 | 9 | 10 |
|-----|---|---|---|---|---|---|---|---|---|---|----|
| A | 2 |   |   |   | 1 |   | 2 |   | 3 |   |    |
| B | 1 |   | 3 |   |   | 4 |   |   |   |   |    |
| C | 4 |   | 1 |   |   | 3 |   |   |   |   |    |
| C |   |   |   | 2 |   |   |   |   |   |   |    |

a. 총소요시간은 10이다.

b. A부서가 병목이며, 여기에 처리능력을 추가한다면 환자 2와 환자 3을 더 빨리 진료할 수 있게 된다. 즉 A부서가 전체의 처리 소요시간을 제약하고 있다.

c. 병목인 A부서에 1명의 의사를 추가한다면 새로운 총소요시간은 8이 된다.

## 토의질문

1. 다음의 운영에서는 어떤 형태의 작업일정계획이 이루어지는가? 작업일정계획을 수립해야 하는 자원의 유형과 연관된 고객 혹은 작업으로 스케줄링을 설명하라.
   a. 병원
   b. 대학
   c. 영화제작
   d. 주문생산 공장

2. 1번 문제의 각 상황에 적합한 작업일정계획의 목표를 설명하라.

3. 뱃치생산을 상호 연결된 대기행렬의 네트워크로 보는 것이 중요한 이유는 무엇인가?

4. 병원에서 환자의 스케줄링이 공장에서의 작업 스케줄링과 유사한 점과 상이한 점은 무엇인가?

5. 간트 차트, FCS, 제약이론의 차이점에 대하여 설명하라.

6. $m \times n$ 기계 스케줄링 알고리즘이 실제로 널리 사용되지 않는 이유는 무엇인가?

7. 작업일정계획과 관련한 계획 및 통제시스템의 목적은 무엇인가?

8. 제약이론(TOC)이 말하는 목표는 무엇이며, 그 목표를 달성하는 방법은 무엇인가?

9. TOC는 병목을 어떻게 정의하고 있는가?

10. 병목 작업장에는 어떤 스케줄링 규칙을 적용해야 하는가? 또한 비병목 작업장에는 어떤 규칙을 적용해야 하는가?

11. 병목 작업장에 생산능력을 늘리는 방안은 무엇인가?

## 문제

1. 강의과목에 등록하기 위해 학생들은 반드시 두 가지 활동(수강신청과 등록금 납부)을 완료해야 한다. 이 두 활동에서 5명의 학생을 처리하는 시간은 개인차로 인해 오른쪽 표와 같이 나타난다.

|  | 소요시간(분) | |
|------|:------:|:------:|
| 학생 | 수강신청 | 등록금 납부 |
| A | 12 | 5 |
| B | 7 | 2 |
| C | 5 | 9 |
| D | 3 | 8 |
| E | 4 | 6 |

a. 다섯 학생 모두를 처리하는 데 필요한 총소요시간을 알기 위해 간트 차트를 작성하라. 단, 스케줄링의 우선순위를 D, E, B, C, A로 하라.

b. 필요한 총소요시간을 줄이기 위해 더 나은 우선순위를 찾을 수 있는가?

c. 대학에서 위와 같은 스케줄링을 할 때 어떤 문제가 발생할 수 있는가?

2. 어느 공장에서 반드시 기계 A를 거친 후 기계 B를 거쳐야만 하는 6개 작업이 있다. 각 작업의 소요시간은 아래와 같다.

| 작업 | 기계시간(분) | |
|---|---|---|
| | A | B |
| 1 | 10 | 6 |
| 2 | 6 | 12 |
| 3 | 7 | 7 |
| 4 | 8 | 4 |
| 5 | 3 | 9 |
| 6 | 6 | 8 |

a. 6개 작업에 요구되는 총소요시간을 정하기 위한 간트 차트를 작성하여라. 단, 작업의 우선순위를 1, 2, 3, 4, 5, 6으로 하라.

b. 총소요시간을 단축하기 위한 더 나은 우선순위를 정할 수 있는가?

3. 간트 차트를 이용하여 아래의 작업을 스케줄링하라. 기계 간의 이동시간을 1시간으로 가정하고 작업의 우선순위는 1, 2, 3, 4로 하라.

| 작업 | 작업장/기계시간 | 납기(일) |
|---|---|---|
| 1 | A/3, B/2, C/2 | 3 |
| 2 | C/2, A/4 | 2 |
| 3 | B/6, A/1, C/3 | 4 |
| 4 | C/4, A/1, B/2 | 3 |

a. 총소요시간은 얼마인가?

b. 기계의 유휴시간은 얼마인가?

c. 각 작업은 납기 대비하여 언제 완료되는가?

d. 각 작업의 유휴(대기)시간은 얼마인가?

e. 작업의 더 나은 우선순위를 찾아보라.

4. 3번 문제에서 기계 A, B, C가 각각 2대씩 있다고 가정하자.

a. 유한능력 스케줄링을 수립하라.

b. FCS를 3번 문제의 간트 차트와 비교하라.

5. 2번 문제에서 기계 A와 B가 각각 2대씩 있다고 가정하자.

a. 유한능력 스케줄링을 수립하라.

b. FCS는 2번 문제의 간트 차트에 비해 성과가 어떠한가?

6. 어느 생명보험회사는 모든 생명보험 계약체결을 3개 부서[접수부서(I), 심사부서(U), 계약부서(P)]를 통해 처리한다. 접수부서는 신청서와 고객 보험료를 받고 자료를 심사부서로 보낸다. 심사부서는 신청자의 자격요건을 심사한 후에 계약부서에 자료를 보내 계약서를 교부하도록 한다. 현재 이 회사에는 5건의 보험계약 신청서가 처리대기 중이며, 각 부서에서 처리에 필요한 시간은 아래와 같다.

| 신청 | 부서/처리시간 |
|---|---|
| 1 | I/3, U/6, P/8 |
| 2 | I/2, P/10 |
| 3 | I/1, U/3, P/4 |
| 4 | I/2, U/8, P/6 |
| 5 | I/1, P/6 |

a. 이 계약신청 건에 대한 간트 차트를 작성하라.

7. 한 대학병원 혈액검사실에서 혈액 샘플 5개의 검사일정을 계획해야 한다. 각 샘플은 최대 4곳의 검사대를 거쳐야 하며, 각 샘플의 검사시간과 납기는 아래와 같다.

| 샘플 | 검사대/소요시간 | 납기(시간) |
|---|---|---|
| 1 | A/1, B/2, C/3, D/1 | 6 |
| 2 | B/2, C/3, A/1, D/4 | 10 |
| 3 | C/2, A/3, D/1, C/2 | 8 |
| 4 | A/2, D/2, C/3, B/1 | 14 |
| 5 | D/2, C/1, A/2, B/4 | 12 |

a. 간트 차트를 사용하여 5개 샘플의 검사일정을 계획하되 납기가 빠른 순서로 계획하라.

b. 각 검사대(A, B, C, D)의 처리능력을 2배로 늘렸다고 가정하고 FCS를 계획하라.

c. a에서 병목 검사대는 어디인가? 병목의 처리능력을 늘리는 방안을 제안해보라.

8. 어느 비서가 보고서를 타이핑하기 위하여 세 가지의 배정 규칙을 고려하고 있다. 타이핑을 해야 하는 작업에 대한 정보는 아래와 같고, 각각의 배정 규칙을 적용하여 작업의 순서를 정하라.

| 보고서 | 납기까지 남은 시간 | 총 잔여 소요 시간* | 소요시간 (타이핑 시간) | 도착 순서 |
|---|---|---|---|---|
| A | 20 | 12 | 10 | 4 |
| B | 19 | 15 | 12 | 3 |
| C | 16 | 11 | 6 | 2 |
| D | 10 | 5 | 5 | 1 |
| E | 18 | 11 | 7 | 5 |

\* 타이핑, 교정, 복사를 포함한 시간.

a. SPT

b. FCFS

c. CR

9. 당신이 7번 문제에서 언급된 대학병원 혈액검사실의 배정책임자라고 가정하라. 다음의 배정 규칙을 사용하여 어느 샘플을 검사대 A에서 처음으로 검사해야 하는지를 결정하라. (힌트 : 샘플 1과 4 중에서 정하라.)

a. SPT

b. CR

10. 아래 문제에서 작성한 간트 차트에 의하면 어디가 병목 작업장인가?

a. 2번 문제

b. 3번 문제

c. 6번 문제

11. 아래 문제에서 운영의 산출액을 높이기 위하여 제약이론을 어떻게 적용하겠는가?

a. 2번 문제

b. 3번 문제

c. 6번 문제

# 프로젝트의 계획 수립 및 스케줄링

## 학습목표

| | |
|---|---|
| **LO13.1** | 프로젝트 관리의 세 가지 목표 사이의 교환관계 |
| **LO13.2** | 프로젝트 관리에서의 네 가지 관리활동 |
| **LO13.3** | 프로젝트 스케줄링을 위한 네트워크 기법의 장점과 단점 |
| **LO13.4** | 네트워크 기법에서 ES, EF, LS, LF의 계산 |
| **LO13.5** | 주경로와 여유시간 개념의 중요성 |
| **LO13.6** | 네트워크의 소요시간 단축 비용의 계산 |
| **LO13.7** | 확정시간 네트워크 및 CPM 네트워크의 용도 비교 |

미국 보스턴시의 'Big Dig'은 역사상 가장 복잡하고 주목할 만한 프로젝트 중 하나였다. Big Dig은 비공식적인 프로젝트 명칭으로서 교통흐름을 유지한 채 보스턴을 지나는 93번 고속도로 구간을 고가도로에서 지하 터널로 이전하는 프로젝트였다. 이 프로젝트에는 찰스강 위에 새 교량을 건설하고, 90번 고속도로의 교통체증을 덜기 위해 터널을 뚫는 것이 포함되어 있었다. Big Dig은 미국에서 가장 공사비가 많이 든 고속도로 프로젝트였으며, 1982년에 공사비를 28억 달러로 추산했으나 2006년까지 146억 달러(인플레이션을 고려하면 1982년 화폐가액으로 60억 달러에 해당)가 지출되었다. 프로젝트를 시작할 때에 국회의원 바니 프랭크(Barney Frank)는 "고속도로를 지하화하는 것보다 도시 자체를 끌어올리는 게 비용이 적지 않겠는가?"라고 비판하기도 했다.

이 프로젝트는 해당 고가도로의 교통체증 때문에 제안되었으며, 일일 교통량 75,000대에 맞게 설계된 고가도로에 190,000대가 오가게 되었다. 이 프로젝트는 매사추세츠 도로국이 관리했는데, 당시 이렇게 크고 복잡한 프로젝트를 관리한 경험이 없던 상태였다. 벡

| 표 13.1 프로젝트의 예 | 건물 건축 | 영화 제작 |
|---|---|---|
| | 신제품 개발 | 교과목 운영 |
| | 연구개발 | 광고 캠페인의 설계 |
| | 컴퓨터시스템 설계 | 공장의 신설 혹은 폐쇄 |
| | 기계설비의 설치 | 비행기, 선박, 대형 기계의 제조 |
| | 우주선 발사 | 회계 감사 |
| | 기금 모금 | 군사작전 수립 |

텔(Bechtel)과 파슨스 브린커호프(Parsons Brinckerhoff)의 합작회사가 설계와 건설을 맡았는데, 이 두 회사는 대형 공사업체와 하청업체를 상대한 많은 경험이 있었다. 프로젝트 초기부터 공사지연, 설계변경, 부정부패, 법정 소송, 터널 붕괴로 인한 오토바이 운전자 사망사건까지 온갖 문제가 발생했다. 여러 터널 구간에 보수가 필요한 수백 건의 누수와 균열도 있었다. 이처럼 이 프로젝트는 건설 과정에 문제가 많았으며, 궁극적으로 교통체증을 줄였으나 엄청난 비용과 시간을 쏟아부은 결과였다.

이 장에서는 소형 및 대형 프로젝트를 어떻게 관리할지를 배우게 된다. 지금까지 우리는 프로젝트 형태의 생산 상황을 다루지 않았다. 프로젝트 관리연구소(Project Management Institute)는 **프로젝트**(project)를 '독특한 제품, 서비스, 혹은 결과물을 창출해내기 위해 일시적으로 수행되는 노력'[1]으로 정의하고 있다. 주지할 점은 프로젝트에는 처음과 끝이 있고 영속적인 활동이 아니라는 것이다. 이 때문에 프로젝트 관리와 영속적인 운영은 매우 다른 특성을 갖는다.

이 장의 주요 관심사는 프로젝트 계획 수립과 스케줄링의 의사결정이다. 전반부에서는 프로젝트 계획 수립의 포괄적인 체계를 설명할 것이며, 여기에는 프로젝트의 목표, 그에 따른 계획 수립과 통제활동 등이 포함된다. 후반부에서는 구체적인 스케줄링 기법을 자세히 설명할 것이다.

프로젝트에는 다양한 제조 및 서비스 활동이 해당한다. 선박, 비행기, 미사일 발사대 등 대형 제품이 프로젝트 기반으로 생산된다. 각 생산 단위는 고유의 품목으로 만들어지며, 생산 프로세스는 일반적으로 제품이 움직이지 않고, 자재와 인력이 프로젝트가 수행되는 장소로 이동하게 된다. 건물의 건축이 일반적으로 프로젝트 방식이며, 영화, R&D, 기금 모금 등의 서비스 활동도 프로젝트 방식으로 진행된다. 〈표 13.1〉은 프로젝트로 진행되는 여러 가지 제조 및 서비스 활동을 보여주고 있다.

---

[1] *A Guide to Project Management Body of Knowledge*. 5th ed. Newton Square, PA: Project Management Institute, 2013.

## 13.1 목표 간의 교환관계

LO13.1 프로젝트 관리
의 세 가지 목표 사이의
교환관계

프로젝트는 원가, 일정, 성과라는 세 가지의 **프로젝트 목표**(project objectives)를 갖는다. 프로젝트 원가는 프로젝트에 부과되는 직접비와 배분된 간접비의 합이다. 프로젝트 관리자와 팀의 업무는 프로젝트 조직이 직접 통제할 수 있는 원가를 관리하는 것이며, 이 원가는 인력, 자재, 지원 서비스 등과 관련이 있다. 보통 프로젝트에는 예산이 있고, 예산은 여러 비용항목으로 세분화된다.

프로젝트 관리의 두 번째 목표는 일정이다. 프로젝트를 시작할 때 그 완료일과 중간 기준일을 결정하게 된다. 프로젝트 관리자와 팀이 일정 예산한도 내에서 원가를 관리하는 것과 같이 일정도 미리 정한 날짜에 프로젝트를 완료하도록 관리한다. 보통 원가와 일정은 서로 교환관계에 있다. 예를 들어 프로젝트가 지연되면 초과근무를 해야 할지 모르며, 초과근무를 하기에는 예산이 부족할 수도 있다. 그러므로 시간과 원가 간의 교환관계에 대해 결정을 내려야 한다. 경영자는 일정 목표를 달성하는 것이 추가적인 비용 지출을 정당화할 만큼 중요한지를 판단해야 한다.

프로젝트를 관리하는 세 번째 목표는 성과이다. 즉 프로젝트로 생산하는 제품 혹은 서비스의 성과적 특성을 말한다. 예를 들어 건물을 지을 때의 성과는 건물의 사양과 설계를 충족하는 것이다. 영화 제작 프로젝트의 **성과**란 만들어진 영화의 품질을 말할 것이다. 이 경우 출연진, 음향, 촬영, 편집 등의 영화 평가기준으로 성과를 평가할 수 있다. 일반적으로 성과는 프로젝트의 성공과 관련된 요소를 충족하는지로 평가된다.

성과 역시 일정이나 원가와 교환관계에 있을 수 있다. 예를 들어 영화의 경우 성과가 기대에 못 미치면 추가적인 촬영이나 대본 수정 등이 필요할 수 있다. 이같이 성과 향상의 노력은 원가와 일정 변화를 가져올 수 있다. 프로젝트를 시작하기 전에 성과, 일정, 원가를 정확히 예측하기란 좀처럼 쉽지 않기 때문에 프로젝트를 진행하면서 목표들 사이에 교환관계가 일어나는 여러 결정을 내리게 된다.

## 13.2 프로젝트 계획 수립과 통제

LO13.2 프로젝트 관리
에서의 네 가지 관리활동

모든 프로젝트에서 요구되는 의사결정의 일반적인 순서는 계획 수립, 스케줄링, 통제, 종결 등이다. **프로젝트 계획 수립**(project planning)은 프로젝트를 시작할 때 프로젝트의 일반적인 특성과 방향을 설정하는 의사결정이다. 일반적으로 프로젝트 계획 수립은 프로젝트의 주요 목표, 필요 자원, 실행조직의 형태, 프로젝트 관리를 담당하는 인력 등을 결정하는 것이다. 프로젝트 계획 수립은 보통 최고경영층과 중간경영층에서 이루어지는 기능으로서 다기능팀으로 주요 결정을 내린다. 계획 수립이 끝나면 프로젝트 승인의 내용을 문서화해야 하며, 이에 따라 일련의 프로젝트 활동이 진행된다. 프로젝트 승인의 문서에는 〈표 13.2〉의 'A. 계획 수립' 요소들이 담겨 있어야 한다.

**프로젝트 스케줄링**(project scheduling) 단계에서는 다기능팀이 프로젝트 계획을 좀 더 구

표 13.2
프로젝트 관리활동과
의사결정

**A. 계획 수립**
프로젝트의 고객 확인
결과물로서 제품 혹은 서비스를 규정
프로젝트 목표의 설정
총소요자원과 시간의 추산
주요 구성원(프로젝트 관리자 등) 임명
주된 활동의 정의
예산 책정

**B. 스케줄링**
활동들의 상세한 구조를 결정
각 활동에 필요한 시간 예측
활동의 적절한 순서 결정
각 활동의 시작과 완료시간 결정
활동에 인력 배정

**C. 통제**
시간, 비용, 성과의 실적 점검
계획과 실적 수치 비교
수정 조치의 필요 여부 결정
수정 조치의 대안 평가
적절한 수정 조치의 실행

**D. 종결**
모든 활동의 완료
계약 종료
외상매입금 지불
고객에게 프로젝트 인계
인력과 장비의 재배치

체화한다. 이 단계에서는 프로젝트 활동의 세부 목록이 마련되며, 이는 흔히 **세부과업구조**(work-breakdown structure, WBS)라 불린다. 세부과업구조에는 각 활동에 대한 구체적인 시간 일정이 명시된다. 이 장의 후반부에서 시간 일정을 수립하는 기법이 소개되고 있다. 시간 일정이 완성되면 각 프로젝트 활동의 시작시점 및 완료시점과 연계된 기간 예산이 편성된다. 마지막으로는 프로젝트의 개별 활동에 프로젝트 인력을 배정하게 된다.

세부과업구조(WBS)는 한 프로젝트를 완성하는 데 필요한 모든 활동의 목록으로서 계층적 구조를 갖는다. 이는 프로젝트를 활동과 그 하위 활동으로 표현한 것이다. 〈그림 13.1〉은 연회 프로젝트의 예로서 첫 단계는 계획 수립 및 감독, 식사, 룸 및 설비, 손님, 직원, 연사 등 연회에 필요한 모든 활동으로 이루어지며, 다시 하위 활동으로 세분된다. WBS를 기

그림 13.1
WBS 예제 – 연회

출처 : www.hyperthot.com/
pm_wbs.htm

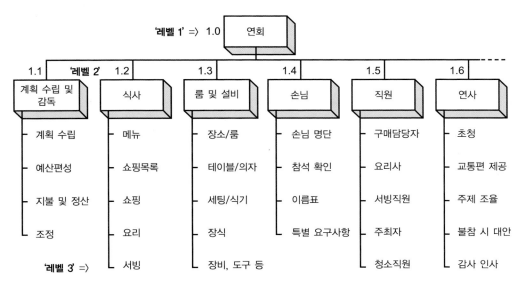

| '레벨 1' => 1.0 연회 | | | | | |
|---|---|---|---|---|---|
| 1.1 계획 수립 및 감독 | 1.2 식사 | 1.3 룸 및 설비 | 1.4 손님 | 1.5 직원 | 1.6 연사 |
| 계획 수립 | 메뉴 | 장소/룸 | 손님 명단 | 구매담당자 | 초청 |
| 예산편성 | 쇼핑목록 | 테이블/의자 | 참석 확인 | 요리사 | 교통편 제공 |
| 지불 및 정산 | 쇼핑 | 세팅/식기 | 이름표 | 서빙직원 | 주제 조율 |
| 조정 | 요리 | 장식 | 특별 요구사항 | 주최자 | 불참 시 대안 |
| | 서빙 | 장비, 도구 등 | | 청소직원 | 감사 인사 |

'레벨 2'   '레벨 3' =>

보잉 비행기 생산. 대형 여객기는 프로젝트 관리기법으로 생산된다.
© Larry W. Smith/Getty Images

준으로 시간일정을 잡을 수 있고, 각 활동에 예산과 인력을 배정할 수 있다. 이를 통해 프로젝트의 각 파트와 심지어 하청 파트에까지 책임을 부여할 수 있다. WBS는 프로젝트의 계획 수립, 스케줄링, 예산편성, 통제의 기초가 된다.

**프로젝트 통제**(project control)는 다기능팀에 의해 수행되며, 프로젝트 작업이 진행되는 동안 각 활동을 점검하는 것이다. 프로젝트 계획에 따라 시간, 원가, 성과 등을 기준으로 모든 활동을 검토하면서 계획과 실제 결과에 뚜렷한 차이가 있으면 수정 조치를 취해야 한다. 수정 조치란 계획의 수정, 예산의 조정, 인력의 조정, 자원의 변경 등을 의미하며, 수정 조치를 통해 프로젝트 계획이 다시 실천 가능한 계획이 된다.

**프로젝트 종결**(project closing)은 프로젝트의 공식적인 마침을 의미한다. 이는 모든 활동의 완료, 모든 하청의 종료, 모든 대금의 결제, 소유주로의 결과물 이전, 투입되었던 인력과 설비의 재배치 등을 포함한다. 프로젝트 종결을 위해 구체적으로 마침표를 찍는 것이 중요하다. 도로 건설 프로젝트는 흔히 리본 커팅으로 끝이 난다. 운영선도사례에서는 처칠

표 13.3
프로젝트 관리자협회
(PMI)가 규정하는
지식 체계

| 1. 프로젝트 총괄 | 2. 프로젝트 범위 | 3. 프로젝트 시간관리 |
|---|---|---|
| 프로젝트 명세서 작성 | 범위계획 | 활동 정의 |
| 범위 기술서 | 범위 정의 | 활동순서 결정 |
| 프로젝트 계획 수립 | 세부과업구조 | 자원 예측 |
| 프로젝트 시행 | 범위 검증 | 활동시간 예측 |
| 검토와 통제 | 범위 통제 | 일정 수립 |
| 프로젝트 종결 | | 일정 통제 |
| **4. 프로젝트 원가** | **5. 프로젝트 품질관리** | **6. 프로젝트 인적자원관리** |
| 원가 예측 | 품질계획 | 인적자원계획 |
| 예산편성 | 품질보증 | 프로젝트팀 입안 |
| 원가 통제 | 품질통제 | 프로젝트팀 구성 |
| | | 프로젝트팀 관리 |
| **7. 프로젝트 의사소통** | **8. 프로젝트 위험** | **9. 프로젝트 구매조달** |
| 의사소통계획 | 위험관리계획 | 구매계획 |
| 정보 교환 | 위험 규정 | 계약체결 |
| 성과 보고 | 정성적 위험분석 | 공급자 의향 요청 |
| 이해관계자 관리 | 정량적 위험분석 | 공급자 선정 |
| | 위험자원계획 | 계약관리 |
| | 위험 점검과 통제 | 계약 종료 |

## 운영선도사례 　처칠 다운스에서의 프로젝트 관리

켄터키주에 소재한 처칠 다운스(Churchill Downs)는 켄터키 더비라는 말 경주를 매년 주최하는 기업으로 유명하다. 말 경주는 '가장 짜릿한 2분간의 스포츠'이다. 이 기업이 프로젝트 관리실(PMO)을 설치하기 이전에는 비정형화된 방식으로 프로젝트를 관리했다. 그 이후에 프로젝트 관리를 정형화하기 위하여 처칠 다운스는 프로젝트 관리자를 고용하고 PMO를 설치했다. 프로젝트 관리를 IT 프로젝트에 적용할 때의 과정은 프로젝트 승인, 우선순위 결정, 실행관리, 결과 분석의 단계를 거친다. 이러한 과정을 말 경주 프로젝트에 도입하는 것을 쉽게 하기 위해 경주트랙에 비유한 과정으로 도식화했다. 출발

게이트는 초기 승인을 한 후 예산편성과 프로젝트 관리자를 임명하고 우선순위를 결정하는 것이다. 다음 단계는 실행강령을 제정하고, 세부활동의 규정과 과업구조의 구축, 스케줄링을 하는 것이다. 그다음은 프로젝트가 결승선에 이를 때까지 진행상황을 관찰하고 위험요소를 평가하게 된다. 이러한 접근법이 IT에서는 매우 성공적으로 사용되었기 때문에 처칠 다운스에서도 도입하게 되었다.

출처 : *PM Network*, July 2009, pp. 40-45 and Churchilldowns.com, 2016.

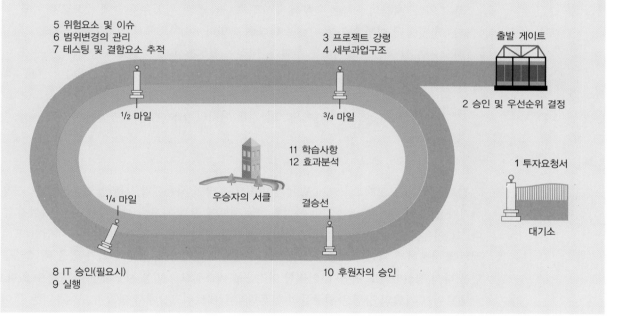

다운스(Churchill Downs)에서의 전형적인 프로젝트를 단계별로 설명해 주고 있다.

프로젝트 관리는 전문성을 요하는 직무이다. 따라서 지식체계, 프로젝트 관리자협회(Project Management Institute, PMI), 자격증 제도 등이 생겨났다. 관련 지식 체계는 매우 광범위하며 프로젝트 관리자 자격증제도의 기초가 된다. PMI가 규정하고 있는 지식 체계의 주제를 〈표 13.3〉에서 보여주고 있다. 우리는 이 중에서 몇몇 주제를 이미 설명했다. 지면의 한계로 이 장에서는 주로 프로젝트 스케줄링 기법과 그와 관련된 주경로(critical path), 여유시간(slack) 등의 개념만을 설명하고자 한다.

## 13.3 스케줄링 기법

LO13.3 프로젝트 스케줄링을 위한 네트워크 기법의 장점과 단점

스케줄링 기법으로는 여러 가지 유형이 사용되고 있다. 이들은 주로 간트 차트 혹은 네트워크 기법으로 분류할 수 있다. 간트 차트는 〈그림 13.2〉와 같이 막대 차트를 이용하고, 네트워크 기법은 활동들의 선후관계를 표시하기 위해 그래프나 네트워크를 사용한다.

스케줄링을 위한 간트 차트와 앞 장에서 설명한 뱃치생산의 간트 차트는 매우 유사하다. 두 차트 모두에서 활동시간은 막대나 선으로 표시하고, 각 활동이 언제 시작하고 언제 종료하는지를 보여준다.

예제

〈그림13.2〉의 간트 차트는 회사 사무실을 신규로 개설하는 프로젝트를 간단히 보여주고 있다. 시간의 흐름은 윗부분에 가로로 나타냈고, 활동은 왼쪽에 세로로 나열했다. 각 활동의 실행 일정은 막대로 나타내고 있다. 이 차트에서 첫 활동은 입지를 정하고 사무실 공간을 임차하는 것이다. 이것이 결정된 후에 직원을 고용하고, 사무가구를 구비하고, 전화를 설치한다. 즉 활동 2, 3, 5는 활동 1 이후에 실행되며, 가구 구비, 직원 채용, 전화 설치가 병렬적으로 진행됨을 보여준다. 따라서 간트 차트는 각 활동에 어느 정도의 시간이 필요한지뿐 아니라 어느 기간에 활동이 수행되는지도 보여준다.

간트 차트는 프로젝트 스케줄링에 일반적으로 많이 사용된다. 사람들이 이해하고 사용하기가 쉽기 때문이다. 그렇지만 복잡한 프로젝트에 간트 차트를 사용하는 것은 적절치 않다. 그 이유는 활동 간의 상호 의존성이나 관계를 보여주지 못하기 때문이다. 복잡한 프로젝트에 사용하게 되면 스케줄링을 애초에 수립하기도 어렵고, 상황 변화가 있을 때 스케줄링을 다시 갱신하기도 어렵다. 이러한 어려움을 네트워크 기법을 사용하면 극복할 수 있다.

네트워크 기법의 장점은 활동들의 선후관계를 네트워크상에서 명확히 보여준다는 것이다. 그러면 활동들의 모든 선후관계를 고려해 주는 스케줄링의 알고리즘을 개발할 수 있

그림 13.2
간트 차트 프로젝트의
예제

| 번호 | 활동 | 주 | | | | | | | |
|---|---|---|---|---|---|---|---|---|---|
| | | 1 | 2 | 3 | 4 | 5 | 6 | 7 | 8 |
| 1 | 사무실 임차 | ▬ | | | | | | | |
| 2 | 직원 채용 | | ▬▬▬▬▬ | | | | | | |
| 3 | 사무가구 구입 | | ▬ | | | | | | |
| 4 | 사무가구 배치 | | | ▬▬ | | | | | |
| 5 | 전화기 구입 | | ▬ | | | | | | |
| 6 | 전화 설치 | | | | | ▬ | | | |
| 7 | 사무실 입주 | | | | | | | ▬▬ | |

다. 간트 차트를 사용할 때는 스케줄링 담당자의 머릿속에 활동들의 선후관계를 기억하고 있어야 한다. 복잡한 프로젝트에서는 그것이 쉽지 않기에 간트 차트를 사용한다는 것이 비현실적이다. 게다가 간트 차트에서는 하나의 활동시간이 바뀌면 수작업으로 다시 스케줄링을 하여 전체 차트를 다시 작성해야 한다. 하지만 네트워크 알고리즘에서는 자동으로 스케줄링을 수정할 수 있다. 하지만, 네트워크 기법은 간트 차트에 비해 복잡하고, 이해하기 어려우며, 적용비용이 많이 든다. 따라서 네트워크 기법은 많은 활동들이 서로 연결되어 있는 복잡한 프로젝트에 사용되어야 하지만, 컴퓨터화된 시스템이라면 간단한 프로젝트에 대해서도 네트워크 기법의 장점을 활용할 수 있다.

네트워크 스케줄링 기법에는 주경로(critical path), 여유시간(slack) 등의 주요 개념이 사용된다. 이들 개념을 다음 절에서 확정시간 네트워크를 이용하여 설명할 것이다. 시간과 비용의 교환관계를 고려하는 좀 더 복잡한 네트워크는 그다음 절에서 설명할 것이다.

## 13.4  확정시간 네트워크

**LO13.4** 네트워크 기법에서 ES, EF, LS, LF의 계산

**확정시간 네트워크**(constant-time networks)에서는 각 활동시간이 확정되어 있다고 가정한다. 스케줄링의 관점에서 보면 이는 가장 단순한 경우이다. 좀 더 복잡한 기법으로서 확정시간 네트워크 기법을 기반으로 변형된 기법들도 있다.

이제 간단한 형태의 네트워크를 작성하는 예제를 보자. 〈표 13.4〉는 사업보고서 작성에 필요한 활동들을 보여준다. 첫 활동 A는 보고서의 주제와 범위를 정하는 것이다. 그다음 두 활동 B(자료 수집)와 C(인터넷 검색)는 병행할 수 있다. 일단 B와 C가 완료되면, 보고서 작성(활동 D)을 시작할 수 있다. 이처럼 각 활동의 직선행(immediate predecessor) 활동을 〈표 13.4〉에서 보여주고 있다. 활동 A는 제일 먼저 해야 하는 활동이기 때문에 직선행 활동이 없고, 활동 B와 C의 직선행 활동은 A이다. 그리고 활동 D의 직선행 활동은 B와 C이다. 최종 보고서 집필은 자료 수집과 인터넷 검색이 이루어지기 전에는 시작할 수 없기 때문이다. 각 활동의 소요시간도 〈표 13.4〉에 제시되어 있다.

위의 정보를 네트워크 형식으로 표현할 수 있다. 〈그림 13.3〉에서 **노드형**(activity-on-node, AON) 네트워크를 보여주고 있다.[2] 네 가지 활동 각각은 다이어그램에서 노드(동그

**표 13.4**
사업보고서 작성

| 활동 | 설명 | 직선행 활동 | 소요시간(일) |
|------|------|------------|--------------|
| A | 주제 결정 | – | 1 |
| B | 자료 수집 | A | 2 |
| C | 인터넷 검색 | A | 3 |
| D | 보고서 작성 | B, C | 5 |

---

[2] 네트워크 형식에는 화살표형(activity-on-arrow, AOA)도 있다. 우리는 AON형을 사용할 것인데, 이는 이해가 쉽고 대부분의 스케줄링 소프트웨어(예 : Microsoft Project)가 이 방식을 사용하기 때문이다.

라미)로 표시되어 있고, 화살표는 활동 간의 선후관계를 나타낸다. 각 활동의 소요시간 (duration)은 동그라미 안의 활동 번호 아래에 표시되어 있다. 〈그림 13.3〉에서 활동 B와 C 는 활동 A가 끝나기 전에 시작할 수 없고, 활동 D는 활동 B와 C가 끝나기 전에 시작할 수 없다. 모든 선행 활동이 끝나야 후행 활동을 시작할 수 있는 것이 원칙이다.

우리는 〈표 13.4〉와 〈그림 13.3〉을 이용하여 확정시간 네트워크 스케줄링을 설명하고자 한다. 일단 네트워크가 그려지면 스케줄링을 위한 계산을 시작할 수 있다. 활동 시작시간 과 종료시간을 계산하기 위해 다음과 같은 기호가 필요하다.

ES(a)＝활동 A를 가장 이른 시각에 시작할 수 있는 시간

EF(a)＝활동 A를 가장 이르게 종료할 수 있는 시간

LS(a)＝프로젝트 완료시간을 지연시키지 않기 위해 활동 A가 시작되어야 하는 마지막 시간

LF(a)＝활동 A가 모든 후행 활동의 LS를 지연시키지 않는 A의 마지막 종료시간

각 활동은 이처럼 정의한 네 가지 스케줄 시간을 갖는다. 우리는 편의상 ES, EF, LS, LF로 줄여 부르기로 한다. 이들 시간은 네크워크를 순행(forward pass) 혹은 역행(backward pass) 하면서 계산된다.

먼저, **조기 시작시간**(early start, ES)과 **조기 종료시간**(early finish, EF)을 네트워크를 순행 하면서 계산한다. 이것은 네트워크의 시작점에서 시작하여 선후 관계에 따라 네트워크의 끝까지 진행하면서 계산하는 것이다. 우리는 〈그림 13.3〉의 예를 갖고 계산방법을 설명할 것이다. 일반적으로 우리는 ES와 EF 시간을 〈그림 13.4〉처럼 노드 위에 표시한다. 노드 A 는 첫 번째 활동이기 때문에 조기 시작시간은 0으로 정한다(노드 A의 ES＝0). 노드 A의 조 기 종료시간은 이 ES에 활동 소요시간(〈표 13.4〉 참조)을 더한 것이며, 수치로는 0＋1＝1 이다. 활동 A의 후행 활동인 B와 C의 ES는 활동 A의 조기 종료시간 EF와 같다. 왜냐하면 A 가 끝나기 전에는 B와 C를 시작할 수 없기 때문이다. 활동 B의 EF는 B의 ES인 1에 B의 소 요시간 2를 더한 것, 즉 EF(B)＝3이다. 마찬가지로 EF(C)는 ES(C)인 1일에 C의 소요시간

**그림 13.3**
**사업보고서 작성을**
**위한 네트워크**

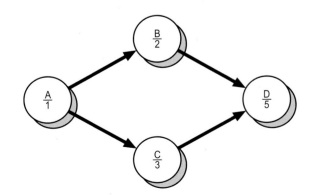

그림 13.4
사업보고서 작성의
예제에서 순행 계산

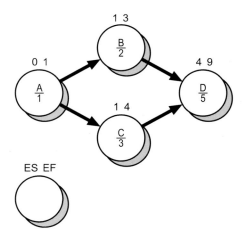

3일을 더한 값, 즉 EF(C)=4이다. 이제 우리는 활동 D의 조기 시작시간을 정할 수 있는데, 활동 B와 C가 모두 끝나기 전에는 활동 D를 시작할 수 없으므로 활동 D의 조기 시작시간은 활동 B와 C의 조기 종료시간 중 최댓값에 의해 결정된다. 이 예에서는 ES(D)=Max(3, 4)=4이다. 활동 D의 조기 종료시간은 ES(D) 더하기 활동 D의 소요시간이다[EF(D)=4+5 =9]. 이로써 이 네트워크에 대한 순행 계산이 끝이 난다. 그 결과, 프로젝트의 완료시간은 9이며, 이것은 마지막 활동의 EF에 해당한다.

이상의 계산에 적용된 논리는 다음과 같은 수식으로 나타낼 수 있다.

ES(a)=0(모든 첫 활동에 적용)
EF(a)=ES(a)+$t$(a)[여기서 $t$(a)는 활동 a의 소요시간]
ES(a)=Max[EF(a의 모든 선행 활동)]
프로젝트 완료시간=Max[EF(마지막 활동 모두)]

요약하자면, 어느 한 활동의 조기 시작시간을 계산하기 위해 모든 선행 활동의 EF 중에서 최댓값을 선택하며, 그 이유는 모든 선행 활동이 종료되기 전에는 그 활동이 시작할 수 없기 때문이다. 선행 활동 중에서 아직 종료되지 않은 활동이 하나라도 있다면 그 활동이 다음 활동의 시작을 붙잡고 있는 형상이다. 이 때문에 ES(a)=Max[EF(a의 모든 선행 활동)]의 수식이 만들어진 배경이다. 어느 한 활동의 ES가 결정되면 그 활동의 조기 종료시간(EF)은 단순히 ES+활동의 소요시간인 $t$(a)로 계산된다. 즉 그 활동은 조기 시작시간에서 소요시간만큼 경과해야 종료된다.

한편, **만기 시작시간**(late start, LS)과 **만기 종료시간**(late finish, LF)은 네트워크를 역행하면서 계산된다. 역행 계산은 다음과 같은 수식으로 나타낼 수 있다.

LF(a) = Min[LS(a의 모든 후행 활동)]
LS(a) = LF(a)−$t$(a)

**그림 13.5**
사업보고서 작성 예제
에서의 순행 및 역행
계산

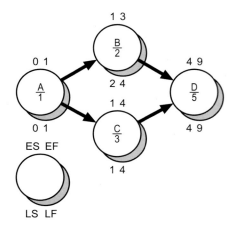

만기 시간은 네트워크의 마지막 활동으로부터 시작하여 네트워크를 역행하면서 계산한
다. 〈그림 13.5〉에서 활동 D가 마지막 활동이기 때문에 D의 LF 시간은 EF 시간과 동일하
고, LS도 ES와 동일하다. 활동 B와 C의 LF는 유일한 후행 활동인 D의 LS와 같다. 활동 B
와 C의 LS는 LF에서 각각의 활동 소요시간을 빼서 계산한다. 활동 A는 B와 C라는 2개의
후행 활동이 있기 때문에 활동 A의 LF는 두 후행 활동의 LS 중 최솟값, 즉 Min(1, 2)=1이
다. 최솟값을 취하는 이유는 활동 B와 C가 그들의 만기 시작시간에 시작하기 위해서는 활
동 A가 그에 맞게 끝나야 하고, 그렇지 않을 경우에는 프로젝트가 지연되기 때문이다. 활
동 A의 LS는 LF에서 활동 소요시간을 차감한, 즉 1−1=0이다.

후행 계산에서는 선행 계산에서의 논리와 동일하지만, 한 가지 차이는 모든 후행 활동의
LS 중에서 최솟값을 선택한다는 점이다. 선행 활동 각각의 LF는 후행 활동의 LS를 지연시
켜서는 안 되기 때문이다. 이런 이유로 LF(a)=Min[LS(a의 모든 후행 활동)]의 수식이 만들
어졌다. LF(a)가 결정되면 EF(a)는 단순히 LF(a)에서 그 활동의 소요시간을 차감하여 계산
된다.

모든 계산이 올바른지를 검산하기 위해서는 네트워크의 첫 활동 A에 대해 ES=LS인지
와, EF=LF인지를 확인해야 한다. 역행 계산을 끝냈을 때는 순행 계산에서 시작한 수치와
동일한 수치를 항상 얻어야 한다.[3]

**LO13.5** 주경로와 여유
시간 개념의 중요성

또한, 이제 **주경로**(critical path)를 파악할 수 있다. 주경로는 프로젝트의 시작부터 끝까지
에서 가장 긴 경로로서, ES=LS 및 EF=LF를 만족하는 모든 활동으로 구성된다. 위의 예제
에서 주경로는 A−C−D가 된다. 이들 활동을 조기에 시작할 수 있는 시간이 곧 만기 시작
시간이며, 주경로 상의 활동에는 여유시간(slack)이 없다. 주경로는 네트워크의 시작점에서
종료점까지의 경로 중에서 가장 소요시간이 긴 경로로서 프로젝트의 완료시간을 결정한
다. 〈그림 13.5〉예제의 프로젝트에는 A−B−D와 A−C−D의 두 경로가 있으며, 이들 경
로의 길이는 각각 8과 9이다. 이 길이는 각 경로를 따라 활동 소요시간을 더함으로써 구해

---

[3] 프로젝트가 하나의 활동으로 시작된다고 가정한 경우이다.

진다. 경로의 길이를 비교해보면 경로 A–C–D가 둘 중에 더 길어서 주경로가 된다. 주경로의 길이는 바로 프로젝트의 완료시간임을 주지하기 바란다.

　대규모 프로젝트에서는 위에서와 같이 모든 경로를 나열하여 비교하는 것이 불가능한 이유는 경로의 수가 너무 많기 때문이다. 그러므로 순행과 역행 계산을 통해 ES=LS 혹은 EF=LF의 조건을 만족하는 모든 활동을 찾아서 주경로를 파악한다. 다시 말해 주경로의 활동들은 조기 시작시간이 곧 만기 시작시간이기 때문에 그들이 가장 긴 경로를 구성하게 된다.

　**여유시간**(slack)은 LS와 ES의 차이값, 혹은 LF−EF로 정의된다. 〈그림 13.5〉에서 여유시간이 있는 활동은 유일하게 활동 B(여유시간 1일)이다. 이는 활동 B의 시작시간이 1일 늦어지더라도 프로젝트 완료시간에는 영향이 없다는 뜻이다. 만일 활동 B의 시작이 1일 늦춰지게 되면 활동 B가 속한 경로도 주경로가 되고, 이 경우에는 2개의 주경로가 생기게 된다.

　프로젝트를 관리할 때는 주경로에 있는 모든 활동을 세밀히 관리해야 한다. 주경로 활동 중 어느 활동이라도 늦어지게 되면(계획된 시간보다 더 길어지는 경우), 프로젝트의 완료일도 그만큼 늦어진다. 수백 개의 활동으로 구성된 통상적인 프로젝트에서는 일반적으로 단지 5~10%의 활동만이 주경로를 구성한다. 따라서 주경로 활동에 관심을 집중함으로써 관리에 필요한 업무를 상당히 줄일 수 있다. 이는 예외사항 관리의 개념으로서 프로젝트의 완료시간에 영향을 줄 수 있는 활동에 관심을 집중하는 의미이다. 주경로를 구성하지 않는 활동들은 여유시간의 범위 안에서 지체되더라도 프로젝트 완료시간에 영향을 주지 않으므로 집중 관심의 대상이 아니다.

　이제는 간트 차트보다 네트워크 기법이 상당한 이점이 있음을 알 수 있을 것이다. 네트워크에서는 주경로와 여유시간을 정확히 계산할 수 있고, 스케줄의 변경이 있는 경우 그 영향을 신속하게 파악할 수 있다. 또한 주경로와 여유시간은 그 자체로서 중요성을 갖고 있다.

| **예제** | 앞서 간트 차트로 설명했던 신규 사무실 프로젝트(〈그림 13.2〉)의 예를 가지고 네트워크 형식으로 스케줄링하는 방법을 설명하려고 한다. 먼저, 〈표 13.5〉와 같이 선후 관계와 활동 소요시간을 파악한다. 사무가구를 구입하기 전에는 가구를 배치할 수 없고, 전화기를 구입하기 전에는 전화를 설치할 수 없을 것이다. 또한 유선전화를 사용한다고 가정한다면, 가구 배치가 결정되어야 전화 연결구를 어디에 설치할지를 정할 수 있고 전화 설치도 가능하게 된다. 물론 사무실 입주는 이 모든 준비가 끝나야 한다. 이들의 선후 관계는 〈그림 13.6〉의 네트워크에 표시되어 있다. |
|---|---|

　〈그림 13.6〉의 각 활동에 대해 ES, EF, LS, LF를 구하기 위해 순행 계산과 역행 계산을 한다. 순행 계산을 하는 경우 활동 6은 활동 5와 4가 모두 끝나기 전에

표 13.5  신규 사무실 개설을 위한 선후 관계와 활동 시간

| 활동 | 설명 | 직선행 활동 | 활동시간 | 여유시간 |
|------|------|------------|----------|----------|
| 1 | 사무실 임차 | 없음 | 1 | 0 |
| 2 | 직원 채용 | 1 | 5 | 0 |
| 3 | 사무가구 구입 | 1 | 1 | 1 |
| 4 | 사무가구 배치 | 3 | 2 | 1 |
| 5 | 전화기 구입 | 1 | 1 | 3 |
| 6 | 전화 설치 | 4, 5 | 1 | 1 |
| 7 | 사무실 입주 | 2, 6, 4 | 2 | 0 |

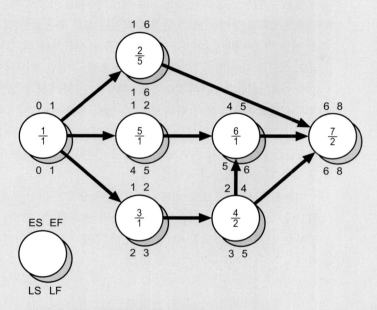

그림 13.6  신규 사무실 개설의 네트워크

는 시작할 수 없다. 그리고 활동 7은 활동 2, 6, 4가 끝나기 전에는 시작할 수 없다. 따라서 $ES(7)=Max[EF(2), EF(6), EF(4)]=Max[6, 5, 4]=6$이다. 역행 계산을 할 때는 활동 7의 LF부터 시작해서 거꾸로 계산한다. 활동 4의 LF를 주목하라. 그것은 $Min[LS(6), LS(7)]=Min(5, 6)=5$이다. 나머지의 역행 계산은 간단하다. 검산을 위해 활동 1에 대해 $ES=LS$, $EF=LF$임을 확인하기 바란다.

주경로는 $ES=LS$이면서 $EF=LF$인 활동들로 구성된다. 즉 1-2-7 경로이다. 이를 확인하기 위한 목적으로 모든 경로를 살펴보면, 이 네트워크에는 4개의 경로가 있고, 각 경로의 활동시간을 더하면 다음과 같은 경로시간을 구할 수 있다.

| 구성 활동 | 경로시간 |
|---|---|
| 1−2−7 | 8 |
| 1−5−6−7 | 5 |
| 1−3−4−6−7 | 7 |
| 1−3−4−7 | 6 |

여기서 보듯이 경로 1−2−7이 네트워크에서 가장 긴 경로이며 따라서 주경로이다. 주경로 상에 있지 않은 활동은 〈표 13.5〉에서처럼 여유시간을 갖는다. 각 활동에 대한 여유시간값은 LS−ES, 혹은 LF−EF 식을 통해 간단히 구할 수 있다. 여유시간은 어느 활동이 늦어져도 프로젝트 완료시간에 지장을 주지 않는 시간이다.

주경로 계산의 결과값을 간트 차트에 표시할 수 있다. 이 경우 각 활동을 조기 시작시간에 시작하는 것으로 나타내고, 여유시간은 점선으로 뒤이어 표시한다. 이 방식으로 〈그림 13.7〉처럼 여유시간과 함께 주경로를 표시할 수 있다. 이제 확정시간 네트워크에서 확장하여 CPM을 살펴보자.

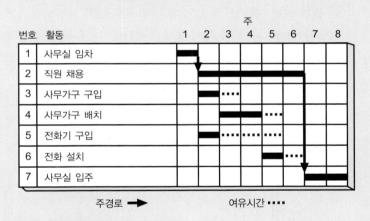

그림 13.7  프로젝트 예제의 간트 차트

## 13.5  CPM 기법

**LO13.6** 네트워크의 소요시간 단축 비용의 계산

**CPM 기법**(critical path method)은 듀퐁사가 주요 공장의 가동과 중단 일정을 계획하기 위해 개발했다. 이러한 공장 관련 활동이 자주 반복되었기 때문에 활동시간을 상당히 잘 알 수 있었다. 그렇지만 활동시간의 단축을 위해서는 비용을 더 투입해야 하기 때문에 CPM 기법은 확정시간 대신에 시간과 비용의 교환관계를 이용한다.

프로젝트의 스케줄링을 위해 CPM 기법은 각 활동에 대해 〈그림 13.8〉과 같은 시간−비용의 함수를 사용한다. 각 활동은 더 많은 비용을 투입할 경우 비례적으로 줄어든 시간 내에 마칠 수 있다. 이러한 시간−비용 간 선형관계를 설명하기 위해 각 활동에 대해 4개의 수치가 주어진다. 즉 정상시간, 정상비용, 단축시간, 단축비용 등이다. 이들은 다음과 같이 정의된다.

정상시간 : 활동의 계획된 소요시간
정상비용 : 정상시간에 대한 예산상의 비용
단축시간 : 추가비용을 투입할 때 소요되는 최소 활동시간
단축비용 : 단축시간으로 마치기 위해 요구되는 비용

처음에는 정상시간과 정상비용을 사용하여 프로젝트 네트워크 문제를 풀게 된다. 만일 그 결과가 시간과 비용 측면에서 만족스러우면 모든 활동의 일정을 정상시간에 따라 계획한다. 하지만 만약에 프로젝트 완료시간이 너무 길면, 일부 활동에 비용을 더 투입하여 프로젝트를 더 빠른 시일 내에 완료할 수 있게 만든다.

정상시간보다 단축된 어느 특정 시간에 프로젝트를 완료하기를 원한다면, 그 완료시간을 달성하는 방안이 매우 다양하게 서로 다른 비용 수준으로 가능하다. 그 이유는 시간 단축을 위해 선택할 수 있는 활동이 매우 많기 때문이다. 그 모든 대안은 선형계획법(linear programming, LP) 문제의 형태로 평가할 수 있다. 선형계획법은 주어진 프로젝트 완료시간 목표에 대해 최소 프로젝트 비용이 발생하는 해답을 구해 준다.

관련된 원리를 설명하기 위해 다음 예제를 보자. 이 예는 정상시간과 정상비용을 계산하는 방법과 프로젝트 완료를 1일 단축하는 가장 좋은 방법을 어떻게 정하는지를 보여준다. 이 예제는 쉽게 풀 수 있지만, 네트워크가 더 복잡해지면 모든 가능한 조합을 평가하기 위해 선형계획법을 사용할 필요가 생긴다.

그림 13.8
CPM의 시간-비용
교환관계

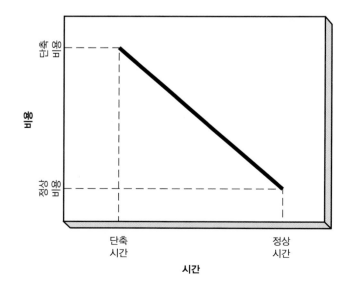

**예제**
어느 프로젝트 네트워크가 아래의 활동시간 및 비용과 같이 주어졌을 때 정상시간과 정상비용을 계산하라. 또한 정상 프로젝트 완료시간을 1일 줄일 수 있는 최소비용의 대안을 구하라.

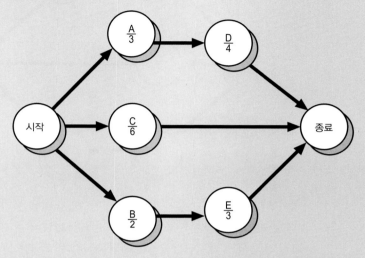

프로젝트를 시작하는 노드가 하나 이상(예제의 A, B, C)이면 '시작' 노드를 임의로 추가하고 있음을 주목하기 바란다. 또한, 프로젝트를 끝내는 노드가 하나 이상(이 예제의 D, C, E)일 때는 네트워크에 '종료' 노드를 임의로 추가한다.

| 활동 | 정상시간 | 정상비용 | 단축시간 | 단축비용 |
|------|---------|---------|---------|---------|
| A | 3 | 40 | 1 | 80 |
| B | 2 | 50 | 1 | 120 |
| C | 6 | 100 | 4 | 140 |
| D | 4 | 80 | 2 | 130 |
| E | 3 | 60 | 1 | 140 |

**풀이**
모든 활동의 정상시간을 이용하여 순행 계산하여 프로젝트의 정상 완료시간을 구한다. 그 결과 정상 완료시간은 7일이다. 각 활동의 ES와 EF 시간 계산은 아래와 같다. 이때 프로젝트의 정상비용은 모든 활동 정상비용의 합인 330달러이다.

주경로의 활동을 단축하면 프로젝트 완료시간을 1일 줄일 수 있기 때문에 주경로 상의 활동에 대해 1일 단축하는 비용을 아래와 같이 계산하고, 그 활동 중에서 최소 비용의 활동을 선택한다.

$$활동비용/일 = \frac{단축비용 - 정상비용}{정상\ 일수 - 단축\ 일수}$$

주경로에 있는 두 활동 A 혹은 D를 1일 단축함으로써 프로젝트의 완료시간을 7일

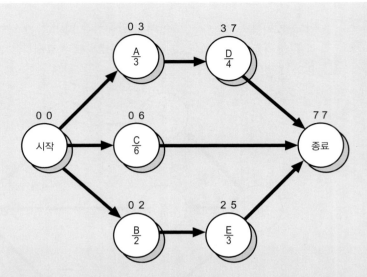

에서 6일로 줄일 수 있다. 활동 A를 단축하는 비용은 하루당 20달러[＝(80−40)/(3
−1)]이며, 활동 D를 하루 단축하는 비용은 25달러[＝(130−80)/(4−2)]이다. 따라서
전체 프로젝트 완료시간을 6일로 단축하기 위해서는 활동 A를 1일 단축하는 것이
비용적으로 더 낫다. 프로젝트의 목표 완료시간이 주어지면 주경로 상 최소 단축비
용의 활동을 한 번에 1일씩 단축해 가면서 목표 완료시간이 달성될 때까지 반복하
게 된다.

　　이 예제에서 비용을 추가하면서 프로젝트 완료시간을 한 번에 한 단위시간씩 단축할 수
있음을 주목하라. 주경로의 모든 활동을 그 최소 시간으로 단축할 때까지, 또는 주경로가
다른 경로로 바뀔 때까지 이 과정을 반복할 수 있다. 주경로 이외의 다른 활동들은 여유시
간이 있을 수 있다. 관리자는 프로젝트 완료시간을 한 번에 한 단위시간씩 줄임으로써 정
상시간과 최대 단축시간 사이의 각 프로젝트 완료시간에 대해 추가비용을 구할 수 있다.

## 13.6  프로젝트 관리 개념의 활용

**LO13.7** 확정시간 네트
워크 및 CPM 네트워크
의 용도 비교

프로젝트 관리는 일정계획을 수립하는 것 이상으로 많은 것이 요구된다. 프로젝트 계획 수
립은 일정계획 수립 이전에 이루어져야 하고, 일정계획 수립 이후에는 프로젝트 통제가 수
행되어야 한다. 프로젝트 관리를 위해서는 행태적 및 분석적 능력이 필요하며, 흔히 다기
능팀에 의해 수행된다. 따라서 일정계획 수립의 스케줄링 기법은 프로젝트 관리의 전반적
내용 중 하나라는 사실을 주지해야 한다.

　　프로젝트 스케줄링 기법을 선택할 때는 기법의 정밀성과 그 기법의 운영비용 간 교환관
계를 고려해야 한다. 간트 차트 기법을 구식이라거나 너무 단순하다고 치부해서는 안 된

다. 오히려 간트 차트는 활동들의 상호 연관성이 낮은 프로젝트나 소형 프로젝트에 효과적이다. 간트 차트로도 충분한 경우에 네트워크 기법은 비용 대비 추가 이점이 크지 않을 수도 있다. 컴퓨터화된 스케줄링 소프트웨어를 사용하더라도 〈그림 13.7〉과 유사한 간트 차트가 그 결과물로 제시되곤 한다.

만일 네트워크 기법을 사용해야 한다면 확정시간 네트워크, CPM, 혹은 고급 기법 중에서 선택을 해야 한다. 확정시간 기법은 활동시간이 완전히 확정적 혹은 거의 확정적인 경우에 적합하다. 반면에 CPM 기법은 활동시간이 확정적이지만 추가비용으로 단축될 수 있는 경우에 사용되어야 한다. CPM 기법이 적용되는 사례는 건설 프로젝트, 장비의 설치, 공장의 가동 및 중단 등이다. 고급 기법으로는 확률시간 기반의 PERT, 일반 네트워크, 자원제약의 네트워크, 제약이론에 기반한 프로젝트 관리 등이 있지만, 이들은 이 책의 범위를 벗어난 주제이다.

현업에서는 컴퓨터화된 네트워크 스케줄링 기법을 사용한다. 매우 다양한 소프트웨어 패키지들이 스케줄링의 모든 범위를 다룰 수 있다. 이들 패키지는 스케줄링을 지원할 뿐아니라 프로젝트의 회계처리와 진행 과정의 통제를 도와준다. 아래의 운영선도사례에서는 프로젝트 관리의 대표적인 소프트웨어로서 마이크로소프트 프로젝트(Microsoft Project)를 소개하고 있다.

세계적인 제과 및 음료 회사인 캐드버리 슈웹스(Cadbury Schweppes)는 글로벌 성장과 혁신을 지원할 목적으로 새로운 포트폴리오 및 프로세스 전산시스템을 도입했다. 이 프로젝트 관리시스템은 45개국에서 신제품 개발, 마케팅전략, 판매전략 부문의 2,400명의 관리자를 지원하게 될 것이다. 또한 이 시스템은 신제품 개발 정보의 중앙 저장소 역할을 하게 될 것이며, 제품 포트폴리오계획을 지원하고, 신제품 개발 프로젝트를 촉진하게 될 것이다.

## 운영선도사례    마이크로소프트 프로젝트

마이크로소프트 프로젝트(Microsoft Project)는 마이크로소프트 오피스 제품군의 일부로서 프로젝트의 계획 수립, 스케줄링, 통제 등에 널리 사용되는 소프트웨어이다. 이 패키지를 사용하는 사용자는 특정 프로젝트의 활동 목록, 소요시간, 선후관계 등을 입력해야 한다. 사용자가 프로젝트의 기간을 지정하게 되면 이 프로그램이 활동들의 스케줄을 수립해 준다. 각 활동에 투입자원을 연계하면 자원과 비용에 관련된 정보도 제공해 준다. 일단 프로젝트를 실행하면 스케줄에 따라 진행 상황을 보여주고, 필요하다면 수정을 해준다. 스케줄은 간트 차트 혹은 네트워크로 나타내 준다. 자세한 내용과 예시를 보려면 www.microsoft.com/project를 방문하면 된다.

## 13.7 요점정리와 핵심용어

이 장에서는 프로젝트의 계획 수립과 스케줄링에 대해 설명했다. 그 요점은 다음과 같다.

- 프로젝트는 유일한 제품이나 서비스 혹은 결과물을 만들고자 하는 운영활동이다.
- 프로젝트 관리의 세 가지 목표는 원가, 일정, 성과이다. 이들 세 목표는 서로 상충되기 때문에 프로젝트를 관리하는 과정에서 이들 간의 교환관계를 계속해서 다루어야 한다.
- 모든 프로젝트는 계획 수립, 스케줄링, 통제, 종결 등의 4단계를 거친다. 계획 수립 단계에서는 프로젝트의 목표, 필요한 조직 및 자원을 설정한다. 스케줄링 단계에서는 시간 일정의 수립, 예산 수립, 인력 배치 등을 정한다. 통제 단계는 프로젝트의 진행을 원가, 일정, 성과의 측면에서 검토하는 단계이다. 또한 프로젝트 목표를 달성하기 위해 필요시에 계획과 스케줄을 수정한다. 종결 단계는 프로젝트를 완료하여 고객에게 이전하는 단계이다.
- 프로젝트 관리에는 전문지식 체계가 있고, 프로젝트 관리자의 전문가 인증제도가 있는 전문 직무이다.
- 간트 차트는 프로젝트 활동을 막대차트 형태로 나타내는 스케줄링 기법이다. 간트 차트는 소규모 프로젝트나 활동 간의 상호 관련성이 높지 않은 프로젝트에 적합하다.
- 네트워크 스케줄링 기법으로서 확정시간 네트워크, CPM의 두 가지를 설명했다. 이들 기법은 활동 간의 선후관계를 나타내기 위해 네트워크 혹은 그래프를 사용한다.
- 네트워크 기법은 주경로, 여유시간, 일정 재수립이 필요한 활동 등을 파악하게 해 준다. 주경로는 프로젝트의 처음부터 끝까지 시간이 가장 긴 경로이며, 주경로 상의 활동은 여유시간이 0이다. 즉 프로젝트 완료시간을 지연시키지 않기 위해서는 이들 활동을 정시에 끝내야 한다. 여유시간이란 전체 프로젝트가 지연되지 않는 범위 내에서 어느 활동이 늦어져도 무방한 시간을 말한다.
- 순행 계산과 역행 계산을 하면서 프로젝트의 각 활동에 대해 조기 시작시간, 만기 시작시간, 조기 종료시간, 만기 종료시간을 계산할 수 있다.
- CPM은 네트워크 기반의 기법으로서 선형의 시간-비용 교환관계를 반영한다. 비용을 추가 지출해서 각 활동을 단축함으로써 정상시간보다 짧은 시간에 활동을 끝낼 수 있다. 따라서 프로젝트 정상 완료시간이 만족스럽지 못하다면 비용 추가로 특정 활동을 단축해서 프로젝트를 더 빨리 완료할 수 있다.

| 핵심용어 | 노드형 | 조기 종료시간 | 프로젝트 종결 |
|---|---|---|---|
| | 만기 시작시간 | 주경로 | 프로젝트 통제 |
| | 만기 종료시간 | 프로젝트 | 확정시간 네트워크 |
| | 세부과업구조 | 프로젝트 계획 수립 | CPM 기법 |
| | 여유시간 | 프로젝트 목표 | |
| | 조기 시작시간 | 프로젝트 스케줄링 | |

---

**인터넷 학습**

1. 프리마베라/오라클(http://www.oracle.com)
   프로젝트 계획 수립 및 스케줄링 소프트웨어인 프리마베라에 관한 정보를 수집하여 수업시간에 토론할 준비를 하라.

2. 마이크로소프트 프로젝트(http://www.microsoft.com/office/project)
   가장 최근의 프로젝트 관리 소프트웨어를 선택해서 프로젝트의 계획 수립, 스케줄링, 통제 등에 관한 주요 특징과 기능에 관한 짧은 보고서를 작성하라.

3. 프로젝트 관리협회(Project Management Institute)(http://www.pmi.org)
   이 사이트를 방문하여 PMI에 대해 조사하라.

---

## 연습문제

**문제**

1. **확정시간 네트워크** 어느 프로젝트의 활동 목록, 선후관계, 활동시간 등이 아래와 같이 주어졌다.

| 활동 | 선행 활동 | 활동시간 |
|---|---|---|
| A | — | 5 |
| B | A | 4 |
| C | B | 2 |
| D | A,C | 6 |
| E | D | 8 |
| F | E | 5 |
| G | C | 4 |
| H | D, E, G, I | 13 |
| I | C | 2 |
| J | G, H | 1 |
| K | F, H, J | 6 |

a. 노드형 네트워크 다이어그램을 그려라.

b. 이 네트워크의 각 활동에 대해 조기 시작시간(ES), 만기 시작시간(LS), 조기 종료시간(EF), 만기 종료시간(LF), 여유시간을 계산하라.

c. 주경로는 어디인가? 프로젝트의 완료시간은 얼마인가?

풀이

a.

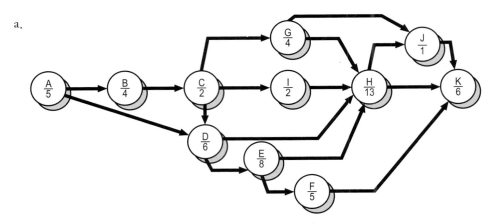

b. 활동

| 이름 | ES | LS | EF | LF | 여유시간 |
|------|-----|-----|-----|-----|----------|
| A | 0 | 0 | 5 | 5 | 0 |
| B | 5 | 5 | 9 | 9 | 0 |
| C | 9 | 9 | 11 | 11 | 0 |
| D | 11 | 11 | 17 | 17 | 0 |
| E | 17 | 17 | 25 | 25 | 0 |
| F | 25 | 34 | 30 | 39 | 9 |
| G | 11 | 21 | 15 | 25 | 10 |
| H | 25 | 25 | 38 | 38 | 0 |
| I | 11 | 23 | 13 | 25 | 12 |
| J | 38 | 38 | 39 | 39 | 0 |
| K | 39 | 39 | 45 | 45 | 0 |

c. 주경로는 여유시간이 없는 활동들이며, 프로젝트의 완료시간은 45이다.

$$A - B - C - D - E - H - J - K$$

문제

2. **확정시간 네트워크** 각 활동에 대한 시간이 아래와 같이 주어졌다.

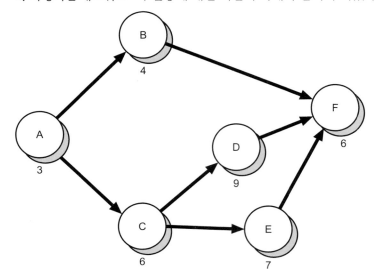

a. 이 프로젝트의 주경로는 어디인가?

b. 이 프로젝트의 기대 완료시간은 언제인가?

c. 각 활동의 여유시간은 얼마인가?

**풀이**  순행 및 역행 계산을 통해 구한 ES, EF, LS, LF가 아래 그림에 표시되어 있다.

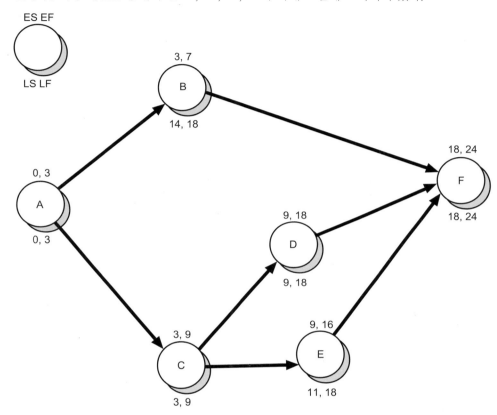

a. 주경로는 A–C–D–F이다. 이 경로가 가장 긴 경로이며, 모든 활동에 대해 ES=LS, EF =LF이다.

b. 프로젝트의 기대 완료시간은 24이며, 마지막 활동의 LF와 같다.

c. 활동 B의 여유시간은 11, 활동 E의 여유시간은 2이며, 나머지 모든 활동의 여유시간 은 0이다.

**문제**  3. **CPM 네트워크**  다음과 같이 CPM 네트워크 정보가 주어졌다.

| 활동 | 선행활동 | 후행활동 | 정상시간 | 정상비용 | 단축시간 | 단축비용 |
|------|---------|---------|---------|---------|---------|---------|
| A | — | B, C | 4 | $50 | 2 | $100 |
| B | A | D, C | 3 | 60 | 2 | 80 |
| C | A, B | D | 5 | 70 | 3 | 140 |
| D | B, C | — | 2 | 30 | 1 | 60 |

a. 정상시간을 기준으로 네트워크를 그려라.

b. 순행 계산과 역행 계산을 통해 각 활동의 ES, LS, EF, LF 시간을 구하라.

c. 프로젝트의 정상 완료시간과 정상비용은 얼마인가?

d. 네트워크의 완료시간을 1일 단축하기 위해서는 무엇을 해야 하는가? 2일 단축을 위해서는 무엇을 해야 하는가?

**풀이**

a.

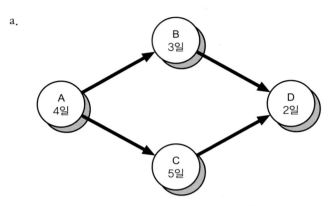

b.

| 활동 | ES | EF | LS | LF |
|---|---|---|---|---|
| A | 0 | 4 | 0 | 4 |
| B | 4 | 7 | 6 | 9 |
| C | 4 | 9 | 4 | 9 |
| D | 9 | 11 | 9 | 11 |

c. 프로젝트 정상 완료시간=11, 정상비용=210달러.

d. 프로젝트 완료시간을 1일 단축하기 위해 주경로의 활동(A, C, D) 중 하나를 단축하면 된다. 1일 단축비용은 A=25달러, C=35달러, D=30달러이다. 그러므로 단축에 비용이 가장 적게 드는 활동은 A이다. 이 경우 프로젝트 비용은 210+25=235달러이며, 완료시간은 10일이다. 만일 2일을 단축하려면, 다른 경로는 여전히 10일보다 짧기 때문에 주경로만 고려하면 된다. 활동 A를 또다시 1일 단축할 수 있으며, 완료시간 9일을 위한 총비용은 210+25+25=260달러이다.

## 토의질문

1. 프로젝트의 스케줄링은 반복적인 운영활동의 스케줄링과 정확히 어떻게 다른가?

2. 프로젝트가 완료된 후에 그 프로젝트가 성공적이었는지를 어떻게 판단할 것인가?

3. 교과서에서 제시하지 않은 프로젝트로서 세 가지 예를 들라. 이들 프로젝트에서는 유일 재화를 생산하는가 아니면 반복 생산이 이루어지는가?

4. 프로젝트 스케줄링 기법인 CPM과 PERT를 비교하라.

5. 주경로, ES, LF를 정의하라.

6. 네트워크에서 주경로를 찾는 것이 관리상으로 어떤 의미가 있는가?

7. 스케줄링 도구로서의 간트 차트를 어떻게 사용하는가? 네트워크 기반의 기법보다 간트 차트가 더

유용한 경우는 어떤 경우인가?

8. 원가, 성과, 일정 사이의 교환관계를 고려한다는 의미는 무엇인가? 예를 들어보라.

9. 프로젝트의 일정을 수립하기 위해 순행 계산과 역행 계산이 왜 필요한가?

10. 활동의 조기 시작시간, 만기 시작시간, 조기 종료시간, 만기 종료시간의 정의는 무엇인가?

## 문제

1. 어느 회계법인의 감사 프로젝트가 다음과 같은 활동으로 구성되어 있다.

| 활동 | 직선행 활동 | 활동시간 |
|---|---|---|
| A | — | 3 |
| B | A | 2 |
| C | — | 5 |
| D | B, C | 2 |
| E | A | 4 |
| F | B, C | 6 |
| G | E, D | 5 |

a. 이 프로젝트의 네트워크를 그려라.

b. 순행 계산과 역행 계산을 통해 각 활동의 ES, LS, EF, LF 시간을 구하라.

c. 주경로는 어디이고, 프로젝트의 완료시간은 얼마인가?

d. 프로젝트 완료시간을 2일 단축해야 한다면 어떤 활동이 영향을 받는가?

2. 새로운 공장을 건설하는 데 필요한 활동은 다음과 같다.

| 활동 | 직선행 활동 | 활동시간 |
|---|---|---|
| A | — | 3 |
| B | — | 2 |
| C | A | 2 |
| D | B | 5 |
| E | B | 4 |
| F | C, D | 2 |
| G | E, C, D | 3 |

a. 이 프로젝트의 네트워크를 그려라.

b. 순행 계산과 역행 계산을 통해 각 활동의 ES, LS, EF, LF 시간을 구하라.

c. 여유시간을 계산하라.

d. 이 프로젝트의 간트 차트를 작성하라.

3. 어느 건설 프로젝트가 다음과 같은 네트워크와 활동시간을 갖고 있다.

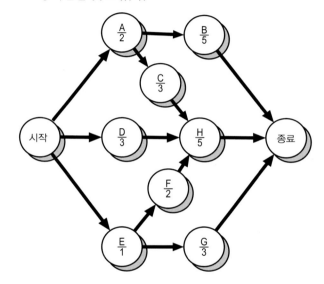

a. 순행 계산과 역행 계산을 통해 각 활동시간을 구하라.

b. 각 활동의 여유시간을 계산하라.

c. 이 프로젝트의 간트 차트를 작성하라.

d. 활동 D가 하루 지연되면 프로젝트에 어떤 영향을 주는가?

4. 다음 네트워크는 신규 공장의 건설을 나타낸 것이다.

| 활동 | 직선행 활동 | 활동시간 |
|---|---|---|
| A | — | 4 |
| B | — | 8 |
| C | — | 3 |
| D | A | 3 |
| E | A | 6 |

| F | C | 5 |
| G | B, D | 6 |

a. 이 프로젝트의 네트워크를 그려라.

b. 프로젝트의 완료시간은 얼마인가?

c. 주경로를 파악하라.

5. 어느 기업가가 새로운 사업을 시작하려고 한다. 필요한 활동과 그 시간은 아래와 같다.

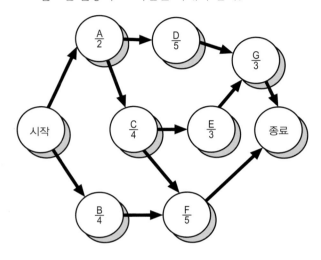

a. 주경로를 찾고, 프로젝트 완료시간을 계산하라.

b. 각 활동의 ES, LS, EF, LF 시간을 구하라.

c. 활동 D의 여유시간은 얼마인가?

6. 새로운 과목을 준비하면서 교수가 다음과 같은 활동시간을 예측했다.

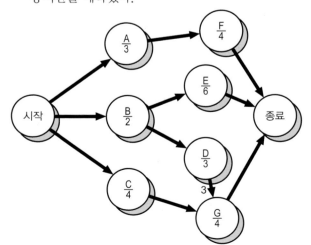

a. 프로젝트의 완료시간은 얼마인가?

b. 주경로는 어디인가?

7. 다음의 CPM 네트워크는 한 빌딩의 건설을 나타내고 있다.

| 활동 | 선행<br>활동 | 후행<br>활동 | 정상<br>시간 | 정상<br>비용 | 단축<br>시간 | 단축<br>비용 |
|---|---|---|---|---|---|---|
| A | — | B, C, D | 6 | $100 | 2 | $150 |
| B | A | E | 8 | 80 | 2 | 140 |
| C | B, A | F | 2 | 40 | 1 | 60 |
| D | A | F, G | 3 | 80 | 2 | 120 |
| E | B | G | 5 | 80 | 3 | 140 |
| F | C, D | G | 5 | 60 | 1 | 100 |
| G | E, F, D | — | 6 | 120 | 2 | 160 |

a. 이 프로젝트의 네트워크를 그리고, 활동명을 표시하라.

b. 이 프로젝트의 정상 완료시간과 정상비용은 얼마인가?

c. 주경로를 파악하라.

d. 프로젝트를 1일 단축하면 총비용이 얼마가 되는가? 2일을 단축하면 얼마인가?

e. 프로젝트 완료시간을 최소로 할 수 있는 시간은 얼마인가?

8. 6번 문제의 교수가 프로젝트 완료시간의 단축을 고려하고 있다. 그는 조교를 고용하여 신규 과목 준비를 돕게 할 수 있다. 그럴 경우 추가비용이 들 것이다. 조교는 활동 A, D, C만을 도울 수 있으며, 조교가 각 활동을 1일 단축하는 데 150달러, 2일을 단축하는 데 300달러의 비용이 발생한다.

a. 프로젝트 완료시간을 1일 줄이기 위해 조교가 어떤 활동을 해야 하는가?

b. 프로젝트 완료시간을 2일 줄일 수 있는가? 그 이유를 설명하라.

PART

# 5

# 재고

제5부에서는 기업에서 재고를 관리하는 의사결정과 기법을 다룬다. 먼저 제14장에서 독립수요의 재고에 대해 설명한다. 독립수요란 시장에서의 요인으로 수요가 좌우되는 품목(예 : 완제품과 수리용 부품)의 수요를 의미한다. 제15장에서는 종속수요의 재고를 다루는데, 종속수요란다른 품목 혹은 부품으로부터 수요가 도출되는 품목(예 : 자동차 엔진의 수요는 완성품 자동차의 수요에 종속)의 수요를 의미한다. 종속수요의 재고를 관리하기 위해서는 MRP와 ERP 시스템이 사용된다. ■

# 독립수요 재고

## 학습목표

재고는 최종 소비자에게 가장 쉽게 눈에 들어오는 공급사슬의 표징일 것이다. 한 예는 학기가 시작될 때 대학생이 학교 서점에 가서 필요한 교과서를 구입하고자 할 때 그 교과서가 있기를 기대한다. 고객이 물품 광고를 보고 가게에 사러 갔을 때 재고가 바닥이 난 경우보다도 더 소비자를 실망시키는 일은 별로 없을 것이다. 공급사슬이 잘 작동한다면 소비자가 원하는 상품이 원하는 시점에 비치되어 있게 된다.

재고에는 많은 자본이 투입되고, 고객에게 제품이 인도될 수 있는지가 재고에 의해 영향을 받으므로 재고관리는 생산운영에서 가장 중요한 책무에 해당한다. 재고관리는 생산운영, 마케팅, 회계, 정보시스템, 재무 등 기업의 모든 기능에 영향을 준다. 이 장에서 제시하는 기본적인 기법들을 이용하면 재고관리와 관련된 의사결정이 현저히 향상될 수 있을 것이다.

재고관리를 돕는 많은 테크놀로지가 존재한다. **바코드**(bar code) 기술은 여러 조직에서 광범위하게 사용(생산공정에서 부품을 스캔, 간호사가 환자에게 처방하는 약을 스캔)되고 있으며, 수작업으로 하던 수량 확인과 재고자료의 기록을 현저히 줄여주었다. 바코드는 기업과 그 공급사슬이 제품을 판매할 때 스캔하여 수집하는 **POS 자료**(point of sale data)의 활용을 가능하게 한다. 전파인식의 **RFID**(radio-frequency identification) 기술은 재화의 이동을 추적하는 기술이다. 재고의 위치를 파악하는 능력은 회계작업과 분실 방지를 위해 매우 도움이 되며, 이런 기술들이 재고를 관리하는 데 도움을 준다.

## 14.1 재고의 정의

LO14.1 재고의 유형 및
재고보유의 목적

**재고**(inventory)는 생산을 원활히 하면서 고객수요를 충족시키기 위한 재화의 저장 상태를 말한다. 재고의 전형적인 유형에는 원자재, 재공품 및 완제품이 포함된다. 〈그림 14.1〉이 재화의 흐름을 보여주고 있는데, 생산 프로세스에 진입하기 위해 대기하는 원자재 재고, 변환의 중간 단계에 있는 재공품 재고, 생산 프로세스에서 변환이 완료된 완제품 재고를 보여주고 있다.

재고의 저장은 생산 프로세스의 다양한 지점에서 이루어지며, 재화의 흐름은 한 저장지점과 다른 저장지점을 연결하는 것으로 볼 수 있다. 재고가 들어오는 것이 공급이며, 재고가 빠져나가는 것이 수요이다. 그리고 재고는 공급률과 수요율의 차이를 완충하는 역할을 한다.

〈그림 14.2〉에서 보여주는 물탱크가 흐름과 저장의 개념을 잘 비유하고 있다. 이 그림에서 탱크에 있는 물의 수위가 재고에 해당한다. 탱크로의 유입속도가 공급률에 비유되고, 탱크로부터의 유출 속도가 수요율에 해당한다. 물의 수위(재고)는 공급과 수요 사이의 완충제 역할을 한다. 만약 수요율이 공급률을 초과한다면 공급률과 수요율이 다시 균형을 이루거나 혹은 물(재고)이 고갈될 때까지 수위는 낮아질 것이다. 만약 공급률이 수요율을 초과한다면 물(재고)의 수위는 상승하게 된다.

서로 다른 유입률과 유출률을 가진 일련의 탱크들이 서로 연결된 것을 상상해보자. 〈그림 14.3〉에 예시된 이 상황이 재고관리의 어려움을 비유하고 있다. 여기서 1개의 원자재

그림 14.1
자재의 흐름 과정

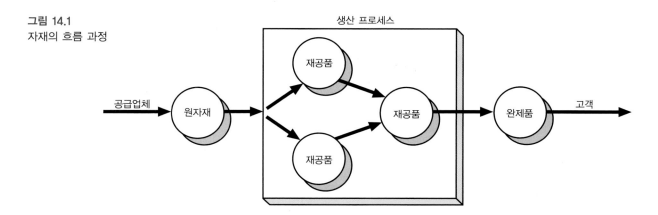

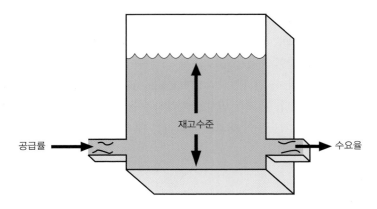

**그림 14.2**
**물탱크에 비유한 재고**

탱크, 2개의 재공품 탱크, 1개의 완제품 탱크를 나타내고 있다. 탱크들은 이와 유사한 생산시스템 내의 흐름속도 차이를 흡수하는 완충제 역할을 한다.

공급사슬에서의 재고도 공장에서의 재고와 동일한 목적을 수행한다. 즉 공급과 수요 흐름의 차이를 완충하는 역할이다. 그러나 공급사슬에서는 일반적으로 한 기업이 모든 재고를 통제하지 못하고, 대신에 공급사슬의 파트너 사이에서 재고가 조정되어야 한다. 이 장에서의 많은 개념들이 공급사슬이라는 넓은 범위에서도 적용되지만, 서로 다른 이해와 목적을 가진 조직 사이의 조율이 함께 고려되어야 한다.

재고는 흔히 '필요악' 또는 낭비의 한 형태로 표현된다. 이런 관점이 기업으로 하여금 품목 그 자체의 성격(예 : 불확실성, 재고고갈 등)을 고려하지 않고 무리하게 재고를 줄이도록 만들었다. 두 가지를 강조할 필요가 있다. 첫째, 과잉재고를 줄이는 것이 바람직한 목표지만 재고를 완전히 없애는 것은 현명하지 못하다. 재고는 수요율과 공급률이 같지 않은 상황에서는 재고고갈을 방지하는 완충제로서 필요하다. 둘째, 공급사슬상에서는 각 기업이 당면한 수요 및 공급의 변동이 있다. 한 기업이 재고를 줄이면 다른 기업이 더 많은 재고를 보유하도록 만드는 영향을 줄 가능성이 있다. 따라서 재고의 변동은 공급사슬상에서 그 영향이 나타난다.

**그림 14.3 물탱크 시스템에의 비유**

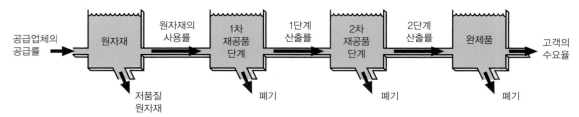

## 14.2 재고의 목적

재고의 주된 목적은 운영활동과 공급사슬의 여러 단계 사이에서 연동관계를 끊는 것이다. 원자재 재고는 생산업체와 공급업체 사이의 연동관계를 끊는 것으로서, 그 의미는 공급업체는 자신의 일정에 따라 편안한 시간에 부품을 생산하고, 생산업체는 자신의 변환 프로세스를 위해 적합한 시점에 그 자재를 사용할 수 있다는 것이다. 마찬가지로, 재공품 재고는 생산의 여러 단계 사이의 연동관계를, 완제품 재고는 생산업체와 고객 사이의 연동관계를 끊는 것이다.

기업이 재고를 보유하는 네 가지 주요 이유는 다음과 같다.

1. **불확실성으로부터의 보호.** 재고시스템에는 공급, 수요, 리드타임에서 불확실성이 존재한다. **안전재고**(safety stock)는 이러한 불확실성으로부터 보호하기 위해 보유되는 재고이다. 만약 고객수요를 정확히 알고 있다면 수요와 동일한 속도로 생산하는 것(비록 이것이 경제적이지는 못하더라도)이 가능하다. 이 경우 어떠한 완제품 재고도 필요하지 않다. 그렇지만 수요가 조금만 변동해도 생산시스템 또한 변동되어야 하기 때문에 작업량이 매우 불규칙하게 된다. 이와 같은 강한 종속관계를 대신하여 수요변동을 흡수하기 위해 완제품의 안전재고를 보유함으로써 독립적이면서 평준화된 속도로 생산을 유지할 수 있다. 마찬가지로 공급업체로부터의 공급수량 및 시기의 불확실성을 흡수하기 위하여 원자재 안전재고를 보유한다. 생산 프로세스 내에서의 예상치 못한 생산중단, 일관성 없는 작업자, 일정 변경 등에 대비하여 재공품 안전재고를 보유한다. 따라서 공급사슬상의 공급자와 고객 간에 조율을 향상시킨다면 대부분의 안전재고를 줄이는 것이 가능하다.

2. **경제적인 생산과 구매.** 제품의 생산을 로트(뱃치) 단위로 한다면 생산을 한 시점에서만 하고 생산된 로트가 거의 고갈될 때까지 동일 품목의 생산을 하지 않아도 되므로 종종 더 경제적이다. 이렇게 하면 생산준비비용(setup cost)이 다량의 생산수량에 분산되게 되어 단위당 비용이 낮아진다. 또한 로트 단위로 생산하면 동일한 생산장비를 여러 제품을 위해 사용할 수 있어 장비로 인한 고정비용이 분산된다. 이와 유사한 장점을 원자재 구매의 경우에도 얻을 수 있다. 주문비용, 수량할인, 수송비용을 감안하여 큰 로트로 구매하는 것이 비록 일부는 나중을 위해 재고로 보유되겠지만 더 경제적일 수 있다. 로트 단위로 자재를 구매 혹은 생산함으로써 발생하는 재고는 그 로트가 주기적으로 생산 혹은 구매되기 때문에 **주기재고**(cycle inventory)라고 부른다. 대부분의 기업들은 생산제품 혹은 공정을 전환할 때의 생산준비시간과 비용을 줄이려고 노력한다. 이런 노력으로 로트 크기를 줄이고 재고도 크게 줄일 수 있다.

3. **수요 혹은 공급에서의 예상된 변화에 대응.** 수요 혹은 공급의 변동이 예상되는 상황이 있으면 기업은 **예상재고**(anticipation inventory)를 보유하게 된다. 원자재의 가격 혹은 조달 가능성의 변동이 예상된다면 기업은 원자재를 비축하게 된다. 예를 들어 철

강 산업에서의 예상되는 파업 이전에 기업들이 철강을 비축하는 경우를 본다. 또 다른 경우는 계획된 판촉행사 이전에 다량의 완제품을 비축하는 경우이다. 계절성 제품을 취급하는 기업은 고용의 안정을 위하여 수요를 미리 예상하여 생산한다. 예를 들어 에어컨 생산업체는 비록 대부분의 에어컨이 여름에 팔리지만 평준화 생산전략을 사용하는 경우가 있다.

4. **제품의 위치 이동.** 공급사슬상의 한 지점에서 다른 지점으로 이동되는 재고를 **파이프라인 재고**(pipeline inventory)라고 부른다. 이 재고는 생산입지 결정과 수송수단의 선택에 의해 영향을 받는다. 해외로 상품을 수송하기 위하여 비행기 대신에 선박을 이용하면 이 파이프라인 재고의 규모가 매우 클 수 있다. 분명히 기업들은 수송의 다양한 대안을 평가하기 위하여 비용과 시간요소를 비교한다. 시간에 민감한 제품은 비록 비싸지만 신속한 수단인 항공으로 수송할 때 시장에 신속하게 접근할 수 있으므로 더 경제적이다.

요약하면, 기업이 재고를 보유하는 타당한 이유가 많이 있음을 쉽게 알 수 있다. 기업은 재고를 이용하여 고객수요를 충족시키고, 생산일정을 경제적으로 편성할 수 있다.

## 14.3 재고비용

LO14.2 재고로 인해 발생하는 비용

재고의 많은 의사결정들이 경제성 기준으로 이루어질 수 있다. 이를 위해 중요한 전제조건은 재고와 관련된 비용들을 잘 이해하는 것이다. 재고비용의 구조는 다음 네 가지 유형의 비용으로 구성된다.

1. **품목 원가**(item cost).  이것은 각 재고품목을 구매하거나 생산하는 비용이다. 품목 원가는 일반적으로 단위당 원가에 구매 혹은 생산수량을 곱한 것으로 표현된다. 때로는 한 번의 구입량이 충분히 크면 원가가 할인되기도 한다.

2. **주문비용(혹은 생산준비비용)**[ordering (or setup) cost].  주문비용은 품목을 로트(뱃치)로 주문할 때 발생하며, 일반적으로 주문 로트의 크기와는 무관하고 뱃치 전체에 할당되는 비용이다. 이 비용은 주문생성비용, 주문독촉비용, 수송비용, 입고비용 등을 포함한다. 기업 내부에서 생산되는 품목의 경우에는 생산주문 행위와 관련되고 생산수량과는 무관한 비용이 존재한다. 이를 생산준비비용이라 부르며, 생산을 위한 장비의 준비뿐 아니라 문서작업비용까지 포함한다. 어떤 경우에는 생산준비비용이 수천 달러에 달해 대규모 뱃치로 생산할 때 큰 경제성을 얻을 수 있다. 생산준비비용은 고정비로 인식되며, 생산방식 혹은 관리방식을 변경함으로써 줄일 수 있는 비용이다. 생산준비시간을 감축하게 되면 수요의 발생률에 생산율을 일치시켜서 재고를 줄일 수 있다.

3. **보유비용(혹은 유지비용)**[carrying (or holding) cost].  보유비용 혹은 유지비용은 품목

을 일정 기간 동안 재고로 보유할 때 발생하는 비용이다. 전형적으로 보유비용은 단위당 가치 금액에 비례하여 발생한다. 예를 들어 15%의 연간 보유비용이라는 의미는 1달러의 품목을 1년 동안 재고로 보유할 때 15센트의 비용이 발생한다는 것이다. 실제로 보유비용은 연간 보통 15~30%가 발생하며 일반적으로 세 가지 요소로 구성된다.

- **자본비용.** 품목이 재고로 보유될 때 그 품목에 투자된 자본은 다른 목적으로 사용이 불가능하다. 이는 다른 곳에의 투자기회를 상실한 비용을 나타내며, 재고에 담긴 기회비용이다.
- **저장비용.** 이 비용은 변동비 성격의 공간비용, 보험료 및 세금 등을 포함한다.
- **진부화, 가치하락, 손실비용.** 진부화 비용은 패션과 기술품목처럼 진부화되는 위험을 가진 품목에 할당된다. 부패되는 제품에는 음식과 혈액처럼 시간이 지나면서 가치가 떨어질 때 가치하락비용이 부과된다. 많은 제품들에는 만료 기일이 적혀 있어서 만기 시점에 진부화된다. 손실비용에는 품목을 재고로 보유할 때 발생하는 도난, 파손의 비용이 포함된다.

4. **재고고갈비용.** 재고고갈비용은 재고가 품절이 되었을 때의 경제적 결과를 반영한다. 품절이 되면 판매기회를 상실하거나 불만 고객이 향후에는 그 품목을 구매할 가능성이 낮아지게 되는 비용이다.

이들 비용의 관점에서 볼 때 기업들이 고객에 서비스하기 위해 필요한 재고량 이상으로 보유하지 않고자 하는 이유가 분명하다. 그리고 재고관리가 왜 다기능적인 문제인지를 쉽게 알 수 있다. 마케팅은 판매상실을 가져오는 재고고갈을 최소화하는 데 특히 관심이 있다. 회계와 재무는 재고에 잠기는 자본 때문에 재고량을 최소화하는 데 관심이 있다. 생산운영은 생산을 평준화하고 생산통제를 원활히 하기 위하여 충분한 재고를 원한다. 이렇듯 목적들이 서로 충돌하기 때문에 위 네 가지 비용을 합한 총비용을 최소화하는 접근법이 중요하다.

공급사슬의 파트너 기업들이 전체 공급사슬에서 발생하는 총비용을 최소화하고자 할 때에도 마찬가지로 최소비용의 원칙이 적용된다. 하지만, 한 기업의 비용을 낮추는 것이 다른 기업의 비용을 높이게 될 때는 최소화를 달성하는 것이 어렵다. 그럼에도 불구하고, 시장의 영향력, 재무적 인센티브, 기업들 간의 협상 등으로 전체 공급사슬상의 비용 최소화를 추구할 수 있다. 운영선도사례에서는 어떻게 타겟(Target Corporation)이 복잡한 공급사슬에서의 재고를 관리했는지를 보여주고 있다.

각 매장의 재고가치가 500만 달러를 초과하고 있는 타겟 (Target Corporation)이 가장 선진화된 재고관리를 하는 기업 중 하나로 자리매김하고 있다. 타겟은 공장에서부터 49개 주에 있는 1,770개의 매장, 22개 주의 250개 슈퍼타겟, 웹

© Kevin Van Paassen/Bloomberg via Getty Image

사이트의 최종 소비자에게까지 완제품 재고의 흐름을 관리하고 있다. 타겟의 공급사슬은 전 세계 85개 국가에 있는 약 15,000개의 공장에서부터 시작된다.

타겟의 재고 이동은 4개의 수입 창고, 27개의 지역 유통센터, 4개의 식품 유통센터, 그리고 웹사이트 판매를 지원하는 6개의 센터를 이용하고 있다. 이 모든 것은 올바른 제품이 올바른 장소에 올바른 시점에 있게 하기 위함이다.

매장 내의 재고관리는 정보기술에 의해 이루어지고 있다. POS 자료를 이용하여 매 시간별로 팔린 품목의 목록을 작성하여 선반의 재고를 즉시 보충할 수 있다. 재고의 보충을 위한 발주는 재고수준 혹은 팔린 재고의 비율에 의해 이루어진다. POS 자료를 24시간 동안 수집하여 밤중에 더욱 정확한 재고보충이 이루어진다. 각 매장이 물류창고로 매일 주문을 하면 약 4시간의 리드타임 안으로 트럭 만차의 재고를 수령하게 된다.

출처 : www.target.com, 2012, 2016.

## 14.4 독립수요와 종속수요

**LO14.3** 독립수요와 종속수요의 차이점

재고관리에서의 중요한 구분은 수요가 독립적인가 혹은 종속적인가에 의해 이루어진다. **독립수요**(independent demand)는 기업 밖의 시장 상황에 의해 영향을 받기 때문에 다른 어떤 재고품목의 수요와는 관련이 없다. 완제품과 교체를 위한 수리부품들이 독립수요를 갖는다. **종속수요**(dependent demand) 품목은 다른 품목과 연계된 수요를 갖고 독립적으로 시장에 의해 결정되지 않는다. 최종 제품이 부품들로부터 만들어질 때 각 부품의 수요가 최종 제품의 수요에 의해 종속적으로 정해지게 된다.

장난감 자동차로 독립수요와 종속수요의 차이를 예시할 수 있다. 자동차의 수요는 시장에 의해 영향을 받기 때문에 독립적이고, 따라서 수요는 예측되어야 한다. 자동차 바퀴의 수요는 자동차 수요에 따라 수학적으로 계산되는 관계에 있기 때문에 종속적이다. 즉 자동차 1대를 완성하기 위해서는 4개의 바퀴가 필요하며, 자동차 핸들의 수요도 완제품 자동차의 수요에 종속적이라 하겠다.

독립수요와 종속수요 품목은 매우 상이한 수요 패턴을 보인다. 독립수요는 시장의 요인에 의존하기 때문에 일정한 패턴을 보이면서도 고객 선호에 따라 그 영향이 무작위 (random)로 나타난다. 반면에 종속수요는 생산이 로트 단위로 계획되므로 수요 패턴이 돌출적인 형태를 보인다. 즉 하나의 로트가 생산되면 일정 수량의 부품이 요구되고, 다음 로트가 생산될 때까지는 요구되는 부품이 없다. 이런 수요 패턴을 〈그림 14.4〉에서 보여주고 있다.

그림 14.4
수요의 패턴

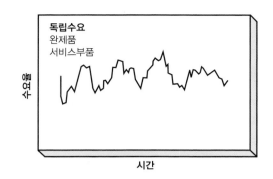
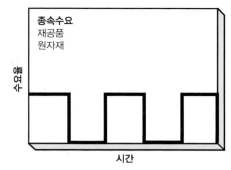

상이한 수요 패턴은 재고관리의 접근법을 달리 할 것을 요구한다. 독립수요에게는 **보충의 원리**(replenishment philosophy)가 아마도 적합한 재고관리의 원리일 수 있다. 즉 품목이 사용되면서 재고가 줄어들면 재고를 보충하여 고객이 제품을 항상 구입 가능하도록 만든다. 따라서 재고가 줄어들게 되면 재고보충을 위해 새로운 주문을 발주하게 된다.

종속수요에게는 **요구의 원리**(requirements philosophy)가 적용된다. 즉 주문되는 재고의 수량은 상위 단계 품목을 위해 필요로 하는 요구량에 바탕을 둔다. 종속수요 품목이 사용되면서 재고가 줄어든다고 해서 재고보충을 위해 새로운 주문이 이루어지지는 않는다. 추가로 주문되는 것은 그 품목을 사용하여 생산되는 상위 단계 혹은 최종 제품의 생산이 계획되어 필요로 할 때 비로소 이루어진다.

따라서 수요의 본질에 따라서 두 가지의 상이한 재고관리 원리 중에서 적합한 것을 선택해야 하며, 이들 원리에 따라 상이한 기법과 컴퓨터 소프트웨어가 이용된다. 이 장에서는 독립수요 품목과 관련한 의사결정을 다루고 있으며, 다음과 같은 재고 유형에 적용된다.

1. 제조업체에서의 완제품 재고와 수리부품
2. 소모성 자재(MRO)의 재고
3. 소매 및 도매업체가 취급하는 완제품
4. 서비스업(예 : 병원, 학교)에서의 물품재고

## 14.5 경제적 주문량

LO14.4 경제적 주문량의 계산 및 기본 가정

1915년에 해리스(F.W. Harris)에 의해 유명한 **경제적 주문량**(economic order quantity, EOQ)이라는 공식이 개발되었다. 그 이후에도 EOQ 및 변형된 모형들이 독립수요 재고관리를 위해 산업현장에서 여전히 널리 사용되고 있다.

EOQ 모델은 다음의 가정을 전제로 하고 있다.

1. 수요율이 일정하고, 반복되며, 알려져 있다. 예를 들어 수요가 하루에 100개씩이라고 한다면 어떠한 확률적 변동도 없이 영원한 미래까지 지속되는 것을 가정하는 것이다.

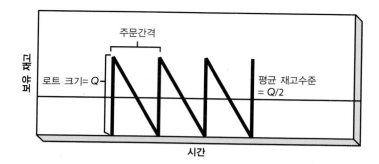

**그림 14.5**
EOQ 재고수준

2. 리드타임이 일정하고 알려져 있다. 따라서 주문의 발주부터 납품까지의 리드타임이 항상 고정되어 있음을 가정한다.

3. 재고고갈 혹은 재고부족을 허용하지 않는다. 수요와 리드타임이 일정하기 때문에 재고부족을 방지하기 위하여 언제 다음 발주를 해야 할지를 정확히 알 수 있다.

4. 품목 혹은 자재가 로트 혹은 뱃치 단위로 주문되거나 생산되고, 그 로트는 모두 한꺼번에 재고로 입고된다.

5. 품목의 단위 원가는 일정하며, 대량 구매에 따른 할인은 없다. 재고 보유비용은 평균 재고수준에 비례하며, 각 로트의 주문비용 혹은 생산준비비용은 고정되어 있으며 로트의 크기와는 무관하다.

6. 품목은 단일 품목이며 다른 재고 품목과의 상호작용은 없다.

이러한 가정하에서 시간 경과에 따른 재고수준을 〈그림 14.5〉에서 보여주고 있다. 이 그림은 완벽한 톱니 패턴을 보여주는데, 이는 수요가 일정한 비율로 발생하고, 품목이 고정된 로트 크기로 주문되기 때문이다.

주문의 로트 크기를 결정하는 상황에서는 주문 빈도와 재고수준 사이에 교환관계가 있다. 로트 크기가 작으면 재주문이 잦아지지만 평균 재고수준은 낮아진다. 반면에, 로트 크기를 크게 하면 주문의 빈도는 줄어들지만 더 많은 재고를 보유하게 된다. 이와 같은 주문 빈도와 재고수준 사이의 교환관계를 다음의 부호를 사용하여 수학적 공식으로 표현할 수 있다.

$D$ = 수요율 (연간 수량)

$S$ = 1회 주문비용 혹은 준비비용 (1회 주문당 금액)

$C$ = 단위원가 (재고 한 단위의 금액)

$i$ = 재고유지비용률 (한 단위 금액을 기준으로 연간 비율)

$Q$ = 로트 크기 (개)

$TC$ = 주문비용 및 재고유지비용의 총합 (연간 금액)

연간 주문비용은 다음과 같다.

연간 주문비용＝1회 주문비용×연간 주문 횟수＝$SD/Q$

위의 공식에서 $D$는 연간 총수요이고, 1회에 $Q$단위씩 주문되므로 연간 $D/Q$의 횟수만큼 주문이 이루어진다. 여기에 1회 주문비용인 $S$를 곱하여 연간 주문비용을 계산한다.

연간 재고유지비용은 다음과 같다.

연간 유지비용＝연간 재고유지비용률×단위 원가×평균 재고＝$iCQ/2$

이 공식에서 $Q/2$는 평균 재고이다. 재고보유량이 최고일 때는 $Q$단위이고(새로운 뱃치가 입고될 때), 최소 보유재고량은 0이다. 재고가 감소하는 속도가 일정하므로 평균 재고는 $Q/2$가 된다. 연간 재고유지비용률($i$)을 단위 원가에 곱하면 한 단위를 1년 동안 재고로 보유할 때의 비용이 된다. 이 단위비용을 평균 재고수준에 곱하면 연간 총재고유지비용이 된다.

연간 주문비용과 재고유지비용이 위와 같이 표현되면 **총재고비용**(total cost)은 다음과 같다.

$$TC = SD/Q + iCQ/2 \qquad (14.1)$$

$TC$와 $Q$의 관계를 그림으로 그리면 재고유지비용, 주문비용 및 총재고비용을 〈그림 14.6〉과 같이 나타낼 수 있다. $Q$가 커지면 연간 주문 횟수가 줄어들어 주문비용은 감소하지만 동시에 더 많은 재고를 보유하게 되므로 연간 재고유지비용은 증가한다. 따라서 주문비용과 재고유지비용은 서로 상쇄하는 관계로서 하나가 감소하면 다른 하나가 증가한다.

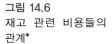

**그림 14.6**
재고 관련 비용들의 관계*

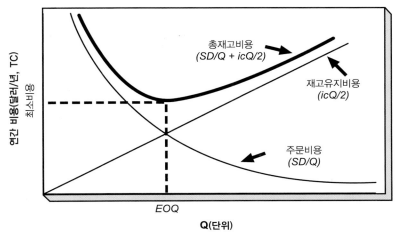

*품목의 구매비용 CD는 상수로서 Q와 무관하며, 따라서 TC의 최솟점에 영향을 주지 않기 때문에 고려대상에서 제외할 수 있다.

이러한 교환관계 때문에 TC 함수는 최소점을 갖게 된다.

TC를 최소화하는 $Q$의 값을 찾는 것은 전형적인 대수학 문제이다. TC를 미분하여 0으로 놓고 그 결과의 $Q$값을 풀면 된다.

$$TC' = -\frac{SD}{Q^2} + \frac{iC}{2} = 0$$

$$\frac{SD}{Q^2} = \frac{iC}{2}$$

$$Q^2 = \frac{2SD}{iC}$$

$$Q = \sqrt{\frac{2SD}{iC}} \tag{14.2}$$

식 (14.2)가 품목의 재고관리비용을 최소화하는 전형적인 경제적 주문량(EOQ)이다. 비록 여기서는 비용을 연간 단위로 최소화했지만 수요율과 재고유지비용률을 동일한 기간을 바탕으로 한다면 어떠한 단위 기간을 사용해도 상관없다. 예를 들어 수요가 월 단위로 표현된다면 재고유지비용률 또한 월 단위로 표현되어야 한다.

---

**예제**

EOQ 공식의 사용을 예시하기 위하여 어느 카펫 상점에서 특정 유형의 카펫을 얼마나 구매할지 결정하는 예를 보자. 카펫 재고관리와 관련한 자료는 다음과 같다.

$$D = \text{연간 360야드}$$
$$S = \text{1회 주문당 10달러}$$
$$i = \text{연간 25\%}$$
$$C = \text{야드당 18달러}$$

따라서

$$Q = \sqrt{\frac{2(10)(360)}{.25(18)}} = \sqrt{1600} = 40\text{야드}$$

관리자는 40야드의 카펫을 매번 주문해야 한다. 그 결과로 연간 주문 횟수는 $D/Q = 360/40 = 9$회로서 1.33개월마다 주문을 하게 된다.

재고관리의 최소 비용은 연간 180달러로서 다음과 같다.

$$TC = 10(360/40) + .25(18)(40/2) = 90 + 90 = 180$$

여기서 최소비용은 연간 주문비용과 연간 재고유지비용이 같을 때임을 주목하라. 하지만, 총재고비용 곡선은 최소점 부근에서 매우 평평하다. 예를 들어 EOQ인 40

야드 대신에 25% 많은 50야드씩 주문을 하더라도 총재고비용의 변화는 2.5% 증가에 불과하다. 따라서 EOQ를 계산함으로써 최적 주문 크기에 대한 훌륭한 추정치를 얻게 되지만, 재고관리자는 필요하다면 주문수량을 약간씩 조정하더라도 총재고비용에 미치는 영향은 제한적이다.

비록 EOQ 공식이 매우 제약적인 가정을 바탕으로 하고 있지만 그 결과의 EOQ는 현실에서 유용한 근사치이다. 그 가정들이 어느 정도 현실에 가깝다고 하면 이 공식을 적용하여 최적값의 근사치를 얻을 수 있다. 게다가 총재고비용 곡선이 최소점 부근에서는 상당히 평평하기 때문에 총재고비용에 크게 영향을 주지 않으면서 주문 수량을 현실에 맞도록 조정할 수 있다.

총재고비용을 고려하여 재고 의사결정을 하는 것이 매우 중요하다. 어떤 상황에서도 적절한 총재고비용 방정식을 찾을 수만 있다면 경제적 로트 크기를 찾을 수 있다. 총재고비용 방정식을 최소화한다는 아이디어는 모든 로트 크기 결정 공식의 기초가 된다.

휴렛 팩커드는 총재고비용의 개념을 전체 공급사슬로 확장했다. 개인용 PC를 생산함에 있어서 다음의 네 가지 관련 비용을 규정했다.

- 부품의 가치하락 비용
- 가격보호 비용 (소매점에 보장하는 최저가격)
- 제품회수 비용
- 진부화 비용 (제품수명이 지난 제품의 처분)

이 모든 비용은 신제품이 시장에 출시되기 전에 기존 제품을 팔지 못하는 위험 때문에 재고로 있는 PC의 가치가 저하되는 것과 관련된 비용들이다. 이들 비용은 앞에서 정의한 재고유지비용에 포함된 진부화 및 가치하락 비용이다. 때로는 이 비용들이 제품의 이익 마진보다 크기 때문에 EOQ 수량을 결정하는 데 고려되어야 한다.

재고관리가 엉성하면 제값을 못 받고 팔아야 할 수도 있다.
© PhotoLink/Getty Images

EOQ는 제조업에서 공급업체에게 주문할 적절한 주문 크기와 생산 프로세스에서의 생산로트 크기를 계산하기 위해 흔히 사용되고, 또한 많은 서비스업의 공급사슬에서도 사용된다. 레스토랑이 식품과 부자재의 주문 크기를 결정하기 위하여 EOQ를 사용하고, 대기업들은 사무용품 재고를 관리하기 위하여 EOQ를 사용하며, 약품 통신판매업체는 창고의 재고를 보충하기 위한 주문 크기를 결정하는 데 EOQ를 사용하고 있다. 다음에서는 EOQ 모델을 기반으로 한 두 가지 재고관리시스템을 설명하고자 한다.

## 14.6 연속적 확인시스템

14.5 연속적 확인시스템 및 주기적 확인시스템의 모수 계산

현실에서 EOQ 모델의 가장 큰 한계점 중 하나는 균일 수요의 가정이다. 이 절에서는 그 가정을 완화하고 무작위 수요에서의 재고관리를 위한 현실적인 시스템을 보여준다. 그 시스템은 EOQ를 바탕으로 하며 독립수요 품목에 대해 현실에서 충분히 융통성 있게 사용될 수 있는 시스템이다. 균일 수요와 재고고갈이 없다는 가정을 제외한 다른 모든 EOQ의 가정은 여전히 남겨둔다.

재고관리에 있어서 언제 재주문을 할 것인가에 대한 결정을 현재 보유재고와 기 발주된 재고를 합한 총량을 바탕으로 한다. 기 발주 재고(on-order inventory)도 현재 보유재고(on-hand inventory)와 동일하게 간주된다. 그 이유는 기 발주 재고는 곧 도착하여 입고가 예정되어 있기 때문이다. 현재 보유재고와 기 발주 재고의 합을 **재고포지션**(stock position)이라고 부른다. 여기서 조심해야 할 점은 재고문제를 다룰 때의 흔한 실수가 이미 발주된 수량을 고려하지 않는다는 점이다.

**연속적 확인시스템**(continuous review system)(혹은 고정주문량 시스템 또는 Q시스템)에서는 재고포지션을 재고변동 사건이 일어날 때마다 혹은 연속적으로 관찰한다. 재고포지션이 미리 정해진 수준 혹은 재주문점 이하로 떨어지면 고정 수량만큼 발주된다. 주문 수량이 고정되어 있기 때문에 주문 간 시간 간격이 수요의 무작위성에 따라서 변할 수 있다. 운영선도사례에서 자판기의 재고를 관찰하는 하드웨어 및 소프트웨어의 공급업체인 캔터루프 시스템즈를 설명하고 있다.

Q시스템의 의사결정 규칙을 다음과 같이 공식적으로 정의할 수 있다.

> 재고포지션(현재 보유재고와 기 발주 수량)을 연속적으로 관찰하라. 재고포지션이 재주문 점 R 이하로 떨어지면 고정 수량 Q를 주문한다.

이 시스템의 그래프를 〈그림 14.7〉에서 보여주고 있다. 불규칙하게 발생하는 수요를 충족하기 위하여 재고가 사용되면서 재고포지션이 감소하며, **재주문점**(reorder point) R에 이르게 되면 Q단위의 주문이 발주되고, 리드타임 L이 경과한 후에 주문량이 도달한다. 이처럼

그림 14.7
연속적 확인시스템
(혹은 Q시스템)

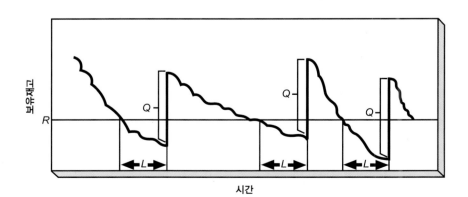

## 운영선도사례 캔터루프 시스템즈의 자판기 재고관리

© McGraw-Hill Education

자판기의 소유주가 돈을 버는 것은 고객이 자판기로 다가왔을 때 자신이 원하는 제품이 있을 때이다. 따라서 자판기 내의 품목 재고를 추적하여 완판된 품목을 보충하는 것이 자판기 소유주에게는 절대적으로 중요한 일이다.

캔터루프 시스템즈(Cantaloupe Systems)는 맨딥 아로라(Mandeep Arora)와 아난트 아그라월(Anant Agrawal)이라는 2명의 공학자가 창업한 기업이다. 캘리포니아주 버클리시에서 2002년에 설립되어 자판기 내부에 설치하는 장치를 개발했다. 이 장치는 시드 디바이스(seed device)로 불리는 것으로 자판기의 모든 거래 상황을 관찰하면서 판매 자료를 캔터루프 시스템즈의 서버에 무선으로 송신한다. 200명 이상의 고객이 125,000개 이상의 자판기에 이 장치를 설치했다.

이 장치가 수행하는 작업은 기본적으로 연속적 확인시스템의 재고관리로서 자판기를 통해 판매되는 스낵과 음료의 재고를 관찰하는 것이다. 어느 품목이 거의 완판 수준에 가까워지면 자판기 소유주에 신호를 보낸다. 소유주는 이 정보를 이용하면서 자판기에 보충할 품목을 준비하고 순회경로를 계획하는 게 더욱 쉬워졌다. 캔터루프 시스템즈가 추정하기로는 이 장치를 사용하는 고객은 연간 평균 35,000달러의 비용절감을 하는 것으로 보고 있다. 트럭으로 일련의 자판기가 설치된 장소를 방문하여 품목을 채우는 순회경로를 생각해보라. 캔터루프 시스템즈의 장치를 사용한다면 재고 보충이 불필요한 자판기를 방문할 필요가 없으므로 약 40%의 연료를 절약할 수 있고, 또한 판매기회를 높이기 때문에 80%의 매출을 늘릴 수 있다.

*Inc.* 잡지는 2008년부터 2010년까지 3년 연속으로 캔터루프 시스템즈를 '미국에서 가장 빠른 성장을 하는 500대 사기업'으로 선정했다. 캔터루프 시스템즈는 시드 디바이스를 이용한 새로운 서비스를 계속 제공함으로써 성장을 지속하고 있다.

출처 : "Snack Attack," *Forbes*, December 2009, pp. 40–42; www. cantaloupesys.com, 2016.

재고의 사용, 재주문, 주문량의 입고 과정이 반복된다.

*Q* 시스템은 오로지 2개의 모수인 *Q*와 *R*에 의해 결정된다. 현실에서 이들 모수는 단순한 가정에 의해 설정된다. 첫째, *Q*는 식 (14.2)에 의한 EOQ값으로 설정된다. 좀 더 복잡한 모델에서는 *Q*와 *R*을 동시에 결정하지만, 수요가 아주 불확실하지만 않다면 *Q*의 추정치로 EOQ를 사용하는 것이 비교적 훌륭한 근삿값이 된다.

*R*의 값은 재고고갈비용 혹은 재고고갈 확률을 바탕으로 설정된다. 재고고갈비용을 이용하는 수식은 수학적으로 상당히 복잡하기 때문에 **재고고갈 확률**(stockout probability)이 *R*의 결정을 위해 흔히 사용된다.

*R*을 결정하기 위하여 관리자는 목표로 하는 **서비스 수준**(service level)을 정해야 한다. 이는 재고로부터 충족되는 고객수요의 비율이며, 충족률(fill rate)로 불리기도 한다. 100% 서비스 수준은 모든 고객수요가 재고로부터 충족되는 것을 의미하지만, 나중에 보여주듯이 이를 달성하는 것은 거의 불가능하다. 재고고갈 비율은 100에서 서비스 수준을 뺀 값과 같다.

서비스 수준을 표현하는 방법은 세 가지가 있다.

**그림 14.8**
리드타임 동안 수요의
확률분포

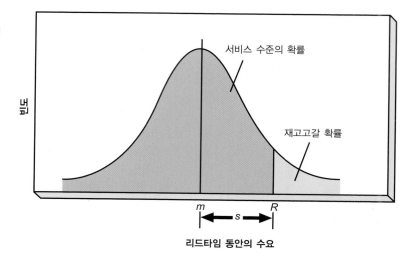

1. 서비스 수준은 재주문의 주기 중에 재고보충 리드타임 동안의 모든 주문이 재고로부터 충족되는 확률이다.
2. 서비스 수준은 특정 기간(예 : 1년) 동안 수요가 재고로부터 충족되는 비율이다.
3. 서비스 수준은 보유재고가 양(+)인 시간의 비율이다.

　어느 서비스 수준의 정의를 적용하는가에 따라 재주문점은 달라진다. 게다가 이들 정의를 고객, 제품 수, 혹은 주문 수 중 무엇에 적용할 것인가를 결정해야 한다. 이 책에서는 단순화를 위하여 서비스 수준의 첫 번째 정의를 사용할 것이다.
　재주문점의 결정은 리드타임 동안 발생하는 수요의 확률분포에 바탕을 둔다. 재고가 사용되면서 어느 시점에서는 관리자가 다음 주문을 발주하게 된다. 그러나 재고시스템이 재고고갈의 가능성에 노출되는 것은 주문 수량이 입고될 때까지이다. 따라서 재고고갈의 유일한 위험은 재고보충의 리드타임 동안이다.
　〈그림 14.8〉이 리드타임 동안 독립수요의 전형적인 확률분포를 보여주고 있다. $R$을 추정하기 위해서는 리드타임 동안의 통계적 수요분포를 알아야 한다(합리적인 가정으로 정규분포를 사용한다). 이 그림에서 재주문점 $R$은 어떠한 목표 서비스 수준에 대해서도 정해질 수 있다.
　재주문점은 다음과 같이 정의된다.

$$R = m + s$$

(14.3)

여기서
　$R$ = 재주문점
　$m$ = 리드타임 동안의 평균 수요
　$s$ = 안전재고

안전재고는 다음과 같이 표현할 수 있다.

$$s = z\sigma$$

여기서

$z$ = 안전요인값

$\sigma$ = 리드타임 동안 수요의 표준편차

$R$을 다시 표현하면

$$R = m + z\sigma$$

따라서 재주문점은 리드타임 동안의 평균 수요($m$)와 재고고갈을 예방하기 위한 표준편차($\sigma$)의 일정한 배수($z$)를 합한 값이다. 표준편차의 배수값인 $z$를 결정함으로써 기업은 재주문점과 서비스 수준을 동시에 설정하게 된다. $z$값이 크면 재주문점이 높고 서비스 수준도 높은 결과를 얻는다.

〈표 14.1〉의 값은 정규분포로부터 얻은 것이다. 이들 서비스 수준은 리드타임 동안의 수

**표 14.1**
**정규분포 수요의**
**비율값**

| z | 서비스 수준(%) | 재고고갈(%) |
|---|---|---|
| 0 | 50.0 | 50.0 |
| 0.5 | 69.1 | 30.9 |
| 1.0 | 84.1 | 15.9 |
| 1.1 | 86.4 | 13.6 |
| 1.2 | 88.5 | 11.5 |
| 1.3 | 90.3 | 9.7 |
| 1.4 | 91.9 | 8.1 |
| 1.5 | 93.3 | 6.7 |
| 1.6 | 94.5 | 5.5 |
| 1.7 | 95.5 | 4.5 |
| 1.8 | 96.4 | 3.6 |
| 1.9 | 97.1 | 2.9 |
| 2.0 | 97.7 | 2.3 |
| 2.1 | 98.2 | 1.8 |
| 2.2 | 98.6 | 1.4 |
| 2.3 | 98.9 | 1.1 |
| 2.4 | 99.2 | .8 |
| 2.5 | 99.4 | .6 |
| 2.6 | 99.5 | .5 |
| 2.7 | 99.6 | .4 |
| 2.8 | 99.7 | .3 |
| 2.9 | 99.8 | .2 |
| 3.0 | 99.9 | .1 |

요가 안전재고로부터 만족될 확률을 나타낸다. 즉 리드타임 동안의 수요가 평균으로부터 표준편차($z$)의 일정 배수 범위 안에 있을 확률이다. 기업이 목표 서비스 수준을 정하게 되면 재주문점을 산출하기 위하여 〈표 14.1〉로부터 해당하는 $z$값을 사용한다.

**예제**

위의 개념을 명확히 이해하기 위해 예제가 도움이 될 것이다. 소매점에 아침식사 음식을 공급하는 창고를 관리한다고 가정하자. 이 음식은 다음의 특성을 갖고 있다.

평균 수요＝하루 200개

리드타임＝주문한 것을 공급업체로부터 받기까지 4일

1일 수요의 표준편차＝150개

목표 서비스 수준＝95%

$S$＝1회 주문에 20달러

$i$＝연간 20%

$C$＝개당 10달러

연속적 확인시스템이 사용되며, 창고는 연간 50주, 주당 5일 혹은 연간 250일을 영업한다고 가정하자. 따라서 평균 연간 수요＝250×200＝50,000개이다.

경제적 주문량을 식 (14.2)를 사용하여 계산할 수 있다.

$$Q = \sqrt{\frac{2(20)(50,000)}{.2(10)}} = \sqrt{1,000,000} = 1,000개$$

리드타임 동안의 평균 수요는 하루에 200개이므로 4일 동안은 $m=4 \times 200 = 800$개이다. 하루 수요의 표준편차는 150개지만, 4일 리드타임 동안의 표준편차를 계산해야 한다. 간단한 변환공식을 사용하면 다음과 같다.

$$\sigma = \sqrt{리드타임} \times (\sigma_{단위기간}) = \sqrt{4} \times (150) = 300개$$

95%의 서비스 수준은 안전요인값 $z=1.65$(〈표 14.1〉 참조)에 해당하므로 식 (14.3)을 이용하여 재주문점을 계산할 수 있다.

$$R = m + z\sigma = 800 + 1.65(300) = 1,295$$

Q시스템에서는 단지 두 가지 사항만 결정할 필요가 있음을 앞에서 보았다. 즉 주문시점($R$)과 수문 수량($Q$)이다. 이 예제에서의 Q시스템은 재고포지션이 1,295개로

떨어질 때마다 1,000개씩 주문을 하는 것이다. 평균적으로 1년에 50번의 주문이 이루어지며, 주문 간 간격은 평균 5일의 영업일이 될 것이다. 그러나 실제 주문 간 간격은 수요에 따라서 달라진다.

〈표 14.2〉는 이 예제 Q시스템의 의사결정 규칙을 모의실험한 것을 보여준다. 하루 평균 200개의 수요, 1일 수요의 표준편차 150개를 바탕으로 일련의 무작위 수요를 생성했다. 모의실험 시작 시점에 1,100개의 보유재고를 갖고 있으며 발주된 주문은 없는 것을 가정했다. 재고포지션이 1,295개에 도달할 때마다 1,000개의 주문이 발주되며, 따라서 첫날에 한 번의 주문이 즉시 이루어져야 한다. 수요가 발생함에 따라 매일 재고포지션을 점검한다. 그 결과 1, 7, 10, 15번째 날에 발주가 이루어진다. 최저 재고수준은 10번째 영업일의 초에 285개이다. 〈표 14.2〉의 다른 수치들을 각자 확인해보기 바란다.

표 14.2 Q시스템 예제*

| 일 | 수요 | 기초 재고 | 기 발주 수량 | 기초 재고포지션 | 주문 수량 | 입고 수량 |
|---|---|---|---|---|---|---|
| 1 | 111 | 1,100 | — | 1,100 | 1,000 | |
| 2 | 217 | 989 | 1,000 | 1,989 | | |
| 3 | 334 | 772 | 1,000 | 1,772 | | |
| 4 | 124 | 438 | 1,000 | 1,438 | | |
| 5 | 0 | 1,314 | — | 1,314 | — | 1,000 |
| 6 | 371 | 1,314 | — | 1,314 | | |
| 7 | 135 | 943 | | 943 | 1,000 | |
| 8 | 208 | 808 | 1,000 | 1,808 | | |
| 9 | 315 | 600 | 1,000 | 1,600 | | |
| 10 | 0 | 285 | 1,000 | 1,285 | 1,000 | |
| 11 | 440 | 1,285 | 1,000 | 2,285 | — | 1,000 |
| 12 | 127 | 845 | 1,000 | 1,845 | | |
| 13 | 315 | 718 | 1,000 | 1,718 | | |
| 14 | 114 | 1,403 | — | 1,403 | | 1,000 |
| 15 | 241 | 1,289 | — | 1,289 | 1,000 | |
| 16 | 140 | 1,048 | 1,000 | 2,048 | | |

* 이 표에서 $Q=1,000$, $R=1,295$가 사용됨.

## 14.7   주기적 확인시스템

다음으로는 완제품의 재고포지션을 연속적이 아닌 주기적으로 확인하는 두 번째 유형의 재고관리시스템을 살펴보자. 어느 공급업체가 배송을 일정한 주기 간격(예 : 2주에 한 번씩)으로만 한다고 가정하자. 이 경우에 재고포지션을 매 2주마다 확인하고 재고가 필요하다면 발주를 하게 된다.

이 재고관리시스템도 Q시스템과 마찬가지로 EOQ 모델에 기초하고 있다. 이 절에서 우리는 재고포지션을 고정된 일정에 따라 주기적으로 확인하며, 수요는 무작위로 발생하는 것으로 가정한다. 앞의 14.5절에서 나열한 EOQ의 가정 중에서 균일한 수요와 재고고갈이 없다는 가정을 제외한 모든 가정을 여전히 전제로 한다.

**주기적 확인시스템**(periodic review system)(혹은 고정 주문간격 시스템 또는 P시스템)에서는 재고포지션을 정해진 간격으로 확인한다. 확인 시점에서는 재고포지션이 목표 재고 수준에 이르는 주문 수량으로 주문을 한다. **목표 수준**(target level)은 다음 주기의 확인시점에서 배송 리드타임을 더한 시점까지의 수요를 충족하도록 설정된다. 주문 수량은 재고포지션을 목표 수준으로 끌어올리기 위해 필요한 수량에 달려 있다. 운영선도사례에서 로다(RODA s.a.)가 P시스템을 어떻게 성공적으로 운용했는지를 보기 바란다.

P시스템에 내재된 의사결정 규칙은 다음과 같다.

> 재고포지션(현재 보유재고 및 기 발주 수량)을 고정된 P주기 간격으로 확인하라. 매번의 확인 시점에서 목표재고 T에서 재고포지션을 뺀 수량만큼 주문한다.

이 시스템을 도표화하면 〈그림 14.9〉와 같다. 수요를 충족시키면서 재고는 정해진 확인 주기시점까지 계속해서 감소한다. 그 시점에 재고포지션을 목표 수준으로 올리기 위해 필요한 수량을 주문한다. 리드타임 L이 지나서 주문수량이 입고될 것이며, 이후로 재고의 사용, 재주문, 주문 수량 입고의 사이클이 반복된다.

P시스템은 Q시스템과 여러 면에서 다르다―(1) 재주문점 대신에 목표 재고수준을 갖는다. (2) 주문 수량이 수요에 따라 변동하기 때문에 경제적 주문량으로 주문되지 않는다.

**그림 14.9**
**주기적 확인시스템**
**(P시스템)**

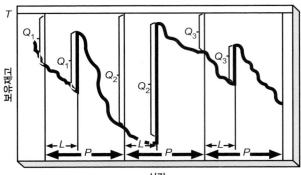

## 운영선도사례 — 로다의 P시스템을 이용한 재고관리

로다(RODA s.a.)는 가구에 부착하는 바퀴부터 대형 바퀴까지 다양한 바퀴를 생산하고 유통하는 그리스의 유일한 기업이다. 1948년 데살로니카에서 설립된 로다는 29명의 종업원을 보유하고 있으며, 작고 저렴한 볼트부터 큰 하중을 견디는 바퀴에 이르기까지 약 10,000여 개의 SKU를 관리하고 있다. 이들 SKU는 유럽뿐 아니라 중국 등의 국가로부터 구매하고 있다. 이렇듯 수많은 SKU의 구매에 있어서 재고관리란 쉬운 일이 아니었다.

고객 서비스의 중요함을 이해하고 있는 로다는 SKU의 재고관리를 개선하기 위해서는 재고수준에 따라 주문하는 체계적인 시스템이 필요했다. 웨스턴마케도니아대학교와 아리스토텔레스대학교의 전문가의 도움을 받아 로다는 재고관리 P시스템을 기반으로 한 의사결정 지원시스템을 개발하여 적용했다. 각 SKU에 해당하는 확인주기 P와 목표 수준 T를 계산하고 타당성을 검

© PRILL Mediendesign/
Alamy Stock Photo

증했다. 확인주기 P는 경영자의 경험을 바탕으로 다양한 실무적, 경제적 제약사항(예 : 최소 선적수량, 수송비용 등)을 고려하여 정했다. 그리고 각 SKU의 T는 과거 수요자료를 바탕으로 계산했다. T값은 최근 2년치의 수요자료를 이용하면서 매 6개월마다 갱신했다.

로다의 CEO이자 사장인 가브리엘 삿소글로(Gabriel H. Saatsoglou)는 P시스템 기반의 의사결정 지원시스템이 구매활동을 체계화하는 데 도움이 되었다고 말했다. 더 중요한 점은 고객 서비스를 해치지 않으면서 재고수준을 약 10% 줄일 수 있었고, 수송비용은 약 26% 절감했으며, 공급자에게 독촉하는 주문이 약 22% 줄어들었다는 것이다.

출처 : George Nenes, Sofia Panagiotidou, and Geroge Tagaras, "Customized Inventory Management," *OR/MS Today* 38, no. 2 (April 2011), pp. 22–28; www.rodasa.com, 2016.

---

(3) P시스템에서는 주문간격이 고정된 반면, Q시스템에서는 재고가 필요할 때마다 주문이 이루어진다.

P시스템은 P와 T의 두 모수에 의해 결정된다. P는 주문 간격의 시간이므로 다음과 같이 EOQ와 연관된다.

$$P = Q/D$$

여기서

$$Q = \text{EOQ}$$

EOQ 공식을 Q에 대입하면 다음의 결과를 얻는다.

$$P = \frac{Q}{D} = \frac{1}{D}\sqrt{\frac{2SD}{iC}} = \sqrt{\frac{2S}{iCD}} \tag{14.4}$$

수식 (14.4)가 최적 확인 주기의 근사치로 P값을 제공한다. 만약 수요의 불확실성이 높으면 P의 근삿값도 정확도가 떨어질 수 있다.

목표 재고수준은 목표 서비스 수준에 의해 정해진다. 이 경우에 목표 수준은 리드타임

($L$)과 재고 확인의 주기간격($P$)을 합한 기간 동안의 수요를 충족시킬 수 있을 정도로 설정된다. 그 이유는 다음 주문이 확인주기만큼 경과한 이후에 이루어지며, 그 주문이 배송되기까지는 리드타임만큼의 시간이 걸리기 때문이다. 목표 서비스 수준을 달성하기 위해서는 $P+L$기간 동안의 평균 수요가 충족되어야 하고, 동시에 $P+L$ 동안의 안전재고가 필요하다. 따라서

$$T = m' + s' \tag{14.5}$$

여기서

$T =$ 목표 재고수준
$m' = P+L$기간의 평균 수요
$s' = P+L$기간의 안전재고

안전재고의 경우

$$s' = z\sigma'$$

여기서

$z =$ 안전요인값
$\sigma' = P+L$기간 수요의 표준편차

Q시스템에서와 마찬가지로 $z$는 목표 서비스 수준을 의미한다(〈표 14.1〉 참조).

---

**예제**

앞 절에서의 아침식사 음식의 예를 다시 사용하자. EOQ가 1,000개였고 하루 수요는 200개였다. 그러면 최적의 확인주기 간격은 다음과 같다.

$$P = Q/D = 1,000/200 = 5일$$

이 경우에 $m'$은 $P+L=5+4=9$일 동안의 평균 수요이다. 따라서 $m' = 9 \times 200 = 1,800$이다. 1일 수요의 표준편차가 150이므로, $P+L$기간인 9일 수요의 표준편차는 다음과 같다.

$$\sigma' = \sqrt{9} \times (150) = 450개$$

따라서 95%의 서비스 수준($z=1.65$)을 위한 $T$값은

$$T = m' + z\sigma' = 1,800 + 1.65(450) = 2,542개$$

P시스템을 요약하면, 재고포지션을 매 5일마다 확인하며, 주문 수량은 목표 재고인 2,542개에 이르도록 설정한다.

이 P시스템에서 요구되는 안전재고는 1.65(450)=742개인 데 비하여, Q시스템에서는 동일한 서비스 수준을 위해 1.65(300)=495개의 안전재고가 필요하다는 점이 흥미롭다. P시스템이 항상 Q시스템보다 동일 서비스 수준을 위해 더 많은 안전재고를 요구한다. 그 이유는 P시스템이 $P+L$기간의 수요를 충족해야 하는 데 비해, Q시스템은 단지 리드타임 $L$ 동안의 재고고갈만 방지하면 되기 때문이다.

〈표 14.2〉와 동일한 수요자료를 사용하여 〈표 14.3〉에서 완성된 예를 보여준다. 그러나 여기서는 재고 확인이 연속적이 아니라 주기적으로 이루어진다. 따라서 재고 확인이 1, 6, 11, 16일, 즉 매 5일마다 이루어지며, 주문량은 1,442, 786, 1,029, 1,237개이다. 확인주기가 고정되어 있는 반면에 주문량은 매번 변동됨을 확인하기 바란다. 당신의 이해를 위해서 표에서의 몇몇 수치를 직접 계산해보기 바란다.

표 14.3 P시스템 예제*

| 일 | 수요 | 기초 재고 | 기 발주 수량 | 기초 재고포지션 | 주문 수량 | 입고 수량 |
|---|---|---|---|---|---|---|
| 1 | 111 | 1,100 | — | 1,100 | 1,442 | |
| 2 | 217 | 989 | 1,442 | 2,431 | | |
| 3 | 334 | 772 | 1,442 | 2,214 | | |
| 4 | 124 | 438 | 1,442 | 1,880 | | |
| 5 | 0 | 1,756 | — | 1,756 | — | 1,442 |
| 6 | 371 | 1,756 | — | 1,756 | 786 | |
| 7 | 135 | 1,385 | 786 | 2,171 | | |
| 8 | 208 | 1,250 | 786 | 2,036 | | |
| 9 | 315 | 1,042 | 786 | 1,828 | | |
| 10 | 0 | 1,513 | — | 1,513 | — | 786 |
| 11 | 440 | 1,513 | — | 1,513 | 1,029 | |
| 12 | 127 | 1,073 | 1,029 | 2,102 | | |
| 13 | 315 | 946 | 1,029 | 1,975 | | |
| 14 | 114 | 631 | 1,029 | 1,660 | | |
| 15 | 241 | 1,546 | — | 1,546 | — | 1,029 |
| 16 | 140 | 1,305 | — | 1,305 | 1,237 | |

* 이 표에서 $P$=5, $T$=2,542가 사용됨.

## 14.8  P시스템과 Q시스템의 실무적 적용

**LO14.6** 연속적 및 주기적 확인시스템의 적용

산업현장에서 Q시스템과 P시스템 및 이들의 변형된 모델들이 독립수요 재고관리를 위해 널리 사용되고 있다. 독립수요 재고의 예는 도매업, 소매업, 레스토랑, 병원, 제조기업의 완제품, 그리고 MRO(유지보수, 수리, 운용) 품목에서 찾을 수 있다. Q시스템과 P시스템 사이에서의 선택은 간단하지 않고 관리방식과 경제성에 의해 영향을 받는다. 하지만 P시스템이 Q시스템에 비해 선호되는 상황이 있다.

1. 예를 들어 식품이 상점으로 1주일 간격으로 공급되는 경우처럼 주문과 배송이 특정 간격으로 이루어지는 경우에는 P시스템이 사용되어야 한다.
2. 여러 품목이 동일한 공급업체에게 주문되고 한 번의 선적으로 배송되는 경우에는 P시스템이 사용되어야 한다. 이 경우의 공급업체는 여러 품목을 하나의 주문으로 통합하기를 선호한다. 예를 들어 돌(Dole)과 같은 대형 공급업체는 고객의 물류창고로 상품을 배달할 때 여러 품목의 주문을 통합하고자 한다.
3. 재고수준을 연속적이 아니라 주기적으로 파악하는 저가 품목에는 P시스템이 사용되어야 한다.

예를 들면 생산공정에서 사용되는 볼트와 너트가 해당되며, 이 경우 품목을 담는 용기의 크기로 목표 재고수준을 정하고, 고정된 시간 간격으로 용기를 보충한다.

요약하면, P시스템에는 재고 보충을 일정에 따라 진행하며, 재고파악의 노력이 작다는 장점이 있다. 그렇지만 앞선 예에서 보여주듯이 Q시스템보다 더 많은 안전재고를 필요로 한다. 그렇기 때문에 안전재고에의 투자를 줄이는 것이 바람직한 고가의 품목에 대해서는 Q시스템이 종종 사용된다. 따라서 Q시스템과 P시스템 사이에서의 선택은 재고 보충의 시점, 재고기록 시스템의 방식, 품목 원가의 크기를 바탕으로 이루어져야 한다.

실제로는 P시스템과 Q시스템을 혼합한 혼합시스템이 사용되는 것을 볼 수 있다. 혼합시스템의 한 유형은 최저/최고의 결정규칙과 주기적 확인의 특징을 가진 시스템이다. 이 시스템에는 재주문점(최저)과 목표 재고수준(최고) 모두가 사용된다. 주기적으로 재고를 확인하면서 만약에 재고포지션이 최저점 이상이라면 새로운 주문을 하지 않고, 만약에 재고포지션이 최저점 이하이면 재고포지션을 최고 수준으로 올리기 위한 주문을 하게 된다.

### 서비스 수준과 재고수준

**LO14.7** 재고수준과 서비스 수준 사이의 연관성

서비스 수준과 재고수준 사이에는 중요한 교환관계가 있다. 독립수요 재고를 관리함에 있어서 중요한 고려사항 중 하나는 기업이 유지하기를 원하는 고객 서비스의 수준이다. 높은 고객 서비스 수준은 분명히 고객에게 (아마도 관계 구축의 목적을 위해서) 좋은 점이지만 재고에의 투자와 균형을 맞춰야 한다. 왜냐하면 높은 고객 서비스 수준은 일반적으로 높은 재고투자를 요구하기 때문이다. 평균 재고수준 $I$는 다음과 같이 주어진다.

복수의 품목이 동일한 공급업체에 주문되는 경우에 P시스템이 종종 사용된다.

© Stockbyte/PunchStock

$$I = Q/2 + z\sigma$$

$Q$의 로트 크기로 주문한다면 평균적으로 $Q/2$의 재고가 보유되며, $z\sigma$ 단위의 안전재고가 평균적으로 보유된다(P시스템에서는 $\sigma$ 대신에 $\sigma'$을 사용). 따라서 재고수준은 주기재고($Q/2$)와 안전재고 ($z\sigma$)의 합이 된다.

만약 $Q$가 고정되어 있다면 재고수준은 서비스 수준을 나타내는 $z$의 함수이다. 따라서 〈그림 14.10〉에서와 같이 $z$값을 변화시키면서 서비스 수준 대비 필요한 평균 재고수준을 그래프로 나타낼 수 있다.

이 그림은 높은 서비스 수준을 달성하기 위해서는 필요한 재고수준이 증가함을 보여준다. 서비스 수준이란 수요를 재고로부터 충족시킬 수 있는 확률, 즉 매출 상실이나 미납주문을 피하는 확률임을 상기하라. 서비스 수준이 100%에 근접할수록 매우 많은 재고가 요구된다. 이런 현상이 일어나는 이유는 리드타임 동안의 수요를 정규분포로 가정할 때 서비스 수준이 100%에 근접함에 따라 매우 가능성이 낮은 상황까지도 대응할 수 있는 안전재고가 필요하기 때문이다.

서비스 수준과 재고수준 사이의 비선형관계 때문에 관리자는 현실적인 서비스 수준들에 대한 비용을 추정하는 것이 중요하다. 서비스 수준이 조금만 달라져도 요구되는 재고수준은 현저하게 증가할 수 있기 때문에 어느 특정 서비스 수준(예 : 99%)이 큰 비용을 발생시킬 수 있다. 예를 들어 〈그림 14.10〉에 의하면 서비스 수준을 95%에서 99%로 높이면 재고는 32%의 증가가 요구된다. 따라서 비록 서비스 수준을 매우 높게 설정하라는 마케팅으로부터의 압력이 있더라도 선택하는 서비스 수준의 비용을 충분히 인식하는 것은 재고관리자의 역할이다.

서비스 수준의 선택(따라서 관련 재고수준의 선택)으로 적절한 재고회전을 결정할 수 있다. **재고회전**(inventory turnover)이란 저장 상태의 재고가 (1년 동안) 완전히 새롭게 바뀌는

**그림 14.10**
서비스 수준 대비
재고수준($Q=100$,
$\sigma=100$)

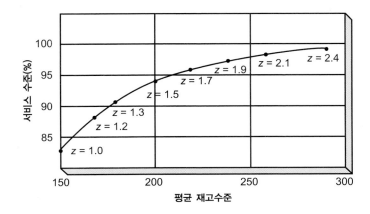

횟수를 가리키며, 평균 보유재고와 재고의 연간 사용과의 관계를 말한다. 단일 품목 혹은 전체 재고에 대한 재고회전은 다음과 같이 계산된다.

$$재고회전 = 연간\ 매출원가/평균\ 재고금액$$

현실에서 기업들은 1년 동안의 재고회전이 1~50회전 사이에 있다. 특수품목의 기업에서는 재고회전이 연간 1~2회 정도로 낮다. 한 예로 양조회사인 서밋 브루어리(Summit Brewery)의 경우는 1년에 12~18회전을 한다. 연간 재고회전이 50회를 넘는 기업은 극히 드물다. 재고가 잘 관리되는지를 평가하기 위해서는 그 기업의 재고회전을 해당 산업에서의 최고 수준(best practice)과 비교하는 것이 최선이다. 만약에 재고회전이 낮다면 서비스 수준이 높거나 아니면 주문비용 및 보유비용의 차이로 설명될 수 있다. 경영자는 재고회전을 넘어서 서비스 수준의 정책과 재고시스템에 내재된 원가구조를 살펴보아야 한다. 경영자가 높은 서비스 수준을 중요시한다면 산업 평균보다 낮은 재고회전을 수용할 수도 있을 것이다.

대안으로 경영자는 $Q$ 혹은 $\sigma$의 축소에 초점을 두어 주어진 서비스 수준에서 요구되는 재고를 줄이고자 할 수도 있다. 로트 크기 $Q$는 생산준비시간 혹은 주문비용을 줄임으로써 축소될 수 있다. 리드타임 동안 수요의 표준편차는 1일 수요의 변동을 줄이거나 리드타임을 단축함으로써 감소될 수 있다. 고객의 수요를 평준화하고 그들 주문 패턴의 불확실성을 줄이기 위하여 고객과 협력함으로써 1일 수요의 변동을 줄일 수 있다. 리드타임은 생산과 물류 과정에서의 소요시간을 줄임으로써 단축시킬 수 있다. 재고회전이 낮은 또 다른 가능성은 수요가 적은 품목의 재고가 많기 때문일 수 있기 때문에 그것들을 줄이거나 폐기해야 할 것이다.

## 14.9  공급자 위탁 재고관리

**LO14.8** VMI와 ABC 재고시스템의 정의

**공급자 위탁 재고관리**(vendor managed inventory, VMI)가 재고수준을 관리하는 또 다른 수단이며, 이 경우에는 공급업체에게 구매기업의 재고 및 수요예측자료에 접근하는 것을 허용한다. 그러면 공급업체는 구매기업의 장소에서 적절한 재고수준을 유지하는 책임을 진다. VMI에서는 구매기업과 그 고객(아마도 최종 소비자)에의 접근뿐 아니라 자료의 공유 등 공급업체와 구매기업 사이의 협력이 요구된다. 예를 들어 VMI가 식품 마트에서 몇몇 품목에 대해 사용되는데 공급업체가 매장의 선반에 직접 재고를 보충한다. 협력 노력의 대가로 공급사슬의 쌍방은 주문비용의 현저한 감소와 높은 고객 서비스라는 장점을 누리게 된다. 운영선도사례에서 오토존(Autozone)이 재고에의 투자를 줄이기 위하여 어떻게 VMI를 사용했는지를 살펴보라.

**운영선도사례** 오토존의 VMI

당신이 소매점의 관리자라면 만약에 공급업체가 당신 매장의 선반에 물품이 줄어들 때마다 자동으로 보충해 놓는다면 기분이 얼마나 좋을까? 이러한 일들이 식품 매장에서는 빵 혹은 우유를 비롯한 많은 품목에 대해 이루어지고 있다. 이를 공급자 위탁 재고관리(VMI)라고 부른다.

오토존(Autozone)은 북미에 5,000개 이상의 매장을 가진 자동차부품 소매업체로서 매장당 20,000개 내지 22,000개의 품목(SKU)을 보유하고 있다. 그렇게 많은 품목으로 연간 평균 재고회전은 불과 1.4회에 불과하다. 이렇게 천천히 회전하는 재고를 갖고 있지만 오토존이 많은 재고투자를 하고 있음을 의미하지는 않는다.

오토존은 VMI를 사용하여 자신의 많은 공급업체들이 매장의 재고를 관리하도록 한다. 오토존은 공급업체로 하여금 매장의 선반을 소유하고 유지하게 하고 '스캔시점에 대금지불(pay-on-scan)'의 협약을 체결하고 있다. 이는 상품이 팔릴 때까지 공급업체에게 대금을 지불하지 않는 협약이다. 즉 오토존은 선반 위의 재고에 자신의 자금을 투자할 필요가 없음을 의미한다. 상품이 스캔되면서 팔리게 되면 오토존은 공급업체에게 90일 이내에 대금을 지불하면 된다.

VMI를 위해서는 통합된 정보시스템이 필요하다. "공급업체가 당신의 수요예측을 정기적으로 받아 볼 수 있어야 하고, 그 정보를 현명하게 사용하고, 당신의 재고수준을 꾸준히 파악할 수 있어야 한다"라고 매사추세츠주 ARC 자문그룹의 공급사슬관리 이사인 스티브 뱅커(Steve Banker)가 말하고 있다. 하지만 "중소형 회사는 이렇게 할 수 있는 IT 자원을 갖고 있지 못하여 애먹고 있다"고 지적하고 있다.

출처 : Traci Purdum, "Vendor-Managed Inventory: Size Matters," *Industry Week*, March, 2007, www.autozone.com, 2016.

## 14.10 재고의 ABC 분류

1906년에 빌프레도 파레토(Vilfredo Pareto)는 어떤 그룹에서도 소수의 품목이 전체 그룹의 대부분 비율을 구성함을 관찰했다.[1] 당시에 그는 한 경제체제에서 소수의 개인이 대부분의 소득을 얻는 것에 관심을 가졌다. 한 기업에서 소수의 제품이 대부분의 매출을 차지하고, 봉사자 단체에서 소수의 인원이 대부분의 일을 담당하는 것도 사실이다. '중요한 소수(significant few)'의 법칙은 재고관리에서도 적용될 수 있다.

재고에서는 일반적으로 소수의 품목이 대부분의 재고가치(수요와 원가의 곱)를 차지한다. 따라서 이들 소수의 품목을 집중적으로 관리하면서 재고가치의 대부분을 통제할 수 있다. 재고관리에서 품목은 흔히 A, B, C의 3개 범주로 분류된다. 전형적으로 A범주가 품목 수의 약 20%를 차지하면서 전체 가치의 80%를 차지한다. 따라서 이것이 가장 '중요한 소수'를 대변한다. 반면에, C범주는 품목의 50%와 재고가치의 단지 5%만을 포함하여 매우 적은 부분을 차지한다. 중간의 B범주에는 품목의 30%와 재고가치의 15%를 차지한다. 이런 방식의 재고분류를 **ABC 분석**(ABC analysis) 혹은 80-20법칙이라고 부른다.

〈표 14.4〉는 10개 품목으로 구성된 재고의 예를 보여준다. 각 품목에 대해 연간 사용량에 단위 원가를 곱하여 그 품목의 사용금액을 정했다. 그리고 각 품목의 사용금액과 전체 재고사용액(254,725달러)을 비교하여 사용금액의 비율을 계산했다. 여기서 품목 3과 6이 전체 사용금액의 큰 부분(73.2%)을 차지하여 A품목으로 분류되었다. 반면에 품목 1, 5, 7, 8, 10의 사용금액이 낮아서(10.5%) C품목으로 분류되었고, 나머지 품목들이 B품목으로 분

---

[1] Vilfredo Pareto, *Manual of Political Economy*, Ann A. Schwier (trans.). New York: A. M. Kelly, 1971.

표 14.4
금액으로 표현된 품목
의 연간 사용

| 품목 | 연간 사용량 | 단위 원가 | 사용금액 | 총사용금액의 비율 |
|------|-----------|----------|----------|-----------------|
| 1 | 5,000 | $ 1.50 | $7,500 | 2.9% |
| 2 | 1,500 | 8.00 | 12,000 | 4.7 |
| 3 | 10,000 | 10.50 | 105,000 | 41.2 |
| 4 | 6,000 | 2.00 | 12,000 | 4.7 |
| 5 | 7,500 | .50 | 3,750 | 1.5 |
| 6 | 6,000 | 13.60 | 81,600 | 32.0 |
| 7 | 5,000 | .75 | 3,750 | 1.5 |
| 8 | 4,500 | 1.25 | 5,625 | 2.2 |
| 9 | 7,000 | 2.50 | 17,500 | 6.9 |
| 10 | 3,000 | 2.00 | 6,000 | 2.4 |
| 합계 | | | $254,725 | 100.0% |

류되었다.

범주를 3개로 나누는 것은 임의적인 것으로서 범주의 수는 어떤 수도 가능하다. 또한 각 범주에 속한 품목의 정확한 비율도 재고의 성격에 따라 달라질 수 있다. 중요한 점은 양쪽 끝의 범주로서 중요한 소수의 품목과 상대적으로 덜 중요한 다수의 품목이다.

재고에의 투자금액 대부분은 A품목(80%)을 면밀하게 관찰함으로써 통제 가능하다. 이들 품목에게는 재고수준의 연속적 확인, 적은 안전재고, 기록 정확성의 면밀한 관찰 등 엄격한 통제시스템이 사용되어야 한다. C품목에게는 느슨한 통제가 사용되어도 무방하며, 주기를 길게 한 주기적 확인시스템이 사용되어도 좋고, 다소 덜 정확한 기록도 무방할 수 있다. C품목에는 수작업 시스템도 가능할 수 있다. 반면에, B품목은 A와 C의 중간 수준으로 관심과 관리통제가 적용된다.

컴퓨터화된 시스템에서는 모든 품목에 대해 균일한 수준의 통제가 사용되지만 재고를 관리함에는 우선순위의 설정이 여전히 필요할 수 있으며, 이를 위해서는 ABC 분석이 유용하다.

## 14.11 요점정리와 핵심용어

이 장에서는 독립수요 재고의 재고관리와 구체적인 기법들을 개괄적으로 살펴보았다. 핵심 요점은 다음과 같다.

- 재고관리는 운영관리의 중요한 책무이며, 기업의 자본투자, 원가, 고객 서비스에 영향을 준다.
- 재고란 생산을 원활하게 하거나 고객의 수요를 충족시키는 데 사용되는 재화의 저장이다. 재고는 원자재, 재공품, 완제품을 포함한다.

- 재고는 여러 가지 목적으로 보유되며, 주기재고, 안전재고, 예상재고, 파이프라인 재고 등을 포함한다.
- 재고관리의 의사결정은 얼마큼 주문하며 언제 주문하는지의 규칙을 명확히 하는 것이다. 의사결정 규칙의 계산에는 품목 원가, 주문비용(혹은 준비비용), 보유비용, 재고고갈비용 등 네 가지 비용을 고려한다.
- 경제적 주문량(EOQ)은 주문비용과 유지비용의 균형을 유지하는 최선의 주문 크기를 정하는 간단하면서도 강력한 모델이다. 이는 균일한 수요율, 균일한 리드타임, 확정 준비시간, 무 재고고갈, 로트 단위의 주문, 무 수량할인, 단일 독립품목 등의 가정을 포함한다.
- 연속적 확인(Q)시스템이 무작위 수요에 대응하는 한 방법이다. 재고포지션이 재주문점 $R$ 수준으로 떨어지면 고정된 수량 $Q$를 발주한다. 주문 간의 시간은 실제 수요에 따라 변동한다. $Q$값은 EOQ와 동일하게 설정하고, $R$값은 목표 서비스 수준에 바탕을 둔다.
- 주기적 확인(P)시스템이 무작위 수요에 대응하는 또 다른 방법이다. 재고포지션이 고정된 간격 $P$마다 확인되고, 수량은 목표재고 $T$에서 재고포지션을 차감한 만큼 발주된다. 매 확인시점에서 주문되는 수량은 실제 수요에 따라 변동한다. $P$값은 EOQ를 이용하여 결정되고, $T$값은 목표 서비스 수준을 바탕으로 한다.
- P시스템과 Q시스템 사이의 선택은 재고 보충 시점, 재고기록의 방식, 품목 원가의 크기에 바탕을 두어야 한다. 재고 보충의 주문이 주기적으로 예정되어야 한다면 P시스템이 사용되어야 한다.
- 주어진 주문 수량(Q)과 표준편차(σ)에서 높은 서비스 수준은 높은 재고투자를 요구한다. 경영자는 목표 서비스 수준을 설정하기 전에 여러 서비스 수준에서 요구되는 재고투자를 분석해야 한다. 재고회전만을 보는 것은 재고수준의 결정에 적합한 기초를 제공하지 못한다.
- 공급업체 위탁 재고관리(VMI)는 재고의 모니터링과 보충의 책임을 구매기업에서 공급업체로 넘기는 개념이다. 공급업체는 수요예측과 재고수준의 자료에 접근할 수 있어야 하며, 공급업체와 구매기업 사이의 협력이 절대적으로 중요하다.
- ABC 분석의 개념은 중요한 소수와 덜 중요한 다수에 기초를 둔다. A품목의 비용을 면밀히 통제하고, B와 C품목에는 노력과 비용을 적게 투입하기 위해 이 개념이 사용되어야 한다.

**핵심용어**

| | | |
|---|---|---|
| 품목 원가 | 주기재고 | 재고고갈비용 |
| 파이프라인 재고 | 종속수요 | 재고고갈 확률 |
| 총재고비용 | 재주문점 | 재고 |
| 주문비용(생산준비비용) | 재고회전 | 요구의 원리 |
| 주기적 확인시스템 | 재고포지션 | 예상재고 |

|  |  |  |
|---|---|---|
| 연속적 확인시스템 | 바코드 | RFID |
| 안전재고 | 목표 수준 | POS 자료 |
| 서비스 수준 | 독립수요 | ABC 분석 |
| 보충의 원리 | 공급자 위탁 재고관리(VMI) | |
| 보유비용 | 경제적 주문량 | |

**인터넷 학습**

1. 미국 생산운영관리학회(http://www.apics.org)
   이 웹사이트를 방문하여 재고관리에 관한 흥미로운 자료들을 찾아보라.
2. Effective Inventory Mgmt. Inc.(http://www.effectiveinventory.com/articles)
   이 웹사이트에 있는 자료를 1개 이상 읽고 짧게 요약하라.
3. CISS, Ltd.(http://www.cissltd.com)
   Inventory Pro의 온라인 버전을 실행해보라. 어떤 형태의 보고서가 사용자에게 제공되는가?
4. 리테일 프로(http://www.retailpro.com)
   소매점의 재고관리를 위한 소프트웨어를 살펴보라. 당신이 발견한 주요 특성에 대한 짧은 보고서를 작성하라.

## 연습문제

**문제**

1. **EOQ** 어느 잡화점에서 취급하는 평범한 볼트의 독립수요가 한 달에 500개이다. 주문비용은 발주 시마다 30달러이며, 보유비용은 연 25%이고, 단위 원가는 0.50달러이다.
   a. EOQ 공식에 의하면 이 제품의 로트 크기는 얼마여야 하는가?
   b. 이 제품은 얼마나 자주 구매되어야 하는가?
   c. 품질팀에서 주문비용을 5달러로 낮추는 방안을 찾았다. 이것이 로트 크기와 구매의 빈도에 어떤 변화를 주게 되는가?

**풀이**

먼저, 수요를 보유비용과 동일한 시간단위로 변환해야 한다. 이 사례에서 보유비용은 연간 단위이고 수요는 월 단위이다. 따라서 연간 수요를 500×12=6,000개로 계산한다.

a. $Q = \sqrt{\dfrac{2SD}{iC}}$

$= \sqrt{\dfrac{2 \times 30 \times 6,000}{.25 \times .50}}$

$= \sqrt{\dfrac{360,000}{.125}}$

$= 1,697.06 \rightarrow 1,697$개

b. 연간 구매의 빈도는 $D/Q$ 혹은 6,000/1,697＝3.54회/년이다. 기간을 월 단위로 변환하기 위하여 1년의 12개월을 연간 구매빈도로 나눈다.

12/3.54＝매 3.39개월

52/3.54＝매 14.69주일

365/3.54＝매 103.11일

c. $Q = \sqrt{\dfrac{2SD}{iC}}$

$\quad = \sqrt{\dfrac{2 \times 5 \times 6,000}{25 \times .50}}$

$\quad = \sqrt{\dfrac{60,000}{.125}}$

$\quad = 692.8 \rightarrow 693$개

구매빈도는 D/Q 혹은 6,000/693=8.66회/년

**문제**

2. **Q시스템** 부품번호 XB-2001은 수리부품으로 연간 4,000개의 독립수요를 갖는다. 준비비용은 100달러, 보유비용은 연간 30%, 품목 원가는 266.67달러이다. 생산설비는 1주일에 5일을 작업하며, 1년을 50주로 하여 연간 총 250일의 작업일수가 된다. 이 제품의 리드타임은 9일, 1일 수요의 표준편차는 2개이다. 회사는 이 수리부품에 대하여 95%의 서비스 수준을 원한다.

a. EOQ 공식을 이용하여 $Q$를 계산하라.

b. $R$을 계산하라.

c. 회사가 $Q$시스템의 재고관리(연속적 확인)를 사용한다면 계산 후의 결과를 해석하라.

**풀이**

a. $Q = \text{EOQ}$

$Q = \sqrt{\dfrac{2SD}{iC}}$

$\quad = \sqrt{\dfrac{2 \times 100 \times 4,000}{.3 \times 266.67}}$

$\quad = \sqrt{10,000}$

$\quad = 100$

b. 이 부분을 풀기 위해서는 2단계가 요구된다. 첫째, 하루의 수요가 계산되어야 한다. 연간 수요율을 1년의 작업일수로 나누면 4,000/250＝16개/일이다. 따라서 리드타임 동안의 평균 수요는 9일 동안 16개씩, 혹은 9×16＝144개이다. 둘째, 리드타임 동안 수요의 표준편차가 계산되어야 한다. 이는 1일 수요의 표준편차(2개)에 리드타임 일수의 제곱근(9의 제곱근)을 곱하여 구해진다.

$R = m + z\sigma$

$\quad = (9 \times 16) + 1.65 \times (2 \times \sqrt{9})$

$\quad = 144 + 9.9$

$\quad = 153.9 \rightarrow 154$개

c. 재고포지션(보유재고와 기 발주된 주문의 합)이 154개로 떨어지면 100개를 주문한다. 주문 수량이 입고될 시점에 평균적으로 9.9개의 안전재고가 보유될 것이며, 리드타임 동안에 5%의 확률로 재고고갈이 발생할 것이다.

**문제**

3. **P시스템** 다음의 질문을 2번 문제에서의 제품에 대해 답하라.

   a. 주기적 확인시스템을 이용하여 주기적 간격으로 주문이 이루어진다면 이 제품을 얼마나 자주 주문해야 하는가?

   b. 목표 재고수준을 계산하라.

   c. 위에서 계산된 정보를 사용하여 이 제품에 대한 구체적인 의사결정 규칙을 기술하라.

   d. 주기적 확인의 시점이 되었다고 가정하자. 이 제품의 재고수준을 확인해보니 보유재고가 60개이고, 기 발주된 주문량이 110개였다. 어떤 결정을 해야 하는가?

**풀이**

a. $P = \dfrac{Q}{D}$ (이전 문제에서의 $Q$와 $D$를 이용)

$= 100/4{,}000$

$= 0.025$년

$= 1.25$주 ($0.025$년 $\times 50$주/년)

$= 6.25$일 ($0.025$년 $\times 250$일/년)

$= 6$일 (반올림)

b. $T = m' + s'$

$= m' + z\sigma'$

$= (P+L \text{ 동안의 평균 수요}) + z(P+L \text{ 동안 수요의 표준편차})$

$= 16 \times (6+9) + 1.65 \times (2 \times \sqrt{9+6})$

$= 240 + 12.8$

$= 252.8 \rightarrow 253$

c. 매 6일마다 재고포지션(보유재고 및 기 발주 주문량)을 확인하고, 253개의 목표 수준에 이르도록 주문한다.

d. 목표 수준까지 주문하되 목표 수준은 253개이다. 보유재고와 기 발주 주문량은 60+110, 즉 170개이다. 목표 수준과 재고포지션의 차이가 9일 이내에 배달되어야 하는 주문량으로서 253 − (60+110) = 83개이다. 즉 9일 이내에 배달되도록 83개를 주문한다.

## 토의질문

1. 다음의 조직에서 보유하는 여러 유형의 재고(원자재, 재공품, 완제품)를 파악하라 — 주유소, 햄버거 가게, 의류 가게, 기계 공작소. 이들 재고가 어떤 기능(목적)을 수행하는가?

2. 재고고갈비용을 결정하는 것이 어려운 이유는 무엇인가? 이 비용을 추정하기 위해 사용될 수 있는 접근법을 제안하라.

3. 재고관리에서 요구의 원리와 보충의 원리 사이에

어떤 차이가 있는가? 이런 차이가 왜 중요한가?

4. 제조기업에서의 완제품 재고관리와 소매업체 혹은 도매업체에서의 완제품 재고관리를 비교하라.

5. 주어진 서비스 수준에서 P시스템이 Q시스템에 비해 더 많은 재고투자를 필요로 하는 이유는 무엇인가? 그 차이의 크기에 영향을 주는 요소는 무엇인가?

6. 당신이 잡화점을 운영하고 있다고 가정하고, P시스템으로 관리될 것 같은 품목들과 Q시스템으로 관리될 것 같은 품목의 예를 들어보라. 이 품목들이 어떻게 다른가?

7. 완제품에 대한 적합한 서비스 수준을 관리자는 어떻게 결정해야 하는가? 서비스 수준이 100%인 품목이 있는가?

8. 재고관리를 평가하는 수단으로서 재고회전이 어떤 역할을 하는가? 어떤 상황에서 높은 재고회전이 오히려 기업에 지장을 주는가?

9. 당신이 백화점 체인을 관리하고 있다고 가정하자. 당신이 최고경영자로서 각 매장의 전반적인 재고관리 성과를 어떻게 평가하겠는가? 각 매장 운영자와의 관계를 위해서 그 정보를 어떻게 이용하겠는가?

## 문제

1. 어느 식품 마트는 다음의 특성을 가진 차(tea) 브랜드를 취급하고 있다.

　　매출＝1주당 8케이스
　　주문비용＝1회당 10달러
　　재고보유비용＝연간 20%
　　품목 원가＝케이스당 80달러

　　a. 한 번에 몇 개의 케이스가 주문되어야 하는가?
　　b. 얼마나 자주 주문해야 하는가?
　　c. 연간 주문비용과 재고보유비용은 얼마인가?
　　d. EOQ보다 더 많은 혹은 적은 수량을 주문하고 있다면 그 이유는 무엇이겠는가?

2. 어느 기계공작소가 철제 테이블을 만들고 있다. 어떤 테이블은 완제품으로 생산된 후에 재고로 보유되는데 다음의 특성을 가진 한 테이블이 있다.

　　매출＝연간 300개
　　생산준비비용＝1회당 1,200달러(테이블의 모든 부품을 위한 기계의 준비작업)
　　재고보유비용＝연간 20%
　　품목 원가＝25달러

　　a. 한 번의 생산로트에서 몇 개의 테이블을 생산해야 하는가?
　　b. 얼마나 자주 생산일정을 잡아야 하는가?

　　c. 위에서 계산한 로트 크기와 다른 크기를 생산하고 있다면 그 이유는 무엇이겠는가?

3. 토요타의 한 딜러는 토요타 자동차의 수리를 위해 특정 유형의 충격흡수기(shock absorber)를 몇 개 주문해야 하는지를 결정해야 한다. 이 충격흡수기는 한 달에 4개의 수요가 발생하고, 개당 원가는 25달러이다. 재고보유비용은 연간 30%이며, 1회 주문비용은 15달러이다.

　　a. 이 품목의 EOQ는 얼마인가?
　　b. 딜러는 이 부품을 얼마나 자주 주문하게 될 것인가?
　　c. 이 부품의 연간 주문비용과 재고보유비용은 얼마인가?

e**X**cel 4. 1번 문제에서의 자료에 다음과 같이 변화가 있다면 EOQ와 총재고비용에 어떤 효과가 있는가?

　　a. 수요가 40% 증가
　　b. 재고보유비용이 20% 상승
　　c. 스프레드시트를 사용하여 로트 크기와 재고보유비용 사이의 관계를 살펴보라.

5. 어느 공구 생산업체가 1년에 80,000개 비율로 판매하고 있다. 개당 가격은 100달러이며, 1년 동안

의 재고보유비용은 30%이다. 공구의 생산 프로세스가 최근 자동화되어 동일 프로세스에서 어느 한 공구를 생산하다가 다른 품목 생산을 위해 준비할 때의 비용이 1,000달러이다.

a. 공구 생산의 경제적 로트 크기는 얼마인가?

b. 1년에 몇 개의 로트가 생산되는가?

c. 연간 재고유지비용과 준비비용은 얼마인가?

d. 여러 가정 중에서 어떤 가정이 변할 때 a에서 계산된 경제적 로트 크기보다 더 큰 로트로 생산하게 되는가?

6. 하버드대학교의 매점이 대학의 심벌 마크가 새겨진 스웨터를 주문하고 있다. 보통은 1개월에 900장의 스웨터가 팔린다(한 특정 공급업체에 주문하는 모든 스타일과 사이즈를 포함). 1회 주문(여러 스타일과 사이즈를 포함)의 비용은 25달러, 1년 동안의 재고보유비용은 25%이다. 단위원가는 50달러이다.

a. 이 매점은 1회 주문량을 얼마로 해야 하는가?

b. 공급업체는 1주일에 한 번씩 배송을 하겠다고 한다. 이것이 연간 비용에 얼마나 영향을 주는가? 당신은 어떤 조건에서 공급업체의 제안에 동의하겠는가? (1년은 52주이다.)

c. 만약에 월간 판매가 1,500개로 증가했지만 a에서 계산된 로트 크기를 그대로 유지한다면 연간 비용에 얼마나 영향을 주는가?

7. 6번 문제의 하버드대학교 매점이 스웨터의 안전재고가 필요함을 알게 되었다. 그리고 재주문점 시스템(Q시스템)을 사용하고자 하는데, 리드타임은 2주일이 소요된다. 2주일 기간의 평균 수요는 450개이며 표준편차는 250개이다.

a. 매 주문에서 평균 서비스 수준 95%를 달성하려면 매점의 재주문점은 얼마여야 하는가?

b. 1년 동안의 재고고갈이 1회를 넘지 않게 하려면 재주문점은 얼마여야 하는가?

c. b의 경우에 매점이 보유하는 평균 재고는 얼마인가? 주기재고와 안전재고를 포함하여 답하라.

d. 매점에서의 연간 재고회전이 얼마인지를 위 c의 결과를 이용하여 답하라.

**eXcel** 8. 어느 전자제품 소매상이 다음과 같은 특성을 지닌 휴대전화를 취급하고 있다.

　　월평균 판매량=120개

　　주문비용=1회당 25달러

　　재고보유비용=연간 35%

　　품목원가=개당 300달러

　　리드타임=4일

　　1일 수요의 표준편차=0.2개

　　1년 동안의 근무일수=250일

a. EOQ를 계산하라.

b. 정규분포 수요를 가정하여 92%의 서비스 수준을 위한 재주문점을 계산하라.

c. 이 품목을 위한 Q시스템의 운영규칙을 설계하라.

d. 리드타임이 변경되면 재주문점이 어떻게 달라지는가? 그리고 수요의 표준편차가 변경되면 재주문점이 어떻게 달라지는가?

**eXcel** 9. 8번 문제의 자료를 이용하여 다음에 답하라.

a. 92%의 서비스 수준을 위한 P시스템의 운영규칙을 설계하라.

b. 다양한 서비스 수준값에 대하여 P시스템과 Q시스템에서 요구되는 재고투자를 비교하라.

c. P시스템이 더 높은 재고투자를 필요로 하는 이유는 무엇인가?

10. 3번 문제에서의 토요타 딜러가 재고관리를 위하여 Q시스템 혹은 P시스템을 고려하고 있다. 1개월 수요의 표준편차는 4개이고, 재고 보충의 리드타임은 2개월이다. 그리고 95%의 서비스 수준을 목표로 하고 있다.

a. 만약 연속적 확인시스템을 사용한다면 Q와 R의 값은 얼마인가?

b. 만약 주기적 확인시스템을 사용한다면 P와 T의 값은 얼마인가?

c. 이 경우 Q시스템에 비해 P시스템의 장점과 단점은 무엇인가?

11. 어느 타이어 회사가 다음의 특성을 지닌 타이어 모델을 취급하고 있다.

    연평균 판매량＝600개

    주문비용＝1회당 40달러

    재고보유비용＝연간 25%

    품목 원가＝개당 50달러

    리드타임＝4일

    1일 수요의 표준편차 ＝1개

    a. EOQ를 계산하라.

    b. Q시스템을 사용할 때, 서비스 수준 85%, 90%, 95%, 97%, 99%에 필요한 안전재고를 계산하라.

    c. 서비스 수준과 총재고투자를 대비시키는 그래프를 그려라.

    d. c에서 그린 그래프로 볼 때 당신은 목표 서비스 수준을 얼마로 설정하겠는가? 그 이유를 설명하라.

12. 11번 문제의 자료를 이용하여 답하라.

    a. 연간 재고회전을 서비스 수준의 함수로 계산하라.

    b. 만약 판매량이 50% 증가하면 95%의 서비스 수준에서 재고회전이 어떻게 달라지는가?

**eXcel** 13. 어느 모직 판매상이 다음의 특성을 지닌 4종류의 직물을 취급하고 있다.

| 유형 | 연간 수요(야드) | 야드당 품목 원가 |
|------|-----------------|------------------|
| 1 | 300 | $20 |
| 2 | 250 | $18 |
| 3 | 100 | $12 |
| 4 | 200 | $ 8 |

위 4종류의 직물을 동일 공급업체로부터 1회 주문당 20달러의 주문비용으로 주문하며, 20%의 연간 재고보유비용을 가정하라. 또한 1년의 근무일수를 300일로 가정하라.

a. 만약 P시스템을 사용한다면 최적 주문간격은 며칠인가?

b. 한 번의 통합발주에서 각 유형의 직물은 각각 얼마를 주문하게 되는가?

c. 재고보유비용이 25%, 30%, 35%로 변경되면 주문간격에는 어떤 영향을 주는가?

d. 이 직물들을 Q시스템을 사용하여 주문할 수 없는 이유는 무엇인가?

e. 위의 품목들을 A, B, C품목으로 분류하라.

14. 당신이 13번 문제의 모직 판매상에 공급하는 업체로 가정하라. 직물생산기계에서 한 유형의 직물에서 다른 유형의 직물생산으로 변경할 때 2,000달러의 비용이 발생한다. 그리고 재고보유비용은 연간 30%이고, 나머지 자료는 13번 문제의 자료를 사용하라.

a. 직물 공급업체는 각 유형의 직물생산 로트 크기를 얼마로 하겠는가?

b. 공급업체가 원하는 생산 로트 크기와 모직 판매상이 구입하고자 하는 로트 크기를 어떻게 절충하겠는가? 서로 다른 두 로트 크기를 절충하는 다양한 방안을 설명하라.

# 부록

S-LO14.9 고급 재고문
제의 풀이

## 고급 모델

이 부록에서는 독립수요의 재고관리에 유용한 2개의 모델을 추가로 제시한다. 첫 번째 모델은 외부로부터의 구매에서 가격할인이 주어지는 경우에 적용되고, 두 번째는 주문량 전량이 한 번에 납품되지 않고 일정 기간 동안에 균일한 비율로 재고 보충되는 경우에 적용된다.

### 가격할인

외부 공급업체가 종종 대량 구매에 대해 가격할인을 제공한다. 이런 할인이 상이한 구매수준에 주어지는데 구매 전량에 적용되기도 하고 초과된 구매량에만 적용되기도 한다. 이부록에서는 가격할인이 주문 전량에 적용되는 것을 가정한다. 예를 들어 0부터 99개까지는 구매가격이 단위당 2달러이고, 100개 이상이면 단위당 1.50달러인 경우이다. 따라서 단위당 원가가 100단위에서 점프 내지는 단절된 모양을 보인다. 99개이면 주문의 구매원가는 198달러이고, 100개이면 구매원가가 150달러가 된다.

경제적 주문량을 계산하기 위하여 먼저 각각의 구매가격에 대해 EOQ를 계산한다. 이들 EOQ들 중 일부는 계산에서 사용된 가격 범위를 벗어나기 때문에 실행 불가능일 수 있다. 실행 불가능 EOQ는 고려대상에서 제외된다. 다음으로는 실행 가능한 각 EOQ와 가격구분이 되는 수량에 대해 총구매원가와 재고비용을 계산한다. 그런 후에 최저의 총비용을 발생하는 실행 가능한 EOQ 혹은 가격구분점을 주문량으로 선택한다.

다음의 예를 보자.

$D =$ 연간 1,000개

$i =$ 연간 20%

$S =$ 1회 주문당 10달러

$C_1 =$ 0~199개 사이에서 단위당 5달러

$C_2 =$ 200~499개 사이에서 단위당 4.50달러

$C_3 =$ 500개 이상에서 단위당 4.25달러

먼저, $C_i$의 3개 값에 대응하는 3개의 EOQ를 계산한다. 그 결과는 $Q_1 = 141$, $Q_2 = 149$, $Q_3 = 153$이다. 이 경우에 $Q_2$와 $Q_3$는 실행 불가능하므로 고려대상에서 제외된다. 다음으로는 나머지 EOQ와 2개의 가격구분점에서의 총구매원가와 재고비용을 계산한다. 이들 총비용은 다음과 같다.*

---

\* 품목을 구매하는 연간 비용 $CD$가 총원가 공식에 포함되어 있음을 주시하라. 그 이유는 이 비용이 가격할인에 의해 영향을 받기 때문이다.

**그림 S14.1**
**가격구분점이 있는**
**경우의 재고비용**

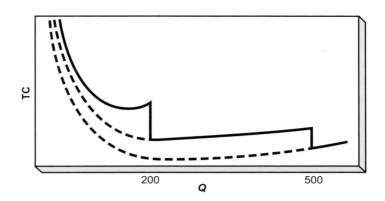

$$TC = S\left(\frac{D}{Q}\right) + iC\left(\frac{Q}{2}\right) + CD$$

$$TC(141) = 10(1,000/141) + 0.2(5)(141/2) + 5(1,000) = 5,141달러$$

$$TC(200) = 10(1,000/200) + 0.2(4.5)(200/2) + 4.5(1,000) = 4,640달러$$

$$TC(500) = 10(1,000/500) + 0.2(4.25)(500/2) + 4.25(1,000) = 4,482달러$$

TC(500)이 가장 낮은 연간 비용이므로 500단위를 주문해야 한다.

〈그림 S14.1〉에서 이 예제의 원가곡선을 보여주고 있다. 각 가격구분점에서 총비용이 감소된다. 따라서 이 예에서는 가장 높은 가격구분점의 수량이 선택된다.

모든 EOQ와 가격구분점에서의 원가를 항상 계산할 필요는 없다. 좀 더 효율적인 방법은 다음과 같다.

1. 단위당 원가가 가장 낮은 원가(가장 높은 가격구분점)에 대해 EOQ를 계산한다. 만약 이 EOQ가 실행 가능하면(즉 가격구분점 이상이면) 그 수량이 가장 경제적인 수량이다.
2. 만약 EOQ가 실행 불가능하면 다음으로 가장 낮은 가격을 사용하여 EOQ 계산을 하여 실행 가능한 EOQ가 찾아질 때까지 혹은 모든 가격값이 다 사용될 때까지 계속한다.
3. 이 EOQ와 그보다 높은 가격구분점에서의 총원가를 계산한다.
4. 이들 원가들 중에서 최솟값이 가장 경제적인 주문량이다.

위의 예제에서 이런 과정을 거치면 앞선 계산에서와 동일한 결과를 얻게 된다. 두 방법이 동일한 수의 계산을 요구하는 것은 이 예제에서 발생한 우연이다.

### 균일한 비율로 재고 보충

어떤 경우에는 로트 전량이 일시에 재고로 입고되지 않고 점차적으로 납품된다. 예로서 제조기업에서 일정한 생산율로 재고가 누적되는 경우나 소매기업에서 한 번의 주문을 일정

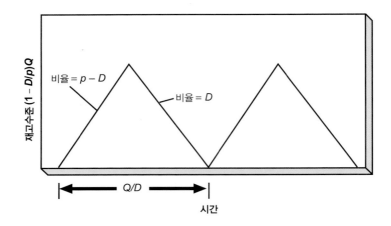

그림 S14.2
균일한 로트로
재고 보충

한 기간 동안 여러 번의 선적으로 수령하는 경우이다.

이런 형태의 배송이 재고에 주는 효과를 〈그림 S14.2〉에서 보여주고 있다. 생산과 소비가 함께 일어나면서 재고가 점진적으로 증가한다. 그런 후에는 단지 소비만 발생하면서 재고수준이 줄어들게 된다.

로트 전량이 일시에 수령될 때의 단순 EOQ 상황에서 일어나는 재고수준보다 점진적으로 배송되는 경우에서 최대 재고수준 및 평균 재고수준이 낮다. 제품이 연간 $p$단위의 비율로 생산되며 연간 $D$단위의 비율로 소비된다고 가정하자($p > D$). 그러면 평균 재고수준은

$$\frac{Q}{2}\left(1 - \frac{D}{p}\right)$$

이다. 이 공식은 〈그림 S14.2〉에서 기하학적으로 유도될 수 있다.

평균 재고를 나타내는 위의 공식이 식 (14.1)에서의 $Q/2$ 대신에 사용된다. 그렇게 하여 TC의 식이 최소화될 때 다음과 같은 EOQ 공식이 얻어진다.

$$Q = \sqrt{\frac{2SD}{iC(1 - D/p)}}$$

이 경우의 EOQ는 $(1-D/p)$의 항이 1보다 작기 때문에 보통의 EOQ보다 항상 조금 크다. $p$가 $D$의 값에 근접할수록 EOQ는 매우 큰 값이 되는데, 이는 생산이 연속적으로 일어난다는 의미이다. $p$가 매우 큰 값이면 위의 EOQ 공식은 보통의 EOQ에 가까워진다. 보통의 EOQ를 유도할 때 로트의 전량이 일시에 재고로 입고됨을 가정했는데, 이는 생산율 $p$가 무한대인 것과 동일하다.

## 부록문제

**eXcel** 1. 이 장의 1번 문제에서 신선 음료품 마트가 공급자로부터 한 번의 주문이 음료 50케이스를 넘으면 할인받는 제안을 받았다. 단위당 품목 원가는 0~49케이스 사이에서 케이스당 80달러이며, 50케이스를 넘으면 76달러이다. 76달러의 가격은 전체 주문량에 적용된다.

    a. 신선 음료품 마트는 이 할인 제안을 받아들여야 하는가?

    b. 할인을 받는 것과 EOQ로 주문하는 것 사이에 차이가 없으려면 할인은 얼마여야 하는가?

2. 어느 공급업자가 당신에게 다음과 같은 제안을 했다. 만약 세제를 29케이스 이하로 구매하면 케이스당 원가가 25달러이고, 30케이스 이상으로 구매하면 케이스당 원가가 20달러이다. 재고보유비용이 연간 15%이고, 1회 주문의 주문비용은 20달러이며, 연간 필요량은 50케이스라고 가정하자.

    a. 얼마나 많은 케이스를 주문해야 하는가?

    b. 추가 할인을 공급업자와 협상하겠는가? 당신이 협상할 수량과 가격을 제시하고 그 이유를 설명하라.

3. 이 장의 2번 문제에서 기계공작소가 하루 2개의 비율로 테이블을 생산한다고 가정하자(연간 근무 일수는 250일).

    a. 최적의 로트 크기는 얼마인가?

    b. 시간에 따른 보유재고 수량을 그래프로 그려라.

    c. 최대 재고 수량은 얼마인가?

4. 어느 전자부품 생산기업이 로트 크기를 결정하기 위하여 생산율과 수요율 모두 고려하기를 원한다. 50달러의 특정 부품이 월 1,000단위의 비율로 생산될 수 있고, 월 200단위의 비율로 수요가 발생한다. 이 회사의 재고보유비용은 연간 24%이고, 부품을 생산할 때마다 매번 200달러의 준비비용이 발생한다.

    a. 어떤 로트 크기로 생산하여야 하는가?

    b. 생산율을 무시한다면 로트 크기는 얼마가 되는가? 이 로트 크기는 연간 얼마의 비용을 발생시키는가?

    c. 시간에 따른 보유재고 수량을 그래프로 그려라.

# 자재소요계획과 ERP

## 학습목표

**LO15.1** MRP의 요소, 투입물 및 산출물

**LO15.2** MRP와 재주문점 시스템의 비교

**LO15.3** 주어진 총소요량의 자재계획 수립

**LO15.4** MRP시스템의 요소

**LO15.5** 불확실 수요에 대처하는 DRP 및 다양한 수단

**LO15.6** 성공적인 MRP시스템을 위한 요건들

**LO15.7** ERP시스템의 기능

전형적인 제조기업이라면 생산의 우선순위가 끊임없이 변하면서 동시에 수요도 예측하기 어려운 수천 개의 제품과 부품들을 관리해야 한다. 이처럼 복잡한 상황을 관리하는 것이 가능한 배경은 **자재소요계획**(materials requirements planning, MRP)이라 불리는 컴퓨터화된 계획 및 통제시스템을 사용할 수 있기 때문이다.

다양한 모델의 스케이트보드를 생산하는 기업이 있다고 가정해보자. 스케이트보드를 만들기 위해서는 보드판 1개, 바퀴 4개, 바퀴를 연결하는 2개의 축이 필요하며, 필요한 부품을 구매하여 완제품으로 조립하고 있다고 하자. 이 기업은 필요한 부품들이 최종 조립일정에 맞게 납품되도록 사전에 계획을 세워야 한다. 그리고 이들 부품의 보유재고가 약간 있고, 납품이 예정된 수량도 있다고 가정하고, 주문이 납품되기까지의 리드타임도 알고 있다고 가정하자. 그렇다면 예를 들어 100개의 신규 스케이트보드를 지금부터 3주일 이내로 생산하기 위해 필요한 모든 부품들이 제시간에 준비되도록 발주와 조립생산을 어떻게 계획할 수 있는가? 이같은 계획과 일정 수립을 MRP시스템을 이용하여 할 수 있다.

서비스 기업도 MRP시스템의 사용으로 이점을 얻을 수 있다. 레스토랑, 병원, 전력회사와 같은 경우에도 서비스 생산시스템을 지원하는 많은 물품의 재고가 필요하다. 이들의 일정계획도 MRP시스템을 이용하면 서비스 제공에 맞춰 필요한 시점에 준비되도록 할 수 있다.

MRP시스템은 최종 제품 혹은 생산기능의 산출물 생산을 구체화시킨 **기준생산계획**(master schedule)으로부터 시작된다. 구매부품 및 생산 작업장의 작업물에 대한 모든 미래 수요는 기준생산계획에 달려 있으며, MRP시스템에 의하여 계산된다. 스케이트보드의 예에서 1개를 생산하기 위해서는 보드 1개, 바퀴 4개, 축 2개가 필요하다는 것을 보았다. 기준생산계획에서 스케이트보드를 몇 개 생산할 것인지가 주어진다면 필요한 보드, 바퀴, 축의 수를 알 수 있다. 완제품 수요의 상황은 계속해서 변하므로 자재소요량의 계산을 과거 수요를 바탕으로 하는 것보다 기준생산계획을 바탕으로 하는 것이 더 정확할 것이다.

MRP 소프트웨어는 기준생산계획을 원자재의 구매발주 혹은 공장 내부 작업장에 대한 생산주문으로 '전개(explode)'한다. 예를 들어 기준생산계획에서의 제품이 전자계산기라고 하면 **부품전개**(parts explosion)의 과정은 특정 수량만큼의 전자계산기를 만들기 위해 필요한 모든 부품과 요소를 결정한다. 이 부품전개의 과정을 진행하기 위해서는 기준생산계획 상의 특정 최종 품목을 생산하기 위해 필요한 모든 부품을 나열한 구체적인 자재명세서가 필요하다. 필요한 부품에는 조립품, 중간 조립품, 내부제작 부품, 구매부품 등이 포함된다. 따라서 부품전개를 거쳐 주문해야 할 부품의 전체 목록과 필요한 작업장의 작업일정을 결과물로 얻는다.

부품전개의 과정에서 이미 보유하고 있는 재고 수량과 기 발주한 부품의 주문 수량을 고려할 필요가 있다. 예를 들어 100단위의 최종 제품을 위해 어느 부품을 주문하고자 할 때 이미 50개의 재고를 보유하고 있고, 30개 주문이 이미 이루어져서 납품이 예정되어 있다면 단지 20개만 신규로 주문하면 될 것이다.

부품전개 과정에서 고려해야 하는 또 다른 사항은 생산 및 구매의 리드타임이다. 기준생산계획으로부터 시작된 모든 생산 혹은 구매부품의 주문시점은 그 부품을 얻기까지 소요되는 시간만큼 앞선 시점에 이루어진다. 이런 과정이 생산 혹은 구매가 제때에 이루어지도록 만들어 기준생산계획대로 최종 제품을 생산할 수 있게 만든다. 만약에 부품전개의 결과대로 주문과 납품이 이루어질 수 있는 생산능력을 작업장과 공급업체가 보유하고 있다면 MRP시스템의 결과물 계획은 타당한 계획이 될 것이다. 하지만, 충분한 생산능력이 없다면 기준생산계획을 다시 수립하거나 생산능력을 변경하는 것이 필요하게 될 것이다.

## 15.1 MRP시스템

**LO15.1** MRP의 요소, 투입물 및 산출물

지금까지 논의한 전형적인 MRP시스템이 〈그림 15.1〉에 예시되어 있다. 그림의 상단부에 있는 기준생산계획은 고객의 주문, 총괄생산계획, 미래 수요의 예측에 의해 결정된다. 시스템의 중앙에 있는 부품전개 과정은 3개의 투입요소, 즉 기준생산계획, 자재명세서, 재고

그림 15.1
폐회로 MRP시스템

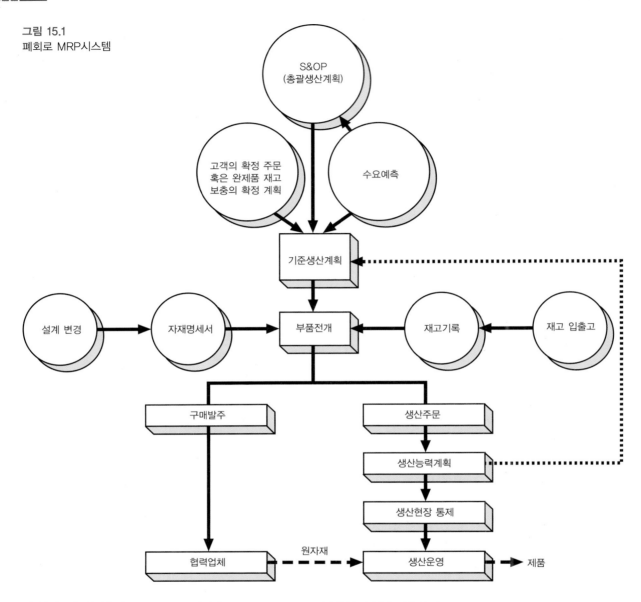

**생산통제.** 생산통제를 하고 있는 종업원이 컴퓨터를 이용하여 MRP시스템으로 자재의 흐름을 추적하고 있다.

© Dan Dunkley/Cultura/
Getty Images

**JDA 소프트웨어를 사용하는 3M 캐나다**

3M 캐나다는 1951년에 설립된 3M의 초창기 자회사이다. 온타리오주 런던시에 본사를 두고 있는 3M 캐나다는 앨버타, 브리티시컬럼비아, 온타리오, 퀘벡주에 판매소를 갖고 있으며, 생산공장은 온타리오주에 4개, 매니토바주에 1개를 갖고 있다.

이전에 3M 캐나다는 단지 자재의 가용량만을 고려하는 초기 MRP시스템을 사용했다. 유한능력 스케줄링과 제약이론을 이용하여 생산능력을 고려하고, 공장의 생산일정을 수시로 변경할 수 있었다.

이제는 JDA(이전의 i2사)의 소프트웨어를 도입하면서 협력적 수요예측, 자재계획 수립, 생산현장 실행의 기능을 포함

하여 공급사슬에서의 가시성을 완성했다. 3M이 실행하고 있는 2개의 강력한 응용소프트웨어는 JDA Factory Planner와 JDA Supply Chain Planner이다. 이들을 이용하여 3M은 실제 생산량과 고객의 신규주문 데이터를 바탕으로 매일의 일정을 갱신할 수 있게 되었다. Supply Chain Planner는 구매주문과 생산주문을 최적화하고 있다. 이전의 시스템에서는 단지 자재의 가용량만 고려했다면, Factory Planner는 기계 및 기타 자원의 생산능력까지도 고려하고 있다. 그 결과, 3M 캐나다는 정시 납품이 개선되어 매출이 늘었고, 재고는 23% 감소했으며, 현금흐름이 개선되었다.

출처 : www.i2.com, 2009, www.3m.com, 2016.

기록에 의해 수행된다. 부품전개 과정의 결과물로 두 가지 유형의 주문이 생성되는데, 협력업체에게 하는 구매발주와 공장 내부의 작업장에 하는 생산주문이다. 그러나 작업장에 생산주문이 이루어지기 전에 부품 생산에 필요한 충분한 생산능력이 있는지가 자재계획 담당자에 의해 확인된다. 충분한 생산능력이 있으면 생산주문은 생산현장 통제시스템으로 넘어간다. 만약 생산능력이 부족하면 피드백 과정을 통해 계획자가 생산능력 혹은 기준 생산계획을 변경한다. 생산주문이 생산현장 통제시스템으로 넘어가면 이들 주문의 진행이 정시에 완성되도록 현장에서 관리된다.

〈그림 15.1〉은 MRP를 재고 및 생산능력을 계획하고 통제하는 **정보시스템**(information system)으로 표현하고 있다. 정보는 경영자의 의사결정을 지원하기 위하여 시스템 내 다양한 부분에서 처리된다. 정보가 정확하고 시의적절하다면 관리자는 재고를 통제하고, 고객주문을 정시에 납품하고, 제조 및 서비스 기업의 원가를 통제하기 위하여 그 정보를 사용한다. 이런 방식으로 역동적이고 가변적인 환경에서 자재의 흐름을 지속적으로 관리한다.

## 15.2 MRP와 재주문점 시스템의 비교

**LO15.2** MRP와 재주문점 시스템의 비교

MRP는 재고관리에 사용되었던 많은 전통적 개념에 의문을 제기한다. 앞 장에서 논의한 재주문점 시스템은 종속수요의 재고관리에서는 잘 작동하지 않는다. 앞서 설명했듯이 **종속수요**(dependent demand)는 그 수요가 시장에 의해서가 아니라 다른 품목의 수요에 의해 결정된다. 제조하는 제품이라면 그 제품의 부품, 중간 조립품들은 기준생산계획에서의 최종 제품 수요에 의존하게 된다.

MRP와 재주문점 시스템 사이의 주요 차이점을 〈표 15.1〉에서 정리하고 있다. 차이점

표 15.1
MRP와 재주문점
시스템의 비교

|  | MRP | 재주문점 시스템 |
|---|---|---|
| 수요 | 종속적 | 독립적 |
| 주문 원칙 | 요구의 원리 | 보충의 원리 |
| 수요예측 | 기준생산계획에 기반 | 과거 수요에 기반 |
| 관리의 개념 | 모든 품목을 관리 | ABC 분류 |
| 목적 | 생산의 니즈를 충족 | 고객 니즈를 충족 |
| 로트 크기 | 이산형 | EOQ |
| 수요 패턴 | 돌출적이지만 예측 가능 | 무작위 |
| 재고의 유형 | 재공품 및 원자재 | 완제품 및 수리부품 |

하나는 MRP시스템은 요구의 원리(requirement philosophy)가 적용되는 데 비해 재주문점 시스템에서는 보충의 원리(replenishment philosophy)가 적용된다. 보충의 원리에 의하면 자재가 줄어들었을 때 보충되어야 한다. 하지만 MRP시스템에서는 기준생산계획에 의해 필요성이 존재할 때만 추가 자재가 주문된다. 특정 부품의 생산 요구가 없다면 비록 재고수준이 낮다고 하더라도 보충을 위한 주문이 일어나지 않는다. 이같이 요구의 개념이 생산에서 특히 중요한 이유는 부품의 수요가 '돌출적(lumpy)'이기 때문이다. 상위 제품의 생산로트가 계획될 때 그 로트 생산을 위한 부품이 필요하게 되지만, 다음 로트가 계획될 때까지는 수요가 제로이다. 이런 돌출적인 패턴의 수요에 대해 재주문점 시스템이 사용되면 수요가 없는 오랜 기간 동안 자재를 보유하게 될 것이다.

두 시스템의 또 다른 차이점은 수요예측에 있다. 재주문점 시스템에서는 미래의 수요가 과거 수요를 바탕으로 예측되고, 이 예측치가 재고 보충의 결정을 위해 사용된다. MRP시스템에서는 부품의 미래 수요가 과거 수요와는 무관하다. 미래의 수요는 기준생산계획으로부터 생성되는 요구량에 바탕을 두기 때문이다.

재고의 ABC 분류도 MRP시스템에서는 타당하지 않다. 제품을 생산할 때 C품목이라 할지라도 A품목만큼 중요하다. 예를 들어 자동차의 연료관이나 라디에이터 캡이 상대적으로 저가의 C품목이지만 이들이 없으면 자동차가 완성되지 않는다. 식당에서 고기가 부족하다면 식사가 제공될 수 없다. 따라서 C품목을 포함한 모든 부품이 동일하게 관리될 필요가 있다.

EOQ 공식도 비록 변형된 로트결정 공식이 있지만 MRP시스템에서는 유용하지 않다. 부품의 돌출적 수요 패턴으로 인해 전통적 EOQ에서의 가정들이 충족되지 않는다. MRP시스템에서의 로트 크기 결정은 비

사진에 보이는 이들 자동차 부품들이 종속수요를 띤다.

© Barry Willis/The Image Bank/Getty Images

연속성의 요구 수량에 바탕을 둔다. 예를 들어 어떤 부품의 6주일 동안의 주별 수요가 0, 30, 10, 0, 0, 15라고 가정하고, EOQ가 25개로 계산되었다고 하자. EOQ 수량 혹은 그 배수로는 요구량을 정확히 맞출 수 없고, 따라서 재고 잔량이 남게 된다. EOQ로 인한 잔량은 불필요한 재고보유비용을 야기하게 된다. 간헐적으로 발생하는 수요량을 감안하여 로트 크기를 정하는 것이 훨씬 낫다. 예를 들어 로트−대−로트(lot-for-lot) 규칙으로 2주 차에 30개, 3주 차에 10개, 6주 차에 15개를 주문하면 3번의 주문으로 재고보유비용은 없게 된다. 혹은 2주 차와 3주 차를 합쳐서 40개를 주문하면 한 번의 주문을 줄이면서 약간의 재고보유비용이 발생하게 된다. 따라서 MRP시스템에서는 로트 크기의 다양한 대안을 검토하게 된다.

재주문점 시스템으로 독립수요 재고를 관리할 때의 목적은 낮은 재고비용으로 목표 고객 서비스 수준을 달성하는 것이다. 이 목적은 고객지향적이라 하겠다. 반면에 MRP로 종속수요 재고를 관리할 때의 목적은 기준생산계획을 지원하는 것이다. 이 목적은 생산지향적이며, 외부보다는 내부에 초점을 둔다.

## 15.3  MRP시스템의 부품전개 예제

**LO15.3** 주어진 총소요량의 자재계획 수립

MRP를 이해하는 가장 쉬운 방법은 부품전개 과정 자체를 이해하는 것이다. 〈그림 15.2〉에서 보여주는 형태의 테이블을 생산하는 것을 가정하자. 완제품으로서의 테이블은 1개의 상판과 1개의 다리 조립품으로 이루어지고, 다리 조립품은 4개의 다리, 2개의 짧은 거치목, 2개의 긴 거치목으로 구성된다. 이 예제에서 다리 조립품은 미리 만들어져 재고로 저장되는데, 이런 방식이 주문 발생시점에 개별 부품으로부터 생산을 시작하는 방식보다 완제품의 테이블이 더 빨리 생산될 수 있다. 제조업체가 생산리드타임과 생산준비비용을 줄이기 위하여 중간 조립품을 미리 만들어 재고로 보유하는 것은 흔한 방식이다.

이 테이블의 **자재명세서**(bill of material, BOM)를 〈그림 15.3〉에서 도식화하여 보여주고 있다. 완성된 테이블이 명세서의 첫 번째 레벨에 위치한다. 다리 조립품과 테이블 상판은 완제품 테이블을 생산하기 위해 함께 조립되기 때문에 두 번째 레벨에 있다. 다리 조립품

**그림 15.2**
테이블 예제

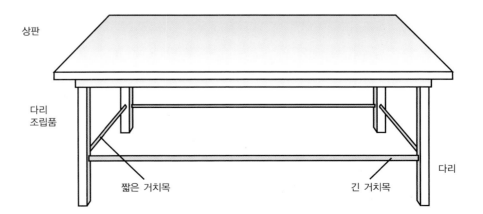

그림 15.3
자재명세서(괄호 속
숫자는 단위당 필요
수량)

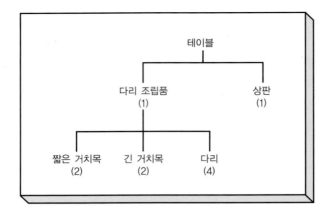

에 들어가는 부품들은 모두 세 번째 레벨에 나열되어 있다. 이 테이블의 부품들은 외부로부터 구매되는 것으로 가정하고 있다. 그렇지 않고 내부에서 제작한다면 다리, 거치목, 상단을 만들기 위한 목재가 BOM의 네 번째 레벨에 위치하게 될 것이다.

부품전개를 하기 전에 필요한 또 다른 정보는 〈표 15.2〉에서와 같이 생산부품과 구매부품의 **계획리드타임**(planned lead times)이다. 다리 조립품과 상판으로부터 테이블 조립을 완성하는 데는 1주일이 걸리는 것으로 계획을 잡았다. 이 계획리드타임은 작업장에서의 평균 대기시간을 포함하고 있는데, 이 시간이 실제 작업시간보다 보통은 훨씬 길다. 마찬가지로, 〈표 15.2〉는 테이블 상판을 발주하고 공장에 입고되기까지 2주일이 계획된 것을 보여준다. 다리와 거치목 부품의 구매를 위한 리드타임은 1주일, 다리 조립품의 생산을 위한 리드타임도 1주일을 계획하고 있다.

이제는 부품전개를 통해 완성품 테이블과 모든 부품에 대해 **자재소요계획**(materials plan)을 수립할 수 있게 된다. 그 계산 결과를 〈표 15.3〉에서 보여주고 있다. 표의 첫 줄에 표시된 완성품 테이블 생산을 위한 계산순서는 아래와 같다.

**라인 1 : 총소요량**(gross requirements)은 완성품 테이블의 수요이며, 제4주에 200, 제5주에 150개, 제6주에 100개이다.

표 15.2
계획리드타임

| | 주일 |
|---|---|
| 테이블의 조립* | 1 |
| 다리 조립품의 완성† | 1 |
| 다리의 구매 | 1 |
| 짧은 거치목의 구매 | 1 |
| 긴 거치목의 구매 | 1 |
| 상판의 구매 | 2 |

\* 테이블 상판과 다리 조립품이 준비된 것을 가정
† 다리, 짧은 거치목, 긴 거치목이 준비된 것을 가정

**라인 2** : 이 예제에서 예정입고는 모든 주일에서 0이다. 예정입고는 현 시점에서 생산이 진행 중인 테이블로서 이전에 작업장에 생산주문을 하여 앞으로 완성되어 입고될 것으로 기대하는 수량이다.

**라인 3** : 테이블의 기초재고 수량은 50개이다. 앞으로 3주일 동안은 기초재고를 사용할 계획이 없기 때문에 기말재고가 계속해서 50으로 예상된다.

**라인 4** : **순소요량**(net requirement)은 총소요량에서 이전 주일의 기말재고를 뺀 값이다. 이 예제에서 제4주의 순소요량은 200-50=150이다. 제3주 차의 기말재고를 제4주 차의 총소요량을 위해 사용하게 될 것이고, 다음 주일로 넘어가는 재고가 없을 것이므로 제5주와 제6주에는 순소요량이 곧 총소요량과 같게 된다.

**라인 5** : 제4주 차의 **계획입고**(planned order receipt)가 150개인 것은 이 예제에서 **로트-대-로트**(lot-for-lot, L4L)의 규칙을 가정하고 있어서 제4주 차의 순소요량과 동일하기 때문이다. 로트-대-로트 규칙이란 해당 기간의 순소요량을 해당 기간의 계획입고 수량으로 충족하는 규칙이다. 따라서 제5주 차의 계획입고 150개, 제6주 차의 계획입고 100개가 해당 기간의 순소요량과 같다.

**라인 6** : **계획발주**(planned order releases)는 계획입고를 해당 품목의 리드타임만큼 앞서서 주문을 하도록 한다. 이렇게 하여 계획입고가 계획된 시점에 준비될 수 있다. 이 예제에서는 150개를 제3주 차에, 150개를 제4주 차에, 100개를 제5주 차에 발주하는 것을 계획하고 있다.

이 예제에서 모든 수량이 해당 주일의 초에 발생하는 것을 가정하고 있는데, 유일한 예외가 예상재고로서 기말재고로 표시되어 있다.

이제 〈표 15.3〉의 첫 번째 표를 다시 보자. 제4주 차에 필요한 200개의 테이블이 순소요량 150개로 전환된 이유는 50개의 테이블이 기초재고로 넘어오기 때문이다. L4L 규칙을 사용하면, 제4주 차의 계획입고가 150개가 되어야 하고, 1주일의 리드타임을 고려한 계획발주는 제3주 차에 150개 테이블을 주문해야 한다. 동일한 방법으로 제5주 차와 제6주 차의 총소요량은 기초재고가 없기 때문에 순소요량으로 그대로 전환되고, 1주일의 리드타임을 감안하여 계획발주는 제4주 차에 150개, 제5주 차에 100개가 되어야 한다. 이것이 MRP의 논리이다.

다음으로는 테이블의 계획발주가 BOM상의 다음 레벨에 있는 상판과 다리 조립품의 총소요량을 계산하는 데 사용된다. 테이블의 최종 계획발주는 1대1로 상판과 다리 조립품의 총소요량으로 전환된다. 그 이유는 1개의 테이블을 만들기 위해 1개의 상판과 1개의 다리 조립품이 사용되기 때문이다. 순소요량을 구하기 위해서는 보유재고와 예정입고가 총소요량에서 차감된다. 이 순소요량은 L4L 규칙이 적용된다면 동일한 수량의 계획입고로 나타난다. 다음으로, 계획입고는 리드타임만큼 기간을 앞으로 이동하여 계획발주가 된다. 〈표 15.3〉에 의하면 상판의 현재 보유재고가 50개이고, 제2주 차에 50개의 입고가 예정되어 있다. 예정입고가 이루어지면 제2주 차의 기말재고는 100개로 예상된다. 그러면 제3주 차에

표 15.3
자재소요계획에서의
부품전개

| | | | 주일 | | | | | |
|---|---|---|---|---|---|---|---|---|
| | | | 1 | 2 | 3 | 4 | 5 | 6 |
| | **테이블** | | | | | | | |
| 보유재고=50 | | 총소요량 | | | | 200 | 150 | 100 |
| LT=1주일 | | 예정입고 | | | | | | |
| 로트 크기 : L4L | | 예상 기말재고 | 50 | 50 | 50 | | | |
| 안전재고=0 | | 순소요량 | | | | 150 | 150 | 100 |
| | | 계획입고 | | | | 150 | 150 | 100 |
| | | 계획발주 | | | 150 | 150 | 100 | |
| | **상판** | | | | | | | |
| 보유재고=50 | | 총소요량 | | | | 150 | 150 | 100 |
| LT=2주일 | | 예정입고 | | 50 | | | | |
| 로트 크기 : L4L | | 예상 기말재고 | 50 | 100 | | | | |
| 안전재고=0 | | 순소요량 | | | 50 | 150 | 100 | |
| | | 계획입고 | | | 50 | 150 | 100 | |
| | | 계획발주 | 50 | 150 | 100 | | | |
| | **다리 조립품** | | | | | | | |
| 보유재고=100 | | 총소요량 | | | | 150 | 150 | 100 |
| LT=1주일 | | 예정입고 | | | | | | |
| 로트 크기 : L4L | | 예상 기말재고 | 100 | 100 | | | | |
| 안전재고=0 | | 순소요량 | | | 50 | 150 | 100 | |
| | | 계획입고 | | | 50 | 150 | 100 | |
| | | 계획발주 | | 50 | 150 | 100 | | |
| | **다리** | | | | | | | |
| 보유재고=150 | | 총소요량 | | 200 | 600 | 400 | ×4 | |
| LT=1주일 | | 예정입고 | | 100 | | | | |
| 로트 크기 : L4L | | 예상 기말재고 | 150 | 50 | | | | |
| 안전재고=0 | | 순소요량 | | | 550 | 400 | | |
| | | 계획입고 | | | 550 | 400 | | |
| | | 계획발주 | | 550 | 400 | | | |
| | **짧은 거치목** | | | | | | | |
| 보유재고=50 | | 총소요량 | | 100 | 300 | 200 | ×2 | |
| LT=1주일 | | 예정입고 | | | | | | |
| 로트 크기 : L4L | | 예상 기말재고 | 50 | | | | | |
| 안전재고=0 | | 순소요량 | | 50 | 300 | 200 | | |
| | | 계획입고 | | 50 | 300 | 200 | | |
| | | 계획발주 | 50 | 300 | 200 | | | |
| | **긴 거치목** | | | | | | | |
| 보유재고=0 | | 총소요량 | | 100 | 300 | 200 | ×2 | |
| LT=1주일 | | 예정입고 | | | | | | |
| 로트 크기 : L4L | | 예상 기말재고 | | | | | | |
| 안전재고=0 | | 순소요량 | | 100 | 300 | 200 | | |
| | | 계획입고 | | 100 | 300 | 200 | | |
| | | 계획발주 | 100 | 300 | 200 | | | |

는 총소요량인 150개를 충족하기 위해 필요한 순소요량은 단지 50개면 될 것이다. L4L 규칙과 2주의 리드타임을 적용하면 제1주 차의 계획발주가 50개가 된다.

상판과 다리 조립품에 대한 계산이 〈표 15.3〉에서처럼 완료되면 자재소요계획의 다음 계산을 할 수 있다. 다리 조립품의 계획발주를 이용하여 다리, 짧은 거치목, 긴 거치목의 총소요량을 계산한다. 다리의 총소요량은 다리 조립품의 계획발주에 4를 곱하고, 짧은 거치목의 경우는 2를 곱하고, 긴 거치목의 경우는 2를 곱하여 총소요량을 구한다. 모든 레벨에서의 총소요량은 차상위 레벨의 계획발주를 맞추기 위해 필요한 자재의 양이다. 그리고 총소요량에서 순소요량을 계산하고 리드타임만큼 기간을 이동시키는 과정을 나머지 3개 부품의 계획발주를 구하기 위해 수행한다. 이로써 부품전개가 완성된다.

〈표 15.3〉은 기준생산계획에서부터 시작하여 BOM상으로 한 레벨씩 아래로 내려가면서 작성되었다. BOM 각 레벨의 자재소요계획이 완성된 후에는 다음 레벨로 이동된다. 각 부품에 대해 총소요량에서 보유재고와 기 발주량을 차감하여 순소요량을 구하고, 순소요량은 계획입고로 변환되고, 계획입고는 리드타임만큼 기간을 앞으로 이동하여 계획발주로 변환된다. 이처럼 차감과 기간 이동의 과정으로 기준생산계획이 각 부품의 계획발주로 변환된다.

〈표 15.3〉의 자재소요계획은 우리에게 무엇을 말해주는가? 첫째, 50개의 상판, 50개의 짧은 거치목, 100개의 긴 거치목이 제1주 차의 계획발주이기 때문에 이들을 협력업체에게 즉시 주문을 내야 한다. 자재소요계획은 또한 앞으로 모든 주일에 이루어져야 하는 계획발주를 알려준다. 기준생산계획과 기타 다른 모든 조건이 변하지 않는다면 이들 계획발주를 시간이 되면 진행해야 한다. 예를 들어 제2주 차에 생산작업장에 50개의 다리 조립품을 제작하는 주문을 할 계획이다. 자재가 계획대로 도착된다면, 이 생산주문에 필요한 다리와 거치목(200개의 다리, 100개의 짧은 거치목, 100개의 긴 거치목)이 준비되어야 한다. 제2주 차에 해야 할 일은 50개의 다리 조립품 생산을 주문하는 것 이외에도 150개의 상판, 550개의 다리, 300개의 짧은 거치목, 300개의 긴 거치목을 구매발주해야 한다. 이들 자재는 차후의 다리 조립품과 테이블 조립을 생산주문하기 위해 필요한 자재들이다.

이 예제를 통해 **기간별 자재계획**(time-phased materials plan)의 수립을 보여주었다. 모든 **구매발주**(purchase orders)와 **생산주문**(shop orders)은 자재를 필요한 시점에 준비할 수 있도록 서로 연결되어 있다. 계획 리드타임대로 실제 리드타임이 관리된다면 불필요한 재고의 축적이나 생산현장에서 자재의 입고를 기다리는 시간의 낭비가 없을 것이고, 완성된 테이블의 납품이 고객주문에 맞게 정시에 선적될 수 있을 것이다.

MRP시스템을 L4L 규칙과 함께 사용한다면, 완제품 재고를 보유하지 않는 것으로 계획이 수립된다. 왜냐하면 매 기간에 기초재고를 고려하여 수요를 정확히 충족시키도록 생산을 계획하기 때문이다. 마찬가지로 기초재고와 예정입고가 소진된 이후에는 구매부품의 재고 또한 없도록 계획된다. 예외의 경우는 미래의 불확실성에 대비하는 안전재고를 보유하고자 할 때와 생산의 안정을 위해 경제적 주문량을 적용하는 경우이다. 이들 경우가 아니라면 생산활동을 위한 재공품 재고 이외에는 재고보유의 계획을 세우지 않는다. 그 이유

표 15.4
자재소요계획 − 고정
로트 크기

| | | 주일 | | | | | |
|---|---|---|---|---|---|---|---|
| | | 1 | 2 | 3 | 4 | 5 | 6 |
| | **테이블** | | | | | | |
| 보유재고=50 | 총소요량 | | | | 200 | 150 | 100 |
| LT=1주일 | 예정입고 | | | | | | |
| 로트 크기 : 200 | 예상 기말재고 | 50 | 50 | 50 | 50 | 100 | |
| 안전재고=0 | 순소요량 | | | | 150 | 100 | |
| | 계획입고 | | | | 200 | 200 | |
| | 계획발주 | | | 200 | 200 | | |
| | **상판** | | | | | | |
| 보유재고=50 | 총소요량 | | | | 200 | 200 | |
| LT=2주일 | 예정입고 | | 50 | | | | |
| 로트 크기 : 300 | 예상 기말재고 | | 50 | 150 | 250 | 250 | 250 |
| 안전재고=50 | 순소요량 | | | 150 | 50 | | |
| | 계획입고 | | | 300 | 300 | | |
| | 계획발주 | 300 | 300 | | | | |

는 MRP시스템에 내재되어 있는 논리가 생산계획에 필요한 품목을 필요한 시점에 정확히 준비되도록 하는 것이기 때문이다.

MRP에서 생산로트 혹은 구매로트의 크기를 경제적인 수량으로 하는 것이 매우 중요하다. 따라서 자재소요계획의 모든 레벨상의 부품에 대해 L4L 규칙보다는 로트 크기를 고정시키는 경우가 많다. 〈표 15.4〉가 완성품인 테이블과 상판에 대해 로트 크기를 고정시킨 예다. 여기서는 테이블의 경제적 주문량을 200개, 상판의 경제적 주문량을 300개로 가정하고 있다. 또한 상판의 안전재고를 50개로 계획하고 있으며, 이는 필요한 상황이 발생할 때에만 사용될 것이다. 이를테면 상판의 공급업체로부터 납품이 지연되는 상황과 같은 경우이다.

수정된 자재소요계획을 〈표 15.4〉에서 보여주고 있다. 제4주 차를 보면, 수정 전과 동일하게 테이블의 총소요량은 200개이고, 순소요량은 150개이다. 하지만 로트 크기가 200개이므로 계획입고가 200개로 계획되어 제4주 차의 기말재고는 50개로 예상된다. 제5주 차의 총소요량은 150개이므로 50개의 기초재고를 차감한 100개가 순소요량이 된다. 로트 크기가 200개이므로 200개 단위로 생산하면 제5주 차의 기말재고는 100개로 예상될 것이다. 이 재고는 제6주 차의 총소요량을 충족시킬 수 있으므로 추가로 계획입고를 계획할 필요가 없다. 계획입고를 리드타임만큼 이동시킨 계획발주는 제3주 차에 200개, 제4주 차에 200개가 된다. 이런 방식으로 로트 크기가 200개일 때의 자재소요계획이 완성되고, 계획발주는 상판의 총소요량으로 변환된다.

이렇게 하면 L4L 규칙을 적용했을 때와 다른 총소요량이 얻어진다. 상판의 경우, 안전재고로 50개를 요구하고 있기 때문에 제1주 차의 보유재고에서 안전재고 50개를 차감했고, 그 결과 제1주 차의 기말재고는 0으로 예상되었다. 이런 방식으로 안전재고 50개는 이후의 계산에서 제외되어 진행되고 있다. 제2주 차에 상판의 예정입고가 50개이므로 제2주 차의 기말재고는 50개로 예상된다. 상판에 대한 그 이후의 계산은 보유재고 차감과 리드타임만큼의 이동방식으로 계속된다. 상판의 경제적 주문량이 300개이므로 제1주 차와 제2주 차의 계획발주가 300개로 되는 것이 L4L 규칙을 적용했을 때와 다르다는 것을 주목하기 바란다.

## 15.4 MRP시스템의 요소

LO15.4 MRP시스템의 요소

비록 부품전개가 MRP의 핵심이기는 하지만 MRP시스템이 작동하게 만들기 위해서는 더 많은 것이 필요하다. MRP시스템의 요소들을 이 절에서 좀 더 상세히 논의한다.

**기준생산계획**

기준생산계획의 수립이 자재소요계획의 시작이다. 기준생산계획을 '사업운영에 있어서 최고경영자의 핸들'로 표현하는 것은 최고경영자가 기준생산계획을 통제함으로써 고객 서비스, 재고수준, 생산원가를 통제할 수 있기 때문이다. 다만, 기준생산계획에는 너무나 많은 세세한 요소가 포함되어 있기 때문에 최고경영자 자신이 계획 수립을 하지 않고 다기능팀에 위양하는 것이 일반적이다. 하지만 최고경영자는 계획 수립의 기본 정책을 설정함으로써 자재소요계획 기능을 통제하게 된다.

최고경영자가 생산기능과 교류하는 방법은 〈그림 15.1〉의 상단에서 보여주고 있는 총괄생산계획(혹은 S&OP)을 통해서이다. 총괄생산계획은 기준생산계획에 포함되는 구체적인 제품, 모델, 옵션이 아니라 제품군 혹은 제품라인을 다룬다. 예를 들어 트랙터를 생산하는 기업이라면 총괄생산계획은 트랙터의 유형별 계획을 다루고, 특정 엔진 크기, 유압 옵션, 혹은 고객이 선택하는 기타 기능을 다루지 않는다. 따라서 기준생산계획은 이미 수립된 전반적인 총괄생산계획 범위 내에서 이루어지게 되며, 총괄생산계획을 수정하는 영향을 주는 경우는 생산능력이 부족하다는 점이 드러나는 경우처럼 필요할 때만이다.

기준생산계획은 1년 혹은 그 이상으로 수립될 수 있다. 모든 부품을 준비하기 위한 충분한 시간이 보장되도록 최소한 가장 긴 누적 생산리드타임 이상의 기간으로 수립되어야 한다. 그리고 기준생산계획은 생산주기 동안의 계획 변경으로 인해 발생할 수 있는 불필요한 폐기와 독촉을 방지하기 위해 생산리드타임 이내의 계획은 변경하지 않는 것이 좋다.

기준생산계획이 미래의 수요예측과 동일한 일정은 아니며, 대신에 앞으로 생산되는 것을 나타낸, 다시 말해 그것은 '생산' 일정인 것이다. 기준생산계획과 최종 고객수요 사이의 차이를 완충하는 것이 완제품 재고이며, 이것이 생산작업을 평준화하고 신속한 고객 서비스를 가능하게 해준다.

클라우드 컴퓨팅이 MRP시스템을 더욱 용이하게 만들고 있다.
© ImageFlow/Shutterstock

**자재명세서(BOM)**

BOM은 완제품, 조립품, 하위 조립품, 부품의 생산에 필요한 모든 자재 혹은 부품, 또는 구매부품의 구조화된 목록이다. BOM은 요리에 사용되는 레시피(recipe)의 기능을 하면서 모든 자재를 나열한다. 당신이 좋아하는 음식의 레시피에 오류를 범하는 것은 어리석은 일이 듯이 BOM의 경우도 마찬가지다. BOM에 오류가 있으면 올바른 자재를 주문하지 못할 것이며 제품이 조립되고 납품될 수 없다. 오류가 있으면, 이미 준비된 부품들은 빠진 부품들이 서둘러 준비되는 동안에 재고 상태로 기다리게 될 것이다. 따라서 경영자는 모든 BOM이 100% 정확하도록 강조해야 한다. 경험에 의하면 BOM의 100% 정확성을 기하는 것이 많은 비용을 필요로 하는 것은 아니며, 오히려 부정확한 BOM을 용납하는 것이 어떤 비용보다도 더 큰 비용을 발생시킨다.

어떤 기업은 동일한 제품에 대해 여러 BOM을 갖고 있다. 기술부서가 보유한 버전, 생산부서가 보유한 버전, 원가회계부서가 보유한 버전이 모두 다른 경우이다. MRP시스템은 전사에 걸쳐 단일 BOM을 요구한다. 컴퓨터에 입력된 BOM은 정확한 것이어야 하며 제품이 어떻게 생산되는지를 나타내야 한다. BOM을 자재소요계획의 도구가 아니라 참고 서류로 사용하는 기업에서는 단일 BOM의 개념을 실천하는 것이 매우 어려울 수 있다.

제품이 재설계됨에 따라 BOM은 지속적으로 변경된다. 따라서 BOM을 최신의 상태로 유지하기 위해서는 효과적인 **설계변경요구**(engineering-change-order, ECO) 시스템이 필요하다. 보통은 ECO 조정자를 임명하여 모든 설계변경을 관련 부서와 조율하는 책임을 지게 한다.

**재고기록**

전산화된 재고기록의 전형적인 구조는 다음과 같은 데이터 섹션으로 구분된다. 품목의 개괄 섹션은 품목을 식별하는 부품번호와 리드타임, 표준원가 등을 포함한다. 재고현황 섹션은 해당 품목에 대해 일정 기간 동안의 상세한 자재소요계획을 담는다. 부수자료 섹션에는 기 발주된 주문, 변경 요구, 과거 수요의 상세한 자료 등을 포함한다.

현실에서는 재고기록을 정확하게 유지하기 위한 끊임없는 노력이 요구된다. 전통적으로는 1년 중 정기적으로 공장 가동을 하루 혹은 이틀 동안 중단하고, 모든 재고저장소의 재고량을 셈함으로써 재고기록의 정확성을 기해 왔다. 경험이 부족한 사람이 재고를 세었기 때문에 이 과정에서 많은 오류가 발견되고 수정되곤 했다. 금액상으로는 양의 오류와 음의 오류가 상쇄되기 때문에 재무적인 목적으로는 정확할 수 있지만, 일반적으로 개별 품목의 수는 MRP의 목적에 맞을 만큼 충분히 정확하지는 않다. 그 결과 정기적인 물리적 재고실사 대신에 **순환실사**(cycle counting)의 관리법이 개발되었다.

**순환실사로 재고기록의 정확성을 기한다.**
© Justin Sullivan/Getty Images

순환실사에서는 창고담당자가 품목들을 일부분씩 순환하면서 매일 확인한다. 그날그날 확인한 품목재고에 대해 기록상의 오류를 수정하고, 그 오류를 야기한 절차를 찾아서 수정하는 노력을 한다. 기록의 정확성을 강조하면서, 일별로 순환실사를 함으로써 기업들은 재고기록상 대부분의 오류를 제거할 수 있게 되었다. 이 방법의 효과가 좋아서 많은 감사관

은 순환실사 시스템이 사용되고 있으면 더 이상 정기적 재고실사를 요구하지 않는다.[1]

**생산능력계획**

**자동발주 MRP시스템**(order-launching MRP system)의 필요한 요소를 지금까지 설명했다. 이 시스템은 기준생산계획, BOM, 재고기록, 부품전개를 필요로 한다. 자동발주 시스템은 작업장들에 충분한 생산능력이 있다면 정확한 납기일을 결정해 준다. 하지만, 만약 생산능력이 충분하지 않다면 재고가 쌓이고, 지체된 주문도 쌓이고, 따라서 주문을 독촉하는 일들이 일어나게 된다. 이런 현상을 해결하기 위해 생산능력계획 시스템이 보조로 필요하다.

생산능력계획의 목적은 경영자가 기준생산계획의 타당성을 확인할 수 있도록 도와주는 것이다. 이를 위해서는 두 가지 방법이 있는데, **작업부하 배치**(shop loading) 방식과 유한능력 스케줄링(finite capacity scheduling)의 방식이다. 작업부하 배치방식이 사용되면 생산능력계획 이전에 완전한 부품전개를 실행하고, 그 결과의 생산주문을 상세한 작업경로에 따라 개별 작업장에 배열하고, 그 결과로서 각 작업장에서 필요로 하는 앞으로의 인력과 기계 작업시간을 계산한다. 만약에 생산능력이 작업부하를 담당할 만큼 충분하지 않다면 실행 가능할 때까지 관리자는 생산능력 혹은 기준생산계획을 수정해야 한다. 이러한 과정을 거쳐서 타당한 자재소요계획이 얻어진다.

작업부하 배치방식의 대안이 한정된 생산능력에 맞춰 스케줄링을 하는 것이다. 유한능력 스케줄링은 생산자원의 제약을 고려하여 일정 기간 동안의 작업 스케줄을 세우게 된다. 이 방식을 수행하는 소프트웨어들이 개발되어 있으며, 따라서 MRP시스템은 이를 포함하여 실행 가능한 스케줄로 시작하도록 하고, 이 스케줄에 맞도록 자재가 준비되도록 계획을 세운다.

**구매**

MRP시스템의 사용으로 구매기능이 크게 개선되었다. 첫째, MRP가 타당한 납기를 생성하고 최신의 정보로 갱신되기 때문에 납기가 경과된 주문이 크게 줄게 되었다. 이 때문에 구매가 필요한 시점이라고 말할 때는 실제로 필요로 한 시점이기 때문에 협력업체로부터 신뢰성을 구축할 수 있게 되었다.

타당한 자재소요계획을 수립하고 실행함으로써 구매가 흔히 했었던 주문 독촉의 많은 부분을 제거할 수 있다. 이로써 구매관리자는 자신의 주된 기능인 공급업체 인증, 대안의 공급원 탐색, 양질의 부품을 적시에 저원가로 공급하도록 협력업체와 협력하는 일에 집중할 수 있게 되었다.

MRP시스템으로 인해 공급업체에게 미래의 계획발주 정보를 제공하는 것이 가능해졌다. 이것이 공급업체로 하여금 실제 주문이 이루어지기 전에 생산능력을 계획할 시간을 주게 된다. 공급업체에게 계획발주 정보를 제공하는 것이 구매기업의 자재소요계획과 공급업체의 자재소요계획을 더욱 밀접하게 연계시켜주며, 구매기업과 공급업체를 통합하는 공급사슬관리를 실행할 수 있는 기반이 된다. 많은 기업들은 더 나아가 공급업체의 납

---

[1] 이 개념은 현업에서 접할 가능성이 높기 때문에 회계전공 학생은 잘 기억해야 할 것이다.

기 신뢰성을 더욱 확보하기 위하여 공급업체도 MRP시스템을 설치하도록 만든다. 또한 MRP의 계획발주를 구매기업의 컴퓨터에서 공급업체의 컴퓨터로 직접 전송하기 위하여 EDI(electronic data interchange)나 웹 기반의 기법을 사용하고 있다.

**생산현장통제**

생산현장통제 시스템의 목적은 생산현장에 주문을 하고, 그 주문이 정시에 완성되도록 공장 내에서의 생산 과정을 관리하는 것이다. 생산현장통제 시스템은 생산에서 발생하는 매일매일의 잘못되는 일들(작업자의 결근, 기계의 고장, 자재의 분실 등)에 관리자가 대응할 수 있게 도와준다. 이같은 예기치 않은 복잡한 일들이 발생하면 어떻게 처리해야 할지에 대한 결정을 해야 한다. 적절한 결정을 위해서는 생산현장통제 시스템으로부터 작업의 우선순위에 대한 정보를 다루는 **제조실행시스템**(manufacturing execution system, MES)이 필요하다.

작업 우선순위(job priority)는 작업배정 규칙에 의해 계산된다. 작업배정 규칙(예 : 선착순 규칙)이 생산현장통제 시스템의 일부로 사용되면 상황 변화에 적응하여 작업을 여전히 정시에 완성되도록 하는 것이 가능하다. 작업배정 규칙의 사용을 통해 작업이 생산 과정을 거치면서 생산 리드타임을 단축하거나 증가시킬 수 있다. 이것이 가능한 이유는 일반적으로 작업이 많게는 90%의 시간을 대기하면서 보내기 때문이다. 만약 어떤 작업의 일정이 뒤처지면 그 작업의 우선순위를 높여서 일정에 맞춰 진행되게 할 수 있고, 마찬가지로 일정에 앞서 있다면 그 작업의 속도를 늦출 수 있다. 관리자가 리드타임을 그때그때 수정할 수 있도록 필요한 정보를 제공하는 것이 생산현장통제 시스템의 기능이다.

정확한 리드타임 혹은 좋은 리드타임이라는 과거의 개념을 버려야 한다. 리드타임은 우선순위에 따라 늘리거나 줄이는 방식으로 관리가 가능하다. 이런 개념은 "리드타임은 당신이 정하는 것이다"라고 말하는 것처럼 이제는 일반화되었다. 관리자가 고정된 리드타임 혹은 확률변수로서의 리드타임이라는 생각에 익숙해져 있다면 이 개념은 매우 이해하기 어려운 개념이다.

생산현장통제 시스템을 통해서 주문의 진행속도를 늦추는 것도 가능하다. 이는 보통의 생산에서는 없었던 일로서 이전에는 주문을 독촉했었지 늦추지는 않았다. 기준생산계획이 변경되거나 다른 부품이 정시에 준비되지 않을 것이라면 주문은 늦춰져야 한다. 그렇게 하면 MRP의 일정에 부합하면서 최소의 재고를 가질 수 있다.

## 15.5 MRP시스템의 운영

**LO15.5 불확실 수요에 대처하는 DRP 및 다양한 수단**

MRP시스템의 운영에는 적합한 컴퓨터 모듈을 설치하는 것 이상으로 더 많은 사항이 있다. 따라서 관리자는 그 시스템을 현명하고 효과적인 방식으로 운영해야 한다.

관리자가 내려야 하는 의사결정 중 하나는 얼마나 많은 안전재고를 유지할 것인지다. MRP를 올바르게 이용하면 안전재고가 적게 필요하다는 사실에 많은 관리자가 놀란다. 이는 리드타임 관리의 개념 때문인데, 구매 리드타임과 생산 리드타임이 큰 변동 없이 효과적으로 통제될 수 있다. 구매에서는 높은 신뢰성으로 납품하는 공급업체와 관계를 긴밀히 함으로써 가능해지며, 생산에서는 위에서 설명한 생산현장통제 시스템으로 리드타임을 관리할 수 있다. 이렇게 리드타임의 불확실성이 감소하면 필요한 안전재고는 더욱 줄어들게 된다.

만약 안전재고를 부품 단계에서 보유한다면 많은 안전재고가 필요하게 된다. 예를 들어 어떤 조립생산을 위해 10개의 부품이 필요하고, 각 부품의 서비스 수준이 90%로 운영된다고 가정하자. 그러면 10개 부품 모두의 재고가 필요할 때에 있을 확률은 35%에 불과하다.[2] 따라서 안전재고로 모든 불확실성에 대비하는 것보다 10개 부품의 완성시간을 계획하고 통제하는 것이 훨씬 더 낫다. 안전재고를 보유한다면 흔히 기준생산계획 단계에서 더해 준다. 이렇게 하면 완제품과 관련된 모든 부품들이 완제품을 위해 준비되게 만든다. 기준생산계획 단계에서 안전재고의 목적은 변동하는 고객의 요구를 충족하는 유연성을 제공하는 것이다.

부품의 **안전 리드타임**(safety lead time)도 고려되어야 하는 개념이다. 만약에 공급업체의 납기 신뢰성이 낮고 그 상황이 해결될 수 없다면 안전 리드타임을 더함으로써 계획 리드타임을 늘릴 수 있다. 그러나 협력업체가 기존의 리드타임으로 부품을 납품한다면 재고가 높아지게 될 것이다.

불확실성을 다루는 세 번째 방법은 **안전 생산능력**(safety capacity)을 계획하는 것이다. 이 접근법이 큰 장점을 갖는 것은 수요가 확실시 되면 여유의 생산능력으로 정확한 부품을 만들 수 있기 때문이다. 안전재고의 문제점은 흔히 잘못된 부품의 안전재고를 갖는다는 것이다. 즉 어떤 부품은 너무 많고 다른 부품은 너무 적은 문제가 발생할 수 있다. 따라서 안전재고의 대안으로 안전 생산능력을 심각하게 고려해야 하는데도 이 방법은 현업에서 널리 사용되지 않고 있다. 안전재고는 실제로 사용되지 않는다 하더라도 자산으로 인식되고, 과잉재고가 발생하더라도 100%의 생산능력 가동률이 바람직한 목표로 생각하는 경향이 있기 때문이다.

또한 경영자는 MRP의 적용 범위에 대한 결정을 해야 한다. MRP는 공급사슬상으로 유통 단계와 최종 고객에게까지 적용 범위를 확대할 수 있다. 이 경우의 적용을 **유통소요관리**(Distribution Requirements Planning, DRP)라고 한다. 예를 들어 DRP를 소매유통에 적용한다면 소매업체가 미래의 수요를 예측하고 보유재고 수량과 도매업체로부터 납품받는 리드타임을 고려하여 기간별 계획을 세우는 것으로부터 시작된다. 도매업체는 자신이 공급해 주는 모든 소매업체들의 계획발주를 취합하여 자신의 총소요량을 결정하고, 자신의 보유재고와 제조업체로부터 공급받는 리드타임을 고려한 자신의 기간별 계획을 세울 수 있다. 이런 방식으로 공급사슬 하류의 모든 단계에서 서로 연결된 계획을 세울 수 있다.

동일한 논리가 공급사슬의 상류로 적용될 수 있다. 제조업체는 계획발주를 자신의 모든 1차 공급업체들에게 제공하여 공급업체에게 향후 수요의 가시성을 제공할 수 있다. 그러면 1차 공급업체는 자신의 모든 고객기업의 계획발주를 취합하여 자신의 MRP 총소요량을

---

[2] 부품의 가용성이 서로 독립적인 사건이라고 가정하면, 확률 $= (0.9)^{10} = 0.35$이다.

결정지을 수 있다. 그런 후에 보유재고와 2차 공급업체로부터 납품받는 리드타임을 고려하여 기간별 계획발주를 결정할 수 있다. 이런 방식으로 제조업체는 공급사슬의 상류와 자재소요계획을 연결시킬 수 있다.

이렇게 매우 긴밀하게 연결된 시스템에서는 충분한 안전재고를 필요로 한다. 공급사슬 하류에서 조그만 변동이 있을 때마다 즉각적으로 공급업체들의 기준생산계획이 변경되어야 한다면 혼란이 클 수 있기 때문이다.

## 15.6 성공적인 MRP시스템

**LO15.6** 성공적인 MRP 시스템을 위한 요건들

MRP시스템에 내재된 논리는 상대적으로 단순하고 명료하다. 그렇지만 MRP의 도입과 실행을 위해 노력한 기업 중 일부는 성공적으로 하지 못했다. MRP를 성공적으로 실천하기 위해서는 적어도 다섯 가지 이슈를 생각해보아야 한다.

MRP시스템의 도입 및 실행의 노력에 앞서서 가장 중요한 것은 실행계획이다. 불행히도 많은 기업들이 적절한 준비 과정 없이 MRP의 도입과 실행에 뛰어들었다. 면밀한 계획과 문제 예방의 노력이 있을 때라야 비로소 실행이 원활하게 이루어진다.

두 번째는 적합하고 적절한 IT 인프라가 있어야 한다. 적합한 컴퓨터시스템은 MRP 실행을 위한 어쩌면 가장 쉬운 부분이다. 오늘날 MRP 소프트웨어는 약 100종류가 시장에 나와 있다. 그래서 대부분의 기업은 자신의 소프트웨어를 별도로 개발하는 대신에 시장의 표준 소프트웨어를 사용하고 있다.

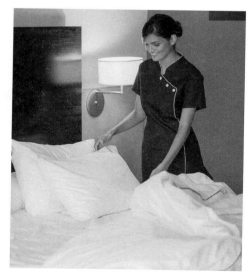

서비스에서의 MRP. MRP시스템이 서비스업에서도 사용될 수 있다. 메리어트 호텔은 BOM과 노무명세서를 방 유형별로 작성하고, '전개'하여 가구와 장식품의 필요 수량을 정한다.

© Onoky/SuperStock

세 번째로 MRP시스템은 정확한 데이터를 요구한다. 많은 기업들이 생산현장에서 비공식적인 시스템으로 관리하다 보니 자료의 기록이 느슨하게 이루어지고 있다. 하지만, 컴퓨터에 의해 제공되는 정보를 바탕으로 의사결정을 한다면 정확한 데이터가 요구된다. 정확해야 하는 데이터는 재고기록, 자재명세서, 작업경로 등이다.

네 번째는 경영자의 지원으로서 그 중요성을 경시해서는 안 된다. 단순히 말로써 MRP를 강조하고, 관리자의 역할을 수동적으로 지원하는 것이어서는 안 되며, '경영자의 직접 참여' 혹은 '리더십'이 필요하다. 궁극적으로는 관리의 모든 레벨에서 MRP시스템을 사용해야 하고, 다른 비공식 규칙이나 임의의 결정이 우선시되어서는 안 된다.

마지막으로, MRP의 성공적 실행을 위해서는 MRP의 영향을 받는 모든 계층에서 MRP에 대한 지식을 갖고 있어야 한다. MRP시스템은 생산의 접근법을 완전히 새롭게 하고 있다. 모든 종업원은 자신이 어떤 영향을 받으며, 자신의 새로운 역할과 책임이 무엇인지를 이해해야 한다. MRP시스템의 도입 초기에는 단지 일부

의 핵심 관리자만 교육을 받으면 된다. 하지만, 시스템이 사용되면서는 모든 감독자, 중간 관리자, 최고경영자까지도 MRP시스템을 이해해야 할 필요가 있다. 즉 MRP시스템의 적용 범위가 확대되면서 기업에서 교육받아야 하는 계층도 확대되어야 한다.

MRP시스템의 요소는 서비스 산업에서도 적용될 수 있는 여지가 매우 크다. BOM을 노무명세서 혹은 활동명세서로 대체하면 산출물의 기준계획을 전개하여 기업이 제공하는 서비스를 위해 필요한 모든 활동과 인력을 산출물로 얻을 수 있다. 자재가 서비스의 중요한 부분을 차지하는 경우라면 BOM도 필요할 것이다.

예로서, 한 전기회사가 전기연결 서비스에서 수년 동안 MRP시스템을 사용하고 있다. 신규 고객이 전기 서비스를 요청하면 계획담당자가 그 요청에 해당하는 서비스 유형을 컴퓨터시스템에 입력한다. 그러면 컴퓨터는 그 서비스 요청을 상세한 노동, 자재, 작업으로 전개한다. 그 결과로 얻은 기간별 필요 자원이 서비스능력의 범위 내에 있는지를 확인하고, 해당 기간에 이르면 전기연결 작업자에게 작업지시를 내리고, 완료된 작업은 다시 컴퓨터로 보고된다. 그런 후에 MRP시스템이 청구서 발급, 작업시간 보고서를 작성하고, 기타 회계시스템에 반영한다.

## 15.7  전사적 자원계획시스템

**LO15.7** ERP시스템의 기능

지금까지 제조업 및 서비스업의 운영에서 MRP시스템 사용에 대해 살펴보았다. MRP가 생산운영의 계획 및 통제의 기초지만, 이것이 **전사적 자원계획시스템**[enterprise resource planning(ERP) system]을 통해 다른 모든 기능으로 확장이 가능하다. 예를 들어 전산화된 MRP의 결과물이 회계시스템과 재무시스템으로 직접 투입될 수 있다. MRP상에 따른 작업을 금액으로 표시하면 회계적인 거래로 이해될 수 있다. 이런 방식으로 운영기능에서 재화의 생산 수량과 흐름을 통제하는 것이 금액으로 회계적 통제로 연결된다.

마찬가지로 운영기능의 MRP시스템이 마케팅으로 확장될 수 있다. 마케팅과 영업에서의 거래는 고객주문의 입력을 통해 MRP의 투입요소로서 통합되어야 한다. 흔히 마케팅 및 영업시스템은 운영기능과는 완전히 별도로 독자적인 시스템으로 개발되고 설계되었다. 그 결과, 정보시스템의 관점에서 마케팅 및 영업은 운영기능과 격리되어 있었다.

마지막으로 MRP상의 활동은 기업의 인적자원시스템과 통합되어야 한다. 이는 급여 지급뿐만 아니라 고용과 선발의 활동에서 이루어진다. 예를 들어 운영기능이 종업원을 추가로 고용하여 생산능력을 확장하는 결정을 하면, 이 결정이 HR시스템에 직접 입력되고 고용 과정이 종료될 때까지 추적되어야 한다. 급여시스템은 운영기능에서 고용된 신규 인력을 추가하고, 이들 종업원의 고용기간 동안 계속해서 포함하고 있어야 한다.

생산운영, 재무 및 회계, 마케팅과 영업, HR의 시스템이 공용의 데이터베이스를 통해 통합되면 ERP시스템이 완성된다. ERP시스템은 거래가 고객에서 시작되어 주문이 입력되고 생산 및 회계를 거쳐 거래가 종료될 때까지 추적한다. 그리고 한 기능부서에서 이루어진 의사결정이 타 기능부서에 투명하게 보여지고, 그들의 정보시스템에 반영된다. 여러 기능의 정보시스템이 더 이상 격리되어 있지 않고, 기업의 공용 데이터베이스를 통해 통합된다.

예를 들어 우리가 지금까지 설명한 ERP시스템의 유형은 독일 회사인 SAP에 의해 개발되었다. SAP는 180개 국가, 25개 산업분야에서 수십만 고객을 대상으로 소프트웨어와 클라우드 서비스를 제공하고 있다.[3] SAP시스템의 장점 중 하나는 다양한 기업과 산업에 맞출 수 있다는 점이다. 주문의 수주, 급여, MRP, 재고관리, 매입채무, 매출채권 등을 포함한 표준 프로세스가 SAP시스템에 설계되어 있다. 기업은 자신의 니즈에 맞는 프로세스들을 선택하여 자신의 고유 사업에 맞도록 고객화할 수 있다(〈표 15.5〉 참조).

그러나 SAP는 많은 ERP시스템 공급자 중 하나이다. 창안자동차의 예를 들면, 이 회사는 ERP로 신속한 경영 의사결정을 하고 있는데, 중국 자동차 시장의 30%를 점유하면서 매년 100만 대 이상을 생산하고 있는 회사이다. 이 회사가 도입한 ERP시스템은 오라클 회사의 시스템으로서 재무, 생산, 수주관리, 일반 계정, 매입채무, 자산 등의 모듈을 포함하고 있는 시스템이다. 오라클 데이터베이스가 이들 모듈을 통합하고 공용의 데이터를 사용하는 핵심이다. ERP가 도입되기 전에는 많은 여러 기능들이 독자적인 응용 프로그램 안에서 격리된 정보와 데이터를 사용했었다. 특정 산업에 특화된 ERP시스템도 많이 있으며, 운영선 도사례에서는 저스트푸드 ERP와 그 사용고객의 만족을 설명하고 있다.

ERP시스템이 다기능적 통합의 기초가 되고 있다. 모든 기능들이 기업 내 공용 데이터

**표 15.5**
ERP : 데이터 공유를 통한 다기능적 통합

| **ERP시스템은 기업의 기능 간 데이터를 통합한다. 이 목록은 SAP의 ERP 패키지가 지원하는 많은 기능 중 일부를 보여주고 있다.** | |
|---|---|
| **재무시스템** | **생산운영 및 물류** |
| 매출채권 및 매입채무 | 재고관리 |
| 자산회계 | 자재소요계획 |
| 현금관리와 예측 | 자재관리 |
| 원가요소와 원가 중심의 회계 | 공장관리 |
| 경영자 정보시스템 | 생산계획 |
| 연결 재무제표 | 프로젝트 관리 |
| 일반 계정 | 구매 |
| 제품원가회계 | 품질관리 |
| 수익성 분석 | 수송경로관리 |
| 수익센터 회계 | 출하 |
| 표준회계 | 협력업체 평가 |
| | |
| **인적자원** | **판매 및 마케팅** |
| 인적자원회계 | 주문관리 |
| 급여 | 가격 결정 |
| 인원계획 | 판매관리 |
| 여행경비 | 판매계획 |

---

[3] SAP 2015 연간보고서.

## 운영선도사례 저스트푸드 ERP의 도움을 받은 많은 기업들

캐나다에서 디저트 제과류를 생산하는 최대 사기업인 오리지널 케이커리(Original Cakerie)의 소유주가 당신이라고 가정해보자. 이 회사를 당신이 1979년에 설립하면서 빅토리아주와 브리티시컬럼비아주의 레스토랑에 디저트를 공급하는 사업을 시작했다. 지금은 북미 전역에 냉동 디저트를 공급하고 있다. 지난 수년 동안 사업이 성장하면서 내부적으로 IT 응용 소프트웨어를 자체 개발했지만, 지금은 성장한 규모를 더 이상 뒷받

© William Ryall

침해 주지 못하고 있다. 그렇다면 어디에 도움을 청할 것인가?

오리지널 케이커리는 그 해답을 저스트푸드 ERP에서 찾았다. 저스트푸드 ERP는 한 전문업체가 1999년에 개발한 통합 ERP시스템으로서 마이크로소프트 다이내믹스 NAV에 의해 구동되는 식품 산업에 특화된 시스템이다. 이 시스템을 선택한 이유는 사용자 친화적이고, 마이크로소프트 오피스와 쉽게 통합되며, 적용성과 확장성이 높기 때문이었다. 오리지널 케이커리가 이 시스템을 도입하는 데는 9개월이 걸렸으며 재무, 영업, 구매, 재고관리, 생산관리, 품질관리, 급여, 인적자원, 예방보수, 근로시간 스케줄링 등을 통합할 수 있었다.

그렇다면 당신이 식품 제조기업을 창업하여 ERP시스템이 필요하다면 어디로 연락하겠는가?

출처 : www.justfooderp.com, 2016, www.cakerie.com, 2016.

베이스를 통해 정보를 공유할 때 기능별 격리(functional silos) 현상이 최소화되고 서로 간에 효과적으로 소통할 수 있다. ERP시스템이 전사적으로 운영되면, 다음은 공급업체와 고객과도 통합될 수 있다. 공급사슬상의 의사결정을 조율하기 위해 다양한 정보가 교환될 수 있다. 공급사슬상의 조율은 CPFR의 형태를 취할 수 있고, 또한 공급업체와 고객이 함께 신제품 개발을 위해 협력할 수 있다.

많은 기업들이 자신의 기존 정보시스템이 기능별로 개별적으로 구축되어서 기업의 니즈를 더 이상 충족하기 어렵고, 기능 간 통합이 필요하다고 결론지었다. 그러나 ERP시스템의 실행은 시간이 오래 걸리고, 위험을 내포하며, 단순하지 않다. 한 연구에 의하면 ERP시스템 실행의 실패가 드문 일이 아니며, 또한 미국 기업에 한정된 일도 아니라고 했다. 예를 들어 에이비스(Avis Ltd.)는 ERP시스템에 5,400만 달러를 투자했지만 2004년에 포기한 사례가 있었다. 이 금액은 폭스마이어제약(FoxMeyer Drugs)이 50억 달러를 투자한 것에 비하면 아무것도 아니다. 이 회사가 1995년에 도산하게 된 원인 중 하나가 바로 ERP 실행의 실패이다. ERP는 커다란 효익을 가져다줄 수 있어서 추구할 가치가 있는 것이지만, 그러기 위해서는 면밀한 계획, 막대한 자원 투입, 인내심 있는 실행이 필요하다.

## 15.8 요점정리와 핵심용어

이 장에서는 종속수요 재고관리를 위한 MRP와 ERP시스템에 대해 기술했다. 그 핵심 요점은 다음과 같다.

- MRP는 종속수요 품목의 재고를 계획하고 통제하기 위한 정보시스템이다.
- 부품전개 과정에는 3개의 주된 투입요소가 있으며, 이들은 기준생산계획, BOM, 재고기록이다. 주된 산출물은 구매발주와 생산주문의 두 가지이다.
- MRP는 요구의 원리를 적용한다. 즉 부품은 기준생산계획에 의해 요구될 때에만 발주된다. 부품의 과거 수요와는 무관하며, 부품재고가 낮은 수준에 도달했다 하더라도 자동적으로 보충되지 않는다.
- 기준생산계획은 마케팅과 생산운영 모두에 기반을 두어야 한다. 이 계획은 공장의 생산능력 내에서 현실적인 생산계획이어야 한다. 최고경영자가 사업을 계획하고 통제하는 수단은 다기능팀이 수립하는 S&OP와 기준생산계획을 이용하는 것이어야 한다.
- BOM은 제품 생산에 사용되는 부품들의 목록을 담고 있다. 자재명세서의 정확성을 유지하기 위해서는 설계변경요구 시스템이 필요하다.
- 재고기록의 정확성은 재고의 순환실사를 통해 유지되어야 한다. 매일매일의 순환실사가 연간 정기 재고실사를 대신하여 사용될 수 있다.
- 생산현장통제는 공장 내의 자재흐름을 통제하기 위하여 사용된다. 이는 제품이 생산될 때 리드타임을 유연하게 관리함으로써 이루어진다. 만약 리드타임이 적절하게 관리된다면 많은 안전재고를 제거할 수 있다.
- 성공적인 MRP시스템을 위해서는 (1) 실행계획, (2) 적합한 컴퓨터 지원, (3) 정확한 데이터, (4) 경영자의 지원, (5) 사용자의 지식이 요구된다. MRP를 성공적으로 활용하기 위해서는 시스템과 사람의 문제가 해결되어야 한다. 이것이 이루어지면 재고의 감축, 고객 서비스의 향상, 효율성 증가 등의 효과를 얻게 된다.

- 전사적 자원계획시스템은 마케팅, 영업, 재무, 회계, 인적자원과 MRP를 공용 데이터베이스로 통합한다. ERP시스템은 다기능적인 통합과 공급사슬의 통합을 위한 기반이 될 수 있다.

**핵심용어**

| | | |
|---|---|---|
| 계획리드타임 | 생산주문 | 자재계획 |
| 계획발주 | 설계변경요구 | 자재명세서 |
| 계획입고 | 순소요량 | 자재소요계획 |
| 구매발주 | 순환실사 | 작업부하 배치 |
| 기간별 자재계획 | 안전 리드타임 | 전사적 자원계획시스템 |
| 기준생산계획 | 안전 생산능력 | 제조실행시스템 |
| 로트-대-로트(L4L) | 유통소요관리 | 종속수요 |
| 부품전개 | 자동발주 MRP시스템 | 총소요량 |

**인터넷 학습**

## 연습문제

문제

1. MRP

   a. 아래에 주어진 정보를 사용하여 MRP 자재소요계획을 완성하라.

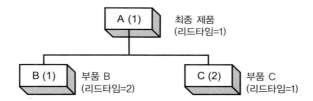

A의 한 단위를 만들기 위해 한 단위의 B와 두 단위의 C가 사용된다. 제1주 차 초의 상황은 다음과 같다.

| 품목 | 보유재고 | 리드타임 |
|------|---------|---------|
| A | 100 | 1 |
| B | 150 | 2 |
| C | 80 | 1 |

A의 총소요량은 제4주 차에 200단위, 제5주 차에 250단위이다. L4L의 로트 크기 규칙을 사용하라.

   b. 품목 A의 리드타임이 1주일 증가하고, 품목 C의 리드타임도 1주일 증가하면 자재소요계획은 어떻게 수정되겠는가? 즉각적인 관심을 두어야 하는 문제점이 있는가?

   c. a에서 품목 A, B, C의 로트 크기를 200개로 하면 어떤 영향을 주는가? 계획입고를 충족시키는 주문량을 200개의 배수로 사용하라.

풀이

a. MRP 자재소요계획은 다음과 같다.

| | | 주일 | | | | |
|---|---|---|---|---|---|---|
| | | 1 | 2 | 3 | 4 | 5 |
| | **품목 A** | | | | | |
| 보유재고=100 | 총소요량 | | | | 200 | 250 |
| LT=1주일 | 예정입고 | | | | | |
| 로트 크기 : L4L | 예상 기말재고 | 100 | 100 | 100 | | |
| 안전재고=0 | 순소요량 | | | | 100 | 250 |
| | 계획입고 | | | | 100 | 250 |
| | 계획발주 | | | 100 | 250 | |
| | **품목 B** | | | | | |
| 보유재고=150 | 총소요량 | | | | 100 | 250 |
| LT=2주일 | 예정입고 | | | | | |
| 로트 크기 : L4L | 예상 기말재고 | 150 | 150 | 50 | | |
| 안전재고=0 | 순소요량 | | | | 200 | |
| | 계획입고 | | | | 200 | |
| | 계획발주 | | 200 | | | |
| | **품목 C** | | | | | |
| 보유재고=80 | 총소요량 | | | | 200 | 500 |
| LT=1주일 | 예정입고 | | | | | |
| 로트 크기 : L4L | 예상 기말재고 | 80 | 80 | | | |
| 안전재고=0 | 순소요량 | | | 120 | 500 | |
| | 계획입고 | | | 120 | 500 | |
| | 계획발주 | | 120 | 500 | | |

b. 수정된 MRP 자재소요계획은 다음과 같다.

| | | 주일 | | | | |
|---|---|---|---|---|---|---|
| | | 1 | 2 | 3 | 4 | 5 |
| | **품목 A** | | | | | |
| 보유재고=100 | 총소요량 | | | | 200 | 250 |
| LT=2주일 | 예정입고 | | | | | |
| 로트 크기 : L4L | 예상 기말재고 | 100 | 100 | 100 | | |
| 안전재고=0 | 순소요량 | | | | 100 | 250 |
| | 계획입고 | | | | 100 | 250 |
| | 계획발주 | | 100 | 250 | | |
| | **품목 B** | | | | | |
| 보유재고=150 | 총소요량 | | | | 100 | 250 |
| LT=2주일 | 예정입고 | | | | | |
| 로트 크기 : L4L | 예상 기말재고 | 150 | 50 | | | |
| 안전재고=0 | 순소요량 | | | 200 | | |
| | 계획입고 | | | 200 | | |
| | 계획발주 | 200 | | | | |
| | **품목 C** | | | | | |
| 보유재고=80 | 총소요량 | | | 200 | 500 | |
| LT=2주일 | 예정입고 | | | | | |
| 로트 크기 : L4L | 예상 기말재고 | 80 | | | | |
| 안전재고=0 | 순소요량 | | 120 | 500 | | |
| | 계획입고 | | 120 | 500 | | |
| | 계획발주 | 500 | | | | |

그렇다. 즉각적인 관심이 필요한 문제가 있다. 품목 C의 주문일정이 뒤처져 있으며, 120단위의 C가 제2주 차에 준비되도록 독촉할 필요가 있다. 대안으로 품목 C의 가용 수량에 맞추어 기준생산계획을 수정할 수도 있다. 또한 이 두 가지 대안을 조합하는 것도 고려할 수 있다.

c. 수정계획은 다음과 같다. 비록 품목 C의 로트 크기는 200개지만, 순소요량 이상이 필요하기 때문에 200개 로트를 2로트씩 주문할 필요가 있다는 점을 유의하라.

| | | 주일 | | | | |
|---|---|---|---|---|---|---|
| | | 1 | 2 | 3 | 4 | 5 |
| **품목 A** | | | | | | |
| 보유재고=100 | 총소요량 | | | | 200 | 250 |
| LT=1주일 | 예정입고 | | | | | |
| 로트 크기 : 200 | 예상 기말재고 | 100 | 100 | 100 | 100 | 50 |
| 안전재고=0 | 순소요량 | | | | 100 | 150 |
| | 계획입고 | | | | 200 | 200 |
| | 계획발주 | | | 200 | 200 | |
| **품목 B** | | | | | | |
| 보유재고=150 | 총소요량 | | | | 200 | 200 |
| LT=2주일 | 예정입고 | | | | | |
| 로트 크기 : 200 | 예상 기말재고 | 150 | 150 | 150 | 150 | 150 |
| 안전재고=0 | 순소요량 | | | 50 | 50 | |
| | 계획입고 | | | 200 | 200 | |
| | 계획발주 | 200 | 200 | | | |
| **품목 C** | | | | | | |
| 보유재고=80 | 총소요량 | | | 400 | 400 | |
| LT=1주일 | 예정입고 | | | | | |
| 로트 크기 : 200×2 | 예상 기말재고 | 80 | 80 | 80 | 80 | 80 |
| 안전재고=0 | 순소요량 | | | 320 | 320 | |
| | 계획입고 | | | 400 | 400 | |
| | 계획발주 | | 400 | 400 | | |

## 토의질문

1. 독립수요 재고가 어떤 면에서 종속수요 재고와 다른가?

2. 원자재와 재공품 재고관리에서 과거 수요가 무관한 이유는 무엇인가?

3. 재고관리에 있어서 보충의 원리와 요구의 원리 간의 차이를 설명하라.

4. ABC 원리가 부품의 재고에 적용될 수 있는지를 논하라.

5. MRP시스템에서 얼마나 많은 안전재고를 유지해야 하는가? MRP시스템에서 안전재고의 역할은 무엇인가? 안전재고는 어디에 보유되어야 하는가?

6. 연간 정기 재고실사에 비해 순환실사의 장점을 설명하라.

7. 제조업에서 자재의 물리적인 관리 없이 재무적인 관리가 가능한가?

8. 한 기업의 사장이 자신의 회사는 MRP시스템이 적용되기에는 너무 소기업이라고 했다. 이 말에 대해 논의하라.

9. 어느 자재관리자가 자신의 회사는 단지 주문발주 시스템만 필요하다고 했다. 폐회로 시스템이어야 하는가?

10. 다음의 서비스업에서 MRP 개념이 어떻게 사용될

수 있는지 설명하라.

a. 호텔

b. 법률사무소

11. MRP와 ERP는 어떤 연관성이 있는가?

## 문제

1. 어떤 부품에 대한 정보가 아래와 같이 주어졌다. 2주일의 리드타임을 이용하여 표를 완성하라. 그리고 L4L 규칙을 적용하고, 보유재고는 80, 안전재고는 0이다.

|  | 주일 | | | | |
|---|---|---|---|---|---|
|  | 1 | 2 | 3 | 4 | 5 |
| 총소요량 |  |  | 100 | 400 | 300 |
| 예정입고 |  | 50 |  |  |  |
| 예상 기말재고 | 80 |  |  |  |  |
| 순소요량 |  |  |  |  |  |
| 계획입고 |  |  |  |  |  |
| 계획발주 |  |  |  |  |  |

2. 어느 가구회사가 아래와 같은 BOM으로 의자를 생산하고 있다. 현재의 부품재고와 리드타임이 아래와 같다.

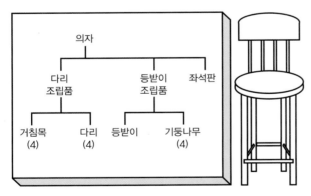

|  | 보유재고 | 리드타임(주) |
|---|---|---|
| 의자 | 100 | 1 |
| 다리 조립품 | 50 | 2 |
| 등받이 조립품 | 25 | 1 |
| 좌석판 | 40 | 3 |
| 거침목 | 100 | 1 |
| 다리 | 150 | 1 |
| 등받이 | 30 | 2 |
| 기둥나무 | 80 | 2 |

이 회사는 제5주 차에 600개의 의자, 제6주 차에 300개의 의자를 생산하고자 한다.

a. 모든 부품에 대해 자재소요계획을 작성하라.

b. 현 시점에 어떤 조치를 취해야 하는가?

c. 등받이 조립에 1시간, 다리 조립에 1시간, 그리고 완성품 의자 조립에 2시간이 소요된다고 가정하자. 세 가지 조립품 생산을 위해 1주일에 1,000시간이 가능하다. 이러한 제한된 생산능력으로 인해 조립공정에서 병목이 발생하는가? 그렇다면 가능한 조치는 무엇인가?

d. 기준생산계획을 제5주 차에 300개 의자, 제6주 차에 400개 의자로 변경하면 어떤 영향이 있는가?

3. 제품 A는 B 조립품과 C 조립품으로 구성되어 있다. B 조립품은 2개의 부품 D와 1개의 부품 E가 필요하고, 조립품 C는 1개의 부품 D와 1개의 부품 F가 필요하다.

a. 이 제품의 자재명세서를 그려라.

b. 완제품 300단위를 만들기 위해서는 몇 개의 부품이 필요한가?

4. 제품 A의 BOM이 아래와 같이 주어졌다.

| 부품 | 보유재고 | 리드타임 (주) |
|---|---|---|
| A | 75 | 1 |
| B | 150 | 2 |
| C | 50 | 1 |
| D | 100 | 2 |

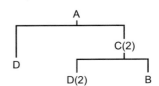

기준생산계획에서 제품 A를 제5주 차에 200단위, 제6주 차에 250단위로 계획하고 있다고 가정하자.

a. 이 제품의 자재소요계획을 작성하라.

b. 어떤 조치를 즉시 취해야 하는가?

c. 각 부품의 향후 재고 수량을 예상해보라.

d. 부품 D를 2주가 아니라 3주 걸려 얻을 수 있다는 통지를 급작스럽게 받았다면 어떤 조치를 취해야 하는가?

5. ABC 회사의 생산계획자가 기준생산계획을 수정하는 과정에 있다. 지금 시점에서 제5주 차에 400개 생산이 계획되어 있는데, 이것을 500개로 수정하는 것을 고려하고 있다.

a. 이같은 수정을 해야 하는지를 결정하기 위하여 어떤 정보가 필요한가?

b. 1개의 완제품을 만들기 위해서는 납기 3주일 전에 1시간의 프레스 시간과 3시간의 조립시간이 필요하다고 하자. 100개를 추가 생산하는 것이 아래의 작업장 부하량을 보았을 때 가능한가?

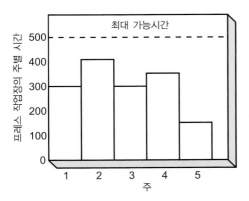

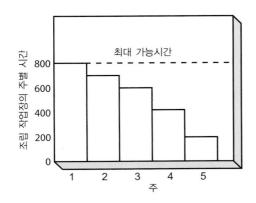

c. b에서 추가생산이 가능하지 않다면 요구되는 수만큼의 완제품을 생산하기 위해서 어떤 조치를 취해야 하는가?

6. 어느 회사가 간단한 형태의 가위를 만드는 데 왼쪽 부품, 오른쪽 부품, 양쪽을 연결하는 나사 등 3개의 부품을 사용한다. 현재 시점에서 이 회사는 다음과 같은 보유재고와 기 발주 주문이 있다. 각 부품의 리드타임이 BOM 및 가위 그림과 함께 아래에 제시되어 있다.

|  | 보유재고 | 리드타임(주) | 예정입고 |
|---|---|---|---|
| 가위 | 100 | 1 |  |
| 왼쪽 부품 | 50 | 2 | 제2주에 100 |
| 오른쪽 부품 | 75 | 2 | 제2주에 200 |
| 나사 | 300 | 1 | 제1주에 200 |

a. 기준생산계획에서 가위를 제4주 차에 200개, 제5주 차에 500개 출고하도록 계획이 수립되어 있다고 가정하고 자재소요계획을 완성하라.

b. 오른쪽 부품을 공급하는 공급업체가 이미 주문된 200개의 납기가 1주일 지연될 것이라고 했다. 이것이 자재소요계획에 주는 영향은 무엇인가?

c. 가위의 수요가 불확실하고 수요의 표준편차가 50개이면 가위의 서비스 수준을 95%로 유지하기 위해서는 어떤 제안을 하겠는가?

d. 가위 부품들의 납기 신뢰성이 떨어져서 각 부품 납기의 표준편차가 1주일이라고 하면 생산을 계획대로 달성하기 위해서는 어떤 제안을 하겠는가?

**eXcel** 7. 다음의 그림과 자재명세서에서 보여주듯이 어느 램프가 프레임 조립품과 갓으로 구성되어 있다. 프레임은 구매품으로서의 목, 소켓, 그리고 몸체로 만들어진다. 여기에 갓이 더해져서 완제품인 램프가 만들어진다. 부품들의 보유재고, 예정입고, 구매에 소요되는 리드타임을 아래에서 보여주고 있다.

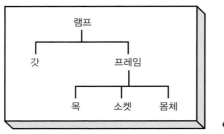

| | 보유재고 | 리드타임(주) | 예정입고 |
|---|---|---|---|
| 램프 | 200 | 1 | — |
| 프레임 | 100 | 2 | — |
| 목 | 0 | 1 | — |
| 소켓 | 300 | 1 | — |
| 몸체 | 200 | 1 | — |
| 갓 | 400 | 3 | — |

a. 완제품 램프가 제5주 차에 1,000개, 제6주 차에 1,500개가 요구된다고 가정하고 램프의 자재소요계획을 완성하라. 이 계획을 실행하기 위하여 즉시 취해야 하는 조치는 무엇인가?

b. 부품들을 프레임으로 조립하는 시간이 15분, 갓과 프레임을 램프로 조립하는 시간이 5분 걸린다면 각 주별로 필요한 총조립시간은 얼마인가? 만약 가용시간이 부족한 주가 있다면 어떻게 해야 하는가?

c. 램프의 리드타임이 1주일에서 2주일로 늘어난다면 자재소요계획을 어떻게 변경해야 하는가?

8. 핸드셋과 몸체로 조립되는 전화기가 있다. 핸드셋은 손잡이와 전화선으로 만들어지고, 몸체는 케이스, 회로기판, 번호판으로 조립된다. BOM, 전화기의 그림이 보유재고 및 리드타임과 함께 다음에 표시되어 있다.

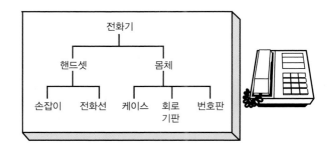

| | 보유재고 | 리드타임(주) |
|---|---|---|
| 전화기 | 200 | 1 |
| 핸드셋 | 300 | 1 |
| 손잡이 | 250 | 2 |
| 전화선 | 75 | 2 |
| 몸체 | 250 | 1 |
| 케이스 | 225 | 2 |
| 회로기판 | 150 | 1 |
| 번호판 | 300 | 2 |

a. 경영자는 전화기 조립을 가능한 한 빨리 시작하고 싶어 한다. 지금의 가용 부품으로는 몇 개의 전화기를 만들 수 있고, 언제 출고할 수 있는가? 답하기 위하여 자재소요계획을 작성하라.

b. 위에서 작성한 자재소요계획에 따라서 주별로 각 부품과 완제품의 재고를 예상하라.

c. 만약에 1주일 이내로 100개의 회로기판이 추가로 조달 가능하다면 a번 질문에 대한 답에 어떤 영향을 주는가?

9. 소형 장난감 로봇이 6개의 부품(몸체, 머리, 2개의 팔, 2개의 다리)으로 조립된다. 이 회사는 제품 조립을 위해 1단계의 레벨로 된 자재명세서를 사용한다. 부품들의 보유재고와 리드타임이 아래에 나타나 있고, 기 발주 주문은 없다.

장난감 로봇

|  | 보유재고 | 리드타임(주) |
|---|---|---|
| 몸체 | 25 | 2 |
| 머리 | 50 | 1 |
| 팔 | 60 | 2 |
| 다리 | 80 | 1 |

a. 제4주 차에 200개를 납품하는 주문이 접수되었으며, 모든 부품이 준비되면 조립하는 데 1주일이 걸린다고 가정하자. 로봇 생산을 위한 자재소요계획을 작성하라. 이 계획을 실행하기 위해 즉각 취해야 하는 조치는 무엇인가?

b. 고객으로부터 연락이 와서 200개 로봇의 일부라도 가능한 한 빨리 받을 수 있는지를 물었다. 몇 개의 로봇이 조기에 조립되고 납품될 수 있는가? 그리고 언제 납품되겠는가? 이런 조치의 영향은 무엇인가?

c. 머리 부품을 공급하는 공급업체로부터의 이메일에서 납기가 1주일이 아니라 2주일이 걸릴 것이라고 했다. 이것이 a의 자재소요계획에 어떤 영향을 주는가?

PART

**6**

# 공급사슬 의사결정

제6부에서는 운영기능을 외부의 공급업체 및 고객과 연결시키는 외부 공급사슬과 관련한 의사결정들을 다룬다. 첫 번째 장에서는 공급사슬의 일반적인 이슈를 설명하고, 다음으로는 소싱, 글로벌 물류의 의사결정들을 설명한다. ■

# 16
## CHAPTER

# 공급사슬관리

## 학습목표

공급사슬이 일상생활에 미치는 영향이 무엇이며, 또한 얼마나 중요한지에 대해 아마도 당신은 생각해보지 않았을 것이다. 미국 국민이 하루에 먹는 음식의 양은 평균 5파운드라고 한다. 10만 명이 거주하는 도시라면 매일 50만 파운드의 식품(재고의 증감이 없다고 가정)이 공급되어야 한다. 이 많은 양의 식품이 농장에서부터 레스토랑 혹은 가정의 식탁으로 수송되어야 한다. 신선한 과일, 고기, 채소 등은 냉장 상태로 수송되며 유통기한도 짧다. 따라서 농장에서부터 포장공장, 물류창고를 거쳐 최종적으로 소매업체의 매장으로 신속하게 수송되어야 한다. 다른 식품들은 생산업체에서, 물류센터, 소매업체 매장으로 기차, 선박, 트럭 등의 운송수단으로 이동되어 궁극적으로 당신의 식탁에 도달하게 된다. 해외로부터 식품을 조달하는 공급사슬은 신뢰할 수 있어야 하며, 비용은 낮아야 하고, 문제(예 : 자연 혹은 인위적 재난)가 발생하면 회복시킬 수 있어야 한다. 이러한 일들은 결코 쉬운 일이 아니며, 공급사슬관리자는 매일매일 그러한 일들이 가능하도록 만들어야 한다.

이 장에서 다루는 공급사슬관리의 주제는 최근에 산업계와 학계에서 큰 관심을 받는 주제이다. 이렇게 큰 관심을 받는 데는 몇 가지 이유가 있다. 첫째, 재화가 전체 공급사슬을 거치는 데는 6개월에서 1년 이상의 시간이 걸릴 수 있다. 재화가 이렇게 오랜 시간을 공급사슬 내에 머물기 때문에 전체 공급사슬에서의 소요시간을 단축할 여지가 많으며, 이를 통해 재고 감축, 유연성 향상, 비용 절감, 납기 개선 등으로 이어질 수 있다. 둘째, 많은 기업들이 내부적으로 생산운영의 효율성을 괄목할 정도로 개선한 이후에 추가적인 개선을 위해 외부 고객과 공급업체와의 관계에 눈을 돌리고 있다. 마지막으로는, 공급사슬이라는 사고는 시스템 사고방식의 응용이며, 기업의 내부기능을 거쳐 외적으로 확장된 프로세스를 이해하는 데 중요한 기초가 된다.

## 16.1 공급사슬과 공급사슬관리

**LO16.1 공급사슬과 공급사슬관리의 정의**

공급사슬관리는 오늘날 기업 경영에 필수적인 영역이다. 공급사슬관리를 이해하기 위해서 우리는 먼저 공급사슬에 대한 정의를 내려야 한다. 〈그림 16.1〉은 여러 공급업체, 제조공장, 물류창고, 소매업체 등으로 구성된 전형적인 공급사슬을 보여준다. 이 모든 주체는 한 기업의 통제하에 있을 수 있지만, 여러 기업이 나눠서 통제하고 있을 가능성이 더 높다. 그러므로 **공급사슬**(supply chain)이란 고객으로 향하는 **하류**(downstream) 방향과 시작 단계의 공급업체로 향하는 **상류**(upstream) 방향의 재화흐름과 정보흐름을 통합적으로 결정짓는 많은 개체와 그들 사이 관계의 집합체이다. 재화가 여러 기업에 의해 고객에게 팔릴 제품으로 변환되는 과정에서 재화 및 관련 정보(생산량, 재고수준, 가격 등)는 공급업체로부터 고객으로, 즉 하류 혹은 전방으로 흐른다. 반면, 반환 재화(예 : 불량품, 재생용품, 고객 반품 등)와 관련 정보(예 : 수요, 미래예측 등), 지불대금 등은 공급사슬 내에서 생산능력 및 재고를 계획하는 데 필요한 정보와 함께 고객으로부터 공급업체로, 즉 상류 혹은 후방으로 흐른다.

　일반적으로 공급사슬을 〈그림 16.1〉처럼 특정한 중심점이 없이 그릴 수 있지만, 어느 특정 기업, 공장, 서비스부서, 제품(예 : 자동차), 혹은 서비스(예 : 외래환자 수술)의 관점에

**그림 16.1**
**전형적인 공급사슬**

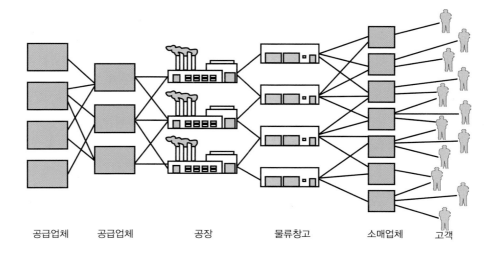

| 공급업체 | 공급업체 | 공장 | 물류창고 | 소매업체 | 고객 |

그림 16.2
조직 F의 관점에서 본
전형적인 공급사슬

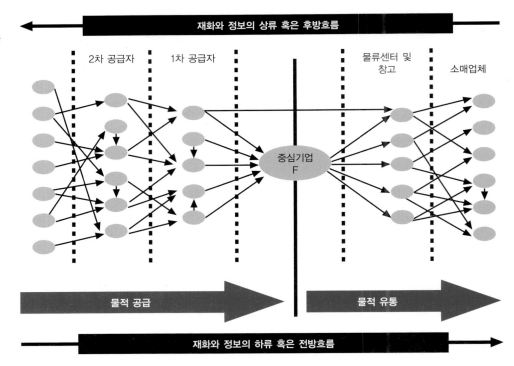

그림 16.2
조직 F의 관점에서 본
전형적인 공급사슬

서 공급사슬을 나타내는 것이 유용할 수 있다. 예를 들어 〈그림 16.2〉는 F라는 어느 특정 조직을 중심으로 하는 공급사슬을 나타내준다. 이 예에서 F 조직은 회사, 공장 혹은 호텔 등이 될 수도 있다. 그 이외의 각 노드(node)나 타원(oval)은 F가 최종고객에게 판매하는 제품과 관련된 재화 및 관련 정보가 흘러가는 여러 개체를 가리킨다.

F의 관점에서 상류의 노드로부터 유입되는 재화의 흐름은 일반적으로 **물적 공급**(physical supply)이라 부르고, F로부터 하류의 노드를 거쳐 최종소비자까지의 재화흐름은 **물적 유통** (physical distribution)이라 부른다. 마케팅에서 말하는 유통채널(distribution channel)은 생산자(이 예에서 F에 해당)로부터 다양한 단계(예 : 유통업체, 도매업체 등)를 거쳐 최종소비자까지 이어지는 구체적인 경로를 말하며, F가 관련된 공급사슬의 일부에 해당한다. 또한 주지할 점은 F를 위한 물적 공급이 여러 단계(tiers)로 세분화된다는 것이다. 즉 1차 공급자는 F와 직접적으로 연결되며, 2차 공급자는 1차 공급자와 연결되는 식이다(화살표로 연결을 표시). 마찬가지로 F는 물적 유통 부분인 하류의 주체들(유통업체와 도매업체)과 연결된다. 〈그림 16.2〉의 각 개체는 재화를 고객이 원하는 최종제품으로 변환하는 부가가치활동을 하면서 관련 정보를 전달한다. 애플 아이폰에 관한 운영선도사례는 점점 복잡해지는 오늘날의 제품을 공급하기 위해 여러 기업이 담당하는 역할들을 설명해 주고 있다.

대기업은 여러 공급사슬을 가질 수 있다. 예를 들어 P&G, GE 등과 같은 대기업은 제품이 시장에 도달하기까지 20~40개의 상이한 공급사슬을 사용하고 있다. 일부 공급사슬은 자사 소유의 물류센터를 통하고, 일부는 시장으로 직접 유통하며, 그리고 일부는 타사의 생산설비를 이용하고, 일부는 자체 생산공장을 이용한다. 이처럼 공급사슬의 요소를 다양

## 운영선도사례    애플의 아이폰

많은 하이테크 소비재 상품이 해당 상표의 회사에 의해 직접 만들어지지 않는다. 대신에 상표를 붙인 회사의 1차, 2차, 심지어 3차 공급자인 다른 회사에 의해 만들어진다. 애플 아이폰의 설계, 소프트웨어 개발, 칩 설계, 마케팅은 미국에서 애플에 의해 이루어진다. 반면에 생산은 타이완, 중국, 한국, 일본, 싱가포르 등 여러 국가로 아웃소싱해서 이루어지고 있다. 아이폰은 타이완 기반의 대형 전자회사인 폭스콘의 중국 공장에서 수많은 부품이 조립된다. 타이완의 반도체회사인 TSMC는 가장 중요한 부품인 애플 설계의 칩을 공급하고 있다. 디지털카메라 모듈, 내부 회로, 블루투스 칩셋, 스크린 제어기 등 다른 부품들은 2차, 3차 공급업체에 의해 공급되고 있다. 이것이 애플의 글로벌 공급사슬이 얼마나 복잡한지를 보여주는 사례이다.

출처 : The global supply chain behind the iPhone 6, *Beta News*, 2015 and Apple A8 processor, wikipedia.com, 2015.

© Marian Stanca/Alamy Stock Photo

한 형태로 구성할 수 있다.

기업은 자사의 공급사슬을 파악하기 위해서는 먼저 특정 제품군을 정하고, 다음으로는 최종고객(최종소비자)으로부터 유통시스템을 거쳐 생산자, 공급자, 자재 공급원까지 재화와 정보의 흐름을 거꾸로 추적해야 한다. 이렇게 모든 활동과 프로세스의 전체 사슬이 그 제품군의 공급사슬을 구성한다.

이런 배경하에 구매전문가협회(Institute for Supply Management, ISM)는 다음과 같이 **공급사슬관리**(supply chain management, SCM)를 정의했다.

> 공급사슬관리는 최종고객의 실질적인 필요를 충족시키기 위해 여러 조직을 거치면서 이루어지는 서로 연결된 부가가치 프로세스를 설계하고 관리하는 것이다.

공급사슬관리는 그 정의에 의하면 일련의 부가가치 프로세스로 이루어져 있으며, 이들이 단순히 여러 조직을 거치는 것 이상으로 서로 긴밀하게 통합되어야 한다. 통합을 위해서는 정보가 이들 사이로 전달될 수 있도록 프로세스가 설계되고 체계적으로 관리되어야 한다. 그러기 위해서는 전체 공급사슬에 걸쳐 재화와 정보의 흐름이 효과적이고 효율적이 되도록 전략을 수립하고 발생하는 문제를 해결하는 의사결정들이 이루어져야 한다. 이러한 전략과 문제 해결은 전체 공급사슬에 걸친 불확실성을 줄이기 위한 것이다. 공급사슬의 어느 구성개체에서 불확실성을 줄이기 위해 취하는 전략과 문제 해결이 다른 개체에게 부정적

## 운영선도사례   SCOR 모델

SCOR(Supply Chain Operations Reference) 모델은 모든 산업에 적용될 수 있는 공급사슬관리의 표준 프로세스에 대한 프레임워크를 제공한다. 이 점에서 ISO 9000이나 말콤 볼드 조 프로세스는 자재를 완성품으로 변환하는 일련의 활동을 다루는 것이다. 배송 프로세스는 주문 입력, 자재 취급, 제품 및 서비스 수송 등의 활동이며, 회수 프로세스는 제품의 반송을

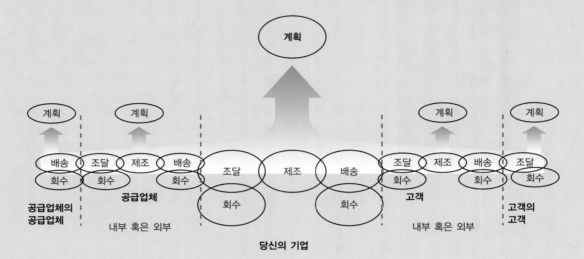

리지 국가품질상이 전사적 품질관리에서 이루려는 바와 동일한 역할을 수행한다고 볼 수 있다.

SCOR은 1996년 11월에 공급사슬위원회(Supply-Chain Council)에 의해 제시되었다. 그 당시 공급사슬위원회에 다양한 산업을 대표하는 69개의 회원사(예 : 다우 케미컬, 텍사스 인스트루먼츠, 페덱스 등)가 자발적으로 참여하여, 6개월 동안 공동 작업을 통해 공통적인 공급사슬관리 프로세스를 정의하고, 그 프로세스의 우수사례(best practices)를 발굴했으며, 벤치마크가 되는 성과자료를 수집했다.

SCOR 모델의 최신 버전은 4개의 계층으로 된 피라미드 구조인데, 레벨 1(최상위 레벨)은 공급사슬관리를 **계획**(Plan), **조달**(Source), **제조**(Make), **배송**(Deliver), **회수**(Return) 등 다섯 프로세스로 구성했다. 계획 프로세스는 조달, 제조, 배송 프로세스의 요구에 맞게 수요와 공급의 균형을 이루는 행동지침(즉 전략)을 개발하는 것이다. 조달 프로세스는 수요를 맞추기 위해 자재와 서비스를 획득하는 일련의 활동을 말하고, 제

다루는 것이다. 또한 SCOR 모델의 레벨 1은 성과 기준과 목표도 설정한다.

레벨 2(구성 레벨)는 기업 공급사슬의 실제 혹은 이상적인 운영 구조를 구성하기 위한 공급사슬 프로세스의 26개 핵심 카테고리를 설정한다. 레벨 3(프로세스 요소 레벨)은 기업이 시장에서 경쟁할 수 있도록 프로세스 레벨(예 : 투입물/산출물, 프로세스 평가지표)에 정보를 제공한다. 마지막으로 레벨 4(실행 레벨)는 기업이 구체적인 공급사슬관리 기법을 선택하고 실행할 수 있도록 한다.

SCOR 모델의 이점은 전체 공급사슬의 성과 향상을 위해 조직 간 의사소통과 협력을 할 수 있도록 공통의 참조틀과 용어를 제공한다는 것이다.

출처 : Supply-Chain Council(APICS); http://www.apics.org/sites/apics-supply-chain-council/frameworks/scor.

인 영향을 주어서는 안 되기 때문에 시스템 관점을 갖는 것이 절대적으로 필요하다. 이 장의 16.3절에서는 공급사슬에 내재되어 있는 시스템 동태성을 좀 더 명확히 보여줄 것이며, 따라서 공급사슬과 그 관리를 왜 전체적인 안목으로 보아야 하는지를 설명할 것이다.

공급사슬관리를 프로세스나 의사결정의 관점에서 정의하는 것 말고도 많은 학자와 경영자는 공급사슬관리를 정의하기를, 전통적으로 별개의 것으로 보았던 기업의 소싱(구매), 운영, 물류 등 세 가지 기능부문의 통합이라고 한다. 이런 통합을 가장 잘 보여주는 모델은 모든 산업에 적용되는 표준인 **SCOR 모델**(SCOR model)이며, 이를 운영선도사례에서 설명하고 있다. 앞서 들은 예에서 보면, 소싱은 재화와 정보가 중심 개체인 F로 들어오는 물적 공급의 흐름을 다루는 기능이다. 운영은 재화와 정보가 중심 개체로부터 유통채널의 하류에 있는 다른 개체로 흘러가는 것을 다루는 기능이고, 물류는 중심 개체로 유입되거나 유출되는 재화의 물리적 수송을 설계하고 관리하는 기능이다.

최근에 강조되고 있는 것은 소싱, 운영, 물류의 세 기능이 진화되어 재화의 흐름에 대한 책임을 지게 되었다는 점이다. 그 결과, 이 세 기능 사이에 업무, 의사결정, 문제 등의 경계가 불분명하게 되었다. 예를 들어 물류관리위원회(Council of Logistics Management)는 물류관리의 정의를 확대하면서 조직의 이름을 공급사슬관리 전문가위원회(Council of Supply Chain Management Professionals)로 변경했다. 즉 물류관리를 공급사슬관리와 동일하게 정의하고 있는 것이다. 마찬가지로, 미국구매관리자협회(National Association of Purchasing Managers)도 이름을 공급관리협회(Institute for Supply Management, ISM)로 바꾸었다.

또 다른 용어로서 **수요관리**(demand management)라는 용어가 있다. 수요관리는 흔히 공급관리의 반대 측면을 뜻하며, 공급사슬이 취급하는 제품의 수요에 영향을 주는 결정사항들을 가리킨다. 그런 결정은 주로 마케팅에 의해 이루어지며, 어떤 제품 혹은 제품기능을 제공할 것인가, 가격결정을 어떻게 할 것인가, 판매촉진을 어떻게 할 것인가, 어떤 유통채널을 통해 판매할 것인가 등과 관련된 사항이다. 공급사슬관리가 공급을 수요에 맞추려고 하는 것인 데 비해, 수요관리는 공급사슬이 취급하는 제품의 수요를 창출하고 관리하려는 데 초점을 둔다.

## 16.2 공급사슬의 성과평가

**LO16.2 공급사슬 성과의 다섯 가지 핵심 평가 요소**

제품 혹은 서비스의 생산과 관련된 일련의 활동을 고려할 때에 공급사슬이라는 관점이 도움이 되듯이, 성과를 평가하기 위해서도 공급사슬을 구성하는 주체를 별개로만 볼 수는 없다. 공급사슬의 성과를 측정하고자 할 때는 개별 기업의 관점에서 각 기업의 성과뿐 아니라 전체 공급사슬에 적용되는 성과지표도 필요하다. 공급사슬의 성과평가 측면에서 보면, 각 기업은 자신의 성과가 공급사슬의 다른 기업에 의해 영향을 받고, 또한 자신의 성과가 다른 기업에 영향을 주기도 한다.

예를 들어 어느 제조기업에 원자재, 재공품, 완제품 등 세 종류의 재고가 있다고 가정해 보자. 원자재 재고수준은 공급업체의 리드타임, 리드타임과 수요의 변동에 대처하기 위한 안전재고 등의 함수이다. 그러므로 원자재 재고는 공급사슬상의 공급업체에 의해 영향을 받는다. 마찬가지로, 완제품 재고는 제품을 고객에게 배송하는 물류 리드타임, 재고보충에 소요되는 리드타임, 고객 수요의 변동 등의 함수이다. 해당 기업과 고객이 모두 완제품 재고수준에 영향을 미친다. 하지만 재공품 재고는 제조기업이 통제할 여지가 가장 큰 재고이며, 원자재를 완제품으로 변환하는 스루풋 시간(throughput time)의 함수이다. 그러므로 공급사슬 성과를 측정함에 있어서 우리는 공급사슬 내 각 기업이 자사의 성과를 측정해야 한다는 점과 공급사슬의 다른 파트너 기업에 의해 그 성과가 영향을 받는다는 점을 기억해야 한다.

공급사슬 성과를 평가하기 위한 지표가 많이 있지만, 앞서 다룬 배송, 품질, 유연성, 원가에 일반적으로 대응된다. 구체적인 성과지표의 예는 다음과 같다.

1. **배송.** 배송은 주문생산(make-to-order) 제품인지 재고생산(make-to-stock) 제품인지에 따라 달라진다. 주문생산의 경우, 정시배송은 고객이 요청한 시간에 배달 완료된 주문의 비율이다. 주문한 것의 일부만 충족되거나 요청한 날짜에 배송되지 않은 것은 정시에 배송되었다고 보지 않는다. 재고생산의 경우, 재고고갈이 발생하지 않으면서 재고로부터 주문을 충족시킨 비율인 주문충족률(fill rate)로 측정된다. 앞에서 언급했듯이 배송 성과는 공급사슬의 개별 기업에 대해 측정된다.

2. **품질.** 품질은 제품이나 서비스의 성능, 규격 적합성, 고객만족 등 여러 방식으로 측정할 수 있다. 품질은 개별 기업에서 독자적으로 측정되고, 또한 최종소비자 단계에서 측정된다.

3. **유연성.** 유연성은 운영활동과 공급사슬을 신속히 변경할 수 있는 능력이다. 일반적으로 유연성 성과지표로는 수량유연성(volume flexibility)과 제품믹스유연성(mix flexibility)의 두 가지가 있다. 수량유연성은 산출물을 일정한 수량만큼 증가 혹은 감소시키는 데 소요되는 시간이다(예 : 수량을 120% 늘리기 위한 시간). 제품믹스유연성은 생산하는 제품 혹은 서비스의 구성을 변경하는 데 걸리는 시간이다. 유연성도 공급사슬의 개별 기업에 대해 측정된다.

4. **시간.** 시간은 개별 기업에 대해서뿐 아니라 전체 공급사슬에 대해서도 측정할 수 있다. **전체 공급사슬 스루풋 시간**(total supply chain throughput time)은 공급사슬 내 각 기업 스루풋 시간(혹은 사이클시간)의 합이다. 예를 들어 공급업체의 스루풋 시간이 5주이고, 제조업체가 10주, 고객까지의 배송시간이 2주이면 전체 공급사슬 스루풋 시간은 17주이다. 재고의 사용이 일정하게 발생한다면 스루풋 시간은 재고수준을 사용률로 나눈 값이다(리틀의 법칙 적용). 예를 들어 재고수준이 1,000만 달러이고, 매일 10만 달러씩 출고된다면 스루풋 시간은 100일이 된다. 이렇게 계산된 공급사슬의 각 단계(공급업체, 제조업체, 도매업체, 소매업체 등)의 스루풋 시간을 모두 더하면 전체 공급사슬의 스루풋 시간이 된다.

한편, 제품이 판매되어 대금회수가 이루어지는 시간도 고려되어야 한다. 재고를 줄이는 것만으로는 충분하지 않다. 기업은 판매로부터 현금유입을 만들어내야 더 많은 제품을 만들어 팔 수 있는 자금이 되기 때문이다. **현금순환기간**(cash-to-cash cycle time)은 공급업체에게 지불하는 기간에 비해 얼마나 빨리 고객으로부터 지급받는지

델 컴퓨터는 적은 재고와 매출채권, 높은 매입채무로 업계 최소의 현금순환기간을 달성하고 있다.

© Sarah Kerver/Getty Images for Dell

를 측정하기 위해 흔히 사용된다. 현금순환기간은 다음과 같이 구할 수 있다.

현금순환기간＝재고일수＋매출채권 회전일수－매입채무 회전일수

예를 들어 어느 기업의 재고일수가 35일, 매입채무를 지급하는 평균 기간이 40일, 매출채권의 회전일수가 10일이라고 가정해보자. 그러면 현금순환기간은 5일이 된다 (35＋10－40). 이 의미는 고객으로부터는 신속히 대금을 지불받고, 한편으로 공급업체에게는 지불을 늦추고 있다는 뜻이다.

5. 원가. 운영의 관점에서 원가는 일반적으로 제품이나 서비스의 단가를 일컫는다. 단가란 원재료비, 노무비, 간접비 등 총 제조비용을 총 제조수량으로 나눈 것이다. 일반적으로 이 단가에 공급업체의 영향이 큰 이유는 구매 원재료비가 총원가의 50% 이상을 차지하는 것이 일반적이기 때문이다.

원가도 공급사슬 전체에 대해 측정할 수 있는 성과지표이다. 제품이 공급사슬을 이동하는 과정에서 각 주체의 원가가 더해진다. 공급업체에서 발생하는 자재와 부품의 원가가 있고, 제조업체에서는 제품을 가공하고 조립하는 데 일정한 원가가 발생한다. 그리고 공급사슬의 기업 간에 원자재와 재공품을 이동시키고 완제품 재고를 고객에게 배송하는 물류에서 원가가 발생한다. 이 모든 비용의 합이 전체 공급사슬의 원가이다.

개별 기업은 다섯 가지 성과영역 각각에서 목표를 설정하는 것이 중요하다. 또한 기업은 공급사슬 목표를 설정하기 위해 공급업체 및 고객과 만나야 한다. 공급사슬의 일부에서가 아니라 전체의 발전이 중요하기 때문이다. 공급사슬의 어느 한 기업이 자신의 성과를 개선한 것이 다른 기업에는 해악이 될 수 있으므로 전체의 개선을 위해 조율하는 것이 필요하다. 예를 들어 한 기업이 일방적으로 완제품 재고를 감축하면 그 기업의 비용은 줄일 수 있지만 재고부족이 발생하여 고객에 대한 공급능력이 저하될 수 있다. 따라서 대안으로, 한 기업이 자사의 스루풋 시간을 단축하고 공급업체와 물류업체와 협력하여 그들의 스루풋시간까지 단축한다면 자사의 재고를 자연스럽게 감축할 수 있다. 이런 방식이 공급사슬 전체에 도움이 된다.

## 16.3 공급사슬의 동태성－채찍효과

**LO16.3** 채찍효과 및 채찍효과의 감소방안

공급사슬 내 기업들은 서로 재화와 정보를 주고받으면서 긴밀히 연결되어 있다. 각 기업이 내리는 의사결정과 취하는 행동은 서로에게 지대한 영향을 미칠 수 있다. 이러한 상호 연관관계로 인해 공급사슬의 동태성이 발생하는데, 채찍효과가 그중에서도 대표적이다.

**채찍효과**(bullwhip effect)란 공급사슬 상류의 기업일수록 주문의 변동을 더 크게 겪고, 그 결과로 기업이 보유하는 재고량에 영향을 미치는 현상을 말한다. 채찍효과(혹은 승수효과)

는 소비재부터 의약품과 전자제품에 이르기까지 다양한 산업에서 관찰된다. 채찍효과라는 이름은 P&G의 한 임원이 기저귀 제품의 주문에서 발생하는 효과를 처음 발견하고 붙인 이름이다. 기저귀의 최종소비자 수요는 상대적으로 일정한데도 불구하고 공장, 도매업체, 소매업체에서의 주문 변동성이 더 크게 발생했다. 휴렛 팩커드도 프린터의 주문과 재고에서 공급사슬의 상류 단계로 갈수록 증가하는 것을 알게 되었다.

　　채찍효과를 예시하기 위해 〈그림 16.3〉과 같은 4단계의 공급사슬을 고려해보자. 소매업

**그림 16.3**
**채찍효과**

출처 : J. Nienhaus, A. Ziegenbein, and P. Schoensleben, "How Human Behaviour Amplifies the Bullwhip Effect. A Study Based on the Beer Distribution Game Online," *Production Planning and Control* 17, no. 6 (2006), pp. 547–557.

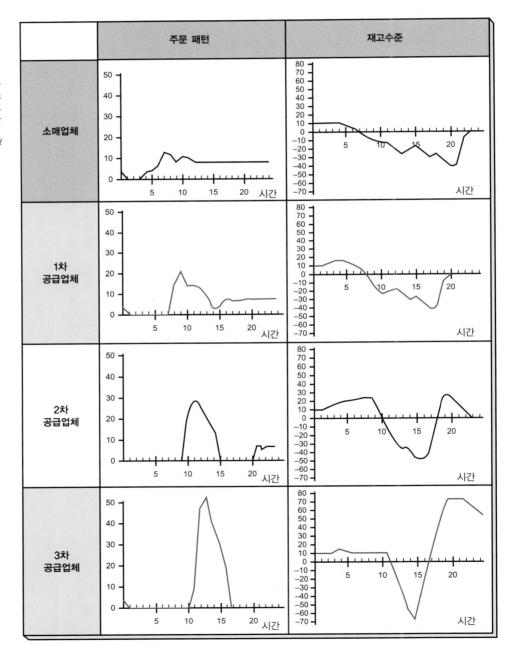

체는 시장수요에 가장 근접해 있고, 수요를 관측하고 1차 공급업체에 주문을 낸다. 소매업체의 주문량이 1차 공급업체에게는 수요에 해당된다. 그다음에 1차 공급업체가 2차 공급업체에 제품을 주문하고 공급받을 것이며, 이런 과정이 다음 단계에도 계속 일어난다. 한편으로, 제품을 생산하고 배송하는 데는 리드타임의 시간이 소요되기 때문에 네 단계 공급사슬의 각 기업은 재고를 보유할 것이다. 그렇게 함으로써 각 기업은 재고로부터 자신의 고객주문에 신속히 대처하고자 하기 때문이다.

공급사슬상의 네 기업 각각이 접하는 주문의 패턴 그래프를 보면 다음과 같은 세 가지 현상을 관찰할 수 있다. 첫째, 기간에 따라 각 기업이 수주하는 주문에 변동이 있다. 만약 주문의 변동이 없다면 공급사슬 상류로 동일한 수량의 주문이 계속 이어질 것이다. 둘째, 1차, 2차, 3차 공급업체가 수주하는 주문량의 변동크기를 비교하면 흥미로운 패턴이 발견된다. 시장으로부터 멀리 떨어질수록, 즉 공급사슬의 상류로 갈수록 해당 기업의 수주량 변동은 확대된다. 셋째, 상류일수록 주문량 변동이 확대되는 패턴이 네 기업의 재고수준에도 발생한다. 공급사슬의 기업들이 접하는 수요들이 소매업체가 접하는 최종 시장의 수요와 동조화(synchronization)되지 않기 때문에 때로는 재고과잉, 때로는 재고부족과 배송 지연이 주문의 변동으로 인해 발생한다. 이런 이유로 채찍효과는 공급사슬 내 개별 기업뿐 아니라 전체 공급사슬의 성과에 영향을 미치게 된다.

채찍효과가 여러 산업에서 공통적으로 발생하는 이유는 무엇인가? 한 가지 이유는 공급사슬 상류의 기업에게는 최종 시장의 수요정보가 없기 때문이다. 대신에 상류의 기업들은 수요를 예측해서 의사결정과 행동을 취하며, 자신의 고객으로부터 주문이 실제로 들어오면 그에 따라 이전의 결정사항과 조치사항을 수정하게 된다. 수요예측치가 부정확했다면 애초의 의사결정과 행동은 실제 수요에 적절한 결정이 아닐 것이며, 따라서 재고의 과대 혹은 과소 상황이 발생한다. 또 다른 이유는 각 기업은 재고 보충에 있어서 리드타임(즉 발주 시점부터 주문한 것을 받는 시점까지의 시간)이 존재하기 때문이다. 이 리드타임이 상당히 긴 경우라면, 예상치 못한 큰 주문에 대비하기 위해 안전재고를 보유하는 수밖에 없을 것이다. 셋째 이유는 공급사슬 상류와 하류 사이에서 정보의 전달이 지연되기 때문이다. 〈그림 16.3〉의 소매업체가 공급사슬 상류로 시장과 수요의 정보를 공유하려고 할지라도 주문충족에 리드타임이 존재하는 한 문제가 해결되지 않는다. 예를 들어 소매업체에서 수요가 증가하면 1차 공급업체는 더 큰 주문을 맞추어야 할 뿐 아니라 자사의 재고수준도 보충해야 한다. 따라서 2차 공급업체에 대한 주문량이 커지고 이것은 공급사슬 전체로 확산된다. 이런 이유로 공급사슬 상류로 갈수록 주문이 증폭되는 현상이 발생하게 된다.

요약하면, 〈그림 16.3〉의 공급사슬 사례는 공급사슬 동태성에 대하여 네 가지 요점을 말해준다.

소매업의 공급사슬은 채찍효과에 노출되어 있다.
© Jonathan Nackstrand/AFP/Getty Images

1. 공급사슬은 상호작용이 매우 큰 시스템이다. 공급사슬의 각

부분에서 이루어진 의사결정이 다른 부분에 영향을 미친다.

2. 공급사슬에는 채찍효과(혹은 승수효과)가 일반적으로 발생한다. 공급사슬 상류의 기업(예 : 물류업체와 제조공장)은 하류의 기업으로부터 부풀려진 주문을 받아 자사의 상류로 더 큰 주문을 내게 된다. 이렇게 부풀려진 주문은 시장의 진정한 수요정보(수량 변화, 변화의 시기 등)를 왜곡하게 된다.

3. 공급사슬의 모든 단계에 정보가 완벽하게 공유된다 하더라도 채찍효과가 나타날 수 있다. 그 이유는 기업 간에 재고 보충의 긴 리드타임이 존재하고, 공급사슬 상·하류로 정보를 공유하는 데 시간의 지체가 존재하기 때문이다.

4. 공급사슬을 개선하는 가장 좋은 방법은 재고 보충의 리드타임을 단축하고 최단시간 내에 실제 수요의 정보를 모든 단계에 공유하는 것이다. 재화와 정보의 이동에 발생하는 시차가 주문량과 재고량 변동의 원인이 된다.

약 4,000명 이상이 참여한 모의실험 연구에서 인간의 행동이 채찍효과를 어떻게 증폭시키는지를 보여준다.[1] 변동하는 주문과 재고에 관리자들은 과잉 대응을 하게 되는데, 의사결정에서 적용하는 두 가지 전략 때문이다.

1. 안전 도피처(safe harbor) : 고객으로부터의 주문이 증가하면 관리자들은 재고고갈을 두려워하여 필요 이상으로 안전재고를 늘리고자 한다. 그 결과 공급업체에게 더 많은 주문을 내게 되고, 그러면 공급사슬 상류에서 일시적으로 재고고갈이 발생할 수 있다. 이처럼 안전 도피처를 확보하고자 하는 전략이 공급사슬 전체적으로 주문량과 재고를 증폭시키게 된다.

2. 재고의 공포(inventory panic) : 고객으로부터의 주문이 감소하면 관리자들은 재고가 넘치고 비용이 과다하게 발생한다고 생각하여 재고를 줄이고자 한다. 그 이후에 다시 하류에서의 수요가 증가하게 되면 안전재고가 부족하기 때문에 주문량을 많이 늘리게 된다. 그 결과, 상류에서 재고고갈이 발생하고 주문을 충족하지 못하는 현상이 발생하게 된다. 이것이 수요 변화의 효과가 증폭되는 또 다른 이유이다.

앞에서 언급했듯이, 정보를 공유하고 재고 보충의 리드타임을 줄이면 채찍효과를 줄일 수 있다. 그런 방법으로 채찍효과를 줄일 수 있지만, 관리자가 의사결정에서 위와 같은 전략을 취하는 행동 때문에 채찍효과가 완전히 제거되지는 못한다. 따라서 채찍효과를 야기하는 인간의 행동 또한 고려될 필요가 있다.

---

[1] J. Nienhaus, et.al, *op. cit.*

## 16.4 공급사슬 성과의 개선

채찍효과를 최소화하고 공급사슬의 성과를 개선하기 위해서는 기업 내부뿐 아니라 기업 사이에서 높은 수준의 조율이 이루어져야 한다. 전통적으로 기업은 기능조직들이 서로 격리(functional silos)된 형태로 조직되어, 각 기능은 자신의 영역만을 관리해 왔다. 예를 들어 구매기능은 공급업체와 원자재 재고를 담당하고, 운영기능은 생산활동과 재공품 재고를 담당하며, 마케팅기능은 수요와 완제품 재고를 다루었다. 이처럼 이들 기능들이 서로 조율되지 못한다면 기업 내부뿐 아니라 외부로 그 영향이 심각할 수 있다.

기업 내부와 기업 간의 조율을 개선하는 것은 공급사슬의 구조나 시스템을 바꾸고 개선시킴으로써 가능하다. **공급사슬 구조**(supply chain structure)의 변경은 설비의 유형과 입지, 프로세스 기술과 배치, 수직적 통합 등 생산하는 제품 및 서비스와 관련된 것이다. 이는 공급사슬의 물리적 요소를 바꾸는 것이며, 흔히 많은 투자가 따른다. **공급사슬 시스템**(supply chain system)의 변경은 사람과 프로세스 측면에서의 변화이며, 팀 활동, 파트너십, 그리고 공급사슬의 계획과 개선을 위한 린 시스템 및 정보시스템의 활용 등이다.

추구하는 개선이 공급사슬 구조든 아니면 시스템이든, 그 목적은 불확실성 혹은 재고 보충의 리드타임과 총원가를 줄이기 위해 조율이 원활히 이루어지도록 하는 것이다. 수요와 공급시간의 불확실성이 줄어들어야만 필요한 재고량도 줄일 수 있다. 예를 들어 극단적으로 수요의 불확실성이 전혀 없고 재고 공급도 완벽하다면, 수송재고 이외에는 재고가 필요 없을 것이다. 공급사슬의 각 기업은 자신이 필요한 시점에 정확히 자재가 도착하도록 일정계획을 세울 수 있을 것이다. 마찬가지로, 재고 보충의 리드타임을 줄이면 공급사슬 전체가 재고에 많은 투자를 하지 않고도 최종 수요의 변화에 신속하고 유연하게 대응할 수 있게 된다.

## 16.5 공급사슬 구조의 개선

**LO16.4** 구조적 개선 및 시스템 개선의 비교

공급사슬 구조의 변경은 보통 대대적이고 획기적으로 공급사슬의 요소를 재조정하는 것이다. 이러한 변경은 흔히 장기적이고, 많은 자본이 요구된다. 공급사슬 구조를 변경하고 개선하는 방법은 여러 가지가 있으며, 몇 가지 예는 다음과 같다.

1. 전방통합과 후방통합
2. 프로세스의 획기적인 단순화
3. 공장, 창고, 혹은 소매점의 입지 재구성
4. 제품의 획기적인 재설계

**전방통합**(forward integration)과 **후방통합**(backward integration)은 공급사슬 내의 소유권 분포와 관계가 있다. 예를 들어 어느 제조기업이 물류기업을 인수하고 그 창고를 통해서만

자라는 시장수요의 변화에 신속하게 대응하려고 수직통합을 택했다.

© Andrey Rudakov/Bloomberg via Getty Images

자사 제품을 유통하기로 결정한다면, 이것은 시장을 향한 전방통합이다. 만약에 제조기업이 부품 공급업체를 인수한다면 이것은 공급사슬 안에서의 후방통합이다. 만약에 한 기업이 전체 공급사슬을 소유한다면 이것은 완전한 수직통합이 된다.

자라(Zara)는 스페인 기반의 글로벌 의류소매기업으로서, 80여 개 국가에서 2,200개 이상의 매장을 지원하기 위해 공격적인 수직적 통합을 성공적으로 진행해 왔다. 자라는 디자인, 생산, 유통, 소매 등을 모두 통합함으로써 인건비가 싼 나라에서 아웃소싱하는 의류업의 관행을 깼다. 자라는 생산설비를 자체 소유함으로써 소량생산 방식으로 의류생산을 해당 계절에 85% 이상 할 수 있다. 그리고 자체 공급사슬에서 수요정보를 수집하고 전달할 수 있도록 IT에 투자를 함으로써 시장추세의 변화에 신속하게 대응할 수 있으며, 디자인에서부터 매장까지 걸리는 제품 출시시간을 단 2주일로 단축했다.

출시시간 단축의 효과 이외에도, 투자수익률이 좋다면 수직통합이 공급업체나 유통업체의 이익까지도 취할 수 있게 한다. 하지만 수직통합에서는 기술 변화를 유연하게 수용하기 어렵고, 규모의 경제성을 얻지 못할 수 있는 단점도 있다. 그럼에도 불구하고 전방통합과 후방통합의 결정은 다른 투자결정과 마찬가지 방식으로 분석될 수 있고, 공급사슬의 성과를 향상시키는 열쇠가 될 수 있다.

획기적인 **프로세스 단순화**(process simplification)는 프로세스가 복잡하고 낙후되어 대대적인 변화가 요구될 때 사용될 수 있는 수단이다. 이 경우, 기존 프로세스를 무시하고 무에서부터 새롭게 설계하는 백지설계방식(clean-slate approach)을 사용한다. 이는 사업모델을 근본적으로 바꾸는 것일 수도 있고, 정보시스템을 대대적으로 바꾸는 것일 수도 있다. 예를 들어 3M사가 포스트잇의 공급사슬을 바꾼 사례를 보자. 공장 운영을 고객 수요가 주도하는 풀 시스템(pull system)으로 바꾸었고, 신속한 생산품목 교체, 소매점 재고의 일별 보충, 일별 고객 수요에 기초한 반응적 생산일정 수립 등을 도입했다. 이로써 99%의 주문충족률, 1일분 미만의 재공품 재고, 기계 준비시간의 단축(2시간에서 13분으로), 신제품 도입기간의 단축(80일에서 30일 미만으로) 등의 성과를 거두었다.

공급사슬을 재설계하는 세 번째 방법은 공급업체, 공장, 물류창고, 또는 소매점의 수와 구성을 변경하는 것이다. 때로는 유통시스템이 더 이상 적합하지 않은 상황으로 변한다. 예를 들어 공급업체의 수가 너무 많아 그 수를 절반 정도로 줄이는 결정을 많은 기업들이 단행했다[**공급기반 감축**(supply base reduction)]. JIT 배송을 보증하는 최상의 공급업체나 인증된 공급원만을 파트너로 선택하는 식이다. 공급사슬 구조의 변경 사례가 유럽 시장이 통합되는 과정에서 나타났다. 기업들은 기존보다 적은 수의 공장과 창고만 있으면 된다는 것을 알게 되어 생산설비와 유통설비를 완전히 새롭게 구성하게 되었다.

공급사슬 재구성은 **아웃소싱**(outsourcing)이나 **오프쇼어링**(off-shoring)과 같은 방식으로 이루어지는 경우가 많이 있다. 오프쇼어링은 기업이 자체적으로 수행했던 작업을 해외의

## 운영선도사례  보잉 787 드림라이너

© Kevin P. Casey/Bloomberg via Getty Images

'787 드림라이너(Dreamliner)'는 보잉사의 초효율 상업용 항 공기이다. 이 기종에는 787-8, 787-9, 그리고 787-10의 세 가지 모델이 있다. 개발기간이 3년이나 지연되었고, 마침 내 2011년 12월에 승객운송을 시작하게 되었다. 2015년까지 350대 이상이 납품되었다.

보잉 787 드림라이너가 인상적인 기종인 이유는 연비가 우 수하다는 점 이외에도 여러 가지가 있다. 그중 하나는, 합성물 질의 비중이 777 기종에서는 10~12%인 데 비해 드림라이너

는 50%를 사용하고 있다. 그리고 제품개발 과정과 글로벌 공 급사슬이 이전과는 달랐다. 설계에는 해외의 최고 전략적 파 트너 기업들이 참여했고, 이들이 궁극적으로 약 50%의 부품 을 공급하게 되었다. 나머지 50%의 부품들은 워싱턴주 에버 렛 공장에서 생산되고 조립되고 있다. 이 모든 부품들은 사우 스캐롤라이나 공장으로 육로, 해상, 항공 운송수단을 이용해 이동되어 최종 조립되고 있다.

해외 아웃소싱과 부품 제휴사에는 프랑스 메시에르 부가 티(전자 브레이크), 영국 롤스로이스(엔진), 이탈리아 알제니 아 에어로노티카(수평 안정계), 일본 미쓰비시 중공업(날개 박 스), 중국 청두항공기공업그룹(방향타) 등 명성 있는 기업들이 포함되어 있다. 이들 전략적 파트너를 선정하는 의사결정에 는 설계비용이나 제조비용보다는 기술적 전문성과 이들 국가 의 항공사에 판매할 가능성 등이 고려되었다. 일본의 ANA 항 공사가 보잉 787기종을 최초로 인도받았으며, 전 세계적으로 60개의 항공사로부터 1,150대의 주문을 받은 상태이다.

출처 : aerospaceweb.org/aircraft/jetliner/b787, www.boeing.com, 2016.

자사 시설로 이관하는 것이다. 아웃소싱은 내부적으로 수행했던 작업을 다른 기업(자국 또 는 외국)에 위탁하는 것을 말한다. 자국에서 자체적으로 수행했던 작업을 타국의 다른 기 업으로 옮긴다면 '오프쇼어 아웃소싱'이라고 부르는 것이 적절한 명칭이다. 오늘날 미국의 제조기업들이 오프쇼어 아웃소싱을 대대적으로 하고 있으며, 복잡한 제품의 주요 구성품 이 세계 도처의 기업들에 의해 설계되고 생산된다. 낮은 인건비가 아웃소싱의 주요 동인이 지만 그것이 유일한 이유는 아니다. 보잉 787 기종의 개발과 생산에서 보잉사가 어떤 접근 법을 사용했는지를 운영선도사례에서 설명하고 있다.

획기적인 제품 재설계는 공급사슬 개선을 위한 또 다른 방법이다. 어떤 기업은 제품의 종류가 너무 많고 그중 일부 모델은 매출이 극히 소량인 문제를 제품라인을 정리하고 모듈 방식으로 제품을 재설계하는 방식으로 개선했다. 예를 들어 휴렛 팩커드는 여러 나라의 상 이한 전압규격 때문에 레이저프린터 모델이 너무 많은 것을 발견하고, 전원장치 모듈을 교 체 가능하도록 제품 설계를 변경했다. 전원장치는 조립의 가장 마지막 단계에서, 그 제품 이 판매될 국가에 맞도록 설치되도록 했다. 그 이외의 모든 부품은 국가 간에 공통으로 사 용할 수 있도록 했다. 이러한 전략을 **지연전략**(postponement strategy)이라고 부르며, 이를 통해 휴렛 팩커드는 수백만 달러의 비용을 절감했다.

많은 글로벌 기업들이 휴렛 팩커드의 모듈화 전략을 자사의 제품 설계에 적용했다. 모

듈화 제품 설계는 대량고객화(mass customization)를 가능케 하고, 프로세스 흐름의 단순화, 프로세스 복잡성의 경감, 재고투자의 감소, 원가 절감 등 많은 효과를 제공한다. 게다가 이 것이 공급사슬을 재구성하게 만드는데, 모듈화의 유형에 따라서 공급업체 선정 및 관리방 식, 계약방식, 지리적 근접성 등이 영향을 받기 때문이다.

## 16.6 공급사슬 시스템의 개선

공급사슬 시스템의 개선은 기존 공급사슬의 구조 혹은 구성 내에서 이루어진다. 이러한 변 화는 흔히 공급사슬의 '연성(soft)' 영역에 해당하는 사람, 프로세스, 정보시스템에 대해 이 루어진다. 공급사슬의 구조적 배치가 주어진 상황에서 공급사슬을 운영하는 방식을 바꾸 는 것이다. 다시 말해 수직적 통합, 공장과 물류창고의 수와 유형, 제품 및 프로세스 설계 등과 관련된 결정은 이미 이루어졌다고 보는 것이다.

그렇다고 해서 공급사슬 시스템의 개선이 큰 영향을 주지 않는다는 의미는 아니다. 공 급사슬 시스템 개선의 목표도 마찬가지로 공급사슬 내에서 불확실성의 근원, 시간, 비용을 줄이는 것이다. 공급사슬 시스템의 개선도 공급사슬 구조의 개선만큼이나 획기적이고 중 요한 영향을 줄 수 있다. 공급사슬 시스템 개선의 방법은 여러 가지가 있으나 우리는 다음 의 세 가지를 강조할 것이다.

1. 다기능팀 및 공급업체/고객과의 파트너십
2. 린 시스템
3. 정보시스템

오늘날 다기능팀의 운영은 많은 기업에서 일반적이다. 그 목적은 기업 내 여러 기능부서 간의 부족한 조율기능을 보완하는 것이다. 예를 들어 흔히 기업들은 다기능팀을 조직하여 S&OP를 수립하고 관리한다. 그 팀에는 마케팅/영업, 생산운영, 인적자원, 회계/재무기능 을 대표하는 구성원으로 조직된다. 다기능팀에서 미래의 수요를 예측하고, 총괄계획과 재 고를 계획하며, 각 기능은 동일한 계획으로 실행에 옮긴다. 이같은 다기능팀이 없다면, 마 케팅은 수요예측을 하고, 운영기능은 자신의 예측으로 생산계획을 세우며, 필요한 생산능 력에 맞는 투자가 재무기능에서 이루어지지 못한다. 즉 기능별 격리(silo)가 발생하여 모두 가 동일한 목적으로 실행해야 할 계획이 부재하는 문제가 생긴다.

공급업체 및 고객과의 **파트너십**(partnerships)은 다기능팀이 기업 내에서 조율 역할을 하 는 것처럼 기업 간에 조율 역할을 한다. 파트너십은 상호의 이익을 위해 장기적인 관계를 구축하려는 의지가 쌍방에게 있어야 가능하다. 또한 상호 간에 신뢰가 있어야 한다. 보통 은 파트너 기업들의 구성원이 한 팀을 만들어 중요한 개선 프로젝트를 협력 속에서 진행하 게 된다. 실제 사례로서, 어느 가전업체의 엔지니어가 수개월간 고객 기업의 엔지니어와 함께 신제품 개발 프로젝트에 참여한 사례가 있다. 이 팀의 작업이 매우 효과적으로 진행

## 운영선도사례  ECR Europe

1994년에 유럽의 식품 산업 내에 ECR Europe이라는 파트너십 조직체가 발족되었다. 이 조직체가 결성된 배경에는 그 당시의 변화하는 사업환경이 깔려 있다. 더 넓은 선택폭, 쇼핑의 편리성, 더 나은 서비스, 제품품질의 향상, 신선도 등에 대한 소비자의 높아진 관심과 함께, 첨단정보기술, 심화되는 글로벌 경쟁, 수익률 감소 등으로 인해 생산업체와 소매업체 간의 괴리, 업체 간 실질적인 조율과 협력이 부재한 구조로는 어렵다고 생각했다. ECR Europe을 결성한 의도는 비용을 줄이면서 식품 공급사슬이 소비자 수요 변화에 더 민감하게 반응하도록 하자는 것이었다.

벨기에 브뤼셀에 본부를 둔 ECR Europe은 다른 유럽 국가들에서 유사한 조직체가 만들어지고, 또한 ECR Asia, ECR Australia, ECR Brazil 등 유럽 이외의 지역에서도 유사한 조직체가 만들어지는 데 영향을 주었다. 오늘날 ECR Europe은 이들 국가별, 국제 간 단체와 긴밀히 협력하면서 소비자의 요구가 '더 우수하게, 신속하게, 저렴하게'(ECR Europe의 미션) 충족될 수 있도록 새로운 협력 프로젝트를 지원하고 있다. 현재 진행 중인 프로젝트를 예로 들면 공급사슬에서 식품의 자연소멸 감소, 수요충족 최적화의 방법 개발과 실천, 친환경 포장 등에 관한 프로젝트들이 있다. 프로젝트의 결과는 ECR Europe의 출판물, 연차 회의, ECR Europe의 지식 창구인 국제상업기구(International Commerce Institute, http://www.ecr-institute.org) 등을 통해 널리 공유되고 있다.

되었고, 마침내 양사의 경영자에게 최종결과를 보고하게 되었다. 이 자리에서 한 경영자가 다른 기업의 경영자에게 "누가 우리 직원이고, 누가 귀사의 직원이죠?"라고 물을 정도로 이 팀은 융합이 잘 되어 팀원을 구분하기가 어려울 정도였다.

식품업계에 또 다른 사례가 있다. 소매 단계에서는 수요가 주별로 5% 정도로 변동하지만, 도매와 생산자 단계에서는 변동폭이 2~4배까지 증가하는 채찍효과가 나타난다. 채찍효과를 줄이기 위해 소매업체, 도매업체, 생산업체 간 파트너십을 맺고 소위 ECR(efficient consumer response)로 불리는 방식을 시행했다. ECR은 효율적으로 고객 수요에 대응하도록 수요와 공급사슬을 관리하는 것을 목표로 한다. 이와 같은 공급사슬 파트너십 기법과 그에 의한 글로벌 영향력을 운영선도사례에서 설명하고 있다.

공급사슬 개선을 위해서는 흔히 공급사슬 내 각 기업에서 준비시간 단축을 위한 린(lean)의 원칙과 기법이 필요하다. 맥킨지 보고서에 의하면 우수한 공급사슬의 성과와 열악한 공급사슬의 성과를 판가름하는 핵심 경영기법 중 하나가 린이라고 지적했다. 린 시스템으로 공급사슬에서의 준비시간을 줄인다면, 이는 재고 보충의 리드타임과 공급사슬 스루풋시간의 단축으로 이어진다. 그리고 전체 공급사슬에 걸쳐 제품을 생산하고 운송할 때의 로트크기를 경제적으로 줄일 수 있다. 로트 크기가 작아지면 공급사슬 내 재고도 줄어들고, 재고회전율이 빨라지며, 시장수요를 보다 정확하게 충족할 수 있다. 또 다른 린의 요소로서 5S와 기준생산계획의 안정화도 공급사슬의 사이클시간과 재고를 줄이는 데 도움이 된다.

정보시스템의 변화도 공급사슬에서 매우 중요하다. 정보는 공급사슬에서 상류와 하류 모두의 방향으로 전달되어야 한다. 하류로 전달되는 정보로는 생산량, 재고수준, 인보이스(invoice), 주문의 선적 상태 등이고, 상류로 전달되는 정보에는 채찍효과를 줄이고 계획 수립을 용이하게 하도록 수요예측 및 미래의 발주계획 등이 포함되어야 한다. 상류로 일어나는 흐름에는 대금지불과 함께 지불 상태의 정보도 있다. 그리고 고객으로부터의 반품과 재활용품도 해당 정보와 함께 상류로 흐르게 된다. 이렇듯 공급사슬의 파트너십이 효과를 발휘하기 위해서는 정보가 양방향으로 흐르는 것이 중요하다.

## 16.7 기술과 공급사슬관리

**LO16.5** 공급사슬에서 기술발전의 영향

공급사슬 구조 및 시스템의 개선이 원가, 불확실성, 비용의 절감에 도움을 줄 수 있지만, 이러한 개선에는 흔히 공급사슬 내 업체 간 조율을 원활하게 해주는 첨단기술을 활용하게 된다.

예를 들어 인터넷은 기업 간 혹은 기업과 고객 간 거래방식뿐 아니라 공급사슬의 구조까지도 바꾼 파괴적 기술이다. 인터넷 덕분에 전자상거래(e-commerce)가 번창하고 있으며, e-구매, 주문 입력, 인터넷 경매 형태의 기업 간 **B2B**(business-to-business) 연결을 통해 기업 간 제품 및 서비스 거래가 원활해지고 있다. 마찬가지로, **B2C**(business-to-consumer) 연결로 전통적인 기업이 제품과 서비스 판매를 위한 대안적인 유통채널을 구축하고 있다. 그 예에는 Walmart.com, Target.com, BestBuy.com 등이 있다.

동시에 인터넷으로 재화를 판매하는 인터넷 소매업체가 등장했으며, Amazon.com, eBay.com(옥션), eBags.com(가방), Expedia.com(여행) 등이 그 예다.

공급사슬의 관점에서 인터넷은 기업들 사이에, 그리고 최종소비자에게까지 연결될 수 있도록 해 준다. 이러한 상호 연결을 통해 공급사슬 내 통합이 용이해지고, 신속하고 정확한 정보 교환이 촉진되어 기업 간 조율이 더욱 잘 이루어지고 있다. 예전에는 가질 수 없었던 정보가 이제 공급사슬 내 여러 계층에 공유될 수 있다. 그 결과, 인터넷은 공급사슬의 흐름을 가속화하고, 동시에 비용을 낮추게 만들고 있다. 시스코의 운영선도사례에서 어떻게 이 기업이 인터넷을 활용해 공급사슬을 관리하는지를 보여주고 있다.

모든 공급사슬에서 인터넷이 획기적인 영향을 미치고 있는 프로세스는 다음의 두 가지이다.

1. 주문발주(order placement)
2. 주문충족(order fulfillment)

주문발주 프로세스는 고객으로부터의 주문 입력뿐 아니라 주문을 입력하기 전의 정보 제공도 포함한다. 예를 들어 어떤 고객은 특정 제품을 주문하기 전에 그 재고가 있는지, 배송에 얼마나 걸릴지 등을 알고 싶어 할 것이다. 공급업체가 웹사이트에 이러한 정보를 제공하면 고객은 신속히 그 정보를 얻을 수 있다.

인터넷은 주문발주를 신속하고 정확하게 만들어준다. 온라인으로 주문을 받으면 누락된 정보를 확인할 수 있고, 고객이 정확한 선택을 하도록 선택메뉴를 제공할 수 있다. 고객

## 운영선도사례   시스코 이야기

시스코시스템스(Cisco Systems, Inc.)는 인터넷 네크워킹 부분의 세계적 선도기업이다. 시스코가 제공하는 인터넷 프로토콜(IP) 기반의 네크워킹 솔루션은 인터넷뿐 아니라 전 세계 대부분의 기업, 학교, 정부 네트워크의 근간을 이룬다. 시스코는 전 세계에서 71,000명을 고용하고 있다.

**CISCO SYSTEMS** ®

시스코는 핵심 프로세스를 통합하기 위해 인터넷 기술을 사용하여 업무의 표준을 설정했고, 그 결과는 놀라웠다.

• 90%의 주문을 온라인으로 수주
• 온라인 월매출이 35억 달러를 초과

• 현재 82%의 서비스 요청을 인터넷으로 해결
• 고객만족의 획기적인 향상

시스코의 CEO인 존 챔버스(John Chambers)는 다음과 같이 말했다. "시스코의 성공과 생산성 향상은 우리의 업무에 인터넷 응용 프로그램을 도입한 데 따른 것입니다. 새로운 비즈니스 모델을 창출하기 위해 인터넷의 위력을 활용하는 능력이 오늘날 빠르게 움직이는 경제 속에서 생존과 경쟁의 성패를 좌우하고 있습니다."

출처 : www.cisco.com, 2015.

이 특별한 주문을 할 경우, 공급업체에게 제품사양을 전달할 수 있고, 주문충족이 정확하게 이루어졌는지를 확인할 수 있다. 주문을 입력한 후에는 인터넷을 통해 고객에게 생산과 발송 상태를 알릴 수 있다. 이렇듯 인터넷은 주문발주 프로세스를 매우 원활하고, 효율적이며, 실수가 없게 만들어준다.

같은 방식으로 인터넷은 주문충족 프로세스를 개선해 준다. 오늘날 계획 수립 기술이 발전함에 따라 생산업체가 받은 주문정보를 기업 내에서 즉시 공유하고 그에 따른 생산 혹은 재고의 보충을 할 수 있다. 주문정보에 따라 필요한 부품을 생산하고, 외부조달의 자재를 구매하도록 관리할 수 있다. 게다가 최신 기술은 공급업체에게 직접 발주를 내주며, 공급업체는 현재의 주문뿐 아니라 미래의 계획된 주문까지도 파악할 수 있게 해 준다. 이러한 방식으로 공급사슬 전체가 온라인으로 연결된다.

주문발주와 주문충족 프로세스로부터 얻는 거래정보는 의사결정의 향상을 위해 **분석기법**(analytics)을 이용할 수 있게 해 준다. 주문발주로부터 얻는 고객 수요의 데이터를 분석해서 미래 수요의 예측치를 얻을 수 있으며, 이 예측치는 S&OP 프로세스에 투입되어 미래의 생산 수준을 계획할 수 있다. 그에 따른 기준생산계획을 이용하여 공급업체에게 발주를 함으로써 공급사슬 전체가 고객 수요와 연계되어 움직이게 된다. 또 다른 분석기법으로 생산계획을 시뮬레이션하고, 필요한 인적자원과 장비를 예측해 주는 기법도 사용된다.

기업은 보다 우수한 정보기술과 분석기법을 사용함으로써 재고수준을 줄이면서 고객 수요를 충족시킬 수 있게 되었다. 고객주문을 신속히 충족시키고 사이클시간이 감소되면 재고도 줄어든다. 정보시스템은 공급사슬 전체의 속도를 높이고 길이도 줄일 수 있게 해 준다. 따라서 정보기술과 분석기법은 공급사슬이 기능하는 데 필요한 요소일 뿐 아니라 재고를 줄여주는 효과도 제공한다.

# 16.8 공급사슬의 위험요소와 탄력성

LO16.6 공급사슬의 위험 및 탄력성의 개념과 위험관리 방안

현대의 공급사슬은 여러 국가에 걸쳐 있으면서 수많은 공급업체와 고객들로 구성되어 있다. 이러한 복잡성으로 인해 공급과 수요에서 예기치 않은 붕괴의 위험이 높아졌다. 기업들은 린 시스템과 기타 다양한 재고 감축기법을 사용하여 공급사슬에서의 재고와 원가를 줄이는 노력을 해 왔다. 그 결과, 공급사슬 붕괴로부터 회복되는 능력이 약화되었고, 더 높은 위험에 노출되어 있다. 공급과 수요에서의 예기치 않은 붕괴(자연재해 혹은 인위적 붕괴)에 신속히 대응할 수 있는 능력을 우리는 **공급사슬 탄력성**(supply chain resilience)이라 일컫는다.

2011년 3월에 역사상 최악의 지진, 쓰나미, 원자력 발전소의 재앙이 일본을 덮쳤고, 토요타의 공급사슬은 파탄에 빠졌다. 토요타의 린 생산시스템은 수요와 공급의 높은 가시성과 함께 최소의 재고를 바탕으로 하고 있었다. 재앙이 발생하자 공급부족문제가 발생한 부품 수가 500개에 달했고, 따라서 생산이 심각하게 제약받는 상황에 빠졌다. 4개월 후 공급부족 부품 수는 30개로 줄었으며, 생산량은 생산능력의 90% 수준으로 회복될 수 있었다. 하지만, 2011년의 토요타 생산과 판매는 전년에 비해 21%가 줄어들게 되었다.

일본 내 기업 중에서는 토요타보다 탄력성이 높은 제조기업들도 있었다. 애플의 아이패드2의 경우, 당시에 막 출시되었는데 생산의 손실이 적을 수 있었던 것은 일본과 타 국가에서 복수의 공급업체를 갖고 있었기 때문이다. 후지쯔는 지진의 진원지 근처에 반도체 공장이 있었지만 다른 반도체 기업보다도 신속히 회복했다. 물론 2011년 3월의 재앙은 예외적인 사건이었지만 공급사슬의 탄력성이 어느 정도로 계획되어야 하는지에 대한 질문을 던지게 되었다. 거기에는 생산의 효율성, 낮은 재고수준, 예기치 않은 사건에 대한 탄력성 사이에서 균형을 맞추어야 할 것이다.

공급사슬의 예기치 못한 붕괴를 야기하는 요소는 많이 있다. 이에는 파업, 불경기, 가격 변동, 자연재해, 공장 내부의 문제, 예상 밖의 수요 등이 포함되며, 이 모두를 공급사슬 탄력성을 계획할 때 고려해야 한다. 공급사슬 탄력성을 갖추고 있다면 붕괴의 사건이 발생하더라도 정상적인 생산능력으로 회복되는 것이 용이해진다. 그렇지만 모든 가능한 붕괴적 사건에 대비하는 것은 불가능하다. 특히 불가항력적인 자연재해의 경우가 그렇다. 따라서 탄력성을 어느 수준까지 갖추어야 하는지가 관건이다.

탄력성의 수준은 붕괴에의 대응계획 수립, 조기 발견, 신속한 행동을 할 수 있는 능력으로 결정된다. 〈그림 16.4〉의 예시를 보면, 기업 B가 기업 A보다 탄력성이 더 높은 것을 보여준다. 기업 A는 위험경감시스템을 갖고 있지 않아서 매출, 이익, 시장점유의 하락이 기업 B(위험경감시스템을 갖추고 지속적으로 잠재 붕괴요소를 관찰)보다 크게 발생하게 된다. 〈그림 16.4〉에서 공급사슬 붕괴의 사건이 시점 T에서 발생하면, 기업 A가 시점 A1에서야 그 사건의 발생을 감지하는 데 비해 기업 B는 보다 앞서 시점 B1에서 감지하게 된다. 그리고 기업 B는 기업 A보다 위기에 더 신속히 대응하는 것을 보여준다. 공급사슬 붕괴의 사건이 발생하면 사업의 지속성을 유지하기 위한 신속한 조치가 필요하다. 지속성 유지의 계

그림 16.4
공급사슬의 위험경감
프레임워크

출처 : *APICS Magazine* 22,
no. 1 (January/February
2012).

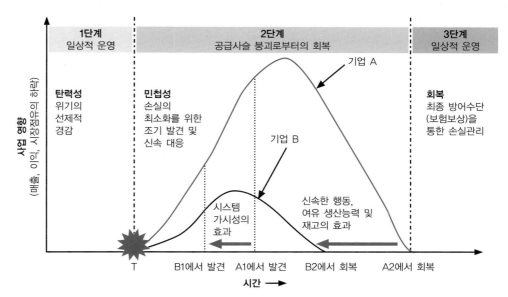

— 공급사슬 붕괴가 위험경감시스템이 없는 기업 A에 미치는 영향
— 공급사슬 붕괴가 위험경감시스템을 갖추고 지속적으로 관찰한 기업 B에 미치는 영향

획을 실행에 옮기고 위험경감의 조치를 즉각적으로 취해야 한다.

위험경감 조치에는 3단계가 있다. 1단계에서는 붕괴 사건이 발생하기 전에 선제적인 행동계획이 필요하다. 2단계에서는 붕괴가 일어나는 과정에 손실을 최소화하는 데 중점을 두고, 3단계에서는 사후적인 회복조치에 역점을 둔다. 각 단계에서 취해야 하는 행동을 〈표 16.1〉에서 전략적 및 운영적 측면에서 정리해 보여주고 있다.

중요한 점은 사전에 계획을 수립하고, 붕괴 사건을 조기에 발견하고, 신속한 대응을 취하면 공급사슬 탄력성이 높아진다는 점이다. 여유 생산능력을 갖추고, 대안의 공급원을 갖고 있고, 재고도 더 많이 보유하고 있을 필요가 있기 때문에 공급사슬의 효율성이 저하될 수도 있다. 따라서 이들 사이의 균형이 요구된다.

**공급사슬 위험의 분석**

〈표 16.1〉에서 첫 번째 단계는 붕괴 사건을 예방하는 선제적 계획을 수립하는 것이다. 대부분의 기업들은 자신의 공급사슬이 공급사슬 위험에 얼마나 대응능력이 있는지를 알지 못한다. 또한 자신이 위험에 노출되어 있는지를 측정하는 방법론도 갖고 있지 못하다. 그래서 공급사슬의 붕괴 사건이 발생하면 그 피해는 매우 심각할 수 있다. 사업을 지속하지 못할 수도 있고, 자신의 제품을 시장에 공급하지 못할 수도 있다. 그러면 기업 명성에 부정적인 영향을 줄 것이며, 브랜드 가치와 주주 가치를 떨어뜨릴 수 있다. 따라서 공급사슬 위험을 신중하게 평가하고, 가능하다면 경감시켜야 한다.

**공급사슬 위험**(supply chain risk)이란 공급사슬의 붕괴 사건으로 손실이 발생하게 될 가능성을 뜻한다. 붕괴 사건이 발생할 가능성과 그로 인한 손실의 크기를 고려해야 한다. 그 손실은 적게는 부품을 항공으로 운송해야 하는 비용이 될 수도 있고, 많게는 전체 공급사슬

표 16.1   공급사슬 탄력성 구축의 프레임워크

출처 : *APICS Magazine* 22, no. 1 (January/February 2012).

| | 선제적 대응계획 수립 | 피해 최소화의 대응 | 사후적 회복 |
|---|---|---|---|
| 전략적 | • 기업 차원에서 공급사슬 위험 측정<br>• 소싱의 총비용에 위험을 반영하여 수정<br>• 가능한 모든 시나리오에 대해 실천 가능한 계획을 수립<br>• 붕괴 사건 발생 시 의사결정 권한자를 규정<br>• 생산능력을 늘리고 재고의 가시성을 개선하는 투자 | • 생산 효율성보다는 사업의 지속성을 더 강조하는 패러다임 변화<br>• 믿을 수 있는 대체원으로부터의 공급을 승인하고, 우선순위의 대안이 실패한 경우 대체 운송거점과 생산설비를 활용(주공급원에 발생한 위험이 대체 공급원으로 전파되는 것을 차단) | • 다음의 사항에 대해 공급사슬을 재평가<br>  －대응계획의 효과<br>  －붕괴 사건의 조기 발견 시스템의 효과<br>  －소싱의 총비용 평가의 타당성<br>  －미래 붕괴 사건에 대한 공급사슬의 대응력 |
| 운영적 | • 공급업체의 선정기준<br>  －위험을 반영한 총소싱비용<br>  －공급업체 대응계획의 효과성<br>• 운영환경이 다른 대체 공급업체의 확보<br>• 핵심 부품의 안전재고를 충분히 보유<br>• 공급사슬 붕괴의 가능성을 지속적으로 관찰<br>• 정보시스템의 백업 | • 붕괴 사건이 공급사슬에 미치는 모든 영향을 진단<br>• 종업원의 안전과 운영의 지속을 위한 대응계획을 실행<br>• 기업 내부 및 공급업체의 조달 가능한 생산능력을 가동하는 신속한 조치<br>• 상황을 계속적으로 모니터링 | • 붕괴로 인한 실패요소, 원인 및 영향 분석, 동일 산업 내 기업들과의 상대적 비교분석을 포함하는 보고서 작성<br>• 손해보험 청구를 위한 체계적 손실 보고서 작성 |

붕괴 이전      →      붕괴 진행      →      붕괴 이후

이 오랫동안 제 기능을 하지 못하는 것일 수 있다.

공급사슬 위험은 공급사슬의 각 단계에서 줄일 수 있다. 그 단계는 공급업체, 물류창고, 또는 재고를 보유하는 지점 등이다. 간단한 예로 공급업체 단계에서 위험을 줄이는 것을 생각해보자. 그 위험은 다음의 방법으로 줄일 수 있다.

- 공급업체 단계에서 보유하는 재고를 늘린다.
- 서로 생산을 대체할 수 있는 두 공급업체를 보유한다. 이들은 지리적으로 떨어져 있어야 하며, 그렇지 않다면 홍수, 태풍, 돌풍, 쓰나미 등의 자연재해로부터 동시에 붕괴될 수 있다.
- 단일 공급원을 현재 사용하고 있다면 신속히 공급해 줄 수 있는 잠재 공급업체를 준비한다.

모든 위험요소를 완전히 제거하는 것은 감당 못할 비용을 발생시킨다. 따라서 이슈는 지금의 공급사슬에 어느 정도의 위험이 내포되어 있고, 이 수준의 위험이 비용 측면에서 허용되는 수준인지다.

대부분의 기업들은 위험을 평가할 때 구매지출이 많은 공급업체들을 대상으로 하고 있다. 80-20 법칙이 공급업체에게도 적용된다. 즉 80%의 구매지출이 20%의 공급업체로부터 발생한다는 법칙이 적용되기에 상위 20%의 공급업체를 주시하는 것이다. 하지만 저렴한 부품이라 할지라도 생산의 중단을 야기하기 때문에 이 법칙에 의존하는 것은 좋은 방법이 아니다. 예를 들어 코트 생산업체는 단추 하나만 없어도 출하할 수 없을 것이다. 제품을 구성하는 모든 부품을 갖추는 것이 중요하므로 저가 부품의 경우는 충분한 재고를 보유하는 것이 상대적으로 경제적일 것이다. 중요한 점은 모든 공급업체로부터의 위험을 평가하는 방법론을 갖추고 있는 것이다.

포드자동차는 자체 위험분석법을 개발하여 다른 기업들에게도 전파했다.[2] 그 분석법은 다음과 같다.

1. 각 공급업체에 대해 $T_R$(=재난으로부터 회복되는 시간)을 계산한다. 이 시간은 공급업체가 다시 생산을 재개하는 데 걸리는 시간으로서, 물론 재난의 심각성 수준을 가정하고 계산한다.
2. 각 공급업체에 대해 PI(=$T_R$ 동안에 발생하는 성과에의 영향)를 계산한다. 이는 공급사슬 붕괴의 기간 동안 발생하는 이익손실을 일반적으로 의미하고, $T_R$이 길수록 이 값도 커진다.
3. 각 공급업체에 대해 $T_S$(=공급사슬이 다시 공급과 수요를 일치시키기 위한 최대 소요시간)를 계산한다. 이는 보유 재고량과 대체 공급업체를 동원하는 데 걸리는 시간에 의해 결정될 것이다.

이상적으로는 모든 공급업체에 대해 $T_R < T_S$가 되는 것이다. 그런 경우 공급업체가 재난으로부터 회복되는 동안에 공급사슬은 정상으로 복구될 수 있다.

이 분석법으로 포드는 2,100개 이상의 1차, 2차, 3차 공급업체에 대해 $T_S$, $T_R$, PI를 계산했다. 그 결과, 재난기간 동안에 전체 공급사슬이 입는 이익손실의 영향을 25억 달러로 추산했고, 1차 공급업체의 $T_R$은 1~2주 사이였다. 이 정도의 $T_R$은 $T_S$가 그 이상이라면 수용할 수 있는 수준일 것이다. 그러나 $T_S$가 공급업체에 따라 차이가 매우 컸으며, 600개 이상의 공급업체는 1주 이하였고, 50주 이상이 되는 공급업체도 150개가 되었다. $T_S$가 1주 이하인 600개 업체는 공급사슬이 복구되는 기간 동안 재난으로부터 회복되지 못한다는 의미이다. 그 이유는 이들 업체의 단계에서 재고보유가 너무 적거나 대체 공급원이 많지 않고, 반면에 다른 단계에서는 정반대이기 때문일 것이다. 따라서 $T_S$가 작은 단계에서 포드는 재고와 공급업체의 수를 늘렸고, 그 결과로 $T_R < R_S$가 되어 공급사슬의 탄력성이 높아졌다.

공급사슬 탄력성을 높이는 데는 비용이 발생한다. 어느 기업들은 린 시스템을 도입하여 공급사슬 붕괴 사건을 예방하기 어려운 수준으로 재고를 줄였다. 다른 기업의 경우, 공급

---

[2] David Simchi-Levi webinar, Oct. 21, 2015.

업체의 수를 줄이는 결정을 하여 공급사슬 탄력성이 떨어지는 결과가 되었다. 따라서 탄력성의 정도 및 그에 해당하는 비용을 신중하게 평가하여 선제적 예방계획의 일환으로 포함시키는 것이 필요할 것이다.

## 16.9   지속가능 공급사슬

**LO16.7 공급사슬의 지속가능경영**

**지속가능성**(sustainability)은 미래 세대의 니즈를 희생시키지 않으면서 현재의 니즈를 충족시키는 것을 의미한다. 이는 일반적으로 현재와 미래의 세대를 위해 천연자원(공기, 물, 토지, 에너지)을 친환경적으로 유지하는 것을 뜻한다. 지속가능성의 개념에서는 사회적 요소와 경제적 요소도 포함한다. 사회적 요소는 안전한 작업환경, 지역사회의 참여, 근로자 작업방식의 개선 등과 관련되고, 경제적 요소는 주주에 대한 재무적 책임과 관련된다. 따라서 지속가능성은 모든 이해관계자를 위한 사회적 및 재무적 책임을 다하면서 환경을 보존하는 것을 의미한다. 흔히 이를 기업 및 공급사슬의 환경적, 사회적, 재무적 성과를 뜻하는 **TBL**(triple bottom line)로 부르고 있다.

TBL은 기업활동에 이해관계를 갖는 모든 사람이라는 개념을 전제로 하고 있으며, 이에는 주주, 지역사회, 정부, 종업원, 공급자, 고객 등을 포함한다. 이들 중 어느 누구도 이용당하지 않으면서 모두의 이익을 위해 노력하는 것이 TBL의 개념이다. TBL의 회계시스템은 전통적인 회계의 개념을 3P, 즉 사람(people), 이익(profit), 지구(planet)를 포함한 회계 개념으로 확장했다. 따라서 기업들은 TBL을 강조하면서 그 결과를 회계시스템으로도 측정하고 있다.

어떤 사람은 지속가능성의 목표는 비용을 증가시키며 정부규제를 통해서만 달성할 수 있다고 주장한다. 하지만, 다행스럽게도 기업과 그 공급사슬이 정부규제나 추가 비용부담이 없이도 제품과 프로세스의 혁신을 통해 지속가능성을 달성할 수 있는 많은 방법이 있다. 예를 들어 재활용 자재의 사용, 제품 개조 등의 방식으로 쓰레기 매립을 줄이고 친환경을 이룰 수 있다. '바이더야드(By the Yard)'라는 기업은 모든 옥외 가구를 플라스틱 우유통으로 만들고 있다. 그리고 작업자의 생산성 향상과 동기부여를 통한 사회적 방법으로도 원가를 줄이는 결과를 얻을 수 있다. 운영선도사례에서 런던 식품마트의 사례를 참조하라.

지속가능 공급사슬은 한 기업의 운영뿐 아니라 공급사슬을 형성하는 공급업체와 고객기업의 운영을 포함한다. 한 제품 생산에 있어서 공급업체들이 차지하는 자원 사용의 비중이 80%에 이른다. 사회적 측면에서는 신흥국가의 공급업체들에서 노동자의 인권과 작업환경의 문제가 발생하고 있다. 이들 공장에서 화재 발생이나 건물 붕괴로 인해 인명피해가 발생하고, 미성년자를 고용하고, 작업환경의 안전성 문제가 일어나고 있다. 따라서 TBL을 위해서는 공급사슬 전체에 관심을 가져야 한다. 한 사례로, 포장식품의 글로벌 기업인 제너럴 밀스는 '농장에서 식탁까지(farm to fork)' 운동으로 환경적, 사회적 운영을 추구하고 있다. 이를 위해 2022년까지 1억 달러를 투자하여 온실가스를 28% 감축하는 계획을 세웠다. 또한 공급사슬 상류에 유기농 생산지를 25만 에이커로 늘리기로 했다.

## 운영선도사례 친환경 런던 식품마트

© Roger Schroeder

언패키지드(Unpackaged)는 전형적인 식품마트가 아니다. 2006년에 캐서린 콘웨이(Catherine Conway)에 의해 설립된 유기농 식품마트인 언패키지드는 고객으로 하여금 자신의 용기를 가져오게 한다. 고객은 유리병, 통, 종이백, 비닐백, 종이상자 등을 가져와서 쇼핑한 식품을 담아간다. 런던 매장 안에는 유기농 물품들이 통, 버킷, 박스 등에 담겨 있고, 고객은 사고자 하는 물품을 자신의 용기에 담는다. 이 가게가 어떻게 운영되는지는 웹사이트 www.beunpackaged.com에서 동영상으로 볼 수 있다.

콘웨이는 언패키지드의 경영철학에 대한 질문에 다음과 같이 답하고 있다.

우리는 가능하다면 공정무역(Fair Trade) 제품을 구입하고 있다. 항공으로 운송되는 제품은 판매하지 않고, 협동조합에 가입한 공급업체로부터 우선적으로 구입하고 있다. 쓰레기 감축의 세 가지 원칙인 사용량 감소(reduce), 재사용(reuse), 재활용(recycle)을 적용하고 있다. 불필요한 포장은 비싸고, 고객은 포장비와 폐기비용으로 이중 비용부담을 하게 된다. 대부분의 포장물은 궁극적으로는 땅에 매립되거나 소각되어 오염을 야기한다. 물론 재활용되는 것도 일부 있지만 대부분은 그러지 않고 있다.

환경적 영향에서 언패키지드와 다른 전형적인 식품마트를 비교한 보고서가 있다. 이 보고서에 의하면 언패키지드는 전형적인 식품마트에 비해 온실가스를 연간 1.5톤 적게 배출하고 있다(출처 : C. Dowdy, "On the Loose," *Hemisphere*, May 2009, p. 92).

지속가능성은 공급사슬에서 제품 및 프로세스의 혁신을 통해 주로 달성된다. 제품은 보다 친환경적이면서 안전하게 생산될 수 있도록 설계될 수 있으며, 같은 목적으로 프로세스도 재설계될 수 있다. 이러한 혁신이 공급업체들과 연계해서 이루어진다면 공급사슬 전체가 더 낮은 원가로 지속가능 운영을 할 수 있다. 공급업체를 선정할 때도 TBL을 추구하는 공급업체를 선정하는 것이 중요하다.

공급사슬의 지속가능성을 높이기 위해 어느 기업은 3단계의 접근법을 사용하고 있다.

1. 환경적, 사회적, 재무적 목표를 설정한다.
2. 이들 목표를 공급업체와 함께 달성하기 위한 장기계획을 수립한다.
3. 이 계획을 공급사슬 전체적으로 실천한다.

이러한 접근법이 어떻게 행해지는지에 대한 예는 다음과 같다.

**목표**

- 기업과 공급사슬에서 배출되는 이산화탄소를 5년 안에 20% 감소한다.
- 기업과 공급사슬에서 소비하는 물의 양을 3년 안에 30% 줄인다.

- 기업과 공급사슬에서 사용하는 재활용 자재를 4년 안에 40% 늘린다.
- 기업과 공급사슬에서 발생하는 종업원 사고를 3년 안에 거의 제로로 줄인다.
- 공급업체에서의 미성년자 고용과 위험한 작업환경을 1년 안에 제로로 만든다.

### 목표 달성을 위한 계획

- 기업과 공급사슬에서 재생 가능 에너지의 사용, 고연비의 운송수단 사용을 늘리고, 탄소 발자국이 적은 제품 및 프로세스로 재설계하여 이산화탄소 배출량을 줄인다.
- 기업과 공급사슬에서 물의 재활용을 늘리고, 물을 적게 사용하도록 제품과 프로세스를 재설계하여 물 소비량을 줄인다.
- 재활용 자재를 사용하도록 기업의 제품을 재설계하고, 공급업체에게도 동일한 목적의 재설계를 요구한다.
- 기업과 공급업체에서 안전한 작업환경 조성과 사고예방 노력의 운동을 펼친다.
- 미성년자를 고용하지 않고 안전한 작업환경을 갖춘 업체를 1차, 2차, 3차 공급업체로 선정하고, 이러한 조건이 충족되는지를 검사하는 검사자를 둔다.

### 실천

이들 목표를 달성하기 위해서는 기업조직 전체와 공급사슬이 행동하도록 만들어야 한다. 이런 역할을 담당하는 중앙부서 하나로 달성될 수는 없다. 실천의 결과를 추적하고 필요한 훈련을 제공하기 위해 중앙부서를 작게라도 설치하는 것이 필요할 수도 있다. 하지만, 이러한 노력의 대부분은 기업과 공급사슬 파트너 기업의 모든 부서와 설비에서 이

---

### 운영선도사례  카길

카길(Cargill)은 미국의 비상장 대기업으로서 연간 매출이 1,500억 달러에 이른다. 설립 후 150년 동안 식품가공, 곡물무역, 식품 운송과 저장의 사업을 하고 있다. 카길은 공급사슬에 걸쳐 지속가능 운영을 추구하는 것이 지구와 기업에 도움이 된다고 믿고 있다. 카길은 2000년에 첫 번째 환경목표를 설정했고 5년마다

© Ken Wolter/Shutterstock

목표를 새롭게 설정하고 있다. 이에 의하면 2015년까지 에너지 효율성을 16% 향상시키고, 온실가스 배출을 9% 줄이며, 용수의 효율성을 12% 높이고자 한다.

카길은 많은 실행 프로그램을 실천하고 있다. 예를 들어 화석연료 대신에 수거한 식용유와 동물 지방으로 가축 축사를 관리하고 있다. 네덜란드의 밀 가공공장에서는 폐수처리에서 발생하는 바이오 가스의 절반을 공장가동 에너지로 사용하면서 매년 1,000톤의 이산화탄소를 줄였으며, 텍사스 공장에서는 6년 동안 용수의 사용량을 25% 줄였다. 카길은 산림파괴를 관리하는 부문장을 임명하고 있으며, 개발도상국의 팜유 생산에서 산림파괴를 하지 않으면서 사회적 책임을 다하도록 하고 있다.

이러한 노력들이 전 세계에 퍼져 있는 공급사슬의 100개 이상의 설비에서 행해지고 있다. 하지만 목표 설정, 측정, 교육훈련을 담당하는 본사의 직원은 몇 명밖에 되지 않는다.

출처 : Cargill.com, 2015.

루어져야 한다. 그런 의미에서 기업과 공급업체 및 고객기업의 모든 부서가 참여하도록 하는 노력은 다기능적이어야 할 것이다.

일부 공급업체가 TBL 달성에 도움이 되지 않거나, 감사를 통해 TBL의 요건을 충족하지 못하는 것으로 판명될 수 있다. 그러한 공급업체는 변화를 유도하거나 다른 공급업체로 대체해야 할 것이다.

운영선도사례에서는 카길(Cargill)이 지속가능 공급사슬의 목표와 실행계획을 수립한 사례를 설명하고 있다. 분명한 것은 지금은 기업들이 환경과 사회적 이슈의 중요성을 인식하고 재무 성과에도 도움이 되는 노력을 기울여야 하는 시점이라는 것이다.

## 16.10  요점정리와 핵심용어

모든 기업은 자신의 공급사슬을 관리해야 한다. 공급사슬관리에 대한 이해는 공급사슬의 모든 부분에서 성과를 향상시키는 데 필수적이다. 이 장의 요점은 다음과 같다.

- 공급사슬이란 고객으로 향하는 하류 방향과 반대의 상류 방향으로 자재와 정보의 흐름 양상을 결정하는 여러 조직과 그들 관계의 집합체이다. 하류 방향의 흐름에서는 자재가 고객에게 팔릴 제품으로 변환되고, 그 제품과 관련된 정보가 함께 전달된다. 상류 방향의 흐름에서는 불량품과 재활용품이 회수되고, 계획 수립을 위한 정보가 전달된다.
- 공급사슬관리는 부가가치 프로세스를 설계하고 관리하는 것으로서, 프로세스는 재화와 정보의 흐름이 여러 조직을 걸쳐 일어나게 할 뿐 아니라 이들이 통합되어 운영되어야 한다.
- 공급사슬의 성과는 배송, 품질, 유연성, 원가, 시간 등 다섯 가지 영역에서 평가되어야 한다.
- 채찍효과(혹은 승수효과)는 공급사슬에서 주문 수량의 변동과 보유재고량이 상류로 갈수록 더 크게 확대되어 나타나는 현상을 말한다. 이의 주요 원인으로는 정보 전달의 지연, 의사결정에서 인간의 행동, 재고 보충의 긴 리드타임 등이며, 이들이 공급사슬 동태성의 주요 원인이다.
- 공급사슬 구조의 개선은 수직적 통합, 프로세스의 단순화, 공장·물류창고·소매점의 재구성, 제품의 획기적인 재설계 등을 통해 이룰 수 있다.
- 아웃소싱이나 오프쇼어링 같은 공급사슬의 전략이 기업 내에서 이루어졌던 업무를 공급사슬 내 다른 기업(국내 혹은 해외)으로 이전함으로써 공급사슬의 구조를 바꾼다.
- 공급사슬시스템의 개선은 다기능팀, 파트너십, 린 시스템, 정보시스템 등의 수단으로 이룰 수 있다.
- 인터넷은 B2B 거래와 B2C 거래를 다루는 새로운 형태의 사업모델을 만들어내고 있

다. 또한 인터넷은 주문발주와 주문충족 프로세스에서 시간을 단축하고 비용을 줄임으로써 공급사슬 성과를 향상시키고 있다.

- 공급사슬 탄력성은 공급사슬에서의 예기치 못한 붕괴 사건에 신속히 대응하는 능력이다. 이 탄력성은 선제적 예방계획, 조기 탐지, 신속한 실행으로 갖출 수 있다.
- 지속가능이란 미래 세대의 니즈를 희생하지 않으면서 현재의 니즈를 충족시키는 것을 말한다. 그리고 TBL은 환경적, 사회적, 재무적 책임을 일컫는다.

**핵심용어**

| | | |
|---|---|---|
| 공급기반 감축 | 분석기법 | 파트너십 |
| 공급사슬 | 수요관리 | 프로세스 단순화 |
| 공급사슬관리 | 아웃소싱 | 현금순환기간 |
| 공급사슬 구조 | 오프쇼어링 | 후방통합 |
| 공급사슬 시스템 | 전방통합 | B2B |
| 공급사슬 위험 | 전체 공급사슬 스루풋 시간 | B2C |
| 공급사슬 탄력성 | 지속가능성 | SCOR 모델 |
| 물적 공급 | 지연전략 | TBL |
| 물적 유통 | 채찍효과 | |

**인터넷 학습**

1. 페덱스(http://www.fedex.com/us/supplychain/services)
   이 웹사이트에서 페덱스가 어떤 공급사슬관리 서비스를 제공하는지를 찾아보라. 다른 기업이 이러한 서비스를 사용하려면 어떤 상황에서 가능한가?

2. SCOR 모델(http://www.google.com)
   구글에서 SCOR을 검색하여 SCOR 모델에 대해 설명하는 사이트를 찾아보라. 이 모델의 기능은 무엇이며 어떻게 이 모델을 사용할 수 있는지를 수업시간에 논의할 준비를 하라.

3. PriceWaterhouseCoopers(http://www.pwc.com/)
   공급사슬(supply chain)이란 단어를 검색하고, 이 컨설팅 회사가 사용하는 공급사슬의 최신 개념을 찾아보라.

4. 지속가능(http://www.google.com)
   구글에서 지속가능(sustainability)을 검색하고, 이를 설명하는 사이트에서 관련 내용을 찾아 수업시간에 토의할 준비를 하라.

## 토의질문

1. 공급사슬관리와 수요관리의 차이는 무엇인가?
2. 다음 제품에 대해 처음 원자재 공급원에서부터 최종 고객까지의 공급사슬을 정의하라.
   a. 빅맥
   b. 휘발유
   c. 자동차 정비
   d. 교과서
3. 리드타임과 수요예측의 오류가 공급사슬 성과에 어떠한 영향을 미치는가?
4. 기업 내적으로, 그리고 외적으로 고객이나 공급업체와의 조율을 개선하는 방안은 무엇인가?
5. 어느 공급사슬과 관련된 정보가 다음과 같다.

| | 공급업체 | 공장 | 도매업체 | 소매업체 |
|---|---|---|---|---|
| 재고일수* | 30 | 90 | 40 | 20 |
| 매출채권 (회수일수) | 20 | 45 | 30 | 40 |
| 매입채무 (회수일수) | 30 | 45 | 60 | 37 |
| 구매 단가 | $ 5 | $20 | $55 | $ 70 |
| 원가 증가 | $10 | $25 | $10 | $ 30 |
| 매출 단가 | $20 | $55 | $70 | $110 |
| 정시 배송률(%) | 85 | 95 | 75 | 95 |

\* 스루풋시간을 일 단위로 표시

   a. 공급사슬의 처음부터 끝까지 모든 업체를 거치는 스푸룻시간을 계산하라.
   b. 4개 업체 각각에 대해 현금순환기간을 구하라. 이를 근거로 어느 기업이 가장 이득을 보고 있는지를 확인하라.
   c. 공급사슬의 처음부터 끝까지에서 발생하는 총원가를 계산하라. 이 공급사슬은 얼마의 이익을 남기고 있는가?
6. 5번 문제의 자료와 계산 결과를 가지고 다음 물음에 답하라.
   a. 스루풋 시간, 현금순환기간, 원가 증가, 정시배송률을 기준으로 이 공급사슬에서 가장 성과가 나쁜 기업은 어느 곳인가?
   b. 공급사슬 전체가 좋아지기 위해 어느 곳에 개선이 있어야 하겠는가?
7. 공급사슬 구조, 혹은 공급사슬 시스템, 혹은 두 가지 모두가 개선되어야 하는지를 어떻게 알 수 있는가?
8. 해외업체로의 아웃소싱과 오프쇼어링을 비교하라.
9. 린 시스템이 어떻게 전체 공급사슬에 커다란 영향(긍정적 혹은 부정적)을 미칠 수 있는지를 설명하라.
10. 공급사슬 개선에 다기능팀이 널리 사용되는 이유는 무엇인가?
11. 기업에서 주문발주와 주문충족 프로세스가 어떻게 이루어지는지 설명하라.
12. 기업은 예기치 않은 사건의 위험에 대한 공급사슬 탄력성을 어떻게 갖출 수 있는가?
13. 지속가능 공급사슬의 목표와 계획에 대한 예를 들어보라.

# 소싱

## 학습목표

델(Dell)이 제품을 생산하기 위해 공급사슬을 어떻게 구축하고 있는지는 잘 알려져 있다. 컴퓨터의 최종 조립은 미국, 유럽, 아시아에 위치한 자체 공장에서 이루어지고 있지만, 모든 부품은 글로벌 공급업체로 아웃소싱하고 있으며, 50개의 공급업체가 전체 부품의 95%를 생산하고 있다. 반도체는 인텔, 디스플레이는 LG, 디스크 드라이브는 웨스턴 디지털(Western Digital), 소프트웨어는 마이크로소프트가 생산하고 있다. 델은 대부분의 부품 재고를 공급업체가 보유하는 린 공급사슬을 운영하고 있으며, 최종 제품의 품질과 납기를 관리하기 위해 최종 조립은 자체 공장에서 하고 있다. 최종 조립, 컴퓨터 설계, 그리고 브랜드는 핵심 역량으로 간주되어 아웃소싱을 하지 않고 있는 것이다.

**소싱**(sourcing)이란 어느 제품, 부품, 혹은 서비스를 기업 내부에서 생산할 것인지 아니면 외부로부터 조달할 것인지에 대한 의사결정이다. 기업이 제품이나 서비스를 생산할 때 사용하게 될 투입물의 조달을 구축하는 것이다. 소싱에서는 다음과 같은 전략적 의사결정을

**린 공급사슬을 갖춘 델 컴퓨터**
© Jeff Chiu/AP Images

하게 된다.

> 1. 아웃소싱을 한다면 어느 제품 혹은 서비스를, 그리고 그것의 일부 아니면 전부를 아웃소싱할 것인가?
> 2. 어느 것을 해외에서 아웃소싱할 것인가?
> 3. 공급업체 기반을 어떻게 최적화할 것인가?

전략적 소싱의 결정이 이루어지고 나면, 구매는 특정 공급업체와 기술적인 결정을 하게 된다. **구매**(purchasing)는 다음과 같이 공급업체를 선정하고, 계약관계를 협상하고, 공급업체 관계를 관리하는 일을 수행한다.

1. 아웃소싱하는 제품과 서비스를 생산할 공급업체를 어떻게 선정할 것인가?
2. 공급업체와 계약사항을 어떻게 지속적으로 관리할 것인가?

이 장에서는 소싱 의사결정을 먼저 논의하고, 후반부에서는 구매절차를 살펴볼 것이다.

## 17.1   소싱의 중요성

**LO17.1** 소싱의 레버리지 효과와 소싱의 중요성  많은 기업이 제품과 서비스의 많은 비중을 아웃소싱하고 있는데, 적게는 20%에서 많게는 80%에 이르고 있다. 애플은 제조의 100%를 해외로 아웃소싱하고 있는데, 최근에 제조의 일부를 다시 미국으로 가져오겠다고 발표했다. 콜센터, 인력관리, 물류, 정보시스템 등과 같은 서비스 기능의 전부 혹은 일부도 아웃소싱하고 있다.

지금까지는 아웃소싱을 늘리고 수직적 통합을 줄이는 것이 추세였다. 포드자동차의 경우 초기에는 자동차의 거의 모든 부품을 자체 생산했는데, 지금은 모든 자동차 조립업체들이 주로 엔진 생산과 최종 조립만 자체적으로 하고 있다.

19세기 말 이후로 구매는 기업의 중요한 부분이었다. 펜실베이니아 철도회사의 경우 1866년에 구매부서를 설치했고, 구매의 중요성 때문에 고위 경영자의 지위를 부여했다. 오늘날 많은 기업에서 원가의 큰 비중이 외부 공급업체로부터 조달되고 있기 때문에 소싱과 구매기능이 최고경영자에게 직접 보고하는 체계를 갖고 있다.

소싱은 기업의 수익성을 개선하는 중요한 방안이 된다. 소매업체인 타겟(Target)의 경우 2014년의 재무 성과를 보면 다음과 같다.

(단위 : 백만 달러)

| | |
|---|---:|
| 매출 | $72,618 |
| 매출원가(COGS) | 51,278 |
| 기타 비용 | 16,624 |
| 세전 이익 | $ 4,716 |

위의 수치에 의하면 타겟의 이익률은 6.5%이다.

타겟이 구매하는 상품에서 1달러를 절감하게 되면 매출원가가 1달러 감소된다. 반면에 현재의 이익률을 전제로 할 때 동일한 이익 효과를 얻기 위해서는 매출을 1/6.5%=15.4달러만큼 증가시켜야 한다. 이 비율을 **이익 레버리지 효과**(profit leverage effect)라고 부른다. 이런 현상이 일어나는 이유는 원가의 절감은 이익에 직접적으로 영향을 주지만, 매출의 증가는 이익을 직접적으로 높여주지 않기 때문이다. 이윤 마진이 작고 판매되는 제품 모두가 외부로부터 구매하는 소매업체에서 특히 레버리지 효과가 크게 나타난다.

## 17.2 소싱의 목표

LO17.2 소싱의 목표

소싱 의사결정을 하기 전에 목표를 세우는 것이 필요한데, 소싱의 일반적인 목표는 다음과 같다.

**기술과 혁신에의 접근.** 이 목표는 신규 제품 혹은 서비스를 설계할 때 중요하다. 기업은 필요한 모든 기술을 보유하고 있지 않기 때문에 제품, 부품, 혹은 서비스가 설계 초기부터 아웃소싱을 염두에 두고 설계된다. 개발 단계에서 일부 공급업체와의 파트너십을 구축하기도 한다. 기업은 자신의 사업에서 핵심으로 간주되는 기술은 내부에서 조달하고, 그 외의 기술은 원가, 품질, 혹은 기타 측면에서 유리하다고 판단되면 아웃소싱을 고려해야 한다.

**총원가의 감소.** 아웃소싱의 주요 목표 중 하나가 총원가를 낮추는 것이다. 규모의 경제를 갖춘 공급업체가 원가를 낮출 수 있기 때문에 아웃소싱의 우선적 후보가 된다. 그리고 복수의 공급업체가 있어서 시장의 힘이 지배하는 표준화 제품 혹은 서비스도 아웃소싱의 좋은 후보가 된다. 아웃소싱을 할 때는 단순히 구매가격이 아닌 총원가(total cost)를 고려해야 한다. 추가적인 비용으로 공급업체의 탐색, 공급업체와의 협상과 계약관리, 재고부담, 수송비용 등이 발생하며, 해외 구매의 경우에는 환율, 관세, 모니터링 비용 등이 발생한다.

**품질 및 납기 위험성의 최소화.** 공급업체로부터의 납기 지연과 품질문제가 최소화되어야 한다. 구매기업에게는 감춰져 보이지 않는 잠재 문제들이 있다. 공급업체가 샘플을 제시할 때 불량품을 걸러내고 양질의 샘플만을 제시할 수 있다. 유사한 위험성이 납기에서도 발생할 수 있는데, 공급업체의 생산능력 부족이나 2차, 3차 공급업체의 문제로 납기를 맞추지 못할 수 있다.

**사회적 책임과 윤리적 행동의 요구.** 기업들은 흔히 공급업체에게 사회적 책임을 요구한다. 이에는 환경보호, 종업원 안전, 지역사회의 참여뿐 아니라 소수인종의 고용, 윤리적 책임, 인권보호에 이르기까지 한다. 구매담당자는 윤리성을 잘 인지해야 한다. 어떤 국가에서는 공급업체가 계약을 성사시키기 위해 대가나 뇌물을 제공하는 것이 일반적이다. 대가나 뇌물 제공이 은밀하게 제3자를 통해서 이루어지고 있는데, 이런 행위는 불법이다. 또한 여행 후원, 고가의 선물, 과도한 식사 접대, 유흥 접대 등도 대부분의 국가에서는 금지되고 있다. 구매담당자는 이런 행위들을 윤리적 관점에서 책임 있게 잘 다루어야만 한다.

## 17.3  인소싱 혹은 아웃소싱?

**LO17.3** 아웃소싱과 오프쇼어링의 장점과 단점

첫 번째로 고려해야 할 전략적 결정은 제품, 부품, 혹은 서비스를 인소싱(insourcing)할 것인지 아니면 아웃소싱할 것인지이다. **아웃소싱**(outsourcing)은 제품을 내부에서 생산하는 대신에 외부 공급업체로부터 획득하는 것으로 정의된다. 이전에 기업 내부에서 해오던 서비스 기능을 외부 기업에게 위탁하는 경우도 마찬가지로 해당된다.

기업이 답해야 할 첫 번째 질문은 인소싱 혹은 아웃소싱의 정당한 이유이다. 이는 **핵심역량**(Core Competence)의 개념에서 시작된다. 핵심역량은 기업에게 경쟁우위를 제공해 주기 때문에 아웃소싱하지 않을 것이다. 여기에는 특허기술, 유능한 인력, 지식, 브랜드 등 기업의 경쟁력에 영향을 주는 것들이 포함된다. 핵심역량은 가치가 있고, 모방이 어려우며, 대체재로 대체되기 어려워야 한다. 그 결과 기업은 상당한 기간 동안 경쟁우위를 유지할 수 있게 된다. 그 외에도 기업이 행하는 것이 아웃소싱을 함으로써 얻는 장점이 단점보다 크다면 아웃소싱의 대상이 된다. 운영선도사례에서는 팀켄(Timken Company)이 자신의 핵심역량을 어떻게 정의하고 있는지를 설명하고 있다.

아웃소싱의 장점

- 핵심역량이 아니면서 시간에 따라 변화하는 기술에의 접근. 기술이 변화한다면 내부적으로 보유한 기술에 투자한 금액을 회수하지 못할 수 있다. 이러한 현상은 전자, 정보기술과 통신 분야와 같이 급속히 변화하는 기술에서 특히 그러하다.
- 규모의 경제. 많은 기업에 표준화된 제품으로 팔리면서 하나의 기업이 생산하기에는 원가를 낮출 만큼 생산규모가 크지 않은 상품이라면 규모의 경제가 아웃소싱의 주요 요인이 될 수 있다. 이에는 표준 부품, 일반 상품, 컴퓨터 장비, 화학 재료, 기본 자재, 그리고 정보기술, 물류, 콜센터와 같은 서비스 기능이 예가 된다.
- 낮은 원가와 투자액. 내부 원가에 비해 외부 조달의 총원가가 낮다면 언제나 아웃소싱의 후보가 된다. 아웃소싱은 투자를 적게 필요로 하여 자원을 다른 중요한 투자처에 사용할 수 있게 해 준다. 예를 들어 델이 모든 부품과 자재를 공급업체에게 아웃소싱한다고 했는데, 델은 단지 20억 달러의 고정자산으로 620억 달러의 매출을 올리고 있다. 델은 단지 최종 조립을 위한 고정자산에만 투자를 하고 있는 것이다.

## 운영선도사례   팀켄의 핵심역량

팀켄(Timken Company)은 테이퍼 베어링, 파워 트랜스미션, 기어를 생산하는 세계 최대 기업 중 하나이다. 50억 달러 매출 규모의 이 회사는 최근까지 특수강을 내부에서 생산했었다. 어

떤 이는 특수강이 고품질 제품을 만들 수 있게 하기 때문에 이 것이 핵심역량이라고 주장했다. 예를 들어 풍력 터빈을 만드는 베어링은 지름이 2미터에 무게가 4톤이나 되는 거대한 베어링 이다. 또 다른 이는 회사의 사업을 둘로 나누고 철강사업을 분 사해야 한다고 주장했다. 그들의 주장은 분사를 하여 본연의 제품에 역량을 집중하면 자본 지출을 줄이고 이익을 늘릴 수 있다는 것이었다.

투자가들은 분사를 하여 독립회사를 만들어야 한다는 주 장에 동조했다. 그 결과 이사회는 독립 회사인 팀켄 철강 (Timken Steel)을 설립하는 결정을 했다. 팀켄 이외에도 금융 시장은 미국 기업들이 좀 더 초점을 가질 것을 요구했다. 한때 수직적 통합의 기업들이 지배적이었던 미국 산업이 지금은 군 살을 빼면서 핵심역량에 더욱 집중하고 있다.

출처 : R. Brooks, "Timken to Spin off Steel Business," *Industry Week*, Sept. 5, 2013.

© Dave White/Getty Images

**아웃소싱의 단점**    아웃소싱에는 예상보다 원가를 높게 만드는 위험요소들이 있다.

- **공급사슬 붕괴의 위험.** 단 하나의 공급업체만 이용하면서 린 시스템으로 재고를 매우 적게 유지하는 경우에 이런 위험성이 특히 높다. 공급사슬의 붕괴가 발생하고 공급업 체가 제시간에 충분한 재고를 확보하지 못하게 되면 생산 중단이나 서비스 중단을 유 발하게 된다. 그 공급업체가 유일한 업체이면서 다른 대체할 공급원이 쉽게 준비되지 못한다면 생산 중단은 불가피할 것이다. 예를 들어 최근에 미국에서는 조류독감이 전 염되어 수개월 동안 계란 생산의 상당 부분이 처분된 경우가 있었다. 그 결과로 계란 의 상업 고객들이 대체원을 찾고, 높은 가격을 지불하거나 레시피를 바꾸느라 허둥 대었다. 이런 혼란은 단일 공급업체를 보유한 가공식품 생산자로 인해 더욱 가중되었 다. 이는 단순히 가격의 문제가 아니라 공급 중단의 문제였기에 새로운 공급원을 해 외에서 찾아야만 했다.
- **품질 또는 납기 실패의 위험.** ISO 9000 혹은 유사한 인증제도는 공급업체가 품질관리 시스템을 구축하고 있음을 보증하는 방법이다. 공급업체의 공급사슬이 제대로 관리 되지 못하거나 2차 공급업체가 품질문제를 갖고 있다면 납기지연이 발생할 수 있다. 마텔(Mattel)의 경우 중국산 장난감에서 2차 공급업체가 납 성분의 페인트를 사용하 여 수백만 개의 장난감을 리콜했어야만 했듯이 품질의 위험성이 심각할 수 있다. 마 텔은 이러한 위험을 알지 못했고, 이로 인해 브랜드가 큰 타격을 받아 거의 파산 상태

까지 이르게 되었다.

- 제품 생산의 노하우와 역량을 상실할 위험. 아웃소싱 이후에 다시 회사 내부로 생산을 가져오려 한다면 다시 처음부터 시작하는 것이 어렵고 많은 비용이 발생하게 될 것이다. 기술이 진보하게 됨에 따라 기술의 세대를 놓치게 될 것이다. 아웃소싱된 제품은 결국 지적 자산을 잃어버리고 관련된 지식이나 역량우위를 상실하게 될 것이다.
- 가격인상의 위험. 공급업체가 계약 단계에서 낮은 가격을 제시했다가 계약체결 후 가격을 인상할 수도 있다. 군수장비의 구매나 건설 구매의 경우 설계변경을 하는 것이 흔히 있고, 초기에 예상하지 못한 설계변경으로 공급업체는 자신에게 유리하도록 가격 변경을 하는 기회로 만든다. 설계변경이 없다 하더라도 경쟁이 치열하지 않다면 공급업체는 가격인상을 꾀할 것이다.

경제학자들은 아웃소싱을 이해하는 기초 개념으로 **거래비용**(transaction costs)을 사용한다. 거래비용이란 계약을 협상하고, 특정 자산을 구입하고, 합의사항을 감시하고 집행하는 비용을 의미한다. 경제학자에 의하면 거래비용이 낮으면 아웃소싱을 해야 하고, 그렇지 않다면 내부 생산을 해야 한다고 말한다. 일반적으로 여러 업체가 경쟁하는 상품, 성숙기 제품, 기술 변화가 느린 제품의 거래비용은 낮다. 이 경우에 시장의 힘이 잘 작동하여 가격을 낮게 유지할 만큼 효율적이다. 반면에 특수 자산이 사용되는 비표준화 제품이나, 시장의 경쟁이 치열하지 않거나, 공급업체의 계약이행을 신뢰하지 못하는 경우에는 거래비용이 높다. 이 경우라면 제품을 내부에서 생산해야 할 것이다. 아웃소싱의 장점과 단점을 〈표 17.1〉에서 요약하여 보여주고 있다.

**비즈니스 프로세스 아웃소싱**(business process outsourcing, BPO)으로 불리는 서비스 기능의 아웃소싱이 상당히 보편적이다. 정보기술의 발달로 추동된 서비스 기능의 아웃소싱에는 인력관리, 정보시스템, 물류 등이 포함된다. 아웃소싱이 법적 소송, 고비용의 계약, 특수 자산의 사용, 계약 이행의 투명성 문제를 야기한다면 거래비용이 발생하게 된다. 서비스가 일반 상품의 성격이고 많은 업체가 존재한다면 그 서비스가 핵심역량이 아닌 경우 시장의 힘이 작용하여 아웃소싱이 인소싱보다 더 효율적이다. 서비스를 해외로 아웃소싱하는 것이 큰 시장이 되었다. 필리핀의 BPO 산업을 보면 콜센터에 120만 명의 고용인원으로 250억 달러의 수익을 창출하고 있다.

| 표 17.1 아웃소싱의 장점과 단점 | 장점 | 단점 |
| --- | --- | --- |
| | 신규 혹은 변화하는 기술에의 접근 | 공급사슬 붕괴의 위험 |
| | 저렴한 총원가 | 품질 혹은 납기 실패의 가능성 |
| | 투자금액의 절약 | 가격인상의 위험 |
| | 공급업체의 규모 경제 | 아웃소싱 업무와 관련된 지식과 기술의 상실 |

**총원가 분석**

**LO17.4** 아웃소싱과 오 프쇼어링의 총비용 계산

아래의 예제에서는 아웃소싱의 총원가가 인소싱보다 훨씬 높다(8.37달러 vs. 7.68달러). 이 품목은 평범한 기계로 만들어지는 부품으로 흔히 아웃소싱이 저렴하다고 여겨졌다. 하지만 내부 생산의 총원가가 더 저렴한 이유가 몇 가지 있다. 내부 생산이 원가를 떨어뜨릴 만큼 규모가 크거나 혹은 인건비와 재료비가 더 저렴할 수 있다. 또한 내부 생산을 하면 공급업체에게 이윤, 재고유지비용, 수송비, 계약 관리비용을 지불하지 않아도 된다. 즉 아웃소싱의 거래비용이 상당이 높은 경우이다. 아웃소싱을 분석할 때는 단순히 가격이 아니라 총원가를 계산하는 것이 중요한 이유이다.

**예제**
**국내 아웃소싱**

어느 회사가 신규 플라스틱 성형 부품을 내부 생산할 것인지 아니면 인근 업체에게 아웃소싱할 것인지를 고민하고 있다. 한 외부 공급업체가 입찰에서 3년 동안 매년 100,000개 생산을 기준으로 개당 7.50달러를 제시했다. 또한 부품의 수송비용으로 개당 0.45달러, 재고유지비용으로 개당 0.30달러, 계약 관리비용으로 월 1,000달러가 발생한다.

신규 장비를 구입한다면 이 성형 부품을 내부에서 생산할 수 있다. 신규 장비는 400,000달러에 구입하여 3년 동안 감가상각된다. 직접 인건비는 제반 비용을 포함하여 개당 2.10달러, 간접 인건비는 개당 0.75달러, 재료비는 개당 1.40달러이며, 간접 경비는 직접 인건비와 동일하게 발생한다. 아래의 〈표 17.2〉에서 계산 내역을 보여주고 있다.

**표 17.2  총원가 분석**

| 아웃소싱 | | |
|---|---|---|
| 구매가격 | $7.50 | 관리비용의 계산 : 월 1,000달러×36개월=36,000달러 36,000달러÷300,000개=0.12달러/개 |
| 수송비 | 0.45 | |
| 재고유지비용 | 0.30 | |
| 관리비용 | 0.12 | |
| 개당 총원가 | $8.37 | |
| **인소싱** | | |
| 생산원가 | | |
| 직접 인건비 | $2.10 | 감가상각비 계산 : 400,000달러÷300,000개=1.33달러/개 |
| 재료비 | 1.40 | |
| 간접 인건비 | 0.75 | |
| 감가상각비 | 1.33 | |
| 간접 경비 | 2.10 | |
| 개당 총원가 | $7.68 | |

### 아웃소싱의 정성적 비용

아웃소싱에는 계량화하기 어려운 비용들이 있다.

- 잠재적 품질비용, 재작업비용, 품질실패에 따른 품질보증과 법률비용
- 작업 중단과 공급사슬 붕괴의 비용
- 지적 자산 상실에 따른 비용

## 17.4 오프쇼어링

**오프쇼어링**(offshoring)과 아웃소싱은 서로 다른 개념이다. 오프쇼어링은, 자체 생산하고 있든 아니든, 그것을 해외로 이전하는 것이고, 아웃소싱은 내부에서 생산하던 것을 국내든 해외든 외부 공급업체로 이전하는 것을 의미한다. 이렇게 보면 네 가지 경우가 있다.

오프쇼어링은 해외에서 생산되는 제품을 지칭한다. 예를 들어 기업 내부에서 생산하던 제품을 중국으로 아웃소싱하게 되면 아웃소싱과 동시에 오프쇼어링을 하는 것이다. 또한 처음부터 해외에서 제품 생산을 한 경우는 아웃소싱에 해당하지 않는다. 예를 들어 미국의 의류업체가 애초부터 타이완의 제조업체와 계약을 하여 미국 판매용 상품을 생산하는 경우가 그렇다(〈표 17.3〉의 왼쪽 아래의 경우에 해당). 모든 가능한 네 가지 경우를 〈표 17.3〉에서 보여주고 있다.

**오프쇼어링의 비용**    오프쇼어링을 주장하는 주된 이유는 저렴한 총원가이다. 하지만 외국에서의 임금이 아주 낮더라도 생산성을 고려해야 한다. 중요한 것은 단위 노동시간에 작업자가 생산하는 수량과 임금을 고려한 생산 단가이다.

오프쇼어링의 총원가를 평가할 때 다음의 비용들을 고려해야 한다.

제품의 가격
운송비
재고유지비용

**표 17.3**
**오프쇼어링과**
**아웃소싱**

|  |  | 아웃소싱 | |
|---|---|---|---|
|  |  | 아니요 | 예 |
| 오프쇼어링 | 아니요 | 국내<br>내부 생산 | 국내<br>아웃소싱 |
|  | 예 | 오프쇼어링<br>아웃소싱 아님 | 오프쇼어링<br>아웃소싱 |

세금과 관세

감사(auditing), 협상, 제품 지원을 위한 출장비

사전 조사, 공급업체 선정, 법령준수 비용

계약체결 준비와 관리비용

---

**예제**
**오프쇼어링의**
**총비용**

앞선 예제에서의 회사가 플라스틱 성형 부품을 중국의 공급업체에게 오프쇼어링할 기회가 있다. 계약을 하려면 1년 공급 물량인 100,000단위를 한 번에 주문해야 한다. 해외 생산업체와 계약할 때는 금형, 장비, 노동력 준비의 정당성을 뒷받침하기 위해 대량으로 주문하는 것이 일반적이다.

다음과 같은 비용이 분석되었다. 부품은 중국의 공장에서 항만까지 40피트 컨테이너로 운송될 것이고, 그곳에서 배에 선적되어 미국까지 운송된 후 트럭으로 회사의 공장으로 이동된다. 이렇게 할 때 1년 동안의 총운송비용은 60,000달러이다. 재고유지비용은 평균 재고금액의 20%이며, 사전조사, 제품 지원, 감사비용으로는 담당 기술자와 감사인의 출장비로 연간 100,000달러가 발생한다. 계약 관리비용으로 국내에서 발생하는 비용은 5,000달러이다. 오프쇼어링의 총비용을 〈표 17.4〉에서 보여주고 있다.

**표 17.4 총원가 분석**

| | | |
|---|---|---|
| 중국 내 단가 | $5.22 | |
| 운송비 | 0.60 | 운송비는 100,000단위에 대해 60,000달러이며, 단위당 0.60달러이다. |
| 관세 | 0 | |
| 재고유지비용 | 0.52 | 1년 공급 물량이 평균 6개월 동안 재고 상태로 유지되므로 단위당 재고유지비용은 5.22달러×0.20÷2 =0.52달러이다. |
| 제품 지원 및 감사 | 1.00 | |
| 계약관리 | 0.05 | 계약 관리비용은 100,000단위에 대해 5,000달러이며, 단위당 0.05달러이다. |
| 총원가 | $7.39 | |

---

위의 분석을 보면 부품을 내부 생산할 때의 원가가 7.68달러인데 비해 오프쇼어링할 때의 원가는 7.39달러이다. 비록 중국에서 생산되는 제품가격이 미국 생산원가의 68%로 단지 5.22달러에 불과하지만, 추가비용으로 인해 미국 생산원가의 96%에 달한다. 오프쇼어링의 위험요소와 정성적 비용을 감안할 때 중국으로 오프쇼어링하는 것이 가치 있는 일인가? 아마도 아닐 수 있다.

많은 제품들의 원가가 높아서 중국으로 오프쇼어링되는 것을 보면 위의 예가 다소 비현실적으로 보일 수도 있다. 제품들이 미국 내에서 해외로 오프쇼어링되는 뉴스를 자주 듣고 있지만, 실제로는 미국 시장에서 팔리는 제조품목의 70%가 미국 국내에서 생산되고 있다.

오프쇼어링 분석을 할 때 비용 이외에도 정성적 요소를 고려할 필요가 있다. 기업에게 비용을 발생시키지만 그 비용을 추정하기가 매우 어려운 요소들이 있는 것이다.

### 오프쇼어링의 정성적 요소
환율변동의 비용
품질비용, 재작업, 품질보증 및 법률비용
납기와 품질문제를 극복하기 위한 항공 운송료
임금 상승
지적 자산의 상실
작업중단 혹은 공급사슬 붕괴에 따른 비용

이들 비용을 추정하기가 어렵지만 제로는 아니기 때문에 이로 인해 결정이 달라질 수 있다. 비용과 정성적 요소를 함께 고려하는 가중점수법에 대해 나중에 살펴보고자 한다.

**리쇼어링**

**리쇼어링**(reshoring)은 제품 혹은 서비스를 오프쇼어링한 이후에 다시 모국으로 가져오는 것을 말한다. 이런 현상은 오프쇼어링의 경제적 이득이 사라지게 될 때 일어난다. 일반적으로 임금의 상승 속도가 모국보다는 오프쇼어링한 국가에서 훨씬 빠르게 일어난다. 임금이 거의 대등한 수준으로 상승하게 되면 제품을 또 다른 저임금 국가 혹은 모국으로 옮기게 된다. 환율 차이, 관세, 운송비 등도 리쇼어링의 이유가 되며, 또 다른 경우에는 품질과 납기에서 공급사슬의 위험이 높아지기 때문에 리쇼어링하기도 한다. 어떤 기업은 제품을 모국이나 인근 국가로 가져옴으로써 운송재고를 줄여 공급사슬 위험을 줄이고자 한다.

산업이 해외로 이동하는 것도 변화가 있어 왔다. 초창기의 예로서는 1800년대의 섬유산업이 영국에서 미국으로 이동했고, 1900년대에는 미국에서 일본으로, 다시 일본에서 다른 아시아 국가로 이동했다. 유사한 이동현상이 TV와 전자제품에서도 일어났다. 최근에는 중국으로 이동했던 제품과 서비스가 다른 아시아 국가로 이동했다가 미국이나 유럽 국가로 환류하고 있다.

2016년까지 총 248,000개의 일자리가 해외에서 미국으로 환류했다고 보고되고 있다.[1] 이 수치가 크지는 않지만 추세임에는 분명하다. 운영선도사례에서 소매업체 월마트의 'Made in America' 프로그램을 설명하고 있다.

---

[1] Reshorenow.org.

## 운영선도사례 월마트의 2,500억 달러 규모 'Made in America' 프로그램

세계 최대의 소매업체인 월마트가 미국산 제품을 2023년까지 2,500억 달러를 더 구매하는 프로그램을 실시하고 있다. 2015년 7월에 2,000명의 임원이 미국산 제품 구매를 높이고자 본사에 모였다. 2015 Manufacturing Summit을 조직하여 미국

© Luke Sharrett/Bloomberg via Getty Images

의 제조업 일자리를 늘리고 오프쇼어링의 추세를 되돌리고자 했다. 월마트는 자신들의 상품이 미국 내에서 조립되는 것은 물론이거니와 부품까지도 미국에서 생산되는 것을 강조했다.

그러나 미국의 제조업체들이 총원가 측면에서 해외 기업과

경쟁하는 것이 쉽지 않을 것이다. 예를 들어 월마트의 공급업체인 케이넥스 브랜즈(K'Nex Brands)는 목재 장난감인 링컨로그스(Lincoln Logs)를 지난 60년 동안 중국에서 생산하고 있다. 최고경영자 마이클 아라튼(Michael Araten)에 의하면, 회사가 4년 전에 생산을 미국으로 가져오기 위해 가구업체와 시험생산을 시작했다. 하지만 미국 업체가 소형 목재 장난감으로 규모의 경제를 달성하기가 어려웠다. 그래서 마침내 골프티(tee) 업체인 프라이드스포츠(PrideSports)를 접촉하여 경제성 규모로 높이는 것이 가능하다는 것을 알게 되었다. 그 결과 케이넥스는 최근에 메인주에서 경쟁력 있는 원가로 생산을 시작했다.

또 다른 회사로 디트로이트 퀄리티 브러시(Detroit Quality Brushes)는 1887년 설립된 가족 소유의 기업이다. 이 회사는 빗자루용 목재는 스리랑카에서, 털은 멕시코에서 수입하고 있는데, 이유는 미국 내에는 공급업체가 없기 때문이다. 월마트의 구매팀은 플라스틱 빗자루를 제안했다. 그 결과는 아직 진행 중이지만, 빗자루를 미국산으로 만들기 위해 무엇을 할 수 있는지를 보여주고 있다.

출처 : N. Carey, "Wal-Mart Is Taking its 'Made in America' Initiative to the Extreme," *Business Insider*, July 10, 2015.

## 17.5 공급기반 최적화

**구매지출 분석**

**LO17.5** 공급기반 최적화

공급기반 최적화(supply base optimization)의 첫 단계는 **구매지출 분석**(spend analysis)이다. 이는 기업이 무엇을, 누구로부터, 얼마큼, 어느 가격에 구입하는지를 분석하는 것이다. 대기업의 구매는 일반적으로 매우 분산되어 있다. 기업의 구매부서가 본사 중앙에 통합된 형태로, 혹은 사업부별로, 혹은 지역별로 조직화되어 있을 수 있다. 구매지출 분석은 기업 내 모든 구매 데이터를 제품유형별, 공급업체별, 가격대별, 수량별로 수집하고, 비정상적인 구매 패턴을 발견하는 것이다. 예를 들어 여러 공장에서 동일한 공급업체로부터 다양한 제품을 구매하는 경우가 있을 수 있다. 이런 경우 통합구매를 하면 가격할인의 혜택을 얻을 수 있다. 또 다른 예로, 여러 사업장이 동일한 공급업체로부터 노트북을 서로 상이한 사양으로 구매함으로써 유리한 가격으로 협상하지 못하고 있을 수 있다.

**거래 공급업체의 수**

공급 기반 최적화의 두 번째는 거래하는 공급업체의 수를 결정하는 것이다. 너무 많은 업체와 거래하면 소통과 통제가 어려울 수 있고, 너무 적은 업체와 거래하면 공급부족, 공

급사슬 붕괴, 생산중단, 가격 상승의 위험이 높아진다. 그런 위험에도 불구하고 기업들은 세 가지 방법으로 거래 공급업체의 수를 줄이고 있는데, 유사 공급업체의 통합, 부품을 군(family)으로 구매, 생산의 모듈화가 그 방법이다.

유사 공급업체의 통합은 구매지출 분석을 통해 이룰 수 있다. 동일하거나 유사한 품목을 서로 다른 업체로부터 구매하고 있는지를 분석할 수 있다. 분석을 통해 공급업체들의 과거 성과와 가격을 평가해서 최고 업적의 공급업체를 선정하는 것이 가능하다.

구매하는 부품, 제품, 서비스를 군(family)으로 묶어서 한 업체로부터 구매하면 규모의 경제를 얻을 수 있다. 예를 들어 자동차 회사가 발전기를 여러 공급업체로부터 구입하고, 전자부품을 또 다른 업체들로부터 구입하고 있다면, 이들을 유사한 군으로 묶어서 적은 수의 업체로부터 구매하는 것이 가능할 수 있다.

모듈생산이란 공통된 모듈을 다양하게 조합하여 최종 제품을 다양하게 생산하는 것이다. 모듈의 수는 많지 않더라도 이들을 다양한 방식으로 조립하면 서로 다른 최종 제품을 다양하게 만들 수 있는 것이다. 예를 들어 컴퓨터는 제한된 수의 프로세서, 모니터, 메모리를 이용하여 많은 수의 다양한 모델을 만들 수 있다. 이렇게 모듈생산을 하게 되면 공급업체 수를 줄일 수 있다.

기업이 너무 적은 수의 공급업체를 이용한다면 공급사슬의 위험성은 높아진다. 특히 기업이 린 시스템으로 운영하면서 재고를 적게 유지한다면 더욱 그러하다. 공급사슬의 붕괴가 발생했을 때 대체할 공급업체가 없거나 재고가 충분치 못하여 제품 혹은 서비스의 생산이 중단될 수 있기 때문이다.

**단일 또는 복수 공급업체**

기업은 어느 경우에 단일 업체와 거래하고, 또 어느 경우에 복수의 업체와 거래할 것인지에 대한 정책 혹은 전략을 수립할 필요가 있다. 일반적으로 다음의 상황에서 기업은 단일 공급업체로부터 구매하게 된다.

1. 단일 공급업체가 제품 혹은 서비스를 복수의 사업장에서 공급하는 경우이다. 사업장들이 지리적으로 분산되어 있어서 홍수, 태풍, 쓰나미, 돌풍과 같은 자연재해로 인한 영향을 최소화할 수 있다. 이 경우 어느 한 사업장에서 공급의 문제가 발생했을 때 다른 사업장에서 대체할 생산능력을 갖추고 있어야 한다.
2. 단일 공급업체가 자연재해의 상황에서 회복되는 시간 동안 필요한 충분한 재고를 보유하고 있는 경우이다. 어느 정도의 재고를 보유해야 하는지는 계약체결 단계에서 협상을 해야 하는 부분이다.

단일 공급업체와의 거래(single sourcing)는 장차 기회주의 행동의 우려가 있다. 어떤 기업들은 중요한 품목에 대해서 공급업체 간의 가격경쟁을 유도하기 위해 복수의 공급업체를 활용한다. 하지만 단일 공급업체가 가격 인상을 요구한다면 시장 분석을 해야 할 것이다.

단일 공급업체 거래의 장점은 우수한 품질과 규모의 경제이다. 우수한 프로세스를 보유하고 품질인증을 받은 공급업자라면 우선 공급업체(preferred supplier)로 고려될 수 있다. 이 경우의 업체가 해당 품목의 모든 물량을 공급한다면 규모의 경제로 가격을 낮출 수 있을 것이다. 그렇지만 단일 업체로 인한 공급사슬 붕괴의 위험을 줄이는 노력은 여전히 필요하다.

다른 대안은 **교차 소싱**(cross-sourcing)이다. 교차 소싱이란 동일 품목의 구매에서 모델별로 서로 다른 공급업체와 거래하는 것이다. 예를 들어 자동차 생산업체가 A모델의 자동차에 들어가는 트랜스미션은 X공급업체, B모델의 자동차에 들어가는 트랜스미션은 Y공급업체로부터 구매하는 방식이다. 이 경우에 두 공급업체가 유사한 제품을 생산하기 때문에 한 업체에 문제가 발생할 때 다른 기업을 활용할 수 있는 유연성을 확보할 수 있다.

**듀얼 소싱**(dual sourcing)은 동일 구매품목을 위해 2개의 공급업체를 활용하는 것이다. 이 경우 주된 공급업체에게 전체 물량의 많은 부분을 배정하고, 다른 업체를 예비 백업 업체로 취급한다. 기업은 어떤 제품에 싱글 소싱을, 듀얼 소싱을, 교차 소싱을 적용할지에 대한 전략을 수립할 필요가 있다. 그 전략은 구매에서 소싱 계약을 체결해야 하는 상황이 발생하면 구매결정을 내리는 데 지침의 역할을 할 수 있다.

**우선 공급업체**(preferred suppliers)의 지위는 과거의 성과와 가격을 기초로 해서 부여되며, 품질, 납기, 가격, 대금지불조건, 윤리적 행동, 지역사회 지원 등에서의 합당한 기준을 충족하는 공급업체이다. 어느 업체가 우선 공급업체라고 해서 단일 공급업체가 될 것이라는 의미는 아니다. 우선 공급업체는 구매품목의 유형과 지출규모에 따라서 단순히 입찰 과정에 참여하는 정도일 수 있고, 여러 복수의 공급업체 중 하나가 될 수도 있다.

## 17.6 구매사이클

**LO17.6 구매사이클**

부품, 제품, 또는 서비스를 구매할 때는 **구매사이클**(purchasing cycle)에 따라 진행된다. 〈그림 17.1〉에서의 구매사이클은 내부 사용자(internal user)와 구매인(buyer)이 협의하면서 구매 필요성이 확인되고 구매사양을 결정하는 것으로 시작된다. 그런 다음에는 전략소싱의 지침에 의해 해당 품목을 내부 생산할 것인지 아니면 구매할 것인지를 선택하는 의사결정(make-or-buy decision)을 한다. 만약에 외부로부터 구매하기로 한다면 구매는 카탈로그를 통해서, 아니면 입찰방식 혹은 협상방식을 통해 잠재 공급업체를 탐색한다. 잠재 공급업체를 찾은 다음에는 그들을 평가하여 단일 혹은 복수의 공급업체를 선정한다. 그런 후에는 공급업체와의 관계를 지속적인 차원에서 관리하고, 새로운 구매 필요성이 발생하면 동일한 구매사이클이 반복된다.

**내부 사용자와 구매인의 협의**

구매사이클의 첫 단계는 내부 사용자로부터 구매 필요성을 확인하는 것이다. 이 과정은 내부 사용자와 구매인이 서로 소통하면서 이루어지며, 구매하고자 하는 제품 혹은 서비스의 사양을 정하게 된다. 구매사양은 제품의 경우에 설계도면, 규격, 구성재료, 제품특징 등으로 표현되고, 서비스의 경우에는 작업기술서(statement-of-work)라고 일컫는 문건으로 표현

그림 17.1
구매사이클

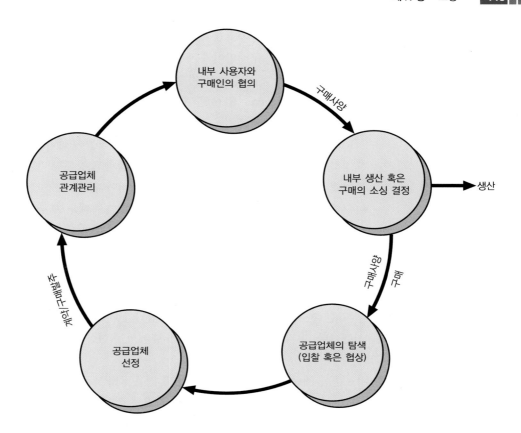

된다. 작업기술서는 아웃소싱하는 서비스에 따라 단순할 수도, 매우 복잡할 수도 있다. 예를 들어 IT 부서의 전체 기능을 아웃소싱한다고 하면 구체적인 업무, 사용할 기술, 작업자의 숙련기술, 사회적 책임, 그 이외의 상세한 부분까지 기술할 필요가 있다.

신규 제품을 개발하거나 신규 공급업체를 물색할 때는 구매인이 내부 사용자에게 저렴한 원가나 보다 적합한 부품을 찾도록 도움을 줄 수 있다. 고객화된 설계 대신에 이미 상품화된 품목이나 표준화된 품목을 구매인이 제안하여 구매예산을 절감할 수도 있다. 이렇듯 구매인이 많은 지식을 갖추고 있다면 제품 설계자가 제품 성능을 향상시키고 저렴한 원가로 개발할 수 있도록 도움을 주게 된다.

**내부 생산 혹은 구매의 소싱 결정**　이 단계에서는 대상 부품, 제품, 혹은 서비스에 소싱전략 지침 또는 구매정책을 적용하여 내부 생산할 것인지 혹은 아웃소싱할 것인지를 결정하기 위해 총원가 및 기타 정성적 요소들을 분석한다. 오프쇼어링의 대안에 대해서도 앞서 설명한 전략적 고려사항을 분석할 필요가 있다. 이 단계의 결과물로서 구매품목의 사양서, 또는 서비스의 작업기술서가 작성되어 다음 단계로 이어진다.

**공급업체의 탐색**　이 단계에서는 구매품목 혹은 서비스의 유형에 따라 구매부서가 후보 공급업체를 탐색한다.

- 카탈로그나 온라인 자료를 통해 구입할 수 있는 표준화된 제품이나 서비스라면 입찰 과정이 필요없이 구매인이나 사용자가 업체를 고를 수 있다.
- 구입품목의 사양을 정해서 가격 입찰이 필요한 제품이나 서비스라면 **견적의뢰서**(request for quotation, RFQ)를 후보 공급업체에게 발송한다. RFQ는 구입하고자 하는 품목의 사양과 계약조건을 명시하고, 공급업체에게 가격 제시를 요청하는 서류이다. RFQ의 한 방식인 **역경매**(reverse auction)는 자격을 충족하는 공급업체들을 사전에 선정하여 그들에게 가격 입찰에 응하도록 요청하고 정해진 마감시간까지 참여업체들이 가격 제시를 여러 차례 할 수 있게 하는 방식이다.
- 구매 제품이나 서비스가 비표준화되어 있다면 구매의 요구사항을 어떻게, 그리고 얼마의 가격으로 충족할 것인지를 공급업체에게 묻게 되는데, 이때 사용하는 서류는 **제안요청서**(request for proposal, RFP)이다.

**공급업체 선정**

표준화 제품이라면 가격과 기타 기본요건들을 RFQ나 역경매를 통해 공급업체로부터 받게 된다. 그런 후 가격, 기본요건, 명성, 품질평가를 기초로, 혹은 우선 공급업체 중에서 업체를 선정한다. 고가의 제품이나 서비스에 대해서는 현장을 방문하여 공급업체의 역량을 평가한다.

**LO17.7** 공급업체 선정을 위한 가중점수법의 예제

비표준화 제품이라면 공급업체로부터 받은 RFP를 평가하여 기술적 역량, 가격, 정성적 요소, 사회적 책임 등 여러 기준을 바탕으로 업체를 선정한다. 선정 기준은 일반적으로 RFP에 명시하게 되고, 경우에 따라 단일 업체를 선정하기도 하고 듀얼 소싱이나 교차 소싱을 하기도 한다.

공급업체의 선정은 복수의 기준을 바탕으로 결정하게 되는데, 〈표 17.5〉에서 가중점수법의 예를 보여주고 있다. 표의 왼쪽에 기준들을 나열하고 있으며, 가격뿐만 아니라 목표나 그 외의 요소들도 포함하여 각 기준에 대한 가중치를 표시하고 있다. 이 예제에서 3개의 공급업체를 각 기준별로 1~5의 척도(최고 5점)로 평가하고, 공급업체별로 점수와 가중치를 곱하여 합산하고 있다. 계산의 결과는 A공급업체의 총점이 4.10, B공급업체는 4.00, C공급업체는 3.10이다. C 공급업체의 총점이 가장 낮을 뿐 아니라 가장 높은 가격(C공급업체의 3점은 가장 높은 가격을 의미한다)을 제시하고 있기 때문에 후보에서 제외할 수 있다. A업체와 B업체의 총점이 매우 비슷하기는 하지만 A공급업체가 가장 총점이 높고 또한 가장 낮은 가격을 제시하고 있기 때문에 선정 가능성이 높다고 하겠다.

구매규모가 크고 복잡한 제품이나 서비스를 구매하는 경우에는 팀을 구성하여 후보업체를 평가하기 위해 현장에 파견하기도 한다. 팀은 구매인, 사용자, 기술

세계적으로 초콜릿의 부족으로 구매인들이 공급원 탐색에 어려움을 겪고 있다.

표 17.5
가중점수법을 이용한
공급업체 선정

| 기준 | 가중치 | A공급업체 | | B공급업체 | | C공급업체 | |
|---|---|---|---|---|---|---|---|
| | | 등급 | 점수 | 등급 | 점수 | 등급 | 점수 |
| 품질 및 납기 | 15% | 3 | 0.45 | 5 | 0.75 | 2 | 0.30 |
| 가격 | 50 | 5 | 2.50 | 4 | 2.00 | 3 | 1.50 |
| 사회적 책임 | 10 | 5 | 0.50 | 2 | 0.20 | 4 | 0.40 |
| 기술적 역량 | 15 | 3 | 0.45 | 5 | 0.75 | 4 | 0.60 |
| 재무 안정성 | 10 | 2 | 0.20 | 3 | 0.30 | 3 | 0.30 |
| 합계 | 100% | | 4.10 | | 4.00 | | 3.10 |

자를 포함하여 구성되며, 공급업체의 품질시스템, 생산 프로세스, 제반 계약조건을 충족시키는 능력을 평가하게 된다.

공급업체를 선정한 후에는 **구매발주서**(purchase order)를 발행한다. 구매발주서는 구매기업과 공급업체 간의 법적 계약서이며, 구매품목, 주문조건, 가격 등을 명시하고 구매관계를 지속적으로 관리하는 기초가 된다. 구매발주서에는 납기와 대금지불조건도 명시된다. 납품이 이루어지면 구매발주서상의 사양과 조건들이 충족되는지를 검사하게 되고, 합의된 조건에 따라 대금지불이 이루어진다.

**공급업체 관계관리**  공급업체와의 관계관리는 계약이행 성과의 정보를 수집하면서 시작된다. 다수의 납품실적을 기반으로 공급업체를 주기적으로 평가하고 결과를 공급업체에 피드백한다. 운영선도사례에서는 플렉스트로닉스(Flextronics)가 실시간으로 공급업체를 모니터링하는 것을 설명하고 있다.

공급업체 관계는 꾸준히 관리될 필요가 있다. 문제가 발생하면 해결하고, 성과평가를 하여 관계를 개선하거나 필요한 경우 관계 단절을 위한 기초로 사용한다. 지속적인 관계는 신뢰의 분위기가 필요한데, 신뢰는 시간 경과로 형성되며 윤리적 행동, 정직, 공정함이 요구된다. 계약조건을 단순히 충족한다고 신뢰가 형성되는 것이 아니고, 관계로부터 쌍방이 이득을 얻고, 서로에게 선의로 행동하고, 상대방을 이용하려 하지 않아야 한다.

구매인이 공급업체의 개발을 위해 도움을 줄 수 있다. 공급업체 평가표는 공급업체의 문제를 파악하고 소통하는 데 도움이 되며, 유능한 구매인이라면 공급업체의 역량개발이나 문제해결에 도움이 되는 혁신을 제안할 수 있다.

## 17.7  구매가 당면한 도전 이슈[2]

**LO17.8** 구매가 당면한 도전 이슈

1. **전략적 역할의 수행.**  구매의 전략적 역할이 증가하고 있다. 전통적으로 구매는 계약

---

[2] 585명의 구매관리자를 서베이한 *The Power of Procurement: A Global Survey Report*(kpmg-institutes.com, 2013)를 참조한 내용이다.

## 운영선도사례　14,000개 공급업체를 관리하는 플렉스트로닉스

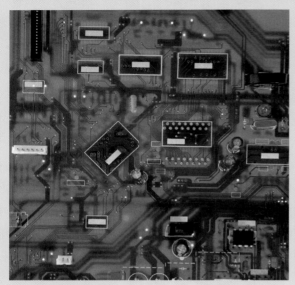

플렉스트로닉스(Flextronics)는 전자부품을 생산하는 대기업이다. 이 회사의 주된 사업은 고객의 연성(flexible) 회로기판 또는 경성(rigid) 회로기판을 제작하는 것이며, 제품의 설계, 생산, 배송, 사후 서비스까지 담당한다. 플렉스트로닉스는 2만 명의 종업원을 고용하고 있는 글로벌 선두기업으로서 LG전자, 애플, 마이크로소프트, 포드자동차를 위한 부품을 생산하고 있다. 이 기업은 인더스트리 위크가 선정한 '100대 우수 관리기업'의 상위에 자리 하고 있다. 플렉스트로닉스는 14,000개의 글로벌 업체들을 관리하기 위해 정보시스템을 개발했고, 이 시스템으로 공급사슬 붕괴, 품질 혹은 납기문제의 위험성을 포함하고 있는 복잡한 공급망을 관리하고 있다. 본사의 공급사슬관리팀은 이 시스템이 보내는 자료를 통해 복잡한 공급사슬에서 일어나고 있는 일들을 파악하고 있다.

출처 : Flextronics International, Ltd, *Wall Street Journal Logistics Report*, 2015.

© Ron Chapple Stock/FotoSearch/Glow Images

의 검토와 협상, 주문 대행이 주된 기능이었다. 하지만 최근에는 아웃소싱, 오프쇼어링, 공급 기반 최적화와 같은 전략적 의사결정에 관여하고 있다. 그럼으로써 이제 구매는 단순히 원가절감, 주문서 발송 이상으로 기업에 가치를 제공하고 있다. 구매가 이익에 기여하는 레버리지 효과가 영업보다 5~15배가 되기 때문에 그 전략적 역할을 인식하여 기업 내 최고의 위치에서 보고해야 할 필요가 있다.

2. **원가절감 이상의 역할.**　전통적으로 구매의 의사결정은 다른 목표보다도 원가절감에 중점을 두었다. 하지만 앞으로는 공급사슬 위험의 감소, 공급업체 평가, 신기술에의 접근, 사회적 책임 등의 목표로 확대되어야 한다. 이 같은 확대는 앞서 설명한 가중점수법을 공급업체 선정에 적용하여 원가절감 이외의 요소를 단지 정성적으로만 아니고 점수화함으로써 달성할 수 있다.

공급업체의 지속적 평가는 특히 중요한 역할이다. 한 서베이에 의하면 기업의 약 50%가 공급업체 평가관리를 하고 있지만, 단순히 평가만 할 것이 아니라 공급업체 프로세스의 지속적 개선을 위해 피드백하는 것이 중요하다.

3. **공급사슬의 위험관리.**　기업들이 린 시스템과 공급 기반 최적화를 도입하는 것이 점차 늘어남으로써 사람 혹은 자연현상에 의한 공급사슬 붕괴의 위험성이 높아졌다. 따라서 구매 전문가는 복수 공급업체나 한 업체의 복수 사업장, 교차 소싱 등의 방법으로 위험관리에 선도적인 역할을 해야 한다. 공급사슬 붕괴 시 회복까지 사용할 충분한 재고를 별도의 장소에 보유하도록 하는 내용을 계약에 포함시킬 수도 있다. 품질이나

납기의 문제점을 안고 있는 업체를 선정하는 것도 또 다른 위험요소이다. 이러한 위험은 공급업체로 하여금 ISO 9000이나 유사 인증을 받도록 요구함으로써 줄일 수 있다. 품질과 납기의 문제점이 공급사슬의 붕괴까지 가지 않는다 하더라도 반품, 일정변경 등으로 총원가를 증가시킬 수 있기 때문에 중요한 관계의 업체에 대해서는 현장방문으로 그 역량을 검증할 필요가 있다.

4. **공급업체 개발과 기술 개발.**  구매 전문가는 단지 공급업체의 선정이 아니라 신기술을 보유한 공급업체를 개발하는 데도 관여해야 한다. 이는 RFP를 발행하면서 기술 개발을 입찰의 조건으로 요구하는 방법으로 가능하다. 혹은 기술 개발의 성공 시 재무적 인센티브를 주는 내용을 계약에 포함시킬 수도 있다.

   소싱과 구매에서 정보기술의 역할이 점차 커지고 있다. 반복구매 품목에 대해서 발주서를 자동 발행하고, 입고서류와 송장을 비교하고, 대금지불을 하는 데 정보기술이 사용된다. 또한 지리적으로 분산된 구매활동을 정보기술이 서로 연결시켜 주기도 하고, 구매지출 분석을 가능하게 만들고 있다.

5. **전문인으로서의 역할.**  소싱의 중요성이 커짐으로써 구매의 전문가적 역할도 커지고 있다. 구매 전문가는 단순 업무에 할애하는 시간이 적고, 도전적이고 전략적인 업무에 많은 시간을 할애한다. 이러한 새로운 역할을 미국의 구매전문가협회인 ISM(Institute of Supply Management)이 잘 반영하고 있다. ISM은 기업, 정부기관, 비영리 조직, 서비스 조직의 구매 및 소싱 전문가를 위한 교육과 자격증 제도를 실시하고 있다.

## 17.8  요점정리와 핵심용어

이 장에서 소싱과 구매에 대해 다루었고, 요점 내용은 다음과 같다.

- 전략적 소싱의 의사결정은 아웃소싱, 오프쇼어링, 공급 기반 최적화 등이고, 구매의 의사결정들은 공급업체의 탐색과 선정, 계약체결, 공급업체 관계관리 등이다.
- 아웃소싱은 기업 내부에서 생산하던 것을 외부 공급업체로부터 구입하는 것으로 정의되고, 오프쇼어링은 제품 혹은 서비스의 생산이 해외에서 이루어지는 것을 의미한다.
- 아웃소싱의 장점은 공급업체가 보유한 기술과 규모의 경제, 저렴한 원가를 활용하는 것과 투자의 절감이다. 반면에 단점은 공급사슬의 붕괴, 품질과 납기의 실패, 기술과 지식의 상실, 가격인상의 위험 등이다. 기업의 핵심역량은 기업에게 경쟁우위를 제공해주기 때문에 아웃소싱하지 말아야 한다.
- 거래비용은 계약의 협상과 관리, 그리고 특수 자산의 구매와 관련된 비용이며, 이 비용이 높다면 기업은 제품을 인소싱하게 된다.
- 총원가 분석에는 공급업체의 가격뿐 아니라 운송비, 재고유지비, 계약관리비 등을 포함한다. 해외 기업과의 거래는 관세, 환율변동, 임금상승, 제품지원의 비용 등이 총원가를 상승시킨다.

- 한 업체가 충분한 재고를 보유하고 있고, 공급문제 발생 시 대체 공급원이 존재한다면 단일 업체로 싱글 소싱을 할 수 있다. 듀얼 소싱은 동일 제품 혹은 서비스를 2개의 공급업체로부터 구매하는 것이고, 교차 소싱은 유사 품목을 서로 다른 업체로부터 구매하는 것이다. 그리고 우선 공급업체는 과거의 성과와 가격을 바탕으로 우선 거래대상으로 지정한 업체를 말한다.
- 구매사이클은 내부 사용자와 구매인의 협의, 소싱 결정, 공급업체의 탐색, 선정, 관계관리로 이루어진다.
- RFQ는 표준화 품목의 가격 견적을 요청할 때 사용되며, RFP는 구매기업의 니즈를 해결하는 방법과 가격 입찰을 요청할 때 사용된다.
- 공급업체 선정을 가중점수법으로 할 수 있다. 이 방법은 가격 이외에 품질, 납기, 기술적 역량, 재무 안정성, 사회적 책임 등의 요소를 포함해서 공급업체를 평가한다.
- 구매가 당면한 도전 이슈는 전략적 역할, 원가절감 이상의 역할, 공급사슬의 위험관리, 공급업체 개발과 기술개발, 전문인으로서의 역할 등이다.

| 핵심용어 | | | |
|---|---|---|---|
| 거래비용 | 리쇼어링 | 우선 공급업체 |
| 교차 소싱 | 비즈니스 프로세스 | 이익 레버리지 효과 |
| 구매 | 아웃소싱 | 제안요청서 |
| 구매발주서 | 소싱 | 총원가 분석 |
| 구매사이클 | 소싱의 목적 | 핵심역량 |
| 구매지출 분석 | 아웃소싱 | |
| 듀얼 소싱 | 역경매 | |

---

**인터넷 학습**

1. www.pca.state.mn.us/quick-links/environmentally-preferable-puchasing
   위의 사이트에서 지속가능 구매에 대해 읽어보라. 지속가능 구매의 주요 특징과 효익은 무엇인가?

2. Reshorenow.org
   오프쇼어링했다가 다시 자국으로 회귀시킨 사례에 대해 읽어보라. 그 기업들이 자국으로 회귀시킨 이유가 무엇인가?

3. en.wikipedia.org/wiki/Outsourcing
   이 사이트를 보고 기업들이 아웃소싱하는 이유를 설명해보라.

## 연습문제

**문제**

1. 다음은 어느 제조기업의 재무정보이다. (단위 : 백만 달러)

| | |
|---|---|
| 매출액 | $562 |
| 매출원가 | |
| 직접 인건비 | 43 |
| 자재구매 | 267 |
| 경비 | 35 |
| 기타 | 142 |
| 세전 이익 | 75 |

a. 이 기업에서 구매가 갖는 이익 레버리지 효과는 얼마인가?

b. 구매에서 5%를 절감하면 이익은 몇 % 증가하는가?

**풀이**

a. 이익률은 75÷562＝13.34%

 이익 레버리지 효과는 1÷13.34%＝7.50

b. 구매에서의 5% 절감효과는 0.05×267＝13.35달러

 이익은 75＋13.35＝88.35로서 17.8% 증가

**문제**

2. ABC 기업이 전자부품 생산을 해외로 오프쇼어링할 계획을 갖고 있다. 어느 해외 공급업체가 100,000개 부품의 가격을 10.22달러로 제시하고 있고, 100,000개 부품의 컨테이너 운송비용이 42,000달러이다. 재고는 연간 30%의 비용으로 평균 6개월 동안 유지된다. 공급업체의 품질과 기술을 조사하고 선적 전 검사를 하기 위한 기술자의 출장비용으로 55,000달러가 발생한다. 계약의 협상과 관리에는 10,000달러가 발생하고, 관세는 단위당 가격의 10%가 발생한다.

a. 이 제품을 오프쇼어링할 때 총원가는 얼마인가?

b. 오프쇼어링의 위험요소는 무엇이라고 생각하는가?

**풀이**

a. 총원가의 계산은 다음과 같다.

| | |
|---|---|
| 단위당 공급업체의 가격 | $10.22 |
| 운송비 | 0.42 |
| 재고유지비용 | 1.53 |
| 제품 지원과 감사비용 | 0.55 |
| 계약관리비용 | 0.10 |
| 관세 | 1.02 |
| 총원가 | 13.84 |

주 : 재고유지비용＝10.22×(1/2)×0.30＝1.53

b. 다음의 위험이 발생한다.

 환율변동에 의한 비용

잠재적으로 품질비용, 재작업비용, 품질보증비용의 발생

납기지연 시 항공운송료

임금의 상승

생산 중단 혹은 공급사슬 붕괴로 인한 비용

**문제**

3. 가중점수법을 이용하여 2번 문제의 제품을 구매하는 안과 내부 생산하는 안의 비용과 위험을 평가하라. 이 제품을 내부 생산하는 경우의 원가는 17.45달러이다. 두 대안 모두 아래와 같이 위험을 안고 있으며, 상호 비교를 위한 가중치가 표시되어 있다.

    a. 두 대안의 가중점수는 얼마인가?

    b. 가격 측면에서 두 대안의 점수를 각각 '5'와 '4'로 매긴 것이 가격 차이를 반영하는 데 충분하다고 생각하는가?

**풀이**

| 기준 | 가중치 | 구매 | | 내부 생산 | |
|---|---|---|---|---|---|
| | | 등급 | 점수 | 등급 | 점수 |
| 품질 및 납기 | 10% | 3 | 0.30 | 4 | 0.40 |
| 가격 | 60 | 5 | 3.00 | 4 | 2.40 |
| 사회적 책임 | 7 | 2 | 0.14 | 5 | 0.35 |
| 환율위험 | 15 | 3 | 0.45 | 5 | 0.75 |
| 재무 안정성 | 8 | 4 | 0.32 | 5 | 0.40 |
| 합계 | 100% | | 4.21 | | 4.30 |

a. 구매 대안의 가중점수는 4.21이며, 내부 생산 대안의 점수는 4.30이다. 이 결과로 볼 때 이 제품은 아마도 내부 생산이 유리하다.

b. 가격의 비율은 13.84÷17.45＝0.79이다. 이 비율에 구매 대안의 점수인 5를 곱하면 3.96 이 되므로, 내부 생산의 점수를 4로 한 것이 거의 같은 비율을 나타낸다. 하지만, 이것은 한 가지의 비교방법이고, 등급은 주관적 판단에 따른다.

## 토의질문

1. 오프쇼어링이 미국 경제에 미치는 영향이 무엇이라고 생각하는가?

2. 소싱 결정이 전략적인 이유가 무엇인가?

3. 아웃소싱하지 않는 핵심역량의 예를 들어보라.

4. 서비스의 오프쇼어링이 제품의 오프쇼어링과 다른 점이 무엇인가?

5. 인터넷에서 아웃소싱이 갖는 장점과 단점을 찾아보라.

6. 오프쇼어링이 야기하는 품질과 납기문제의 예를 들어보라.

7. 공급 기반 최적화의 효익은 무엇인가?

8. 싱글 소싱의 장점과 단점은 무엇인가?

9. 우선 공급업체의 이용을 원하는 경우는 언제인가?

10. 역경매의 예를 들어보라.

11. RFP 입찰의 예를 찾아보라.

12. 공급업체 관계관리의 핵심은 무엇인가?

13. 구매인이 점차 전문인이 되는 이유는 무엇인가?

## 문제

1. 어느 제조기업이 다음과 같은 재무정보를 나타내고 있다(금액 단위 : 백만 달러).

| | |
|---|---|
| 매출액 | $823 |
| 매출원가 | |
| 　직접 인건비 | 85 |
| 　자재 구매 | 310 |
| 　경비 | 94 |
| 기타 | 250 |
| 세전 이익 | 84 |

　a. 이 회사의 구매가 갖는 이익 레버리지 효과는 얼마인가?

　b. 구매에서의 8% 절감이 이익을 얼마나 증가시키는가?

2. 어느 서비스기업이 다음의 재무정보를 나타내고 있다(금액 단위 : 백만 달러).

| | |
|---|---|
| 매출액 | $510 |
| 아웃소싱한 품목의 원가 | 210 |
| 내부수행 서비스의 원가 | 199 |
| 관리비 | 77 |
| 세전 이익 | 24 |

　a. 이 회사가 아웃소싱한 품목의 원가를 절감하면 이익 레버리지 효과가 얼마인가?

　b. 린 시스템의 도입으로 내부수행 서비스의 원가를 10% 줄이면 이익을 몇 % 증가시키는가?

　c. 내부수행 서비스의 이익 레버리지 효과는 얼마인가?

3. 캔디를 판매하는 기업이 자신의 사양에 따라 만들어지는 초콜릿을 구매하기 위하여 RFQ를 보냈다. 3개 공급업체의 표본으로 품질을 외관과 맛으로 검사했더니 A공급업체가 가격은 가장 낮았으나 품질이 B와 C의 품질보다 떨어졌다. 이들이 제시한 파운드당 가격은 A공급업체가 6.20달러, B공급업체가 6.80달러, C공급업체가 7.20달러이었다.

　a. 점수를 기준으로 할 때 어떤 공급업체를 선정해야 하는가?

　b. 최저 가격의 공급업체가 선정되지 않는 이유는 무엇인가?

| | | A공급<br>업체 | | B공급<br>업체 | | C공급<br>업체 | |
|---|---|---|---|---|---|---|---|
| 기준 | 가중치 | 등급 | 점수 | 등급 | 점수 | 등급 | 점수 |
| 가격 | 60% | 5 | | 4 | | 3 | |
| 품질 | 20 | 2 | | 5 | | 5 | |
| 납기 신뢰성 | 10 | 3 | | 4 | | 3 | |
| 사회적 책임 | 10 | 2 | | 5 | | 4 | |
| 합계 | 100% | | | | | | |

4. 문(door)을 생산하는 어느 회사가 멕시코로 아웃소싱하는 것을 고려하고 있다. 가중점수법을 이용하여 대안 공급업체의 원가와 위험을 평가하라. 멕시코 공급업체는 연간 물량인 5,000개에 대해 개당 가격을 83.00달러로 제시했다. 재고창고까지의 운송비는 250개 단위로 825달러가 발생하며, 사전 조사를 위한 기술자의 출장비용은 5,000달러이고, 계약협상과 관리비용은 1,000달러이다. 재고는 평균 6개월 동안 유지되며, 유지비용은 연간 20%의 비율로 발생한다. 이 회사는 현재 미국에서 문을 개당 119달러의 원가로 생산하고 있다. 다음의 표는 평가항목별 가중치와 등급을 보여주고 있다.

| | | 멕시코 업체 | | 내부 생산 | |
|---|---|---|---|---|---|
| 기준 | 가중치 | 등급 | 점수 | 등급 | 점수 |
| 품질 및 납기 | 16% | 3 | | 4 | |
| 가격 | 60% | 5 | | 4 | |
| 사회적 책임 | 7% | 2 | | 5 | |
| 환율 위험 | 17% | 3 | | 5 | |
| 합계 | 100% | | | | |

　a. 멕시코에서의 총생산원가는 얼마이며, 내부 생산의 원가와 비교하라.

　b. 멕시코 공급업체 대안과 내부 생산 대안의 총점은 얼마인가?

　c. 이 회사는 생산을 아웃소싱해야 하는가? 그 이

유는 무엇인가?

5. 가구를 생산하는 사우스캐롤라이나의 어느 회사가 생산을 중국으로 아웃소싱하는 것을 고려하고 있다. 미국에서의 단위당 생산원가는 아래와 같다.

| 단위당 매출원가 | |
|---|---|
| 직접 인건비 | 53 |
| 재료비 | 122 |
| 경비 | 49 |
| 합계 | 224 |

중국에서 생산하면 직접 인건비가 미국의 60%, 경비 또한 미국의 60%가 발생하게 될 것이며, 중국에서의 재료비는 미국보다 10% 저렴하다. 중국에서 생산되는 가구를 미국의 재고창고로 운송하는 비용은 연간 500개를 7개 컨테이너로 운송하는데 27,000달러가 발생한다. 품질을 확인하기 위해서 중국에서 선적하기 전에 검사하는 비용이 연간 12,000달러이고, 계약관리 비용은 연간 5,000달러가 발생한다.

a. 가구를 중국에서 생산할 때의 총원가는 얼마인가?

b. 중국 공급업체를 활용할 때의 위험요소는 무엇인가?

c. 이 제품을 중국으로 아웃소싱해야 하는가?

d. 중국에서의 인건비가 저렴함에도 불구하고 중국 생산이 비싼 이유는 무엇인가?

6. 어느 소프트웨어 회사가 소프트웨어 제품의 유지보수와 지원 서비스를 인도로 아웃소싱하는 것을 고려하고 있다. 미국과 인도에서의 연간 비용은 다음과 같다.

| | 미국 | 인도 |
|---|---|---|
| 유지보수비용 | $132,000 | $ 79,000 |
| 지원 서비스 비용 | $235,000 | $141,000 |

유지보수와 지원 서비스의 수행을 위해 인도의 종업원을 교육하는 비용이 90,000달러가 발생하며, 이 비용은 2년 동안 감가상각된다. 미국에서 인도 업체의 소프트웨어를 관리하는 비용은 연간 40,000달러이며, 계약관리비용은 연간 5,000달러이다.

a. 이 소프트웨어를 인도로 아웃소싱할 때와 미국에서 서비스할 때의 총원가는 얼마인가?

b. 인도로 아웃소싱할 때의 위험요소는 무엇인가?

c. 이 소프트웨어를 인도로 아웃소싱해야 하는가?

7. 어느 케이블 TV회사가 콜센터를 필리핀으로 아웃소싱하는 것을 고려하고 있다. 필리핀 오퍼레이터의 봉급과 복지비용은 미국에서의 60%이다. 하지만, 그들의 숙련도가 낮기 때문에 미국 오퍼레이터에 비해 효율성이 80%에 불과하다. 현재 미국에서는 83명의 오퍼레이터를 시간당 15.00달러로 고용하고 있으며, 간접 인원은 5명이다. 콜센터는 연중 쉬지 않고 운영되지만 각 오퍼레이터는 연간 2,000시간을 일하며, 필리핀에서도 5명의 간접 인원이 필요하다. 필리핀 오퍼레이터를 훈련시키는 비용은 연간 100,000달러이며, 계약관리와 작업을 감독하는 비용은 연간 110,000달러이다.

a. 콜센터를 필리핀으로 아웃소싱할 때와 미국에서 수행할 때의 총원가는 얼마인가?

b. 콜센터를 필리핀으로 아웃소싱할 때의 위험요소는 무엇인가?

c. 콜센터를 필리핀으로 아웃소싱해야 하는가?

# 글로벌 물류

물류란 단순히 제품을 이동시키는 것이며 기업에 커다란 영향을 주지 않는다고 혹자들은 생각할지 모른다. 하지만 그런 생각이 사실과 크게 다르다는 것을 아래의 사례와 이 장을 통해서 알게 될 것이다.

스페인 사라고사(Zaragoza)에는 놀라울 정도로 큰 (유럽 최대) 물류공원이 있다. 이 공원에 최초로 입지한 자라(Zara)는 스페인을 비롯한 전 세계에 물건을 공급하는 자동화된 대형 물류센터(130만 제곱피트)를 건설했다. 자라는 패션의류를 생산하고, 이곳 사라고사의 물류센터에서부터 88개 국가의 2,000개 상점으로 옷을 공급하고 있다. 그렇다면 자라는 왜 이곳에 물류를 집중시키고 있을까?

패션의류를 신속히 공급하는 것이 자라의 전략이다. 자라는 스페인에서 비교적 작은 뱃치크기로 생산하면서도 상점에서 팔려 나가는 패션의류를 신속히 보충하고 있다. 아시아의 저비용 국가에서 대량으로 생산하는 것과는 다른 전략을 자라는 추구하고 있는 것이다. 이 전략으로 상점의 재고 보충 주문을 단 2주일 이내에 충족시키고, 판매시즌 동안에 신규

**자라는 사라고사의 물류센터를 활용하고 있다.**
© Roberto Machado Noa/LightRocket via Getty Images

패션상품을 신속히 출시하고 있다. 이로 인해 보유 품목으로부터의 매출을 높일 뿐 아니라 팔리지 않는 품목의 대규모 할인을 줄일 수 있다.

이 전략을 지원하기 위해 자라는 주문을 신속히 충족시킬 수 있는 물류센터가 필요했고, 스페인과 유럽에서의 주문을 통합하여 만차(truck load)로 수송함으로써 운송비를 절감하고 있다. 게다가 자라는 인근의 사라고사 공항으로부터 패션 품목을 전 세계의 국가로 항공운송하는 능력도 갖추고 있다. 이것이 자라 이야기의 끝이 아니다. 제품을 수송한 트럭이나 항공기가 사라고사로 돌아올 때 가능하다면 만차로 올 수만 있다면 바람직한 일일 것이다. 이것을 물류공원이 가능하게 만들어주고 있다. 사라고사 공항에서 자라의 창고 옆에는 유럽 최대의 수산 가공업체인 칼라데로(Caladero)가 위치하고 있다. 칼라데로는 자라가 사용한 보잉 747기를 이용하여 세계 곳곳으로부터 수산물을 수입하여 가공처리한 뒤 스페인의 고객에게 판매하고 있다. 이렇듯 사라고사의 많은 기업들이 제품을 출하할 때 화물을 통합하여 출하하고 회항할 때도 경제성을 담보하고 있다. 물류 허브(hub)가 존재하는 이유가 여기에 있고, 물류의 두 가지 원칙(출하와 회항에서 화물을 만차로 통합)을 예시하고 있다. 글로벌 물류허브의 다른 예는 싱가포르, 로테르담(해상운송 통합), 파나마 운하, 페덱스 허브가 있는 테네시주의 멤피스 등이며, 이 외에도 전 세계적으로 많은 허브가 있다.

이 사례로부터 알 수 있는 점은 물류가 기업에 전략적 영향을 준다는 것과 화물운송을 할 때에는 많은 물류원칙이 있다는 것이다. 자라가 소매업에서 크게 성장하고 가장 가치 있는 글로벌 브랜드 중 하나가 된 것은 물류와 마케팅전략 덕분이다. 이 장에서는 이 사례와 물류원칙을 좀 더 자세히 살펴볼 것이다.

## 18.1 공급사슬관리에서 물류의 역할

LO18.1 물류의 범위와 목표

이 장에서의 목표는 공급사슬관리에서 물류가 수행하는 역할을 살펴보는 것이다. 먼저 물류를 정의하고, 다음으로 물류의 다섯 가지 주요 의사결정인 운송, 재고창고, 입지, 제3자 물류, 전략적 의사결정을 살펴볼 것이다. 물류의 정의에 포함되는 그 이외의 의사결정으로는 재고관리, 자재취급, 포장 등으로 이 장에서는 다루지 않을 것이다.

**물류**(logistics)에 대한 다음의 정의는 공급사슬관리 전문가위원회(CSCMP)의 정의를 인용한 것이다.

> 물류는 고객 요구를 충족하기 위하여 재화의 흐름 및 관련 정보를 그 발생 지점과 소비 지점 사이에서 계획하고 실행하고 통제하는 것이다.

## 운영선도사례    DC 코믹스 : 구원투수의 물류

© Chesnot/Getty Images

DC 코믹스는 2013년 9월에 블록버스터급 특별호를 계획했다. 배트맨, 슈퍼맨, 늪지의 괴물(Swamp Thing), 아쿠아맨 등 모든 52개 코믹북의 표지에 3D 이미지를 넣기로 했다. 3D 이미지를 3D 유리가 아닌 특수 플라스틱에 인쇄하는 업

계 최초의 시도였다. 이를 위해 중국에만 있는 특수 금형이 필요했다.

많은 팬들이 이 특별호를 구입할 것으로 예상되었기에 수요를 예측하는 것이 어려웠다. 그래서 많이 팔리는 달의 수요보다 25% 더 계획하여 250만 부를 인쇄했다. 그런데 실제 수요가 공급을 초과했지만 다행히 DC 코믹스는 여분으로 5만 부를 보유하고 있었다. 초도생산 중에 문제가 발생했는데, 캐나다에서 중국으로 보낸 특수 플라스틱이 인쇄 과정의 높은 습도에 적응하지 못했다. DC 코믹스는 여분의 플라스틱이 있었고 이 문제를 해결할 시간도 있었다.

인쇄된 표지는 캐나다로 보내졌고, 캐나다에서 코믹북의 페이지들을 인쇄하여 표지와 합쳤다. 한때 캐나다의 운송업체가 이틀 동안 운송 중인 트럭의 소재를 파악하지 못했다. 그들을 찾고 보니 팰릿이 뒤집어져 일부 표지들이 손상되어 있었다. 우여곡절 끝에 250만 부가 인쇄되었고 제 날짜에 맞춰 상점으로 배송되었다.

이 사건은 모두에게 좋은 결과로 마무리되었는데, DC 코믹스의 월 판매량이 최고 기록을 달성했고 독자들은 특별호를 즐겁게 읽을 수 있었다.

출처 : *Inbound Logistics*(January 2014), Case Studies.

---

물류는 기업으로부터 나가는 재화의 흐름뿐 아니라 기업으로 들어오는 재화의 흐름에 관심을 두며 운송, 창고(저장), 정보, 물류네트워크 설계 등이 모두 물류에 포함된다. 재화를 단순히 수송하는 것만이 아니라 모든 운송이 조화되어야 하며, 때론 도중에 저장되어야 한다.

물류는 전략적 및 운영적 의사결정을 다루고, 또한 생산, 재무, 마케팅, 정보시스템 등 타 기능과의 통합도 다룬다. 물류는 제품과 서비스를 고객에게 도달시켜야 하고, 반품은 공급자에게 반송되도록 해야 하기 때문에 생산과 마케팅 사이의 중요한 연결고리이다. 물류에는 많은 투자가 요구되기 때문에 재무의 역할도 중요하며, 공급자와 고객의 모든 기능을 연결해야 하기에 정보시스템의 역할도 중요하다. 물류는 경계 확장의 기능을 하는 활동으로서 생산운영, 마케팅, 공급업체, 고객 등 조직 내부의 기능 및 외부의 기능을 서로 연결시켜 준다. 흔히 물류가 마케팅에서의 4-P 중 'place'에 포함되기 때문에 마케팅과 생산운영은 물류를 통해 매우 긴밀하게 연결된다.

물류의 중요성을 부정할 수 없다. 물류는 재화를 이동시키면서 생산과 유통을 지원하고, 국가 간의 무역을 가능하게 만든다. 국방에서도 국내와 해외의 군사행동을 물류가 지원한

다. 전 세계적으로 연간 물류비가 3조 5,000억 달러를 초과하며 글로벌 GDP의 12%를 차지하고 있다. DC 코믹스(DC Comics)의 운영선도사례가 그 회사에서 물류가 갖는 중요성을 보여주고 있다. DC 코믹스가 특별호 표지에 3D 이미지를 인쇄하기로 결정했을 때 시간을 절약할 수 있었다.

이 장에서는 물류의 다섯 가지 주요 의사결정을 다루고 있다.

1. 제품을 공급업체에서 생산지로, 또 생산지에서 고객에게 이동하기 위해 어떤 운송수단을 사용할 것인가?
2. 제품을 저장하기 위하여 어떤 형태의 창고를 사용할 것인가?
3. 창고와 공장을 어디에 입지시켜야 하는가?
4. 물류기능의 전부 혹은 일부를 제3자 물류업체에 아웃소싱할 것인가?
5. 경쟁우위를 창출하고 지원하기 위한 물류의 전략적 역할은 무엇인가?

## 18.2 운송

어마어마한 양의 제품들이 매일 기차, 트럭, 바지선, 파이프라인, 항공기에 의해 이동되고 있다. 미국의 경우 매일 460억 달러 가치의 4,830만 톤의 제품이 운송시스템을 통해 이동하고 있는데, 이 수치는 미국 국민 1인당 연간 57톤의 화물에 해당한다.[1]

운송에서는 정부가 핵심 역할을 수행한다. 많은 국가에서 운송시스템의 전부 혹은 일부를 정부가 소유하고 있다. 미국은 대부분의 고속도로와 자동차 도로를 정부가 소유하고 있으며, 항만의 경우도 마찬가지이다. 미국의 철도, 항공노선, 파이프라인, 해상노선은 사기업이 소유하고 있지만 정부에 의해 규제받고 있다. 미국에서의 운임은 1980년까지 정부가 설정했는데, 1980년의 규제철폐로 대부분의 운송이 경쟁체제가 되었고 운임도 하락했다.

**운송의 경제학적 특성**

**LO18.2** 운송의 경제학적 특성

운송에는 경제학이 작동한다. 대량으로 운송하면 단위당 원가가 적게 드는데, 이것이 만차로 운송(TL)할 때가 부분 적재(LTL)보다 비용이 적은 이유이다. 해상운송에서도 컨테이너를 만재시키면 부분 적재보다 비용이 훨씬 낮다. 거리상으로 장거리 수송이 단거리 수송보다 단위 거리당 비용이 낮다. 따라서 국제 운송이 국내 운송보다 싼 이유가 된다. 그리고 보통 운송이 특급 운송보다 저렴하다. 따라서 항공을 이용하거나 익일 운송을 하게 되면 보통 운송보다 훨씬 비싸게 지불해야 한다. 이것들이 간단한 경제학 원리로서 고정비를 더 많은 화물에 분산시켜 규모의 경제, 거리의 경제, 속도의 경제를 얻을 수 있게 한다.

이러한 경제학 원리에 근거하여 시장 지역별로 동일 지역으로의 화물을 통합할 수 있다. 예를 들어 어떤 출발지에서 동일 목적지로 가는 2건의 화물선적이 있다면 이들을 두 번 운송하는 것보다 통합하여 한 번에 운송하는 것이 저렴하다. 다음의 예를 보자.

---

[1] Transportation Statistics Annual Report (2013).

**예제**
**화물통합**

어느 회사가 인접해 있는 2곳의 도시에서 각각 20,000파운드의 화물을 동일한 목적지로 운송해야 한다. 운송업체의 트럭 운임은 100파운드당(cwt) 10달러이다. 하지만, 두 화물을 통합하여 한 대의 트럭으로 운송하게 되면 운임이 100파운드당(cwt) 7달러이고, 두 번째 화물을 선적하기 위해 경유하는 비용이 500달러이다. 이 회사는 두 화물을 통합해야 하는가?

두 화물을 각각 별도의 트럭으로 운송할 때의 비용은 다음과 같다.

비용 = 20,000 × (10달러/100파운드) + 20,000 × (10달러/100파운드)

= 2,000달러 + 2,000달러

= 4,000달러

두 화물을 통합하여 운송할 때의 비용은 다음과 같다.

비용 = 40,000 × (7달러/100파운드) + 500달러

= 2,800달러 + 500달러

= 3,300달러

통합운송의 비용이 더 저렴하므로 한 대의 트럭으로 운송해야 한다.

위의 예제에서는 화물통합이 동일한 기업에 의해 이루어진 것이지만, 서로 다른 기업들에 의해 이루어질 수도 있다. 이것을 통합배송(pooled delivery)이라고 하며, 운송업체가 여러 기업들의 화물을 동일한 트럭으로 통합해서 운송하게 된다.

또 다른 경제학적 고려사항은 경제적 주문량(EOQ)과 운송비 사이의 관계이다. EOQ 모델에서는 운송비를 고려하지 않는다. 일반적으로 대규모 운송을 하게 되면 재고유지비용이 많이 발생하게 되지만 운송비의 절감으로 상쇄될 수 있다. 이러한 관계를 EOQ의 수정 모형에서 고려할 수 있지만 이 책에서는 다루지 않을 것이다.

**운송수단의 유형**

LO18.3 다섯 가지 운송수단의 장점과 단점

**운송수단의 유형**(mode of transportation)은 화물을 이동시키는 방법 혹은 기술을 말하며, 트럭, 철도, 해운, 파이프라인, 항공의 다섯 가지 유형이 있다. 이들 각각은 운송하는 화물의 형태, 거리, 비용, 서비스 요구사항에 따라서 장점과 단점을 갖고 있다. 이를 감안하여 어떤 운송수단이 최선인지를 결정하는 것은 물류관리자의 역할이다.

운송수단을 결정할 때 고려해야 할 두 요소는 **비용과 서비스**(cost and service)이다. 일반적으로 비용은 운송하는 화물의 무게, 부피, 운송거리, 화물의 유형에 의해 정해진다. 예를 들어 10개의 팰릿에 실린 유리의 총무게가 8,200파운드, 부피가 640입방피트이며 2,100마일을 운송해야 한다고 하자. 이를 바탕으로 운송업체는 화물을 철도, 트럭, 항공으로 운송할 때의 비용과 소요시간을 계산할 수 있다.

두 번째 고려요소인 서비스에는 여러 가지 차원이 있다.

속도 : 주문한 화물의 배송에 걸리는 시간
신뢰성 : 적시에 운송되는 주문건의 비율
장소의 유연성 : 여러 출발지와 도착지로의 수송 가능성
적재능력 : 운송 가능한 화물의 크기, 무게, 부피 및 특수화물 처리능력(예 : 냉장 운송)

유리의 예를 들면 운송수단에 따라 그 서비스가 다를 수 있다. 예를 들어 속도가 빠른 수단은 출발지에서 목적지까지 중간 경유 없이 가는 트럭일 것이다. 철도는 시간이 더 많이 걸리고 파손이 더 많이 발생할 수 있으며, 트럭보다 신뢰성이 떨어질 수 있다. 장소의 유연성에서는 트럭이 고속도로나 일반도로를 통해 어느 곳이나 갈 수 있기 때문에 철도보다도 우수하다. 그리고 항공 운송은 가장 빠르지만 한편으로 가장 비싼 수단이다.

다섯 가지 유형의 장점과 단점에 대해 살펴보자. 우선 미국의 경우 다양한 운송수단에 의한 운송량을 〈표 18.1〉에서 보여주고 있다.

## 트럭

다른 나라와 마찬가지로 미국도 고속도로가 전국의 거의 모든 도시를 연결하고 있다. 미국의 경우 트럭이 다른 어떤 수단보다도 더 많은 화물을 매일 운송하고 있으며, 총중량의 64.1%를 차지하고 있다. 활용이 높은 이유는 트럭운송이 갖는 장소의 유연성과 속도 측면에서 철도나 선박에 비해 상대적으로 빠르기 때문이다. 비용 측면에서는 가장 저렴하지는 않지만 그래도 합리적인 수준이다. 화물을 항공, 철도, 혹은 선박으로 운송한다 하더라도 일부 구간에서 트럭을 이용하지 않는 경우는 거의 없다. 예를 들어 철도로 운송할 때 화주에서부터 출발지의 기차역까지, 그리고 목적지의 기차역에서 고객까지는 트럭을 이용하게 될 것이다.

트럭운송 산업에는 **만적**(truckload, TL) 운송업체, **혼적**(less-than-truckload, LTL) 운송업체, 전문 운송업체의 세 가지 형태가 있다. TL 운송은 출발지에서 목적지까지 트럭에 거의 만적 상태로 운송되며, 운송비용은 일반적으로 15,000파운드를 기준으로 적용된다. LTL

**표 18.1**
운송수단에 따른 미국 국내의 화물운송

출처 : Transportation Statistics Annual Report (2013).

| 운송수단 | 총운송량(톤) 대비 비율(%) | 총운송비용 대비 비율(%) |
|---|---|---|
| 트럭 | 64.1 | 62.9 |
| 철도 | 10.7 | 3.2 |
| 해상 | 4.7 | 1.7 |
| 항공 | 0.1 | 7.2 |
| 복수 수단의 혼용 | 9.2 | 18.4 |
| 파이프라인 | 9.4 | 4.6 |
| 기타 | 1.8 | 2.0 |

운송은 100파운드(cwt) 단위로 보았을 때 그 비용이 더 비싸다. LTL 운송은 여러 곳(흔히 여러 고객)을 경유하면서 소화물을 선적하여 물류창고나 고객에게 직접 배송하게 된다. 전문 운송업체에는 페덱스나 UPS와 같은 업체가 해당한다.

대형 화물은 주로 트레일러에 의해 TL로 운송된다. 소규모 화물의 화주는 제품을 LTL로 물류창고로 운송하여 하역한 후 바로 환적하여 출고하든지 아니면 필요에 따라 저장하게 된다. 매우 작은 단위로 출고해야 하는 화물은 입고된 대형 화물을 분할하여 포장 박스에 담아 대기 중인 주문에 따라 출고시키고 나머지는 저장하게 된다. 바로 출고시키는 박스와 저장하는 박스를 구분하고 처리하기 위해 정교한 컨베이어 시스템이나 로봇을 사용하기도 한다. 화물을 다루는 횟수가 많을수록 비용이 많이 발생하고 파손의 위험도 높지만 이 방법이 소형 화물을 다루는 현실적인 방법이다.

## 철도

철도는 고속도로와 항로가 개척되기 이전부터 존재했고, 철도는 두 번째로 가장 많은 화물(10.7%)을 운송하는 수단이다. 철도는 주로 무겁고 대규모 화물을 장거리로 운송할 때 사용된다. 그리고 아주 대규모로 운송할 수 있기 때문에 운송비용이 상대적으로 저렴하다. 하지만 트럭보다 느리고, 장소의 유연성도 낮다. 복수의 운송수단을 사용하는 경우에는 트레일러를 바로 평평한 화물칸(flatbed railcar)에 싣고 목적지 인근의 역에서 하역하여 트럭으로 운송하게 된다. 해상운송의 경우에도 도착한 항만에서 컨테이너를 하역하여 평평한 철도 화물칸에 싣고 이동하게 된다. 미국에서 철도운송이 증가하고 있는 이유는 해외에서 수입된 화물을 미국 전역으로 철도를 이용해서 장거리 운송하기 때문이다.

## 해상

화물의 해상운송은 가장 오래된 운송방식이며 배, 바지선, 보트 등을 이용한다. 내륙 해상로는 강, 호수, 운하를 이용하며, 미국에서는 전체 화물 중량의 4.7%가 이용한다. 대형 화물의 경우에는 바지선으로 저렴하게 운송할 수 있지만, 장소의 유연성은 제한된다. 해상운송은 속도가 중요하지 않고 저렴한 운송비가 요구될 때 가장 적합하게 사용된다. 그래서 농산물, 시멘트, 모래, 석탄 등 대용량 상품을 운송할 때 내륙 해상을 이용한다.

해외에서 수입하는 제품은 바다의 항로로 이동되며 일반적으로 컨테이너를 이용한다(약 90%). 컨테이너는 길이가 20피트와 40피트인 두 종류가 있는데, 20피트 컨테이너는 TEU(20-feet equivalent unit)로 불리며, 40피트 컨테이너는 2 TEU에 해당된다. 대형 해양 선박은 16,000 TEU를 선적할 수 있다. 해양운송은 태평양을 건너 미국으로 오는 데 3주일이 걸리는 등 느린 수단이지만 단위 거리당 운송비는 매우 저렴하다. 컨테이너 이외의 해상운송이 이루어지는 것은 원유(oil)로서 매년 약 20억 톤의 원유가 해양 탱커로 운송되고 있다. 물론 국제무역은 해양운송에 크게 의존하고 있다.

**소화물 배송을 드론으로?**
© Doxieone Photography/Getty Images

## 파이프라인

파이프라인은 오일, 가스, 화학 물품을 운송할 때 주로 사용되며, 미국에서는 총중량의 9.4%가 운송된다. 이를 위해서 대규모 투자가 발생하지만 운영비용은 매우 저렴하다. 그렇지만 대부분의 경우에 환경에 미치는 영향은 매우 크다. 파이프라인은 장소의 유연성은 매우 낮지만 액체나 기체 물품을 운송하는 데는 가장 저렴하고 신속한 방법이다. 예를 들어 알래스카 파이프라인은 원유를 북부 유전에서 남부 항구까지 800마일의 거리를 운송하고 있다.

## 항공

항공운송은 모든 운송수단 중에서 가장 빠르지만 가장 비싼 수단이다. 그래서 운송 총중량 중에서 극히 일부분(0.1%)만 항공으로 운송되고 있다. 항공운송은 부패성 물품(예 : 수산물, 화훼), 경량의 고가 물품(예 : 보석, 의료품, 전자제품), 긴급히 목적지까지 운송해야 하는 제품에 이용된다. 항공화물의 많은 부분이 전문 운송업체(예 : UPS, 페덱스)에 의해서 익일 혹은 2일 배송으로 이루어지고 있다. 그렇기 때문에 인터넷 소매업체들이 전문 운송업체의 항공 및 트럭 운송의 주된 이용자이다.

드론(drone)을 이용한 소화물 운송이 새로운 항공운송의 형태로 떠오르고 있다. 최근에 월마트와 아마존이 택배와 물류의 목적으로 드론을 시험하고 있다. 월마트 매장들이 미국 주민의 70%를 5마일 이내로 갖고 있으며, 아마존은 많은 대도시에 드론으로 수송할 수 있는 배송센터를 갖고 있다. 하지만 드론에 의한 운송의 미래는 아직 불확실하다. 기술이 아직 초기 단계에 있으며, 어떻게 진화될지 예견하기는 이르다고 하겠다.

## 복합 수단

운송은 흔히 복합 수단을 사용하여 이루어진다. 예를 들어 국제 화물은 복합 운송수단으로 운송이 이루어지는데, 제품이 공장에서부터 트럭이나 철도로 항구의 물류창고로 운송되고, 그곳에서 컨테이너에 통합되어 선박에 선적된다. 선적된 화물은 수입국으로 이동하여 하역된 후 물류창고에서 분류되거나 컨테이너 그대로 고객의 물류창고까지 트럭 혹은 철도로 운송된다. 이처럼 운송이 복수의 운송수단으로 이루어질 뿐 아니라 그 과정에서 통합과 분류가 일어나기도 한다. 국내 운송에서도 트럭, 철도, 바지선, 항공 등의 복합 수단으로 화물이 운송된다.

**운송수단의 선택**

운송수단을 선택하고, 통관을 준비하고, 운송업체에 이관할 물품의 명단인 선하증권(bill of lading)과 같은 운송서류를 준비하는 일은 물류관리자의 책임이다. 운송수단을 결정하기

표 18.2
다양한 운송수단의
장단점

| 운송수단 | 장점 | 단점 |
|---|---|---|
| 트럭 | 화물을 신속하게 장거리 운송을 할 수 있다.<br>장소의 유연성이 높고, 철도나 항공과의 연계가 용이하다. | 무겁고 대용량 화물에 대해서는 다른 수단보다 비싸다. |
| 철도 | 무거운 화물을 장거리 운송하는 데 상대적으로 저렴하다.<br>트럭이나 해상운송과의 연계가 가능하다. | 화물의 운송 속도가 상대적으로 느리다. |
| 내륙 해상 | 곡물, 석탄, 자갈 등 대용량 물품의 운송이 저렴하다.<br>복합 수단과의 연계가 효과적이다. | 해상 수로와의 인접성에 제약받는다.<br>상대적으로 속도가 느리다. |
| 해양 | 컨테이너로 장거리 운송하는 데 경제적이다. | 화물의 운송 속도가 매우 느리다. |
| 항공 | 화물을 신속히 운송하는 수단이다.<br>트럭과 연계할 때 장소의 유연성이 있다. | 단위당 비용이 매우 높다. |
| 파이프라인 | 오일, 가스, 화학 물품을 장거리 운송할 수 있다. | 설치비용이 매우 크다. |

위해서는 비용과 서비스를 함께 고려해야 하는데, 이들 사이에는 종종 교환관계가 존재한다. 예를 들어 신속한 운송은 단위당 비용이 비싼 게 일반적이다. 따라서 물류관리자는 고객이 요구하는 서비스 수준과 비용을 고려해서 최선의 운송수단을 찾아야 한다. 비용과 서비스 측면에서 운송수단들의 장단점이 〈표 18.2〉에 요약되어 있다.

**예제**
**비용과 서비스의 교환관계**

ABC 페인트 회사가 10,000파운드의 페인트를 캔자스시티로부터 로스앤젤레스로 운송하고자 한다. 페인트는 8개의 팰릿 각각에 1,250파운드씩 선적된다. 아래의 자료를 바탕으로 할 때 어떤 운송수단이 최선인가?

| 운송수단 | 배송시간 | 화물취급 횟수 | 비용 |
|---|---|---|---|
| TL 트럭 | 24시간 | 2회 | $4,100 |
| LTL 트럭 | 3일 | 6회 | $3,200 |
| 철도 | 6일 | 6회 | $4,600 |
| 항공 | 8시간 | 4회 | $19,600 |

TL 트럭으로 목적지까지 직행하는 대안은 24시간 이내에 도착하며 선적과 하역의 단 두 차례만 화물취급이 이루어진다.

최선의 대안은 화물이 도착해야 하는 시기와 비용에 의해 결정된다. 만약에 3일 이내에 도착해도 된다면 LTL 대안이 가장 저렴하다. 그렇지만 화물을 선적하고, 다

## 운영선도사례    슈타인 마트에서의 운송수단 변경

슈타인 마트(Stein Mart)는 패션의류 소매업체로서 260개의 매장에서 연간 12억 달러의 매출을 올린다. 이 회사는 남성 및 여성을 위한 부티크 의류, 액세서리, 실내 장식품을 할인가격에 판매하고 있다. 수년간 이 회사는 화물을 공급업체로부터 매장으로 직송하기 위해 소화물 전문업체(예 : UPS, 페덱스)를 활용하다가 TL

© Zoonar GmbH/Alamy Stock Photo

과 LTL 운송업체로 변경하게 되었다. 이로 인해 운송비뿐 아니라 매장에서의 운영비를 절감하게 되었다. 신규 운송업체를 이용하면서는 매장에의 도착시간을 30분 간격의 시간으로 계획 세우는 것이 가능하게 되었다. 따라서 그 시각에 작업자를 배치하여, 화물이 도착하면 바로 포장을 풀 수 있게 되어 인건비가 절감되었다. 또한 공급업체로 하여금 제품에 가격표를 부착하게 하여 포장을 풀면서 바로 매장에 진열할 수 있게 되었다. 이 결과로 연간 2,000만 달러를 절감했다. 이러한 운송수단 변경의 사례가 매우 성공적이었기에 전국화주협회에서 '올해의 화주' 상을 슈타인 마트에게 수여했다.

출처 : *Logistics Management*, October 2011.

른 화물과 통합 과정을 거치고, 목적지에서 하역하는 등 6차례의 화물취급이 발생하게 될 것이므로 화물 파손의 위험성이 높다. 만약 화물이 24시간 이내에 도착해야 한다면 TL 대안이 비용은 높지만 최선의 대안이다. 철도는 속도나 비용 면에서 LTL 보다 열세에 있다. TL 대안이 LTL보다는 비용이 저렴할 수 있지만, 이 상황에서의 10,000파운드로는 트럭을 만재하지 않기 때문에 오히려 비용이 더 크게 발생한다. 항공 운송은 그 비용이 매우 크기 때문에 재고 품절 혹은 신속한 배송이 요구되는 비상 상황에서나 사용될 수 있다.

운영선도사례에서 슈타인 마트(Stein Mart)가 운송수단을 변경하여 연간 2,000만 달러를 절감한 실제 사례를 설명하고 있다.

## 18.3  배송센터와 물류창고

**LO18.4 물류창고의 다양한 기능**

물류관리자의 또 다른 역할은 물류창고와 배송센터의 관리이다. 이 두 용어는 같은 의미로 사용되지만, 전통적으로 **물류창고**(warehouses)는 공급이나 수요의 불확실성에 대응하기 위해 물품을 수주일 혹은 수개월 동안 재고를 저장하는 설비를 말한다. **배송센터**(Distribution center, DC)는 최근의 용어로서 재고를 최소로 보유하면서 물품을 신속히 환적하는 기능과 연관되어 있다. 월마트, 슈퍼밸류, 타겟에서 물품을 매장으로 직송하는 창고를 흔히 배송센터라고 부른다. 배송센터에는 세 가지 유형이 있다.

1. **통합 DC**(consolidation DC). 소량(예 : LTL)으로 입고되어 대량(예 : TL)으로 출고되는 화물을 통합하는 기능의 배송센터이다. 기업이 자신의 화물을 통합하기 위하여 자체적으로 소유한 배송센터이거나 민간 운송업체가 여러 회사의 화물을 통합하기 위한 배송센터일 수 있다. 통합 DC는 소량의 화물을 대량의 화물로 통합함으로써 규모의 경제를 얻는 장점이 있다.

2. **소량분할 DC**(break-bulk DC). 배송센터로 입고된 대량의 화물을 여러 개의 소량 화물로 분할하여 출고하는 기능의 배송센터이다. 이 형태는 예를 들어 해외에서 40피트 컨테이너로 수입한 물품을 소량으로 분할하여 여러 매장으로 출고시킬 때 유용하다. 또 다른 예로서 소매업체가 물품을 TL로 구매하여 여러 매장으로 소량씩 배송하는 배송센터가 있다.

3. **크로스도킹 DC**(cross-docking DC). 대량으로 입고하여 그 즉시 물품을 분류하고 소량으로 분할하여 대기 중인 트럭에 선적하여 출고하는 기능의 배송센터이다. 이 과정에서 센터의 입고 지점에서 출고 지점으로 화물이 가로질러 이동하게 되므로 크로스도킹이라는 용어를 사용한다. 여러 공급업체로부터 각각 만차(TL)로 물품이 입고되는 장소가 센터의 한 측면에 있고, 다른 측면에는 여러 대의 트럭이 대기하고 있는 상황을 가정해보자. 만차로 싣고 온 트럭에서 물품을 하역하여 대기 중인 각 트럭이 싣고 갈 매장에 보내질 수량으로 분할하여 선적하고, 나머지는 저장 공간에 보관하게 된다. 각 트럭이 방금 입고된 물품 혹은 저장 중인 물품으로 적재되면 목적지의 매장으로 운송을 하게 된다. 크로스도킹의 장점은 배송센터에 저장되는 재고의 양이 최소로 유지된다는 것이다. 크로스도킹은 1980년대 월마트가 효시이며 오늘날 많은 대형 소매업체들이 적용하고 있다. 배송센터의 세 유형을 〈그림 18.1〉에서 예시하고 있다.

위의 기능 이외에도 배송센터와 물류창고가 수행하는 기능은 다음과 같다.

- 계절성 수요를 갖는 제품을 차후에 사용하기 위해 저장해둔다. 예를 들어 가을에 수확한 사과를 연중 판매하기 위해 냉장 보관한다. 또한 크리스마스 제품을 연중 생산하여 크리스마스 시즌에 판매하기 위해 저장해둔다.
- 제조기업이 구매 자재를 생산에 투입하기 위해 저장해둔다. 저장된 자재는 완제품 주문의 충족시간을 단축시켜 주거나, 수요나 공급의 변동에 대비한 안전재고로서의 역할을 한다. 그리고 공장에서 출고되는 제품을 만차의 수량이 될 때까지 보관하기도 한다.
- 다양한 국가나 지역으로 향할 제품을 출고 직전에 라벨을 붙이는 것과 같은 부가적인 작업을 수행하기도 하며, 다양한 요구사항에 맞도록 간단한 조립 작업을 행하기도 한다. 예를 들어 휴렛 팩커드의 배송센터는 다양한 국가로 향하는 프린터의 전원장치를 그 국가의 전압표준에 맞춰 최종 조립을 한다. 의류업체의 경우 배송센터에서 라벨과 가격표를 붙이는 작업을 하기도 한다.

그림 18.1
배송센터의 유형

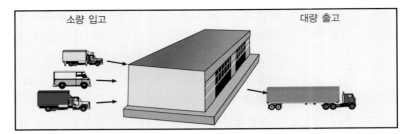

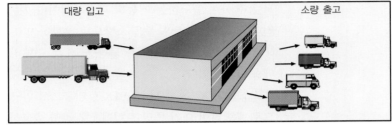

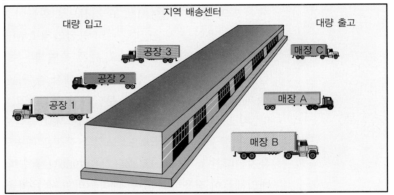

- 다양한 이유로 기업에 반환되는 제품을 보내는 **역물류**(reverse logistics) 기능을 한다. 예를 들어 판매 시즌이 지나서 할인으로도 판매할 수 없는 제품이나 유통기한이 지난 소매 제품은 반환된다. 그리고 재생될 수 없는 제품도 생산기업으로 반환된다. 이때 재활용될 수 있는 반환 제품의 수집 거점으로 물류창고가 이용된다. 반환 제품이 물류창고에 입고되면 개조 혹은 수리되거나 폐기 처분된다. 예를 들어 애플은 아이폰의 역물류 프로그램을 대대적으로 수행하고 있다. 고객들에게 자신의 구형 아이폰을 신형으로 교환할 것을 적극 장려하고 있다. 구형 아이폰을 손질하여(refurbished) 할인 가격으로 재판매하거나 재활용 공장으로 보내서 분해하여 부품을 재활용 또는 폐기한다. 가능하다면 중고품을 재활용하여 단순히 버리는 일이 없도록 하고 있다.

운영선도사례에서 베스트 바이(Best Buy Co. Inc.)가 새로운 소매업 개념을 위해 매장을 리모델링할 때 물류창고를 어떻게 이용했는지를 보여주고 있다. 이들은 물류창고를 이용하여 운송비를 30% 이상 절감했고 서비스도 향상되었다.

## 운영선도사례　베스트 바이의 매장 리모델링 지원

베스트 바이(Best Buy)가 새로운 소매업 개념을 도입하기 위해 500여 개의 매장을 리모델링하고 있다. 조명을 밝게 하고, 공간을 개방하여 고객친화적인 형태로 만들어 고객이 제품을 쉽게 찾고 종업원은 안내를 더 쉽게 할 수 있게 하고 있다. 그리고 마이크로소프트, 소니, 삼성, 퍼시픽 키친&홈 등의 주요 공급업체에게는 별도의 공간을 할애하는 '매장 내 매장'의 개념을 도입하고 있다. 그 결과 매장 내 통행량과 판매가 증가했다.

이들 매장을 리모델링하기 위해서는 필요한 고정구(디스플레이, 안내판, 선반, 조명 등)를 공급하는 물류지원이 요구되

© McGraw-Hill Education/Andrew Resek

었다. 이 고정구들이 수많은 공급업체로부터 정해진 일정에 따라 운반되고, 정시에 모든 것이 준비되어 매장에 맞게 최종 수정되어야 했다. 과거에 매장을 리모델링할 때는 개별 매장이 많은 공급업체들에게 직접 주문했기 때문에 물건들이 LTL로 운반되어야 했다.

운송부서의 책임자인 피터 제들러(Peter Zedler)는 필요한 고정구를 매장으로 공급하는 방법을 새롭게 하기로 했다. 그는 거점 도시들에 물류창고를 임대하여 주변 매장들에게 필요에 따라 물품을 공급하기로 했다. 이렇게 함으로써 물류창고까지는 TL로 운송하여 비용을 절감했고, 매장에는 필요에 따라 공급하는 유연성을 확보할 수 있었다. 첫해에 1,870회 TL의 고정구 운송을 처리해야 했다. 그중 30%는 공장에서 매장까지 TL로 운반했고, 37%는 공장에서 물류창고로, 25%는 물류창고에서 매장으로 운송하는 복합방식을 사용했다. 따라서 물류창고가 예측하지 못하는 일정 변경과 공급업체로부터의 납기문제에 대응하는 완충 역할을 했다. 그 결과로 운반비가 30% 절감되었고 매장에 대한 서비스가 크게 향상되었다.

출처 : *Logistics Management*, October 2012 and *Startribune*, May 2, 2014.

## 18.4 물류 네트워크

**18.5 물류창고의 수와 입지를 결정하는 기법**

물류관리자는 고객의 니즈를 최저 비용으로 충족시키는 가장 최선의 물류 네트워크 유형을 결정해야 한다. 이는 장기적 안목이 요구되는 전략적 결정이며, 막대한 투자가 필요하고, 기업의 경쟁력에 영향을 줄 수 있다. 물류 네트워크에 대해서는 두 가지 의사결정이 있다. 하나는 기업이 목표로 하는 시장을 지원하기 위해 몇 개의 물류창고가 필요한가이고, 또 하나는 각 물류창고를 어디에 입지시킬 것인가이다. 이들 결정은 기업의 원가에 영향을 줄 뿐 아니라 물류창고에서 고객까지의 납기에 영향을 준다.

**물류 네트워크**(logistic network)는 공장, 공장에서 물류창고까지의 운송, 물류창고에서 고객까지의 운송으로 이루어진다. 〈그림 18.2〉의 예시는 2개의 공장, 3개의 물류창고, 그리고 20명의 고객으로 이루어진 물류 네트워크이다. 네트워크의 구성 형태는 비용과 서비스의 목적에 따라서 어느 공장이 어느 물류창고에 공급하고, 어느 물류창고가 어느 고객을 담당하는지에 의해 수많은 대안이 존재한다. 그중 한 가지를 그림에서 보여주는 것이다.

그림 18.2
물류 네트워크

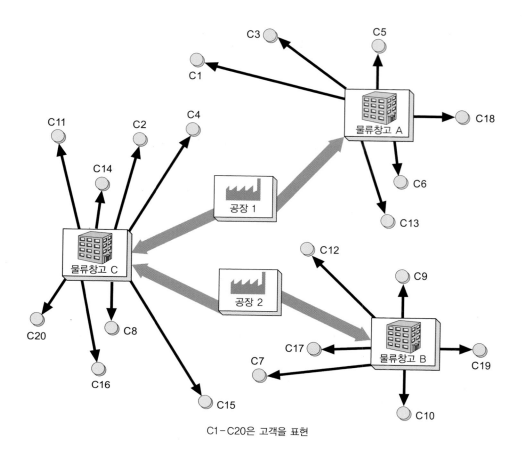

C1 - C20은 고객을 표현

입지

먼저 물류창고의 입지 문제를 살펴보고, 다음으로 물류창고의 개수 문제를 논의할 것이다. 입지 의사결정은 다음의 요소들을 기초로 하게 된다.

- 노동의 조달 가능성
- 인건비
- 건설비용 및 유지비용
- 운송비
- 세금
- 정부의 인센티브
- 정부의 규제
- 고객으로의 배송시간
- 공급업체와의 인접성
- 고속도로와 철도의 이용 용이성

일부 국가, 지방정부, 지역사회는 기업의 공장이나 물류창고를 유치하기 위하여 보조금

지급, 세제 혜택, 일시적 세금 감면 등으로 매우 적극적이다. 인건비, 건설비, 유지비 등은 숙련 및 비숙련 노동자의 조달 가능성에 따라 차이가 크게 날 수 있다.

입지 의사결정에서는 운송비와 거리에 기초한 **무게중심법**(center-of-gravity analytics)이 분석 초기의 개략적인 기법으로 사용된다. 이 기법은 물류창고의 위치에서 각 고객 혹은 시장까지의 거리와 그곳의 수요를 바탕으로 무게중심을 계산한다. 무게중심의 좌표 $X_{CG}$와 $Y_{CG}$를 계산하기 위해 다음의 공식을 활용한다.

$$X_{CG} = \frac{\sum_i D_i X_i}{\sum_i D_i} \tag{18.1}$$

$$Y_{CG} = \frac{\sum_i D_i Y_i}{\sum_i D_i} \tag{18.2}$$

여기서

$D_i =$ 입지 $i$의 수요

$X_i =$ 입지 $i$의 $X$ 좌표

$Y_i =$ 입지 $i$의 $Y$ 좌표

---

**예제**
**무게중심법**

다음과 같은 수요와 $X$, $Y$좌표를 갖는 세 고객에게 제품을 공급할 물류센터를 입지시킨다고 가정해보자.

| 고객 | X좌표 | Y좌표 | 수요 |
|------|-------|-------|------|
| A | 10 | 50 | 10,000 lbs. |
| B | 50 | 50 | 20,000 lbs. |
| C | 30 | 10 | 50,000 lbs. |

$$X_{CG} = \frac{10(10,000) + 50(20,000) + 30(50,000)}{10,000 + 20,000 + 50,000} = 32.5$$

$$Y_{CG} = \frac{50(10,000) + 50(20,000) + 10(50,000)}{10,000 + 20,000 + 50,000} = 25.0$$

〈그림 18.3〉에 A, B, C의 좌표와 수요, 그리고 무게중심을 표시하고 있다. C지점에서의 수요가 높기 때문에 무게중심이 C에 가까이 위치하게 됨을 알 수 있다.

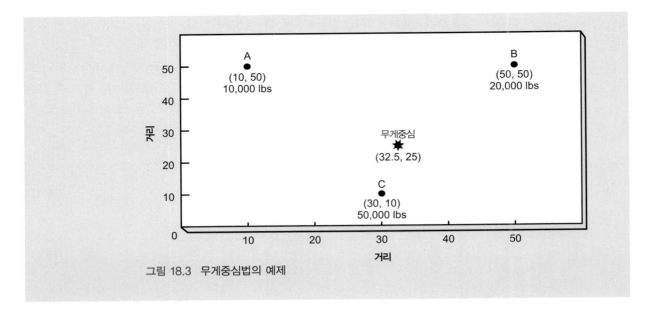

그림 18.3 무게중심법의 예제

무게중심법은 여러 가지 가정을 전제로 하고 있다. 발생 비용이 운송 거리와 운송 중량에 비례함을 가정하고 있다. 실제로는 도로가 직선으로 되어 있지 않고, 운송비도 운송수단 및 TL이나 LTL에 따라 달라지기 때문에 이 방법은 근사치를 제공할 뿐이다. 그럼에도 불구하고 이 방법은 최소 비용의 입지를 찾는 개략적인 방법이 된다. 실제 운송해야 할 거리와 운송수단을 고려하는 정교한 분석모형도 존재하는데, 네트워크를 분석하는 방법으로 한다. 공장에서 모든 가능한 물류센터를 경유하여 모든 가능한 고객에 이르는 모든 경로를 고려하게 된다. 이때 무수히 많은 가능 경로가 있지만 알고리즘을 이용하여 총비용을 최소화하는 최선의 경로를 찾을 수 있다.

하지만, 앞에서 보았듯이 운송비만 입지 결정에서의 유일한 고려요소는 아니다. 그 외에도 인건비, 세금, 인센티브 등의 비용을 고려할 필요가 있다. 그리고 노동의 조달 가능성, 공급업체에의 인접성, 그 외의 요소들이 무게중심을 다른 위치로 이동시키게 만들 수 있다.

어떤 온라인 소매업체는 비용보다는 배송시간을 바탕으로 입지를 결정하기도 한다. 고객이 운송비를 부담하면서 당일 혹은 익일 배송을 원한다면 비용보다는 배송시간이 더 중요하다. 운영선도사례에서 온라인 소매업체들이 고객의 요구를 충족하기 위하여 어떻게 물류센터를 설치하는지를 설명하고 있다.

**물류창고의 수**

물류창고의 수를 정함에 있어서 먼저 개념적으로 접근해보자. 예를 들어 미국의 서부에 있는 여러 공장으로부터 미국 동부의 100개 매장으로 제품을 운송해야 한다고 가정하자. 서부의 각 공장이 동부의 각 매장으로 소화물 배송(UPS나 페덱스를 이용)을 하거나 LTL로 운송하면 그 비용이 매우 클 것이다. 좀 더 나은 방법은 동부에 물류창고를 입지시켜 물류

## 운영선도사례     소매업체들의 배송속도 경쟁

© McGraw-Hill Education/John Flournoy

전통적인 오프라인 소매업체들이 아마존과 같은 온라인 소매업체와 경쟁하기 위해 제품을 2일 이내에 배송하고 있다. 월마트의 경우 쇼핑 고객에게의 정상 배송을 2일 이내로 목표하고 있다고 말한다. 세계 최대 소매업체인 월마트는 이 목표를 위해 여러 개의 신규 배송센터를 건설하는 데 수십억 달러를 투자하고 있다. 이런 투자가 수익구조에는 부정적이지만 아마존과 그 외 온라인 업체와 경쟁하기 위한 투자인 것이다. 온라인 고객에게 2일 이내로 배송하기 위해 2015년에 5개의 신규 DC, 2016년에 4개의 신규 DC를 개설했다. 신규로 설치한 대규모 DC는 매일 수백만 개의 품목과 수십만 개의 박스를 선적하고 있다. 이들 DC들은 대규모 화물을 소량으로 분할하고, 또한 기존의 소규모 물류창고보다 효율적이고 신속하게 기능하고 있다. 홈디포(Home Depot)도 온라인 주문의 90%를 2일 이내에 배송하기 위해 최근에 세 번째 대형 DC를 개설했다. 타겟도 2개의 신규 DC를 개설하여 총 1,900개 매장 중 500개 매장에 물품을 공급하고 있다. 이들 모두가 온라인 소매업체와 경쟁하기 위해서는 속도가 중요하다는 것을 보여주고 있다.

창고까지는 TL 혹은 철도로 운송하고, 물류창고에서 각 매장으로는 필요에 따라 소량으로 운송하는 방법일 것이다. 이런 방법으로는 제품을 물류창고에 보관할 수 있어 저장공간이 작은 매장에서 재고로 보관할 필요가 없을 것이다. 그렇게 하면 물류창고까지의 TL 운송비용과 매장까지의 LTL 운송비용, 그리고 재고비용을 합한 총비용을 줄일 수 있을 것이다.

이제 시장을 미국 동부만 아니라 전국으로 확대해보자. 그러면 더 많은 물류창고를 설치해야 할 것이며, 어느 한계점 이상의 물류창고 수에서는 비용이 상승하기 시작한다. 그 이유는 물류창고의 수가 증가함에 따라 물류창고로의 선적 용량은 작아지게 되고, 따라서 물류창고의 효익이 증가하는 운송비와 건설비에 의해 상쇄되기 때문이다. 따라서 〈그림 18.4〉에서와 같이 물류창고의 적정 수가 있게 된다. 물류창고의 수가 증가할수록 매장으로의 운송거리는 짧아지므로 출하 운송비는 줄어들게 된다. 하지만 물류창고까지의 운송화물이 소량으로 이루어짐에 따라 그 입고 운송비가 증가하게 된다. 운송비용과 저장비용을 합친 총비용을 보면, 처음에는 감소하다가 최적점을 지나서는 다시 상승하는 형태를 보이게 된다.

최적점이 존재하기 때문에 최소 비용을 찾기 위한 분석을 할 수 있다. 앞서 우리는 공장으로부터 물류창고를 거쳐 고객까지의 다양한 경로에 대해 최소 비용의 경로를 찾는 법을 설명했다. 이 분석에서 한 단계 더 나아가 물류창고를 하나 추가했을 때의 비용 효과를 분석할 수 있다. 만약 비용이 감소한다면 물류창고를 하나 더 추가하는 방식으로 비용 효과 분석을 계속하여 비용이 증가하기 시작하는 최적점에서의 물류창고 수를 찾을 수 있다.

그림 18.4
물류창고 수와
관련된 비용

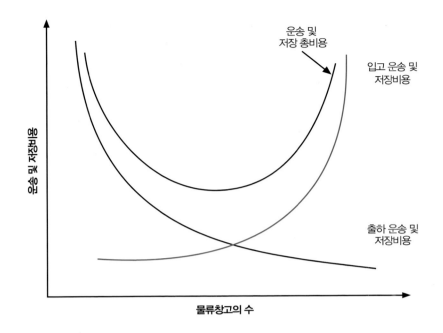

앞서 언급했듯이 이 분석은 단지 운송비와 저장비만을 고려한다. 물론 그 이외에도 고려해야 할 요소들이 많이 있다(예 : 인건비, 세금, 인센티브). 따라서 최적 비용을 구하기 위해 운송비 이외의 기타 비용들을 추가해야 할 것이다. 어떤 경우에는 고객으로의 배송시간이 물류창고의 수를 결정하는 요소 혹은 제약조건이 된다.

월마트가 예가 될 수 있는데, 각 DC는 약 120개 점포를 담당하는 것으로 정했다. 월마트는 다양한 유형의 DC(예 : 일반 상품, 농산물, 수입품)가 158개 있는데, 42개의 지역 DC가 약 5,000개의 국내 매장을 담당하면서 한 DC가 평균 119개의 매장에 물품을 공급한다. 월마트는 비용을 더욱 절감하기 위해 자체 트럭을 보유하고 있다. 핵심역량인 물류의 비용이 월마트의 저가격전략을 위해 최소화하는 여러 원가요소 중 하나인 것이다.

## 18.5  제3자 물류업체

LO18.6 제3자 물류업
체의 활용

물류기능의 일부 혹은 전부를 **제3자 물류업체**(Third-Party Logistics Provider, 3PL)에 아웃소싱하는 추세가 늘고 있다. 이들 3PL들은 운송뿐 아니라 저장과 재고관리 서비스를 제공한다. 물류기능의 전체를 3PL에 아웃소싱하는 기업들도 있고, 어떤 기업들은 내부의 물류부서와 외부의 3PL을 혼합하여 사용하기도 한다.

기업은 왜 3PL의 활용을 고려하는 걸까? 첫째로 운송화물이 소규모여서 자체 물류 네트워크를 합리적인 비용으로 관리할 전문성이 없을 수 있다. 간단히 말해 규모가 너무 작아서인데, 창업 초기의 기업들이 일반적으로 그렇다. 기존 기업이라 하더라도 자체적으로 물류기능을 수행할 수 있는 정도로 성장하기까지는 3PL에 위탁할 것이다. 3PL은 저비용의 장점 이외에도 저장과 운송 서비스를 제공하기 때문에 고정자산에의 투자를 피할 수 있게 해 준다.

국제무역을 하는 대기업조차도 국제물류를 3PL에 아웃소싱하기도 한다. 국제무역은 장거리 운송, 관세, 국가마다 차이 나는 복잡한 서류, 규제, 해양운송, 문화 차이 등의 이유로 국제무역의 60% 이상을 3PL이 수행하고 있다. 그러나, 미국 국내 물류의 경우 저장의 85%와 운송의 50%를 기업 자체적으로 수행하고 있다.

물류를 아웃소싱하는 또 다른 이유는 변하는 시장 상황과 기술에 대응하는 유연성을 확보하기 위함이다. 급속히 성장하면서 다른 기업을 인수하는 기업은 3PL의 물류 네트워크를 통해 회사를 통합 운영하는 수단으로 사용하기도 한다. 그리고 기술환경이나 사업환경이 변할 때 3PL이 변화에 대응하는 유연성을 좀 더 제공해 줄 수 있다.

물론 물류기능을 아웃소싱하는 이유 중 하나는 낮은 비용이다. 이는 여타 아웃소싱 결정에서 운송비, 저장비용, 재고비용, 세금, 관세, 관리비 등을 포함한 총비용을 계산하는 것과 동일하다. 아웃소싱의 총원가를 계산하는 내용은 제17장에서 이미 설명했다.

마지막으로, 물류가 핵심 역량인 기업은 물류기능을 기업 내부에 유지하는 선택을 일반적으로 할 것이다. 물류가 제품의 수송과 저장뿐 아니라 기업에게 경쟁우위를 제공해 준다. 월마트, 타겟을 비롯하여 자체적으로 창고와 트럭을 보유한 많은 기업에게 물류는 분명히 핵심 역량이다.

다음으로 3PL이 제공하는 서비스의 유형에 대해 살펴보자. 제공 서비스의 범위는 물류의 최소한 서비스에서부터 전반적인 서비스에 이르기까지 다양하다. 운송이 가장 기본적인 서비스이다. 3PL은 TL로 운송하기 때문에 효율적이고, 귀로에 화물을 운송함으로써 운송비를 더욱 절감할 수 있다. 철도를 이용한다면 3PL이 철도운송의 계획 수립에 더 효율적일 수 있다. 3PL의 제공 서비스가 저장기능으로 확대되고 있다. 그들의 물류 네트워크가 규모와 입지에서 더 적합할 수 있어 물류창고에서 적은 재고로 고객에게 공급하는 데 보다 효율적일 수 있다. 또한 3PL은 크로스도킹이나 화물 분류기법을 이용하여 저장비용을 더욱 절감하기도 한다.

마지막으로, 3PL이 운송과 저장뿐 아니라 재고관리 및 물류 정보시스템을 포함한 모든 물류기능을 담당할 수 있다. 운영선도사례에서 시스코(Cisco)가 라이더(Ryder)에게 모든 물류기능을 아웃소싱한 사례를 볼 수 있다.

어떤 기업들은 내부 물류기능과 외부의 3PL을 혼합하여 함께 이용하고 있다. 앤더슨 윈도우즈는 자체의 트럭과 물류창고를 보유하고 있으면서, 3PL이 네트워크 분석, 차량 구매, 연료 관리, 추가 차량지원 등으로 지원하고 있다. 앤더슨은 자신의 제품을 배송할 때 자체 차량을 이용하여 뛰어난 서비스를 제공하고 있고, 3PL 파트너는 앤더슨과 함께 고객에게 동등한 수준의 우수한 서비스를 지속적으로 제공하고 있다.

상품의 리사이클과 반환(역물류)도 3PL이 제공하는 서비스이다. 3PL 업체가 물품을 운송하고 귀환하는 길에 리사이클이나 반환되는 물품을 싣고 온다면 가장 이상적인 상황일 것이다. 상품의 전체 판매 중 약 6%가 반환되고 있고, 리사이클되는 제품이 점차 증가하고 있다. 따라서 역물류가 큰 사업이 되었고, 출하 운송과 함께 역물류도 잘 관리될 필요

**운영선도사례** 시스코와 라이더의 3PL 파트너십

시스코는 라우터와 인터넷 장비 제조의 세계 선두기업이다. 고객의 라우터나 스위치가 고장 나면 시스코는 24시간 이내에 수선 혹은 교체해 주는 것을 보장하고 있다. 2000년부터 라이더(Ryder)는 시스코의 3PL로서 매년 시스코의 1,500만 개 부품에 대한 보증 서비스를 제공하고 있다. 라우터와 스위치가 고장 나면 고객은 제품을 라이더의 설비로 보내고, 라이더는 테스트, 수리, 혹은 교체를 하여 24시간 이내에 고객에 다시 보낸다. 그런 후에는 비용 정산, 재고 보충, 재생, 재포장, 리사이클, 폐기 등의 기능을 수행한다. 라이더가 시스코 물류관리의 우선 파트너로서 시스코의 모든 물류기능을 담당하는 것이다.

출처 : *Cisco Case Study*, Ryder Inc., 2011.

가 있다.

3PL 업체가 인도주의적 역할도 크게 할 수 있다. 매년 약 500건의 대형 사고로 75,000명이 사망하고 2억 명 이상이 영향을 받고 있다. 대형 사고에 의해 도움이 필요한 사람들을 도울 수 있는 능력과 물류 네트워크를 3PL이 갖고 있기 때문에 인도주의 기관(예 : 적십자사, 적신월사, 세계식량프로그램)의 요청에 함께 하고 있다. 생명을 구하기 위해서는 최초 72시간 내에 반응하는 것이 절대적으로 중요한데, 이는 구호품의 운송에 달려 있다. 이후에는 물류 네트워크를 이용해 사고 지점에 물품을 지속적으로 공급해야 하는데 구호기관과 정부가 3PL 및 기업과 함께 그 역할을 수행하고 있다.

## 18.6 물류전략

LO18.7 물류전략의
정의 및 중요성

**물류전략**(logistics strategy)은 출하와 입하하는 물품의 이동과 저장을 장기적 관점에서 최적으로 하는 것과 관련되어 있다. 여기에는 운송, 저장, 물류 네트워크, 3PL에 대한 의사결정이 포함된다. 이들 의사결정이 개별적으로 이루어져서는 안 되고, 전반적인 물류전략의 틀 안에서 이루어져서 장기적으로 서로 일관되게 이루어져야 한다. 특히 글로벌 물류, 오프쇼어링, 아웃소싱을 고려할 때 더욱 그러하다.

물류전략의 첫 번째 단계는 목표를 명확히 하는 것이다. 그 목표는 기업전략에 의해 결정되는 운영전략과 공급사슬전략에 의해 좌우된다. 물류전략에서의 일반적인 목표로서 다음과 같은 것을 들 수 있다.

**원가**(cost)는 물품의 이동과 저장에 관련된 모든 비용을 포함한다. 전형적인 비용에는 운송, 저장, 물류 정보시스템의 비용들이 포함된다.

**배송**(delivery)은 납기시간의 평균 및 분산과 관련된다. 제품의 운송에 소요되는 시간과 정시배송의 비율 등이 고려된다.

**품질**(quality)은 물품을 손상 없이 배송하는 능력과 관련되며, 고객에 대한 서비스 역시

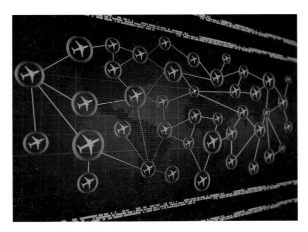

**물류 네트워크는 전략의 한 부분이다.**
© Danil Melekhin/Getty Images

포함된다.

**유연성**(flexibility)은 미래의 예상되는 또는 예상할 수 없는 상황에 대응하는 물류 네트워크의 능력을 말한다.

이들 네 가지 목표 사이에는 교환관계가 존재하기 때문에 그들 사이에 우선순위를 정하는 것이 중요하다. 예를 들어 월마트는 첫 번째 우선순위(주문획득요소)를 낮은 원가에 두고, 나머지 세 목표는 최소 수준(주문자격요소)으로 유지하고자 한다. 다른 기업은 첫 번째 우선순위를 배송시간에 두어 당일 혹은 이틀 이내에 최종고객에게 배송하고자 하는 경우도 있다. 이들 목표는 기업전략뿐 아니라 운영전략과 공급사슬전략과 일관성을 유지해야 한다. 물류전략의 두 번째 요소는 목표 달성을 위한 수단과 방법에 대한 의사결정이다. 여기에는 여러 가지 이슈가 있다.

**자체 수행 혹은 아웃소싱?** 앞서 논의했듯이 목표 달성을 위해 물류기능의 일부 혹은 전부를 3PL에 위탁할 수 있다. 이 결정은 차후에 되돌리기에는 많은 투자와 혼란을 야기하기 때문에 장기적이고 확고한 의지가 요구된다. 이 결정의 일반적 접근법은 아웃소싱의 비용을 산출하여 내부적으로 자체 수행할 때의 비용과 비교하는 것이다. 만약 시간이 첫째 목표라면 요구되는 배송시간을 3PL이 맞출 수 있어야 한다. 하지만 다른 목표들도 수용할 수 있는 수준을 충족할 수 있는지를 평가해야 할 것이다.

만약 물류가 기업의 차별적 역량이고 경쟁우위를 제공해 준다면 물류기능을 인소싱해야 한다. 물류가 차별적 역량으로서 탁월한 우위를 제공하는 측면이 있어야 한다. 미국 최대 가구 제조 및 소매업체인 애슐리(Ashley Furniture Industries)가 그 예다. 해외로부터의 경쟁이 점차 치열해지자 애슐리는 여러 가지 이유로 물류기능을 내부에 유지하기로 했다. 우선 애슐리는 서비스와 신뢰성에 초점을 두었다. 가구는 전형적으로 특수 화물취급과 배송의 신뢰성이 요구되기 때문에 최고경영자는 물류를 핵심역량으로 규정했다. 그 결과 애슐리는 트럭운송을 단순히 비용부서(cost center)가 아닌 탁월한 서비스와 80%의 귀환 물류를 담당하는 부서로 만들었다. 이는 단지 하나의 예에 불과하고, 물류를 통해 경쟁사 대비 저원가, 우월한 서비스 품질, 배송, 유연성으로 경쟁우위를 제공하는 많은 방법이 있다.

**운송수단의 유형?** 적합한 운송수단을 선택하는 것이 물류전략의 한 부분이다. 이는 기업의 제품을 위한 물류 네트워크 목표와 함께 결정되어야 한다. 예를 들어 물류창고에서 고객까지 2일 이내에 배송하는 것을 목표로 설정했다고 가정해보자. 이를 위해 소화물에 대해 택배회사, 중량이 좀 나가는 화물에 대해서는 LTL을 이용할 수 있지만, 철도는 속도가 느리기 때문에 이용할 수가 없을 것이다. 그리고 물류창고는 시장과 충분히 인접한 곳에 입지하여 2일 이내의 배송일정이 가능해야 한다.

만약 곡물, 석탄 등과 같이 벌크(bulk) 상품을 운송하면서 저비용이 목표라면 선호하는 운송수단이 바지선을 이용한 해상운송과 트럭, 철도를 함께 이용하는 혼합방식일 수 있다. 따라서 최선의 운송수단은 운송할 제품, 목표, 물류 네트워크에 의해 정해진다.

**물류창고의 네트워크 유형?** 물류창고의 최적 숫자와 입지를 결정하는 문제는 앞서 설명했다. 전략적인 관점에서 볼 때 네트워크의 결정에는 장기적 안목이 요구된다. 첫 번째 물류창고의 입지가 현재 상황에서는 최적일 수 있지만, 시장이 확대되고 물류창고 수가 늘어남에 따라 더 이상 최적이 아닐 수가 있다.

예를 들어 어떤 기업이 궁극적으로는 미국 전역을 시장화하는 것을 계획한다고 하자. 첫 번째 물류창고의 최적 입지는 아마도 중부지역의 어느 한 곳일 것이다. 하지만, 2개의 물류창고가 요구될 정도로 시장이 확대되면 최적 입지는 서부와 동부가 될 것이다. 따라서 첫 번째 물류창고를 매각하고 새롭게 2개의 창고를 설치하지 않는다면 딜레마 상황이 될 수 있다. 이 경우 최선의 접근 방법은 시장개척을 순차적으로 하는 것이다. 먼저 동부 시장을 개척하여 그곳에 물류창고를 설치하고, 다음으로 서부 시장을 개척하여 그곳에 물류창고를 설치하는 것이다. 다음으로 더 확장을 계획한다면 남부 시장과 중서부 시장의 개척을 물류창고와 함께 고려하는 것이다. 물론 이런 결정은 마케팅이 포함된 다기능팀에 의해 이루어져야 할 것이다. 한편 새로운 시장을 개척하더라도 그 시장에서의 판매가 충분히 성장하여 기업 자체의 물류창고가 필요할 때까지는 3PL을 활용할 수도 있다.

글로벌 물류 네트워크를 구축할 때도 동일한 접근법을 사용할 수 있다. 해외 국가의 시장규모를 고려하여 첫 번째 시장 지역을 정해서 그 시장에 물류 네트워크를 구축하거나 3PL을 활용하고, 다음 대상의 지역을 정하고 물류 네트워크를 구축하는 방식이다. 이런 접근법은 해외로 수출하는 경우뿐 아니라 수입하는 경우에도 적용할 수 있다.

우리가 기억해야 할 점은 물류의 의사결정은 전략에서부터 시작한다는 것이다. 먼저 목표와 우선순위를 결정하고, 이에 따라 아웃소싱, 운송, 저장에 관한 의사결정이 일관성 있는 방향으로 이루어져야 한다. 따라서 기업전략이나 마케팅전략이 변한다면 마찬가지로 물류전략도 그들에 맞도록 수정되어야 할 것이다.

## 18.7  요점정리와 핵심용어

모든 기업은 투입물을 기업으로 운송하고, 산출물을 유통시키고, 때로는 반품을 운송하기 위해서 물류기능이 필요하다. 이 장에서의 요점은 다음과 같다.

- 물류는 재화의 출발 지점과 고객의 소비 지점 사이에서 물품이 순방향 및 역방향으로 이동하고 저장되는 것, 그리고 관련된 정보로 이루어진다.
- 운송의 경제학적 특성은 규모, 거리, 속도에 달려 있다. 일반적으로, 대량 운송은 단

위 무게당, 단위 거리당 비용이 저렴하다. 신속한 운송이 느린 운송보다 비용이 높다. 그리고 화물의 통합과 분할이 비용 절감을 위해 활용될 수 있다.

- 운송수단에는 트럭, 철도, 해상, 파이프라인, 항공 등 5개의 유형이 있다. 이들 각각에는 비용과 서비스(속도, 신뢰성, 장소의 유연성, 적재능력)에서 상대적 장점과 단점이 있다.
- 물류창고의 기능에는 화물의 통합, 분할, 크로스도킹, 저장, 간단한 제조작업, 부가가치 물류, 역물류 등 다양한 형태가 있다.
- 물류관리에서는 물류창고의 수와 입지를 결정해야 한다. 개략적인 입지를 무게중심법으로 정할 수 있고, 보다 복잡한 분석모형으로는 공장, 물류창고, 고객 사이에서의 다양한 경로를 분석하여 물류창고의 수와 운송비를 최소화하는 모형도 있다.
- 제3자 물류업체(3PL)는 기업이 필요로 하는 물류기능의 일부 혹은 전부를 제공한다. 어느 정도를 아웃소싱할 것인지는 비용과 서비스를 고려하여 결정해야 한다.
- 물류전략은 원가, 품질, 배송, 유연성에 대한 장기적 목표를 기업전략과 공급사슬전략을 고려하여 결정하는 것이다. 물류전략의 결과로 아웃소싱, 운송, 물류창고의 네트워크에 대한 장기적 계획을 세울 수 있다.

**핵심용어**

| | | |
|---|---|---|
| 만적 | 배송센터(DC) | 제3자 물류업체 |
| 무게중심법 | 비용과 서비스 | 크로스도킹 DC |
| 물류 | 소량분할 DC | 통합 DC |
| 물류 네트워크 | 역물류 | 품질 |
| 물류전략 | 운송수단의 유형 | 혼적 |
| 물류창고 | 원가 | |
| 배송 | 유연성 | |

**인터넷 학습**

1. 위키피디아(http://www.en.wikipedia.org/wiki/Military_logistics)
   군대는 물류기능 없이는 전쟁을 할 수 없다. 군대 물류의 역사와 오늘날의 발전에 대해 읽어보라.
2. 물류관리학회지(http://www.logisticsmgmt.com/whitepapers)
   물류와 관련한 논문을 읽고 수업시간에 토의할 준비를 하라.
3. Jda software(http://www.jda.com)
   물류의 소프트웨어 솔루션에 대해 읽어보라.

## 연습문제

문제

1. 어떤 화주가 동일한 도시로 운송할 3개의 화물이 각각 15,000파운드, 10,000파운드, 5,000파운드라고 하자. 이들 화물이 각각 운송된다면 하루가 소요되고, 운송료는 100파운드당 12달러이다. 만약에 화주의 물류창고에서 통합하여 30,000파운드의 단일 화물로 운송된다면 100파운드당 10달러와 통합 서비스비용이 500달러가 발생한다. 이 경우에는 목적지까지 2일이 걸린다. 이 화주는 세 화물을 통합해야 하는가?

풀이

세 화물을 개별적으로 운송할 때의 비용은 3,600달러이다.

$$15,000 \times (12달러/100파운드) + 10,000 \times (12달러/100파운드) +$$
$$5,000 \times (12달러/100파운드) = 1,800 + 1,200 + 600 = 3,600달러$$

세 화물을 하나로 통합하여 운송할 때의 비용은 3,500달러이다.

$$30,000(10달러/100파운드) = 3,000달러 + 500달러 = 3,500달러$$

따라서 화물을 하나로 통합하여 운송하는 것이 저렴하다. 하지만, 시간이 급한 경우라면 개별적으로 운송하는 비용이 100달러 더 발생하더라도 타당할 수 있다.

문제

2. RSJ 회사가 15,000파운드의 고무를 미니애폴리스에서 로스앤젤레스로 운송하고자 한다. 고무는 15개의 팰릿에 실리며, 각 팰릿의 무게는 1,000파운드가 된다. 다음의 정보가 주어졌다고 하면 어떤 운송수단이 최선인가?

| 운송수단 | 배송시간 | 화물취급 횟수 | 비용 |
|---|---|---|---|
| 트럭 직송 | 2일 | 2회 | $4,050 |
| LTL | 6일 | 6회 | $6,120 |
| 철도 | 5일 | 4회 | $3,254 |
| 항공 | 12시간 | 4회 | $9,978 |

풀이

만약 5일을 기다릴 수 있다면 가장 저렴한 방법은 철도이다. 하지만 2일 이내로 운송해야 한다면 3,254달러의 철도 대신 4,050달러를 지불해 직송 트럭을 이용하게 될 것이며, 화물취급도 단 2회만 이루어진다. LTL의 방법은 철도보다 배송시간과 비용의 모두에서 열세이며, 항공은 화물을 12시간 이내로 신속히 운송해야 하는 상황에서만 이용하게 될 것이다.

문제

3. 다음의 세 고객에게 물품을 공급하는 물류창고의 입지 좌표 X와 Y를 무게중심법으로 구하라.

| 고객 | X좌표 | Y좌표 | 수요량(파운드) |
|---|---|---|---|
| A | 10 | 60 | 10,000 |
| B | 60 | 10 | 5,000 |
| C | 30 | 30 | 9,000 |

풀이

$$X_{CG}=\frac{10(10,000)+60(5,000)+30(9,000)}{10,000+5,000+9,000}=27.9$$

$$Y_{CG}=\frac{60(10,000)+10(5,000)+30(9,000)}{10,000+5,000+9,000}=38.3$$

## 토의질문

1. 물류 분야의 역사적인 발전에 대해 설명하라.
2. 트럭이 철도나 해상에 비해 더 많이 이용되는 운송수단인 이유는 무엇인가?
3. 미국에서 운송비용의 규제 완화가 가져온 효과는 무엇인가?
4. 다섯 가지 운송수단이 환경에 미치는 영향을 서로 비교하라.
5. 인터넷에서 배송센터 혹은 물류창고의 예를 찾고, 그것이 수행하는 물류기능을 나열하라.
6. 최근에 있었던 물류창고 입지에 대한 결정을 찾아보고, 그 결정에서 고려된 요소(예 : 세금혜택, 노동의 조달 가능성 등)가 무엇인지를 설명하라.
7. 인터넷을 통해 베스트 바이, 타겟, 그 밖에 대형 소매업체가 보유한 물류창고와 DC의 수를 찾아보라. 그리고 그 수와 각 소매업체 매장 수의 비율을 구하라. 이 비율에 영향을 준 요소는 무엇인가?
8. 3PL 업체인 로빈슨(C.H. Robinson), 라이더, 펜스케 로지스틱스(Penske Logistics)가 제공하는 물류서비스는 무엇인가?
9. 아마존, 타겟, 베스트 바이와 같은 기업의 물류전략은 무엇인가?

## 문제

1. 어느 제조기업이 2개의 화물을 댈러스에서 로스앤젤레스로 운송하고자 한다. 첫 번째 화물은 10,000 파운드이고 두 번째 화물은 15,000파운드이다. 이 화물이 각자 운송된다면 100파운드당 10달러이고, 2일이 소요된다. 만약에 두 화물을 하나로 통합하여 운송하면 100파운드당 8달러와 통합 서비스비용이 500달러이며, 소요시간은 3일이다. 어떤 방법의 비용이 더 저렴하며, 그리고 어떤 대안을 선택해야 하는가?

2. 어느 제조기업이 8,500파운드인 2개의 화물을 미니애폴리스에서 시카고까지 운송하고자 한다. 두 화물이 개별적으로 운송되면 마일당 2달러에 총 409마일을 운송해야 하고, 하루가 소요된다. 한편, 이 회사는 밀워키에 물류창고를 보유하고 있어서 이곳으로 각 화물을 LTL로 운송하면 마일당 2달러에 총 337마일을 운송해야 한다. 밀워키에서 두 화물을 하나로 통합한다면 통합비용 200달러에 마일당 1.50달러로 총 92마일을 TL로 운송하게 된다. 이 화물들을 저렴하게 운송하는 방법은 무엇이며, 어떤 방법을 선택해야 하는가?

3. 어느 회사가 화물을 수송할 4개의 수단을 고려하고 있다. 화물을 32개의 팰릿에 실으면 각각은 500 파운드가 되며, 솔트레이크 시티에서 리노까지 518마일을 운송해야 한다. 다음의 정보를 이용하여 화물 수송의 가장 최선인 방법을 찾아라.

| 운송수단 | 배송시간 | 화물취급 횟수 | 비용 |
|---|---|---|---|
| 트럭 직송 | 12시간 | 2회 | $2,900 |
| LTL | 2일 | 6회 | $2,100 |
| 철도 | 3일 | 4회 | $1,007 |
| 항공 | 8시간 | 4회 | $8,600 |

4. 어느 회사가 댈러스에서 피닉스까지 1,065마일을 운송해야 하는 화물이 있다. 화물을 8개의 팰릿에

실어 각각 650파운드의 중량으로 운송할 계획이다. 다음의 정보를 바탕으로 가장 최선의 운송수단을 구하라.

| 운송수단 | 배송시간 | 화물취급 횟수 | 비용 |
|---|---|---|---|
| 트럭 직송 | 24시간 | 2회 | $2,600 |
| LTL | 3일 | 6회 | $1,034 |
| 철도 | 4일 | 4회 | $1,534 |
| 항공 | 10시간 | 4회 | $8,340 |

5. ABC 회사가 4명의 고객에게 물품을 공급할 물류 창고의 입지를 무게중심법으로 결정하고자 한다. 다음의 정보를 이용하여 물류창고의 입지 좌표를 구하라.

| 고객 | X좌표 | Y좌표 | 수요량(파운드) |
|---|---|---|---|
| A | 20 | 80 | 9,000 |
| B | 50 | 05 | 4,000 |
| C | 40 | 40 | 11,000 |
| D | 60 | 10 | 6,000 |

6. 다음의 세 고객에게 물품을 공급할 물류창고의 입지 좌표 X와 Y를 무게중심법으로 구하라.

| 고객 | X좌표 | Y좌표 | 수요량(파운드) |
|---|---|---|---|
| 브라보 | 100 | 20 | 8,000 |
| 델타 | 60 | 60 | 20,000 |
| 리마 | 30 | 90 | 9,000 |

# 사례 연구

제7부는 문제 구성과 해법의 실제 사례를 학생들에게 제공하기 위하여 만들어졌다. 사례는 비정형적인 문제를 제공하여 본문에서의 문제보다 더욱 도전적인 내용이며, 여러 장에서의 내용을 종합하면서 상상적인 해법을 요구한다. 또한 이들 사례는 제시된 이슈를 강의실에서 상호작용하면서 활발하게 논의하기 위하여 만들어졌다.

중국 기업인 BYD는 전기 자동차를 개발하여 세계 최대 자동차회사가 되는 것을 꿈꾸고 있다. 미국 투자가인 워런 버핏의 재정적인 지원으로 몇 년 동안 배터리를 주로 만들어온 이 회사는 버핏뿐만 아니라 자동차 업계의 많은 사람들로부터 관심을 받고 있다. 이 사례는 아주 멀지 않은 미래에 이 중국 기업을 자동차 업계의 선두에 올려놓을 우호적인 상황, 기술 및 운영전략을 살펴본다.

많은 미국인과 유럽인들은 BYD라는 중국 회사에 대해 들어 본 적이 없을 것이다. 사실, 회사의 이름을 나타내는 글자가 무엇을 의미하는지 분명하지 않지만, 최근에는 'Bring Your Dollars'라고 농담도 한다. 회사의 최신 홍보메시지에는 BYD가 'Build Your Dreams'의 약자라고 설명하고 있다. BYD는 1995년에 배터리를 만들기 시작한 상장회사이다. 중국산 배터리는 이전부터 이미 판매되고 있었지만 품질이 떨어졌었다. 중국이 고품질의 배터리를 주로 일본으로부터 수입했지만 가격이 비쌌다. 높은 품질과 낮은 비용의 배터리에 대한 필요성을 충족시키기 위해 왕 추안푸(Wang Chuan-Fu)가 BYD를 설립했다. 베이징 비철금속연구원의 졸업생인 왕은 일본의 배터리를 연구해서, 비슷한 배터리를 보다 저렴한 비용으로 만드는 창의적인 방법을 찾아 경쟁우위를 점하게 되었다. 왕은 이 연구원의 대학원생으로서 배터리에 매료되었었는데, 현재는 글로벌 자동차 시장에 열정을 쏟고 있다.

### 전기 자동차와 하이브리드 자동차

전기 자동차(전기차 혹은 EV라고도 함)는 배터리 전원

**도표 1** 전기 자동차와 하이브리드 자동차

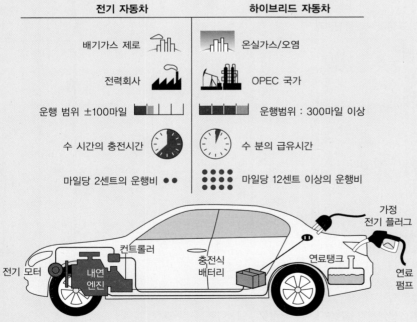

출처 : www.hybridcars.com.

이 사례는 퍼듀대학교 칼루멧 캠퍼스의 Charles A. Rarick, Kasia Firlej, Arifin Angriawan에 의해 작성되었고, *Journal of the International Academy for Case Studies* 17, no. 1 (January 2011), pp. 19-28에 게재되었다. 이 사례는 수업에서의 토론용으로 만들어졌으며, 어느 경영 상황을 효과적 혹은 비효과적으로 다룬 것을 예시하는 것이 아니다. 또한 이 사례는 2016년에 Roger G. Schroeder 교수에 의해 수정되었고, 승인을 얻어 인쇄되었다.

에만 의존한다. 모든 전기 EV에는 내연기관, 머플러, 가솔린 탱크, 공기필터 및 연료필터, 기타 가솔린 구동시스템을 작동하는 데 필요한 부품이 없다. 차량 자체도 배기가스를 내뿜지 않으며, 효율 높은 전력회사로부터 전기를 공급받음으로써 전체적으로도 온실가스를 적게 배출한다. 전기가 원자력, 청정 석탄 또는 천연가스로 생산되는 경우에는 특히 그러하다. EV는 또한 운행하는 마일당 연료비가 적게 든다. 그러나 전기자동차는 운행 범위가 짧아 장거리 운행이 어렵다 (〈도표 1〉). 리튬은 폭발하기 쉬운 높은 반응성 물질이기 때문에 리튬 이온 배터리 사용과 관련된 몇 가지 안전문제가 있다.

하이브리드 자동차는 배터리가 방전되기 전까지 배터리 전원으로 운행한 이후에는 휘발유 엔진으로 운행하고 배터리를 재충전한다. EV 차량의 비교적 짧은 운행거리를 감안할 때, 하이브리드 자동차는 전기 자동차로의 의미 있는 첫 발걸음이자 내연기관 자동차를 대체하는 대안이다. 하이브리드 자동차는 2008년 가솔린 가격이 치솟을 때 인기 있는 판매품목이 되었다.

일부 사람들은 전기 자동차가 미국 자동차 산업을 구할 수 있다고 말했다. 인텔의 앤디 그로브(Andy Grove)는 "배터리는 미래의 자동차 제조업체들에게 경쟁우위요소가 될 것"이라고 말했다. 그는 정부가 새로운 배터리 기술의 '신생 산업'을 장려하고 보호하는 데 보다 적극적인 역할을 수행하라고 주장했다. 오바마 행정부는 배터리 연구 및 환경친화적인 자동차 생산에 상당한 자금을 제공하기 위해 2009년에 조치를 취했다. 전기 자동차를 소비자들에게 더 매력적으로 만들 새로운 마일리지 기준도 제안되었다.

2009년 이래로 많은 회사들이 전기 자동차의 미래가 유망하다고 생각했다. 전기 자동차 개발을 시작한 세계 최대의 자동차회사 외에도 일부 신생회사가 설립되었다. 포드, 닛산, 쉐보레, 토요타, 다임러 벤츠, 폴크스바겐은 모두 EV 또는 하이브리드 시장에 진출했다. 전기 자동차 및 이 시장에 진출하는 회사들의 성

공 또는 실패는 차량에 동력을 공급할 배터리와 밀접하게 관련되어 있다. 하이브리드 및 모든 전기 자동차의 매출 성장은 높은 차량가격, 1회 충전당 짧은 운행거리, 상대적으로 저렴한 가솔린 가격 때문에 특히 미국 내에서 부진한 상황이었다.

## 관건은 배터리

현재 전기 자동차에 전력을 공급하는 배터리는 리튬 이온식이다. 리튬 이온 배터리는 기존 배터리보다 가볍고 강력하다. 남미, 특히 볼리비아, 칠레, 아르헨티나에서 금속 화합물인 리튬이 대량으로 발견되었으며, 칠레는 현재 세계 제일의 리튬 생산국이다. 볼리비아는 우유니 사막 지역에 가장 큰 리튬 매장지를 가지고 있으며, 볼리비아의 리튬 매장량은 대략 54억 톤에 달하는 것으로 추산된다. 많은 리튬 매장량이 중국에서도 발견되었다. 중국 정부는 리튬 배터리 산업을 '전략적 산업'으로 지정했고, 이 산업의 성장을 지원할 것으로 보인다.

리튬 배터리가 현재는 자동차용으로 가장 일반화된 대안이지만 여전히 무겁고 비싸다. 예를 들어 하이브리드 차인 쉐비 볼트에는 길이가 6피트이고 무게가 약 400파운드인 배터리가 들어간다. 전기자동차 배터리의 가격은 1~2만 달러이다. 리튬 배터리는 니켈-메탈 하이드라이드 배터리보다 최대 3배의 전력을 저장할 수 있다. 리튬 배터리는 기존 배터리보다 분명히 우수하며, 리튬 배터리 생산기술의 발전으로 더 작고 가볍고 빠른 배터리를 생산할 수 있을 것이다. 적어도 하나의 보고된 연구 결과는 이런 개발이 유망하다는 것을 보여주고 있다. BYD의 수출무역부서 총괄 책임자인 헨리 리(Henry Z. Li)에 따르면, 해당 기술에 대한 BYD의 강점은 안전성이 뛰어나고, 경쟁제품의 절반 정도 비용으로 금속성의 리튬 이온 배터리를 생산한다는 점이다.

미국은 여전히 배터리 생산 및 연구분야에서 아시아 국가에 뒤처져 있다. 산요, NEC, BYD 및 LG는 배터리로 핵심역량을 창출했고, 규모의 경제를 달성하

**도표 2 전기 자동차 배터리 산업의 주요 기업(2009년 기준)**

| | |
|---|---|
| A123(미국) | M.I.T.에서 분사하고 벤처 캐피털 2,500만 달러 유치 |
| AESC(일본) | 닛산과 NEC의 합작 벤처 |
| BYD(중국) | 중국 최대 배터리 생산업체 |
| ENERDEL(미국) | 과거 델파이 회사의 사업부. 인디애나 공장에 2억 달러 투자 |
| Johnson Controls/ SAFT(미국/프랑스) | 프랑스 내 공장 합작 벤처 |
| LG(한국) | 휴대전화용 리튬 이온 배터리의 선두 생산업체 |
| 파나소닉(일본) | 충전식 배터리 생산업체인 산요전기를 소유 |

출처 : P. Engardio, K. Hall, I. Rowley, D. Welch, and F. Balfour, "The Electric Car Battery War," *BusinessWeek*, February 23, 2009, pp. 52–54.

여 미국이 이를 따라잡는 데는 시간이 필요하다. 배터리 업계에서 미국 기업들은 에너델(EnrDel)과 같이 상대적으로 소규모의 신생기업이다. 쉐비 볼트조차도 한국 기업인 컴팩트 파워의 미시간 공장으로부터 공급받고 있다. 전기 자동차 시장으로 조심스럽게 옮겨 가기 위해서는 자금 투자, 장기적 결단 및 전략적 제휴가 필요하다. 닛산은 NEC와 협력하면서 배터리 개발에 10억 달러를 배정했다. 토요타가 운영하는 파나소닉 EV 에너지는 최근 배터리 제조능력을 강화하려고 산요를 인수했다.

최근 유망한 미국 회사들이 전기 자동차에 필요한 배터리를 연구하고 개발하기에 나섰다. 에너델은 이미 인디애나주에 공장 2곳, 한국에 1곳을 운영하고 있다. 2016년 테슬라는 유타주에 'gigifactory'라는 배터리 공장을 열었고, 궁극적으로 1년에 50만 개의 배터리를 공급할 수 있게 되었다. 빅3, 즉 제너럴 모터스, 크라이슬러, 포드는 1970년대 이후 대체 자동차를 고려해 왔다. 하지만, 빅3는 미국 전기 자동차 시장에서 이 기술을 개발하여 유용하게 활용하려는 추진력이 여전히 부족한 실정이다.

BYD는 전기 자동차 출시에 매우 빠르고 적극적으로 움직이고 있다. 이 회사의 전기 자동차 모델 e6는 2009년 말에 출시되었고, 가격이 서구의 동종 제품보다 훨씬 더 경쟁적이다. 또한 BYD는 고가의 일본 배터리 모델을 리버스 엔지니어링하는 과정을 거쳐 비싼 원료를 값싼 대체품으로 바꾸고 제조비를 줄임으로써 비용혁신전략을 밀고 나갔다. 혁신적인 철-인산염 배터리, 배기가스 제로 및 1회 충전으로 300km를 갈 수 있는 능력을 갖춘 e6는 유럽에서 잘 팔리는 제품이다.

## BYD

버크셔 해서웨이가 이 회사 지분의 10%를 매수할 때 BYD는 국제적인 주목을 받았다. 워런 버핏은 회사 지분의 25%를 사기를 원했지만 BYD는 이 제안을 거부했다. 비용에 민감하고 검소한 것으로 알려진 BYD는 지속적으로 매출을 올리고 있다. 전자제품 생산지로 잘 알려진 거대 도시 선전에 위치한 이 회사는 경쟁사인 일본 및 미국 브랜드보다 저렴한 비용으로 고품질의 배터리를 생산하는 독창적이고 혁신적인 방법을 찾아 경쟁우위를 확보했다. 이 회사의 설립자는 고가의 기계를 대신하여 저비용 노동력을 사용하고, 세부 요소에 대한 관심을 중시했으며, 이러한 전략은 성공적인 것으로 판명되었다. 2000년이 되면서 BYD는 가장 큰 휴대전화 배터리 생산자가 되었다. BYD는 자사의 배터리 사업규모를 확대하기 위해 홍콩 증권거래소에 상장된 주식을 통해 자본을 조달했다. 2003년에

**도표 3 2008년 BYD의 부문별 매출**

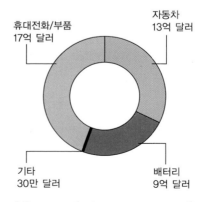

출처 : A. Grove, "Andy Grove on Battery Power," Fortune 62, April 27, 2009.

도표 4  BYD 매출액

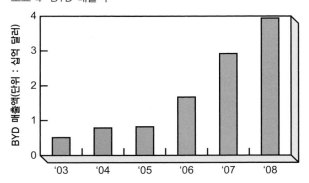

출처 : A. Grove, "Andy Grove on Battery Power," *Fortune* 62, April 27, 2009.

도표 5  BYD 순이익

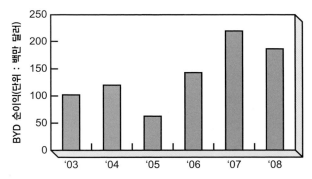

출처 : A. Grove, "Andy Grove on Battery Power," *Fortune* 62, April 27, 2009.

창업자인 왕은 파산한 국영 자동차제조업체를 인수할 수 있는 기회를 얻었다. 그는 전기 자동차 생산을 통해 자동차 산업에서 성능 좋은 BYD의 배터리를 십분 활용할 수 있다고 생각했다. 많은 사람들이 BYD가 자동차 산업에 진출하는 실수를 저지른다고 생각한 반면, 또 다른 사람들은 그리 생각하지 않았다. 포브스지의 조안 뮬러(Joann Muller)가 2004년에 제시한 의견을 보자. "외국기업이 지배하고 있는 광활하고 떠오르는 중국 자동차 시장에서 BYD라고 불리는 중국의 작은 회사는 거의 눈에 띄지 않는다. 아마추어처럼 GM, 폴크스바겐, 기타 외국 업체들이 BYD와 같은 중국 기업을 무시하는 것은 위험천만한 일이다"(Muller p. 76). 그녀가 옳았음이 드러나고 있다. 버크셔 해서웨이로부터 자본을 확보하고 자동차 시장에서 시장점유 증대에 집중하면서 BYD는 국제적으로 경쟁할 만큼 입지를 구축했다.

BYD는 전기 자동차를 생산할 뿐만 아니라 환경친화적인 배터리를 생산함으로써 혁신적인 기업으로 자리매김하고, 성장하는 친환경 비즈니스에 진입했다. BYD는 비독성 유체를 사용한 배터리를 생산하여, 배터리가 재활용되지 않고 폐기될 때에도 환경을 덜 해롭게 만든다. BYD는 환경친화적인 것 외에, 배터리 기술을 획기적으로 발전시켜 사용시간을 연장하고 배터리를 여러 번 충전할 수 있게 하며, 동시에 경쟁제품보다 비용을 크게 낮출 수 있다고 믿고 있다. 미국 에너지부(U.S. Department of Energy)는 새로운 배터리 기술에 관한 BYD의 주장을 검토하고 있다.

중국에 대부분의 생산시설을 갖춘 BYD는 2009년에 11개의 공장에서 130,000명을 고용하고 있었으며, 인도, 헝가리, 루마니아에서도 공장을 운영했다. 엔지니어 및 과학자를 포함한 BYD 직원은 일반적으로 주택과 생활비를 제공하는 BYD의 사내 구역에서 살고 있다. 인건비는 미국이나 유럽에서의 비용에 비교하여 일부에 불과하다. BYD는 미국에 두 곳의 지사를 두고 있으며, 모두 중요한 고객사와 가깝게 위치하고 있다. BYD 지사는 미국의 두 주요 고객인 모토로라 및 애플이 위치한 일리노이주 엘크 그로브와 캘리포니아주 샌프란시스코에 있다. 회사 수익의 대부분은 휴대전화, 부품 및 배터리에서 발생하지만 자동차 판매가 점차 중요한 몫을 차지하고 있다(〈도표 3〉).

매출은 꾸준히 증가했으며 2005년을 제외하고 BYD는 일관된 수익성을 보였다(〈도표 4〉, 〈도표 5〉). BYD는 낮은 인건비, 적은 아웃소싱, 성공적인 혁신을 통해 인상적인 기록을 세웠다. 이 회사는 최첨단 기술 혁신을 자동차 시장에서 활용하고, 동시에 높은 비용 민감성을 강조하는 친환경 마케팅의 글로벌 동향을 잘 따르고 있다. 2009년 BYD는 패스트 컴퍼니(Fast Company) 잡지에 의해 중국에서 두 번째로 혁신적인 회사로 선정되었다.

BYD는 2009년에 F3DM을 포함해서 다수의 차종을 생산했다. 여기서 DM은 이중 모드(dual mode)를 의미하며, 이중 에너지원으로 달릴 수 있는 자동차이다. 사용된 환경친화적인 배터리는 1시간 내에 완전히 충전된다. 이 모델은 중국에서 약 22,000달러에 판매되었다. 이 하이브리드 자동차는 1회 충전으로 62마일을 갈 수 있으며, 세계에서 최초로 대량생산되는 플러그인 하이브리드 차량이다. 이 차가 토요타 프리우스와 다른 것은 가격이 싸고, 엔진이 매우 작으며, 배터리 전력에 크게 의존하여 운영비와 탄소 배출량이 적다는 것이다.

## 2015년의 업데이트. BYD는 세계 제일의 EV 제조업체이다.[1]

2015년 10월 한 달간 BYD는 EV 차량을 6,099대 판매하여 세계 최고의 월 판매량을 기록했다. 그해 10월에 연중 월 판매 증가폭이 가장 컸고, BYD는 10개월 동안 43,069대를 판매해서 대수 기준으로 세계 최대매출 기업이 되었다. 이는 전년 동기 대비 22% 증가한 수치다. BYD는 아래 표와 같이 세계 시장에서 11%의 점유율을 보였다.

BYD는 신모델 도입의 면밀한 전략으로 세계 7위에서 1위로 상승했다. 세단 Qin은 BYD가 2013년에 출시한 경쟁력 있는 승용차 모델이다. 그들은 또한 2015년 6월에 5-4-2의 성능요구를 충족시키는 새로운 하이브리드 SUV 모델인 Tang을 출시했다. '5'는 정지 상태에서 속력이 100km/h까지 도달하는 데 걸리는 시간이 5초, '4'는 사륜구동, '2'는 2리터 이하의 가솔린으로 100km를 주행하는 연비를 달성하는 것을 말한다. 다음으로 BYD는 Song과 Yuan 모델을 자사의 라인업에 추가할 계획이다.

2015년 한 해 동안 BYD는 62,000대의 EV 차량을 중국 거의 전역에 공급했다. 2016년에는 이 수치가 거의 2~3배에 달할 것으로 예측되었다. 기존의 연소 엔진이 장착된 자동차는 세금, 리베이트, 차량 등록권 등에 있어 중국 정부에 의해 불이익을 받고 있다. 온실 가스 및 유해 대기오염을 줄이기 위한 중국 정부의 노력으로 전기 자동차에 대한 중국의 인센티브가 늘어나고 있다. BYD는 캘리포니아주 랭카스터에 있는 BYD의 북미 공장 'Bus & Coach Factory'로부터 2016년에 약 300대의 배기가스 없는 전기 버스를 포함하여 전 세계에 거의 6,000대의 전기버스를 공급할 계획이다. 이 수치만으로 (즉 1년에 6,000대) BYD는 전 세계

모든 EV 차량의 전 세계 매출 대수

| 순위 | 제조업체 | 2015년 10월 | YTD | 시장점유율 | 2014년 순위 |
|------|----------|-------------|--------|-----------|-------------|
| 1 | BYD | 6,099 | 43,069 | 11 | 7 |
| 2 | Nissan | 3,115 | 42,012 | 11 | 1 |
| 3 | Mitsubishi | 4,144 | 36,623 | 9 | 2 |
| 4 | Tesla | 3,349 | 36,312 | 9 | 3 |
| 5 | VW | 3,774 | 27,755 | 7 | 11 |
| 6 | BMW | 2,937 | 25,470 | 7 | 9 |
| 7 | Renault | 2,568 | 20,136 | 5 | 8 |
| 8 | Kendi | 5,081 | 17,201 | 4 | 10 |
| 9 | Ford | 1,776 | 17,117 | 4 | 5 |
| 10 | Zotye | 2,609 | 15,384 | 4 | 13 |

주 : 토요타 프리우스와 쉐비 볼트는 하이브리드 자동차이기 때문에 리스트에 포함되지 않음.

---

[1] www.byd.com, August 12, 2016.

**BYD Tang SUV**
© Imaginechina via AP Images

에서 가장 큰 전기버스 제조업체가 되었으며, 2015년의 전체 미국 버스시장 규모를 능가했다.

2015년에 BYD의 매출은 120억 달러였으며, 순이익은 4억 2,300만 달러였다. 전체 매출 중에서 전기 자동차가 차지하는 비율은 약 25%였다.

## 결론

BYD는 운전자의 미래 요구를 충족시키기 위해 배터리 생산 및 개발에 핵심역량을 활용하고 있다. BYD는 자동차 산업의 미래가 전기 자동차에 있을 것이라고 믿고 있다.

가솔린 동력장치를 대체할 전기 자동차를 위해서는 현재의 가솔린 주유소와 마찬가지로 방전된 배터리를 신속하게 충전하기 위한 인프라가 구축되어야 한다. 또 다른 방안은 방전된 배터리를 완전히 충전된 배터리로 빠르게 교체하는 배터리 교체소이다. 배터리 교체소는 현재 일본, 덴마크, 미국 및 이스라엘에서 개발 중에 있다. 버핏이 BYD의 미래 비전에 동의하고 있지만, BYD는 세계의 대형 자동차회사와 경쟁하는 데 많은 어려움에 직면해 있다.

운영 및 공급사슬 관리자는 고성장과 혁신기술의 사업전략이 그들에게 무엇을 의미하는지 고민하기 시작했다. 그들은 이 사업전략과 일치하는 운영 및 공급사슬전략을 개발해야 했다. 그것은 성장과 기술 변화에 부응하는 운영 및 공급사슬의 미션과 목표, 주요 의사결정을 정하는 것에서 시작한다. 이를 위해서는 대량생산을 위한 시스템 및 프로세스가 필요할 수도 있다. 사업의 성장을 지원하려면 생산능력을 관리하고 배치해야 한다. 아마도 인근의 공급업체들로 구성된 짧은 공급사슬이 필요할 수도 있다. 운영 및 공급사슬전략이 직면한 도전과제는 실제로 상당하다.

## 토의질문

1. 전기 자동차가 가솔린 구동차량의 유력한 대안이 될 수 있다고 생각하는가? 전기 자동차의 미래는 어떠한가? 당신의 답을 구체적으로 설명하라.

2. 외적인 기회 및 위협과 함께 BYD의 내적인 강점과 약점은 무엇인가(즉 SWOT 분석)?

3. 혁신적인 기술의 전기 자동차를 생산하는 선두 주자라는 사업전략이 주어졌을 때 BYD가 추구해야 할 운영 및 공급사슬전략은 무엇인가? BYD의 경쟁력에 도움이 되는 운영 및 공급사슬의 미션, 목표, 차별적 역량 및 핵심 의사결정을 제시하라.

4. 약점과 위협을 극복하고 강점과 기회를 활용하기 위해 기업 전체를 위한 권고사항을 어떻게 제시할 것인가?

"축하합니다, 스콧. 테네시주 녹스빌에 있는 디어&컴퍼니(Deer & Company)의 상업용 건설장비의 신규 공장에 당신은 신임 구매관리자로 오게 되었습니다. 당신도 알다시피, 이 신규 공장을 24개월 안으로 완전 가동시켜야 합니다. 당신의 중요한 책무는 우리 회사가 자체적으로 생산하는 스키드 스티어 로더의 개발 과정에 협력업체를 가능한 한 조기에 참여시키는 것입니다. 당신은 앞으로 나에게 직접 보고하게 될 것이고, 다음 주인 1996년 6월 15일 회의 때까지 당신의 제안서를 보고 싶습니다."

스콧은 자신의 직속 상관이면서 공장장인 제임스 필드와의 전화를 끊으면서 그가 간단한 요구를 한 것이 아니라고 느꼈다. 그는 자신의 제안서에 (a) 제품개발 단계에서 통합할 협력업체를 어떻게 선정할 것인가, (b) 이들 선정된 협력업체와의 상호 교류를 어떻게 구조화할 것인가를 포함시켜야 한다고 생각했다. 이 제안서에 포함되는 제안들은 목표일인 1998년 7월까지 이 신규 공장이 문제 없이 점진적으로 완전가동 상태에 이르도록 만들어야 한다.

## 디어&컴퍼니

일리노이주 몰린에 본사를 두고 있는 디어&컴퍼니는 150년 이상의 역사를 갖고 있어 세계에서도 가장 오래된 회사 중 하나이다. 널리 존경받는 기업이기도 한 디어&컴퍼니는 1996년 현재 핵심 사업 포트폴리오로서 농기구(예 : 콤바인 및 트랙터), 건설 및 산림 장비(예 : 로그 스키더, 포크 리프트), 상업용 및 가정용 잔디깎이 장비 외 여러 제품과 서비스를 제조 및 유통하고, 금융 서비스와 사후 서비스를 제공하는 것으로 이루

도표 1　디어의 스키드 스티어 로더

© Mike Hensen/ZUMA Press/Newscom

어져 있다. 세계적으로 38,000명 이상의 종업원을 보유한 디어&컴퍼니는 160개 이상의 국가에서 사업을 영위하고 있다.

## 스키드 스티어 로더

### 제품

스키드 스티어 로더는 1,000~3,000파운드의 적재용량을 가진 소형 로더로서 가볍고, 다기능적이며, 다루기 쉬운 장비를 필요로 하는 건설 및 토목 현장을 목표로 하고 있다. 디어&컴퍼니는 25년 전에 스키드 스티어 로더의 시장을 개척했지만, 그 이후에 개발과 생산을 뉴 홀랜드(New Holland)에 위탁했다. 뉴 홀랜드는 디어의 브랜드와 경쟁하는 스키드 스티어 로더를 생산하지만, 여유 생산능력을 디어에 판매하여 브랜드 차별화를 위해 외관만 살짝 변경한 디어의 제품을 생산하는 것에 합의했다.

### 시장

1995년과 1996년에 디어의 스키드 스티어 로더의 시장점유율은 1~3% 사이이다. 시장 자료에 의하면 이 시

이 사례는 디어&컴퍼니가 후원한 2001년 Case Writing Workshop에서 애리조나주립대학교의 Manus Rungtusanatham 박사와 Fabrizio Salvador 박사가 Michiel R. Leenders 교수와 박사 Robert A. Kemp 박사의 감수 아래 작성했다. 저자들은 경영상황의 효과적 혹은 비효과적 처리를 예시하고자 하지 않았다. 그리고 비밀보장을 위해 일부의 이름과 정보에서 가명을 사용했다. 이 사례는 ISM의 승인으로 인쇄되었다.

장은 연간 15~20%씩 성장하고 있고, 2000~2001년에는 약 60,000대 혹은 12억 달러의 시장이 될 것으로 예측된다. 이런 예측 때문에 본사는 이 시장에서의 시장점유율을 3배 이상으로 높이는 목표 아래 디어의 스키드 스티어 로더를 세계적인 선두 경쟁제품으로 만들고 싶어 하고 있다.

이런 의욕적인 목표를 달성하기 위해서 디어는 시장침투전략을 다음과 같은 근본적인 경쟁우위요소에 집중할 필요가 있다고 보고 있다.

- 제품 특성 : 스키드 스티어 로더는 고정투자자산이기 때문에 사용의 편리성, 운영비용의 절감, 유지보수 필요 감소 등의 특성이 디어 브랜드를 경쟁제품과 차별화시킬 것이다.
- 제품 범위 : 고객 서비스를 향상시키기 위해, 일반적인 산업용 장비가 그렇듯이 다양한 용도에 맞는 여러 제품을 제공할 필요가 있다. 따라서 적재용량과 옵션(예 : 손 혹은 발을 이용한 작동)에 따라 다양한 모델이 필요하다.
- 제품 납품 : 스키드 로더의 다양한 기능성뿐 아니라 작업현장으로 제품을 납품할 수 있는 점이 중요한 판매 인센티브임을 디어는 알고 있다.
- 가격 : 마지막으로 (그렇다고 중요도가 낮은 것은 아니다) 스키드 스티어 로더의 수요는 가격에 매우 민감하다. 따라서 고품질의 디어 제품을 적기에 납품하면서도 원가를 최소화하는 것이 절대적이다.

1996년 이전의 상황은 비교적 명확하다. 디어 브랜드의 스키드 스티어 로더의 개발과 생산이 제3자(동일 시장에서 경쟁하는 기업)의 손에 달려 있었기 때문에 경쟁사 제품보다 우월한 장점이나 제품 특성을 얻을 기회는 거의 없었다. 원가에서도 마찬가지이며, 납기와 서비스에서만 경쟁우위를 가질 수 있다. 또한 스키드 스티어의 시장수요가 증가할 것으로 예상되기 때문에 뉴 홀랜드는 생산능력을 추가로 디어에 판매하지 않으려 한다. 따라서 디어&컴퍼니는 이렇듯 잠재성이 유망한 제품의 설계와 생산을 다시 직접 관리할 필요가 있다고 결정했다.

### '그린필드' 녹스빌의 결정
1996년 4월에 본사는 3,500만 달러를 스키드 스티어 로더의 설계와 생산을 다시 회복하는 것에 투자하는 프로젝트를 승인했다. 또한 이 투자안은 설계, 생산 및 마케팅 기능을 테네시주 녹스빌 인근에 신규로 설비를 건설하여 배치하는 것을 승인했다. 목표는 명확하다. 1998년 8월까지 경쟁사보다 20% 저렴한 원가로, 다른 경쟁요소에서는 대등함을 유지하면서 고품질 스키드 스티어 로더를 설계하여 생산하는 것이다.

### 신임 구매관리자 스콧 놀런
놀런은 1979년에 아이오와주립대학교에서 기계공학 학위를 받은 후에 디어&컴퍼니에 생산기술자로 입사했다. 그 후 1989년에 아이오와대학교에서 MBA 학위를 받았으며, 공인 품질기술자(CQE)와 전문기술자(PE)의 자격을 획득했다. 1989년에 놀런은 위스콘신주 호리콘에 있는 잔디깎이 기계와 정원용 장비의 제조공장 구매부서에서 일을 하기 시작했다. 디어의 신규 공장에서 구매관리자로 발령받은 것은 기뻐할 만한 승진이면서 도전의 기회였다.

### 스키드 스티어 로더의 설계 과정에 협력업체의 통합
과거 7년 동안 구매부서에서 일했기 때문에 놀런은 제품 개발과 생산의 결정에 협력업체를 참여시키는 일반 원칙을 잘 알고 있고, 그 장점이 낮은 원가구조, 신속한 제품 개발, 운영 비효율성의 감소 등인 것을 알고 있다. 그러나 모든 협력업체가 참여할 필요도 없으며 또한 그래서도 안 된다고 그는 믿고 있다. 특히 신제품 개발 과정의 초기 단계에서는 더욱 그러하다. 더구나, 협력업체의 참여는 구호에 그쳐서는 안 된다. 선정된 협력업체는 제품 개발을 위한 다양한 활동에서 잘 통합되어야 한다.

## 결론

이런 지식을 바탕으로 놀런은 그의 제안서에 두 가지 중요한 질문의 답을 포함시켜야 한다고 생각한다.

ⓐ 디어의 스키드 스티어 로더 신제품 개발 과정의 초기에 참여시킬 협력업체를 어떻게 선정할 것인가?

ⓑ 마찬가지로 중요한 점은 이렇게 선정된 협력업체와의 초기 개발 단계에서 상호 교류를 어떤 원칙, 방식, 기법으로 구조화해서 목표일인 1998년 7월까지 스키드 스티어 로더의 생산을 전면적으로 완전가동하도록 만들 것인가?

제임스 필드와의 회의가 1주일도 남지 않은 시점에서 놀런은 집 컴퓨터 앞에 앉아 제안서의 초안을 작성하기 시작했다.

## 토의질문

1. 디어의 스키드 스티어 로더 개발 과정의 초기 단계에 참여시킬 협력업체를 선정하는 기준으로 놀런은 어떤 기준(4개 이하)을 사용해야 하는가? 그 이유는 무엇인가?

2. 개발 과정에 협력업체를 효과적으로 통합하기 위한 원칙, 방식 및 구체적인 기법을 제안하라.

펜실베이니아주 필라델피아에 위치한 이스턴 기어 (Estern Gear, Inc.)는 고객주문에 의해 몇 온스부터 50 파운드 이상에 이르는 다양한 무게의 기어를 생산하는 제조업체이다. 기어는 고객의 요구에 따라 다양한 금속으로 만들어진다. 지난 해에는 40여 종 이상의 철 및 황동 합금의 원재료가 사용되었다. 자세한 내용은 〈도표 1〉에 정리되어 있다.

이스턴 기어는 제품을 주로 연구개발 실험실 혹은 소규모 제조기업에 판매하고 있다. 따라서 기어의 대부분 주문 수량이 소량이며, 동일한 기어가 두 번 이상 주문되는 경우가 거의 없다. 〈도표 2〉가 2016년 3월 주문의 크기별 분포를 보여주고 있다.

최근에, 이스턴 기어의 사장은 기어 100개 이상의 대형 주문 몇 건을 받기로 했다. 이들 주문을 낮은 가격으로 수주했지만, 이들이 간접비 회수에 도움을 주었다. 하지만, 이 주문들이 많은 소형 주문들의 생산을 장시간 기다리게 만들어, 그 결과로 몇몇 소형 주문의 납기가 지연되기도 했다.

### 주문의 접수

고객의 주문은 영업 및 마케팅담당 부사장인 제임스 로드(James Lord)에 의해 접수된다. 고객은 청사진 혹은 스케치를 통해 자신이 원하는 기어의 유형을 제시한다. 요구하는 품질과 자재의 유형도 고객에 의해 지정된다. 가끔은 주문이 접수된 이후에 고객의 엔지니어가 전화를 걸어 설계의 변경을 요구하기도 한다. 이런 경우에는 생산을 중단하고 새로운 자재를 기다리거나 설계가 명료하게 확정되기를 기다려야 할 때도 있다. 고객이 제시한 청사진에는 종종 허용한도나 기계작업의 마감 형태가 포함되어 있지 않곤 한다. 이럴 때는 고객을 직접 접촉하여 필요한 정보를 얻는다.

도표 2  2016년 3월의 판매

| 주문 크기 | 주문 건수 | 총주문금액 |
|---|---|---|
| 1 | 80 | $ 3,200 |
| 2 | 53 | 4,250 |
| 3 | 69 | 8,163 |
| 4 | 32 | 4,800 |
| 5 | 82 | 16,392 |
| 8 | 47 | 15,987 |
| 10 | 64 | 26,871 |
| 15 | 22 | 13,172 |
| 20 | 42 | 31,555 |
| 25 | 27 | 23,682 |
| 30 | 18 | 21,600 |
| 40 | 22 | 32,000 |
| 50 | 10 | 18,693 |
| 100 | 4 | 12,500 |
| 200 | 2 | 14,068 |
| 400 | 1 | 9,652 |
| 700 | 2 | 35,600 |
| 1,000 | 1 | 20,000 |
| | 578 | $312,185 |

도표 1  원자재

| 자재 유형 | 2015년 사용액(단위 : 천 달러) |
|---|---|
| A | $ 36 |
| B | 10 |
| C | 15 |
| D | 43 |
| E | 110 |
| F | 18 |
| G | 32 |
| H | 75 |
| I | 40 |
| J | 60 |
| K | 30 |
| 기타 | 53 |
| 합계 | $522 |

이 사례는 수업에서의 토론용으로 작성되었으며, 경영 상황의 효과적 혹은 비효과적 관리의 예시를 위한 것이 아니다.

주문이 접수된 후 복사본이 현장 감독자인 조 어빈에게 보내지고, 두 번째 복사본이 생산관리자인 샘 스미스에게 보내진다. 스미스는 고객의 주문에 따라 필요한 자재를 구매하는 발주를 한다. 이들 자재는 협력업체와 자재의 유형에 따라 입고되기까지 흔히 1~2주가 소요된다.

감독자는 고객의 주문을 받으면 주문내용을 검토하고 자재가 도착할 때까지 파일로 보관한다. 자재가 도착하면 고객주문은 자재와 함께 생산현장으로 보내진다. 이전에는 대부분 기어의 생산 과정이 자재 도착 후 약 2주일이 걸렸지만, 최근에는 이 시간이 4주일로 증가했다.

현장 감독자 어빈은 생산 과정에서 발생하는 병목공정에 관심을 가지고 있다. 매주 병목공정의 작업장이 변동되고 있으며, 이들 병목공정으로 인해 주문을 납기에 맞춰 출고하는 것이 어려운 상황이 발생하고 있다.

## 작업장 배치 및 자재의 흐름

이스턴 기어는 〈도표 3〉에서 보여주듯이 전형적인 개별작업장(job shop) 배치를 적용하고 있다. 각 작업장은 동일한 기계 혹은 공정을 갖고 있으며, 자재의 흐름은 특정 주문을 위해 필요한 작업에 따라 작업장을 이동한다.

전형적인 주문은 다음과 같은 경로를 따른다. 첫째, 기어의 원재료가 밀링머신(milling machine) 작업장으로 보내진다. 여기서 고객의 사양서에 따라 톱니가 만들어진다. 다음에는 천공(drilling) 작업장으로 보내져 기어에 1개 혹은 그 이상의 구멍을 뚫는다. 그런 후 연마(grinding) 작업장으로 보내져 기어의 톱니와 표면에 마감작업을 한다. 다음에는 열처리가 필요하다면 열처리 작업장으로 보내진다. 작업이 완료된 기어는 여유 있는 작업자에 의해 검사가 이루어지고 고객에게 선적된다.

〈도표 3〉에서 생산현장이 유사한 유형의 기계들로 그룹지어 있음을 보여주고 있다. 예를 들어 천공기계는 한 작업장에 모두 위치해 있고, 모든 밀링머신이 또 다른 작업장에 위치해 있다. 이런 배치가 작업자의 작업기술을 개발시키고 훈련시키는 데는 효과적이지만 생산품은 혼류 흐름(jumbled flow)을 보이게 된다.

생산현장에는 작업 중인 주문이 방해받는 일이 계속 발생한다. 일반적으로 주문은 기계가 앞선 주문의 작업을 완료하기를 기다리는 데 시간의 90%를 허비한다. 단지 10%의 시간만이 기계에서 작업이 이루어지는 데 사용된다. 이 때문에 한 주문이 생산현장에서 모든 작업이 완료되는 데 상당히 긴 시간(4주일)이 걸린다.

작업처리가 이루어지는 주문은 대형 주문도 있고 소형 주문들도 있다. 주문의 크기가 다르다고 해서 특별한 작업 흐름이 있지는 않다. 실제로 대형 주문 덕분에 작업장이 100% 가동되고 있다.

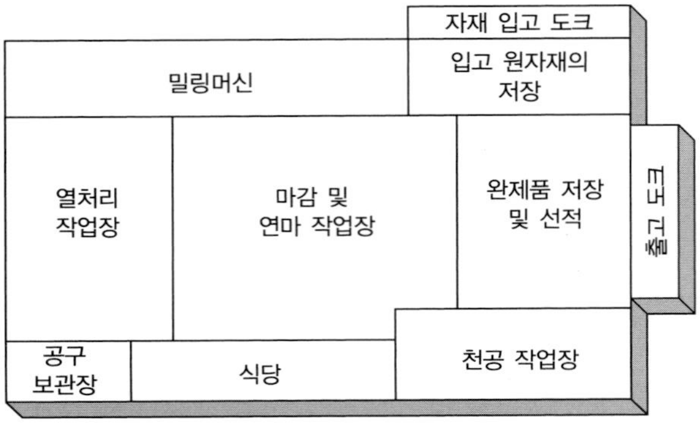

## 회사 개요

이스턴 기어의 사업은 계속 성장해 왔다. 첫 2년 동안은 회사가 손실을 기록했지만 최근 수개월은 약간의 이익이 발생했다. 지난 4분기에는 매출액이 100% 신장했으며, 자세한 내용은 〈도표 4〉에서 보여주고 있다.

지금도 매출이 급속히 증가하고 있지만 최근의 시장조사에 의하면 다음 몇 해 동안은 매출이 더 크게 확대될 수 있다고 한다. 시장조사에 의하면, 지금의 납기 리드타임인 5~6주가 유지된다면 2016년도의 매출

도표 3 작업장 배치

도표 4　재무정보

|  | 2013년 | 2014년 | 2015년 | 2016년 1분기 |
|---|---|---|---|---|
| 매출액 | 560* | 1,500 | 3,100 | 1,063 |
| 생산원가 |  |  |  |  |
| 　재료비 | 63 | 273 | 522 | 214 |
| 　노무비 | 136 | 587 | 1,063 | 327 |
| 　간접경비 | 70 | 216 | 412 | 140 |
| 　감가상각 | 172 | 398 | 422 | 150 |
| 총생산원가 | 441 | 1,474 | 2,419 | 831 |
| 판매비 | 70 | 130 | 263 | 80 |
| 일반관리비 | 75 | 110 | 297 | 93 |
| 　총원가 | 586 | 1,714 | 2,979 | 1,004 |
| 세전이익 | (26) | (214) | 121 | 59 |

\* 모든 숫자의 단위는 1,000달러이다.

이 500만 달러에 이를 것이라고 한다. 전체 납기 리드타임이 이전과 같이 3~4주로 감소된다면 매출은 550만 달러까지 확대될 수 있다고 한다.

　납기 리드타임이 증가한 이유로 해서 회사는 최근에 맷 윌리엄스를 일정관리자로 고용했다. 윌리엄스는 매일 아침에 생산현장에서 진행되는 작업을 검토하고 일정에 뒤처진 주문을 찾아낸다. 이 주문에는 빨간 태그를 붙여서 급행으로 처리되어야 함을 나타낸다. 현 시점에는 약 20%의 주문에 급행 태그가 붙고 있다. 또한 윌리엄스는 납기를 놓친 자재가 있는지, 누락된 고객주문이 있는지를 파악하고, 지연된 주문에

대해서는 고객에게 지연된 사유를 설명한다.

　회사의 조직도를 〈도표 5〉에서 보여주고 있다. 로저 로드가 이스턴 기어의 설립자이면서 사장을 맡고 있다. 그는 대형 고객을 접촉하며, 회사가 필요로 하는 자금조달을 담당하고, 주별 생산회의를 주재한다. 이 회의에서 작업일정 문제, 종업원 문제, 그리고 생산의 문제를 논의한다.

　샘 바솔로뮤는 이 회사의 기술자이다. 그의 역할은 제품의 설계, 설비의 구매 및 유지보수, 그리고 현장 감독자인 조 어빈을 감독하는 것이다. 바솔로뮤 또한 주별 생산회의에 참석하고, 일주일 중 약 10시간을 생

도표 5　조직도

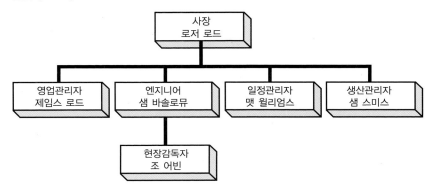

산현장에서 개별 작업자와 얘기를 나눈다.

이 회사는 현재 품질의 문제로 완성된 주문 중 약 6%의 반품이 발생하고 있다. 그중 75%는 1~2개의 작업이 적합하게 이루어지지 않은 이유로 반품되고 있다. 예를 들어 반품된 한 경우에는 모든 기어에 구멍 뚫는 것을 빠뜨린 경우였다.

가끔은 고객으로부터 급한 주문을 받게 될 것이다. 이런 경우에는 주문을 접수할지 여부를 로저 로드에게 직접 문의한다. 그 주문을 수주하기로 하면, 자재를 급행으로 주문하여 익일에 받게 된다. 자재가 입고되면 주문을 급행으로 4일 이내에 완성한다. 이런 주문은 믿음직스러운 작업자인 프레드 딕슨이 직접 모든 작업을 따라 다니면서 마치도록 한다. 약 10%의 주문이 이렇게 급행으로 처리되고 있다.

전체 작업자는 50명이며, 이들의 작업 숙련도는 매우 높거나 보통 수준 이상이다. 예를 들어 밀링머신의 작업자들은 최소한 2년 동안 직업기술 교육을 받고 추가로 수개월의 현장교육을 받는다. 지난 분기에만 10명의 신규 작업자가 추가로 고용되었다. 종업원의 노조는 구성되어 있지 않으며, 노사 간에 좋은 관계를 유지하고 있다. 이는 가족과 같은 분위기로 종업원을 관리하고 있기 때문이다.

**토의 질문**

1. 이스턴 기어가 당면한 주요 문제점은 무엇인가?
2. 로저 로드는 문제를 해결하기 위해 어떤 행동을 취해야 하는가?
3. 이 사례는 운영전략 및 프로세스 설계와 어떻게 관련되는가?

세이지힐 인(Sage Hill Inn)은 휴식하면서 인근의 관광지와 액티비티를 경험하고자 텍사스힐 컨트리를 방문하는 사람에게는 잘 알려진 호텔이다. 텍사스주 카일에 위치한 88에이커 규모의 대지는 텍사스주 오스틴에서 25마일 남쪽에 있으며, 샌안토니오와 댈러스로부터는 차로 몇 시간 이내로 닿을 수 있는 곳에 있다. 세이지힐 인의 이전 명칭은 인 어보브 어니언 크리크(Inn Above Onion Creek)였으며, 이를 에릭 골드라이어(Eric Goldreyer)와 회사의 전 사장이었던 존 뱅크자크(John Banczak)가 인수했다. 새로운 소유주들은 잘 알려진 인 어보브 어니언 크리크를 개선하고자 신규 서비스를 추가하고, 시설을 업데이트했으며, 환경친화적인 관리를 확대했다. 존 뱅크자크는 휴스턴 크로니클(Houston Chronicle)과의 인터뷰에서 "우리가 호텔을 인수할 때 우리는 입지와 주변 지역의 지형이 마음에 들었고, 숙소 건물들의 건축양식과 배치가 마음에 들었다"라고 말했다. 또한 "우리가 힐 컨트리 지역에 계속 머물면서 한편으로 현대적이면서 소박한 디자인으로 재설계했다"라고 말했다.

호텔의 지배인인 에이미 돌런(Amy Dolan)과 컨설턴트 사이의 대화에 의하면 세 가지의 필요성이 제기되었다. 그것은 (1) 손님들의 기대를 이해할 필요성, (2) 손님들의 인식을 파악할 필요성, (3) 잠재적인 서비스 실패요소를 규명할 필요성이었다. 그녀는 "고객들의 재구매와 긍정적인 구전효과를 얻기 위하여 우리는 최고의 서비스를 위한 노력을 기울이고 있다. 만약 손님들의 기대가 충족되지 못하면 그들은 불만족하게 될 것이며 객실 이용률은 떨어질 것이다. 이는 수익의 감소를 의미한다"라고 말했다. 이전의 인 어보브 어니언 크리크의 고객을 계속해서 끌어들이고, 처음 방문하는 고객의 충성도를 구축하기 위하여 "우리는 그

들이 이곳에 머물고자 결정할 때 무엇을 기대하는지를 면밀하게 이해하고, 이후에는 그들이 숙박하는 동안의 경험을 어떻게 느끼는지를 알아야 한다. 이러한 피드백이 있을 때 우리는 기대에 부응하는 경험을 제공할 수 있으며, 손님의 불만을 야기한 문제점을 효과적으로 해결할 수 있을 것이다"라고 말했다. 손님들의 기대와 인식을 좀 더 잘 아는 것을 넘어서 잠재적인 서비스 실패요소를 파악하는 것이 필요하다고 말했다. 이들 요소를 면밀히 관찰함으로써 손님의 만족을 보장할 수 있기 때문이다.

## 배경

인 어보브 어니언 크리크로 운영될 당시 숙소는 1800년대의 농장주택처럼 생겨서 주건물이 소박한 레드우드 나무로 지어졌으며, 두 번째 건물은 가족 주거지역을 확장할 때 지을 법한 모양으로 지어졌다. 12개의 객실에는 유명한 텍사스인의 이름을 붙였고 현대적인 부대시설과 고전적인 가구가 혼합된 농장주택의 이미지를 전달했다. 매 숙박에는 맛있는 아침과 저녁이 포함되었다. 세이지힐 인으로 바뀌면서 객실에 평면스크린 TV와 현대적인 가구를 배치해 디자인을 업그레이드했다. 객실은 3개의 스위트룸, 8개의 게스트룸, 3개의 코티지, 그리고 방 3개의 랜치하우스로 이루어져 있다. 코티지와 랜치하우스에는 부엌, 대형 뒷베란다, 온수 욕조를 갖추고 있다. 마당은 대형 수영장, 14인용 스파, 대형 캠프파이어장으로 개선되었다. 그 이외의 변화로는 4개의 마사지룸을 갖춘 가든스파, 실내 화원 등이 있다. 숙소의 웹사이트에는 손님에게 제공되는 서비스와 액티비티를 소개하는 글과 시설을 보여주는 많은 사진을 제공했다.

숙박에는 맛있는 조식 정식과 3개 코스의 저녁이 포

---

[1] 이 사례는 휴스턴주립대학교의 Michael W. Pass 교수에 의해 작성되었으며, *Journal of the International Academy for Case Studies*, 21, no. 5 (July 2015), pp. 197–203에 게재되었다. 그리고 2016년 9월에 Roger Schroeder 교수에 의해 수정되었다. 이 사례는 수업에서의 토론용으로 작성되었으며, 효과적 혹은 비효과적 경영관리를 예시하는 목적은 아니다. 이 사례는 승인을 얻어 인쇄되었다.

함되어 있으며, 점심은 예약을 통해 추가 비용으로 제공되었다. 숙소에 머물지 않는 손님들도 미리 예약을 하면 숙소에서 저녁을 즐길 수 있게 했다. 요리사 라이언 카스티유(Ryan Castille)는 정원에서 재배하는 신선한 농산물과 지역 공급업체로부터 구매하는 식재료로 메뉴를 만들었다.

식당은 항상 개방되어 있어 차, 커피, 소프트 드링크, 수제 쿠키 등을 판매했다. 식당 건너편은 대형 도서관으로서 미팅을 위한 좌석과 테이블, 그리고 다양한 서적, 게임, DVD를 갖추고 있다.

## 손님들의 기대와 인식

손님들의 기대를 아는 것이 중요한 이유는 서비스품질에 대한 만족이 사전에 형성된 기대와 투숙 동안의 서비스 품질 인식의 비교로 이루어지기 때문이다. 에이미 돌런은 컨설턴트와 대화하면서 호텔 손님들의 기대는 친구와 가족, 가이드북, 웹사이트, 과거의 투숙경험, 유사한 호텔에서의 경험 등 다양한 채널에 의해 형성된다는 것을 알게 되었다. 에이미는 "손님이 호텔에 머무는 동안에 어떤 경험을 하게 될지에 대한 인식을 형성하는 데는 웹사이트가 큰 역할을 한

**도표 1** 손님의 첫째 날

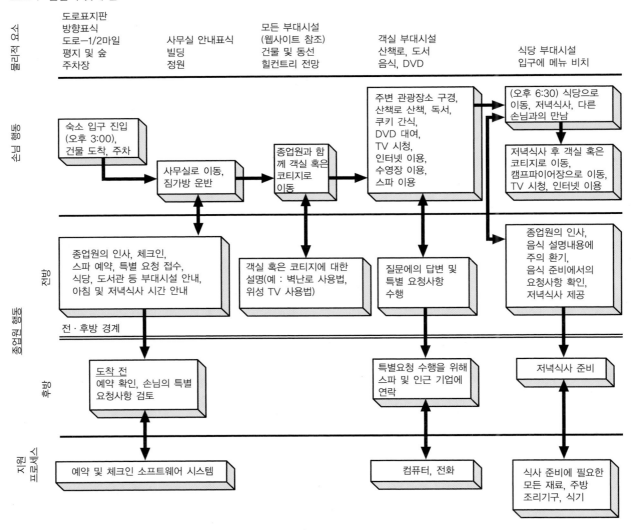

다"고 강조했다. 컨설턴트는 손님의 기대를 형성하게 해 주는 명시적 서비스(예 : 아침과 저녁 메뉴)와 묵시적 서비스(예 : 숙소 사진)에 대해서는 웹사이트를 살펴보는 게 도움이 된다고 말했다. 그는 기대를 파악하는 프레임워크로 서비스 품질의 다섯 가지 요소(Five Dimensions of Service Quality), 그 다섯 가지 요소를 측정하는 데는 SERVQUAL(예 : 반응성, 확신성, 유형성, 공감, 신뢰성) 질문지를 사용하는 것을 제안했다. 그러나 SERVQUAL의 5개 모든 요소와 서베이 질문들이 호텔 산업에서도 유용한지에 대해 컨설턴트는 약간의 우려를 표시했다.

　손님이 체크아웃한 이후에는 이메일을 보내서 호텔을 이용한 것에 대해 감사표시를 하면서 구글 리뷰(Google Reviews), bedandbreakfast.com, tripadvisor.com을 통해 피드백해줄 것을 요청했다. 이들 웹사이트에서의 의견을 주기적으로 검토하여 손님이 제기한 사항에 대해 답변을 하고 있다. 돌런은 "고객의 의견이 도움이 되지만 어떤 손님들은 웹사이트에서 의견을 주지 않고 있다. 그들이 숙박 동안에 어떤 느낌을 받았는지를 우리는 알지 못한다"고 말했다. 컨설턴트는 이를 적절한 우려라고 말하면서, 모든 서비스를 통틀어 고객의 단지 50%만이 서비스의 문제점을 제기한다고 설명했다(Goodman, 1999[2]). 손님들이 호텔에서의 경험을 어떻게 인식하고 있는지를 알기 위해 과거 손님들이 제시한 의견들을 살펴 보았다. 예를 들어 다음과 같은 인용 내용이 숙소에서의 개인화된 관심에 대해 손님이 어떻게 인식하는지를 보여주고 있다.

　"종업원이 우리의 이름을 부르면서 환영해 주었으며, 키를 전달해 주었고, 식당, 주방, 도서관 주변을 안내해 주었다. 그가 너무 환대해 주어서 처음부터 집에서처럼 편안함을 느낄 수 있었다."

---

[2] Goodman, J. (1999). Basic Facts on Customer Complaint Behavior and the Impact of Service on the Bottom Line. *Competitive Advantage*, (June), 1 – 5.

"우리는 금요일 직장근무 후에 가야 했기 때문에 조금 늦게 숙소에 도착했다. 우리가 코티지에서 조용히 식사를 할 수 있도록 종업원은 우리의 저녁을 준비하고 맞이해 주었다."

## 손님 경험의 실패예방조치

손님이 머무는 동안의 서비스 접촉이 손님의 만족 혹은 불만족으로 연결될 수 있는 인식, 즉 시설과 종업원과의 상호작용에 대한 손님의 인식을 형성시킨다. 손님의 투숙 이전의 기대와 투숙 이후의 인식을 파악하는 것 이외에 에이미 돌런은 "서비스 품질의 잠재적 문제점을 파악하여 효과적으로 처리할 수 있기를 원한다"고 말했다. 컨설턴트도 잠재적인 실패요소를 사전에 파악하는 것이 손님 경험의 실패예방에 도움된다는 점에 동의했다. 그는 당신이 마치 처음 방문하는 손님인 것으로 가정하여 호텔을 살피게 되면 좀 더 신경 써야 할 영역을 찾는 데 도움이 된다고 말했다. 이를 위해 손님이 첫째 날과 둘째 날에 경험하게 되는 서비스 프로세스를 서비스 청사진(〈도표 1〉과 〈도표 2〉)으로 그렸다. 이를 처음 검토하면서 잠재적인 실패요소를 하나 발견했는데, 손님 자신이 짐가방을 객실로 운반해야 하는 점이었다.

　컨설턴트는 손님의 기대와 인식을 알 수 있는 방법들을 제안하는 도움을 줄 수 있다고 했다. 그러면 어떤 방법으로 실행할 것인지를 정할 수 있게 될 것이다. 제안사항을 도출하기 전에 컨설턴트는 세이지힐의 웹사이트에서 손님이 갖게 되는 기대가 무엇인지를 알고자 했다. 또한 그는 문헌조사를 통해 호텔 산업에 적용되는 SERVQUAL 기반의 연구기법이 있는지를 찾을 필요가 있었다. 마지막으로, 서비스 청사진을 분석하여 손님의 인식이 기대를 충족하지 못할 가능성이 조금이라도 있는 부분이 무엇인지를 찾고자 했다. 이러한 잠재적인 실패요소를 규명하는 것이 손님이 투숙하는 동안의 서비스 실패를 예방하는 데 도움이 될 것이다.

**도표 2 손님의 둘째 날**

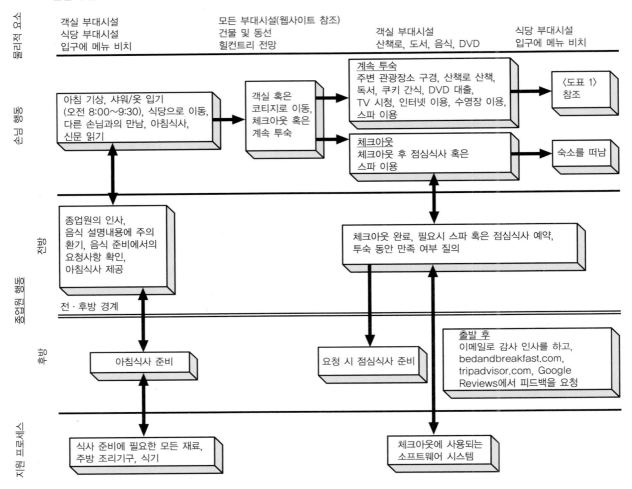

**토의질문**

1. 손님에게 제공되는 서비스-제품 번들(service-product bundle)을 정의하라. 이때 명시적 서비스, 묵시적 서비스, 물리적 요소를 포함하라. 개선이 가능한 요소 혹은 영역으로 빠뜨린 부분이 있는가?

2. 서비스 청사진을 이용하여 중요한 서비스 실패요소와 그곳에서의 고객 기대를 적어라. 예를 들어 '체크인이 신속하면서 불편함 없이 진행되어야 한다'. 10~15개의 실패요소를 찾아보라.

3. 2번 문제에서의 서비스 실패요소 각각은 셀프서비스인가 아니면 호텔이 제공하는 서비스인가? 고접촉 서비스인가 아니면 저접촉 서비스인가? 이들에 개선의 가능성이 있는가?

4. SERVQUAL의 다섯 가지 요소는 반응성, 확신성, 유형성, 공감, 신뢰성이다. 호텔의 경우에 어떤 요소가 중요하다고 생각하는가? SERVQUAL을 사용하든지 아니면 당신이 중요하다고 생각하는 다른 요소를 정의하여 사용해도 좋다. 그런 후, 2번 문제에서의 서비스 실패요소에서 일어날 수 있는 고객 만족을 측정하는 질문을 서비스품질 요소별로 2개씩 만들어보라.

5. 이 호텔은 서비스 회복과 서비스 보증을 어떻게 다루어야 하는가? 그들이 실행할 수 있는 대안을 몇 가지 제안해보라.

U.S. 스트롤러(U.S. Stroller)의 생산담당 임원인 클렘 호킨스는 의자를 뒤로 젖히며 지난 2주 동안 일어났던 일들을 생각하고 있었다. 그의 자매이면서 이 회사의 사장인 주디 호킨스가 노스캐롤라이나대학교에서 개최되었던 JIT 생산학회에서 방금 돌아왔다. 학회 후 그녀가 클렘에게 다음과 같이 말했다.

> 과다한 재고, 악화된 고객서비스, 높은 원가에 대해 우리는 조치를 취해야 해요. 우리 공장에는 JIT 기법이 효과적이라고 생각해요. 노스캐롤라이나대학교에서의 학회에서 많은 기업들이 JIT를 이용하여 사이클시간을 단축하고, 품질을 향상시키고, 궁극적으로는 재고와 원가를 줄인 이야기를 들었어요. 경쟁사들이 우리를 목표로 삼고 있는 상황에서 지금 어떤 조치를 취하지 않으면 우리의 시장점유율과 마진이 축소될 거예요. 클렘, 공장을 면밀히 들여다보고 어떻게 JIT 기법을 실천할 수 있는지를 보고해 줘요.

**배경**

U.S. 스트롤러는 미국에서 유모차의 생산과 판매에서 선두기업이다. 이 회사는 역사적으로 고가의 고품질 유모차를 만들면서 혁신적인 디자인과 우수한 유통시스템으로 잘 알려져 있다. 이 회사의 유모차는 주요 백화점, 할인소매점, 유아용품 상점을 통해 판매되고 있으며, 미국 국내에 총 2,000개 상점이 이 회사의 제품을 유통하고 있다.

U.S. 스트롤러는 50년이 넘도록 시장 선두기업이다. 현재는 미국 시장의 40%를 점유하고 있고, 경쟁사인 그레이코가 20%, 콜크래프트가 10%를 점유하고 있다. 이 이외에 시장점유율이 10% 이하인 여러 회사들과 최근에 미국 시장에 진출한 2개의 일본 회사가 시장의 나머지를 점유하고 있다. 일본 회사들은 품질과 디자인의 신뢰성을 강조하면서 저가의 유모차를 판매하고 있다.

U.S. 스트롤러는 1934년에 지금도 생산하고 있는 일반 모델로 사업을 시작했다. 일반 모델이 천과 스타일을 변경하면서 지속적으로 수정되어 왔지만 기본 설계는 지금도 여전히 동일하다. 일반 모델은 보관과 운반이 쉽도록 접히며 49달러의 소매가격으로 판매되고 있다.

1955년에 회사는 고가의 고급 모델을 도입하여 상류 시장을 겨냥했다. 이 모델은 보관과 운반이 용이하도록 접힐 뿐 아니라 베이비카로도 변형되는 디자인이다. 또한 발판이 조절 가능하고, 물품보관 바구니가 있고, 앞바퀴가 회전 가능하며, 잠금장치가 있다. 이 고급 모델은 99달러의 소매가로 판매되고 있다(〈도표 1〉에서 예시).

1974년에는 쇼핑센터 유모차를 소개했다. 이 모델은 접히지는 않지만 대용량을 적재할 수 있고, 쇼핑센터에서 험하게 다루더라도 견디는 특징이 있다. 이 모델은 149달러에 판매되고 미국 내에서 널리 판매되고 있다.

현재 시점에서 이 세 가지 모델의 유모차가 1년에 106,000대가 팔리고 있다. 각 모델별 판매량은 〈도표 2〉에서 보여주고 있는데, 연간 수량을 52로 나누면 평균 주별 수량을 얻을 수 있다. 물론 판매량은 불규칙하여 〈도표 2〉의 평균 주별 수량에서 25%까지 변동할 수 있다. 회사는 생산량을 가능한 범위 내에서 평준화시켜 노동 인력을 일정하게 유지하고 있다.

U.S. 스트롤러의 재무정보를 〈도표 3〉에서 보여주고 있다. 매출액은 연간 약 450만 달러이다. 총이익은 매출의 25%지만, 세후 순이익이 2014 회계연도에 실망스럽게도 2%에 머물렀다. 지난 2년 동안 가격하락과 수익성 확보의 어려움으로 이익이 감소하게 되었다. 〈도표 3〉의 대차대조표에서는 재고회전율이 연간

이 사례는 수업에서의 토론용으로 작성되었으며, 효과적 혹은 비효과적 경영관리를 예시하는 목적은 아니다.

도표 1 U.S. 스트롤러의 제품들

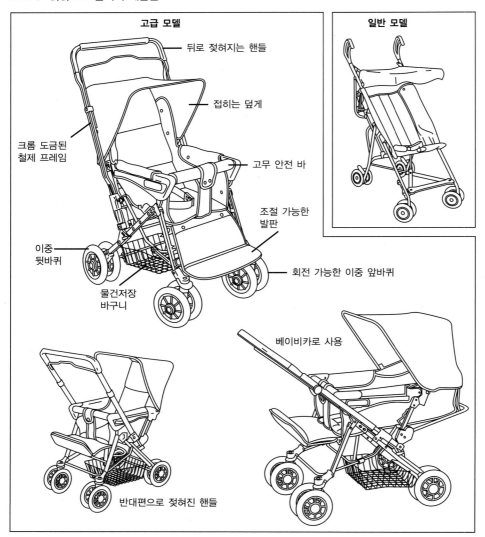

도표 2 판매량

|  | 연간 판매량 | 주당 평균 판매량 |
|---|---|---|
| 일반 모델 | 54,000 | 1,040 |
| 고급 모델 | 24,960 | 480 |
| 쇼핑센터 모델 | 27,040 | 520 |
| 합계 | 106,000 | 2,040 |

2.4회로 매우 느리게 회전하고 있음을 보여주고 있다. 공장은 대체로 자동화되어 있고 최신 장비를 보유하고 있다. 세후 기준으로 보면, 회사의 순자산수익률이 3%이고 자본수익률이 8%이다. 현재 U.S. 스트롤러는 비상장 기업이다.

## 공장의 개요

회사가 생산하는 유모차는 20~30개의 부품으로 만들어진다. 프레임은 크롬 도금의 관으로 만들어지고, 관은 표준 길이로 구매하여 적정 크기로 절단한 후 적합한 형태로 구부리고 조립을 위해 구멍을 뚫는다. 각 유

도표 3  재무제표(단위 : 천 달러) — 2014년 7월 1일 종료되는 회계연도

| 손익계산서 | | 대차대조표 | |
|---|---|---|---|
| 매출액 | $4,558 | 자산 | |
| | | 현금 | $ 106 |
| 매출원가 | | 매출채권 | 480 |
| 재료비 | $1,682 | 재고자산 | 1,424 |
| 노무비 | 894 | 고정자산 | 987 |
| 간접경비 | 842 | 자산 합계 | $2,997 |
| 합계 | $3,418 | 부채 | |
| | | 매입채무 | $1,200 |
| 매출총이익 | $1,140 | 장기부채 | 697 |
| 판매비 | $ 462 | 자본 | 1,100 |
| 일반관리비 | 493 | 부채 및 자본 | $2,997 |
| 합계 | $ 955 | | |
| 세전이익 | $ 185 | | |
| 세후이익 | 91 | | |

도표 4  공장 배치도

| 관 절단<br>(기계 6대) | 관 저장소 | 관 구부림<br>(기계 2대) | 최종 조립<br>및 포장 | 완제품<br>창고 |
|---|---|---|---|---|
| 구매부품<br>창고 | 천공<br>(기계 10대) | 목재 절단 및<br>저장<br>(기계 1대) | | |

모차는 약 10개의 관이 최종 프레임으로 조립된다. 유모차의 바퀴는 외부 협력업체로부터 구매하여 프레임에 조립되며, 푹신한 좌석과 등받이도 외부로부터 구매한다. 좌석과 등받이에는 합판을 넣어 강도를 높여준다. 합판은 4×8피트로 절단되어 구매한 천 안으로 집어 넣는다. U.S. 스트롤러는 유모차를 만들기 위해 필요한 다른 부품들도 구매하며, 여기에는 플라스틱 부품, 볼트, 철제 바구니 등이 포함된다. 모두 합해서 유모차 원가의 약 50%가 외부로부터 구매되는 자재비이다.

공장 안의 배치는 많은 작업장으로 이루어졌으며 〈도표 4〉에서 보여주고 있다. 절단 작업장에는 6대의 관 절단기를 갖추고 있으며, 관이 절단되면 재고로 저장했다가 관을 구부리는 작업장 또는 천공 작업장으로 보내진다. 특수 형태가 필요한 관은 구부림 작업장에서 2대의 압축기로 구부려진다. 구부려진 관과 직선 관은 천공 작업장으로 보내져서 적절한 위치에 구멍을 뚫는다. 작업의 속도를 높이고 구멍을 올바른 위치에 뚫기 위하여 보조기구(jig)를 사용한다. 천공된 관은 최종 조립될 때까지 재고로 저장된다. 천공 작업장에는 10대의 천공기계를 갖추고 있다.

최종 조립은 1개의 조립라인에서 3개의 모델 모두를 생산한다. 이 조립라인은 최종 조립일정에 따라 한 모델에서 다음 모델로 변경하면서 생산한다. 목재 절단 작업장에는 대형 합판을 좌석과 등받이로 절단하는 대형 톱이 있다. 이들 좌석과 등받이는 최종 조립

**도표 5 일반 모델의 생산준비시간**

| 작업장 | 준비시간(단위 : 시간) |
|---|---|
| 관 절단 | 4.2 |
| 천공 | 2.4 |
| 관 구부림 | 1.6 |
| 목재 절단 | .5 |
| 최종 조립 | 2.3 |
| 합계 | 11.0 |

때까지 재고로 저장된다. 최종 조립이 시작되는 시점에 모든 부품들의 재고가 있어야 하지만, 없는 부품은 최종 생산수량을 맞추기 위해 공장 내부 작업장 혹은 외부 협력업체에게 독촉을 한다. 독촉은 조립일정을 맞춰 모든 부품이 공장 내에 준비되도록 만들기 위해 부품이 필요한 시점보다 1주일 앞서서 시작된다.

회사는 재고를 계획하고 통제하기 위해서 MRP 시스템을 사용하고 있다. 기준생산계획(master production schedule)은 1주일 단위로 앞으로의 8주일에 대해 수립된다. 그러고는 필요한 부품을 가공하는 시간과 외부 협력업체로부터 부품을 조달하는 시간을 주기 위해 4주일의 생산계획을 동결한다. 필요한 시점에서 빠진 부품은 앞에서 언급했듯이 독촉을 한다. 신규 주문은 기준생산계획에서 제5주 차 혹은 그 이후에 반영한다.

유모차 각 모델의 로트 크기는 EOQ 공식을 사용하여 정하며, 장비의 준비시간(setup time)과 재고유지비용을 고려하여 계산된다. 공장의 생산일정은 로트단

위로 이루어지는데, 예를 들어 기준생산계획상의 한 로트가 1,000개라면 이를 위해 필요한 부품을 직접 계산한다. 즉 핸들의 경우 1,000개의 필요량에서 현재의 재고량을 차감한다. 로트단위로 이루어지기 때문에 최종 조립에서의 작업준비를 위해서는 공장 내의 관 절단, 천공, 구부림, 좌석 절단 작업장에서 생산준비가 필요하게 된다. 따라서 최종 조립에서의 생산변경과 관련한 총비용은 최종 조립라인 자체의 준비비용과 모든 다른 작업장에서의 장비 준비비용을 합한 것이다. 〈도표 5〉에서 보여주듯이 일반 모델의 경우 총 준비시간으로 약 11시간의 노동시간이 필요하다. 시간당 비용은 현재 15달러이기 때문에 일반 모델의 최종조립을 위한 준비비용은 165달러이다. 마찬가지로, 고급 모델의 준비비용은 185달러이며, 쇼핑센터 모델은 170달러이다.

준비시간(setup time)은 생산품목 교체를 위해 기계를 준비시키는 시간뿐 아니라 투입자재를 생산품목에 맞춰 교체 준비시키고 기계가 합격품을 생산하는지 확인하기 위한 시작품 생산의 시간도 포함된다. 준비에는 특정 유모차 모델에 필요한 여러 부품을 교체하면서 생산할 때의 작은 준비도 있지만 주된 준비는 한 모델 유모차에서 다른 모델 유모차로 생산을 변경할 때의 준비이다.

EOQ 계산은 〈도표 6〉에서 보여주고 있으며, 연간 유지비용을 25%로 가정하고 있다. 그 결과로 일반 모델의 EOQ는 2,400개가 되며, 이는 생산라인을 전적으로 일반 모델 생산에 할당할 경우 1주일에 2,500개

**도표 6 경제적 주문량**

| | D 연간 판매량 | C 생산원가 | S 준비비용 | P 생산율* | D 주별 판매량 | 1−D/P | EOQ† |
|---|---|---|---|---|---|---|---|
| 일반 | 54,000 | $21 | $165 | 2,500 | 1,040 | .584 | 2,400 |
| 고급 | 24,960 | $37 | $185 | 2,000 | 480 | .760 | 1,150 |
| 쇼핑센터 | 27,040 | $56 | $170 | 1,800 | 520 | .711 | 960 |

\* 생산하는 제품의 주별 최대 생산율

† $EQO = \sqrt{\dfrac{2SD}{ic(1-D/P)}}$

도표 7  2014년 7월의 기준생산계획

| 모델 | 주일 | | | |
|---|---|---|---|---|
| | 1 | 2 | 3 | 4 |
| 일반 | 2,400 | | 2,000 | 400 |
| 고급 | | 1,150 | | 1,150 |
| 쇼핑센터 | | 684 | 276 | 324 |

를 생산할 수 있음을 감안할 때 약 1주일의 생산량에 해당한다. 마찬가지로, 고급 모델과 쇼핑센터 모델은 각각의 EOQ 생산에 약 0.5주가 요구된다.

〈도표 7〉은 EOQ를 이용해 계산된 전형적인 기준생산계획을 보여주고 있다. 예를 들어 일반 모델이 첫 생산으로 배정되었다고 가정하자. 그러면 2,400개 로트의 일반 모델이 제1주차에 계획된다. 그러나 1주일의 생산일수인 5일 동안에 2,500개가 생산될 수 있으므로 2,400개의 로트는 4.8일(2,400/2,500×5)이 걸릴 것이다. 그리고 기계가 다음 모델의 유모차 생산을 위해 준비하는 데 평균 2시간이 소요된다. 따라서 제1주 차의 나머지 시간은 작업변경에 배당될 수 있다. 다음으로, 고급 모델이 제2주 차에 계획되고, EOQ의 생산에 2.9일이 필요하다. 그리고 기계당 2시간이 쇼핑센터 모델로 생산변경을 하기 위해 요구된다. 이러한 과정을 계속하면, 그 결과의 일정계획은 〈도표 7〉과 같다.

재고는 완제품 재고(765,000달러), 재공품 재고(322,000달러), 원자재 재고(337,000달러)의 형태로 저장된다. 완제품 재고는 전국에 위치한 3개의 창고를 통해 유통되며, 각 창고는 평균 80일분의 공급량을 유지한다. 공장으로 재주문하면 4주일이 소요되고, 수송에 1주일이 소요된다. 재고의 일부는 안전재고로 보유하고 있으며, 기계이용률을 높이고 생산일정을 원활히 하기 위해 4주일분의 재공품 재고를 보유한다. 또한 협력업체와의 일정을 원활히 하고 생산라인 멈춤을 예방하기 위해 12주일분의 구매부품을 보유하고 있다.

## 대안 1 : 풀 시스템

클렘 호킨스는 JIT를 생각하면서 두 가지 대안을 고려하고 있다. 대안 1은 풀 시스템의 재고관리이다. 이 대안에서는 3개의 분리된 조립라인을 설치하고, 완제품 각각이 1개의 라인에서 생산된다. 이렇게 하면 조립라인에서 작업변경이 필요없다. 클렘은 유사한 효과를 보여줄 수 있는 혼합모델 조립도 고려하고 있다. 하지만 이것은 복잡할 수 있고 라인을 한 모델에서 다음 모델로 즉각적으로 변경하기 위하여 일부 도구의 개발이 필요하다. 물론, 현재의 1개 라인 대신에 3개의 조립라인을 마련하기 위해서는 보조기구, 고정구, 조립탁자 등에 추가로 약 200,000달러의 투자가 필요하다.

만약 3개의 조립라인이 사용되면 〈도표 8〉에서와 같이 기준생산계획이 대폭 변경된다. 매주 동일한 수량이 계획되어 공장의 작업량이 균일해질 수 있다. 물론 이같은 균일한 작업량이 풀 시스템의 정상적 작동을 위해 필요하다. 클렘은 또한 기준생산계획에서의 동결 기간을 2주일로 줄일 수 있을 것으로 생각하고 있다. 그러면 시장의 물류창고에서 재고를 15~30일분의 공급 분량으로 획기적으로 줄일 수 있다. 클렘은 물류창고에서 이번 주에 주문한 양을 바로 다음 주에 생산하는 일정계획을 세우고 싶어 한다.

풀 시스템으로 운영하면서 최종 조립라인에서의 작업변경이 불필요하도록 하면 일부 기계를 생산라인 각각에 전용으로 만들 수 있다(〈도표 9〉 참조). 예를 들어 6대 관 절단기계의 생산능력 중에서 약 절반이 일반 모델 생산에 필요하므로 3대의 관 절단기계를 일반 모델만 계속 생산하도록 할당할 수 있다. 그리고 고급 모델에는 1.5대, 쇼핑센터 모델에도 1.5대의 절단기계가 필요하다. 0.5대의 기계가 있을 수 없으므로 각 모델의 전용 생산기계는 1대 혹은 2대로 해야 한다.

도표 8  풀 시스템에서의 수정된 기준생산계획

| 모델 | 주일 | | | |
|---|---|---|---|---|
| | 1 | 2 | 3 | 4 |
| 일반 | 1,040 | 1,040 | 1,040 | 1,040 |
| 고급 | 480 | 480 | 480 | 480 |
| 쇼핑센터 | 520 | 520 | 520 | 520 |

**도표 9 풀 시스템의 배치와 전용 기계**

| 관 절단 일반 모델용 기계 3대 고급 모델용 1대 쇼핑센터용 1대 전 모델용 1대 | 관 저장소를 제거 | 관 구부림 일반 모델용 프레스 1대 고급과 쇼핑센터 모델용 1대 | 최종 조립 일반 모델 라인 고급 모델 라인 쇼핑센터 모델 라인 |
|---|---|---|---|
| 구매부품 창고 축소 | 튜브 천공 일반 모델용 천공기계 5대 고급 모델용 2대 쇼핑센터 모델용 2대 전 모델용 1대 | 목재 절단 (톱 1대) | |

각 모델의 생산에 1대씩 전용으로 한다면 나머지 1대는 여러 모델을 필요에 따라 변경하면서 사용하도록 할 수 있다. 만약 2대씩을 각 모델에 전용으로 한다면 추가로 1대의 기계를 구입해야 한다. 이 경우에는 모든 기계가 특정 모델의 전용 기계가 되어 유연성이 사라지게 된다. 마찬가지로, 천공기계와 구부림 기계의 일부를 각 모델의 전용으로 할 수 있다. 그러나 톱은 단지 1대만 있기 때문에 문제가 된다. 소형 톱을 구입하여 모델 전용으로 하던지, 아니면 톱은 계속해서 여러 제품 사이에서 작업 변경을 하면서 사용하던지 해야 한다.

풀 시스템을 사용하면 재고를 한 작업장에서 다음 작업장으로 이동하기 위해 칸반 용기를 사용하게 될 것이다. 한 작업장의 모든 용기가 꽉 차게 되면 그 작업장의 모든 기계는 생산을 중단하게 될 것이므로 칸반 용기에 담긴 수만큼이 재고의 최대치가 된다. 관 저장공간을 없애고 모든 재고는 생산현장의 칸반 용기에 저장될 것이다.

구매부품을 위한 저장공간은 약간 필요할 것이다. 최소한 초기에는 모든 구매부품을 최종 조립라인으로 직접 공급할 수 있을 것으로 클렘은 생각하지 않는다. 하지만 협력업체 또한 칸반시스템으로 운영하게 되면 구매품의 재고가 대폭 감소될 것이다. 모든 A 품목의 구매 부품이 하루 단위 혹은 주 단위로 공급되고, B와 C품목은 이보다는 덜 빈번하게 공급될 수 있

을 것이다.

## 대안 2 : 셀생산

이 대안에서는 각 모델에 대해 하나의 생산 셀이 만들어진다. 배치는 〈도표 10〉과 대체로 비슷할 것이며, 각 제품은 U자 형태의 셀에서 생산될 것이다. 일반 모델의 셀에는 3대의 관 절단기계, 1대의 구부림 프레스, 5대의 천공기계, 그리고 최종 조립라인이 설치될 것이다. 이런 배치에서는 각 모델의 전용장비들이 가까이 위치하게 된다. 셀의 한쪽에는 자재가 투입되고, 다른 쪽에서는 완제품이 산출된다. 구매부품은 협력업체에 의해 셀에 직접 공급되거나 중앙 창고와 키팅 룸(kitting room)으로부터 키트로 공급될 수 있다. 하나의 키트는 완제품 1단위를 조립하기 위해 필요한 모든 구매부품들을 담게 된다.

2개의 셀이 추가로 설치되어, 하나는 고급 모델, 또 하나는 쇼핑센터 모델에 사용될 것이다. 각 셀에서는 현재의 생산능력을 유지하기 위하여 2대의 관 절단기계, 1대의 프레스, 3대의 천공기계가 필요하다. 따라서 클렘은 추가로 기계(1대의 천공기계, 1대의 프레스, 1대의 튜브 절단기계)를 구입할 약 150,000달러가 필요하다.

셀의 활용에는 많은 장점이 있다. 물건들이 근거리에서 움직이기 때문에 각 셀을 시각적으로 통제할 수 있다. 품질과 유지보수의 모든 문제도 쉽게 확인된다.

**도표 10 셀 배치**

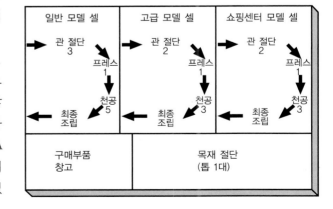

또한 셀에서 작업하는 근로자가 특정 생산품목에 대해 주인의식을 갖게 된다. 모든 것들이 근거리에 있기 때문에 공간도 적게 필요하며, 신속하게 피드백할 수 있는 장점이 있다. 물론 각 셀에서 부품을 풀 시스템으로 운영하도록 칸반시스템을 사용할 수 있다.

앞에서 언급한 재고 감소의 많은 장점들을 셀을 이용할 때도 얻을 수 있다. 사실, 대안 1의 칸반시스템보다 셀이 더 빠른 속도로 산출물을 낼 수 있다. 따라서 셀을 이용하면 재고가 더 적게 필요할 것이다. 반면에, 셀은 모든 장비가 특정 생산라인에 전용으로 사용되므로 수요 변화에 대한 유연성은 낮다.

## 일요일 오후
미네소타 바이킹스와 시카고 베어스의 미식축구 경기의 중간 휴식시간에 클렘은 JIT 생산의 두 대안에 대해 생각하지 않을 수 없었다. 그는 각 대안이 생산원가와 재고를 얼마나 절감할 수 있을지를 고민했다. 또한 이들 대안이 제품 품질에서는 동일한지 여부를 생각했다. 셀생산에서는 통제가 근거리에서 시각적으로 이루어지므로 품질이 더 좋을까? 클렘은 이 대안들에 대해 그의 부하인 조안 핸킨스가 연구하도록 할 생각이다. 조안은 최근에 UCLA에서 MBA 학위를 받았고 이런 대안의 분석에 능숙하다.

## 토의질문
1. U.S. 스트롤러가 당면한 현재의 상황을 어떻게 설명하겠는가?
2. 이 사례에 제시된 대안들의 장점과 단점은 무엇인가?
3. 이들 대안들이 현재 사용 중인 MRP 시스템에 어떤 영향을 주겠는가?
4. 당신은 어떤 대안을 추천하며, 그 이유는 무엇인가?

패트 슈미트와 팸 슈미트 의사 부부는 2000년 오하이오주 웨스터빌에서 '웨스터빌 진료소(Westerville Physician Practice)'를 개업하여 지역사회에 1차 진료서비스를 제공했다. 그 당시 웨스터빌은 많이 발전되지 않았지만, 이 부부는 미래의 성장을 예상하고 클리닉을 시작했다. 경쟁은 별로 없었고, 이들은 1명의 간호사 겸 접수직원과 함께 병원을 운영했다. 마침내 오하이오주 콜럼버스 교외로 점점 더 많은 사람들이 이사해 오면서 웨스터빌은 성장하고 발전했다. 돌볼 환자가 더 많아졌고 병·의원도 더 많이 생겨났다. 환자는 1차 진료를 받을 선택권이 더 넓어졌고, 환자들은 눈에 띄는 진료소를 바로 선택했다. 슈미트 부부는 증가하는 수요를 충족시키기 위해 더 많은 의사와 MA(Medical Assistant, 의료보조원)를 고용했다. 이 조치가 얼마 동안은 도움이 되었지만, 이후에는 몇 블록 떨어져 있는 주요 경쟁자인 '웨스터빌 패스트-트랙 진료소(The Westerville Fast-track Physician Practice)' 때문에 고객을 잃기 시작했다. 2015년까지 매출이 40% 감소했다. 비공식적으로 조사한 대기시간과 관련한 환자 만족도가 86%에서 54%로 아주 낮아졌다. 옛 방식으로 운영하는 것은 도움이 안 되는 상황이 되었다. 성장하는 지역사회를 돌보고 경쟁에서 환자를 잃지 않기 위해 슈미트 부부는 새로운 전략을 고안해내야 했다. 그들은 클리닉 규모를 키우고 더 많은 의사를 고용할 생각을 했다.

패트 슈미트는 링크드인(LinkedIn)을 활발하게 사용하고 있었다. 그는 뎁 루이스 박사의 프로필 링크를 우연히 발견하고, '환자를 유지하고 매출을 높이기 위한 린(lean)의 성공적 실천'이라는 글을 보았다. 패트 슈미트는 최근에 뎁을 친구로 추가했다. 예전에 뎁 루이스는 1차 진료 의사였으며, 자신의 진료소에 성공적으로 린(lean) 운영방식을 도입한 후, 나중에 큰 이익을 남기고 팔았다. 그녀는 오하이오주 콜럼버스에서 린 컨설팅 회사를 개업하고 전임 컨설턴트로 일했다. 패트 슈미트는 링크에 게재된 글을 읽고 팸과 공유했다. 슈미트 부부는 더 많은 내용을 알고 싶어서 뎁 루이스를 만나기로 했고 뎁이 동의했다. "겜바에서 만납시다"라고 그녀가 말했다. "어디서 만나자고요?" 슈미트 부부는 어리둥절했다. "겜바는 실제 일이 벌어지는 곳이에요. 당신의 진료소에서 만나요. 그곳에서 우리는 개선의 토대가 되는 모든 정보를 얻을 수 있을 겁니다"라고 그녀는 설명했다.

뎁은 다음 월요일 오전 10시에 병원에 도착했고, 슈미트 부부는 로비에서 그녀를 맞이했다. 뎁은 대기실에 많은 환자가 있다는 것을 알아차렸다. 접수를 기다리는 환자와 접수 후 의사를 기다리는 환자를 구별하기가 어려웠다. "우리는 신규 수요를 소화하기 위해 기존 클리닉을 확장해야 한다고 생각해요"라고 슈미트 부부는 언급했다. 뎁은 미소를 지었다. 그녀는 대부분의 사람들이 실제 문제점을 이해하기도 전에 해결방안으로 바로 점프한다는 것을 알고 있었다. "먼저 문제점에 대해 이야기해보죠. 두 분이 해결하려고 하는 것이 무엇인가요?"

패트가 말했다. "여기 보듯이 대기실에는 11명의 환자가 대기하고 있으며, 접수대기 중인 환자는 6명, 의사를 기다리는 환자가 5명이에요. 더 많은 진료실을 만들고 더 많은 의사를 고용하면, 우리는 이 환자들을 더 빨리 볼 수 있으며 그들은 기다릴 필요가 없을 거예요."

"그렇지만 문제점이 무엇인가요?"

"무슨 뜻이죠!? 방금 설명했는데요." 슈미트 부부는 약간 화가 났다.

뎁이 말했다. "한 번 더 문제를 설명해보세요. 왜 저를 만나고 싶었나요? 관심사항이 무엇이죠?"

"우리는 경쟁사에 환자를 빼앗기고 있어요. 환자가 의사를 만나는 데 너무 오래 기다리고 있어요. 환자 만족도 설문조사 결과를 보았을 때, 우리 환자들은 의사를 보기 위해 기다려야 하는 시간에 대해 매우 큰 불만을 표시했어요."

"성과를 측정하기 위한 지표로 무엇을 사용하고 있나요?"

"글쎄요, 환자 만족도가 86%에서 54%로 떨어졌고 매출도 40% 줄었어요."

"아하! 그럼 진료소에 환자가 왔을 때부터 갈 때까지 걸리는 시간을 측정해보셨나요?"

패트와 팸은 서로를 쳐다보면서 동시에 말했다. "아니요, 왜 우리가 그걸 측정하려고 했겠어요?"

"그렇다면 환자가 너무 오래 기다리는 것을 어떻게 알 수 있나요? '오래'라는 게 얼마를 말하는 건가요?" 슈미트 부부는 조금 당황했다.

"프로세스 개선에 사용하는 도구인 가치흐름도(value stream map)에 대해 말씀드릴게요. 이것은 프로세스를 시각적으로 표현한 것인데, 사람, 정보, 자재 등의 흐름, 프로세스 각 단계에서의 소요시간, 기타 몇 가지 측정지표를 보여줍니다. 핵심은 프로세스를 먼저 이해하는 거예요." 슈미트 부부는 열심히 듣고 있었다. "당신 휴대전화에 스톱워치가 있나요?" 팸이 스마트폰을 꺼내 스톱워치 앱을 눌렀다. "이제 우리가 할 일은 당신의 진료소에서 진행되는 프로세스를 관찰하고 단계별로 소요시간을 재는 것입니다."

한 환자가 막 안으로 들어왔다. "이 환자를 따라가 봅시다"라고 뎁이 바로 말했다. 슈미트 부부는 확신이 들지 않았지만 뎁의 지시를 따르기로 했다. "환자가 프로세스에서 다음 단계로 넘어갈 때마다 스톱워치를 누르세요."

환자는 로비에 들어서서 주변을 둘러보고 가야 할 곳을 찾았다. 그는 진료실 근처의 문으로 걸어가 서는 혼란스러워했다. 대기실에 앉아 있는 환자 한 명이 그에게 접수대를 알려주었고, 환자는 접수창구 방향으로 걸어갔다. 접수직원은 다른 환자를 접수하고 있었다. 환자는 서서 그 환자가 떠날 때까지 기다렸다. 마침내 환자는 접수직원에게 다가갔지만 접수직원은 그에게 3명의 다른 환자가 있다고 말하면서 차례를 기다려야 한다고 말했다.

환자는 대기구역으로 돌아가 자리에 앉았다. 그는 테이블에 있는 오래된 잡지를 보며 차례를 기다렸다. 이 환자는 시작점을 찾기 위해 이미 5분을 보냈다. 27분 후에 그의 차례가 왔다. 그는 접수대로 걸어가 접수직원 앞에 앉았다. 접수직원은 그의 이름, 주소, 생년월일, 보험회사에 관해 질문하고, 환자의 재정적 책임 및 환자의 개인정보 처리와 관련된 정책을 설명했다. 접수직원은 환자 이름과 생년월일이 표시된 4개의 레이블을 인쇄하고 손목띠를 환자의 손목에 감아주었다. 관찰을 하는 뎁과 의사 부부는 프린터가 다른 방에 있음을 보았고 접수직원이 손목띠를 가져오기 위해 약 3분간 앞뒤로 오가는 것을 보았다. 또한 접수직원은 환자의 신용카드를 사용하여 본인 부담금을 처리했다. 그는 영수증을 얻기 위해 다시 프린터로 걸어갔다 와서는 영수증과 레이블을 환자에게 건넸다. 실제 접수를 하는 시간은 불과 3분이었다. 그런 후에 접수직원은 환자를 진료실 근처의 대기구역으로 보냈다.

이 환자는 내셔널 지오그래픽 잡지를 보면서 기다렸다. 15분 후에 MA는 환자 이름을 호출하고 환자는 문 안으로 들어갔고, 관찰자들이 뒤를 따라 들어갔다. MA와 다른 스태프들은 클리닉에서 슈미트 부부를 만나는 데 익숙했지만, 환자를 뒤따라 들어온 적은 없었다. 뎁은 MA, 환자 및 다른 스태프들에게 자신을 소개하고, 프로세스가 실제로 어떻게 진행되는지를 관찰하고 있다고 설명했다. 환자가 승낙을 한다면 환자를 따라다니면서 프로세스와 관련된 세부사항과 각 단계에 필요한 시간을 기록할 것이라고 환자에게 설명했다. 진료진은 평소처럼 일해야 했다.

클리닉이 너무 바빴고 직원들은 슈미트 부부와 뎁이 그곳에 있다는 것을 인지하지 못할 정도였다. MA는 환자를 체중계 위에 세웠다. 환자의 신장을 측정하기 위해 자 눈금이 그려져 있는 벽에 바짝 붙어서 서 달라고 말했다. MA는 포스트잇에 체중과 신장 모두를 기록했으며, 이 과정에 약 2분이 걸렸다. 다음으로 환자를 진료실로 데려가서 침대에 앉히는 데 1분이 걸렸다. 그곳에서 환자의 체온과 혈압을 측정하는 데 3분이 걸렸고, 이를 동일한 포스트잇에 기록했다. 또한 환자가 진료소에 온 이유, 알레르기, 기존의 건강 상태 및 현재의 복용 약물에 대해서도 기록했으며, 이 과정에 2분이 걸렸다. 그다음, MA는 방 안의 컴퓨터 앞에 자리를 잡고 포스트잇에 있는 정보를 컴퓨터에 입력했으며, 이 일에 5분이 걸렸다. 그러고는 의사가 다른 환자 진료 후 곧 올 것이라고 환자에게 알리고 방에서 나왔다.

슈미트 부부는 MA가 모든 것을 컴퓨터에 직접 입력하지 않은 것을 보고 놀랐다. 그들은 전자건강기록(Electronic Health Record, EHR) 시스템에 많은 돈을 투자하여 문서화, 의사소통, 청구 등을 더 쉽고 빠르게 처리하고 HIPAA 규정 위반을 피하도록 했다. 포스트잇 노트나 종이에 환자 이름과 기타 임상정보를 쓰면 환자 개인정보 침해로 소송이 발생할 수 있다. 그들은 진료소에서 실제로 일어나는 일을 관찰한 것이 이번이 처음이었다. MA에게 물어보고 나서 그들은 MA들이 EHR 사용을 불편해하는 것을 알게 되었다. 포스트잇에 먼저 써놓고 나중에 또 시간을 들여 컴퓨터에 정보를 입력하는 것이 그들에게는 편했다.

의사는 MA가 나간 지 20분 후에 들어왔다. 그녀는 진료실에 있는 슈미트 부부와 뎁을 보고 놀랐다. 팸은 자신들이 왜 그곳에 있는지 곧바로 설명했다. 의사가 환자에게 짧게 인사하고 컴퓨터에 로그온하여 환자의 기록을 찾아 기재사항을 쭉 읽어나갔다. 그녀가 미리 그것을 읽지 않았기 때문에 2분이 추가로 걸렸다. 의사는 서두르는 듯 보였다. 시간은 이미 오전 11시였고 그녀는 이미 일정보다 늦은 상태였다. 의사는 빠르게 H&P(병력 및 신체상태 — 초기 임상평가 및 검사)를 진행했고, 그러고는 몇몇 병리시험을 처방했다. 환자는 질문이 더 있었지만, 의사는 여유가 없었고 환자 질문에 무관심해 보였다. 그녀는 다른 환자를 보기 위해 급히 나갔다. 이 과정에 약 12분이 걸렸다.

MA는 다시 와서 이 환자를 병리시험실로 안내했다. 그곳에는 채혈을 위해 2명의 다른 환자가 기다리고 있었다. 그래서 이 환자는 24분 동안 기다려야 했다. 병리기술자는 환자의 레이블을 받으면서 채혈 의자에 환자를 앉혔다. 병리기술자는 녹색, 보라색, 빨간색의 3개 채혈관이 필요했지만, 녹색과 붉은색만 있었고 보라색 채혈관을 찾을 수 없었다. 그래서 그녀는 근처 의료물품 보관실로 갔지만 찾지 못했다. 그녀는 다른 환자로부터 채혈을 하는 동료를 방해해 가며 보라색 채혈관이 있는지를 물었다. 그 동료는 그녀를 문 뒤에 안 보이는 작은 캐비닛으로 데려갔다. 그는 그녀에게 윙크를 하며 말했다. "만일을 대비해서 몇 개를 여기에 보관해 두었지요." 관찰자들은 병리기술자들이 말하는 불만을 엿듣게 되었다. "효율적인 일을 위해 필요한 물품이 있었던 적이 없어. 항상 물품을 찾으러 돌아 다녀야 해." 이 단계에서는 7분이 걸렸다. 병리기술자가 3개의 채혈관에 혈액을 채취하고 레이블을 붙였다. 이 프로세스 단계는 4분밖에 걸리지 않았다. 혈액검사 결과보고서는 20분 후에 나올 것이다. 병리기술자는 이를 환자에게 설명했고 이전의 진료실로 다시 돌아가라고 안내했다. 환자는 진료실로 돌아오려고 했으나 방을 찾을 수 없었다. 슈미트 부부가 가는 길을 알려주려 했지만 뎁은 그들을 제지했다. 환자는 복도에서 서성이다가 이전의 MA를 만나서 안내를 받았다. 이 일에 5분이 걸렸다.

환자는 의사가 올 때까지 25분을 기다렸다. 의사는 환자와 함께 결과보고서를 검토하고 질문에 답했다. 의사는 H&P, 검사결과, 임상지식 등을 토대로 몇 가지 약을 처방했다. 의사는 환자가 선택한 약국을 물어보고 거기로 처방전을 보냈다. 그리고 환자에게 2주일 후에 다시 방문하는 날짜를 잡도록 했다. 이 일에 단지 5분이 걸렸다.

관찰자들은 의사가 컴퓨터에 환자 진료기록을 입력하지 않은 것을 발견했다. 슈미트 부부는 대부분의 의사가 하루 일과가 끝나고 나서 진료기록을 완성하거나, 집에서 작성한다는 것을 확인했다. 이렇게 환자 진료기록을 작성하는 데는 보통 10~15분이 소요되지만, 환자를 본 직후에 문서화하면 5분이 걸릴 것으로 보았다. 그렇게 하면 진료기록을 작성하기 위해 기억에 의존할 필요가 없으며, 집에서의 인터넷 속도에 따라 추가로 시간이 더 걸리는 일이 없을 것이기 때문이다.

MA가 돌아와 환자를 수납창구로 안내했다. 의사가 아직 환자 노트를 작성하지 않은 상태이므로 수납담당자는 의사가 조언한 내용을 환자에게 물었다. 환자는 2주일 후로 추가진료 예약을 잡아달라고 요청했고, 수납담당자는 의사와 환자 모두가 가능한 시간을 확인한 후 EHR에 예약을 입력했다. 그 과정은 5분이 걸렸다. 그러고 나서 환자가 떠났다.

뎁이 슈미트 부부에게 물었다. "이 환자가 이 진료소의 전형적인 환자입니까? 아니면 또 다른 과정을 필요로 하는 환자들이 있습니까?"

팸 슈미트가 말했다. "우리는 월요일부터 금요일, 오전 8시부터 오후 4시까지 진료합니다. 바쁜 날은 화요일과 목요일입니다. 우리는 하루 평균 88~90명의 환자를 보는데, 그중 약 15%가 신규 환자입니다. 85%의 환자들은 혈액검사를 필요로 합니다."

뎁이 물었다. "몇 명의 스태프가 있습니까?"

"우리 진료소에는 접수직원 1명, MA 1명, 50%의 일정 잡기와 50%의 수납 업무를 하는 행정직원 1명, 주로 예방접종을 하는 간호사 1명, 전임 전문의 3명이 있고, 그리고 패트와 저는 우리 시간의 50%를 환자를 보는 데 사용하고 있습니다."

그때가 대략 오후 2시경이었다. 슈미트 부부는 뎁에게 점심을 하면서 관찰 내용을 얘기하고 무엇을 해야 할지 토의하자고 제안했다. 팸은 각자 좋아하는 샌드위치를 인근의 서브웨이에서 사왔다. 세 사람은 회의실에 자리를 잡았고, 뎁이 물었다. "무엇을 보셨나요?"

팸이 말했다. "글쎄요, 저는 실질적인 의료행위에는 시간이 매우 적게 들고, 기다리고, 걷고, 뭔가를 찾는 데 거의 모든 시간이 소비된다는 것을 알았어요. 저는 환자와 우리 스태프들에게 미안한 마음이 듭니다.

EHR시스템을 구축했지만 아직 제대로 사용되지 않고 있어요."

"훌륭한 관찰이에요! 다음 주에 가치흐름도를 작성할 것입니다만, 우리가 관찰한 것은 환자 한 명이라는 것을 기억해주세요. 이것은 하나의 데이터에 불과합니다. 이 건이 전체를 대변해주지는 않아요. 다음 주중에 특히 바쁜 날인 화요일과 목요일에 더 많이 관찰해보기 바라요. 더 많은 환자와 동행하며 시간을 측정하고, 팀 구성원들이 자기 프로세스 단계를 수행하는 데 어떤 변동이 있는지 메모하기 바라요. 걷고, 기다리고, 찾는 활동을 기록해 두세요. 당신의 스태프와 환자들에게 당신이 그들을 관찰하고 따라갈 것이라는 것을 미리 알려주세요. 그러한 정보를 얻으면 링크드인을 통해 알려주시고, 다음에 다시 만나서 가치흐름도 작성하는 방법을 알려 드릴게요."

그다음 주에 패트는 뎁에게 그들이 관찰을 완료했다는 메모를 보냈다. 관찰한 소요시간에 약간의 차이가 있었지만 처음 방문했을 때 얻은 정보가 평균적으로 실제 상황을 잘 설명하는 것이었다. 그들은 다른 MA가 EHR에 모든 정보를 직접 입력하는 것과, 다른 의사는 환자를 본 직후 환자 진료기록을 작성한다는 것을 발견했다.

뎁은 수요일에 슈미트 부부를 방문했다. 그녀는 화이트보드에 가치흐름도를 그리기 시작했다. 그녀는 또한 포스트잇 노트를 많이 가져왔다. 개선 제안사항이 떠오를 때마다 포스트잇 노트를 사용하는 것이 매우 유용했다.

## 토의질문

1. 이 진료소의 문제점은 무엇인가?
2. 고객, 공급자, 정보흐름, 성과 측정지표 등을 표시한 현재 상태의 가치흐름도를 작성하라.
   - 택트시간(takt time)은 얼마인가?
   - 총리드타임(처리시간+대기시간)은 얼마인가?
   - 총부가가치(value added, VA) 시간과 비부가가치(nonvalue added, NVA) 시간은 얼마인가?

- 부가가치 시간 대 비부가가치(VA/NVA) 시간의 비율은 얼마인가?

3. 어떻게 현재 시스템을 개선할지를 반영해서 새롭게 가치흐름도를 작성하라.

## 제1부

메이오 클리닉(Mayo Clinic)은 세계 의료업계에서 가장 존경받는 이름 중 하나이다. 1880년대에 미네소타주 로체스터에서 설립된 메이오 클리닉은 설립 초기부터 혁신을 적극적으로 받아들였다. 메이오는 협력진료와 특수진료의 개념을 받아들이고 최고의 전문성을 추구하여 미국 최초로 통합 집단의료를 실천한 것으로 평가되고 있다.

설립부터 오늘날까지 메이오 문화의 핵심에는 의료진이 팀으로 책임을 공유하고 합의를 통해 의사결정을 하는 접근법이 있다. 메이오는 최고의 환자 진료와 의학연구를 달성하고자 하는 의료진 중심의 조직이라는 강한 전통을 갖고 있다. 따라서 진료의 품질에서는 세계적으로 유명하다.

오늘날 메이오는 낭비를 제거하고 진료효율을 개선함으로써 헬스케어에서 새로운 표준을 정립했다. 메이오는 미국 평균보다 현저히 낮은 원가로 안전한 진료를 제공하는 것에 이미 성공적이라 할 수 있다. 조직이 성장하며 사회가 변화함에 따라 자체의 품질도구와 접근법으로 체계적인 변혁을 할 수 있었고, 그 결과 최고의 진료를 제공한다는 자신의 목표를 달성하고 있다.

## 메이오 클리닉의 소개

메이오 클리닉은 미네소타주 로체스터를 포함하여 플로리다주 잭슨빌, 애리조나주 스코츠데일/피닉스의 세 곳에서 의료활동을 하고 있다. 그리고 미네소타, 아이오와, 위스콘신주에 70개 이상의 병원과 의원으로 구성된 메이오 클리닉 헬스시스템을 운영하고 있다. 또한 메이오 의과대학, 메이오 대학원, 메이오 의학전문대학원, 메이오 의과학대학 등 여러 개의 의학교육기관을 운영하고 있다. 이들 모두를 합쳐 클리닉의 고용인원은 56,000명을 넘고 있다.

## 메이오의 품질 여정

메이오는 20세기 대부분의 기간 동안에 환자 치료 결과와 치료 기술의 성장에서 우수한 성과를 보였다. 경영자들은 의료진 중에서 임명되어 임기 동안에 리더십을 발휘했다. 성공적인 관리자들은 또 한 번의 임기를 수행하고, 그 이후에는 새로운 직무에서 능력과 지식을 함양하여 조직의 발전에 기여하게 된다. 이처럼 재능을 갖춘 인재를 지속적으로 육성하는 것이 조직의 번영에 도움을 주었다.

메이오에서의 선구자적인 의사였던 헨리 플러머(Henry Plummer)는 1900년대 초에 '시스템 사고(systems thinking)'를 도입했다. 그는 '자원 통합(pooled resources)'을 주창했으며, 한 환자에 대해 여러 의사들이 분석한 자료를 담은 차트를 기록하고 사용하는 프로세스를 실행했다. 이것이 의료기록의 표준으로 자리 잡고 있다.

메이오는 1948년에 시스템 및 절차를 관장하는 부서인 Department of Systems and Procedures를 설치하여 시스템적으로 일관성을 확보하도록 했다. 엔지니어와 프로젝트 관리자들이 시스템을 정의하고 업무흐름을 개선하도록 했다. 이를 통해 조직 내의 부서들 사이에 정보와 기능을 공유할 수 있게 되었다.

1980년대에 메이오는 대폭적인 확장을 진행했다. 병원이 로체스터에만 있어서 많은 환자가 장거리 이동을 해야 했기에 플로리다주와 애리조나주에 추가로 병원을 입지시켰다. 또한 위스콘신, 아이오와, 미네소타주의 지역사회에 의료 서비스를 제공하기 위해 메이오 헬스시스템을 발족시켰고, 의과대학과 의학전문대학원을 개설했다.

1990년대에 헬스케어가 변화함에 따라 메이오는

이 사례는 Roger Schroeder 교수에 의해 요약본으로 편집되었다. 원래의 사례는 메이오 클리닉, 버크만 어소시에이츠, 미국품질협회, 노스웨스턴대학교, 미네소타대학교의 도움으로 Mary Beth Buckman과 James Buckman에 의해 작성되었다. 이 사례는 경영 상황을 효과적 혹은 비효과적으로 처리했음을 예시하기보다는 오로지 수업에서의 토론용으로 작성되었다. 이 인쇄물의 어느 일부라도 Roger G. Schroeder, Mary Beth, James Buckman의 승인 없이 어떠한 형태의 수단으로 복사, 저장, 전송, 재생산, 유통할 수 없다. ⓒ 2012, 2016.

품질에 보다 엄격하게 접근하기 시작했고, 품질노력의 결과를 더욱 철저하게 측정했다. 주란연구소(Juran Institute)의 도움으로 메이오는 대대적인 품질개선 프로그램을 시작했다. 다양한 전문가들로부터 식스시그마 교육을 받았고, 자신들의 전문성을 조직 내에 공유했다. 이러한 노력이 다소의 개선을 가져왔고 미래의 핵심 리더를 육성하는 데 도움이 되었다. 그렇지만 많은 조직들이 경험한 효율성(비용)과 효과성(목적 부합) 사이의 충돌이 메이오에서도 발생했다. 인지된 품질개선비용이 결과 개선과 충돌했고, 그 때문에 이 프로그램은 폐기되었다.

그러자 '최고 중 최고'라는 메이오의 전략적 장점이 시험을 받게 되었다. 1999년에 의약청(Institute of Medicine, IOM)이 '실수는 사람이 한다: 보다 안전한 헬스시스템의 구축'이라는 보고서를 내면서 헬스케어 기관들의 예방 가능한 실수를 향후 5년 동안 50%를 감축해야 한다고 했다. 계속해서 '품질의 깊은 골을 극복하는 21세기의 새로운 헬스시스템'을 비롯하여 영향력이 큰 여러 보고서가 나왔다.

IOM의 보고서들이 메이오가 환자의 안전과 치료를 어떻게 측정해야 하는지를 학습하게 만든 촉매제가 되었다. 이때를 즈음하여 예방 가능한 실수들이 일어나고 있음을 의료진들이 인식하게 되었고, 메이오 경영진은 모든 조직(잘하고 있든 못하고 있든)에서 개선이 요구된다는 것을 깨닫게 되었다.

또한 메이오는 대부분의 환자가 장거리를 이동하여 방문하고 4~5일 안으로 치료가 완료되는 것을 기대하는 상황에 대응하는 도전에 직면했다. 환자들이 치료를 위해 수백, 수천 마일을 이동하게 만드는 메이오의 전략적 장점을 살펴보았다.

당시의 CEO였던 데니스 코르테스(Denis Cortese)의 리더십 아래 메이오는 다음과 같이 품질을 향한 여러 단계적 조치를 시작했다.

- 품질의 기대 수준과 실제 성과(우수하지만 완벽과는 큰 차이가 존재) 사이의 차이를 심각하게 들여다보았다.
- 명백하게 피할 수 있었던 환자의 피해 사건(이 사건들은 단순한 사건이나 불운이 아니라 '시스템 실패'로 간주)에 대해 집중적인 관심을 두었다.
- 다른 헬스케어 조직들의 성과[예 : 헬스케어개선연구소(IHI)의 복합치료법 연구 프로토콜과 10만 명의 생명회복 캠페인]로부터 학습했다.
- 스테판 스웬슨 박사를 품질 최고책임자로 임명하고, 엔지니어 교육을 받은 제임스 딜링과 함께 관리의 개선을 이끌도록 했다.

메이오는 지속적 개선, 토요타 생산시스템(TPS), 말콤 볼드리지 국가품질상 평가기준, 식스시그마, 린의 이론들뿐만 아니라 성공적 변신을 한 기업들을 벤치마킹하면서 품질을 향한 여정을 재개했다. 이들 방법론들을 융합하여 자신만의 독특한 품질 접근법을 개발한 기업들이 가장 성공적이고 성과가 지속된다는 점을 메이오는 알게 되었다.

방대한 조직에 통일된 단일의 접근법이 최선의 결과를 가져올 것이라는 생각으로 메이오는 다양한 품질이론의 장점들을 융합하여 독특한 모델로서 가치창출시스템(Value Creation System)을 개발했다.

메이오는 첫 번째 단계로서 말콤 볼드리지 국가품질상의 최고 성과 기준에 비해 메이오가 어느 수준에 있는지를 분석했다. 〈도표 1〉에서 평가기준의 자체평가를 하는 일곱 가지 요소를 보여주고 있다.

평가할 때 메이오는 비용절감과 치료품질 개선이라는 전략적 도전요소를 명백히 했다. 예를 들어 IOM 보고서가 지적했듯이 한때 내재적 위험으로 여겼던 포도상구균 감염(staph infection)을 더 이상 용납하지 않고 무결점의 접근법을 필요로 했다. 병원 내에서 얻은 감염은 헬스케어의 품질을 떨어뜨리고 비용을 증가시키는 것이기 때문이다.

또한 메이오는 개별 병원의 개선을 넘어 전체 시스템의 개선에 초점을 두었다. 의사들은 환자 특유의 문제점을 다루기 위해 관련된 전문가들을 이끌고 있었

### 도표 1　최고 성과를 위한 말콤 볼드리지 국가품질상의 기준

말콤 볼드리지 국가품질상의 기준은 성과관리를 이해하는 시스템 관점을 제공한다. 이 기준은 어느 조직이 자신의 평가에 사용할 수 있는 검증된 선진 관리기법을 반영하고 있다. 또한 이 기준은 최고 성과의 모델로 국내뿐 아니라 세계적으로도 인정받는 기준이며, 조직들 간에 가장 우수한 기법을 공유하는 공통된 언어이기도 하다. 그리고 말콤 볼드리지 국가품질상의 수상자를 선정하는 과정의 기초로 사용되고 있다.[1]

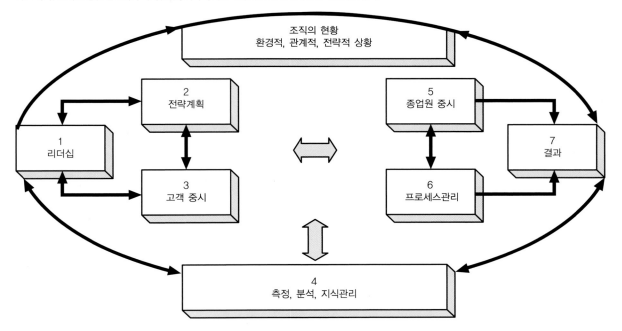

다. 의사들은 매우 독립적이며, 자신이 가장 잘 아는 방법으로 치료하는 경향이 있어서 동일한 질환에 접근하는 방법이 다양한 결과를 낳았다. 메이오에서 50개가 넘는 병원들에 표준화된 최선의 치료법을 사용하도록 하는 방안은 무엇인가? 메이오는 복잡한 치료를 취급하는 것으로 알려져 있는데 모든 환자에게 절감된 비용으로 최고의 치료품질을 제공하는 방안은 무엇인가? 메이오의 조직문화는 의료진의 독립성을 중요시하지만, 동시에 지원 스태프의 독립성도 함께 중요시하는 문화가 요구되었다.

　메이오의 경영자는 조직의 가치와 미션을 보면서 진료와 헬스케어를 전국 단위로 제공하고 있다는 점을 생각했다. 지금까지 성공적이었던 요소는 유지하면서 전략적인 변신을 필요로 했다. 즉 고객, 종업원, 운영관리, 정보, 지식경영에 대한 접근법에 근본적인

변화가 필요했다. 메이오는 볼드리지 평가기준의 일곱 가지 요소를 사용하여 다음과 같은 원칙을 세웠다.

### 리더십과 전략계획

메이오는 개선과 변신을 조직의 우선순위로 삼았다. 먼저 모든 환자에게 메이오의 최선을 다하는 것을 변신으로 보았다. 이 접근법은 환자 중심의 치료가 결국에는 긍정적 재무 결과로 이어진다는 아이디어로 발전했다. 품질이란 단순하게 지속적 개선이 아니며, 조직의 비전이면서 미션이었다. 메이오에게는 품질이 환자에게 희망을 제공하고, 또한 스태프들이 하는 모든 일에서 최고를 달성할 수 있게 해 주는 것이었다.

　그다음의 전략적 도전요소는 비록 메이오가 최고라는 믿음을 증진시키는 조직문화를 갖고 있지만 최고 조직을 진정으로 더 좋은 조직으로 만드는 것이었다. 이를 위해서는 게임방식을 변화시키는 리더를 필요로 했다. 경영진은 모든 부서로 하여금 자신의 성과자료

---

[1] 더 자세한 내용은 http://www.nist.gov/baldrige를 참조하라.

를 공개하도록 했고, 모든 부서들이 미흡한 상황을 보고하게 했다. 비록 그 모든 문제들이 환자에게는 영향을 주는 문제가 아니었지만 여전히 개선의 여지가 있었다. 메이오에의 도전사항은 '우리는 우리가 할 수 있는 정도까지 우수한가?'이다.

### 고객

전통적으로 메이오는 환자를 고객으로 보았다. 분명히 개별 환자는 메이오의 주된 고객이지만 모든 이해관계자와 사회를 위해 최고의 운영을 개발하는 것이 필요했다. 이로 인해 다음의 질문이 제기되었다.

- 메이오는 이해관계자들로부터 정보를 어떻게 얻어야 하는가?
- 이해관계자들을 관여시키는 방법은 무엇인가?
- 이해관계자들의 니즈에 맞는 헬스케어를 어떻게 결정할 것인가?

### 종업원

메이어는 의료진의 우수성을 높게 평가하며, 세계에서 가장 우수한 의료진이라는 점을 부정하는 사람은 별로 없을 것이다. 그러나 헬스케어의 새로운 도전을 극복하기 위해 전체 구성원은 어떤 능력이 필요한가? 이 이슈를 다루기 위해 메이오는 다기능팀을 구성했다. 요구되는 프로세스 개선은 스탭 기술자들이 다룰 수 있는 것 이상으로 크며, 모든 구성원의 기여가 필요한 과제였다.

### 프로세스관리

메이오의 어떤 조직은 탁월하게 우수한 업무시스템을 개발했지만 그 성공을 전체 시스템으로 확산시키기가 어려웠다. 프로세스를 개발하고, 개선시키고, 지속적으로 통제하는 새로운 접근법을 필요로 했다. 메이오는 개선할 프로세스를 규명하고, 개선을 위해 사용할 도구와 기법을 정하고, 개선된 변화를 경제적으로 유지하는 방식을 찾는 시스템을 개발했다.

### 정보관리와 지식관리

정보관리와 지식관리가 메이오에게는 큰 도전이었다. 많은 헬스케어 조직들과 마찬가지로 메이오의 기존 소프트웨어는 환자 치료 결과를 측정할 수 있도록 설계되지 않았다. 따라서 메이오는 타당하고 신뢰할 수 있는 데이터를 수집하고, 이들 데이터를 조직 전체에서 공유할 수 있도록 코딩할 필요가 있었다. 또한 메이오는 일선에서의 데이터를 경영자 단계에까지 공유하여 사고와 실행이 간단한 학습 사이클로 실시간으로 이루어지게 할 필요가 있었다.

이들 요소들이 조화롭게 작동하도록 하는 실행계획을 면밀하게 개발할 필요성을 메이오의 경영자들이 인식하게 되었다. 게다가 메이오 창업자들의 애초 의도였던 헬스케어에서의 탁월성을 유지하는 것이 무엇보다 중요했다. 이처럼 메이오의 탁월성이라는 핵심 가치를 보존하면서 그 이외의 모든 것을 변화시킨다는 도전에 직면했다.

### 도전과제

메이오의 경영자가 당면한 엄청난 과제를 고민하는 데는 고려해야 할 많은 이슈들이 있었다. 이에는 환자 치료라는 메이오의 미션, 미국 국내와 메이오의 헬스케어 문화, 복잡한 조직에서의 변화관리, 방대한 노력을 시작하는 방안 등이 포함되었다. 이들 전략적 이슈들을 실행 가능한 실천계획(종업원들이 단순히 동의하는 정도가 아니라 적극적으로 수용하는 계획)으로 전환하는 것이 도전과제였다.

## 제2부

### 메이오에서의 품질전개

변화, 특히 조직을 변신시키는 변화는 어떤 조직에서도 벅찬 일이다. 이런 규모의 변화에 내재된 모든 형태의 도전과제(문화적 민감성, 기술적 업그레이드, '새로운 사고'로 조직 전체의 변화)에 메이오 경영자가 당면하게 되었다. 식스시그마 훈련, 린, 말콤 볼드리지 국가품질상 평가기준 등을 통해 이미 변화에 준비되어 있던 메이오의 경영자는 자체평가를 실시하여 조직 전체를 변화에 참여시켰다. 경영자들은 바람직한 결과와 실제 일어나는 일과의 차이를 야기하는 방해요인을 매일매일 확인했다.

이러한 노력에서의 두드러진 점은 일선의 진료자와 환자 사이의 관계에서 진정한 우수 진료가 이루어져야 한다는 아이디어를 바탕으로 한 상향식 접근법이라는 점이다. 그 경우에만 일관되고 뛰어난 결과를 달성하기 위해 무엇을 해야 하는지를 이해할 수 있게 된다.

메이오 경영자는 메이오의 미션에 따라 헬스케어의 가치는 세 가지 요소의 함수라고 믿고 있었다. 즉 설계(환자에게 적시에 적합한 치료를 제공), 실행(최고의 결과를 위해 일을 항상 올바르게 수행), 비용이 그것이다. 고가치의 헬스케어를 위해 메이오는 표준화, 투명화, 데이터의 수집 및 보고를 필요로 했다.

메이오는 〈도표 2〉와 같이 품질구도(Quality Construct)를 개발했으며, 이는 매일매일 모든 환자에게 최선의 치료를 제공하기 위하여 치료법, 교육, 연구를 통합하여 3개의 인프라 요소(문화, 엔지니어링, 실행)를 비전과 정렬시키고 있다.

## 문화의 변화

품질구도에서 문화는 절대적 요소로서 표준화와 투명화의 핵심이며, 측정을 위해 정확한 데이터가 수집되도록 만든다.

메이오가 실행한 초기 프로젝트 중 하나가 '공정과 정의의 문화'(III)를 형성하는 것이었다. 이는 의료팀(의사, 간호사, 보조원)의 모든 구성원이 옳지 않게 보이는 일을 보복 걱정 없이 보고하는 문화이다. 이 문화는 개별 팀원이 가진 장점, 지식, 경험의 존중을 강조하고 있다. 의료계의 문화에서 평등의 직장문화로 만드는 것이 어려운 이유는 의사들이 절대적 권한을 가진 것으로 생각하도록 전통적으로 교육받았기 때문이다.

도표 2　메이오의 품질구도

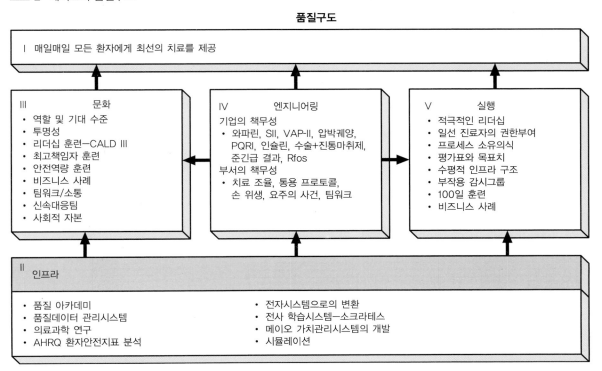

**품질구도**

| Ⅰ 매일매일 모든 환자에게 최선의 치료를 제공 |

| Ⅲ　문화 | Ⅳ　엔지니어링 | Ⅴ　실행 |
|---|---|---|
| • 역할 및 기대 수준<br>• 투명성<br>• 리더십 훈련─CALD Ⅲ<br>• 최고책임자 훈련<br>• 안전역량 훈련<br>• 비즈니스 사례<br>• 팀워크/소통<br>• 신속대응팀<br>• 사회적 자본 | 기업의 책무성<br>• 와파린, SⅡ, VAP-Ⅱ, 압박궤양, PQRI, 인슐린, 수술+진통마취제, 준긴급 결과, Rfos<br>부서의 책무성<br>• 치료 조율, 통용 프로토콜, 손 위생, 요주의 사건, 팀워크 | • 적극적인 리더십<br>• 일선 진료자의 권한부여<br>• 프로세스 소유의식<br>• 평가표와 목표치<br>• 수평적 인프라 구조<br>• 부작용 감시그룹<br>• 100일 훈련<br>• 비즈니스 사례 |

| Ⅱ　인프라 |

| • 품질 아카데미<br>• 품질데이터 관리시스템<br>• 의료과학 연구<br>• AHRQ 환자안전지표 분석 | • 전자시스템으로의 변화<br>• 전사 학습시스템─소크라테스<br>• 메이오 가치관리시스템의 개발<br>• 시뮬레이션 |

공정 및 정의의 문화를 실천하고 나서 한 수술실의 간호사가 경험이 풍부하고 존경받는 외과의사에게 잠재적인 문제점을 제기했다. 전통적인 의료환경에서는 외과의사가 질의받거나 도전받는 경우가 거의 없다. 하지만 그 의사는 화를 내지 않고 간호사에게 감사를 표시했다. 이들의 사례는 공정 및 정의의 문화가 탁월한 결과와 환자 치료를 낳는다는 점을 강조하는 내부 교육훈련 비디오에 등장하고 있다.

## 탁월성을 지향하는 표준화

메이오의 품질구도에서 또 다른 핵심 요소는 엔지니어링이다. 메이오는 1940년대부터 시스템 엔지니어들을 고용하고 있지만, 품질구도로 엔지니어링 원리를 모든 기능부서로 전파하여 스태프들이 프로세스 흐름을 파악하고, 낭비요소를 제거하고, 측정도구들을 사용하는 데 도움을 주고 있다. 각각의 개선팀에 한 명의 엔지니어를 배정하여 이러한 과정을 돕도록 하고 있다. 이같은 접근법으로 모든 기능부서에 지식이 전파되고 있다.

엔지니어링의 한 부분은 최선의 기법을 표준화하는 것이다. 메이오 경영자는 다음의 두 가지 아이디어를 염두에 두면서 프로세스를 하나씩 표준화하고 있다.

- 표준화는 위해요소를 예방하거나 낭비요소를 제거해 준다.
- 표준화가 조직 전체에 일반화되면 메이오는 거의 완벽한 결과(현재 시점에서의 최고 기법 혹은 이론상 한계점)에 근접하게 될 것이다.

### 손 위생의 표준화

메이오의 관찰 및 IOM 보고서에 의하면 의사, 간호사, 치료사들이 손 위생을 게을리한다고 믿고 있다. 손 위생의 실태를 관찰한 바에 의하면 대부분의 스태프(의사와 간호사 포함)들의 단지 50~67%만 환자와 접촉하기 전에 손을 씻거나 소독한다는 사실을 발견하고는 충격을 받는다.

종업원의 인식 제고, 환자 교육, 소독기의 추가 설치, 주의문 게시, 감시자 배치 등의 방법을 사용하여 메이오는 95% 이상이 위생기준을 충족하게 만들었다. 이후에 감시자의 배치는 표본검사로 간소화했으며, 그러한 변화가 지금은 문화에 잘 융화되어 있다.

### 와파린 — 올바른 사용

와파린(warfarin)은 심장질환, 뇌졸중, 혈전 색전증을 예방하는 혈액 희석제로서 독성 물질이다. 메이오에서는 매년 18,000명 이상의 환자가 와파린으로 혈액응고를 막고 있으며, 혈액 농도가 적절하도록 만들기 위해서는 적절한 양의 처방이 매우 중요하다.

5년 전에는 메이오 전체에서 96%의 환자가 적절하게 혈액 응고가 되었지만, 4%가 되지 않았다. 이 비율은 '정상'으로 인식되는 불량률이다. 하지만, 메이오의 위스콘신주 오클레어에 있는 루터 미델포트 병원이 단지 1%의 불량률을 달성했다. 다시 말해 그곳에서의 와파린 투약 프로세스가 메이오 평균보다도 75% 낮은 불량률을 달성했다.

이를 달성한 최고 치료법을 연구하면서, 루터 미델포트에서의 환자 유형을 메이오의 다른 기관에서의 환자 유형과 비교해보았을 때 현저한 차이가 없음을 알게 되었다. 그곳에서의 프로세스를 문서화하고 체계적으로 표준화했으며, 이를 정착시키기 위해 혈액 분석을 컴퓨터화하고 약처방을 교정하기 위한 알고리즘을 사용했다. 이런 식으로 개선한 결과로는 합병증을 감소시키고, 환자의 입원기간이 줄었으며, 법적 소송도 감소했고, 스태프의 사기와 메이오의 명성이 높아졌다. 스테판 스웬슨 박사는 이를 환자, 스태프, 메이오의 수익성에 긍정적인 영향을 주어 '3연승'이라고 불렀다.

### 관절 교체

다른 헬스케어 기관들과 마찬가지로 메이오에서는 관절염으로 인한 관절 퇴화를 앓는 노인 환자가 증가하고 있다. 고관절, 무릎, 어깨를 인공관절로 대체하는 것이 미국 전역에서 빠른 속도로 증가하고 있다.

메이오의 한 팀에서는 증가하는 환자 수에서 개선의 기회를 인식했고, 관절 대체 치료를 분석하기 위해 메이오에서의 최고 정형외과 의사 12명과 스태프를 모았다. 12명의 정형외과 의사 모두는 어느 정도 높은 환자 치료 결과를 달성하고 있었지만, 오직 한 의사만이 의료보험 수가에서 이익을 내고 있었다. 개선팀은 엔지니어의 도움을 받으면서 12개 정형외과팀에 의한 상세한 프로세스와 후속 치료 과정을 최고 치료법과 낭비 감소에 초점을 맞춰 조사했다.

여러 정형외과팀에서의 요소를 포함한 표준화 프로세스를 설계하여 제안하게 되었다. 추가적인 수정과 승인 과정을 거쳐 새로운 프로세스가 메이오시스템에서의 표준 치료법으로 채택되었다. 그 결과 모든 팀에서의 환자 치료 결과가 개선되었고, 모든 팀이 의료보험 수가에서 이익을 내게 되었다.

### 확산을 위한 도전

메이오는 여러 의료기관에서 위해요소를 줄이고 비용을 절감하는 중대한 개선을 할 수 있음을 증명해 보였다. 그렇지만 15년 동안 생태적으로 그리고 인수합병을 통해 획기적으로 성장한 이후에 환자 및 수익의 성장률 이상으로 개선의 속도를 낼 필요가 있었다. 이전까지의 성공으로 인해 경영진은 품질활동을 더욱 대규모로 할 준비가 되어 있었다.

개선의 중요한 요소 중 하나는 품질기법에 능숙하고 다른 의료기관들과 학습을 공유할 수 있는 사람들의 커뮤니티를 구축하는 것이었다. 그래서 메이오는 품질 아카데미를 설립했고, 의료정보시스템 및 보고시스템을 구축했다.

### 품질 아카데미

메이오는 품질 아카데미를 설립하는 의사결정을 하면서 다음을 고려했다.

- **품질 아카데미의 역할.** 식스시그마, 린, 리엔지니어

링 외에 품질개선의 많은 접근법에서 수십 년 동안 사용된 핵심 지식을 스태프들이 적용할 수 있도록 만들어 줄 것이다. 그럼으로써 이들 지식을 모든 지역의 기관과 스태프들이 널리 적용하도록 해 줄 것이다.

- **아카데미가 달성할 목표.** 아카데미는 스태프들이 입증된 기법을 이용하여 불량률을 줄이고, 위해요소를 감소시키고, 비용을 줄이고, 가치를 창조하도록 준비시킬 것이다.

- **지식 전달.** 기초적인 품질지식이 널리 알려져 있고 일반적이지만 메이오의 스태프들이 자신의 헬스케어 환경에서 학습하고 새롭게 얻은 지식을 자신의 독특한 문화 속에서 적용하도록 하는 것이 중요했다. 메이오는 품질 아카데미를 자신의 의과대학 안에 설치했고, 그곳에서 여러 세대의 의사 및 관리자들이 헬스케어 교육의 통합된 지식체계로 이들 기법을 배우게 했다.

품질 아카데미의 졸업생을 '메이오 펠로우'라고 불렀고, 그 프로그램을 메이오 펠로우 프로그램이라 했다. 메이오의 모든 종업원은 이 프로그램에 참여하도록 독려받았다. 초창기에 존 노즈워디(John Noseworthy) CEO는 대부분의 회의를 시작할 때 "여기서 누가 메이오 펠로우인가?"라는 질문을 하면서 시작했다. 2008년에 프로그램이 시작된 이후로 22,000명의 종업원이 메이오 펠로우가 되었으며, 이는 품질지식이 조직 내에 매우 깊이 침투했음을 의미한다. 펠로우 프로그램은 메이오에게는 문화와 전략을 정렬시킨 중요한 단계였다.

### 평가와 보고

메이오가 품질운동의 결과를 측정하고 보고하는 요소는 많았다. 초기에는 환자만족, 감염 예방, 감염통제 프로토콜, 사망률 등에 초점을 두고 측정했다. 또한 기존의 재무 성과와 운영 성과 지표를 위해서도 데이터 수집을 계속했다.

많은 경영 전문가들은 품질의 비용과 효익이 서로 충돌한다고 믿고 있었다. 하지만, 메이오는 재무 성과

분석을 통해 투자수익률(ROI)이 5대1이며 동시에 환자 치료가 향상됨을 보여주었다. 따라서 품질비용은 실제로 이슈가 되지 않았다.

### 지식 및 정보시스템

메이오의 한 의사가 말했듯이 메이오의 모든 종업원은 2개의 직무를 수행하는데, 하나는 치료 서비스를 수행하는 것이고 다른 하나는 품질개선을 돕는 것이다. 이와 같이 많은 스태프들이 품질에 참여하면서 품질지식을 습득하고 조직 전체로 파급시키는 것이 기념비적인 과제가 되었다.

이러한 노력의 중요한 축이 지식관리시스템이다. 재무 및 의료 데이터를 수집하던 도구가 이제는 의사결정 지원시스템이 된 정보은행으로 발전했다. 메이오가 알고 있는 모든 것(환자 상황을 돕는 정보에서부터 의사결정 지원도구, 환자접촉 정보에 이르기까지)이 시스템에 저장된다.

가장 중요한 점은 메이오가 핵심 벤치마크 지표들(안전, 감염 예방 및 통제, 환자 만족, 사망률)의 결과를 측정하고 발표하는 역할의 그룹을 조직한 것이다. 이들 결과는 인쇄물과 메이오의 인트라넷을 통해 모든 사람에게 공개된다.

### 결론

"우리가 할 수 있는 만큼 우리는 우수한가를 생각하기 시작했다. 우리가 얼마나 우수하든지 더 우수할 방법이 있다는 사실을 모두가 마음에 새기기를 원한다면 문화가 변화해야 한다. 이는 어떤 조직에서도 쉬운 일이 아니다."

제임스 딜링, 메이오 클리닉
시스템품질 추진단 부단장

메이오는 품질추구에서 프로세스 개선, 낭비 감소, 혁신을 통해 가능한 한 최고의 환자치료를 제공하는 것으로 패러다임의 변화를 경험했다. 지난 6년 동안 메이오의 비용이 감소된 것이 재무제표와 별도의 분석을 통해 확인되었다. 이떤 조직에서라도 비용감소는 인상적인 결과지만, 메이오는 환자 치료와 신뢰성 개선의 부산물로 얻은 것이라 더욱 인상적이다.

과거에 미국 재무성 장관이었고 헬스케어경제 전문가인 폴 오닐(Paul O'Neill)은 헬스케어의 연간 비용인 3조 달러의 절반이 낭비라고 추정하고 있다. 메이오는 치료의 효과를 향상시키면서도 낭비를 제거하는 표본이 되었다. 메이오는 모든 기관의 모든 프로세스에서 매일 품질을 개선하면서 무결점의 이론적 한계를 달성하기 위해 노력하고 있다.

### 토의질문

1. 이미 품질로 세계적인 명성을 얻고 있는 메이오가 품질개선의 여정을 시작한 이유는 무엇인가?
2. 메이오가 당면한 도전과제는 무엇이며, 경영진의 역할은 무엇인가?
3. 조직의 문화를 전략적 목표와 정렬시키는 것이 왜 중요한가?
4. 품질개선에서 표준화의 역할은 무엇인가?
5. 메이오 클리닉에서 품질 아카데미의 목적은 무엇인가? 아카데미에 참여하는 사람은 누구이며, 참여 독려를 어떻게 해야 하는가?
6. 품질개선을 어떻게 측정해야 하며, 지식을 어떻게 확산시켜야 하는가?

오하이오주 톨레도시에 위치한 TCM(Toledo Custome Manufacturing)은 고객의 주문에 따라 금속부품을 생산한다. 이 회사는 선반, 수치제어(numerically controlled, NC) 공작기계, 절삭기, 천공기 등 다양한 기계를 보유하고 있고, 이들 기계로 여러 종류의 금속부품을 만든다. TCM은 작업자, 감독자, 관리자 등 65명을 고용하고 있다.

  TCM은 고객지향적이며 품질관리에 자부심을 갖고 있다. 이 회사는 관리도, ISO 9000 인증, 직원훈련, 지속적 품질개선팀 등 전사적 품질관리(TQM) 기법을 활용하고 있다. 또한 품질을 기준으로 철판, 부품 등을 납품하는 공급업체를 선정하고 있다.

### 정밀 금속밀대의 주문

TCM은 최근 수압실린더에 쓰일 금속밀대(steel rod) 5,000개를 주문받았다. 밀대는 정밀금속막대로서 수압실린더 안쪽에서 압력을 전달하는 부품이다. 수압이 새면 안 되기 때문에 밀대의 규격은 매우 엄격하다. 이 밀대는 길이가 6인치, 지름은 0.5인치여야 한다(모양은 〈도표 1〉 참조). 허용오차는 ±0.005인치(즉 1,000분의 5인치)이다. 그러므로 규격에 맞고 고객이 수용하려면 모든 막대는 지름이 0.495~0.505인치 사이여야 한다.

  고객이 요구하는 납품일정을 맞추기 위해 TCM은 2명의 작업자가 기계 1대씩을 운용하도록 하고 있으며, 기계 2대는 서로 유사하지만 작업자 1이 작업자 2보다 경력이 많다. 그리고 TCM은 철강 공급업체가 좋은 자재를 일관성 있게 제공하도록 관리해야 한다.

### 품질관리도

주문을 맞출 준비를 위해, TCM은 각 작업자/기계 조별로 부품을 30개씩 만들기로 결정했다. 각 작업자/기계 조는 부품 5개로 이루어진 샘플을 6개 만들어 총

도표 1 금속밀대와 수압실린더의 예시

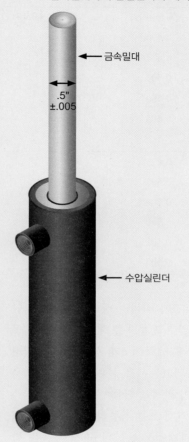

금속밀대

.5"
±.005

수압실린더

30개의 부품을 만들 것이다. 6개의 샘플 자료를 가지고 전체 평균과 범위 평균을 계산해서 각 작업자별로 관리도를 작성할 것이다. 6개의 평균값은 각 작업자에 대해 관리상한선, 중앙선, 관리하한선을 설정하는데 사용한다. 그다음의 6개 샘플을 상한값 및 하한값과 비교해서 공정이 관리 상태인지 비관리 상태인지를 판단할 것이다. 만일 공정이 관리 상태이면 작업자와 기계가 정상 부품을 만들도록 생산을 지속할 것이다. 매 시간 5개 부품의 샘플을 추출해서 관리도에 기재하면서 공정이 계속 관리 상태인지 살피게 된다.

  만일 처음 6개 샘플(부품 5개로 이루어짐)을 기반으

도표 2 TCM 생산품의 표본

| | 작업자 1 – 기계 1 | | | | |
|---|---|---|---|---|---|
| 샘플 1 | 0.500 | 0.498 | 0.502 | 0.499 | 0.503 |
| 샘플 2 | 0.496 | 0.497 | 0.500 | 0.502 | 0.499 |
| 샘플 3 | 0.504 | 0.503 | 0.503 | 0.496 | 0.495 |
| 샘플 4 | 0.503 | 0.501 | 0.498 | 0.497 | 0.500 |
| 샘플 5 | 0.500 | 0.502 | 0.503 | 0.498 | 0.495 |
| 샘플 6 | 0.505 | 0.496 | 0.504 | 0.503 | 0.502 |
| | 작업자 2 – 기계 2 | | | | |
| 샘플 1 | 0.495 | 0.497 | 0.495 | 0.502 | 0.500 |
| 샘플 2 | 0.505 | 0.510 | 0.503 | 0.511 | 0.504 |
| 샘플 3 | 0.504 | 0.503 | 0.502 | 0.502 | 0.501 |
| 샘플 4 | 0.500 | 0.501 | 0.497 | 0.496 | 0.504 |
| 샘플 5 | 0.501 | 0.512 | 0.510 | 0.508 | 0.504 |
| 샘플 6 | 0.503 | 0.500 | 0.497 | 0.496 | 0.504 |

로 어느 작업자/기계 조가 비관리 상태라고 밝혀지면 해당 공정은 생산을 멈추고 문제를 해결해야 한다. 공정의 문제를 해결한 후 새로이 6개 샘플을 추출해서 공정이 관리 상태가 되었는지를 살피고, 만족스러운 결과가 나올 때까지 이 과정을 되풀이한다.

이 고객은 작업자/기계 조를 검증하는 데 사용된 최종 관리도와 2대의 기계에서 생산된 60개 부품을 함께 보내달라고 요구했다. 또한 고객은 관리도를 매 시간별 샘플로 계속 작성해서 추후 생산되는 부품들과 함께 보내달라고 요청했다. 통계적 프로세스관리도에 추가해서, 고객은 해당 공정이 규격을 맞출 수 있는지를 확인하기 위해 공정능력지수(process capability index) 계산 결과값($C_p$와 $C_{pk}$)을 받아보고 싶어 한다.

〈도표 2〉는 작업자1 – 기계1, 작업자2 – 기계2 조의 각각에 대한 처음 샘플(부품 5개로 이루어짐)의 6개 데이터이다. 이것은 5,000개 부품 전체를 생산하기 전에 두 작업자/기계 조의 공정이 관리 상태인지를 확인하기 위한 각각 30개의 자료이다.

**토의질문**

1. 각 작업자/기계 조에 대해 관리도(UCL, CL, LCL)를 작성하라. 각각에 대해 x-bar(평균) 관리도와 범위 관리도를 작성하라. 이 관리도를 근거로 각 작업자/기계 조에 대해 결론을 내라.

2. 1번 문제의 결과를 근거로 무엇을 해야 하는가?

3. 각 작업자/기계 조의 공정능력은 어떠한가?

4. 관리 상태의 공정에서 생산되는 모든 부품이 규격을 맞출 것이라 확신할 수 있는가?

2001년 1월 1일 3M은 제임스 맥너니 주니어가 회사의 회장 겸 CEO로 선출되었음을 발표했다. 2001년 5월에 개최된 연례 주주총회에서 맥너니는 "저의 최우선 의제는 프로세스 개선에 식스시그마를 회사 전면적으로 실천하는 것입니다. 저는 식스시그마가 어떻게 조직에 활력을 불어넣고, 매출과 현금흐름을 증가시키고, 고객만족을 더욱 높이고, 관리개선을 강화하는지를 직접 보았습니다"라고 했다.

맥너니는 수백 명의 고위 임원을 대상으로 폭넓은 훈련 프로그램을 실시했다. 고위 임원들은 모든 중간 관리자의 훈련을 주도하는 책임과 100개의 핵심 식스시그마 프로젝트를 찾는 책임을 부여받았다.

어떤 이들은 맥너니가 회장에 취임하기 이전에 이미 3M의 임원들에게 식스시그마의 개념을 설득시켰다고 한다.

역사적으로 3M은 제품 선도와 품질을 중심으로 경쟁했으며 결코 가격으로 경쟁하지 않았다. 많은 3M 관리자들은 자신의 회사가 포스트 잇과 스카치 테이프 등 시장에서 높은 점유율로 지배하고 있는 제품으로 이미 품질의 회사가 되어 있음을 믿고 있었다. 그러나 3M의 재무적 성과는 정체되었고, 획기적인 변화가 있지 않은 한 개선을 기대하기 어려웠다. 식스시그마 프로그램을 전개하는 결정은 이미 내려졌다. 고위 관리자가 당면한 이슈는 3M을 더욱 경쟁력 있는 회사로 변화시키기 위해 식스시그마를 어떻게 지렛대로 활용할 것인지다.

### 역사[1]
3M은 1902년에 미네소타주 투 하버스라는 슈피리어 호수변의 소도시에서 창업되었다. 5명의 사업가가 연마 숫돌을 위한 광물을 채광하는 사업에 합의했다. 그러나 매장물의 가치가 적음을 알게 되자 회사는 사포지에 초점을 두기 위해 인근의 딜루스시로 재빨리 이전했다.

3M은 고품질 생산과 공급사슬을 완성하기까지 수년간 고전을 계속했다. 루시우스 오드웨이와 같은 새로운 투자자를 유치하면서 1910년에 세인트폴시로 회사를 이전했다. 이 시기에 기술적 혁신 및 마케팅 혁신이 성공을 거두기 시작했고, 1916년에 주당 6센트의 배당을 처음으로 지급하게 되었다.

연마 시 발생하는 먼지의 문제를 완화한 방수 사포지를 1920년대 초에 세계 최초로 개발했다. 기념비적인 사건이 1925년에 리처드 드루라는 한 젊은 실험실 보조원에 의해 일어났다. 그가 마스킹 테이프를 발명한 것이 다변화를 향한 혁신적인 단계가 되었고 스카치라는 브랜드를 붙인 많은 테이프의 첫 번째 제품이 되었다.

다음 해에 기술적인 진전이 있어서 상자 포장을 위한 스카치 셀로판테이프를 낳게 되었다. 고객들은 제품의 추가적인 사용처를 많이 발견하기 시작했다. 3M은 금속 조각을 사포지에 붙이는 전문 기술을 이용하여 소파 천을 붙이는 압정을 대신할 접착제, 자동차 산업에서 금속 마감재의 차를 위한 소음 물질을 개발했다.

오래 지속되는 아스팔트 지붕널에 대한 고객 요구에 부응하여 지붕재(세라믹으로 코팅한 작은 자갈) 사업을 시작했다. 1940년대 초에는 제2차 세계대전을 위한 방위 산업으로 전환하여 고속도로 표지판에 쓰이는 스카치라이트 반사체, 음성 녹음테이프, 필라멘트 접착테이프 등의 벤처사업을 시작했고, 오프셋 인쇄판을 이용한 그래픽 예술에도 참여하기 시작했다.

---

[1] 출처 : http://www.3m.com/profile/looking/glance.jhtml, May 15, 2001; 3M annual report for 2000.

1950년대에는 열감광 팩스 복사기술, 스카치가드 직물 보호재, 비디오테이프, 스카치 브라이트 세척용 패드와 그 외 많은 전자기계 제품을 출시했다.

1960년대에는 마이크로 필름, 사진용품, 무탄소 종이, 프로젝터, 그리고 빠르게 성장하는 의료 서비스 제품과 치과 제품 사업을 시작했다.

1970년대와 1980년대에는 의약품, 방사선, 에너지 관리, 사무용품 시장으로 더욱 확대하고 세계 거의 모든 나라로 시장을 확장했다.

1990년대에는 연간 150억 달러 이상으로 새로운 매출 기록을 세웠고, 매출의 약 30%가 과거 4년 이내에 개발된 제품으로부터 이루어졌다. 3M의 성장은 단지 몇몇 시장에서 지배적 지위를 가지고자 한 목표로 이루어진 것이 아니라 핵심기술로 회사가 지대한 공헌을 할 수 있는 수많은 시장에 참여하고자 하는 목표로 이루어졌다.

2000년의 3M은 전자, 통신, 산업재, 소비재 및 사무용품, 건강용품, 안전용품 및 기타 시장에서 선두 지위를 가진 다변화된 기술회사였다. 2000년의 매출은 167억 달러로 6% 성장했다. 2000년에 3M은 과거 4년 동안 신규로 도입된 제품으로부터 56억 달러(매출액의 약 35%), 2000년에 도입된 제품으로부터 15억 달러 이상을 창출했다. 맥너니의 재임기간 동안 〈도표 1〉에서와 같이 매출이 지속적으로 증가했고, 해외에서의 매출이 전체 매출의 50% 이상을 차지했다.

미네소타주 세인트폴에 본사를 둔 이 회사는 60개 이상의 국가에서 운영조직을 갖추고 거의 200개 국가의 고객에게 판매하고 있다. 3M은 다우존스 산업평균을 구성하는 30개 주식 중 하나이며, 스탠다드&푸어스 500 지수의 구성요소이기도 하다.

## 식스시그마

1985년에 모토로라에 의해 개발되었고 1990년대 중반에 얼라이드 시그널과 GE에 의해 발전된 식스시그마의 많은 기본 접근법을 3M은 적용하고 있었다. 〈부록 1〉에서 보여주듯이 그 이후에 많은 기업들이 식스시그마를 도입했다.

3M의 식스시그마 접근법은 두 가지 개선 모델을 포함하고 있다.

1. 기존 프로세스에는 5단계 DMAIC 모델을 사용하고.
2. 신제품 개발에는 DFSS(Design for Six Sigma)를 사용한다.

기존 프로세스에 적용하는 식스시그마는 고위 경영자가 전략적으로 선정한 프로세스에서의 획기적인 개선을 목표로 했다. 개선 대상의 프로세스를 선정하고 '챔피언'의 역할을 할 고위 임원을 배정한 후 프로세스 개선팀을 이끌 블랙 벨트를 지명했다. 블랙 벨트는 프로젝트 개선에 전임으로 배치되어 식스시그마와 통계기법에 대해 훈련을 받았다. 블랙 벨트의 지도 아래에 있는 프로젝트팀은 다음의 DMAIC 모델을 이용하여 프로세스 개선활동을 수행했다.

전형적인 식스시그마 프로젝트는 6개월 동안 지속되면서, 고객만족(내부 및 외부고객)과 비용절감에서 현저한 개선을 목표로 했다. 그리고 개선점은 표준화하고 3M에 지속적으로 효익을 주도록 주기적으로 검토했으며, 프로젝트로부터의 비용 절감은 3M의 재무부서에 의해 면밀하게 측정되었다.

식스시그마의 두 번째 적용 모델은 DFSS 방법론을 이용하여 신제품을 개발하는 것이었다. 이 프로세스는 고객의 요구사항을 확인하는 것으로부터 시작하여

**도표 1** 3M의 매출 추이

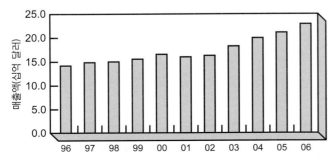

식스시그마의 'DMAIC' 개선모델

| D | **D**efine(정의) | 요구사항, 목표, 문제점, 범위 |
|---|---|---|
| M | **M**easure(측정) | 문제점, 투입물, 주요 단계, 효율성 자료의 타당성 확인 |
| A | **A**nalyze(분석) | 가설의 수립, 근본 원인의 확인, 프로세스 설계의 평가 |
| I | **I**mprove(개선) | 근본 원인의 제거, 해법의 표준화, 새로운 프로세스의 실행 |
| C | **C**ontrol(통제) | 성과 유지를 목표로 표준 측정 지표를 정립하고 측정 |

궁극적으로 그 요구사항을 제품의 사양으로 변환하는 것이었다. 또한 제품의 설계뿐 아니라 잠재고객을 통해 설계를 확인함으로써 설계 과정에서의 내재 위험을 감소시키는 내용도 포함했다. 품질기능전개(QFD)와 설계특성의 컴퓨터 시뮬레이션과 같은 다양한 도구가 설계 과정에 사용되었다.

## 3M에서의 식스시그마 프로그램

3M의 2000년도 연간보고서에는 식스시그마 프로그램의 장점을 강조하는 다음과 같은 문장이 포함되어 있다.

프로세스 개선 : 프로세스 개선이 비용 절감, 매출 증가, 고객만족, 관리자 육성, 현금흐름의 개선, 전 조직의 민첩성 향상을 이루지 못하면 아무 의미가 없다. 3M은 다양한 품질경영시스템으로부터 단 한 가지 식스시그마로 신속히 옮겨 가고 있다. 종업원, 고객 및 협력업체가 공유하는 단일의 전사적 접근법이 우리의 경쟁력을 향상시키고 효율성을 개선할 것이다.

3M 가속화 : 이 프로그램은 10억 달러가 넘는 R&D 투자로부터 더욱 큰 수익을 창출함을 목표로 하고 있다. 고위 경영진은 식스시그마 도구를 적용하여 제품 개발과 상업화의 사이클시간을 줄이게 될 것이다. 게다가 우리는 팀 조직으로 성장 영역에 집중함을 명확히 하여 우리

의 투자자에게 최고의 수익을 제공할 것이다.

## 3M의 개선운동[2]

3M은 신임 회장이자 CEO인 제임스 맥너니 주니어의 지휘 아래 고객에게 더 나은 서비스를 제공하기 위한 계획의 실천을 시작했다. 오늘날의 변화무쌍하고 엄격한 세계 시장은 3M이 모든 측면에서 최고 수준이 될 것을 요구하고, 기업의 존재 이유인 고객을 항상 마음에 새기게 하고 있다. 고객에게 항상 최고의 제품과 서비스를 제공하고자 하는 민첩한 회사로 고객이 3M을 생각해 주기를 원하기 때문에 새로운 계획은 3M의 장기 및 단기 경쟁력에 초점을 두고 있다.

**식스시그마** – 우리 회사가 실행한 식스시그마가 우리 사업의 모든 측면을 강화했다. 식스시그마라는 단일의 프로그램하에서 품질개선을 추구하여 3M은 다양한 시장에서 신규 혁신제품을 제공하는 최고의 공급업체가 되었다. 우리의 고객은 우리가 3M 가속화 프로그램을 통해 더 우수하고 더 신속해지기를 요구하고 있으며 마땅히 부응해야 한다.

**E 생산성** – 전자 매체를 통한 상거래 활동의 미래가 이미 현실이 되었다. 우리는 더 효율적이고 생산적이면서 더 나은 서비스를 고객에게 제공하기 위해 우리의 업무방식을 변화시키고 있다. 이를 달성하기 위해 우리는 더욱 적합한 수단을 갖춰야 하며, 이를 통해 **빠르게** 다가오고 있는 '새로운' 사업방식에 대응할 준비를 갖출 수 있다.

**구매** – 우리가 보다 현명하고 체계적인 방식으로 구매를 하면 우리의 원가를 절감하게 될 것이다. 이를 마음에 새기면 제품 구매에서의 우

---

[2]  출처 : http://www.3m.com/intl/mx/englishver/mexico/quienes.htm, September 8, 2001.

리의 장점이 고객에게 도움이 되는 제품을 만들 수 있게 해 줄 것이다.

**간접비용**−원가를 잘 관리하는 것이 성공적인 사업계획에 중요하며, 중대 시기에 특히 그러하다. 3M에서는 현재뿐 아니라 앞으로도 여러 측면에서 간접비를 적합하게 감축하여 우리의 고객에게 여전히 선호되는 협력업체로 남도록 할 것이다.

## 칼슨경영대학에서 진 오코넬의 강연

2001년 11월에 식스시그마의 운영책임자인 진 오코넬이 칼슨 경영대학에서 행한 강연에서 3M의 식스시그마를 다음과 같이 정의했다.

식스시그마는 지속적인 품질개선과 내재된 변동성을 감소시키는 방법론이다. 그것은 공정과 제품의 철저한 이해를 요구하며, 고객주도의 기대에 분명하게 초점을 두고 있다.

계속해서 그녀는 다음의 아이디어를 공유했다.

**식스시그마는 프로세스에 초점을 둔다.**

식스시그마는 반복되는 주된 활동에 대한 정돈되고 일관된 접근법이다. 주된 활동의 예에는 신제품의 도입, 개발실험, 고객문의 처리, 문서의 승인, 제품생산, 주문처리 등을 포함한다. 우리의 모든 활동은 프로세스(의식되든 안 되든, 효율적이든 비효율적이든)를 포함한다. 우리의 프로세스가 좋으면 좋을수록 우리의 약속을 더욱 일관되고 신뢰성 있게 지킬 수 있다. 우수한 프로세스가 지속적인 성장에 절대적으로 필요한 것이다.

오코넬은 개선 대상 프로세스의 선정방법을 다음과 같이 기술했다.

- 선정된 프로세스는 전략적 사업계획과 연계되어야 한다.
- 사업에의 가치, 필요한 자원, 시기에 따른 우선순위로 선정된다. 선정에서 고려되는 요소에는 성장, 비용 절감, 현금유동성 개선 등이 포함된다.
- 모든 개선 프로세스는 경영자에 의해 승인된다.
- 절감액과 불량 감소가 공식적으로 측정된다.
- 팀 리더와 경영자가 책임을 진다.

〈도표 2〉와 〈도표 3〉은 3M이 식스시그마의 간략한 접근법을 소개할 때 사용하는 슬라이드이다. 〈도표 2〉에서는 전략적 관점이 프로젝트의 선정을 이끄는 점을 강조하고 있다. 〈도표 3〉에서는 결과의 적합성이

도표 2  식스시그마를 위한 3M의 간략한 접근법

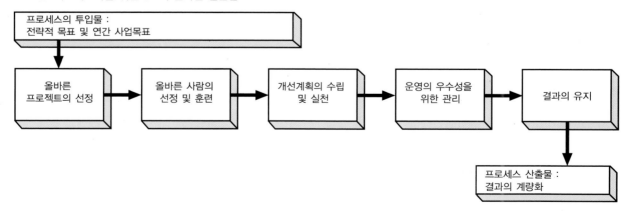

도표 3   식스시그마를 위한 3M의 간략한 접근법

> 적합한 프로젝트
> +적합한 사람
> +적합한 로드맵과 도구
> +적합한 지원
> =적합한 결과

이전 단계들이 적합하게 수행되느냐에 달려 있음을 보여준다.

'왜 식스시그마인가?'라는 질문에 대한 답으로 진 오코넬은 다음의 네 가지 이유를 들었다.

- 공통된 목표를 향한 공통된 접근
- 공통된 언어를 사용
- 이전 가능한 역량을 개발
- 사업 성과와 고객품질을 향상시키고 가속시키는 가장 효과적인 방법

3M이 전사적으로 프로세스 개선을 의욕적으로 이끌고 있다고 오코넬은 말했다. 3M의 최고경영자로부터 시작하여 개선에 대한 3M의 의지를 쌓아 가고 있다. 2001년 말까지 4,000명 이상의 종업원이 훈련받게 될 것이다.

그녀는 강연 중에 "우리는 조직의 DNA를 바꾸고 싶다"고 말했으며, 모든 임원들이 블랙 벨트가 되는 것을 필수조건으로 만들 계획이라고 언급했다.

## 회의론

3M에서의 식스시그마 출발은 좋았다. 4년간 실행한 결과로 30,000명의 종업원을 훈련시켰고, 모든 근로자가 그린벨트 교육을 완수했다. 그리고 11,000개 이상의 프로젝트가 완료되었고, 12,000개 이상이 진행 중이다. 2003년의 연간 보고서에서 2002년도의 영업이익이 5억 달러 증가하고, 2003년에는 추가로 4억 달러, 2004년에 예상되는 추가 4억 달러의 증가가 식스시그마 덕분이라고 했다. 맥너니는 이렇게 말했다.

"3M은 변화하는 과정에 있다. 식스시그마, 3M 가속화 프로그램, 그 외의 기업 차원 개선운동이 이제는 3M의 모든 사업, 모든 기능, 모든 계열사에서 기본이 되었다. 그 결과 앞으로 생산성 향상, 매출 증가가 일어날 것으로 기대하고 있다."[3]

그러나 일부 기업들은 식스시그마 접근법을 도입하지 않고 있으며, 이들 기업에서의 회의론자들은 다음과 같이 식스시그마의 이슈를 지적하고 있다.

- 우리는 식스시그마가 시사하고 있는 100만 개당 3.4개의 결함까지 우리의 프로세스를 개선할 수가 없다. 또한 우리의 고객들도 그런 수준의 품질을 필요로 하지 않는다.
- 식스시그마는 우리들에게는 너무나 복잡하고 너무 많은 통계적 기법이 포함되어 있다. 우리는 프로세스를 개선하는 간단한 접근법이 필요하다.
- 식스시그마는 무형의 산출물을 내는 서비스 프로세스나 거래 기반의 프로세스에는 잘 작동하지 않고, 측정하기가 불가능하지는 않더라도 매우 어렵다. 식스시그마는 제조업에 더 잘 맞는다.
- 식스시그마는 품질에서의 단지 새로운 유행에 불과하며, 이 또한 지나가 버릴 것이다.

## 린 식스시그마

3M은 2004년에 린 식스시그마(LSS)로 프로그램을 확대했다. 확대된 프로그램은 200쪽에 달하는 훈련용 매뉴얼에 수록되어 있다.[4] LSS 프로그램의 기본 아이디어는 프로세스 개선에 사용되는 네 가지 접근법을 통합하는 것이다. 그리고 개선팀이 적합한 프로젝트를 적합한 시기에 선정하여 적합한 접근법을 적용하도록 독려한다. 각각의 접근법은 목적, 수단, 결과에서 차이가 있으며, 이들 접근법은 다음과 같다.

---

[3] Press Release, February 18, 2005.

[4] http://multimedia.3m.com/mws/media/6300800/lean-six-sigma-guidebook.pdf?&fn=Lean%20Six%20Sigma%20Guidebook.pdf

- 식스시그마 : 이 접근법은 프로세스에서의 변동성을 줄이고, 원가 감소와 함께 수율을 개선하고자 할 때 가장 적합하다. 프로세스를 흐름도로 표현하고, 분석을 위해 흔히 정교한 통계적 기법을 사용한다.

- 린(Lean) : 프로세스에서 비부가가치 활동을 제거할 때 사용된다. 이 접근법은 프로세스의 속도와 산출 스루풋 시간을 향상시키고 재고를 줄여준다. 린은 프로세스 개선을 위해 가치흐름도, 카이젠, 시각적 통제기법, 5S 도구들을 사용한다.

- 프로세스 및 제품의 이해(PPU) : 이 접근법은 고객과 프로세스의 이해도를 높여야 하는 필요성에 기반을 두고 있다. 이 기법은 고객의 요구사항을 이해하고자 하는 것부터 시작한다. 그런 후에 흐름도를 작성하고, 성과지표를 측정하고, 개선된 프로세스를 통제한다. 이 접근법은 고객 요구를 안정적으로 충족시키는 능력을 갖도록 만든다.

- 비즈니스 프로세스 재설계(BPR) : 이 접근법은 프로세스가 다기능적이고 완전히 기능을 못할 때 사용된다. 기능 간의 연결에서 문제가 있는 부분을 찾기 위해서 수영레인 프로세스 흐름도가 사용된다. 프로세스의 현재 상태('as is')가 정의되고, 이상적인 개선 상태('to be')가 설계된다. 이러한 접근법으로 프로세스는 구태의 방식을 버리고 완전히 새롭게 재설계되어 기업의 여러 기능들 사이의 협조가 잘 이루어지도록 만든다.

3M의 이 모든 접근법에서는 식스시그마에서 사용하는 DMAIC 분석기법이 사용된다. 프로젝트의 헌장을 정하고, 프로젝트 책임자를 임명한 후에 개선팀은 문제 정의, 측정, 분석, 개선, 통제의 단계를 거친다. 위네 가지 접근법에서는 단지 프로세스 개선의 이유와 사용되는 도구가 다를 뿐이다.

린 식스시그마는 프로세스에서 부족한 측면과 필요한 개선의 정도가 모든 프로세스에서 동일하지 않다는 것을 전제로 한다. 이러한 린 식스시그마가 오늘날까지도 3M에서 실천되고 있다.

### 맥너니 시대부터 현재까지

맥너니는 2001년에 CEO에 취임한 이후에 식스시그마를 적극적으로 실행했을 뿐 아니라 다른 주요 변화도 이루었다. 2001년의 불황과 위축된 수익에 대응하여 8,000여 명의 종업원(전체 종업원의 약 11%)을 해고했고, 2003년까지 자본투자를 9억 8,000만 달러에서 6억 7,700만 달러로 삭감했다. 그의 재임기간 동안에 매출액은 2005년에 210억 달러로 성장했고, 이익은 매년 평균 22%씩 증가했다. 월스트리트는 맥너니의 프로그램을 좋아했고 주가가 상승했다.

2005년에 맥너니는 3M을 떠나 보잉의 CEO가 되었다. 이사회는 2005년 12월에 브런즈윅의 전 CEO인 조지 버클리(George Buckley)를 3M의 신임 CEO로 임명했다. 버클리는 3M에서 개선의 접근법으로 다른 방식을 택했다. 그는 생산 분야와 관리 분야에서는 식스시그마를 지속했지만, R&D에서는 줄였다. 그러면서 R&D와 신규 생산공장을 위해서는 더 많은 투자를 했다. 버클리가 재임하는 동안 위험부담을 장려한 것이 혁신과 창의성을 새롭게 발현되게 만들었다. 그의 사명은 전설적인 3M의 혁신정신을 다시 회복시키면서 맥너니가 만든 운영 효율성을 보존하는 것이었다. 그 결과로 2012년에 매출이 296억 달러, 순이익이 43억 달러로 증가되었다.

2012년 2월에 버클리가 은퇴하면서 잉게 툴린(Inge Thulin)이 새로운 CEO로 취임했다. 스웨덴 출신의 툴린은 1979년에 3M 마케팅부서로 입사했지만 많은 시간을 해외운영부서에서 근무했다. 로이터통신에 의하면 2012년 2월 8일에 툴린은 이렇게 말했다. "회사가 매우 잘 운영되고 있다. 미국 밖에서의 매출이 2003년 100억 달러 이하에서 2012년에 200억 달러로 65% 이상의 성장을 했다. 이같은 성장을 지속하기 위하여 우리는 기업인수, 제품 개발에의 자본투입, 신흥시장으로의 진출 확대를 핵심 우선순위로 할 것이다." 로이터와의 인터뷰에서 툴린은 버클리 시절에 혁신에 초점을 두면서 버클리 재임기간 동안 신제품의 매출비중이 20%에서 30%로 증가했다고 지적했다. 그러면서 앞으로도 3M의 '혁신기계'를 더욱더 가동할 계획이라고 했다.[5]

## 식스시그마로 충분한가?

3M과 많은 기업들에서 식스시그마로 충분한가에 대한 활발한 논의가 미디어와 인터넷에서 이루어지고 있다.[6] 논의의 중심은 식스시그마가 혁신, 창의성, 신제품 개발을 저해하고 있는지다. 예를 들어 어떤 이는 맥너니의 3M 재임기간 동안 혁신, 특히 R&D에서의 혁신보다 식스시그마가 강조되었기 때문에 혁신이 위축되었다고 주장한다. 맥너니는 이를 부인하면서 식스시그마가 혁신을 억압하거나 창의성을 대체하지 않았다고 주장했다.[7] 혁신적인 신제품의 개발을 위해서는 품질이 필요하다. 하지만 여전히 식스시그마가 실천될 때 혁신의 결여를 지적하는 사람들이 있다. 혁신은 위험을 동반하고 비효율성이 발생하며 프로세스의 변동성이 증가될 수 있는 데 반해 식스시그마는 결함과 변동성을 줄이는 것에 집중하기 때문이다.

이러한 주장은 두 가지 측면을 갖고 있다. 하나는 혁신과 개선이 한 조직에서 동시에 존재할 수 없다는 주장이다. 오라일리와 터시만 같은 이의 주장처럼 다른 측면은 혁신과 개선을 균형 있게 달성하기 위해서는 진정으로 다재다능한 조직이 요구된다는 것이다.[8] 부서와 팀을 분리하여 일부는 혁신을, 나머지는 개선을 담당하게 함으로써 균형을 달성할 수 있을지도 모른다. 그렇더라도 최고 경영자 또한 다재다능해야 하고, 혁신과 개선이 기업 내에서 일어나도록 자원의 배분, 팀 할당, 그리고 투자에서 조심스럽게 균형을 맞추어야 한다. 어떤 것이 올바른 관점인가에 대해서는 여전히 논쟁이 이루어지고 있다. 식스시그마가 혁신을 억압하는가? 식스시그마로 충분한가?

## 3M에서의 도전

3M이 주요 변화를 거치면서 3M 경영자들은 많은 질문을 던지게 되었다.

1. 식스시그마 프로그램의 효과, 비용, 그리고 위험은 무엇일까? 또한 이들을 어떻게 추적할 수 있을까?
2. 조직의 다양한 기능 영역을 식스시그마 운동에 어떻게 참여시켜야 하는가? 고위 및 중간 관리자는 이런 변화의 운동에서 어떤 역할을 수행하여야 하는가?
3. 3M의 식스시그마 프로그램에 대해 회의론을 제기한 이들의 주장에 동의하는 점이 있는가? 그들이 회의론을 제기하는 이유는 무엇인가?
4. 린 식스시그마가 3M의 혁신문화에 어떤 영향을 미칠 것인가? 린 식스시그마로 충분한가?
5. 3M에서의 린 식스시그마는 전통적인 TQM 프로그램과 어떤 차이가 있는가?

---

[5] 출처: 2012년 2월 8일 로이터 기사 "3M CEO Buckley to retire; Thulin to succeed him"

[6] *Forbes/Reuters* 5/13/04, iSixSigma.com 6/1/04, *Business Week* 6/11/07.

[7] http://www.isixsigma.com/library/content/c040617a.asp.

[8] C. A. O'Reilly, and M. L. Tushman, "The Ambidextrous Organization," *Harvard Business Review* 82(4) April 2004, 74-81.

부록 1  식스시그마를 도입한 회사들

| | | | |
|---|---|---|---|
| 3M | Cytec-Fiberite Inc. | Invensys | Raytheon |
| Allegheny Technologies | DaimlerChrysler | ITT Industries | Rexam Beverage Can |
| Allied Signal | Corporation | Jaguar | Corporation |
| Amazon.com | Danaher Corporation | JEA | Riverwood International |
| American Express | Datacard Corporation | John Deere | Roche Diagnostics |
| Ametek | Datastream Systems, | Johnson & Johnson | Rohm and Haas |
| Arcelik | Inc. | Johnson Controls | Company |
| Asea Brown Boveri | Dell Computer | JP Morgan Chase | RR Donnelley & Sons |
| Avery Dennison | Delphi Automotive | Kaiser Aluminum | Samsung |
| BAE Systems | Systems | Kohler Company | SAMTEL |
| Baxter Healthcare | Delta Airlines | Landis Gardner | Schenectady |
| BBA Nonwovens | Digital Electronics | Lear Corporation | International |
| Bharat Heavy | Dow Chemical | Libby—Owens—Ford | Seagate Technology |
| Electricals | DuPont | LG Electronics | Sears, Roebuck & |
| Black & Decker | Dura Automotive | Lithonia Lighting | Company |
| Boeing | Systems | Lockheed Martin | Shimano |
| Bombardier | Eastman Kodak | Mabe | Siemens |
| Bosch | Eaton Corporation | Magnetek | Sonoco |
| Burlington Industries | Eli Lilly and Company | Maple Leaf Foods | Sony |
| Canon | Ericsson | Marconi | Space Systems Loral |
| Carlson Companies | Fairchild Fasteners | Maytag | Sun Microsystems |
| Caterpillar | First Data Corporation | McKessonHBOC | Tata Chemicals |
| Ceridian | Flextronics International | Mead | Limited |
| Chromalloy | Ford Motor Company | Meridian Automotive | Temasek Polytechnic |
| Citigroup | Freudenberg | Systems | Texas Instruments |
| City of Fort Wayne, | Gateway | Motorola | Textron |
| Indiana | GenCorp | Mount Carmel Health | TIMET |
| CNH Global | General Electric | System | TIMEX |
| Cognis Corporation | Gulf States Paper | NCR Corporation | Toshiba |
| ComauPico | Corporation | Nokia | Unifi Inc. |
| Commonwealth | Hellenic Aerospace | Noranda | Visteon Corporation |
| Health Corporation | Industries | Northrup | Vulcan Materials |
| Compaq Computer | Heller Financial Inc. | Grumman Corporation | Company |
| Corporation | Hitachi | NovaStar Mortgage, | Vytra Health |
| Cooper Cameron | Honda | Inc. | Plans |
| Corporation | Honeywell | Oasis Corporation | Walbro Engine |
| Cooper Standard | Hoover Company | Owens Corning | Management |
| Automotive | Huntsman Corporation | PACCAR | Whirlpool |
| Cott Beverages | IBM | Pilkington | Corporation |
| Crane | IMI Norgren | Polaroid | Woodward |
| Cummins Engine | IMC Global | Polyclad Technologies | W.C. Bradley |
| Company | International Paper | PraxAir | Xerox Corporation |

베스트홈스(Best Homes)는 새 주택을 건축하는 기업이며, 본사는 미주리주의 캔자스시티에 있다. 이 회사는 미국 전역에서 주거용 신규 주택만을 짓는다. 1945년에 미국 동부에서 시작한 이 회사는 나중에 중서부로, 다음에는 서부와 남부로 진출했다. 이 회사는 저가부터 고가까지 모든 종류의 주거용 신규 주택을 짓고 있다.

베스트홈스는 개인회사였다가 1958년에 처음 기업을 공개했다. 이 회사는 작게 시작했지만 이제 미국의 대형 건축사가 되었다. 2015년에 20,040호의 새 주택을 건축했고, 매출 64억 달러를 달성했다. 전국적으로 약 501,000호의 신축 주택시장에서 4% 정도의 시장점유율을 보였다.[1]

## 기업전략과 계획 수립 과정

베스트홈스는 높은 브랜드 인지도를 갖고 있다. 이 기업의 명성은 가격 경쟁력과 높은 품질에서 비롯된 것이다. 제곱피트당 건축원가는 경쟁사와 비슷하지만 집 설계와 내부 마감이 뛰어나며 경쟁사가 도달하기 어려운 수준이다.

운영전략과 공급사슬전략의 근간은 충분한 생산능력, 일정 준수, 우수한 설계 및 실내마감 품질 등이다. 따라서 이 기업은 뛰어난 목수만을 고용하여 실내 벽면, 바닥, 창문, 가구, 목재장식 등 집의 완공 후 겉으로 드러나 보이는 부분의 작업을 수행케 한다. 벽 내부, 지붕, 배선, 배관 등 겉에서 보이지 않는 부분의 작업에는 비정규직 혹은 계약직의 작업자가 배정된다. 하지만 이 작업에 있어서도 최소한 60% 이상의 인력은 정규직 작업자이다. 비정규직 혹은 계약직의 모든

[1] 이 사례의 통계수치는 https://www.census.gov/construction/nrs/historical_data/index.html의 전국 신규 주택의 판매 데이터(2016)에서 가져온 것임

신규 작업자는 처음 6개월 동안 정규직 작업자에게 배속되어 훈련을 받으면서 작업의 품질을 유지한다. 비정규직 혹은 계약직은 연중 변동하는 월별 주택수요에 대처하는 데 도움이 되며, 원가를 통제하는 데도 도움이 된다.

수요 및 판매의 계획 수립은 연간 1회 수행하고 매달 갱신한다. 연간 수요의 예측 과정은 두 가지 요소를 갖는다. 먼저, 신축 주택에 대한 다음 해의 수요를 월별로 예측하기 위해 〈도표 1〉과 같은 과거 5년 동안의 월별 판매량 자료가 이용된다. 수요예측의 또 다른 입력요소는 지역별 영업사원으로부터 온다. 과거 판매량 자료에 의한 예측치와 영업사원으로부터의 자료를 결합하여 향후 1년간의 월별 판매예측치를 계산한다.

베스트홈스의 각 부서는 이 최종 예측치를 활용하게 된다. 재무부서는 전반적인 매출액을 예측하는 데 활용하며, 분기별 예상 대차대조표와 손익계산서를 작성한다. 마케팅 부서는 월별 수요예측치를 사용하

도표 1  신규 주택 판매량

|  | 2011년 | 2012년 | 2013년 | 2014년 | 2015년 |
|---|---|---|---|---|---|
| 1월 | 840 | 920 | 1,280 | 1,320 | 1,560 |
| 2월 | 880 | 1,200 | 1,440 | 1,400 | 1,800 |
| 3월 | 1,120 | 1,360 | 1,640 | 1,560 | 1,840 |
| 4월 | 1,200 | 1,360 | 1,720 | 1,560 | 1,920 |
| 5월 | 1,120 | 1,400 | 1,600 | 1,720 | 1,880 |
| 6월 | 1,120 | 1,360 | 1,720 | 1,520 | 1,760 |
| 7월 | 1,080 | 1,320 | 1,320 | 1,400 | 1,720 |
| 8월 | 1,000 | 1,240 | 1,240 | 1,440 | 1,640 |
| 9월 | 960 | 1,200 | 1,240 | 1,480 | 1,400 |
| 10월 | 1,000 | 1,160 | 1,440 | 1,520 | 1,560 |
| 11월 | 920 | 1,120 | 1,280 | 1,240 | 1,440 |
| 12월 | 960 | 1,120 | 1,240 | 1,400 | 1,520 |
| 연간 판매량 | 12,200 | 14,760 | 17,160 | 17,560 | 20,040 |

여 매출액 추정, 고용계획, 판매 상여금, 판매목표 등을 수립한다. 운영 및 공급사슬부서는 판매 및 운영계획(Sales and Operations Planning, S&OP) 수립에 활용한다. 연간 수요예측치에 대해 S&OP가 수립되고, 매월 판매예측치를 수정하고 이에 따른 신입사원, 계약직, 비정규직 사원의 고용계획을 갱신하며, 필요하다면 예상되는 해고계획을 반영하여 수정 S&OP를 수립한다. 매월의 S&OP 수립 과정은 향후 12개월 동안의 월별 수요예측을 수정하는 것으로 시작한다. 그다음에는 익월의 고용계획과 주택건설 착공계획을 확정하고, 다음 3개월의 계획을 수립한다. 또한, 주택 건축을 위한 자재구매계획도 아울러 수립한다. 이렇게 갱신된 월별 계획은 생산능력과 신축 주택 재고를 수정하게 만든다. 따라서 S&OP 수립 과정에는 재무, 마케팅, 영업, 운영, HR 등 모든 부서가 참여하게 된다.

## 수요의 예측

수요예측 업무는 계절 및 추세의 변동 때문에 쉽지 않다. 이 때문에 수요예측 및 계획 관련한 활동을 매월 갱신하면서 향후 12개월을 다시 계획하는 것이다. 충분하지 않은 생산능력과 재고는 판매와 이익에 심대한 영향을 미친다. 즉 너무 많거나 적은 생산능력과 재고 모두 문젯거리가 된다.

계획 프로세스의 첫 부분은 신규 주택 수요를 월별로 예측하는 것이다. 이를 수행하기 위해 〈도표 1〉의 자료가 제공된 것이다. 각 수치는 베스트홈스가 각 월에 신규로 건축한 단독주택 수이다. 이제 해야 할 일은 2016년 수요를 월별로 예측하는 것이다.

단지 앞으로의 월 수요를 평균만으로 예측하는 것은 충분하지 않다. 실제 수요는 평균보다 훨씬 많거나 적을 수 있기 때문이다. 따라서 수요의 표준편차 혹은 평균절대오차(Mean Absolute Deviation, MAD)를 반드시 예측해야 한다. 그런 다음에 신규 주택의 월별 건축 수량은 평균 수요와, 수요가 평균을 초과할 때에 대비한 안전재고를 합한 수치로 정한다. 신규 주택건설에는 3개월의 리드타임이 있기 때문에 재고와 건축 수량의 결정에는 이를 고려해야 한다. 이 점이 건축 수량과 재고 계획에 수요예측이 얼마나 중요한지를 보여준다.

## 토의질문

1. 어떤 수요예측 기법을 이 기업이 사용해야 하는가? 이유를 설명하라.
2. 2016년의 월별 수요를 예측하기 위해 전통적인 분해기법(decomposition method)을 사용하라. 2016년의 월별 평균수요를 얼마로 예측하게 되는가?
3. 베스트홈스는 2016년 예상판매 자료를 지역별로 취합하고 있다. 최종적인 전국 수요예측치를 결정하는 데 이 예상판매자료를 2번 문제의 수요예측치와 함께 어떻게 활용할 수 있겠는가?

4륜 구동차(all-terrain vehicle, ATV), 사이드-바이-사이드[1], 스노모빌을 생산하는 회사인 폴라리스 인더스트리(Polaris Industries Inc.)의 운영 부사장인 수레쉬 크리슈나(Suresh Krishna)는 2010년 9월에 미네소타주 메

**도표 1  폴라리스의 제품**

ATV

© Miguel Riopa/AFP/Getty Images

사이드-바이-사이드

© White Box Photography Ltd./Alamy Stock Photo

스노모빌

© Bert Hoferichter/Alamy Stock Photo

---

[1]  사이드-바이-사이드 전동차는 ATV와 유사하지만, 핸들이 있고, 농부, 대규모 주택소유자, 군대와 같이 실용적 목적으로 사용하는 고객층을 대상으로 하고 있다.

디나에 위치한 그의 사무실에서 사이드-바이-사이드를 생산할 신규 공장의 건설에 대한 제안사항을 고민하고 있었다. (폴라리스 제품의 사진은 〈도표 1〉에서 볼 수 있다.)

하강 국면에 있던 미국 경기가 폴라리스의 수익성을 압박하고 있었기 때문에 많은 경쟁사들을 따라서 저임금 국가에 신규 공장을 지을지 말지를 고려하고 있었다. 신규 공장의 입지로는 중국과 멕시코가 대안으로 제시되었고, 설립하게 되면 폴라리스에게는 미국 중서부를 벗어나서 최초로 입지하게 되는 공장이 된다. 크리슈나는 해외에 신규 공장을 지을 것인지 아니면 미국 공장에서 계속해서 생산할 것인지에 대한 제안을 연말까지 CEO인 스콧 와인(Scott Wine)과 이사회에 보고해야 한다.

## 폴라리스 인더스터리

1954년에 설립된 폴라리스는 ATV, 사이드-바이-사이드, 스노모빌을 포함한 고성능 스포츠용 전동차를 생산하는 기업이다(폴라리스의 제품별 매출은 〈도표 2〉를 참조). 폴라리스의 2010년 매출액은 거의 20억 달러였으며, 야마하, 혼다, 아크틱 캣, 스키두, 할리데이비슨과 함께 100억 달러 시장에서의 강자이다.

폴라리스의 고객은 주로 북미에 위치하고 있으며(85%), 해외 고객은 유럽에 집중되어 있다. 폴라리스에게 해외 시장의 중요성이 점차 높아지고 있었으며, 2010년에 해외 매출이 21% 신장했고, 2011년에는 더욱 늘어날 것으로 예측되었다. 폴라리스 제품은 미국 내 1,500개 유통점과 해외의 1,000개 유통점을 통해 판매되고 있었다.

폴라리스는 스포츠용 전동차에 깊은 뿌리를 두고 있는데, 첫 스노모빌을 1950년대에, 첫 ATV를 1985년

도표 2  폴라리스의 제품별 매출

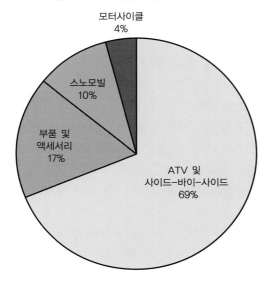

모터사이클
4%

스노모빌
10%

부품 및
액세서리
17%

ATV 및
사이드-바이-사이드
69%

에 출시했다. 1985~2010년 사이에 폴라리스가 판매한 ATV가 200만 대를 넘었다. 1992년에 개인용 수상보트 시장에 진출했으나 지속적인 유통시스템을 확보할 수가 없어서 2004년에 철수했다. 1998년에는 오프로드 주행차(off-road vehicle, ORV)를 출시했고, 2011년에는 ATV 판매를 추월할 것으로 기대되고 있다. 그리고 1998년에는 부품, 액세서리, 의류 분야에 진출하여 이후 10년 동안 괄목할 만한 성장을 했다. 마지막으로 폴라리스는 1998년에 '빅토리'라는 브랜드로 모터사이클을 처음으로 출시하여 할리데이비슨과 경쟁했다. 이들 제품들을 통틀어 2011년의 매출이 22억 달러에 이를 것으로 예측하고 있다. 총 매출이 2010년에 20% 증가했고, 2011년에는 8~11% 증가할 것으로 예측되었다.

폴라리스는 시장점유 측면에서 ORV 시장의 지배적 위치를 점하고 있다. 폴라리스의 2010년 매출 중에서 ORV가 69%를 차지했는데, 사이드-바이-사이드가 대부분 매출에 기여했다. 앞을 내다볼 때 신흥국가 시장에서의 잠재적 성장에 매우 고무되어 있었다. 남미와 아시아에서 폴라리스는 브랜드 인지도를 높이기 위한 마케팅에 많은 투자를 하기 시작했다. 예를 들어 중국에서 경주와 익스트림 스포츠 열성팬을 위한 잡지에 노상외 주행의 이미지 광고를 했고, 남미에서는 대규모 농업 시장에 침투하기 위하여 유틸리티 전동차로서의 이미지를 높이고 있었다.

**생산**

2010년, 폴라리스 생산시설은 미국 중서부의 북부 지역에 위치하고 있었다. 미네소타주 메디나에 본사를 두고, 제품 개발 및 혁신센터는 와이오밍주와 미네소타주에 위치하고 있었으며, 3개의 생산설비는 미네소타주 로조(Roseau), 위스콘신주 오세올라(Osceola), 아이오와주 스피릿호(Spirit Lake)에 위치하고 있었다. 폴라리스의 스노모빌이 탄생한 로조에는 스노모빌, ATV, 사이드-바이-사이드의 연구개발과 생산시설을 갖추고 있었고, 또한 로조와 스피릿호 공장에 공급되는 플라스틱 부품을 생산하는 첨단 사출공장이 있었다. ATV와 노상 주행차의 수요가 증가함에 따라 폴라리스는 추가 생산설비를 1994년에 스피릿호에 건설했다. 이 공장은 일부의 ATV, 수상 보트, 빅토리 모델의 모터사이클을 생산했으며, 오세올라 공장은 주로 다른 두 공장에 공급하는 엔진과 부품을 생산했다.

다른 모든 부품들은 450개 이상의 글로벌 공급업체로부터 구매했다. 2010년에 폴라리스는 부품과 자재의 거의 40%를 미국 밖으로부터 구매했고, 이 비중은 2008년의 30%에서 증가한 것이었다. 폴라리스는 저비용 국가(LCC)로부터의 구매가 증가하고 있었으며, 거의 2배가 증가하여 2010년에 약 24%에 이르렀다.

미국 북부 지역의 생산능력을 지원하기 위하여 자재를 저장하고 수출과 유통을 담당하는 3개의 창고 설비를 미네소타주에 갖추었다. 1997년에 부품, 의류, 액세서리의 수요가 창고의 저장능력을 초과하게 되자 새로운 유통센터를 사우스다코다주의 버밀리언에 개통했다. 폴라리스는 미국 내의 설비 이외에도 지역의 판매와 유통센터를 캐나다 위니펙, 북유럽, 호주에 개설하여 소유하게 되었다.

## 공급사슬의 재설계

크리슈나는 사이드-바이-사이드의 공급사슬을 재설계할 때 생산비와 수송비 사이의 교환관계를 고려해야 했다. 한편으로 저임금 시장 안에서 생산하면 원가절감을 현저하게 할 수 있는 측면이 있었다. 중국과 같은 전형적인 LCC에서의 인건비가 상승하고 있었지만 미국 내의 인건비가 여전히 비쌌다. 다른 한편으로 유가가 꾸준히 상승하고 있었기 때문에 생산을 고객 가까이에서 하게 되면 수송비가 현격히 낮을 것임을 크리슈나는 알고 있었다.

폴라리스의 고위 경영진은 미국 생산기술자의 부족현상에도 관심을 갖고 있었다. 지난 20년 동안 지역대학과 직업학교에 대한 지원이 감소하여 기술 노동자를 찾기가 점차 어려워지고 있었다. 게다가 직업학교의 젊은 졸업생들은 폴라리스가 유일한 대기업인 소도시로 이주하는 것을 좋아하지 않았다. 상대적으로 잘 훈련된 기술 노동자는 남미와 아시아 국가에서 찾는 것이 쉬웠다.

마지막으로, 폴라리스는 미래의 매출성장 대부분이 해외시장, 특히 신흥국가에서 이루어질 것으로 기대하고 있었다. 이들 시장에 진입하는 방법으로 인수합병과 합작벤처 등 여러 가지 있지만 신흥시장 안에 설비를 건설하는 것이 폴라리스가 미래 수요를 잡는데 도움이 될 수 있었다.

## 생산입지의 선정

크리슈나와 그의 팀은 사이드-바이-사이드의 생산을 최적화하고 공급사슬을 설계함에 있어서 여러 가지 대안을 고려하고 있었다. 그들은 기존 미국 공장에서 계속 생산하거나 중국 혹은 멕시코에 신규 공장을 짓는 것이 최선의 대안이라고 결론 내렸다.

각 입지에 대한 구체적인 장점과 단점 이외에 크리슈나는 최종 결정을 위해 다음을 고려했다.

- 사이드-바이-사이드 수요의 대부분이 미국 남부에서 발생하고 있었다. 2010년 매출의 가장 큰 비중을 차지하는 주는 텍사스와 캘리포니아였다.

도표 3 인건비의 가정

| | 월 임금 | | 연간 임금 상승률(%) | |
|---|---|---|---|---|
| | 중국(CNY) | 멕시코(MXN) | 중국(CNY) | 멕시코(MXN) |
| 1999 | 649.5 | 2,392.0 | | |
| 2000 | 729.2 | 2,910.5 | 12 | 22 |
| 2001 | 814.5 | 3,367.6 | 12 | 16 |
| 2002 | 916.8 | 3,537.5 | 13 | 5 |
| 2003 | 1,041.3 | 3,737.7 | 14 | 6 |
| 2004 | 1,169.4 | 3,858.8 | 12 | 3 |
| 2005 | 1,313.1 | 3,983.8 | 12 | 3 |
| 2006 | 1,497.2 | 4,112.9 | 14 | 3 |
| 2007 | 1,740.3 | 4,246.2 | 16 | 3 |
| 2008 | 2,016.0 | 4,383.7 | 16 | 3 |

| 미국 | |
|---|---|
| 시간당 임금 | $26/시간 |
| 연간 작업 월수 | 12 |

- 사이드–바이–사이드는 무게에 비해 부피가 크고 가치가 낮은 제품으로서 수송비용이 소매가격의 큰 비중을 차지했다.
- 폴라리스의 고위 경영진은 생산공장과의 원활한 소통에 높은 가치를 두고 있었고, 관리자, 설계자, 생산 스태프 사이의 인적 교류가 장기적으로 제품혁신의 핵심 동인이라고 믿고 있었다.
- 만약 폴라리스가 사이드–바이–사이드의 생산을 해외로 이전한다면 로조 공장의 종업원 60명을 해고할 계획이며, 각 해고 종업원에 대해 20,000 달러의 퇴직금을 지급해야 한다.
- 경제환경이 취약한 상황에서 폴라리스는 사이드–바이–사이드의 수요가 향후 5년 동안은 정체될 것으로 가정하고 있다.

각 입지에 대한 인건비, 생산비, 수송비, 자본재 투자, 환율의 자료를 〈도표 3〉에서부터 〈도표 6〉까지 보여주고 있다.

### 중국

폴라리스의 고위 경영진은 중국에서의 낮은 비용에 대해 고무되어 있었지만, 제조기업이 집중되어 있는 동부 지역에서의 인건비가 상승하고 있었다. 폴라리스는 낮은 인건비를 중국 내륙에서 찾기를 바랐지만

**도표 4  공장 입지별 자료**

|  | 단위당 비용 |
|---|---|
| 생산원가 |  |
| 　미국 | 400 USD |
| 　멕시코 | 4,560 MXN |
| 　중국 | 1,950 CNY |
| 자본재 투자, 장비 이전비용, 가동 준비비용 (US$1,000) |  |
| 　미국 | – |
| 　멕시코 | 9,500 |
| 　중국 | 10,000 |
| 기타 |  |
| 　사이드–바이–사이드의 연간 수요 | 14,500개 |
| 중국으로부터 수입관세 | 5% |
| 수송비용(US$) |  |
| 　중국으로부터 수송비용 |  |
| 　　단위당 비용 | 190 |
| 　　컨테이너당 적재 수량 | 26 |
| 　육로 수송비용(US$) |  |
| 　　마일당 비용 | 2.30 |
| 　　트럭당 적재 수량 | 26 |

| 유통센터까지의 거리(마일) | | |
|---|---|---|
|  | 로조부터 거리 | 몬트레이부터 거리 |
| 워싱턴주 타코마 | 1,636 | 2,261 |
| 캘리포니아주 로스앤젤레스 | 2,161 | 1,505 |
| 텍사스주 어빙 | 1,267 | 437 |

## 도표 5  수요의 가정

| 유통센터의 입지 | 연간 수요(개) |
| --- | --- |
| 워싱턴주 타코마 | 3,650 |
| 캘리포니아주 로스앤젤레스 | 7,050 |
| 텍사스주 어빙 | 3,800 |

그 경우에는 제품 수송기간이 길어지고 변동성도 높아질 것이다. 또한 폴라리스는 시차와 문화의 차이로 인해 중국 공장과의 협력을 성공적으로 할 수 있을지에 대해서도 관심을 갖고 있었다.

중국에서 공장을 운영하기 위해서는 현지에서 60명의 신규 종업원을 채용해야 한다. 그리고 자본재, 장비의 이전비용, 가동 준비비용으로 1,000만 달러의 초기 투자가 요구된다. 그리고 제품을 미국으로 수입할 때는 생산비와 운송비에 5%의 관세를 지불하여야 한다.

중국에서 생산된 사이드–바이–사이드는 컨테이너 선박을 이용하여 미국으로 운송하게 될 것이다. 컨테이너 1개에는 26개의 사이드–바이–사이드를 적재할 수 있으며, 컨테이너당 운송비용이 4,940달러이고 제

## 도표 6  환율의 변천

| 연도 | CNY/USD | MXN/USD |
| --- | --- | --- |
| 2000 | 8.28 | 9.34 |
| 2001 | 8.28 | 9.66 |
| 2002 | 8.28 | 10.80 |
| 2003 | 8.28 | 11.29 |
| 2004 | 9.19 | 10.90 |
| 2005 | 7.97 | 10.90 |
| 2006 | 7.61 | 10.93 |
| 2007 | 6.95 | 11.16 |
| 2008 | 6.83 | 13.50 |
| 2009 | 6.77 | 12.63 |
| 2010 | 6.65 | 12.40 |

CNY=중국 위안
MXN=멕시코 페소
USD=미국 달러

품 1대당 비용은 190달러가 될 것이다. 운송업체는 미국까지의 운송기간이 약 20일이 소요될 것이라고 주장했지만, 실제로는 기간의 변동이 커서 19~33일이 소요될 수 있다.

### 멕시코

폴라리스의 고위 경영진은 멕시코의 몬테레이에서 해외 생산기지를 운영하게 되면 여러 정성적 이점이 있다고 생각했다(〈도표 7〉의 지도 참조). 몬테레이는 상대적으로 미국에 인접해 있기 때문에 생산공장과 폴라리스의 스태프들이 인적 협력을 하기가 쉽다. 지리적 인접성 이외에도 문화가 유사하기 때문에 멕시코 종업원과 협력하는 것이 용이하다고 관리자들은 믿고 있었다. 마지막으로, 장기적인 매출성장은 아시아의 신흥시장에서 일어날 것으로 믿고 있지만, 단기적인 성장은 미국 국내, 특히 몬테레이와 가까운 미국 남부에서 있을 것으로 믿고 있었다.

멕시코의 공장도 중국에서와 마찬가지로 60명의 신규 종업원을 채용해야 한다. 사이드–바이–사이드의 미국 수송은 26개 단위로 트럭을 이용해 수송될 것이다. 평균 비용은 26개 단위에 대해 마일당 2.30달러가 발생하게 될 것이다. 트럭 운송회사는 미국 국경을 통과해 2일 내로 운송이 될 것이라고 주장했지만, 실제로는 2~7일의 시간이 소요될 것이다.

자본재 비용, 장비 이전비용, 가동 준비비용으로 총 950만 달러가 발생하게 될 것이다. 그리고 NAFTA 협정에 의해 멕시코에서 미국으로 수입할 때는 관세를 지급하지 않게 될 것이다.

### 미국

폴라리스 고위 경영진의 세 번째 대안은 사이드–바이–사이드의 생산을 추가비용의 발생 없이 현재 상태로 유지하는 것이다. 폴라리스는 전통적으로 '미국 국내생산'이라는 강한 문화를 갖고 있었고, 회사의 종업원과 고객은 폴라리스의 모든 제품이 국내에서 생산된다는 점을 자랑스러워하고 있다고 경영진은 믿고

도표 7 2010년 폴라리스 설비의 입지

있었다. 게다가, 본사 및 제품개발 시설과 인접해 있기 때문에 설계 엔지니어와 공장의 지원 기술자들과 신속하면서도 용이하게 협력할 수 있는 장점이 있다.

## 해법의 제안

크리슈나는 각 대안의 자료를 검토하면서 폴라리스에 맞는 최선의 해법을 찾기 위해서는 정량적뿐 아니라 정성적 요소들을 고려할 필요가 있다고 생각했다. 그는 미국 내에 생산을 유지하는 제안을 해야 하는가, 아니면 멕시코 혹은 중국에 신규 공장을 입지시키는 제안을 해야 하는가?

## 토의질문

1. 어떤 입지가 폴라리스에게 최대의 비용적인 장점을 제공하는가? 10%의 할인율을 적용하여 세 입지에 대해 NPV를 계산하라.

2. 환율이 15% 상승 혹은 하락한다면 당신의 제안이 변하는가?

3. 결정을 내리기 위해 다른 어떤 요소들을 고려해야 하는가?

4. 가중점수 모형을 만들고, 이 결정에서 중요하게 고려해야 하는 정성적 요인(예 : R&D와의 인접성, 품질, 지적재산권의 상실, 환율위험 등)을 결정하라. NPV와 기타 요인들에 대해 100%의 가중치를 어떻게 배분하겠는가? 그런 다음에는 세 입지에 대해 각 요소들에 1~10 사이의 점수를 매겨라. 마지막으로 각 요소의 가중치와 점수를 곱한 후에 모두 더하여 세 입지 각각에 대해 총점수를 구하라.

5. 당신은 어떤 입지를 제안할 것이며, 그 이유는 무엇인가?

론 킹(Lawn King)의 마케팅 관리자인 존 코너(John Conner)는 일리노이주 몰린에 위치한 본사로 운전해 가면서 아름다운 시골풍경을 바라보고 있었다. 존은 그의 상사인 관리담당 임원 케이시 웨인(Kathy Wayne)에게 2015 회계연도의 최근 수요예측을 검토하기 위한 회의 소집을 요청했었다.[1] 그가 공장에 도착했을 때 회의는 시작 준비가 되어 있었다. 회의에 참석한 사람들은 공장장 제임스 페어데이(James Fairday), 생산 관리자 조앤 피터슨(Joan Peterson), 인사관리자 해롤드 핀터(Harold Pinter)였다.

존이 최근 상황을 설명하면서 회의가 시작되었다. "방금 전에 연간 판매회의를 가졌는데, 작년에 공장에서의 납기지연으로 우리가 생각했던 것보다 더 많은 판매를 놓쳤다고 생각합니다. 그리고 내년의 수요예측을 검토했는데 2015 회계연도에는 110,000개의 판매가 이루어질 것으로 보입니다. 마케팅 부서는 이 예측치가 현실성이 있으며, 모든 것이 잘 진행된다면 초과될 수도 있다고 봅니다."

이 시점에서 제임스 페어데이가 가로채면서 "존, 농담하지 말아요. 불과 3개월 전에 우리가 바로 이 방에 모여서 2015 회계연도에 98,000개의 판매를 예측했어요. 그런데 지금 예측치를 12% 높이고 있어요. 우리가 맞춰야 할 목표가 이렇게 변동한다면 도대체 생산계획을 어떻게 합리적으로 수립할 수 있겠어요?"라고 말했다.

케이시가 끼어들어서 말하기를 "제임스, 당신의 우려를 이해해요. 하지만 변하는 시장 상황에 우리는 맞춰 나가야 해요. 지금이 9월이고, 방금 시작한 2015 회계연도의 계획을 아직 확정짓지 않았어요. 나는 새로운 예측치를 사용하여 가능한 한 빨리 내년도 총괄계획(S&OP)을 수립하기 바라요"라고 했다.

존은 덧붙여 말했다. "우리의 가장 중요한 고객들과 얘기를 했는데, 그들은 판매 성수기에서의 납기지연에 대해 불평을 했어요. 몇몇 고객은 내년에도 나은 서비스를 받지 못한다면 우리의 제품을 구매하지 않겠다고 위협했어요. 우리는 충분한 제품을 생산해야 할 뿐 아니라 고객에게 올바른 모델을 공급해야 해요"라고 했다.

## 생산 프로세스

론 킹은 잔디깎이 기계를 생산하는 중간 규모의 업체이다. 〈도표 1〉에서와 같이 작년의 매출은 1,450만 달러였고, 세전 이익은 200만 달러였다. 이 회사는 4종류의 잔디깎이 기계를 생산하고 있으며, 18인치 수동기계, 20인치 수동기계, 20인치 자동기계, 22인치 자동기계이다. 이 모든 기계들이 동일한 조립라인에서 생산되고 있다. 생산기간 동안에 실제 및 예상 수요를 맞추기 위하여 한 제품에서 다음 제품으로 변경하면서 생산된다.

도표 1　손익계산서(단위 : 천 달러)

| | FY2013 | FY2014 |
|---|---|---|
| 매출액 | $11,611 | $14,462 |
| 매출원가 | | |
| 　재료비 | 6,340 | 8,005 |
| 　직접노무비 | 2,100 | 2,595 |
| 　감가상각비 | 743 | 962 |
| 　간접비 | 256 | 431 |
| 　총매출원가 | 9,439 | 11,993 |
| 일반관리비 | 270 | 314 |
| 판매비 | 140 | 197 |
| 　총비용 | 9,849 | 12,504 |
| 세전 이익 | 1,762 | 1,958 |

---

[1] 론 킹의 2015 회계연도는 2014년 9월 1일부터 2015년 8월 31일까지이다.

이 사례는 수업에서의 토론용으로 작성되었으며, 경영 상황의 효과적 혹은 비효과적 관리의 예시를 위한 것이 아니다.

도표 2  생산제품 교체비용

| | | 변경 후 | | | |
|---|---|---|---|---|---|
| | | 18″ | 20″ | 20″ 자동 | 22″ 자동 |
| **변경 전** | 18″ | — | $2,000 | $2,000 | $2,500 |
| | 20″ | $2,000 | — | $ 500 | $1,500 |
| | 20″ 자동 | $2,000 | $ 500 | — | — |
| | 22″ 자동 | $2,500 | $1,500 | $1,500 | — |

주 : 교체비용에는 생산하는 모델을 교체하기 위해 조립라인을 준비시키는 작업자의 인건비를 포함한다.

생산라인에서 생산제품 교체비용은 기존 생산제품과 다음 생산제품의 유형에 따라 다르다. 예를 들어 20인치 수동기계에서 20인치 자동기계로의 교체는 상대적으로 쉽다. 그 이유는 두 제품이 동일한 프레임을 사용하는데, 자동기계의 경우 추진체가 추가되고 약간 큰 엔진이 사용될 뿐이다. 회사는 생산교체비용을 〈도표 2〉와 같이 추정했다.

론 킹은 잔디깎이 기계의 금속 프레임과 금속 부품을 자체 공작소에서 제작하고 있다. 이들 제작 부품은 공급업체로부터 직접 구매하는 다른 부품과 함께 조립라인으로 보내진다. 작년의 구매규모는 엔진, 볼트, 페인트, 바퀴, 철판 등의 부품과 물품에 약 800만 달러를 지출했다. 구매부품은 공작소와 조립라인에 투입하기 위하여 약 100만 달러 정도의 재고를 유지한다. 특정 유형의 기계를 조립라인에서 생산하게 되면 해당 부품이 계속에서 공장으로 입고되기 때문에 단지 며칠 분의 부품만 재고로 보유된다.

몰린에 있는 주공장에는 총 100명의 종업원이 일하고 있으며, 이 중 60명은 조립라인, 25명은 공작소, 10명은 유지보수, 5명은 사무실 종업원이다. 조립라인 작업자의 초기 임금은 시간당 10.15달러와 2.90달러의 복지비용이 지급된다. 유지보수와 공작소의 경력 종업원은 시간당 17달러까지 임금을 받는다.

신규 종업원이 조립라인에서 생산성을 완전히 발휘하기까지는 일반적으로 약 2주일이 걸린다. 종업원은 3개월이 지나면 조립라인에서 다른 직무로의 순환을 요청할 수 있다. 몇몇 작업자들은 그들의 작업이 매우 반복적이고 지겨운 작업이라고 생각하고 있다.

공장에는 노조가 결성되어 있지만 노조와 회사와의 관계는 항상 좋았다. 그럼에도 불구하고 종업원의 이직률은 매우 높다. 작년에 약 50%의 종업원이 회사를 떠났는데, 이로 인한 총교육훈련비가 42,000달러 발생했다. 그리고 결근율도 상당히 높았는데, 특히 월요일과 금요일에 높게 발생하여 생산에 지장을 주곤 한다. 이런 상황을 해결하기 위하여 6명의 '예비인력'을 보유하면서 특정일에 결근하는 종업원을 대체하고 있다. 이들 예비인력은 생산에 투입되지 않을 때는 신규 종업원을 교육하는 데 도움을 주기도 한다.

## 생산계획

실제 판매와 수요예측치를 〈도표 3〉에서 보여주고 있다. 판매는 매우 계절성을 띠고 있을 뿐 아니라 전체 판매는 기후에 민감하다. 만약 이른 봄의 기후가 좋다면 고객이 새로운 기계를 구입하고자 하는 경향이 있고, 잔디가 자라는 여름의 기후가 좋다면 매출이 늘어난다.

경기가 좋은 때는 고객들이 고가의 자동기계를 구입하는 경향이 있고, 불경기에는 저가의 18인치 기계가 더 잘 팔린다.

현재의 생산전략은 1교대로 일정한 작업인력을 사용하면서 필요에 따라 초과근무를 하는 전략이라고 할 수 있다. 작업자의 이직과 단기 생산요구 때문에 작업자 수가 항상 정확히 일정하지는 않다. 그렇지만 작업인력을 가능한 한 일정 수준으로 유지하는 것이 회

도표 3  판매수량

|  | FY2013<br>수요예측 | FY2013<br>실제 판매 | FY2014<br>수요예측 | FY2014<br>실제 판매 | FY2015<br>최근 수요예측 |
|---|---|---|---|---|---|
| 18″ | 30,000 | 25,300 | 23,000 | 22,300 | 24,000 |
| 20″ | 11,900 | 15,680 | 20,300 | 23,500 | 35,500 |
| 20″ 자동 | 15,600 | 14,200 | 20,400 | 21,200 | 31,500 |
| 22″ 자동 | 10,500 | 14,320 | 21,300 | 17,600 | 19,000 |
| 합계 | 68,000 | 69,500 | 85,000 | 84,600 | 110,000 |

사의 정책이고, 정규 인력으로 생산요구량을 충족할 수 없는 경우에는 초과시간 작업을 한다.[2]

2014 회계연도의 실제 월별 생산량과 판매량이 〈도표 4〉에 나타나 있다. 판매량과 생산량의 차이는 재고로 충당되며, 만약 재고고갈이 발생하면 주문충족이 미루어지고 다음의 생산량으로 채워진다. 론 킹은 연간 재고비용으로 30%를 적용하고 있다.[3]

매년 6월에는 다음 회계연도의 S&OP를 준비한다. 그 계획은 각 모델을 매월 동일 수준으로 생산하는 것으로 수립되며, 인원계획, 재고계획, 예산계획을 위해 사용된다. 그리고 이 계획은 매월 최근의 상황과 자료를 바탕으로 수정된다.

## 계속된 회의

회의는 조앤 피터슨의 발언으로 계속되었다. "우리는 원가를 줄이기 위한 방안을 찾아야 합니다. 작년에는 너무 많은 재고를 보유했고, 그로 인해 많은 자본비용이 발생했습니다. 우리는 30%의 재고비용으로 내년에도 작년과 같은 수준의 재고를 가져갈 수는 없습니다."

해롤드 핀터가 덧붙여서 "수요의 증감을 따라가면서 생산을 함으로써 재고를 줄이고자 한다면 인력이 매월 변동하게 되고 고용과 해고비용이 증가하게 될

것입니다. 현재는 한 명의 종업원을 고용하면 초기 교육훈련 기간 동안의 낮은 생산성을 감안하여 800달러의 비용이 발생합니다. 그리고 한 명의 종업원을 해고하면 퇴직비용과 실업수당을 포함하여 1,500달러의 비용이 발생합니다"라고 했다.

제임스 페어데이는 높아진 수요예측치를 맞추기 위해서는 새로운 작업교대를 추가해야 할지 모른다는 우려를 표했다. "우리 공장은 지금 생산능력의 한계에 달하고 있어서 새로운 예측치는 1교대 작업으로는 생산할 수 없어요. 2교대의 작업자들을 고용하기 이전에 이 예측치가 현실성이 있는 예측치인지를 저는 확인하고 싶어요."

점심시간이 되어서 회의는 종료되었다. 케이시 웨인은 새로운 생산계획을 빨리 수립하기를 원한다고 강조했다. "제임스, 재고비용, 초과시간비용, 고용 및 해고비용을 고려한 S&OP를 수립해 주길 바라요. 만약에 그 계획으로 납기지연이 발생한다면 수요를 충족하기 위하여 연말에 엄청난 비용이 발생하게 될 겁니다. 작년에 우리가 경험했던 그런 재고고갈이 또다시 발생하는 것을 용납하지 않을 겁니다"라고 했다. 회의는 점심을 위해서 정회되었다.

## 토의질문

1. S&OP의 기초로 사용될 수요예측치를 작성하라.

2. 2015 회계연도의 S&OP를 다양한 전략을 사용하여 월별로 작성하라. 어떤 전략을 당신은 추천하는가? 엑셀을 사용하여 시간을 절약할 수 있다.

---

[2] 초과시간 작업에는 정규시간 비용의 150%가 지급된다.

[3] 이 비용에는 자본비용(20%), 진부화비용(5%), 저장비용(5%)이 포함되어 있다.

도표 4  2014 회계연도의 생산량 및 판매량

| | | 18" | 20" | 20" 자동 | 22" 자동 | 초과작업시간 |
|---|---|---|---|---|---|---|
| 기초재고 | | 4,120 | 3,140 | 6,250 | 3,100 | |
| 2013년 9월 | 생산량 | 3,000 | 3,100 | — | — | — |
| | 판매량 | 210 | 400 | 180 | 110 | |
| 2013년 10월 | 생산량 | — | — | 3,400 | 3,500 | — |
| | 판매량 | 600 | 510 | 500 | 300 | |
| 2013년 11월 | 생산량 | 3,000 | 3,800 | | | |
| | 판매량 | 1,010 | 970 | 860 | 785 | |
| 2013년 12월 | 생산량 | — | — | 4,400 | 3,750 | |
| | 판매량 | 1,200 | 1,420 | 1,030 | 930 | 1,000 |
| 2014년 1월 | 생산량 | 4,000 | 4,100 | | | |
| | 판매량 | 1,430 | 1,680 | 1,120 | 1,120 | 1,500 |
| 2014년 2월 | 생산량 | — | — | 4,400 | 3,500 | |
| | 판매량 | 2,140 | 2,210 | 2,180 | 1,850 | 1,620 |
| 2014년 3월 | 생산량 | 3,000 | 3,000 | 2,000 | — | |
| | 판매량 | 4,870 | 5,100 | 4,560 | 3,210 | 1,240 |
| 2014년 4월 | 생산량 | — | — | 2,000 | 4,500 | |
| | 판매량 | 5,120 | 4,850 | 5,130 | 3,875 | — |
| 2014년 5월 | 생산량 | 3,000 | 2,000 | 2,000 | — | |
| | 판매량 | 3,210 | 3,310 | 2,980 | 2,650 | |
| 2014년 6월 | 생산량 | 1,000 | — | 2,000 | 3,000 | |
| | 판매량 | 1,400 | 1,500 | 1,320 | 800 | — |
| 2014년 7월 | 생산량 | 2,000 | 3,000 | 2,000 | — | |
| | 판매량 | 710 | 950 | 680 | 1,010 | — |
| 2014년 8월 | 생산량 | 2,000 | 2,000 | — | 2,000 | |
| | 판매량 | 400 | 600 | 660 | 960 | |
| 합계 | 생산량 | 21,000 | 21,000 | 22,200 | 20,250 | |
| 2014 회계연도 | 판매량 | 22,300 | 23,500 | 21,200 | 17,600 | |
| 기말재고(2014년 8월 31일) | | 2,820 | 640 | 7,250 | 5,750 | |
| 명목 1일 생산율(1교대) | | 420 | 400 | 350 | 300 | |

콘솔리데이티드 일렉트릭(Consolidated Electric)의 유일한 소유주이면서 사장인 조 헨리(Joe Henry)는 재고관리 문제를 검토하고 있었다. 이 회사는 전기설비 공사업체에게 전기장비 및 보급품을 공급하는 도매업체이며, 효율적인 재고관리로 고객의 니즈를 충족하고 있다. 헨리는 그동안 매우 성공적으로 사업을 운영해 왔으며, 퇴직할 나이가 가까워지면서 우수한 재고관리시스템을 전수해 주고 싶었다.

헨리의 두 사위가 회사에 고용되어 있는데, 큰 사위인 칼 바이얼리(Carl Byerly)는 대학에서 수학을 전공했고 재고 모형과 컴퓨터에 깊은 관심을 갖고 있다. 다른 사위인 에드워드 라이트(Edward Wright)는 생물학 학사학위를 갖고 있으며 회사의 창고관리자로 근무하고 있다.

조 헨리는 1940년대에 이 회사를 설립하여 매우 수익성이 좋은 사업으로 성장시켰다. 2016년의 매출은 1,000만 달러였고, 세전 이익이 100만 달러였다. 현재는 이 회사가 전국에서 12번째로 큰 전기품목의 도매업체이다.

콘솔리데이티드 일렉트릭은 아이오와주의 4곳(디모인, 시더래피즈, 수 시티, 데이븐포트)에 창고를 갖고 운영하고 있다. 이곳으로부터 아이오와, 미네소타, 네브래스카, 위스콘신, 일리노이, 미주리주의 전기설비 공사업체에게 전선, 전기함, 커넥터, 조명기구, 전기제어기 등 다양한 전기제품을 공급하고 있다. 이 회사는 20,000종의 라인품목을 200개의 제조업체로부터 구매하여 재고로 보유하고 있다. (라인품목이란 특정 장소에서 보유하는 특정 품목으로 정의된다.) 이들 품목은 개당 1센트에서부터 대형 전기제어기와 같이 수백 달러에 이르는 품목까지 있다.

20,000개 라인품목 중 많은 품목은 고객에게 원스톱 서비스를 제공하기 위하여 보유되는 품목이다. 예를 들어 상위 2,000개 품목이 매출의 50%를 차지하고, 하위 10,000개 품목은 단지 20%, 나머지 8,000개 품목이 매출의 30%를 차지하고 있다.

이 회사는 1년에 최소한 한 번 이상의 주문이 발생하는 품목들만 보유하기 위하여 지속적으로 20,000개의 재고품목을 정리해 왔다. 헨리는 "합리적인 판매가격으로 좋은 서비스를 제공하느냐 못하느냐가 우리의 성패를 좌우한다. 이 목표를 달성하지 못하면 고객은 다른 도매업체로 가거나 생산업체로부터 직접 구매한다"고 말했다.

헨리는 현재의 재고관리를 '마진 및 회전율'의 개념으로 설명했다. 이 개념에 의하면 마진과 재고회전율의 곱이 2.0의 상수에 일치하도록 하는 것이다. 예를 들어, 특정 품목의 구매원가가 6달러, 판매가가 10달러이면 마진이 4달러가 되고, 마진율은 $4/10 = 0.40$이 된다. 만약 이 품목의 재고회전율이 1년에 5회(매출이 평균 재고의 5배)라고 한다면 마진과 회전율의 곱이 $0.4(5) = 2.0$이 된다. 만약 다른 품목의 경우 마진이 이보다 높다면 회전율은 낮아야 하고, 마진이 낮다면 회전율은 높아야 한다.

매년 헨리는 기업 전체의 마진-회전율의 목표 비율을 설정하고, 개별 라인품목에 대해 목표값을 정한다. 이들 목표값은 회사의 추정 영업원가와 투자수익률 목표를 근거로 계산된다. 위에서 언급한 바와 같이 회사의 현재 목표 비율은 2.0이다. 각 지역의 구매담당자와 재고관리자는 자신의 라인품목에 대해 목표 마진-회전율 비율을 달성하는 능력으로 평가받고, 실적 비율은 매월 보고된다.

마진-회전율 비율이 사업 전체와 라인품목의 수익성을 통제하는 데는 비교적 효과적이지만, 개별 재고품목에 대해서는 그다지 효과적이지 못하고 있다. 어떤 품목에서는 재고과잉이 발생하고, 또 다른 품목에서는 재고고갈이 종종 발생한다.

현재는 재고가 소규모의 컴퓨터시스템으로 관리되

**도표 1 재주문점과 주문 수량 계산을 위한 공식**

$$납기\ 지연 = \frac{(최대\ 리드타임 - 평균\ 리드타임)}{평균\ 리드타임}$$

안전재고 수량 = 수요율 × 평균 리드타임 × 0.8 × 납기 지연

재주문점 = 수요율 × 평균 리드타임 + 안전재고 수량

$$EOQ = \sqrt{\frac{(2 \times 4.36 \times 1일\ 수요율 \times 365)}{(28 \times 단위\ 원가)}}$$

품목라인 포인트 = 1일 수요율 × 7 + 재주문점

주문 수량 = (재주문점) − (기 주문 수량) − (재고보유량) + 할당 수량 + EOQ

주 : 품목라인 포인트는 1주일 이내로 재주문점에 도달하는 품목이 속한 라인의 모든 품목을 주문하기 위해 이용된다. 이 품목들의 주문은 차량적재 최소량 혹은 구매할인 최소량을 충족하기 위하여 사용된다.

고 있다. 각 품목에 대해 재고기록을 유지하고 있으며, 품목이 입고/출고될 때 직원이 그 거래사항을 기록하면서 보유재고량을 파악하고 있다. 구매담당자는 주기적으로 특정 공급업체의 품목 재고기록을 검토하고 있으며, 각 품목의 재주문점과 재고수량을 파악하여 재주문점 이하인 모든 품목을 해당 공급업체에 발주하고 있다.

만약에 특정 공급업체로부터 구매하는 모든 품목의 전체 수량이 구매할인의 최소 수량 혹은 차량적재량 이하이면 재주문점과 큰 차이 없는 수준으로 주문량을 늘린다. 하지만, 전체 주문수량이 최소 수량과 큰 차이가 난다면 과잉재고를 방지하기 위하여 주문량을 늘리지 않는다.

각 품목의 주문 수량과 재주문점은 주관적 판단과 과거의 경험에 바탕을 두고 있다. 일반적으로 저원가 품목에 대해서는 3개월 분량이 주문되고, 고가 품목의 경우는 1개월 분량이 주문된다. 대부분 라인품목의 재고 상태는 매주 확인하고 있다.

콘솔리데이티드 일렉트릭은 지난 2년 동안 재고기록을 새로운 소프트웨어 시스템으로 변환하고 있다. 지금 시점에서 보유재고량의 기록이 컴퓨터에 보관되어 있고, 모든 발주, 입고, 출고 수량의 정확한 기록이 유지되고 있다. 전형적인 한 품목의 과거 수요기록을 〈부록 1〉에서 보여주고 있다.

헨리는 재주문점과 주문량의 계산을 자동화하고 싶지만, 사용할 정확한 공식에 확신이 없다. 재고관리 분야의 일반 교과서를 통해서 헨리와 칼 바이얼리는 〈도표 1〉과 같은 공식을 수립했다. EOQ 공식에서 28%의 재고비용과 1회 주문비용으로 4.36달러를 적용하고 있다. 이 수치는 회사의 과거 원가기록에 근거하고 있다.

이 공식이 컴퓨터 안에 프로그램화되었고 시범 테스트를 거쳤다. 어떤 품목에 대해서는 이 공식이 잘 작동했지만, 다른 품목의 경우에는 현실성과 일반 상식에서 크게 벗어난 결과를 주었다. 예를 들어 어느 전기함의 경우 이 공식이 2년간의 공급량을 주문하게 만들었다. 헨리는 새로운 컴퓨터 시스템을 가능한 한 조기에 갖고 싶었지만, 이 공식이 제대로 작동할지에 대한 확신이 없었다. 그는 이 공식이 회사의 고객 서비스 목표를 충족하는지가 궁금했다. 차량적재량 혹은 구매할인 수량의 이점을 공식이 적절하게 반영하고 있는가? 그리고 공식들이 합리적인 재고수준을 제시해 주는가?

**토의질문**

1. 이 회사의 재고관리 시스템을 설계하라. P시스템, Q시스템, 혹은 다른 유형의 시스템에 적용되는 공식을 제시하라. 그리고 이들을 현재 사용하고 있는

공식과 비교하라. 부록의 자료를 검토하여 수요에서 어떤 이상값이라도 있는지 확인하라. 있다면 어떻게 처리할 것인가?

2. 당신이 설계한 재고관리시스템이 회사의 고객 서비스와 원가 목표를 충족하는 데 도움이 될 것인가?

**부록 1** 어느 전형적인 품목의 과거 수요

### 프린트 1　　　　　　　　　　　　감사추적 기록

납품업체-ABMO　　카탈로그 번호-700N200A1　　　　　　　　　지점-디모인

| 기록유형 | 고객번호 | 티켓번호 | 수량 | 일자 | UN | 원가 | 판매가 |
|---|---|---|---|---|---|---|---|
| 판매 | 12000-00 | 730606-0 | 1 | 8/10/16 | E | 16.32 | 21.60 |
| 판매 | 19461-00 | 729425-0 | 60 | 8/02/16 | E | 16.32 | 18.72 |
| 판매 | 22315-00 | 695421-0 | 65 | 7/31/16 | E | 16.32 | 18.72 |
| 판매 | 34515-00 | 728883-0 | 2 | 7/30/16 | E | 16.32 | 21.60 |
| 판매 | 02691-00 | 723670-0 | 1 | 7/24/16 | E | 16.32 | 21.60 |
| 판매 | 02145-00 | 723482-0 | 1 | 7/23/16 | E | 16.32 | 21.60 |
| 판매 | 81666-00 | 720920-0 | 8 | 7/23/16 | E | 16.32 | 18.72 |
| 판매 | 02535-00 | 722026-0 | 4 | 7/20/16 | E | 16.32 | 21.60 |
| 판매 | 81666-00 | 722637-0 | 6 | 7/16/16 | E | 16.32 | 18.72 |
| 판매 | 01209-00 | 722413-0 | 7 | 7/13/16 | E | 16.32 | 18.72 |
| 판매 | 81666-00 | 722409-0 | 8 | 7/13/16 | E | 16.32 | 18.72 |
| 판매 | 23556-00 | 722001-0 | 1 | 7/13/16 | E | 16.32 | 18.72 |
| 판매 | 51616-00 | 722418-0 | 3 | 7/11/16 | E | 16.32 | 21.60 |
| 판매 | 81666-00 | 722408-0 | 6 | 7/11/16 | E | 16.32 | 18.72 |
| 판매 | 26535-00 | 721861-0 | 20 | 7/11/16 | E | 16.32 | 18.72 |

### 프린트 1 S0015643　　　　　　　감사추적 기록

납품업체-ABMO　　카탈로그 번호-700N200A1　　　　　　　　　지점-디모인

| 기록유형 | 고객번호 | 티켓번호 | 수량 | 일자 | UN | 원가 | 판매가 |
|---|---|---|---|---|---|---|---|
| 판매 | 86190-00 | 721088-0 | 1 | 7/11/16 | E | 16.32 | 21.60 |
| 판매 | 18954-00 | 722080-0 | 4 | 7/10/16 | E | 16.32 | 18.72 |
| 판매 | 32550-00 | 698856-0 | 1 | 7/06/16 | E | 16.32 | 21.60 |
| 판매 | 53726-00 | 722205-0 | 4 | 7/05/16 | E | 16.32 | 21.60 |
| 판매 | 80925-02 | 721015-0 | 4 | 7/03/16 | E | 16.32 | 24.00 |
| 판매 | 39132-00 | 721235-0 | 6 | 7/02/16 | E | 16.32 | 21.60 |
| 판매 | 22315-00 | 695420-0 | 65 | 6/27/16 | E | 16.32 | 18.72 |
| 판매 | 15951-00 | 713019-0 | 5 | 6/26/16 | E | 16.32 | 18.72 |
| 판매 | 77137-00 | 712992-0 | 6 | 6/26/16 | E | 16.32 | 21.60 |
| 판매 | 14468-00 | 713269-0 | 2 | 6/25/16 | E | 16.32 | 21.60 |
| 판매 | 63180-00 | 701603-0 | 15 | 6/22/16 | E | 16.32 | 18.72 |
| 판매 | 12000-00 | 709765-0 | 2 | 6/15/16 | E | 16.32 | 21.60 |
| 판매 | 32550-00 | 709795-0 | 2 | 6/14/16 | E | 16.32 | 21.60 |
| 판매 | 29058-00 | 710405-0 | 1 | 6/13/16 | E | 16.32 | 21.60 |
| 판매 | 17862-00 | 710524-0 | 1 | 6/12/16 | E | 16.32 | 18.72 |

### 프린트 1 S0015626　　　　　　　감사추적 기록

납품업체-ABMO　　카탈로그 번호-700N200A1　　　　　　　　　지점-디모인

| 기록유형 | 고객번호 | 티켓번호 | 수량 | 일자 | UN | 원가 | 판매가 |
|---|---|---|---|---|---|---|---|
| 판매 | 81666-00 | 699732-0 | 6 | 6/12/16 | E | 16.32 | 18.72 |
| 판매 | 26535-00 | 710223-0 | 40 | 6/11/16 | E | 16.32 | 18.72 |
| 판매 | 34515-00 | 710679-0 | 1 | 6/04/16 | E | 16.32 | 21.60 |
| 판매 | 99940-00 | 710659-0 | 1 | 5/30/16 | E | 16.32 | 16.32 |
| 판매 | 15951-00 | 699254-0 | 5 | 5/29/16 | E | 16.32 | 18.72 |
| 판매 | 69576-00 | 710367-0 | 1 | 5/25/16 | E | 16.32 | 24.00 |
| 판매 | 15951-00 | 695114-0 | 1 | 5/25/16 | E | 16.32 | 18.72 |
| 판매 | 22315-00 | 695419-0 | 65 | 5/21/16 | E | 16.32 | 18.72 |
| 판매 | 12051-00 | 701595-0 | 2 | 5/18/16 | E | 16.32 | 21.60 |

(계속)

부록 1 어느 전형적인 품목의 과거 수요(계속)

| 판매 | 20631-00 | 701454-0 | 1 | 5/16/16 | E | 16.32 | 18.72 |
|------|----------|----------|-----|---------|---|-------|-------|
| 판매 | 40315-00 | 701018-0 | 20 | 5/14/16 | E | 16.32 | 18.72 |
| 판매 | 12051-00 | 700314-0 | 34 | 5/07/16 | E | 16.32 | 18.72 |
| 판매 | 39132-00 | 700208-0 | 2 | 5/04/16 | E | 16.32 | 21.60 |
| 판매 | 40315-00 | 691238-0 | 10 | 5/04/16 | E | 16.32 | 18.72 |
| 판매 | 74607-02 | 699132-0 | 2 | 4/30/16 | E | 16.32 | 18.72 |

**프린트 1 S0015607**　　　　　　　　　　　**감사추적 기록**

　　　납품업체-ABMO　　　카탈로그 번호-700N200A1　　　　　　　　지점-디모인

| 기록유형 | 고객번호 | 티켓번호 | 수량 | 일자 | UN | 원가 | 판매가 |
|----------|----------|----------|------|------|----|------|--------|
| 판매 | 22315-00 | 689584-0 | 65 | 4/26/16 | E | 16.32 | 18.72 |
| 판매 | 99999-00 | 698384-0 | 1 | 4/20/16 | E | 16.32 | 21.60 |
| 판매 | 39132-00 | 695746-0 | 2 | 4/19/16 | E | 16.32 | 21.60 |
| 판매 | 34515-00 | 695597-0 | 1 | 4/17/16 | E | 16.32 | 21.60 |
| 판매 | 99999-00 | 695286-0 | 1 | 4/13/16 | E | 16.32 | 24.00 |
| 판매 | 39132-00 | 695198-0 | 3 | 4/13/16 | E | 16.32 | 21.60 |

**프린트 1 S0015607**　　　　　　　　　　　**감사추적 기록**

　　　납품업체-ABMO　　　카탈로그 번호-700N200A1　　　　　　　　지점-디모인

| 기록유형 | 고객번호 | 티켓번호 | 수량 | 일자 | UN | 원가 | 판매가 |
|----------|----------|----------|------|------|----|------|--------|
| 판매 | 12000-00 | 694933-0 | 2 | 4/13/16 | E | 16.32 | 21.60 |
| 판매 | 36348-00 | 694138-0 | 2 | 4/11/16 | E | 16.32 | 18.72 |
| 판매 | 99940-00 | 694352-0 | 12 | 4/10/16 | E | 16.32 | 16.32 |
| 판매 | 40315-00 | 694047-0 | 25 | 4/06/16 | E | 15.36 | 17.52 |
| 판매 | 19760-00 | 691495-0 | 5 | 4/04/16 | E | 15.36 | 20.16 |
| 판매 | 17862-00 | 691365-0 | 5 | 4/04/16 | E | 15.36 | 17.52 |
| 판매 | 17862-00 | 691364-0 | 20 | 4/04/16 | E | 15.36 | 17.52 |
| 판매 | 34515-00 | 691409-0 | 1 | 4/03/16 | E | 15.36 | 20.16 |
| 판매 | 83226-00 | 691303-0 | 5 | 4/03/16 | E | 15.36 | 20.16 |

**프린트 1 S0015588**　　　　　　　　　　　**감사추적 기록**

　　　납품업체-ABMO　　　카탈로그 번호-700N200A1　　　　　　　　지점-디모인

| 기록유형 | 고객번호 | 티켓번호 | 수량 | 일자 | UN | 원가 | 판매가 |
|----------|----------|----------|------|------|----|------|--------|
| 판매 | 14966-00 | 691504-0 | 2 | 4/02/16 | E | 15.36 | 20.16 |
| 판매 | 74607-02 | 689937-0 | 5 | 3/29/16 | E | 15.36 | 17.52 |
| 판매 | 34515-00 | 690284-0 | 4 | 3/28/16 | E | 15.36 | 20.16 |
| 판매 | 21333-00 | 690394-0 | 1 | 3/27/16 | E | 15.36 | 20.16 |
| 판매 | 01209-00 | 689985-0 | 1 | 3/23/16 | E | 15.36 | 17.52 |
| 판매 | 86190-00 | 690018-0 | 2 | 3/21/16 | E | 15.36 | 20.16 |
| 판매 | 02535-00 | 689959-0 | 2 | 3/20/16 | E | 15.36 | 20.16 |
| 판매 | 32550-00 | 670521-0 | 3 | 3/16/16 | E | 15.36 | 20.16 |
| 판매 | 17862-00 | 683189-0 | 1 | 3/14/16 | E | 15.36 | 17.52 |
| 판매 | 21333-00 | 681910-0 | 2 | 2/27/16 | E | 15.36 | 20.16 |
| 판매 | 48477-00 | 682354-0 | 10 | 2/26/16 | E | 15.36 | 17.52 |
| 판매 | 18954-00 | 682573-0 | 4 | 2/23/16 | E | 15.36 | 17.52 |
| 판매 | 19461-00 | 682104-0 | 50 | 2/22/16 | E | 15.36 | 17.52 |
| 판매 | 61842-00 | 681738-0 | 1 | 2/20/16 | E | 15.36 | 23.28 |
| 판매 | 74607-02 | 678243-0 | 12 | 2/20/16 | E | 15.36 | 17.52 |

(계속)

부록 1　어느 전형적인 품목의 과거 수요(계속)

**프린트 1 S0015573**　　　　　　　　　　　　　**감사추적 기록**

　　　납품업체–ABMO　　카탈로그 번호–700N200A1　　　　　　　　　　　　지점–디모인

| 기록유형 | 고객번호 | 티켓번호 | 수량 | 일자 | UN | 원가 | 판매가 |
|---|---|---|---|---|---|---|---|
| 판매 | 74607–00 | 678239–0 | 7 | 2/20/16 | E | 15.36 | 17.52 |
| 판매 | 74607–02 | 681673–0 | 5 | 2/19/16 | E | 15.36 | 17.52 |
| 판매 | 02535–00 | 681458–0 | 2 | 2/13/16 | E | 15.36 | 20.16 |
| 판매 | 63180–00 | 678329–0 | 12 | 2/12/16 | E | 15.36 | 17.52 |
| 판매 | 99899–00 | 678188–0 | 1 | 2/07/16 | E | 15.36 | 23.28 |
| 판매 | 99940–00 | 677897–0 | 1 | 2/02/16 | E | 15.36 | 15.36 |
| 판매 | 40315–00 | 677869–0 | 8 | 2/02/16 | E | 15.36 | 17.52 |
| 판매 | 79638–00 | 675976–0 | 4 | 2/01/16 | E | 15.36 | 17.52 |
| 판매 | 19461–00 | 668836–0 | 10 | 1/30/16 | E | 15.36 | 17.52 |
| 판매 | 39132–00 | 675497–0 | 1 | 1/26/16 | E | 15.36 | 20.16 |
| 판매 | 72650–00 | 670481–0 | 25 | 1/24/16 | E | 15.36 | 17.52 |
| 판매 | 39132–00 | 675474–0 | 10 | 1/23/16 | E | 15.36 | 20.16 |
| 판매 | 15951–00 | 656858–0 | 2 | 1/15/16 | E | 15.36 | 17.52 |
| 판매 | 22315–00 | 646309–0 | 100 | 1/15/16 | E | 15.36 | 17.52 |
| 판매 | 67974–00 | 669143–0 | 2 | 1/12/16 | E | 15.36 | 17.52 |

**프린트 1 S**　　　　　　　　　　　　　**품목재고 파일**　　　　**디모인**

　　납품업체 카탈로그 번호　　　　설명　　　　　　INV/CLS　보유 상태

　　ABMO 700N200A1　　　700N200A1　　제어계전기　　A　　S

| 보유 수량 | 기 발주 수량 | 할당 수량 | 재주문점 | E.O.Q. | | 리드타임 |
|---|---|---|---|---|---|---|
| 371 | 200 | 0 | 38 | 453 | 1 | 11 |
| | | | | | 2 | 10 |
| | | | | | 3 | 15 |
| | | | | | 최대 | 20 |

| 월별 | 6월 | 5월 | 4월 | 3월 |
|---|---|---|---|---|
| 판매 수량 | 121 | 154 | 76 | 203 |
| 분기별 | 1~3월 | 10~12월 | 7~9월 | 4~6월 |
| 판매 수량 | 356 | 292 | 505 | 201 |

다음은 텍사스주 갤버스턴에 있는 사우던 토로 (Southern Toro Distributor, Inc.) 영업대리점의 경영자 겸 소유주인 조 멜라니와 그의 아들 조 주니어(Joe Jr.) 사이의 대화내용이다.

**조** : 이 회사의 장래를 의논하기 위하여 오늘 아침에 네게 전화했었다. 네가 곧 이 회사를 넘겨받을 것이기 때문에 이제는 네가 더 많은 의사결정에 참여해야 할 것으로 본다. 토로의 영업관리자인 로저 커크가 봄 시즌 주문과 관련해서 다음 주에 우리에게 연락을 할 것이다. 그때 우리는 모든 관개(irrigation) 용품을 주문해야 할거야(〈도표 1〉 참조).

너도 알다시피 우리에게 그동안 많은 변화가 있었어. 주요 변화 중 하나는 라이테크 컴퓨터 시스템을 구입한 것이지. 다가오는 주문시점과 관련하여 오늘 아침에 내가 받은 컴퓨터 결과물을 보고 새 컴퓨터로부터의 수치에 대해 생각하게 되었어. 나는 1년 전인 2014년 10월에 우리가 컴퓨터 시스템을 구입하게 된 상황을 되돌아보았어. 원가가 치솟는 양상을 보였을 때 고객 서비스를 떨어뜨리지 않으면서 재고를 줄여야만 했었지. 라이테크의 영업사원이 우리의 재고수준을 30% 줄일 수 있다고 말한 것이 내 귀를 솔깃하게 만들었어. 그래서 나는 라이테크의 신규 소프트웨어를 구입했던 거야.

관개용품을 담당하고 있는 관리자인 맥스는 주문량이라고 산출되는 수치를 맹신하고 있어. 이 패키지가 우리의 컴퓨터에 설치되었을 때 라이테크 측은 그것이 우리에게 잘 맞다고

**도표 1** 2015년 10월 15일 현재 관개용품 재고

| 제품 설명 | 현재 재고 (단위 : 개) | 현재 재고 (단위 : 천 달러) | 2015 회계연도 매출 (단위 : 천 달러) |
|---|---|---|---|
| 범용 제어기 시리즈 150−4+8 | 283 | 12 | 15 |
| 주문형 제어기 시리즈 123−8+11 | 68 | 8 | 12 |
| 모니터 제어기 시리즈 176−11+23 | 51 | 15 | 26 |
| 3/4″+1″ 밸브 글로브/앵글 인라인 | 4,430 | 46 | 78 |
| 1 1/2″+2″ 밸브 글로브/앵글 인라인 | 281 | 6 | 62 |
| 황동 밸브 시리즈 216 | 334 | 4 | 7 |
| 팝업 바디 | 50,841 | 20 | 77 |
| 570 시리즈 노즐 | 90,056 | 14 | 68 |
| 스트림 로터 시리즈 300 | 2,043 | 13 | 144 |
| 레인 프로 시리즈 320 | 1,782 | 12 | 26 |
| 기어 추진형 로터리 시리즈 600 | 1,086 | 10 | 22 |
| 기어 추진형 로터리 시리즈 620 | 681 | 21 | 39 |
| 기어 추진형 로터리 시리즈 640 | 2,627 | 81 | 194 |
| 기어 추진형 로터리 시리즈 670 | 973 | 36 | 180 |
| 합계 | 155,536 | 298 | 950 |

이 사례는 Roger G. Schroeder, E.R. Kunde 및 Sue Flach에 의해 수업에서의 토론용으로 작성되었다.

**도표 2  현재 컴퓨터 시스템에서의 공식**

주문량 크기*
$$EOQ = \sqrt{\frac{2AD}{ic}}$$

$A$ = 1회 주문비용(달러)
$D$ = 연간 수요(단위 : 개)
$i$ = 한 단위를 1년간 재고로 보유할 때의 '이자율'로 단위 원가에 대한 비율
$c$ = 품목의 단위 원가(달러/개)
EOQ = 경제적 주문량
재주문점 :

$R$ = 리드타임 동안의 평균 수요 + 안전재고

$R$은 추가 발주가 이루어지는 재주문점. 현재는 재주문점 설정을 위해 모든 품목에 대해 12주의 리드타임을 사용

* 현재의 컴퓨터 시스템은 재고보유비용으로 $i$ = 30%(20%는 자본비용, 5%는 노후화비용, 5%는 저장비용), 1회 주문비용으로는 10달러를 적용.

말했지만 나는 그것을 신뢰해야 하는지 모르겠어. 라이테크가 그 소프트웨어를 가동시키는 데 문제가 있었던 것을 너도 기억할거야. 그런 문제가 있었는데 수백만 달러를 지출해야 하는 결과를 내가 어떻게 신뢰할 수 있겠니?

**조 주니어** : 그 소프트웨어를 라이테크가 설치했다고 아버님이 말씀하셨지요. 그 소프트웨어에서 주문량을 결정하는 방식이 어떻게 정해져 있나요?

**조** : 그건 나도 모르겠어. 컨설턴트가 내게 우리 회사의 주문량 결정을 위한 가장 좋은 방식은 경제적 주문량(EOQ)과 재주문점을 이용하는 것이라고 말했거든(〈도표 2〉 참조). 우리의 경우 연간 3개의 고정된 주문점이 있기 때문에 그것이 최선이라고 말했어. 나는 주문점은 이해하겠지만 EOQ는 잘 모르겠어. EOQ가 우리의 경우 어떻게 만들어졌는지는 말해줄 수 있어. 과거 4년간의 수요량에 근거하고 있어(〈도표 3〉 참조). 라이테크는 추가로 어떤 수치도 필요하지 않다고 말했고, EOQ가 한 번 설정되면 변경할 필요가 없기 때문에 원활하게 잘 작동할 것이라고도 말했어.

앞서 말했듯이 나는 EOQ를 잘 모르겠어. 과거에 내가 시장에 대한 나의 직관을 어떻게 이

용했는지 너도 알거야. 나는 항상 과거의 사용량을 근거로 품목을 주문했어. 그런 후에 얼마나 많은 골프장이 신규로 건설 혹은 리노베이션될 것인지, 시공사와 설치회사들이 금년 봄에 설치 건수를 어떻게 예상하는지에 따라서 수치를 조정하지. 그리고 나는 건설 산업에 있는 친구들을 만나 그들이 금년 봄의 주택건설을 어떻게 예상하는지를 듣지. 나의 또 다른 고려사항은 특정 품목이 잘 팔리지 않을 경우에 그 수치를 조정하는 거야. 나는 모든 품목이 1년에 최소한 3회 이상 회전해야 한다고 믿고 있어. 지금 시점에서 그런 문제로 내가 우려하고 있는 품목이 2개가 있어. 하나는 기어 서비스 조립품인 타이밍 모터(부품번호 1-7287)인데 모니터 제어기의 수리를 위해 보유하는 소량의 서비스 부품이야. 또 다른 하나는 소수의 특수 고객을 위해 보유하는 완제품인 모니터 제어기(176 시리즈)야. (모니터 제어기와 230 시리즈 밸브의 자세한 사양은 〈도표 4〉와 〈도표 5〉를 참조하라.)

**조 주니어** : 아버님은 품목이 재고고갈되는 문제는 언급하지 않으십니다. 꾸준히 높은 수요가 발생하는 230 시리즈 1인치 밸브의 재고가 고갈되는 문제가 계속해서 발생했어요. 주문할

도표 3  2012-2015 회계연도의 수요

---

**부품번호 1-7287 기어 서비스 조립의 타이밍 모터(모니터 제어기에 사용)**

유통업체 가격        $12.00
판매 가격          $26.00

|              | 2012 | 2013 | 2014 | 2015 |
|--------------|------|------|------|------|
| 판매 수량     | 30   | 19   | 22   | 31   |

현 재고=9개
재주문점=16개, EOQ=12개

**230 시리즈, 1인치 밸브**

유통업체 가격        $10.35
판매 가격          $13.75

|              | 2012  | 2013  | 2014  | 2015  |
|--------------|-------|-------|-------|-------|
| 판매 수량     | 5,210 | 3,650 | 4,441 | 5,673 |

현 재고=4,430개
재주문점=2,070개, EOQ=173개

**176 시리즈, 모니터 제어기**

유통업체 가격        $301.46
판매 가격          $400.00

|              | 2012 | 2013 | 2014 | 2015 |
|--------------|------|------|------|------|
| 판매 수량     | 21   | 12   | 41   | 65   |

현 재고=51개
재주문점=22개, EOQ=2개

---

때 이 문제를 어떻게 다루시겠습니까? 아버님과 저는 우리가 보유해야 할 재고수준에 대해 의견이 다른 것을 압니다. 아버님은 고객만족을 위해 모든 품목의 재고를 충분히 많이 가져야 한다고 생각하시지 않는 것을 압니다. 아버님은 우리가 고객을 만족시키는 것이 우리 회사의 생존을 위해서 중요하다고 항상 말씀하셨어요. 저는 그러기 위해서는 고객이 필요로 하는 품목을 항상 보유하고 있어야 한다고 생각해요. 재고고갈로 인한 또 다른 문제는 고객을 우리의 경쟁사에게 빼앗긴다는 것입니다. 우리가 주문을 충족시키지 못하는 고객은 레인버드, 웨더매틱, 넬슨 등의 경쟁사로 가버려요. 이들 경쟁사는 우리 제품과 유사한 제품을 고객에게 공급하는데, 고객이 마음을 바꾸고 나면 그들을 우리가 어떻게 되찾을 수 있겠어요?

**조 :** 재고고갈이 일어나지 않을 정도의 충분한 재고를 저장할 공간이 우리에게는 없어. 나의 철학은 고객을 보유재고로 항상 만족시킬 수 없다는 것이야. 대신에 90% 정도로 고객을 만족시키는 것이 낫다고 생각해. 만약에 보유재고가 없다면 다른 영업대리점으로부터 구할 수 있어. 그 부품을 항공으로 가져오기 때문에 비교적 빨리 구할 수 있어. 토로에게 긴급 주문을 할 수 없다는 것은 아쉽지만 그들은 자신의 표준 주문정책을 우리에게 강요하고 있어(〈도표 6〉).

그래서 우리는 올해 있을 수 있는 재고고갈 문제를 생각해야 해. 내가 지난 주에 골프장에

도표 4　230 시리즈와 240 시리즈 — 자동밸브, 3/4" 및 1" 전기 및 수압 유형이며 일반적으로 개방형, 핀 타입, 24 V.A.C. 전기

## 230 시리즈와 240 시리즈 — 자동밸브
3/4" 및 1" 전기 및 수압 유형
일반적으로 개방형, 핀 타입, 24 V.A.C. 전기

### 적용
- 1 G.P.M.과 50 G.P.M. 사이의 수요를 가진 지하 자동시스템
- 주택용 혹은 상업용
- 전기 시스템
- 일반적으로 개방형 시스템—오염수 혹은 청결수
- 핀 타입 시스템—청결수

### 특성
모든 밸브
- 쉽게 설치하는 글로브 밸브
- 경제적/경쟁력 있는 가격
- 높은 흐름/낮은 압력 손실
- 수동 물 빼기
- 열고 잠그기가 쉬움
- 낮은 흐름과 압력에서 개폐
- 물 빼는 포트가 내장 필터로 보호

3/4"
- 부식 방지, 유리로 채워진 나일론 구조
- 작은 크기, 높은 성능

1"
- 230 시리즈는 수동 흐름제어
- 부식 방지, Cycolac® 및 스테인리스강 구조
- 스테인리스강이 강화된 솔레노이드
- 나선형 1" I.P.S. 배출구 위에 스테인리스강 칼라

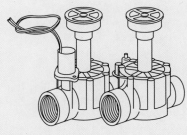

**1"—230 시리즈**
**전기 및 수압 유형의 수동 흐름제어**

### 사양

3/4"
- 24 V.A.C.
  .36 앰프 유입
  .18 앰프 유지
- 작동 압력
  최대 150 PSI
  최소 25 PSI
- 3/4" I.P.S. 수컷 나선형 유입구
- 크기 : 3"H, 4"W

1"
- 전기 모델 24 V.A.C.
  .400 앰프 유입
  .200 앰프 유지
- 작동 압력
  최대 150 PSI
  최소 10 PSI
- 크기 : 230—6"H, 4 1/2"W
  240—4 1/2"H, 4 1/2"W

갔을 때 그곳 책임자인 조지가 그들의 스프링클러 시스템이 수차례 작동하지 않은 얘기를 들었어. 조지는 이사회에 그 시스템을 교체해야 한다고 말했다고 해. 이사회는 12월의 회의까지 결정하지 않겠지만, 조지는 교체가 승인될 것으로 보고 있어. 만약 그들이 시스템을 교체한다면 4월 초의 연례 토너먼트 경기 이전에 마치기를 원하고 있어. 조지는 만약 우리가 그

**도표 5   170 시리즈-모니터 Ⅱ 자동 제어기 : 11 및 23 스테이션, 수압 및 전기**

## 170 시리즈-모니터 Ⅱ 자동 제어기
### 11 및 23 스테이션, 수압 및 전기

### 적용
- 대용량 상업용
- 옥외-벽면식 혹은 받침대식
- 공원-학교-공동묘지-콘도미니엄-상업용 빌딩

### 특성
- 구역별 0~60분 시간조절(무한 조절)
- 14일간 프로그램 가능—용이한 설정
- 자동, 반자동, 혹은 수동으로 작동
- 멀티사이클 프로그램—용이한 설정
- 퓨즈 회로 보호—U.L.규격
- 전기 모델은 2중 프로그래밍(수목에 비해 잔디에 더욱 빈번하게 관수)
- 전기 모델의 각 구역에서 최대 4개의 토로 밸브가 작동 가능
- 구역 간 시차가 없음
- 표준에 맞는 펌프 시동 회로(마스터 밸브 제어 회로로 사용 가능)
- 타이밍 조절기 덮개와 받침대 캐비닛 문 잠금장치 제공
- 수압형 모델에는 주입구 필터 포함
- 수압형 모델은 동파 방지
- 타이밍 조절기가 제거되더라도 수동으로 작동 가능(전기 모델에는 모델 995-24 액세서리를 사용)
- 전기 모델에는 내장형 변압기
- 외부 본체는 녹 방지 처리가 되고 녹색으로 칠해진 강한 철강
- 설치가 용이한 덮개

**제어기 176 시리즈**

### 사양
- 45 V.A., 24 V.A.C, 변압기(내장)
- 빛이 강한 지역에서 사용 가능한 빛 차단 기구도 제공 가능
- 크기-벽면식 8 1/2"×10 1/4"×8 1/2"
          받침대식 8 1/4"×12 5/8"×31 1/8"
- 115 V.A.C. 입력-24 V.A.C 출력
- 2중 프로그램을 위해 필요한 2개의 전선
- 일반적으로 개방형 밸브를 사용하며 제어기에서 밸브까지의 연결 길이가 1,000피트를 초과하지 말아야 함
- 구역당 허용되는 최대 밸브 수와 기타 기술적 사양은 30쪽을 참조

기간 안에 시스템을 공급할 수 있다면 첫 번째 대안이 우리라고 했어. 이 계약은 매우 수익성이 좋은 계약이야. 너도 알다시피 그 골프장은 390에이커로서 전체 시스템이 교체될 것이고, 교체될 시스템으로는 230 시리즈 밸브를 대부분 사용하게 될거야.

골프장 시스템의 규모 때문에 나는 은행가에게 자금조달비용을 문의했더니 어음 할인율이 9%라고 했어. 우리가 자금조달을 받는 위험을 감수해야 할지를 몰라서 우리의 많은 자금이 묶여 있는 수리부품 저장공간을 줄이는 것을 생각하고 있어. 내가 파악한 바로는 우리 재

**도표 6** 관개용품 사업부의 2015-2016 회계연도 재고 프로그램, 사우던 영업대리점에의 기간 조건

| 발주 | 선적 시기 | 기간 조건 |
|---|---|---|
| 2011년 예측치의 33% | 12월 및 1월 | 1/2 May 15－net |
| 　10월 15일 － 10월 30일 | | 1/2 June 15－net |
| 2012년 예측치의 33% | 5월 및 6월 | 1/2 Sept. 15－net |
| 　2월 15일 － 2월 30일 | | 1/2 Oct. 15－net |
| 2012년 예측치의 33% | 8월 및 9월 | 1/2 Nov. 15－net |
| 　6월 15일 － 6월 30일 | | 1/2 Dec. 15－net |

**도표 7** 갤버스턴 시장정보

| SFDHH* $35－39M | SFDHH $40－44M | SFDHH $45－54M | SFDHH $55+ | 총SFDHH | 총인구 |
|---|---|---|---|---|---|
| 228,545 | 182,607 | 151,110 | 89,375 | 757,000 | 3,640,000 |

골프장 수 : 158
골프장 홀 수 : 2,259
관개용품 잠재 시장(토로로부터의 구매)[†]

| | | | |
|---|---|---|---|
| 소규모 잔디[‡] | $403,830 | | 공원묘지 수 : 71 |
| 대규모 잔디[‡] | 267,048 | | 공원 수 : 14 |
| 부품 | 75,160 | | 학교 수 : 170 |
| 합계 | $846,038 | | |

\* 단일 가구의 주택에 사는 인원수(SFDHH)
† 이 지역에서 토로의 시장규모를 추정한 값
‡ 소규모 잔디는 주택용 설치, 대규모 잔디는 골프장 및 기타 상업용 설치를 의미

고의 25%가 오랫동안 창고에 그냥 앉아 있어. 이들 중 많은 품목이 단지 소수의 고객에 의해 사용되는 것이야. 이 방법을 사용하지 않는다면 골프장 설치를 위한 부품들을 저장할 공간을 새로 임대해야 해. 어제 내가 확인해보니 저장창고를 임대하면 1제곱피트당 3.27달러의 비용이 발생해.

골프장의 시스템을 설치하게 될 가능성과 적정 수량을 정하기 위하여 오늘 아침에 내가 기상청에 전화를 했어. 그들에 의하면 올해의 봄이 최근 5년 이래로 가장 건조할 것이라는 예측이었어. 이것이 관개용품의 판매에 얼마나 영향을 줄지는 모르겠어. 기후가 판매에 미치는 영향을 알기 위하여 지난 5년간의 수요 자료와 기후를 살펴보았어. 2012년과 2013년에 우리의 재고가 과잉 상태였는데, 그 해는 기후가 매우 습하고 구름이 많았었어. 2014년에는 반대의 상황이어서 비정상적으로 건조한 시즌이었는데, 우리의 대부분 품목이 재고고갈되었어. (시장의 특성과 관련하여 〈도표 7〉 참조.)

**조 주니어** : 자연의 변덕에 따라 좌우되는 사업을 우리가 해야 하나요? 지금과 같은 투자수익률을 얻기 위해 무모한 게임을 할 가치가 있나요? 모든 관개용품에서의 수익률이 25%였지만 최종 이익에는 그런 결과가 항상 나타나지 않아요. 아마도 우리의 재고를 좀 더 잘 관리하면 가치 있는 사업으로 만들 수 있을 겁니다. (〈도표 8〉~〈도표 10〉 참조.)

도표 8 손익계산서 (6월 30일 종료되는 회계연도)

| | 2013 | 2014 | 2015 |
|---|---|---|---|
| 순매출액 | $3,900,000 | $3,500,000 | $4,200,000 |
| 매출원가 | 2,800,000 | 2,700,000 | $3,200,000 |
| 총이익 | $1,100,000 | $ 800,000 | $1,000,000 |
| 비용 | | | |
| 판매비 | $ 440,000 | $ 272,000 | $ 350,000 |
| 운영비 | 455,000 | 318,000 | 400,000 |
| 고정비용 | 95,000 | 100,000 | 115,000 |
| 총비용 | $ 990,000 | $ 690,000 | $ 865,000 |
| 영업 이익 | $ 110,000 | $ 110,000 | $ 135,000 |
| 기타 비용 | $ 75,000 | $ 60,000 | $ 85,000 |
| 기타 수입 | 15,000 | 10,000 | 25,000 |
| 세전 순이익 | $ 50,000 | $ 60,000 | $ 75,000 |
| 세금 | 12,000 | 27,000 | 36,000 |
| 순이익 | $ 38,000 | $ 33,000 | $ 39,000 |

도표 9 대차대조표 (6월 30일 종료되는 회계연도)

| | 2013 | | 2014 | | 2015 | |
|---|---|---|---|---|---|---|
| 자산 | | | | | | |
| 현금 | | $ 10,000 | | $ 35,000 | | $ 5,000 |
| 매출채권 | $492,000 | | $ 622,000 | | $647,000 | |
| 불량채권 | 17,000 | | 22,000 | | 22,000 | |
| 순매출채권 | | 475,000 | | 600,000 | | 625,000 |
| 재고자산 | | 620,000 | | 600,000 | | 1,000,000 |
| 총유동자산 | | $1,105,000 | | $1,235,000 | | $1,630,000 |
| 선급금 | | $ 30,000 | | $ 30,000 | | $ 20,000 |
| 기계장비 | | 35,000 | | 40,000 | | 45,000 |
| 총고정비용 | | $ 65,000 | | $ 70,000 | | $ 65,000 |
| 총자산 | | $1,170,000 | | $1,305,000 | | $1,695,000 |
| 부채 | | | | | | |
| 매입채무(은행) | | $ 207,000 | | $ 329,000 | | $ 700,000 |
| 만기 도래의 장기채무 | | 20,000 | | 20,000 | | 20,000 |
| 총유동부채 | | $ 227,000 | | $ 349,000 | | $ 720,000 |
| 장기부채 | | 160,000 | | 140,000 | | 120,000 |
| 총부채 | | $ 387,000 | | $ 489,000 | | $ 840,000 |
| 자본금 | | $ 200,000 | | $ 200,000 | | $ 200,000 |
| 유보이익 | | 583,000 | | 616,000 | | 655,000 |
| 순가치 | | $ 783,000 | | $ 816,000 | | $ 855,000 |
| 총부채 및 순가치 | | $1,170,000 | | $1,305,000 | | $1,695,000 |

**도표 10  2015 회계연도의 분석(단위 : 천 달러)**

|  | 합계 | 소비자 제품 | 산업용 제품 | 관개용품 | 부품 | 서비스 |
|---|---|---|---|---|---|---|
| 순매출액 | $4,200 | $1,800 | $850 | $950 | $550 | $50 |
| 매출원가 | 3,200 | 1,435 | 650 | 750 | 350 | 15 |
| 총이익 | $1,000 | $365 | $200 | $200 | $200 | $35 |
| 총이익률 | 23% | 20% | 23% | 21% | 36% | 70% |
| 기말 재고 | $1,000 | $275 | $250 | $295 | $180 | |

조 : 지금까지는 내가 이 사업을 시작했기 때문에 사업을 계속 운영해 왔었어. 이 사업은 내 자식이야. 이것으로부터 나는 커다란 성취감을 느꼈어. 나는 항상 이 회사를 네게 넘겨주어 네가 운영할 것을 계획해 왔어. 이제는 네가 이 회사를 어떻게 운영할 것인지를 결정할 시간이고, 투자수익률이 네가 만족할 만한 수준인지를 정해야 해. 그리고 로저 커크가 다음 주에 오면 무엇을 주문할 것인지를 결정해야 하고, 라이테크 시스템을 어떻게 할 것인지를 결정해야 해. 지금은 다른 회의가 있어 가야 해서 이 논의를 다음에 다시 했으면 한다.

**토의질문**

1. 조 주니어가 이 회사를 운영한다면 그가 무엇을 해야 하는지를 제안하라.
2. 이 회사의 관개용품과 수리 품목에 대한 재고와 재고관리의 중요성을 평가하라. 재고를 더 줄여야 하는가?
3. 이 회사의 현재 재고관리시스템을 평가하라. 당신은 어떤 재고관리시스템을 추천하겠는가?

토이즈플러스(ToysPlus)의 생산담당 부사장인 데일 롱(Dale Long)은 2016년 9월 16일로 끝나는 주일의 주별 생산보고서 검토를 마쳤다. 재고가 다시 상승했고 서비스 수준은 예상보다 낮았다. 데일은 이런 문제가 재발하지 않도록 왜 해결되지 못하는지 의아했다. 그는 작년에 새로운 생산 및 재고관리시스템을 회사의 서버에 설치했다. 그 시스템이 처음에는 재고를 획기적으로 줄이고 서비스 수준을 향상시켰지만 최근 수개월 사이에 악화되었다.

데일은 그 보고서를 들고 옆방인 안드레아 멜린(Andrea Meline)의 사무실로 갔다. 안드레아는 수년 전에 명문 경영대학에서 MBA를 취득했고, 지금은 이 회사의 생산관리를 맡고 있다. 데일과 안드레아는 일상적인 인사를 주고받고는 데일이 안드리아에게 왜 최근의 수치가 개선되지 않는지를 물었다. 안드레아의 답변은 "데일, 마케팅에서의 수요예측이 계속해서 엉망이었고, 납품업체로부터의 신뢰할 수 없는 납기로부터 보호하기 위하여 더 많은 재고를 보유해야 했어요. 지난 주에 있었던 잉여 장난감 트럭의 판촉행사도 기대했던 것만큼 결과가 좋지 않았고요." 데일이 말을 가로채면서 "이런 결과를 우리는 더 이상 용납할 수 없어요. 당신이 해법을 찾아야 해요. 이 상황을 개선할 수 있는 방법을 당신이 찾을 것으로 믿어요. 그렇지 않으면 우리 모두 일자리를 잃게 될 것입니다"라고 했다.

## 배경

토이즈플러스는 장난감 산업에 속한 중소 개인기업이며, 연매출이 약 2,000만 달러이다. 이 회사는 1951년에 설립되어 매우 내구성이 높고 혁신적인 저가의 플라스틱 장난감과 트럭을 생산하고 있다. 지난 수년 동안 신제품들을 추가하여 지금은 게임, 인형, 장난감 자동차 등 22종의 장난감을 만들고 있다. 이 회사는 〈도표 1〉에서와 같이 전형적인 기능조직을 갖고 있다.

토이즈플러스는 〈도표 2〉에서 보듯이 재무 성과가 상대적으로 좋지 않았다. 이익은 매출의 5%에 불과하고, 자산수익률은 10%에 못 미쳤다. 상황을 개선하기 위하여 회사는 재고를 줄이고 고객 서비스를 향상시키는 노력을 강도 있게 했다. 원가를 줄이기 위한 노력으로 생산이 용이한 장난감으로 재설계했고 생산공정을 자동화했다. 이런 노력으로 회사는 단위 생산원가를 1년에 최소한 5% 줄일 수 있다고 보았다. 그리고 1년 동안의 재고회전을 최소한 15회, 서비스 수준을 95%로 달성하기를 원하고 있다.[1] 서비스 수준은 고객 주문을 1주일 이내로 만족시키는 주문의 비율로 정의

---

[1] 재고회전은 재고금액 대비 매출원가의 비율이다.

**도표 1  조직도**

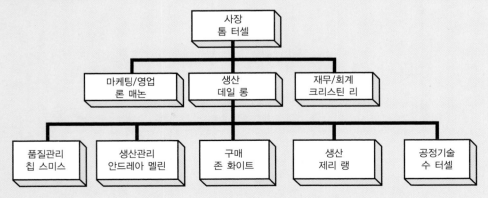

이 사례는 수업에서의 토론용으로 작성되었으며, 경영 상황의 효과적 혹은 비효과적 관리의 예시를 위한 것이 아니다.

도표 2　재무제표

| 손익계산서 (단위 : 천 달러) 2016년 6월 30일 종료의 회계연도 | | 대차대조표 (단위 : 천 달러) 2016년 6월 30일 종료의 회계연도 | |
|---|---|---|---|
| 순매출액 | $20,100 | 자산 | |
| 매출원가 | | 유동자산 | |
| 직접 노무비 | $ 2,353 | 현금 | $ 1,050 |
| 원재료비 | 6,794 | 매출채권 | 2,500 |
| 간접비 | 2,608 | 재고자산 | 2,400 |
| 총매출원가 | $11,755 | 기타 | 540 |
| | | 총유동자산 | $ 6,490 |
| 총영업이익 | $ 8,345 | 고정자산 | |
| | | 순고정자산 | 4,900 |
| 판매관리비 | 4,932 | 총자산 | $11,390 |
| 마케팅 비용 | 1,776 | 부채 | |
| 세전 이익 | $ 1,637 | 유동부채 | |
| 소득세 | 650 | 지급어음 | $ 3,300 |
| 순이익 | $ 987 | 매입채무 | 3,200 |
| | | 연체비용 | 400 |
| | | 총유동부채 | $ 6,900 |
| | | 장기 부채 | 2,300 |
| | | 총부채 | $ 9,200 |
| | | 자본금 | $ 1,500 |
| | | 유보 이익 | 690 |
| | | 총순가치 | $ 2,190 |
| | | 총부채 및 순가치 | $11,390 |

되며, 현재의 서비스 수준은 90%이다.

생산기능은 생산하는 장난감의 유형에 따라 조직되었다. 각 유형의 장난감은 자체 조립라인과 전담 작업자가 있다. 예를 들어 트럭, 자동차, 로봇의 세 가지 플라스틱 장난감은 라인 1에서 조립된다. 이 라인에서는 한 번에 한 유형의 장난감만 조립될 수 있으며, 다음 장난감 생산을 위해서는 작업교체가 필요하다. 현재 라인 1에는 장난감의 조립, 검사, 포장을 하는 10명의 작업자가 있다. 최종 장난감의 조립 부품 중 일부는 이 회사의 플라스틱 성형기계에 의해 만들어지고, 다른 부품들은 외부 납품업체로부터 구입하고 있다.

생산관리는 MRP시스템에 바탕을 두고 있으며, 매주 총괄 일정계획이 다음 6주일에 대해 수립된다. 예를 들어 조립라인 1에 대한 총괄 일정계획은 각 주일에 생산될 트럭, 자동차, 로봇의 수를 정한다. 주별 수요예측은 매주 마케팅부서로부터 받으며, 안드레아는 과거의 경험을 바탕으로 좀 더 현실적인 수요예측이 되도록 예측치를 조정한다. 또한 그녀는 각 장난감에 대해 〈도표 3〉의 일정계획에서와 같은 로트 크기를 활용한다. 이 로트 크기는 회사의 과거 실행방식에 바탕을 두고 있다. 주별 수요 대비 재고의 비율이 가장 작은 장난감을 제일 먼저 생산하는 재고소진시간 규칙을 사용하여 순서를 정하고 있다. 이렇게 수립된 총괄 일정계획이 컴퓨터에 입력된다. 하지만, 부품재고가 충분하지 않거나 추가 주문을 위한 시간이 충분치 않다면 이 총괄 일정계획은 실행 불가능할 수 있다. 따라

도표 3 2016년 9월 16일의 총괄 일정계획

|  | 주 시작일 | | | | | |
|---|---|---|---|---|---|---|
|  | 9월 19일 | 9월 26일 | 10월 3일 | 10월 10일 | 10월 17일 | 10월 24일 |
| 자동차 | 3,500 | 500 |  |  |  | 3,500 |
| 트럭 |  | 1,500 | 1,750 |  |  |  |
| 로봇 |  |  |  | 2,333 | 2,333 |  |

**주별 수요예측**

|  | 주 시작일 | | | | | |
|---|---|---|---|---|---|---|
|  | 9월 19일 | 9월 26일 | 10월 3일 | 10월 10일 | 10월 17일 | 10월 24일 |
| 자동차 | 1,100 | 1,150 | 1,200 | 1,300 | 1,400 | 1,500 |
| 트럭 | 500 | 450 | 400 | 350 | 300 | 300 |
| 로봇 | 700 | 650 | 650 | 625 | 625 | 600 |

제품

| 장난감 자동차 | 장난감 트럭 | 장난감 로봇 |
|---|---|---|

도표 4 자재명세서

| 부품번호 | 설명 | 단위당 필요 수량 | 단가 | 리드타임(주일) | 현 재고 | 기 발주 |
|---|---|---|---|---|---|---|
| 1019 | 장난감 자동차 |  | $3.20 | 1 | 4,000 |  |
| 523 | 자동차 본체 | 1 | 1.45 | 3 | 2,500 |  |
| 525 | 바퀴 | 4 | .30 | 2 | 9,800 |  |
| 529 | 옆 창문 | 2 | .15 | 1 | 4,300 |  |
| 531 | 앞 창문 | 1 | .25 | 2 | 2,620 |  |
| 1021 | 장난감 트럭 |  | $6.50 |  | 2,000 |  |
| 615 | 운전석 | 1 | 1.70 | 3 | 1,800 | 9/26 납기의 800개 |
| 617 | 2중 바퀴 | 8세트 | .25 | 2 | 9,900 |  |
| 619 | 단일 바퀴 | 2 | .30 | 2 | 2,500 |  |
| 621 | 트레일러 | 1 | 2.20 | 4 | 4,600 | 10/3 납기의 1,200개 |
| 1023 | 장난감 로봇 |  | $4.10 | 1 | 1,500 |  |
| 730 | 본체 | 1 | 1.80 | 2 | 1,600 |  |
| 732 | 팔 | 2 | .35 | 2 | 3,500 |  |
| 734 | 다리 | 2 | .25 | 1 | 4,020 |  |
| 736 | 머리 | 1 | 1.10 | 2 | 2,150 |  |

서 총괄 일정계획의 실행 가능성을 확인하고 최종 계획이 승인되기 전에 조정된다.

컴퓨터는 〈도표 4〉와 같은 자재명세서와 현재 재고량을 이용하여 부품전개를 실행한다. 각 장난감은 자재명세서에서와 같이 많은 부품을 필요로 한다. 예를 들어 각 자동차는 1개의 본체, 4개의 바퀴, 2개의 옆 창문, 1개의 앞 창문을 필요로 한다. 이들 부품이 조립되고, 검사를 거쳐 포장되는데, 1대당 0.1시간의 노동시간이 요구된다. 조립라인에는 10명의 작업자가 일하며, 지금은 1주일에 350시간의 생산시간이 가능하다(35시간×10명). 1주일 내내 자동차를 만든다면 총 3,500대의 자동차가 생산될 수 있다(350/0.1). 트럭 생산에는 0.2시간, 로봇 생산에는 0.15시간이 요구되어 조립라인이 이들 각 제품을 전적으로 생산한다면 최대로 1,750대의 트럭 혹은 2,333대의 로봇 생산이 가능하다. 그러나 생산은 로트 단위로 계획되며 1주일 전체가 단일 장난감에만 할당될 필요는 없다.

생산제품 교체 시에는 라인 셋업 변경을 위해 10명의 작업자 모두가 1시간씩 준비한다. 이 작업교체는 이전 장난감의 부품을 치우고, 다음 장난감의 부품을 옮기고, 조립을 위한 지그(jig)와 구축물을 정돈하고, 올바른 품질이 나오도록 시험생산을 하는 것을 포함한다. 작업자의 임금은 시간당 14달러이고, 복지비가 포함되어 있다. 재고 보유비용은 1년에 25%이고, 1회 주문비용은 25달러이다. 라인변경 시의 교체비용에는 라인변경을 위한 인건비가 포함될 뿐 아니라 다음으로 만들 제품의 부품들을 발주하기 때문에 총교체비용은 이들 비용의 합이 된다.

구매부서는 생산관리부서가 요구한 부품 수만큼 정확히 항상 구매하지는 않는다. 납품업체로부터의 가격할인을 이용하거나 차량 적재를 만차로 만들기 위하여 구매 수량을 조정한다. 따라서 구매비용을 줄이기 위하여 어떤 부품은 추가로 구매된다. 그리고 납품업체들이 항상 약속한 시간에 납품하지는 않는다. 따라서 토이즈플러스는 총괄 생산일정을 맞추고 조립라인이 멈추지 않도록 하기 위해 안전재고를 보유하는데, 납품업체로부터의 납기 지연에 대비하여 약 1주일분의 안전재고를 보유한다. 경영자는 조립라인이 절대로 멈추지 않도록 하라고 명령하고 있다.

데일 롱은 회사가 종업원을 주 단위로 해고하지는 않을 것이라고 말하고 있다. 따라서 예를 들어, 수요가 생산능력보다 주당 약 10%가 적다면 작업자들을 계속 작업하도록 만들기 위해 최대 능력으로의 생산을 계획한다. 만약 이런 상황이 수 주일 동안 지속된다면 생산능력 조정을 위해 작업자를 해고하게 될 것이다. 마찬가지로 수요를 일시적으로 충족하기 위하여 작업자를 초과근무시키지만, 수요가 보통의 생산능력을 수 주일 동안 초과한다면 추가로 작업자를 고용하게 될 것이다.

기존의 생산능력과 리드타임을 바탕으로 6주일의 생산 일정계획이 매주 갱신되면서 작성된다. 총괄 일정계획 시평을 6주일로 하고, 1주일이 지나면 새로운 1주일을 추가하여 수립한다. 투입 가능한 부품, 생산능력, 장난감의 실제 수요에 부합하도록 매주의 생산은 조정된다.

## 해피 아워

안드레아는 좋아하는 술집에 구매부서의 친구인 존 화이트(John White)와 함께 들어섰다. 안드레가 말을 꺼냈다.

> 존, 내가 어떻게 해야 할지 모르겠어. 데일은 내가 재고를 줄이고 서비스 수준을 향상시켜야 한다고 못박았어. 지금은 대안도 없고 변명의 여지도 없이 나는 해야만 해! 어디서부터 시작해야 할지 모르겠어. 판매 예측이 좀 더 정확했으면 좋겠는데 그것을 기대하는 것이 현실성이 있을까? 마케팅을 신뢰할 수 있을까? 그리고 우리 납품업체들이 좀 더 납기를 맞출 수 있다면 재고를 줄일 수 있어. 그들이 그렇게 협력할까? 아마도 생산능력을 수요와 근접하게 만들기 위해서는 종업원의 해고와 고용을 빈번하게

해야 할지 몰라. 이 상황을 너는 어떻게 생각하니? 해법이 있을까?

존이 대답했다.

안드레아, 세상은 사기꾼과 거짓말쟁이로 가득차 있다는 점을 기억해야 해. 영업은 만일을 대비하여 좀 더 많은 재고를 갖기 위하여 수요예측에 대해 너에게 거짓말을 하고 있어. 내가 있는 구매부서는 우리가 부품을 필요로 하는 시점에 부품을 받으려고 그 시점에 대해 납품업체에게 거짓말을 하고 있어. 너도 선적일정을 맞추기 위하여 생산일정계획을 조금은 덧칠하잖아. 우리 모두는 재고고갈이 일어나지 않도록 우리 자신을 감추고자 노력하지. 우리는 인간 본성을 다루고 있기 때문에 이 문제에 대한 해법은 없어. 이런 말을 하고 싶지 않지만, 재고를 줄이고 서비스를 향상시켜야 한다고 말하는 최고경영자의 기대도 아마 비현실적일거야. 이런 환경에서 누구든지 그러한 목표를 달성할 것이라고 어떻게 기대하겠어?

**토의질문**

1. 세 가지 유형의 장난감 각각에 대해 경제적 주문량을 계산하라. 장난감 수요가 일정하다고 가정한 EOQ 공식은 제14장 부록에 있다.

2. 1번 문제에서 계산된 EOQ와 10명의 작업자를 이용하여 다음 6주일 동안의 총괄 생산일정계획을 수립하라. 이 총괄 일정계획에 의해 달성될 수 있는 재고회전율은 얼마인가? 이 회전율을 과거의 실적과 경영자의 목표와 비교하라.

3. 총괄 일정계획에 맞는 부품전개를 수립하라. 각 주일에는 어떤 부품을 발주해야 하는가? 총괄 일정계획을 맞출 만큼 충분한 계획발주가 이루어지는가?

4. 경영자가 제시한 재고와 서비스의 목표를 달성하기 위해 안드레아 멜린은 무엇을 해야 하는가? (힌트 : 최초의 분석에서 회전율이 낮고, 부품이 부족하여 총괄 일정계획이 실행 가능하지 않다면 생산을 줄여 실행 가능한 일정계획을 만들어 시도하라.)

5. 이 사례에서 제시된 조직의 이슈를 안드레아는 어떻게 다루어야 하는가?

영국 런던에 위치한 알티머스 브랜즈(Altimus Brands)의 재무 및 운영 책임자인 엔조 나탈리(Enzo Natale)는 최근에 구매원가가 다시 증가한 것이 아닌가 염려하고 있던 2011년 2월 1일에 최근 월간보고서를 받았다. 그는 월말에 이사회에 건의사항을 보고해야 한다. 따라서 그는 대표 브랜드인 로키마운틴에 초점을 둔 건의사항을 준비하기 위하여 구매담당자 회의를 소집했다.

### 알티머스 브랜즈

알티머스는 신발 부문에서 글로벌로 사업운영을 하는 가족소유 회사이다. 이 회사는 7개의 고급 신발브랜드를 보유하고 있으며, 120개 국가에서 판매활동을 하여 2010년에는 매출이 13억 파운드에 달했다. 알티머스는 전 세계에서 230개의 소매점을 운영하고 있지만 다른 유통채널을 통해서도 제품을 판매하고 있다. 이 회사의 이름이 신발 산업 밖에서는 잘 알려지지 않았지만 전 세계적으로 브랜드가 많이 알려져 있으며, 브랜드를 회사의 가장 소중한 자산으로 여기고 있다.

브랜드 가치를 유지하고 키우기 위해 이 회사는 혁신, 디자인, 품질, 공급사슬관리 등 4개의 핵심역량에 의지하고 있다. 수년 동안 생산은 사업의 중심에 있지 않았다. 실제로 알티머스는 1960년대부터 운영활동을 해 온 아시아에서 소싱을 한 선도기업 중 하나이다. 바로 이 이유 때문에 엔조는 공급업체의 선정, 관리, 육성이 핵심 성공요소라고 믿고 있다.

### 글로벌 신발 산업

#### 경제상황의 영향

신발 산업의 시장은 불경기의 영향을 심각하게 받아 왔으며, 많은 유통업체 및 제조업체가 파산했고, 생존한 업체들이 시장점유를 놓고 경쟁하고 있다. 비록 알티머스의 경영진은 소비자심리가 개선되기 시작하고 임금 상승은 약화될 것으로 기대하고 있었지만, 특히 유럽에서의 미래 일자리 감소의 가능성이 소비자들로 하여금 더 오랫동안 관망하게 만들 것이다.

고급 신발브랜드의 글로벌 시장은 유럽과 북미가 결정적이지만 신흥국가들이 점차 중요해지고 있다. 한편으로 생산은 중국, 브라질, 베트남, 태국, 인도네시아, 인도, 방글라데시 등 신흥국가에 집중되어 있는 경향이 있고, 이탈리아, 스페인, 미국 등의 국가에는 일부의 제조업체만 있다.

### 신발 산업의 추세

전통적으로 1년에 두 번의 컬렉션(봄/여름, 가을/겨울)이 있고, 수백 개의 신모델이 매 시즌에 디자인되고 생산된다. 그러나 점차 경쟁이 '패스트 패션'으로 옮겨 가고 있는 것이 명백하며, 이는 자라, H&M과 같은 기업에 의해 주도되고 있다. 이들 기업은 매년 더 많은 컬렉션을 출시하고 있다. 심지어 어떤 기업은 1년에 13번, 4주에 한 번꼴의 컬렉션을 말하고 있다. 소재와 생산 프로세스에서의 기술 변화도 꾸준히 일어나고 있다. 엔조는 "이같은 지속적 변화가 공급사슬의 관리를 매우 어렵게 만들고 있다"고 말했다.

기업의 사회적책임(CSR), 특히 공정무역, 미성년자 노동, 노동착취 공장 등의 윤리적 이슈가 점차 신발 및 의류 산업의 기업들에게 관심이 높아지고 있다. 강력한 브랜드인 아디다스, 버버리, 갭, 나이키 등의 회사가 그들의 직간접 공급업체들이 윤리성을 위반하여 주요 스캔들의 중심에 서게 되었다. 그래서 최근에는 UN이 후원하는 글로벌 컴팩트(Global Compact), ETI(Ethical Trading Initiative) 등의 운동이 기업의 윤리성과 책임성을 높이기 위해 시작되었다.

이 사례는 Carlos Mena에 의해 작성되었으며, 인터뷰, 1차 자료, 공개된 자료를 이용하여 작성되었다. 사례에 포함된 조직과 개인의 이름은 비밀유지를 위해 가명을 사용했다. 이 사례는 경영상황이 효과적 혹은 비효과적으로 다루어졌는지를 예시하는 것이 아니라 수업에서 토론용으로 사용되는 것을 목적으로 하고 있다.
ⓒ 2012 Cranfiel University, School of Management. 모든 저작권은 유보되어 있으며, 이 사례는 승인을 얻어 인쇄됨.

## 알티머스의 공급사슬

### 공급사슬 전략과 구조

신발 산업의 많은 기업들과 마찬가지로 알티머스는 자신의 공급사슬을 통합하는 역할을 수행하고 있다. 신발을 생산하는 공급업체를 관리하고, 제3자 물류업체를 통해 물류를 조율하며, 유통채널을 통제하고 있다(〈도표 1〉 참조). 엔조는 이러한 접근법이 생산능력에서의 유연성을 제공해 주며, 자산에 투자할 필요가 없게 만들어준다고 믿고 있다. 그렇지만 주요 한계점으로서 생산원가의 통제가 기업 영역의 밖에 있다는 것을 인식하고 있다. 생산원가 절감을 위한 회사의 유일한 수단은 가격협상, 제품사양, 공급업체 변경 등이다.

알티머스는 극동 지역에서 공급업체를 개발하는 노력에 집중해 왔다. 엔조는 이러한 전략이 수년 동안 효과가 있었고, 이 지역의 공급업체들과 긴밀한 협력관계를 구축했다고 믿고 있다. 그러나 일부 국가에서의 높은 인플레이션으로 인한 공급원가의 상승이 엔조로 하여금 공급 기반을 다시 검토하여 원가를 낮출 수 있는지를 보게 만들었다. 또한 EU에서 중국과 베트남으로부터 수입하는 신발에 반덤핑 관세를 도입한 것이 제품 이윤에 부정적 영향을 주고 있다.

엔조와 구매담당자들은 회의에서 회사의 대표 브랜드이며 가장 매출비중이 높은 로키마운틴에 초점을 두기로 했다. 그들의 경험에 의해 로키마운틴 브랜드의 다음 해 수요를 375,000~425,000개의 범위로 추정하고 있다. 그다음 해에는 수요가 더 성장하기를 기대하고 있지만 수요를 추정할 과학적 방법을 모르고 있다.

### 공급업체 평가

그들은 3개의 기존 공급업체와 1개의 잠재 신규업체를 평가하고 있었다. 유벤(Yu Ven)은 베트남에 위치한 공장으로서 알티머스에 거의 9년 동안 제품을 공급하고 있으며, 2010년에는 로키마운틴 브랜드 제품의 약 52%를 공급하고 있다. 중국에 위치한 진닝(Jin Nin)은 10년 동안 제품을 공급하고 있는 업체로서 2010년에 제품의 32%를 공급했다. 인도네시아의 화병(Far Byung)이 공급해온 기간은 단지 3년에 불과하며, 2010년에 제품의 거의 16%를 공급하고 있었다. 풋나우(Footnow)는 방글라데시의 잠재 신규업체로서 현재의 모든 공급업체들보다 원가가 낮지만 팀에서는 이 기업이 안고 있는 위험을 부담하는 것을 꺼리고 있다.

공급업체를 평가하는 기준으로는 총원가, 인플레이션율, 관세, 생산능력 등의 정량적 요소를 많이 포함하고 있다. 그러나 위험의 많은 요소들이 정량적으로

도표 1  알티머스 로키마운틴 제품의 현재 공급사슬

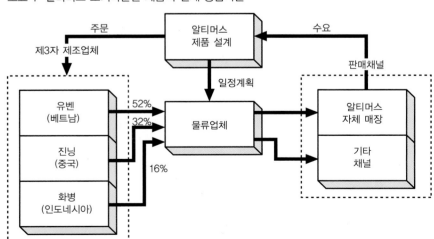

도표 2  구매 대안

| | 공장 | 유벤 | 진닝 | 화병 | 풋나우 |
|---|---|---|---|---|---|
| | 국가 | 베트남 | 중국 | 인도네시아 | 방글라데시 |
| | 켤레당 노무비(달러) | 1.50 | 3.60 | 2.70 | 1.10 |
| | 켤레당 간접비(달러) | 2.40 | 3.40 | 2.70 | 1.00 |
| 공장 출하가격 | **켤레당 총원가** | 17.00 | 25.00 | 16.50 | 15.40 |
| | 인건비 상승률 | 15.0% | 6.0% | 7.0% | 10.0% |
| | 간접비 상승률 | 10.0% | 2.0% | 4.0% | 2.0% |
| 생산능력 | 월간 생산(1,000켤레) | 400 | 250 | 125 | 50 |
| | 거래 기간 | 9년 | 10년 | 3년 | 0년 |
| EU 수입관세 | 관세율(%) | 8.0% | 8.0% | 4.5% | 0.0% |
| | 반덤핑 관세율(%) | 10.0% | 16.5% | 0.0% | 0.0% |
| 위험 | 정시배송 | 낮음 | 낮음 | 낮음 | 중간 |
| | 소통 | 낮음 | 낮음 | 낮음 | 중간 |
| | 국가 위험 | 낮음 | 낮음 | 중간 | 중간 |
| | 제품 품질 | 낮음 | 낮음 | 낮음 | 중간 |
| | 개발 역량 | 낮음 | 낮음 | 중간 | 높음 |

평가할 수 없어서 특정 위험요소를 정성적으로 간단히 높음–중간–낮음의 척도로 평가하기로 했다(평가결과는 〈도표 2〉에 제시됨).

　엔조와 팀원이 직접 평가하지 않은 위험요소는 윤리기준이었다. 4개 업체 각각에 대한 구매담당자의 인식과 의견이 서로 달라서 합의에 이를 수 없었다. 그들은 장기 파트너 기업들의 위험이 낮지만, 어떠한 기업과도 긴밀하게 협력하면 윤리적 이슈는 단기간에 해결할 수 있다고 생각하고 있었다. 결국에는 윤리기준을 위험요소에 포함시키지 않기로 결정했다.

## 엔조의 관심사

엔조는 공급기반을 재구성하면 그것이 제대로 관리되지 못할 때 저해 효과를 가져올 수 있음을 알고 있다. 단순하게 세계에서 가장 저렴한 공급업체를 선택하는 것은 품질, 생산능력, 제품개발 능력, 윤리기준 존중 등 많은 요소들이 있기 때문에 좋은 대안이 아닐 것이다. 그의 팀은 수년 동안 공급업체들의 역량을 개발하

기 위해 그들과 협력해 왔기 때문에 공급기반의 변화는 이 모든 노력을 헛되게 만들고 공급업체와의 신뢰를 무너뜨리고 회사를 위험에 노출시킬 수 있음을 걱정했다.

　엔조의 특별한 관심사는 윤리구매의 이슈였다. 이 이슈에 대해 CEO가 매우 민감하고, 회사에는 사람의 자존감과 권리를 존중하면서 정직하고 공정하게 운영해야 한다는 윤리정책이 명백하게 설정되어 있음을 그는 잘 알고 있었다. 또한 알티머스는 ETI(Ethical

도표 3  ETI 기본 강령의 원칙

1. 고용 선택의 자유
2. 조합 구성의 자유 및 단체협상권 존중
3. 안전하고 위생적인 작업환경
4. 미성년 노동의 사용 금지
5. 생활임금의 지급
6. 과다하지 않은 근무시간
7. 차별금지
8. 정규직 고용
9. 거칠고 비인간적인 취급 금지

Trading Initiative)에 참여하고 있으며 9개의 원칙을 준수하고 있었다(〈도표 3〉참조). 이 원칙들이 준수되는 것을 확인하기 위하여 알티머스는 공급업체들 평가를 통해 제기된 모든 이슈들을 해결하기 위해 그들과 노력했다. 이는 공급업체에서의 어떠한 윤리 위반이 언론에 의해 지적될 가능성이 낮다는 것을 의미했다.

## 엔조의 건의안

이사회에 제시할 건의안을 월말까지 마련해야 한다는 것을 엔조는 알고 있었다. 원가절감이 주요 관심사이긴 하지만 공급사슬의 붕괴 혹은 위험에 노출되지 않으면서 원가를 어떻게 줄일 것인가가 그의 딜레마였다. 팀원과의 회의를 통해 건의안 준비에 필요한 정보

대부분을 얻었지만, 그는 원가와 위험 사이의 올바른 균형에 대해 여전히 고민하고 있었다.

## 토의질문

1. 알티머스가 제조업체가 아닌 공급사슬의 통합자 전략을 선택한 이유는 무엇인가? 이 전략의 장점과 단점은 무엇인가?

2. 4개 공급업체의 원가와 위험을 평가하라. 원가와 위험을 정성적으로 평가하는 가중점수 모델을 수립하여 평가하라.

3. 알티머스의 수요를 충족하기 위하여 어떤 공급업체를 당신은 추천하는가? 그 이유는 무엇인가?

## 소개

머피 웨어하우스(Murphy Warehouse Company, MWC)의 CEO인 리처드 머피 주니어(Richard Murphy Jr.)는 책상에 앉아서 자사의 '701호 창고'에 대해 미니애폴리스시가 발부한 빗물 배수세 고지서를 검토하며 고개를 가로저었다. 고지 금액은 22에이커 부지에 비해 상당히 큰 액수였다. 분기당 평균 17,000달러, 즉 연간 68,000달러였다. 머피는 '나는 빗물 배수에 말 그대로 돈을 쏟아붓고 있다'고 생각했다.

머피 웨어하우스(MWC)는 미국 중서부 최대의 물류회사 중 하나다. 1904년에 설립된 가족회사로서, 리처드 머피 주니어는 이 회사의 4세대 경영자이다. MWC는 트윈시티의 도심 지역에 12개의 창고를 운영하고 있다. 창고의 총면적은 260만 제곱피트에 달하고, 이 중 4개는 머피가 직접 소유했고 총 면적이 110만 제곱피트였다.

창립 이래, MWC는 미국 중서부의 북쪽 지역과 전 세계에 걸쳐 고객 화물의 이동, 저장 및 운송을 도왔다. 제공하는 공급망 물류 서비스는 다음과 같다.

- 제품 유통
- 운송관리 및 통합
- 창고 저장
- 기차 환적
- 주문 이행
- 반품관리
- 부가가치 고객 서비스
- 납품준비 및 포장

MWC는 31,000개 SKU를 관리하고, 연간 125,000대의 트럭만차 분량 및 연간 화차 6,000대 분량의 화물을 싣고 내린다. 현재 200명의 직원으로 구성된 MWC팀이 아무리 업무가 복잡하더라도 고객에게 우수한 물류 솔루션을 제공하고 있다.

1987년에 청정 수자원법(Clean Water Act) 개정으로 연방정부는 강과 호수로 유입되는 빗물의 오염물질을 줄이기 위해 우수(雨水) 품질관리를 지방정부에 위임했다. 연방정부는 지방정부가 우수관리 인프라를 구축하고 운영하는 데 필요한 자금을 제공하지 않았다. 지방정부는 빗물 처리시스템의 운영비용을 마련하기 위해 납세자에게 의존했다. 2005년에 미니애폴리스시는 주거용을 포함한 모든 부동산 소유주에게 빗물 배수세를 부과하기 시작했다.

701호 창고는 MWC의 4개의 창고 중 가장 오래된 창고였다. 원래 건물은 1904년에 건설되었으며, 수십 년에 걸쳐 550,000제곱피트인 현재 크기의 시설로 확장되었다. MWC의 다른 3개 창고는 1990년대에 지어졌으며, 빗물을 저장하는 대형 저수조를 갖추고 물이 천천히 바닥으로 스며들 때 오염물질이 걸러지도록 했다. 이 저수조는 건축 규정에 맞게 설계되었으며 새로운 창고 건설을 위한 부지 설계에 반영되었다. 이들 최신 창고에서는 모든 우수를 처리할 수 있으므로 빗물 배수세가 부과되지 않았다.

701호 창고는 다른 상황이었다. 22에이커의 부지 중 95%는 전형적인 7월 폭풍우로 인해 엄청난 양의 빗물 유출을 일으키는 방수 지붕 또는 바닥 포장으로 되어 있다. 이 물의 대부분은 미니애폴리스시의 빗물 배수 시스템으로 흘러가기에 MWC에게 연간 수만 달러의 세금이 나오는 것이다.

머피는 수소문 끝에 701호 창고의 우수관리시스템을 580,000달러의 비용으로 설계하고 건설할 수 있는 엔지니어를 발견했다. 그것은 커다란 저수조, 빗물을 흡수하기 위한 3개의 정원, 그리고 빗물 유입에 맞춰 개조된 지붕의 배수관을 포함했다.

머피가 직면한 과제는 이 프로젝트의 높은 비용과, 보통보다 더 긴 회수기간을 정당화할 수 있는지를 판

이 사례는 세인트클라우드 주립대학교의 Michael J. Pesch와 Sohel Ahmad 교수, 머피 웨어하우스의 Richard T. Murphy, Jr.에 의해 작성되었고, *Journal of the International Academy for Case Studies* 18, no. 3 (March 2012)에서 발췌했다.

단하는 것이었다. 물론, 이 프로젝트는 미니애폴리스 시가 분기마다 부과하는 빗물 배수세를 거의 전액 없애줄 것이다. 그리고 현장에서 빗물을 처리하는 것은 환경책임을 다하는 일이다. 그러나 MWC가 미래에 투자해야 할 다른 여러 사안이 있을 텐데, 50만 달러가 훨씬 넘는 프로젝트 비용은 의심의 여지없이 큰 비용이다. 머피가 이 프로젝트를 거부해야 한다면 어떤 부담 때문일까?

## 배경

환경문제에 대한 인식 증가로 인해 지난 몇 년 동안 소비자는 환경친화적인 제품 및 서비스를 요구하고 있을 뿐 아니라, 회사가 운영의 환경적 영향을 고려하면서 비즈니스를 수행할 것을 기대하고 있다. 기업들은 환경 측면의 지속가능성에 대한 요구에 최선의 방안을 채택함으로써 대응하고 있다. 점점 더 많은 기업들이 환경에서의 성과 및 기타 친환경 가치와 수단을 핵심 비즈니스 목표에 포함시켜 환경적 지속가능성 계획 및 성과를 공개하고, 공급업체에게도 친환경 실천을 기업 운영에 반영하도록 요구하고 있다.

많은 기업들은 사업의 운영방식에 환경친화적인 변화를 원하지만 큰 비용 때문에 다소 어려운 결정을 해야 한다. 경쟁시장에서 살아남기 위해 분투하는 중소기업에게는 환경적 지속가능성을 추구하는 것이 특히 어렵다. 그러나 대부분의 기업들은 지속가능한 사업 운영과 관련한 기회와 경쟁요건을 무시할 수가 없다. 높은 에너지 비용, 업계 동향 및 고객의 직접적인 압박 때문에 회사 경영자들은 미래의 사업전략에 어떻게 지속가능성이 부합하는지를 깊이 있게, 그리고 창의적으로 생각해야 한다. 운송/물류 업계에서 특히 그렇다. 2007년 미국의 경우 운송업이 에너지 소비의 약 28%, 이산화탄소 배출의 33%를 차지하고 있었다.

이러한 이유로 기업의 공급망, 특히 창고 및 유통망 관리에 초점을 두면 지속가능성에서 크게 향상될 수 있다. 이 견해는 가구 제조업체인 허먼 밀러(Herman Miller)의 CEO인 브레인 워커(Brain Walker)를 포함하여 많은 전문가와 기업 리더가 공유하고 있다.

창고는 수많은 기업 및 산업의 공급망 네트워크에서 핵심 요소다. 2009년 산업통계에 따르면 미국 내 창고 저장공간은 인구 1인당 16제곱피트로, 총 50억 제곱피트에 달한다. 미국 내 창고 보관 서비스의 총 연간비용은 약 1,220억 달러(또는 1인당 407달러)였다.

창고는 공급망 시스템의 비용, 효율성 및 환경적 영향에 상당히 큰 영향을 미친다. 창고는 넓은 지역에 걸쳐 물을 흡수하는 땅 표면을 물이 스며들지 않는 지붕과 아스팔트로 바꾸게 만든다. 창고 주변에는 흔히 녹지 공간이 있어 잔디를 깎고, 물, 비료, 제초제 및 살충제를 주어야 한다. 또한 창고는 수십만 제곱피트의 내부 공간에 조명 및 냉난방을 위해 엄청난 에너지가 필요하다. 그리고 건물과 주차장이 태양열을 흡수하고 유지하여, 해당 지역의 전체 평균 기온을 올리므로 '도시 열섬 효과'가 생기는 데 한몫을 한다.

점점 더 많은 새로운 창고가 미국 그린빌딩위원회(U.S. Green Building Council, USGBC)에서 수립한 환경표준에 맞춰 건설되고 있다. 예를 들어 유통시설을 개발하고 관리하는 글로벌 업체인 프로로직스(ProLogis)는 미국 내 모든 새로운 개발 건에 USGBC 표준을 적용하고 LEED(에너지 및 환경 디자인 리더십) 인증을 추진하고 있다. 기존의 일부 창고는 충분한 자연 채광을 위해 추가 단열 및 넓은 창문 설치 등의 개조 작업을 통해 효율화하고 있다.

## 머피의 회사에서 지속가능성 프로젝트

1990년대 중반, 리처드 머피는 MWC의 사업을 집중적으로 살펴보았고 지속가능성 향상 프로젝트에 투자함으로써 회사의 비용 및 효율성에서 이점을 달성할 수 있음을 알게 되었다. 선결 비즈니스가 있었기 때문에 무조건 지속가능한 '녹색' 아이디어에 매진하지는 않았다. 모든 투자 제안에 대한 재무분석은 회사 자원과 관련된 의사결정을 내릴 때에 핵심이 되는 사항이다. 그러나 재무분석을 할 때에는 장기적인 의사결정을 지향하는 문화, 훌륭한 기업시민으로서 올바른 일을 하려는 강력한 기업문화를 함께 고려해야 한다. 어느 프로젝트가 2~3년 안에 재무적으로 투자회수가 안된다고 해서 고려 대상에서 배제하지는 않는다.

### 잔디밭에서 초원으로의 전환

머피는 지속가능 운영을 실행할 첫 대상으로서 미네소타주 프리들리의 창고 시설 2곳을 둘러싸고 있는 10.19에이커 잔디밭의 유지비용을 조사했다(⟨도표 1⟩).

MWC의 CEO이기도 한 머피는 조경가로서 정식교육을 받았으며 미네소타대학교 디자인대학에서 23년 넘게 부교수로 디자인과 비즈니스를 가르쳤다. 그는 급수시설을 필요로 해서 이런저런 낭비가 클 뿐 아니라 재배와 유지에 비용이 많이 드는 보통의 켄터키블루 잔디를 줄이고, 초원 지역의 자연 화초를 늘리는 것이 유리하다는 것을 알고 있었다. 그는 자연적인 초원을 조성하고 유지하는 전문업체인 프레리 리스토레이션(Prarie Restorations)에 연락을 취했다. 그 회사와 머피는 6에이커의 잔디밭을 자연의 초원으로 바꾸었으며, 설치비용은 1에이커당 6,575달러가 들었다.

일정 수준의 미적 외관을 유지하기 위해 모든 땅을 잔디밭에서 초원으로 바꾸지는 않았다. 초원 조경의 단점 중 하나는 다듬지 않은 것으로 보이는 길, 인도, 차도 등의 허름한 모습이다. 머피와 프레리 리스토레이션은 초원 부지 주위에 잘 정리된 잔디밭이 둘러 있게 함으로써 초원 부지가 자연스럽게 설계되고 관리된 것으로 생각되게 만들었다. 이러한 방식으로 초원 부지를 설계하는 것을 '틀에 맞추는 방식(enframing)'이라고 한다.

#### 도표 1  10.19에이커의 잔디밭을 유지하는 연간 비용

|  | 연간 비용 |
|---|---|
| 잔디 깎기 | $29,220 |
| 물 주기 | $20,988 |
| 거름 주기 | $2,444 |
| 총비용 | $52,652 |
| 에이커당 비용 | $5,167 |

초원이 재조성된 머피의 창고

이러한 초원 조경은 MWC에 즉각적인 비용 절감 효과를 가져왔다. 비록 유지관리비용은 줄었지만, 들불 놓기, 외래종 감시, 야생화 관리, 휴면 풀 깎기 등 초원에도 간간히 관심을 기울여야 한다. MWC가 초원 공간을 유지보수하기 위해 들이는 연간 비용은 1에이커당 707달러로서, 켄터키블루 잔디를 유지하는 비용의 14%도 안 되었다.

이 초원 프로젝트와 다른 두 프로젝트 이외에도 MWC는 창고 역내에 732그루의 나무를 심어 여러 가지 효익을 얻었다. 나무는 숨쉬기를 통해 공기를 냉각시키고 땅에 그늘을 만듦으로써 '도시 열섬 효과'를 줄이는 데 도움이 되었다. 또한 나무는 창고와 인접한 상업용 부동산 및 주택가 사이에 매력적인 여유 공간을 제공했다. 그리고 나무와 초원 공간에는 물새, 맹금류, 노래하는 새들, 사슴, 여우 등 다양한 야생 동물이 모여들었다.

### 도크 담요(Dock Blankets)

MWC의 또 다른 지속가능 조치는 창고 적재구역의 외벽에서 내부 10피트까지 바닥에 강철 도크 판이 깔려 있는데 이 판을 도크 담요(Dock Blankets)로 덮는 것이다. (1) 강철판은 겨울철 외부의 한기를 그대로 창고 내부로 옮기고 (2) 강철판끼리 겹친 부위를 통해 바람이 들어오는 것을 막기가 어렵기 때문에 상당한 열 손실을 초래했다. 머피는 이러한 강철 도크판이 음료수 안의 얼음처럼 창고 내부에 있으면서 내부공간을 춥게 만드는 '얼음 조각'과 같다고 생각했다.

열 손실 문제를 해결하기 위해, 운영팀은 가구 운송업계에서 사용하는 것과 같은 종류의 단열 담요를 맞춤형으로 주문했다. 담요는 창고의 도크판 크기에 딱 맞게 만들었고, 겨울철에는 단 10분 동안이라도 도크판을 사용하지 않을 때마다 담요로 도크판을 덮었다. 곧바로 MWC의 난방비용은 10%가 줄었고, 도크 부근의 기온은 화씨 10도 이상 상승하면서 도크 작업자들을 기쁘게 했다. 도크 담요 구매에는 비교적 적은 지출이 필요했지만 직원들이 추위를 피하게 되었고, 난방비용 절약으로 불과 수개월 사이에 투자비를 회수할 수 있게 되었다.

## 조명

조명에 있어 MWC는 지난 15년간 획기적으로 에너지 효율성을 개선했고, 앞으로도 비용 절감을 위해 업그레이드 투자를 계속할 것이다. 예를 들어 MWC는 새로운 'T-8' 조명기구가 이전의 조명기구에 비해 조명비용을 거의 20% 낮추기 때문에 5년밖에 되지 않은 예전 조명시스템을 교체했다. (설치한 지 5년 된 시스템은 설치 당시 '최첨단'으로 여겨졌었다.) 새로운 T-8 조명시스템의 투자회수 기간은 불과 14~16개월이었으며, 머피는 항상 새로운 에너지절약 기술을 활용하는 것이 유리하다고 확신했다. MWC가 조명 성능을 향상시키기 위해 취한 또 다른 주요 조치는 창고 천장을 흰색으로 칠해서 빛이 흡수되는 대신 천장에서 아래로 반사되게 하는 것이다. 전통적으로 창고 천장은 대개 어두운 회색을 사용했다.

## 지속가능성에 대한 향후 계획

리처드 머피는 MWC를 경쟁력 있고 수익성 있게 유지하기 위해 지속가능성을 계속 높일 계획이었다. 업계에서 쌓은 경험과 고객들과의 교류를 통해 그는 새로운 비즈니스를 획득함에 있어 지속가능성이 점점 더 중요한 기준이 될 것임을 알고 있었다. 더 많은 고객이 자신의 녹색계획을 보완해 주는 물류업체와 파트너십을 맺으려 했고, 지속가능성은 재무 성과와 뗄 수 없는 기준이 되었다.

## LEED 인증

머피는 현재 MWC의 LEED 골드 인증신청서를 완성하고 제출하기 위해 컨설턴트와 작업하고 있다. LEED 인증 단계에는 인증, 실버, 골드, 플래티넘 등 네 가지가 있다. 많은 기업들이 LEED 인증을 받으려 하지만, 오직 13%만 이 프로세스를 완주하고 있다. '골드'는 두 번째로 높은 LEED 인증이며, MWC가 새로운 고객을 유치할 때 활용할 수 있는 명백한 요소이다.

## 에너지스타 인증

LEED 인증 프로세스를 진행하던 중에 MWC의 시설이 미국 환경보호청(EPA)의 에너지스타 인증요건에 부합한다는 것을 알게 되었고, 점수로 치면 상위 1%에 해당하여 '가장 효율적'이라는 평가를 받을 수준이었다. 위키피디아(Wikipedia)에 따르면 "EPA의 에너지스타 프로그램은 상업용 및 기관의 건물 유형과 제조설비에 대한 에너지 성과 등급시스템이며, 등급은 1~100 사이의 단일 척도로 표시되고, 특정 건물과 공업 시설의 에너지 효율을 유사한 시설의 에너지 성과에 대비해서 평가한다. 이 등급시스템에 근거하여 EPA가 어떤 건물이나 공장에 에너지스타 인증을 줄 수 있는지를 결정한다."

## ISO 14000 인증

MWC의 또 다른 친환경 추진계획은 녹색사업 실행자로서 ISO 14001 인증을 준비하고 신청하는 것이었다. 국제표준화기구(ISO)에 따르면, ISO 14000 시리즈가 담고 있는 여러 규범의 목적은 '조직 내에서 더 효과적이고 효율적인 환경관리를 촉진하고, 유용하며 활용 가능한 도구를 제공하는 것이다. 이런 도구들은 환경 관련 정보를 수집, 해석, 소통하는 데 있어 비용효율적이며, 시스템에 기반하고, 유연하며, 최고의 조직과 최고의 관리기법을 반영'하는 것이다. ISO 14000 인증의 목표는 환경 성과를 향상시키는 것이다.

## 새로운 친환경 관리기법

리처드 머피는 자사가 취한 지속가능성 조치가 LEED

및 ISO 14001 인증을 받는 데 충분하다고 확신했다. 그러나 그는 새로운 녹색화 관리방안을 고려해야 함을 또한 알고 있었다.

현재의 정치 및 경제 환경 속에서 미국 의회는 태양광 발전, 풍력 발전, 지열 냉난방 등 새로운 에너지 기술을 촉진하는 지원패키지의 일환으로 몇몇 세금 인센티브 제도를 통과시켰다. 머피는 MWC의 창고 지붕에 태양 전지를 설치하는 것을 고려했고, 지붕에 설치할 수 있는 높이가 낮은 풍력 터빈의 설치도 고려했다. 머피는 현재 이러한 새로운 기술의 채택을 통해 리베이트 또는 인센티브를 받을 수 있는지 현지 전력회사와 논의 중이다.

회사의 미래에 대해 고민하면서 머피는 가족회사의 대표로서 장기적인 관점을 가져야 함을 알고 있었다. 상장 회사가 어떤 투자를 승인하려면 투자회수기간이 보통 3~4년이어야 하는데, 그는 이를 초과하는 투자 프로젝트라도 섣불리 기각하지 않았다. 그는 지속가능한 프로젝트가 장기적인 경쟁력을 구축하는 일임을 알고 있으며, 어떤 프로젝트가 MWC 전략계획의 일환이라면 긍정적인 수익을 창출하는 데 다소 시간이 걸려도 좋다고 보았다.

## 빗물 배수 프로젝트 : 승인할 것인가, 말 것인가?

머피는 전략적 투자의 장기적 관점에도 불구하고 회사 재정을 보호하기 위해 단기적으로도 현명한 판단을 내려야 함을 잘 알고 있었다. 100년도 더 된 자산에 대해 우수 프로젝트로 580,000달러를 지출하는 것은 회사 자원에 관한 중요한 결단이었다. 머피는 이 금액이 단지 추정치임을 알고 있었다. 일단 프로젝트가 시작된 이후에, 추가 비용이 발생하는 토양 문제나, 전기사용 문제가 불거지면 어떻게 되겠는가?

자사 최고재무책임자(CFO)가 보낸 정보를 보고 머피는 프로젝트의 총비용이 580,000달러지만, 첫 1년간 21%의 세금 공제액을 감안하면 순비용이 458,200달러임을 알게 되었다. 기타 재무정보는 다음과 같다.

- 순자금소요액 458,200달러는 회사의 현금 적립금에서 충당될 것이다.
- 15%의 무위험 할인율이 적용된다.
- 580,000달러 프로젝트 비용은 15년 동안 이중체감법에 따라 매년 13.333%의 비율로 감가상각된다.
- 연간 현금 절감액은 첫해에 68,000달러인 것으로 추정되고, 매년 5%씩 증가한다.
- 과세대상 소득에 대해 42% 세율의 법인세(연방세 및 주세)가 적용된다.
- 초기 프로젝트 비용 이외에는 고정비나 변동비가 발생하지 않는 것으로 가정한다.

더불어, 머피는 2개월의 건설기간 동안 MWC의 운영효율성이 정상적인 창고 활동의 중단으로 인해 부정적인 영향을 받게 됨을 알고 있었다. 이러한 영향을 최소화하기 위해 추가비용을 감수해야 할 수도 있다. 예를 들어 공사가 진행되지 않는 야간과 주말에 트럭 통행을 가능하게 하려면 시공 구멍을 덮어야 할 수도 있다. 또한 조업 혼란 중에 고객 서비스 수준을 유지하려면 초과근무가 필요할 수도 있다. 이런 딜레마를 안고 고민하면서 머피는 폭우를 몰고 올 검은 먹구름이 수평선에 피어오르는 것을 창문을 통해 바라보았다.

## 토의질문

1. 잔디에서 초원으로의 전환 프로젝트, 도크 담요, T-8 조명기구 및 빗물 배수 프로젝트의 투자 회수기간은 얼마인가?
2. 이 사례의 재무정보를 고려하여 빗물 배수 프로젝트의 순현가(NPV)를 계산하라.
3. 재무적 및 비재무적 관점에서 빗물 배수 프로젝트의 장단점을 평가하고, 리처드 머피의 의사결정을 위해 건의안을 마련하라.
4. LEED, 에너지스타 및 ISO 14000 인증을 취득할 때의 장단점은 무엇인가?

2010년 아이티의 지진 재난이 발생했을 때 영국에 기반을 둔 재난구호 자선단체인 쉘터박스(ShelterBox)는 단체의 10년 역사 중 가장 큰 규모의 구호단을 보냈다. 단체의 미션인 '재난과 인도주의적 위기에 처한 지역을 안정시키고 보호하고 지원하기 위해 필요한 긴급 대피소와 필수 지원을 신속히 제공함'에 맞춰 자원봉사자와 협력기관의 인력으로 구성된 글로벌팀이 파견되었다.

로터리클럽의 한 지부에서 밀레니엄 프로젝트로 시작된 쉘터박스는 지속적으로 증가하는 인도주의적 지원의 필요성에 대응하기 위해 로터리클럽의 글로벌 네트워크를 활용할 수 있었다.

그러나 지역 프로젝트에서 글로벌 인도주의 단체로 성장하는 과정은 순탄하지 않았고, 점진적으로 성장한 과정에 복잡한 전략적 및 운영적 도전이 많이 있었다.

## 아이티의 2010년 지진

2010년 1월 12일 오후 4시 53분에 진도 7.0 규모의 지진이 카리브해의 국가인 아이티 지하를 타격했다. 진앙지는 수도인 포르토프랭스의 25km 남서쪽에 위치한 레오간 인근이었다. 지진은 수도의 주요 빌딩, 주택, 상업용 건물의 대부분에 심각하면서 재앙적인 손실을 입혔다. 국제적십자위원회(ICRC)와 긴급재난위원회(DEC)가 발표한 통계에 의하면 18만 호의 주택이 파괴되었고, 23만 명이 사망, 30만 명이 부상을 입었고, 또한 50만 명의 이재민이 발생했다. 이 지진은 40초 동안 지속되었다.

지진이 강타한 12분 후에 영국에 기반을 둔 국제 재난구호 자선단체인 쉘터박스는 재난에 즉각적인 반응을 보이면서 900박스의 구호품을 신속히 배치했다. 피

2010년 1월의 지진 후에 아이티 포르토프랭스 인근의 쉘터박스 캠프
© Mike Greenslade/Alamy Stock Photo

해규모는 신속하게 지상의 구호단체들과 군사 대표부에 알려졌다. 쉘터박스는 여태껏 겪었던 그 어떤 재난보다도 (2004년 박싱데이 때의 아시아 쓰나미를 능가하는) 더 큰 시험이 될 것이라고 생각했다.

쉘터박스는 가능한 모든 자원을 동원하여 구호기금의 모금을 시작했고, 12개월 동안 단체의 모금이 2배가 되어 1,620만 파운드에 이르렀다. 총 28,417개의 쉘터박스가 배치되어 25만 명 이상의 이재민에게 비상 대피소와 생존을 위한 장비가 제공되었다.

## 아이티 지진에의 대응

갑자기 발생하는 재난 상황에서는 매우 불안하고 위험한 상황에 처하게 되는 이재민들에게 즉각적으로 필요한 사항을 찾아서 지원하는 신속한 대응이 중요하다. 쉘터박스의 대응팀원(SRT)은 정확한 초기 조사를 통해 내부 상황을 구호단체의 본부에 알려 구호가 가장 절실히 요구되는 사람들을 위한 추가적인 지원을 조직하여 파송할 수 있게 만들었다.

아이티의 엄청난 재앙은 SRT, 광범위한 자원봉사

이 사례는 영국 셰필드 경영대학의 Jamie Rundle 교수에 의해 작성되었으며, 쉘터박스의 운영책임자인 John Leach의 도움으로 이루어졌다. 이 사례는 어느 경영 상황을 효과적 혹은 비효과적으로 다루어졌는지를 예시하는 것이 아니라 수업에서 토의용으로 사용하는 것을 목적으로 하고 있다. 이 사례는 공개된 자료와 2011–2012년 기간 동안 이루어진 현장조사를 바탕으로 했고, 쉘터박스의 지원으로 가능했다.

© 2013, 2014 Jamie Rundle

자 네트워크, 쉘터박스의 운영책임자인 존 리치(John Leach)가 이끄는 관리팀의 능력을 시험하는 계기가 되었다. 영국 및 전 세계의 전진기지에서 보유하고 있던 초기 구호품들이 금세 바닥이 났다.[1]

아이티 지진이 발생한 후 며칠 동안에 쉘터박스는 10년의 단체 역사상 가장 많은 기부금을 받았으며, 어떤 건은 10만 파운드가 넘는 것도 있었다. 특정 목적의 기부금을 받지 않는 기존의 정책에 반했지만 아이티 상황에서의 필요를 채우기 위해 거액의 기부금을 감사히 받아 자선단체의 목적에 맞도록 필수 장비의 구입에 사용할 수 있었다.

그럼에도 불구하고 얼마나 오래 아이티에 접근할 수 있을지, 장비의 구입과 쉘터박스의 수송을 위한 시간이 충분히 있을지가 존의 가장 큰 고민이었다. 배송을 어떤 방법으로 할 것인가? 선박 혹은 항공, 정기선 혹은 전세기로 할 것인가? 정기 항공을 이용할 때 25,000파운드의 비용이 발생하고 전세기 이용의 경우는 10배의 비용이 발생하기 때문에 존의 딜레마는 행동의 필요성과 기부자가 인식하는 가치 사이에서 균형을 찾는 것이었다.

## 쉘터박스와 국제 로터리그룹

쉘터박스는 영국 런던의 남서부 300마일 떨어진 조그만 도시인 헬스톤에 기반을 둔 영국 인가의 자선단체이다. 지역의 '로터리 밀레니엄 프로젝트'의 일환으로 설립된 이후로 이 단체의 미션인 '재난과 인도주의적 위기에 처한 지역을 안정시키고 보호하고 지원하기 위해 필요한 긴급 대피소와 필수 지원을 신속히 제공함'에 따라 전 세계의 모든 대륙에서 발생하는 재난에 대응해 왔다. 이 단체는 지진, 홍수, 화산, 쓰나미, 허리케인, 산사태, 태풍, 분쟁 등 모든 형태의 자연재해 및 인재에 대해 수혜자들을 지원했다.

영국 왕립해군의 구조 잠수가이면서 로터리 회원이었던 톰 헨더슨(Tom Henderson)은 타임지와의 인터뷰에서 1999년 어느 날 저녁에 TV 뉴스에서 재난보도를 보게 된 일을 회상했다. 구조원이 희생자를 위해 빵을 땅에 던져 주면서 집을 수 있는 것을 집도록 하는 장면을 보게 되면서 기존의 인도주의 구호단체들이 제공하는 지원이 무효하다고 생각했다. 헨더슨은 자신의 아내를 바라보면서 모든 것을 잃은 저 사람들이 자신들의 존엄성과 자존심이 왜 무시되어야 하는지를 물었다.

이같은 질문을 곰곰이 생각하면서 헨더슨은 자연재해 후에 그들에게 필요한 것이 무엇인지를 상상해보았고, 이들에게는 대피소, 추위 방지, 안락, 자존 등이라고 결론 내렸다. 이러한 영감으로 탄생한 것이 쉘터박스의 개념이었다.

평범한 프로젝트로 시작된 쉘터박스는 로터리클럽의 지원을 받으면서 궁극적으로는 100년의 역사에서 가장 큰 프로젝트가 되었다. 쉘터박스는 마침내 2009년에 '글로벌 로터리클럽 프로젝트'로 명명되었고, 2012년에는 로터리클럽의 최초 '국제 프로젝트 파트너'가 되었는데 이는 구호장비가 로터리클럽의 이름으로 보증됨을 의미한다.

로터리클럽은 초기에 전 세계 수천 개의 지부를 통해 쉘터박스에의 지원 중 반을 기여했다. 그러나 쉘터박스에의 지속적 지원은 로터리클럽의 지원을 넘어서 수천 명의 자원봉사자들이 SRT 요원으로 파견, 혹은 영국 본사에서 모금, 행사를 통한 인식고취, 지원부서에서의 필수적 행정지원을 담당하는 등의 지원을 얻게 되었다.

이 프로젝트는 스카우트협회(The Scout Association)와 협력하여 글로벌 파트너십을 구축하는 계기가 되었고, 2007년에 쉘터박스는 콘월(Cornwall) 공작부인을 단체의 대표로 임명했다.

## 박스 안의 내용물

표준 쉘터박스는 쉘터박스가 설계한 텐트, 땅 깔개,

---

[1] 전진기지는 주로 '환태평양 조산대'로 불리는 환태평양 지진대에 위치하고 있다. 그 외에도 멜버른, 싱가포르, 나이로비, 두바이 등에 추가로 구호물품을 보유하고 있다.

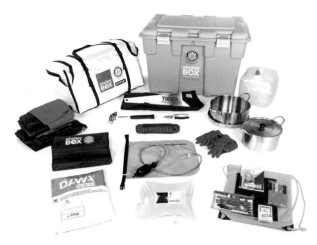

**전형적인 쉘터박스의 내용물**
© ShelterBox

담요, 조리기구, 보온과 보호를 위한 필수도구, 어린이용 놀이 및 교육도구 등을 포함하여 다양한 장비로 구성되어 있다. 단체는 이를 '필수적인 생명구조 및 생활적응 도구'로 표현하고 있으며, 재난 후에 가족들을 유지시킬 수 있는 것들로 이의 표준원가는 590파운드 수준이다.[2]

이는 지상 구호활동에서 긴급히 필요한 것들에도 적용되며, SRT 요원들은 필요한 용도에 맞는 장비가 무엇이며 장기적 복구활동을 저해하는 것이 무엇인지를 신속히 파악해야 한다.[3] 예를 들어 2006년의 자바 지진으로 많은 빌딩이 부서지고 많은 이재민이 발생했을 때 대피소가 가장 우선적으로 필요했다. 해당 지역에서 충분한 자원조달이 가능했기에 박스에는 2개의 텐트를 담고 구조 과정에서 버려질 수도 있는 물건들은 제외했다.

구호물품이 제공되면 SRT 요원은 대피소와 장비를 건설하고 유지함에 있어서 '훈련자를 훈련'시키는 방식을 신속히 적용하게 된다. 이는 해당 지역이 가능한 한 신속하게 독자적으로 자급할 수 있게 만들어주며, 임시의 이재민 사회를 유지할 수 있는 조건을 형성시켜 준다.

## 쉘터박스 능력의 제고, 2000-2010년

재앙에 대응하는 자선단체의 능력이 첫 10년 동안에 상당히 제고되었다. 2001년 1월에 인도 서부 지역인 구자라트에서 발생한 강도 7.9의 지진(200년 이래 최대의 지진)으로 2만 명이 사망하고, 100만 개의 빌딩이 파괴되었다. 이 당시에 쉘터박스는 143개의 박스를 제공할 수 있었다.

그 이후 전 세계에 걸쳐 일어난 모든 형태의 재난에 쉘터박스가 대응하면서 대중의 인지도가 크게 높아졌다. 그 결과, 첫 3년 동안 재정적 기부금이 점점 증가하여 2004년에 발생한 16건의 주요 재난에 2,600개의 박스를 보낼 수 있었다. 그러나 쉘터박스가 당면한 최대의 도전이 일어났다. 2004년 12월 26일에 인도네시아 수마트라 해안에 지진이 발생하여 쓰나미가 인도양의 14개 국가 해안을 덮쳤다.

진도 9.0에 이르는 엄청난 지진과 연이은 쓰나미는 첫 수 시간에 15만 명을 희생시켰고 150만 명 이상의 이재민을 낳았다. 이 때문에 쉘터박스가 재난에 대응하는 방식에 획기적인 변화가 있었다. 내부의 기부금이 급격히 늘어났고, 불과 6개월 전에는 상상할 수 없을 정도의 규모로 대응 수준을 높일 수 있었다.

**도표 1**  2006년부터 2011년까지의 연간 수입

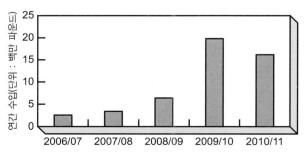

출처 : ShelterBox.org

---

[2] 박스의 표준원가는 1개 박스의 원가이며 저장비용과 물류비용이 포함되어 있다.

[3] 광범위 복구활동에는 수개월 혹은 수년 동안 지상에서 구호활동을 수행하는 수많은 대형 구호단체들과 전체 구호활동을 조율하는 단체들도 포함된다.

도표 2　2006년부터 2011년까지의 제공 박스 수량

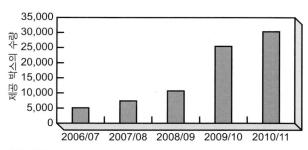

출처 : ShelterBox.org

커진 기부금과 늘어난 자원봉사자들로 인해 쉘터박스는 2005년에 22,000개의 박스를 제공할 수 있었다. 이 박스들은 아시아 남동부에서 발생한 쓰나미 생존자뿐 아니라 같은 해에 발생한 미국의 허리케인 카트리나와 파키스탄 카슈미르 지역에 발생한 진도 7.6의 지진 희생자에게도 보내졌다. 이 숫자는 과거 3년간의 박스 총 수보다도 10배가 증가한 숫자였다.

2004년과 2005년의 사건 이후 3년 동안 자선단체는 다시 한 번 재무적 자원과 대응능력이 제고되는 경험을 하게 되었다. 2009년까지 3년간의 평균 수입은 400만 파운드를 밑돌았고, 제공하는 쉘터박스의 평균 수는 연간 약 7,500개 정도였다.

2010년의 아이티 지진 때에는 이전의 수입을 훨씬 초과하는 기부금이 들어왔으며, 2004/5년의 규모를 초과했다. 2009/10 회계연도의 총기부금이 이전 해의 합계보다도 많아서 거의 1,890만 파운드에 이르렀다 (〈도표 1〉)[4].

## 구매, 운영, 공급사슬의 도전과제

쉘터박스는 박스를 꾸리고 배송하기 위하여 많은 글로벌 제조업체와 물류조직들과 제3자 공급자관계를 맺고 있다.

쉘터박스 전략의 핵심은 텐트로서 최소한 6개월 동안 강풍, 강한 자외선, 폭우를 견딜 수 있는 크고 내구성 있는 맞춤 텐트가 중요하다. 쉘터박스는 방고 (Vango) 브랜드의 모기업인 AMG 그룹과 긴밀히 협력하여 텐트 사용자가 당면하는 극한 환경을 견디는 텐트 설계를 지속적으로 혁신하고 제조하고 있다. AMG 그룹은 또한 SRT 요원이 텐트를 신속히 조립하도록 훈련시키고 있다. 이 사례는 견실하고 신뢰성 있는 제품 및 서비스를 개발하고 전달하기 위하여 쉘터박스가 구축한 여러 공급자관계의 한 예다.[5]

쉘터박스는 영국 기지에 충분한 장비 재고를 갖추어 언제라도 보낼 수 있도록 하는 것이 목표이다. 제품 및 서비스의 공급망을 통해 이해관계자들에게 가치를 제공하는 것뿐 아니라 영향력 있고 신뢰성 높은 구매자가 되는 것이 중요하다는 것을 이 단체는 알고 있다. 쉘터박스의 운영책임자인 존 리치에 의하면, 그렇게 함으로써 공급업체들과의 강력한 거래관계를 통해 물품의 구매와 선적에서 쉘터박스가 원하는 것을 요구할 수 있으며, 자발적 기부나 선의를 가만히 기다려야만 할 필요가 없다는 것이다. 리치의 의견에 따르면 자발적인 기부나 선의만을 기대하는 것은 구매자로서 단체의 중요성을 감소시켜 결국은 단체가 필요로 하는 것을 공급업체가 인식하지 못하게 된다.

운영팀이 당면하는 이슈는 다면적이어서 물자를 조달해 오는 것에 그치지 않는다. 하류로의 물류 측면에서 세관통과의 이슈 이외에도 많은 문제가 있다. SRT 요원이 어떠한 장비를 누구에게 제공해야 하는지에 대해 적절한 판단을 할 수 있는 능력을 갖추고 있지만 어떤 국가에서는 종종 물자의 국경 통과가 쉽게 이루어지지 못하고 있다.

효율적인 세관통과 절차가 없다면 인도주의적 구호활동을 전 세계에 걸쳐 수행하지 못한다. 상대적으로 짧은 기간만 주둔하는 쉘터박스는 세관통과에 걸리는 시간조차도 낭비하기에는 너무 소중한 시간임을 종종

---

[4] 2009/2010 회계연도에 모든 수입원으로부터의 총수입은 1,990만 파운드를 약간 밑돌았다.

[5] 방고의 웹사이트에 의하면 쉘터박스는 '에든버러 공작상'을 포함한 많은 조직과 함께 방고의 주요 고객이다.

느낀다. 국가 정부가 국제적 지원을 거절하는 경우에는 조금의 지연도 긴급 구호가 필요한 장소와 시간에 도달하지 못하게 만든다.

구호품에 부과되는 수입세율은 국가마다 다르고, 지상 구호활동을 수년간 지속하는 ICRC, 국경없는 의사회(Médecins San Frontières), 옥스팜(Oxfam)과 같은 NGO 단체들의 도움이 적절한 통관을 위해 필요하게 된다.

## 어떻게 할 것인가?

쉘터박스는 2010년 아이티 재난에의 대응 이후로는 대규모 기부가 특정 목적으로 이루어질 수 있다는 생각을 점차 하게 되었다. 이전의 대형 재난이 발생했을 때 일부 기부자들이 종종 자신의 돈이 사용되어야 하는 국가를 지정하고자 하여 조심스럽게 거절하는 일이 있었다. 이처럼 전제조건을 붙이는 것은 개별 기부자가 자신이 후원한 박스의 최종 목적지가 어디가 되든 추적할 수 있도록 하는 'Track Your Box' 정책에 반하는 것이다.

최근의 경영팀 회의에서 자선단체의 현재 운영능력의 측면들이 회의 의제에 포함되었다. 특히 쉘터박스의 재고축적 능력, 개별 기부의 추적 가능, 통관의 이슈가 그 회의에서 논의되기로 했다.

그러나 회의가 결정되기 이전에 글로벌 재난경보시스템(GDACS)이 일본의 지진을 경보했다. 게다가 이미 7,000개 이상의 쉘터박스가 파키스탄의 홍수 재난에 보내졌고, 콜롬비아, 브라질, 나이지리아 등에 더 많은 박스가 보내졌다. 일본 지진에는 추가로 28,400개 혹은 그 이상이 보내져야 할지 모른다는 생각을 존은 하게 되었다.

이같은 대규모 대응을 자선단체는 할 수 있을까? 대응이 적절하게 이루어질 수 있도록 하기 위해서는 무엇을 해야 하는가? 존의 운영팀 앞에는 어떠한 도전이 놓여 있는가? 미래 도전에 맞추기 위해 존은 어떤 전략을 수립해야 하는가?

## 토의질문

1. 쉘터박스가 당면한 운영 및 물류의 핵심 이슈는 무엇인가?
2. 이들 이슈를 해결하기 위해 고려해야 하는 다양한 이해관계자들은 누구인가?
3. 쉘터박스가 이해관계자들을 최선으로 만족시키기 위해서는 이들 이슈에 어떻게 대응해야 하는가?
4. 쉘터박스가 어떻게 조직화되어야 한다고 생각하는가? 재난이 발생하기 전과 후에 갖춰야 할 핵심 책무와 기능은 무엇인가?

**어느 캠프에 설치된 다수의 쉘터박스**
© Mike Greenslade/Alamy Stock Photo

# 표준정규분포

아래 표의 수치는 정규분포에서 평균
($\mu=0$)과 양의 $z$값 사이 영역의 비율을 나
타낸다.

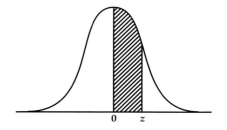

| z | .00 | .01 | .02 | .03 | .04 | .05 | .06 | .07 | .08 | .09 |
|---|-----|-----|-----|-----|-----|-----|-----|-----|-----|-----|
| 0.0 | 0.0000 | 0.0040 | 0.0080 | 0.0120 | 0.0160 | 0.0199 | 0.0239 | 0.0279 | 0.0319 | 0.0359 |
| 0.1 | 0.0398 | 0.0438 | 0.0478 | 0.0517 | 0.0557 | 0.0596 | 0.0636 | 0.0675 | 0.0714 | 0.0753 |
| 0.2 | 0.0793 | 0.0832 | 0.0871 | 0.0910 | 0.0948 | 0.0987 | 0.1026 | 0.1064 | 0.1103 | 0.1141 |
| 0.3 | 0.1179 | 0.1217 | 0.1255 | 0.1293 | 0.1331 | 0.1368 | 0.1406 | 0.1443 | 0.1480 | 0.1517 |
| 0.4 | 0.1554 | 0.1591 | 0.1628 | 0.1664 | 0.1700 | 0.1736 | 0.1772 | 0.1808 | 0.1844 | 0.1879 |
| 0.5 | 0.1915 | 0.1950 | 0.1985 | 0.2019 | 0.2054 | 0.2088 | 0.2123 | 0.2157 | 0.2190 | 0.2224 |
| 0.6 | 0.2257 | 0.2291 | 0.2324 | 0.2357 | 0.2389 | 0.2422 | 0.2454 | 0.2486 | 0.2517 | 0.2549 |
| 0.7 | 0.2580 | 0.2611 | 0.2642 | 0.2673 | 0.2703 | 0.2734 | 0.2764 | 0.2794 | 0.2823 | 0.2852 |
| 0.8 | 0.2881 | 0.2910 | 0.2939 | 0.2967 | 0.2995 | 0.3023 | 0.3051 | 0.3078 | 0.3106 | 0.3133 |
| 0.9 | 0.3159 | 0.3186 | 0.3212 | 0.3238 | 0.3264 | 0.3289 | 0.3315 | 0.3340 | 0.3365 | 0.3389 |
| 1.0 | 0.3413 | 0.3438 | 0.3461 | 0.3485 | 0.3508 | 0.3531 | 0.3554 | 0.3577 | 0.3599 | 0.3621 |
| 1.1 | 0.3643 | 0.3665 | 0.3686 | 0.3708 | 0.3729 | 0.3749 | 0.3770 | 0.3790 | 0.3810 | 0.3830 |
| 1.2 | 0.3849 | 0.3869 | 0.3888 | 0.3907 | 0.3925 | 0.3944 | 0.3962 | 0.3980 | 0.3997 | 0.4015 |
| 1.3 | 0.4032 | 0.4049 | 0.4066 | 0.4082 | 0.4099 | 0.4115 | 0.4131 | 0.4147 | 0.4162 | 0.4177 |
| 1.4 | 0.4192 | 0.4207 | 0.4222 | 0.4236 | 0.4251 | 0.4265 | 0.4279 | 0.4292 | 0.4306 | 0.4319 |
| 1.5 | 0.4332 | 0.4345 | 0.4357 | 0.4370 | 0.4382 | 0.4394 | 0.4406 | 0.4418 | 0.4429 | 0.4441 |
| 1.6 | 0.4452 | 0.4463 | 0.4474 | 0.4484 | 0.4495 | 0.4505 | 0.4515 | 0.4525 | 0.4535 | 0.4545 |
| 1.7 | 0.4554 | 0.4564 | 0.4573 | 0.4582 | 0.4591 | 0.4599 | 0.4608 | 0.4616 | 0.4625 | 0.4633 |
| 1.8 | 0.4641 | 0.4649 | 0.4656 | 0.4664 | 0.4671 | 0.4678 | 0.4686 | 0.4693 | 0.4699 | 0.4706 |
| 1.9 | 0.4713 | 0.4719 | 0.4726 | 0.4732 | 0.4738 | 0.4744 | 0.4750 | 0.4756 | 0.4761 | 0.4767 |
| 2.0 | 0.4772 | 0.4778 | 0.4783 | 0.4788 | 0.4793 | 0.4798 | 0.4803 | 0.4808 | 0.4812 | 0.4817 |
| 2.1 | 0.4821 | 0.4826 | 0.4830 | 0.4834 | 0.4838 | 0.4842 | 0.4846 | 0.4850 | 0.4854 | 0.4857 |
| 2.2 | 0.4861 | 0.4864 | 0.4868 | 0.4871 | 0.4875 | 0.4878 | 0.4881 | 0.4884 | 0.4887 | 0.4890 |
| 2.3 | 0.4893 | 0.4896 | 0.4898 | 0.4901 | 0.4904 | 0.4906 | 0.4909 | 0.4911 | 0.4913 | 0.4916 |
| 2.4 | 0.4918 | 0.4920 | 0.4922 | 0.4925 | 0.4927 | 0.4929 | 0.4931 | 0.4932 | 0.4934 | 0.4936 |
| 2.5 | 0.4938 | 0.4940 | 0.4941 | 0.4943 | 0.4945 | 0.4946 | 0.4948 | 0.4949 | 0.4951 | 0.4952 |
| 2.6 | 0.4953 | 0.4955 | 0.4956 | 0.4957 | 0.4959 | 0.4960 | 0.4961 | 0.4962 | 0.4963 | 0.4964 |
| 2.7 | 0.4965 | 0.4966 | 0.4967 | 0.4968 | 0.4969 | 0.4970 | 0.4971 | 0.4972 | 0.4973 | 0.4974 |
| 2.8 | 0.4974 | 0.4975 | 0.4976 | 0.4977 | 0.4977 | 0.4978 | 0.4979 | 0.4979 | 0.4980 | 0.4981 |
| 2.9 | 0.4981 | 0.4982 | 0.4982 | 0.4983 | 0.4984 | 0.4984 | 0.4985 | 0.4985 | 0.4986 | 0.4986 |
| 3.0 | 0.4987 | 0.4987 | 0.4987 | 0.4988 | 0.4988 | 0.4989 | 0.4989 | 0.4989 | 0.4990 | 0.4990 |

# 난수표

| | | | | | | | | | |
|---|---|---|---|---|---|---|---|---|---|
| 27767 | 43584 | 85301 | 88977 | 29490 | 69714 | 94015 | 64874 | 32444 | 48277 |
| 13025 | 14338 | 54066 | 15243 | 47724 | 66733 | 74108 | 88222 | 88570 | 74015 |
| 80217 | 36292 | 98525 | 24335 | 24432 | 24896 | 62880 | 87873 | 95160 | 59221 |
| 10875 | 62004 | 90391 | 61105 | 57411 | 06368 | 11748 | 12102 | 80580 | 41867 |
| 54127 | 57326 | 26629 | 19087 | 24472 | 88779 | 17944 | 05600 | 60478 | 03343 |
| 60311 | 42824 | 37301 | 42678 | 45990 | 43242 | 66067 | 42792 | 95043 | 52680 |
| 49739 | 71484 | 92003 | 98086 | 76668 | 73209 | 54244 | 91030 | 45547 | 70818 |
| 78626 | 51594 | 16453 | 94614 | 39014 | 97066 | 30945 | 57589 | 31732 | 57260 |
| 66692 | 13986 | 99837 | 00582 | 81232 | 44987 | 69170 | 37403 | 86995 | 90307 |
| 44071 | 28091 | 07362 | 97703 | 76447 | 42537 | 08345 | 88975 | 35841 | 85771 |
| 59820 | 96163 | 78851 | 16499 | 87064 | 13075 | 73035 | 41207 | 74699 | 09310 |
| 25704 | 91035 | 26313 | 77463 | 55387 | 72681 | 47431 | 43905 | 31048 | 56699 |
| 22304 | 90314 | 78438 | 66276 | 18396 | 73538 | 43277 | 58874 | 11466 | 16082 |
| 17710 | 59621 | 15292 | 76139 | 59526 | 52113 | 53856 | 30743 | 08670 | 84741 |
| 25852 | 58905 | 55018 | 56374 | 35824 | 71708 | 30540 | 27886 | 61732 | 75454 |
| 46780 | 56487 | 75211 | 10271 | 36633 | 68424 | 17374 | 52003 | 70707 | 70214 |
| 59849 | 96169 | 87195 | 46092 | 26787 | 60939 | 59202 | 11973 | 02902 | 33250 |
| 47670 | 07654 | 30342 | 40277 | 11049 | 72049 | 83012 | 09832 | 25571 | 77628 |
| 94304 | 71803 | 73465 | 09819 | 58869 | 35220 | 09504 | 96412 | 90193 | 79568 |
| 08105 | 59987 | 21437 | 36786 | 49226 | 77837 | 98524 | 97831 | 65704 | 09514 |
| 64281 | 61826 | 18555 | 64937 | 64654 | 25843 | 41145 | 42820 | 14924 | 39650 |
| 66847 | 70495 | 32350 | 02985 | 01755 | 14750 | 48968 | 38603 | 70312 | 05682 |
| 72461 | 33230 | 21529 | 53424 | 72877 | 17334 | 39283 | 04149 | 90850 | 64618 |
| 21032 | 91050 | 13058 | 16218 | 06554 | 07850 | 73950 | 79552 | 24781 | 89683 |
| 95362 | 67011 | 06651 | 16136 | 57216 | 39618 | 49856 | 99326 | 40902 | 05069 |
| 49712 | 97380 | 10404 | 55452 | 09971 | 59481 | 37006 | 22186 | 72682 | 07385 |
| 58275 | 61764 | 97586 | 54716 | 61459 | 21647 | 87417 | 17198 | 21443 | 41808 |
| 89514 | 11788 | 68224 | 23417 | 46376 | 25366 | 94746 | 49580 | 01176 | 28838 |
| 15472 | 50669 | 48139 | 36732 | 26825 | 05511 | 12459 | 91314 | 80582 | 71944 |
| 12120 | 86124 | 51247 | 44302 | 87112 | 21476 | 14713 | 71181 | 13177 | 55292 |
| 95294 | 00556 | 70481 | 06905 | 21785 | 41101 | 49386 | 54480 | 23604 | 23554 |
| 66986 | 34099 | 74474 | 20740 | 47458 | 64809 | 06312 | 88940 | 15995 | 69321 |
| 80620 | 51790 | 11436 | 38072 | 40405 | 68032 | 60942 | 00307 | 11897 | 92674 |
| 55411 | 85667 | 77535 | 99892 | 71209 | 92061 | 92329 | 98932 | 78284 | 46347 |
| 95083 | 06783 | 28102 | 57816 | 85561 | 29671 | 77936 | 63574 | 31384 | 51924 |
| 90726 | 57166 | 98884 | 08583 | 95889 | 57067 | 38101 | 77756 | 11657 | 13897 |
| 68984 | 83620 | 89747 | 98882 | 92613 | 89719 | 39641 | 69457 | 91339 | 22502 |
| 36421 | 16489 | 18059 | 51061 | 67667 | 60631 | 84054 | 40455 | 99396 | 63680 |
| 92638 | 40333 | 67054 | 16067 | 24700 | 71594 | 47468 | 03577 | 57649 | 63266 |
| 21036 | 82808 | 77501 | 97427 | 76479 | 68562 | 43321 | 31370 | 28977 | 23896 |
| 13173 | 33365 | 41468 | 85149 | 49554 | 17994 | 91178 | 10174 | 29420 | 90438 |
| 86716 | 38746 | 94559 | 37559 | 49678 | 53119 | 98189 | 81851 | 29651 | 84215 |
| 92581 | 02262 | 41615 | 70360 | 64114 | 58660 | 96717 | 54244 | 10701 | 41393 |
| 12470 | 56500 | 50273 | 93113 | 41794 | 86861 | 39448 | 93136 | 25722 | 08564 |
| 01016 | 00857 | 41396 | 80504 | 90670 | 08289 | 58137 | 17820 | 22751 | 36518 |
| 34030 | 60726 | 25807 | 24260 | 71529 | 78920 | 47648 | 13885 | 70669 | 93406 |
| 50259 | 46345 | 06170 | 97965 | 88302 | 98041 | 11947 | 56203 | 19324 | 20504 |
| 73959 | 76145 | 60808 | 54444 | 74412 | 81105 | 69181 | 96845 | 38525 | 11600 |
| 46874 | 37088 | 80940 | 44893 | 10408 | 36222 | 14004 | 23153 | 69249 | 05747 |
| 60883 | 52109 | 19516 | 90120 | 46759 | 71643 | 62342 | 07589 | 08899 | 05985 |

# 생산운영관리 약어

**3PL**(Third-Party Logistics Provider) : 제3자 물류업체

**AON**[Activity on Node (Method)] : 노드형 네트워크

**APICS**(American Production and Inventory Control Society) : 미국운영관리협회

**APS**(Advanced Planning and Scheduling) : 고급 계획수립 및 스케줄링

**ASQ**(American Society for Quality) : 미국품질학회

**ATO**(Assemble-to-Order) : 주문조립생산

**B2B**(Business-to-Business) : 기업 간의 거래

**B2C**(Business-to-Consumer) : 기업과 소비자의 거래

**BOM**(Bill of Material) : 자재명세서

**BPR**(Business Process Re-engineering) : 비즈니스 프로세스 재설계

$C_p$, $C_{pk}$(Process Capability Indexes) : 공정능력지수

**CA**(Customer Attributes) : 고객속성

**CAD**(Computer-Aided/Assisted Design) : 컴퓨터 지원 설계

**CAM**(Computer-Aided Manufacturing) : 컴퓨터 지원 제조

**CE**[Cause-and-Effect (Diagram)] : 특성요인도

**CFE**[Cumulative (Sum) of Forecast Errors] : 누적 예측오차

**CL**[Center Line (Control charts)] : (관리도의) 중앙선

**CPFR**(Collaborative Planning Forecasting and Replenishment) : 협력적 계획 · 예측 · 보충

**CPM**(Critical Path Method) : 주경로 기법

**CR**(Critical Ratio) : 긴급률

**DC**(Distribution Center) : 배송센터

**DMAIC** : 정의(Define), 측정(Measure), 분석(Analyze), 개선(Improve), 통제(Control)

**DRP**(Distribution Requirement Planning) : 유통소요관리

**EC**(Engineering Characteristics) : 기술적 특성

**ECR**(Efficient Consumer Response) : 공급사슬의 효율적 소비자 대응

**EDI**(Electronic Data Interchange) : 전자문서교환 시스템

**EOQ**(Economic Order Quantity) : 경제적 주문량

**ERP**(Enterprise Resources Planning) : 전사적 자원계획

**FCFS**(First Come, First Served) : 선입선출

**FCS**(Finite Capacity Scheduling) : 유한능력 스케줄링

**ISM**(Institute for Supply Management) : 구매전문가협회

**ISO**(International Organization for Standardization) : 국제표준화기구

**JIT**[Just-in-Time (System)] : 적시생산(시스템)

**LCL**(Lower Control Limit) : 관리 하한선

**LSL**(Lower Specification Limit) : 사양 하한

**LTL**(Less-than-Truckload) : 혼적운송

**MAD**[Mean-Absolute Deviation (of Forecast Errors)] : 절대평균오차

**MAPE**(Mean Absolute Percentage Errors) : 오차비율 절댓값의 평균

**MBNQA**(Malcolm Baldrige National Quality Award) : 말콤 볼드리지 국가품질상

**MRO**[Maintenance Repair and Operating Supplies (Inventory)] : 소모성 자재

**MRP**(Materials Requirements Planning) : 자재소요계획

**MSE**(Mean Square Error) : 오차제곱의 평균

**MTBF**(Mean Time Between Failure) : 고장시점 사이의 평균시간

**MTO**(Make-to-Order) : 주문생산

**MTS**(Make-to-Stock) : 재고생산

**MTTR**(Mean Time to Repair) : 제품수리 평균시간

**NPD**(New Product Development) : 신제품 개발

**POS**(Point of Sale) : 판매시점 정보관리

**PWP**(Plant-within-a-Plant) : 공장 내 공장

**QFD**(Quality Function Deployment) : 품질기능전개

**QR**(Quick Response) : 신속대응 공급사슬

**RFID**(Radio Frequency Identification) : 무선인식

**RFP**(Request for Proposal) : 제안요청서

**RFQ**(Request for Quotation) : 견적의뢰서

**ROI**(Return on Investment) : 투자수익률

**RONA**(Return on Net Assets) : 순자산수익률

**ROP**(Reorder Point) : 재주문점

**S&OP**(Sales and Operations Planning) : 판매 및 운영계획

**SCOR**(Supply Chain Operations Reference Model) : 공급사슬 참조모델

**SKU**(Stock-Keeping Unit) : 재고관리단위

**SPC**(Statistical Process Control) : 통계적 프로세스 관리

**SPT**(Shortest Processing Time) : 최소 소요시간

**SQC**(Statistical Quality Control) : 통계적 품질관리

**TL**(Truck Load) : 만적운송

**TOC**(Theory of Constraints) : 제약이론

**TPS**(Toyota Production System) : 토요타 생산시스템

**TQM**(Total Quality Management) : 전사적 품질관리

**TR**(Throughput Ratio) : 스루풋 비율

**TS**(Tracking Signal) : 추적신호

**UCL**(Upper Control Limit) : 관리 상한선

**USL**(Upper Specification Limit) : 사양 상한

**VMI**(Vendor Managed Inventory) : 공급업체 위탁 재고관리

**WIP**(Work-in-Process Inventory) : 재공품 재고

# 찾아보기

## 지은이

**로저 슈뢰더**(Roger G. Schroeder)

미네소타대학교 칼슨 경영대학의 운영관리 분야 명예교수이면서 프랭크 도날드슨 석좌교수이다. 그는 미네소타대학교에서 산업공학으로 학사와 석사학위를 취득했으며, 노스웨스턴대학교에서 박사학위를 취득했다. 그리고 칼슨 경영대학에서 박사과정 주임교수, 운영관리 및 경영과학 학과장, 주란 센터의 공동 대표를 역임했다. 슈뢰더 교수는 미국국립과학연구재단, 포드재단, APICS 학회로부터 연구비 지원을 받아 연구를 수행했다. 그의 연구분야는 품질경영, 운영전략, 고성과 생산운영 등이며, 운영관리 분야에서 많은 연구논문을 발표했고, 그의 논문은 가장 많이 인용되고 있다. 그는 미네소타대학교에서 우수 강의교수에 선정되었으며, 우수강의로 모스상(Morse Award)을 수상했고, 경영학회(Academy of Management)로부터 운영관리 분야의 공로상도 수상했다. DSI 학회와 POMS 학회의 펠로우(Fellow)로 활동하고 있는 그는 산업계에서도 3M, 허니웰, 제너럴밀스, 모토롤라, 골든밸리 푸드, 푸르덴셜 생명보험사 등 많은 기업을 자문해 왔다.

**수잔 마이어 골드슈타인**(Susan Meyer Goldstein)

미네소타대학교 칼슨 경영대학의 공급사슬 및 운영관리학과의 부교수이다. 그녀는 미네소타대학교에서 유전생물학으로 학사, 경영학에서 석사학위를 취득했으며, 수년간 헬스케어 산업에서 근무했다. 이후에 오하이오주립대학교 피셔 경영대학에서 운영관리로 박사학위를 취득했다. 그녀는 1998년부터 미네소타대학교에서 교수로 재직하고 있으며, 2년간은 워싱턴대학교 올린 경영대학의 초빙교수였다. 그녀는 현재 서비스 프로세스 설계와 프로세스 성과와의 연관성에 대해 연구하고 있으며, 미국에서 심장병 환자의 사망률이 가장 낮은 미네소타 병원과도 협업하고 있다. 그리고 서비스 종사자의 노령화, 운영전략, 서비스품질과 연관된 이슈에도 관심을 갖고 있다. 그녀의 연구논문은 *Decision Sciences*, *Journal of Operations Management*, *Production and Operations Management* 등의 학회지에 게재되었으며, *Decision Science Journal*, *Quality Management Journal*, *Service Industries Journal* 등에서 부편집장, 다른 여러 학회지의 편집위원으로 활동하고 있다. 그녀는 많은 우수 연구상과 연구비 수혜를 받았으며, 2011년에는 칼슨 경영대학의 우수강의상을 수상했다.

## 옮긴이

**민동권**
서강대학교 경영학 석사
미국 인디애나대학교 블루밍턴 캠퍼스 경영학 박사
현재 숙명여자대학교 경영학부 교수

**박철순**
한국과학기술원(KAIST) 산업공학 석사
한국과학기술원(KAIST) 경영공학 박사
현재 숙명여자대학교 경영학부 교수

**손병규**
한국과학기술원(KAIST) 경영과학 석사
미국 볼링그린주립대학교 경영학 석사
미국 미시간주립대학교 경영학 박사
현재 숙명여자대학교 경영학부 교수

**오중산**
한국과학기술원(KAIST) 경영과학 석사
한국과학기술원(KAIST) 경영공학 박사
현재 숙명여자대학교 경영학부 교수

**황기현**
한국과학기술원(KAIST) 산업공학 석사
영국 버밍엄대학교 OM/QM 박사
KT 식스시그마/경영혁신/시장분석 담당 상무
현재 숭실대학교 국제처장